GOLDMANN
ESOTERIK

Buch

Der Mensch besitzt als einziges Lebewesen die Möglichkeit der Wahl, der Freiheit, sein Leben nach eigenem Belieben zu gestalten. Das bedeutet aber einen verantwortlichen Umgang mit dieser Freiheit, die in unserer Zeit auch zwingend eine neue Einstellung zur Umwelt und zur Natur erfordert. Seths Aussagen haben gerade in diesem Zusammenhang in unserer heutigen Zeit einen ganz neuen aktuellen Bezug.

Autorin

Jane Roberts (1929–1984) kam 1963 erstmals mit einer geistigen Wesenheit in Kontakt, die sich Seth nannte. Seth diktierte durch Jane Roberts als Medium in der Folge umfangreiche Texte von hohem philosophischen Anspruch, die in zahlreichen international sehr erfolgreichen Büchern zusammengefaßt wurden.

Bei Goldmann sind bereits erschienen:

Das Seth-Material (12144)
Der Weg zu Seth (12080)
Dialog der Seele (11850)
Die Natur der persönlichen Realität (12143)
Die Natur der Psyche (11760)
Gespräche mit Seth (11768)
Individuum und Massenschicksal (12100)
Das Seth-Phänomen (11897)
Seth und die Wirklichkeit der Psyche, 2 Bde (11888/11889)
Überseele Sieben (12163)
Lehrzeit (12164)
Zeitmuseum (12165)

Jane Roberts

Träume, ›Evolution‹ und Werterfüllung

Seths Vermächtnis Band 1 und 2

Goldmann Verlag

Originaltitel: Dreams, »Evolution«, and Value Fulfillment
Originalverlag: Prentice Hall, New York

Titel der deutschen Ausgabe:
Träume, »Evolution« und Werterfüllung
Bd. 1: Das Erwachen des Bewußtseins zum existentiellen Sein
Bd. 2: Das Erwachen des Selbst zur multidimensionalen Existenz

Umwelthinweis:
Alle bedruckten Materialien dieses Taschenbuches
sind chlorfrei und umweltschonend.

Der Goldmann Verlag
ist ein Unternehmen der Verlagsgruppe Bertelsmann

Genehmigte Taschenbuchausgabe 1994

Umschlaggestaltung: Design Team München
Druck: Presse-Druck Augsburg
Verlagsnummer: 12145
Ba · Herstellung: Stefan Hansen
Made in Germany
ISBN 3-442-12145-0

1 3 5 7 9 10 8 6 4 2

Inhalt Band 1 und 2

BAND 1:

BAND 2:

Robert F. Butts, meinem Mann,
für seine Liebe und Hingabe

Band I

Einleitende Essays, Anmerkungen und Fußnoten von Robert F. Butts

Aus dem Amerikanischen von
Marianne und Norbert Wengerek

Seth-Zitate als Hinweise

(Die folgenden Zitate stammen von Seth, Janes Trancepersönlichkeit, aus Sitzungen, die sie kurz vor und während ihrer Arbeit an diesem Buch abhielt. Eines stammt aus einer persönlichen, ein weiteres aus einer für das vorliegende Buch bestimmten Sitzung, und zwei sind regulären Sitzungen entnommen, die nichts mit diesem Buch zu tun haben.)

»Leider hat die Wissenschaft den Verstand ihrer Denker, sogar der originellsten, umgarnt, denn sie wagen es nicht, von bestimmten wissenschaftlichen Prinzipien abzuweichen. Jede Form von Energie enthält Bewußtsein. Dieser Ausspruch ist, naturwissenschaftlich betrachtet, im Grunde Ketzerei, und für viele ist er es auch in religiöser Hinsicht. Die Anerkennung dieser simplen Feststellung würde eure Welt wahrhaftig verändern.«

Aus einer persönlichen Sitzung vom 12. Juli 1979

»Ich habe manchmal das Gefühl, als würde von mir erwartet, ich solle die Umstände und Bedingungen des Lebens rechtfertigen, selbst wenn sie keiner solchen Rechtfertigung bedürfen.«

Aus Sitzung 896 vom 16. Januar 1980

»... grundsätzlich hat Bewußtsein nichts mit Größe zu tun. Wäre das der Fall, dann würde eine Kugel von der Größe dieser Welt nicht ausreichen, um auch nur das Bewußtsein einer winzigen Zelle zu fassen.«

Aus Sitzung 917 vom 21. Mai 1980

»Es ist ein Geschenk, eine Gunst und für euch ein exquisites Vergnügen, auf eurem betriebsamen Planeten körperlich ins Leben zu treten, sicher eingebettet zwischen Sonnenaufgang und -untergang, die Existenz getragen von den Jahreszeiten und vom Wirken eines übergeordneten, spontanen Willens.«

Aus Sitzung 929 vom 26. November 1980

Gedicht und Kommentar
VON JANE ROBERTS

(Jane mußte viele körperlich und psychologisch aufreibende Verzögerungen hinnehmen, während sie an dem zweibändigen Werk »Träume, ›Evolution‹ und Werterfüllung« arbeitete. Schließlich kam sie nach nur sechs für diesen ersten Band bestimmten Sitzungen mit dem folgenden, sie selbst betreffenden Material durch:)

Am Freitag, den 23. Oktober 1981, erhielt ich von Seth die folgende Botschaft: »Konzentriere dich auf das, was unmittelbar vor dir liegt. Du bist weder für die Rettung der Welt noch für die Lösung all ihrer Probleme verantwortlich — aber es ist deine Aufgabe, dich deiner eigenen, persönlichen Nische des Universums anzunehmen. Wenn jeder Mensch das tut, rettet die Welt sich selbst.«

Am selben Tag schrieb ich:

Die Dämmerung bricht herein.
Warum sollte ich im Bett liegen
und mir um meinen Körper oder die Welt Sorgen machen?
Schon bevor es geschichtliche
Aufzeichnungen gab,
folgte die Morgendämmerung dem Dunkel der Nacht,
und alle Kreaturen der Erde
waren eingebettet
im liebevollen Zusammenhang
ihrer Zeit.

Nachdem ich dieses Gedicht geschrieben hatte, überkam mich ein Gefühl des Vertrauens, und ich erkannte, daß ich mich, wie so viele andere, vor dem Glauben selbst — vor dem, was ich an Glaubensüberzeugungen in mir trage — fürchtete. Es war eine Furcht, die sich in den tiefsten Winkeln meiner Seele verbarg …

Einleitende Essays
von Robert F. Butts

12. August 1982. Ursprünglich hatte ich geplant, für den vorliegenden ersten Band des Werkes *»Träume, ›Evolution‹ und Werterfüllung«* eine Einleitung der üblichen Art zu schreiben. Als ich jedoch daranging, die komplizierte und emotionell aufwühlende Abfolge von Ereignissen zu schildern, die mit der in diesem Jahr nötig gewordenen Krankenhauseinweisung meiner Frau Jane zusammenhing, organisierte sich das Material wie von selbst zu einer Reihe datierter Essays. Ich folgte dieser Eingebung meines kreativen Selbst nur allzugern, denn dadurch klärten sich viele Fragen, die mich dauernd bedrängt hatten.

Wir hätten Seths Texte für dieses Buch auch so, wie sie waren, präsentieren oder zumindest auf die Erwähnung einiger mehr als unerfreulicher Begleitumstände bei der Arbeit von Jane und Seth, dem »Energiepersönlichkeitskern«, in dessen Namen sie in Trance oder einem ähnlich dissoziierten Zustand spricht, verzichten können. Es entspricht jedoch den Tatsachen, daß uns beiden ihre bereits angegriffene Gesundheit immer größere Sorgen machte. Kurz nach Fertigstellung des vorliegenden Bandes ging sie ins Krankenhaus. Da wir seit jeher sicher sein wollten, daß unsere »psychische Arbeit« den Bezug mit unserem Alltagsleben nicht verliert, nehme ich es nun auf mich, in folgenden Essays sehr persönliches Material vorzulegen, das mit der Entstehung dieses Buches zu tun hat. (Wie das immer noch faszinierende Phänomen der Trance bei Jane zustande kommt, wurde bereits in den vorausgegangenen Seth-Büchern, die Jane unter meiner Mitarbeit verfaßt hat, ausführlich beschrieben und wird auch im vorliegenden Buch nochmals kurz erwähnt werden.)

Ich schrieb die Essays in der Reihenfolge, in der sie hier vorliegen, auch wenn ich im Verlauf der Arbeiten später noch das eine oder andere hinzugefügt habe. Allein schon des Textumfangs wegen wurde es mir bald unmöglich, den gesamten Stoff an dem jeweils angegebenen Tag niederzuschreiben. Doch obwohl ich die Essays ein zweites Mal bearbeitete, konnte ich nicht alles, was mir vorschwebte, zur Sprache bringen: sie allein hätten sonst möglicherweise den Umfang eines Buches angenommen. So unterschiedliches Material zusammenzutragen, um es »stimmig« zu machen, ist für mich etwas ganz Natürliches, aber ich änderte nichts an den ursprünglichen Niederschriften — das zu tun hätte ich mich geweigert; ich ließ daher meine ersten spontanen Beschreibungen der Ereignisse, die mit Janes körperlichen Beschwerden einhergingen, unangetastet, ebenso die Schilderungen unserer tiefsitzenden, mitunter schmerzlichen Empfindungen, die damit verbunden waren. Um Janes Arbeit an ihrem Seth-Buch *»Träume, ›Evolution‹ und Werterfüllung«* kümmerte ich mich nicht, während ich an meinen Essays schrieb, damit sie nicht allzusehr beeinflußt würde. Mit den hier vorausgeschickten Texten soll gezeigt werden, wie unser Alltag aussieht — unabhängig davon, wie gut oder schlecht wir ihn bewältigen und welche Rolle dabei unsere Kenntnis des Seth-Materials und unser Glaube daran spielen.

Nachdem die Arbeit an dem neuen zweibändigen Seth-Buch *»Träume, ›Evolution‹ und Werterfüllung«* beendet war, schrieb ich die ursprüngliche Fassung der Texte zu jeder Sitzung so nieder, wie Seth sie durch Jane übermittelt hatte, und begann außerdem damit, Notizen und ergänzendes Material zu sammeln, das vielleicht verwendet werden könnte. Da ich die Essays mittlerweile fertiggestellt habe, muß ich jetzt lediglich noch die Anmerkungen und Fußnoten beim endgültigen Abtippen des Manuskripts »bereinigen«. Jane wird mir helfen, so gut sie kann. Wir nehmen an, daß wir das Manuskript gegen Ende des Jahres unseren Lektoren Tam Mossman und Lynne Lumsden übergeben können.

Jane sieht ein, daß die von mir stets vorgenommenen Datierungen einen zweckmäßigen Rahmen für unser Material abgeben, doch sie kann sich mit solchen Präzisierungen nicht so recht anfreunden; sie weiß, daß es meine Art ist, so an Sachen heranzugehen, erkennt den praktischen Wert und läßt es dabei bewenden. Bei der Aufbereitung des gesamten zur Veröffentlichung bestimmten Seth-Materials benutzte ich dieses Ordnungssystem. Es hat den Vorteil, schnelle zeitliche (wenn auch nicht immer themenbezogene) Querverweise zu ermöglichen, und zwar auf jede der über 1500 regulären, persönlichen oder unveröffentlichten Sitzungen, einschließlich der ASW-Gruppen-Sitzungen, die Jane im Lauf der vergangenen neunzehn Jahre, das heißt bis Juli 1982, als ich die Arbeit an diesen Essays aufnahm, gegeben hat.

Darüber hinaus hat sich gezeigt, daß die Essays uns gestatteten, ganz allmählich in die von mir beschriebenen Ereignisse und in die »tiefsitzenden, mitunter schmerzlichen Empfindungen, die damit verbunden waren«, einzutauchen. Andernfalls wären diese Erinnerungen für uns zu niederschmetternd, emotional zu bedrohlich und zu *inhaltsschwer* gewesen, als daß wir sie mit dem Mindestmaß an Objektivität hätten schildern können, das für das geschriebene Wort erforderlich ist. Viele der Ereignisse und Gefühle beschworen für Jane und mich große Prüfungen und Herausforderungen herauf, und häufig hinterließen sie bei uns einen nachhaltigen Eindruck von Unwirklichkeit: So etwas kann uns doch einfach nicht passieren! Warum haben wir uns in unserem Alter (Jane mit ihren zweiundfünfzig und ich mit meinen zweiundsechzig Jahren) ein Leben mit so alptraumartigen Begleitumständen geschaffen? Warum muß ich meine liebe Frau jeden Abend im Krankenhaus zurücklassen, so daß ich dann, wenn ich in unserem Hügelhaus allein zu Bett gehe, am liebsten nach ihr rufen und vor Sehnsucht weinen möchte? Warum können wir nicht ein friedliches, ruhiges und kreatives Leben führen? Und seit wie vielen Millionen und aber Millionen Jahren mögen andere menschliche Wesen auf diesem Planeten ähnlich empfunden haben — und wie viele werden es noch tun? Warum müssen wir unser Leben mit dem Eindruck beschließen, es sei schon eine Leistung, auch nur einen Tag noch zu überstehen?

Der elementare Drang zu überleben trat mit der Zeit ganz in den Vordergrund. Tatsächlich verhielt es sich so, daß uns nach dem Einsetzen der Prüfungen, die ich in den Essays schildere, für einige Wochen sogar schöpferische Tätigkeiten wie Schreiben und Malen bedeutungslos vorkamen. Und für mich war Janes Gesundheitszustand Ausdruck all dessen, was sich in der uns gemeinsamen, selbstgewählten irdischen Realität unserer Kenntnis entzieht.

Dennoch *waren* Jane und ich trotz all dem schöpferisch tätig — die ganze Zeit über —, und wir kamen im Verlauf dieses Prozesses dem Verstehen des All-Einen ein gutes Stück näher. Wenn wir uns mitunter auch schrecklich ängstigten, so erfaßten uns doch auch Wogen einer Art grimmigen Begeisterung (sofern wir sie an die Oberfläche dringen ließen) angesichts der Tatsache, daß wir überlebten. Wir selbst hatten diese Erfahrungen, die natürlich immer noch andauern, in ihrer Gesamtheit *gewählt.* »Ihr selbst gestaltet eure Wirklichkeit«, hatte Seth uns unzählige Male gesagt. Wir stimmen dem zu — und in diesem Punkt haben Jane und ich den konventionellen Glauben, dem zufolge die Lebensumstände *den Menschen widerfahren*, entschieden abgelegt; wir meinen mit Seth, daß sie *von ihnen herbeigeführt werden.*

Die Schilderung der Begebenheiten, die unser Leben prägten, veranlaßten uns, den Ergebnissen unserer schöpferischen Lernerfahrungen auf den Grund zu gehen. Wir kamen schnell darin überein, daß wir das Krankheitssyndrom bereits seit Jahren aufgebaut hatten. Doch die tiefen emotionellen Schocks, die mit seinem körperlichen Zutagetreten einhergingen, schienen auf uns einzudringen wie dunkle Vögel, die uns aus einer anderen der vielen wahrscheinlichen Realitäten angriffen. Wir lernten. Wir paßten uns in einer Weise an, die wir noch einige Wochen zuvor für undenkbar gehalten hätten. Sobald wir uns jedoch auf unsere neue gemeinsame Realität eingelassen hatten, kam es, wie es kommen mußte: es erschien uns so, als ob wir gerade diese Prüfungen schon immer erwartet hätten.

Die Essays enthalten viele Aussagen über die Bedeutung, die die Krankheit mit ihren Folgen für uns hatte und noch haben wird. Unser Leben ist unwiderruflich verändert worden — durch unsere Wahl —, und zwar nicht zum Schlechteren. Jane und ich setzten unseren Willen daran, unsere Aufmerksamkeit intensiver bestimmten Bereichen zuzuwenden. Und ich bin sicher, daß Sie, wenn Sie die Essays lesen, bemerken werden, daß ich sie genauso für Jane und mich wie auch für andere geschrieben habe — im Bemühen, die geistig-seelischen und körperlichen Abenteuer, auf die wir uns »in diesem Leben« einzulassen versuchen, besser zu verstehen und gründlicher zu begreifen.

Essay 1

Donnerstag, den 1. April 1982

»Laß meine Seele an einem anderen Ort Zuflucht finden.«

Diese beschwörende, prophetische Zeile stammt aus einem Sumari-Lied, das Jane ein paar Tage bevor sie sich am 26. Februar 1982 in ein Krankenhaus in Elmira im Staat New York begab, vor sich hinsang. Sumari ist eine »Sprache«, die sie in Trance sprechen oder singen und auch nach Belieben ins Englische übersetzen kann. Sie nahm ihr kurzes Lied, das sie mit einer traurigen, leisen, zitternden Stimme vortrug, die ich nie zuvor bei ihr gehört hatte, auf Tonband auf. Die unbeschreibliche Gefühlstiefe darin war wohl Ausdruck der Vorahnung all der Ereignisse, die in unserem Leben dem für uns so folgenschweren Krankenhausaufenthalt unmittelbar vorausgingen — und später noch folgten.

In der Tat erfuhr ich erst fünf Wochen später, als Jane bereits wieder in unser Hügelhaus zurückgekehrt war, von ihrer Tonbandaufnahme. Ich fand das betreffende Band am 30. März unter einigen anderen in ihrem Schreibzimmer. Sie hatte es nicht beschriftet, und ich spielte es aus Neugierde einfach ab. Die von Trauer erfüllten Töne des Liedes schwebten schwer im Raum. Sie erinnerten mich sofort an ein Klagelied, eine Elegie, und kalte Schauer überliefen mich, als ich intuitiv — und ohne die Übersetzung zu kennen — zu ahnen begann, wie bedeutungsvoll es war.

»Laß meine Seele an einem anderen Ort Zuflucht finden«, sagte Jane, den Text rasch übersetzend, als ich ihr das Band ein paar Minuten später vorspielte. Es war an einem kalten Nachmittag. Sie saß in warme Decken eingehüllt in ihrem Stuhl im Wohnzimmer, den Kopf gesenkt, während sie zuhörte. Ich bat sie, mehr vom Text des Liedes zu übersetzen, doch sie wiederholte nur diese eine Zeile und beharrte eigensinnig darauf, sie würde mir später mehr mitteilen. Mir war sofort klar, daß die Tonbandaufzeichnung Janes Empfindungen bezüglich ihrer Krankheit dermaßen offenlegte und für meine Frau so aufwühlend und bedrohlich war, daß sie sich zu diesem Zeitpunkt nicht dazu aufraffen konnte, sich auf ihre starken Emotionen einzulassen. Ich wußte auch, daß sie die Wirkung der Botschaft auf mich fürchtete — denn was konnte der Notruf, den sie mich bereits hatte wissen lassen, anderes bedeuten, als daß ihre Seele zumindest die *Möglichkeit* erwog, den physischen Körper zu verlassen, vielleicht um in einem *nichtphysischen Erfahrungsraum* Zuflucht zu finden? Ich akzeptierte ihre Reaktion und konnte nur, einigermaßen enttäuscht, warten und an diesem Essay weiterarbeiten.

Die Tage vergingen, und Jane vertröstete mich bezüglich der Übersetzung auch weiterhin, bis ich schließlich unwillig wurde und fast verzweifelte, weil sie sich weigerte, mit mir zusammenzuarbeiten. Ich beschloß, den Essay nach Möglichkeit auf dieser einen bedeutsamen Zeile aufzubauen. Denn inzwischen hatte ich begriffen, daß sie keinesfalls die Absicht hegte, eine englische Fassung des Sumari-Liedes zu schreiben: Eine kindliche, naive, aber äußerst starrköpfige Seite ihrer Psyche, irgendein »perverses Fleckchen«, so hatte sich Seth vor langer Zeit einmal scherzhaft ausgedrückt, hatte einfach die Vorherrschaft übernommen und beschlossen, in dieser Angelegenheit nichts weiter zu tun. Jane wollte einfach nicht, aus welchen Gründen immer, und dabei blieb es. Schon früher waren ähnliche Verhaltensweisen an Jane zu beobachten gewesen, und ich wußte, sie würde sich durchsetzen.

Um jedoch von meiner Frau kein falsches Bild zu geben, möchte ich hinzufügen, daß sich ihre scheinbare Unnachgiebigkeit mit einer profunden, intuitiven Unschuld angesichts der Natur (und damit des All-Einen) verbindet; auch ist sie von einer großen, vorbehaltlosen Offenheit gegenüber allen Erscheinungsformen der Natur, auch gegenüber ihrer eigenen Person und den sich daraus ergebenden Phänomenen. Auch wenn sie mir in diesem Punkt nicht völlig zustimmt, halte ich Jane ihrem Wesen nach für eine Mystikerin — und eine Mystikerin zu sein ist in unserer extravertierten, materialistischen Gesellschaft nicht einfach, denn die damit verbundene Lebensweise wird heutzutage kaum verstanden. Jane hat diese Rolle aus vielen Gründen gewählt. Der Mystizismus wird immer noch weitgehend als eine tiefreligiöse Haltung von geringem praktischem Wert betrachtet, doch meines Erachtens trifft auf Jane beides nicht zu. Ihre »mystische Ader« wird durch ihre ausgeprägte Verschwiegenheit noch betont, sie ist jedoch gewöhnlich von ihrem scheinbar aufgeschlossenen Wesen und Verhalten überlagert. Ich brauchte lange Zeit, um das zu erkennen. Ich mußte auch erst lernen, daß ihre nüchterne Denkweise unmittelbar ihrem Mystizismus entspringt und daß sie genau aus diesem Grund auch sehr impulsiv sein kann. Es gibt keine halben Sachen bei Jane. Sie ist äußerst loyal. Sie ist ein Mensch mit einer sehr guten Auffassungsgabe, besitzt viele Fähigkeiten, einen scharfen Verstand und ein hervorragendes kritisches Gespür. Jede Art von Zurückhaltung — zum Beispiel die absichtliche Unterdrückung irgendwelcher Impulse — ist bei ihr ein angelernter Kunstgriff, der lediglich Schutzfunktionen hat. Diese eigentümliche Kombination von Charakterzügen ist in meinen Augen wirklich einzigartig, und ich glaube nicht, daß sie in der Lage gewesen wäre, das Seth-Material ohne diese Eigenschaften gleich gut zum Ausdruck zu bringen. Im Zuge dieser Essays hoffe ich Ihnen weitere Einblicke in Janes Charakter zu ermöglichen. Im Moment hingegen spreche ich von dem, woran ich selbst zu arbeiten habe: von einer Zeile des traurigsten Sumari-Liedes, das sie je gedichtet und gesungen hat. Das Tonband wandert in unser Archiv, obwohl ich nur zu gerne wüßte, was da sonst noch drauf ist...

Zwei Tage, nachdem ich das Band entdeckt hatte, fragte ich Jane: »Möchtest du heute eine Sitzung abhalten?«

Zuerst wußte sie es nicht so recht. Die Frage schloß sich an unser kurzes Gespräch nach dem Abendessen an. Mein Rücken schmerzte ein wenig; ich war zu dem Schluß gekommen, daß diese Schmerzen nicht körperlich bedingt waren, obwohl ich Jane — mit ihren ganzen 37,2 Kilogramm — hochgehoben hatte, sondern vielmehr von den Arztrechnungen herrührten, die heute ins Haus geflattert waren. (So jedenfalls interpretierte ich es zunächst einmal, ein wenig amüsiert.) Während der letzten Tage hatte es nämlich geradezu Arztrechnungen geregnet, schon fast gehagelt.

Jane ist seit dem letzten Sonntag, dem 28. März, wieder aus dem Krankenhaus zurück. Sie hatte dort einunddreißig Tage verbracht und war wegen einer ernsten Unterfunktion der Schilddrüse (Hypothyreose), hervortretender Augen und Sehstörungen (Diplopie), nahezu völligem Verlust des Gehörs, leichter Anämie und zahlreicher wundgelegener Stellen (Dekubitusgeschwüre) behandelt worden. Einige der Geschwüre hatten sich bereits vor Monaten gezeigt, aber wir waren uns über die Bedeutung der kreisförmigen geröteten Hautflekken nicht im klaren, die sich langsam an den Druckstellen am Gesäß, am Steißbein und am rechten Schulterblatt ausbreiteten. »Dekubitus« ist übrigens einer der ersten neuen Fachausdrücke in unserem sich rasch erweiternden medizinischen Vokabular — und eine der Plagen, die ein Mensch nur sehr schwer wieder loswird, wenn sie sich erst einmal festgesetzt haben. Janes wundgelegene Stellen sind bis heute nicht alle ausgeheilt, doch einige haben sich recht schön geschlossen.

Ich sollte übrigens noch anmerken, daß die Geschwüre nicht infektiös waren, als Jane ins Krankenhaus ging, doch eine knappe Woche später *waren* sie es. Wie kam das? Mehrere Krankenschwestern gaben die Auskunft: »Es sind Staphylokokken.« Ein Schild, das auf die Infektionsgefahr hinwies, wurde an der Tür zu Janes Zimmer angebracht und blieb dort, bis sie wieder nach Hause ging. »Wenn die Infektion des Geschwürs am Steißbein bis zum Knochen vordringt, bedeutet das, daß Sie mindestens sechs Wochen im Krankenhaus bleiben müssen«, betonte die zuständige Ärztin, Rita Mandali (der Name ist verfremdet). Zweimal täglich wurde Jane nun mit Wasserstoffsuperoxyd und einer Sulfonamid-Creme behandelt. Und ich las nach, wie viele Arten von Staphylokokkenbakterien es gibt, und erfuhr auf diese Weise auch, wie häufig in Krankenhäusern Infektionen auftreten, da diese Orte weit davon entfernt sind, als besonders sauber gelten zu können ...

Janes Gehör ist nach der Behandlung mit Lösungsmitteln und nach zwei kleineren Operationen, bei denen winzige Drainageröhren durch das Trommelfell eingeführt wurden, um die innere Verstopfung zu beheben, viel besser geworden. Janes Schilddrüse hat, wie Dr. Mandali ihr schließlich mitteilte, ihre Tätigkeit einfach eingestellt, und die Ärztin ist nun dabei, das endokrine System meiner Frau und damit auch sämtliche Vorgänge in ihrem Körper behutsam zu »verjüngen«, und zwar mit einem synthetischen Schilddrüsenhormon in Tablettenform (die Dosis betrug anfänglich nur fünfzig Mikrogramm). Jane muß diese Pillen für den Rest ihres Lebens einnehmen. Das ist zumindest die derzeitige Prognose. Ihre Sehstörungen sind nicht so gravierend, und man rechnet mit einer weiteren Besserung, sobald die Hormone zu wirken beginnen. Dr. Mandali hat Jane Tropfen zur Bildung von Tränenflüssigkeit verschrieben und dazu ein flüssiges Salizylpräparat (als Ersatz für Aspirin) gegen Gelenkschmerzen und Entzündungen. Diese beiden Mittel werden je viermal am Tag verabreicht. Von einer Steigerung der Drüsentätigkeit verspricht man sich auch eine positive Auswirkung auf Janes Arthritis und vielleicht auch auf ihre Anämie (von der die Arthritis oft begleitet wird). Ich bat außerdem um die Durchführung eines Nahrungsmittelallergietests, denn ich hatte gelesen, Arthritis könne durch Reaktionen auf verschiedene Lebensmittel und künstliche Zusätze ausgelöst werden. Dr. Mandali meinte, daß Jane wüßte, wenn sie auf irgend etwas allergisch wäre; doch mit dieser Erklärung war ich absolut nicht einverstanden. Wird erst einmal etwas als »rheumatoide Arthritis« diagnostiziert, so dachte ich, hat man es leider nicht nur dann, wenn man *ins* Krankenhaus geht, sondern auch noch, wenn man es wieder *verläßt.* Das kennzeichnet unglücklicherweise den Stand gegenwärtiger Medizin.

Aufgrund der starken Unterfunktion ihrer Schilddrüse döst oder schläft Jane oft in ihrem Stuhl. Das hatte sie schon vor ihrem Krankenhausaufenthalt immer öfter getan, doch hatten wir hinter diesem Verhalten keine körperlichen Ursachen vermutet. Ich sah lediglich, daß sie die Ruhe brauchte, da sie sich offenbar im allgemeinen nicht sehr wohl fühlte, aber ich glaubte auch, sie wartete auf einen der für sie charakteristischen Schübe kreativer Energie, bevor sie die Arbeit am nächsten Buch aufnehmen würde (sie verfolgt immer ein paar Projekte gleichzeitig). Wir hatten uns dahingehend geeinigt, daß sie in der Zwischenzeit den Text der Sitzungen und meine Anmerkungen für *»Träume, ›Evolution‹ und Werterfüllung«* durchsehen würde; ich sollte dann die Endfassung des Manuskripts tippen. Doch Jane konnte ihre Absicht nicht in die Tat umsetzen. Entweder nickte sie ein, oder sie war geistesabwesend — das geschieht auch heute noch — und blätterte nur gelegentlich in unseren Notizen herum, ohne jemals ernsthaft daran zu arbeiten.

Im Krankenhaus döste sie weniger häufig, denn dort gab es mehr Eindrücke, die ihre Aufmerksamkeit anregten. Und jetzt müssen wir einfach wer weiß wie viele Wochen oder Monate auf die vitalitätsfördernde Wirkung der Schilddrüsenbehandlung warten. Für den Moment sieht es so aus, als benötige Jane alle verfügbare Energie für die jeweils gerade zu bewältigende Aufgabe. Nach dem Essen beispielsweise konzentriert sich ihr ganzer Körper auf die Verdauung, und es können Bewußtseinslücken auftreten. Während anderer längerer Zeitperioden fließen ihre Energien möglicherweise dem Heilungsprozeß oder den Träumen — vielleicht auch beiden — zu.

Auf meine Bitte hin faßte Jane nach einigem Zögern den Entschluß, mit einer abendlichen Sitzung Einführungsmaterial zum vorliegenden Buch beizusteuern. Das sollte eine neue Erfahrung für uns werden: Die Arthritis machte es ihr schwer, auch nur einen Stift zu halten. Daher diktierte sie mir auch ihre eigenen Beiträge, bei denen ich, genau wie bei jenen von Seth, die Uhrzeit und gelegentliche Pausen vermerke und Zusatzinformationen kursiv absetze.

(19.10 Uhr. Donnerstag, den 1. April 1982. Als sie einmal zu diktieren begonnen hatte, kam Jane gut voran. Ich mußte wirklich sehr schnell schreiben, denn ich wollte sie bei diesem ersten Experiment nicht darum bitten, langsamer zu sprechen.)

Seth benutzt den Ausdruck »Werterfüllung«, wie er im Titel dieses Buches vorkommt, um auf die wesentlichen Werte und Inhalte im Leben hinzuweisen — das heißt, wir leben nicht allein, um den Fortbestand des Lebens sicherzustellen, sondern um die Lebensqualität aller Gattungen und Arten zu verbessern.

Wir empfangen die Fackel des Lebens nicht einfach wie ein olympischer Läufer, der sie an den nächsten weiterreicht, sondern wir speisen diese lebendige Fackel oder Flamme mit unserer ureigensten Kraft, Bedeutung und Qualität. Wir tun dies als Individuen, aber auch als Mitglieder unserer Familie, der Gesellschaft und unserer Gattung. Sobald es Anzeichen dafür gibt, daß diese Flamme schwächer wird und ihre potentielle Energie, ihre Intensität, nachläßt, statt zuzunehmen, dann leuchten überall Warnsignale auf. Sie äußern sich als Kriege und soziale Unruhen von nationalem Ausmaß, im persönlichen Bereich auch als Familienkrisen, Krankheiten *(Pause)* und Unfälle.

Im vorliegenden Buch skizziert Seth die großen kosmischen und persönlichen Energien, die einst die Realität des Universums geschaffen und zur Geburt der persönlichen, aufeinander bezogenen Realitäten geführt haben, in die unser individuelles Alltagsleben eingebettet ist.

(19.20 Uhr.) Es ist uns in unserem Zeitsystem nicht möglich, unsere Fähigkeiten intellektuell zu erkennen, ohne von ihnen Gebrauch zu machen, ohne sie am Widerstand der Welt zu erproben. Wir müssen unsere Impulse und Wünsche umsetzen, unsere Möglichkeiten erforschen, unsere Stärken entdecken, indem wir freudig in die gegebene räumliche Welt physikalischer Energien und erdgebundener Zeit vordringen. Im Lauf der Entwicklung jedes Individuums werden immer wieder jene erstaunlichen Ereignisse in Szene gesetzt, die unser Universum hervorbrachten. Das Universum wurde *nicht* in dunkler Vergangenheit erschaffen, sondern es wird durch unsere Gedanken, Träume und Wünsche ständig *neu* hervorgebracht, so daß die Wirklichkeit auf allen möglichen Ebenen gleichzeitig abläuft. Und in diesem lebendigen Streben spielt jeder von uns seine Rolle.

Wenn wir zögern, uns sträuben, zaudern, wenn wir Energien in der Hoffnung zurückhalten, sie aufsparen zu können, wenn wir unsere Handlungen von Furcht statt von Vertrauen leiten lassen, wenn wir bemerken, daß die *Qualität* unseres Lebens zu sehr abnimmt — dann leuchten Warnsignale auf. *(Lange Pause.)* Dann kann sich eine Krise nach der anderen einstellen, um uns wachzurütteln. Dies ist im Leben vieler Menschen geschehen, und erst vor kurzem zeigte sich diese Art von Warnung auch in meinem Leben.

(19.35 Uhr). Während ich diese Einführung diktiere, bin ich noch dabei, mich von mehreren Krankheiten und einem einmonatigen Aufenthalt im Krankenhaus zu erholen, und ich versuche nun zu erkennen, wie sich meine persönliche Situation in Seths umfassendere Perspektive einfügen läßt. Demnach ist das Individuum in der Angelegenheit, die gewöhnlich Evolution genannt wird, nicht einfach eine

Nebensache — vielmehr ist es das Zentrale, um das es dabei geht, ohne das es keine Spezies gäbe, kein Überleben, kein exquisites Netzwerk genetischen Zusammenwirkens, durch das lebendige Kreaturen jeglicher Art entstehen.

(»Nun, ich brauche eine Zigarette«, sagte Jane um 19.36 Uhr unvermittelt.

»Du warst prima, meine Liebe«, rief ich und tätschelte ihr Knie. »Großartig.«

»Ja, ich weiß, ich hab's geschafft — Gott sei Dank«, antwortete sie. Dann saßen wir still nebeneinander an dem runden Spieltisch, den wir neben unsere mitgenommene alte Couch im Wohnzimmer gestellt hatten. In einer Ecke des Zimmers flimmerte die Wiederholung eines Lustspiels über den großen Bildschirm des Fernsehapparats. Ich hatte den Ton abgedreht, bevor die Sitzung begann. Der ganze Raum war in ein freundliches, gedämpftes gelbes Licht getaucht. Ein ziemlich starker Nordwind rüttelte gelegentlich an den Metalljalousien vor den Fenstern. Oft schon hatten wir uns an der so schöpferisch-intimen Atmosphäre unseres Hügelhauses erfreut; wir wünschten uns sehnlichst, noch viele Male in dieser Umgebung beisammen sein zu können.

»Nun, ich weiß nicht — vielleicht ist das alles, was ich heute schaffe«, sagte Jane schließlich mit einem etwas verlegenen Lächeln, »es ist schwierig für mich, mit dem nächsten Teil anzufangen ...« Doch um 19.45 Uhr fuhr sie fort:)

In den anderen Büchern habe ich meine körperlichen Beschwerden gelegentlich erwähnt. Als Seth jedoch im letzten Monat *(am 8. Februar)* sein Diktat für *»Träume, ›Evolution‹ und Werterfüllung«* beendete, hatte sich mein Gesundheitszustand sehr verschlechtert. Zwei Wochen später konnte ich mich nur noch mit Mühe von meinem Stuhl erheben, um mich auf die Couch oder das Bett zu legen. Nachdem ich an einem Wochenende etwa fünfzig Briefe beantwortet hatte, konnte ich am nächsten kaum mehr einen Stift halten, um meinen Namen zu schreiben. Bald wurde auch mein Gehör schwächer, und plötzlich fiel es ganz aus. Ein paar Tage später fand ich mich in der Notfallaufnahme eines unserer Krankenhäuser wieder — und dort machte ich nur allzuschnell Bekanntschaft mit den zahllosen medizinischen Untersuchungsmethoden und ihren Begleiterscheinungen. *(Lange Pause.)* Ich wurde in einen Scanner gelegt, mein bloßes Gesäß schmerzte, als es gegen einen kalten Metalltisch gedrückt wurde, mein Kopf war von einer merkwürdigen Haube oder Kugel umgeben, und überall, so schien es, blitzten helle weiße Lichter und Zahlen auf. Man machte Röntgenaufnahmen von meinem Kopf.

(Jane meinte natürlich ein Gerät für Computertomographie, einen modernen Röntgenapparat, der das Körperinnere in einer Serie hervorragender Querschnittaufnahmen zeigt.)

(Mit einem Lachen fuhr sie um 19.51 Uhr fort:) Später wurde dasselbe entblößte, dünne und knochige Gesäß auf einen anderen Metalltisch gepreßt, während dieses Mal überall an meinem Kopf Elektroden angebracht waren, die ein Elektroenzephalogramm aufzeichnen sollten. Mir wurde nichts gesagt, außer daß ich im Verlauf der Untersuchung meine Augen schließen solle. *(Pause.)* Eine Art weißer Gummi oder Leim war durch das Haar auf meine Kopfhaut gerieben worden, um den elektrischen Kontakt zu verbessern, und als die Untersuchung beendet war, griff die Assistentin einfach nach irgendeinem Ende meiner »Kopfbedeckung« und zog sie mir mit einer groben Bewegung ab — ich hatte das Gefühl, meine ganze Kopfhaut würde mit abgerissen. Die offenkundige Gleichgültigkeit dieser Frau mittleren Alters machte mich wütend.

Werterfüllung? dachte ich. Worauf lasse ich mich dabei nur ein? Und wie kommt es, daß die Ereignisse in meinem Leben eine solche Wende genommen haben? All das war natürlich, wie jeder Krankenhauskundige weiß, erst der Anfang. Zahllose Blutuntersuchungen wurden vorgenommen. Auch mußte ich ins Bett hinein und aus dem Bett heraus gehoben und auf den Nachtstuhl gesetzt werden. *(Pause um 20.05 Uhr.)*

Meine 37,2 Kilogramm Fleisch wurden von wohlmeinenden, aber oft ungeduldigen Fremden — Krankenschwestern, Pflegern und Helfern — herumgehievt, gezogen, geschoben und gestreckt, und selbst die intimsten körperlichen Vorgänge wurden zu einer öffentlichen Angelegenheit. Welch ein Schock!

(»Weißt du, ich bin nie sicher, wie ausführlich ich in diesen Einführungen werden soll«, sagte Jane. »So viele verschiedene Leute lesen die Bücher ...«

»Mach es einfach so, wie du es für richtig hältst«, sagte ich. »Etwas anderes kannst du ja doch nicht tun.«)

Ich erinnere mich an meinen ersten Stuhlgang im Krankenhaus. Die Augen geschlossen, um Tränen der Erniedrigung zurückzuhalten, spürte ich, wie meine Arme von einer Helferin gehoben wurden *(lange Pause)*, mein dünner Bauch und die Rippen arbeiteten in dem hellerleuchteten Raum, mein Gesäß wurde von zwei anderen starken Armen gehoben und gehalten, während eine dritte Person — ich möchte nicht, daß es zu ordinär klingt ...

(20.12 Uhr. »Mach dir keine Gedanken«, sagte ich, »wir korrigieren es, wenn nötig.«)

... das Ergebnis der drei großen Portionen Pflaumensaft, die mir verabreicht worden waren, wegwischte. Doch ich wußte, daß es sogar bei derlei Vorgängen so etwas wie einen Gemeinschaftssinn gibt, den ich vielleicht zu lange ignoriert hatte: jene Art Verbundenheit, aus der heraus eine Gattung, Gemeinde oder Familie zusammenhält, um einem ihrer Mitglieder zu helfen. Und wie ich trotz all der pessimistischen Gedanken, die mir von der Schulmedizin aufoktroyiert wurden, feststellen sollte, gab es inmitten der Krise einen gewissen unbestreitbaren Sinn für Zusammenarbeit und einen »vulgären« schwarzhumorigen Optimismus.

(20.21 Uhr.) In diesem Buch erläutert Seth nur bis zu einem gewissen Grad das Wesen verschiedener Krankheiten im Zusammenhang mit dem Leben eines Individuums und dem Überleben der Art. Und ich lag also einen vollen Monat im Krankenhaus, wobei das physische Überleben in meinem Sinnen und Trachten die Hauptrolle spielte — wohl kaum ein Zufall. Man sagte mir, daß die Funktion meiner Schilddrüse sehr stark eingeschränkt sei und daß ich Arthritis habe. Meine Hände wurden geröntgt, aber nicht meine Knie. Eine der Blutuntersuchungen ergab, daß ich leicht anämisch war. Andere Untersuchungen und Röntgenaufnahmen zeigten jedoch, daß ich trotz meines Rauchens gesunde Lungen hatte, auch Herz, Magen und andere Organe waren in Ordnung. Ich lachte.

(Fortsetzung nach langer Pause um 20.28 Uhr. Jane schien müde zu werden. Sie hätte hinzufügen können, sie habe deshalb gelacht, weil sie weder an einem Gehirntumor, an Krebs, Vaskulitis [einer Entzündung der Blutgefäße] noch an irgendeiner der verschiedenen anderen Krankheiten litt, die die Ärzte vermutet hatten. Sie hatte das Gefühl, eine Reihe von Befürchtungen der Mediziner aus dem Feld geschlagen zu haben.)

Ich mochte all die Ärzte und Krankenschwestern und Pfleger, und sie mochten mich. Die meisten von ihnen wußten nicht, wer ich war, und wollten es auch gar nicht wissen. Sehr wenige kannten meine Arbeit (obwohl einige »Fans« aus der Gegend — Fremde — schließlich doch ihren Weg in mein Krankenzimmer fanden). Ich hatte den Eindruck, daß ich mich in dieser Umgebung, die mir zuerst so fremd erschienen war, behaupten konnte. Ich lernte sogar, Witze zu machen, während mein Hinterteil gefährlich über dem Nachtstuhl schaukelte und ich hoffte, die Krankenschwestern und Pfleger würden dafür sorgen, daß ich das Ziel nicht verfehlte — und wieder empfand ich die seit langem vergessene Kameradschaft mit Menschen, und ich spürte, wie etwas in mir wuchs, unabhängig von meiner Arbeit und meinen Tätigkeiten. Ich hatte ein Recht, auf der Erde zu sein, weil ich wie jede andere irdische Kreatur hier geboren worden war, und hier gehörte ich zu einer großen, zusammenwirkenden Gesamtheit körperlicher Energien.

(20.31 Uhr. »Nun, das ist im Moment alles«, sagte Jane nach einer langen Pause. »Ich bin wirklich überrascht, daß ich soweit gekommen bin. Ich hätte nicht gedacht, daß ich es schaffen würde — vor allem nicht in dieser Art ... Ich hätte es gar nicht erst versucht, wenn du nicht den Vorschlag gemacht hättest.«

Jane hatte diesen Text nicht in Trance oder in einem dissoziierten Zustand diktiert, wie sie es tat, wenn sie Seth-Material produzierte. Sie hatte sich weder sonderlich inspiriert gefühlt noch gewußt, wie sie überhaupt vorgehen sollte. Sie sagte, sie habe ihre eigenen Arbeiten sonst immer von Hand geschrieben oder eine Schreibmaschine dafür benutzt, aber nie diktiert, wie es viele Schriftsteller heutzutage tun. Wie dem auch sei, ihre schöpferischen Fähigkeiten ließen sie jedenfalls nicht im Stich.)

An dieser Stelle möchte ich darauf hinweisen, daß keiner von uns beiden während Janes Krankenhausaufenthalt den Versuch unternahm, die Leute dort — etwa Ärzte, Krankenschwestern, Laborpersonal — zum Glauben an das Seth-Material zu »bekehren«. Zwar erwähnten wir, daß Jane Schriftstellerin und ich Maler sei, doch darüber hinaus sagten wir nichts über unsere Interessen im Leben. Wir waren nicht dort, um irgend jemandem unsere Anschauungen aufzunötigen. Wir hatten lediglich in einer Krisenzeit gemeinsam und bewußt den Entschluß gefaßt, die Hilfe von ausgebildeten Ärzten und medizinisch geschultem Personal so weit wie möglich in Anspruch zu nehmen, und wir waren bereit, von diesen Menschen zu lernen, auch wenn sich ihre Überzeugungen mit Sicherheit wesentlich von den unseren unterschieden. (Nun, vielleicht sollte ich hinzufügen, daß wir zumindest anfänglich *eher* bereit waren zu lernen!)

Jane und ich hatten keine Ahnung, ob die Ärzte, mit denen wir zu tun hatten, überhaupt wußten, was ein Trancezustand ist. Ich malte mir heitere Situationen aus, in denen der durch Jane sprechende Seth versuchen würde, vor einer Versammlung von Ärzten und Schwestern zu erklären, wer er sei und was er glaube. Anschließend würde er darüber sprechen, was Jane und ich glauben und warum. Dann würde er ein paar spitze Bemerkungen darüber fallenlassen, was die anwesenden Zuhörer glauben und warum...

Doch Spaß beiseite. Nach ihrem einmonatigen Aufenthalt im Krankenhaus verfügten Jane und ich über einige »sehr gemischte« — positive wie negative — medizinische Erfahrungen, die vor allem äußerst kostspielig waren.

Essay 2

Montag, den 5. April 1982

(19.15 Uhr. Unser nächste »Jane-Sitzung« fand vier Tage später statt, am 5. April. Wieder einmal saßen wir am Spieltisch im Wohnzimmer. Und wieder einmal schwebte Jane zeitweilig zwischen Wachen und Schlafen. Als sie aber zu diktieren begann, kam sie gut voran.)

Im Lauf der letzten Jahre ist es mir unmöglich geworden, die Augen vor den zahlreichen beklemmenden Unterschieden zwischen Seths Erläuterungen zum Wesen der Realität und unserer eigenen, privaten Erfahrung zu verschließen. In *»Träume, ›Evolution‹ und Werterfüllung«* zum Beispiel schildert Seth die Menschheit als eine lebensprühende, freundliche Gattung mit einem der materiellen Erscheinungswelt angepaßten Bewußtsein, das durch die ihm eigenen kosmischen Inhalte wunderbar darauf vorbereitet ist, ein produktives, von geistigen und körperlichen Freuden erfülltes Leben zu führen; jedes Individuum hat sein Schicksal in der Hand und leistet darüber hinaus einen Beitrag zur Entfaltung aller anderen Lebensformen.

Und doch las ich die vielen schauderhaften Zeitungsartikel, in denen Katastrophen vorausgesagt werden, und ich sah auf dem Fernsehschirm die in bunten Farben präsentierten tragischen Ereignisse des Tages. Mehr noch, ich habe auch in meinem eigenen Dasein das stetige Zunehmen körperlicher Beschwerden beobachtet.

Wenn das Leben über so große Möglichkeiten verfügt, wie Seth betont, und auf einem so hohen kreativen und produktiven Niveau begonnen hat — und beginnt und *weiterhin beginnen wird* —, warum sieht es dann für uns so oft aus, als kämpften wir gegen unwissende oder gleichgültige kosmische Kräfte oder als wüßten wir im besten Fall so wenig von unserem Ursprung und von unserer Kreativität, daß uns die Hände gebunden oder wir für ewig von unserer natürlichen Erbschaft abgeschnitten sind?

Zweifellos *verstanden* wir uns selbst »falsch«. Zweifellos war jede einzelne unserer Standarderklärungen für das Leben *(Pause)* jetzt relativ nutzlos, ungeachtet der Tatsache, wieviel sie uns in der Vergangenheit geholfen oder behindert haben mochte.

(Nach einer langen Pause um 19.51 Uhr:) Allmählich wurde mir klar, daß selbst meine körperlichen Behinderungen eigentlich schöpferische Abenteuer waren, die ich nur aufgrund meiner persönlichen Empfindungen als schlecht, einschränkend oder sogar tragisch bewertete. Vielleicht kamen mit ihnen vielmehr meine ureigensten Bemühungen um Werterfüllung, um die Reorganisation der gewaltigen Energien meines Lebens zum Ausdruck. Doch statt eine tiefgreifende Umstellung meiner Gewohnheiten ins Auge zu fassen, geriet ich in Panik und bekam das Gefühl, Angriffen ausgesetzt zu sein und zu einem Leben gezwungen zu werden, das mir immer weniger körperliche Freiheit ließ. Wie also paßte diese Erfahrung zu Seths *»Träume, ›Evolution‹ und Werterfüllung«?*

Soweit ich sehe, lebe ich seit einigen Jahren mit zwei Arten von »Tatsachen«. Die alten, etablierten Erklärungen haben versagt und scheinen plötzlich kaum noch verständlich, während die neuen Erklärungen Seths außerhalb meines Fassungsvermögens liegen, zumindest in gewissen Bereichen — Bereichen, die für das körperliche Wohlbefinden und den seelischen Frieden äußerst wichtig sind. Die gleichen Vorgänge spielen sich natürlich auch im Leben meines Mannes Rob ab, denn unser beider Dasein scheint in die Regionen der größten Hoffnungen des Menschen wie auch in die seiner größten Ängste vorzudringen.

(20.02 Uhr. »Oh, das ist alles«, sagte Jane plötzlich. Sie hatte heute abend ebenso schnell diktiert wie beim letzten Mal, doch etwas verhaltener. In ihrer Stimme hatte dasselbe Zittern mitgeklungen. Sie war müde, und auch ich fühlte mich nicht besonders wohl, da ich mit einem halb unterdrückten Husten kämpfen mußte — einem Übel, das mich nur selten heimsucht.)

Am gestrigen Sonntag war Jane seit genau einer Woche aus dem Krankenhaus zurück. Uns war diese Woche aus verschiedenen Gründen als überaus schwierig erschienen. »Es war die schwerste in den siebenundzwanzig Jahren unseres Zusammenlebens«, sagte ich gestern abend zu einem Nachbarn. Meine liebe, wundervolle Frau in ihrem hilflosen Zustand zu sehen war fast mehr, als ich verkraften konnte. Jane selbst zeigte im Hinblick auf ihre gesundheitliche Verfassung einen Stoizismus (ich scheue mich, das Wort »Akzeptanz« zu verwenden), den ich für unerträglich gehalten hätte, wäre ich selbst betroffen gewesen. Zeitweise reagierte ich leider wirklich schlecht; meine Stimmung schwankte zwischen tiefer Verzweiflung und großer Zuneigung, Liebe und Mitleid. Ich hatte den Wunsch zu weinen und konnte es nicht. Mit wehem Herzen wünschte ich mir sehnlichst, meine Frau möge froh und mit unschuldig schwingenden Hüften auf mich zu gehen, so wie sie es vor Jahren getan hatte, als sie mich täglich von der Druckerei abholte, in der ich als Illustrator arbeitete. Das war kurz nach unserer Heirat im Jahr 1954 gewesen. Wir hatten damals in Sayre, Pennsylvanien, einer kleinen, etwa dreißig Kilometer südöstlich von unserem derzeitigen Zuhause in Elmira entfernten Stadt gelebt; ich bin dort aufgewachsen. Nicht daß ich mir wünschte, Jane auf geheimnisvolle Weise wieder in eine Fünfundzwanzigjährige verwandelt zu sehen — ich spürte nur das schmerzliche Verlangen nach dem Wiederaufleben ihrer damals ungehemmten und spontanen *Bewegungsfreude*. Denn jetzt verstand ich, daß die Bewegungsfreiheit zumindest *ein* wahrer Ausdruck der kreativen Fähigkeiten eines Menschen ist.

Die vergangene Woche war also von dem verzweifelten Bemühen geprägt, uns wieder so einzuleben, daß wir unserer »Arbeit« — auch der künstlerischen — mit einer gewissen Regelmäßigkeit nachgehen konnten. Zu unserem Leidwesen mußten wir feststellen, daß Jane wegen des langen Liegens im Krankenhaus ihre Beine kaum noch gebrauchen konnte; sie war während jenes Monats regelrecht davon abgehalten worden, sie in der gewohnten Weise zu benutzen. Dies erschwerte all unsere Bemühungen, ihr die Fortbewegung im Haus mit Hilfe ihres auf Rollen stehenden Bürostuhls zu ermöglichen, ganz erheblich und hätte beinahe das Ende unseres Versuchs bedeutet, unser Leben ohne fremde Hilfe zu bewältigen. Geplant war lediglich der zweistündige Besuch einer Krankenschwester an fünf Nachmittagen pro Woche; sie sollte mit Jane die Physiotherapie fortsetzen und die

Verbände an den wundgelegenen Stellen wechseln. Wir wollten auf keinen Fall die dauernde Anwesenheit einer Pflegerin, vierundzwanzig Stunden am Tag. Ich für meinen Teil befürchtete, ein solches Arrangement würde einerseits bedeuten, daß wir Janes Verfassung als einen wirklich schrecklichen und unabänderlichen Zustand hinnahmen, und es würde uns andererseits in psychologischer und kreativer Hinsicht ruinieren.

Jane kämpfte darum, die Kraft ihrer Beine zurückzugewinnen. Ohne es zu bemerken, hatte ich, seit sie ins Krankenhaus gekommen war, nach und nach an Gewicht verloren, und mittlerweile war dieser Gewichtsverlust soweit fortgeschritten, daß meine Abmagerung auch anderen auffiel. Ich ging dazu über, bewußt mehr zu essen. Nachdem meine Frau nach Hause zurückgekehrt war, hatte ich sehr viel zu erledigen; ich mußte dauernd herumtelefonieren und herumfahren, um Rezepte und Medikamente zu besorgen; ich mußte verschiedene Arten von Betten, Matratzen, Stühlen und Kleidungsstücken ausprobieren, mich um die Versicherung, den Nachtstuhl und einen Lautsprecher für unser Telefon kümmern, damit Jane nicht den schweren Hörer halten mußte. Wir stellten sogar einen kleinen Fernsehapparat mit Fernbedienung in unserem Schlafzimmer auf, damit sie Ablenkung hatte, wenn sie nachts gelegentlich keinen Schlaf fand. Als ich mich dann außerdem entschloß, auf der Couch im Wohnzimmer zu schlafen, wo es ruhiger und dunkler war, kauften wir zwei kleine Funkgeräte, damit Jane mich jederzeit von ihrem Bett aus rufen konnte. Daneben unterliefen uns ein paar kostspielige Fehler, denn wir schafften Geräte an, die sich als absolut nutzlos erwiesen.

Und bei all diesen hektischen Aktivitäten waren unser Malen und Schreiben — die Tätigkeiten, die wir immer als den schöpferischen Mittelpunkt unseres Lebens und als den eigentlichen Grund für unser beider Dasein angesehen hatten — weit in den Hintergrund getreten, so daß sie uns schließlich wie verblaßte Träume vorkamen oder auch wie etwas, das »mehr vom Glück begünstigten« Versionen unserer Selbst möglicherweise in einem anderen Leben beschieden war.

Bislang haben noch keine Seth-Sitzungen stattgefunden, weder reguläre noch persönliche. Janes Energie ist noch nicht auf dem Stand, auf dem sie sein sollte, auch wenn ihr die Hormonbeigaben beträchtlich helfen. (Dr. Mandali sagte uns, die Hormondosis dürfe im Laufe der Monate nur ganz langsam gesteigert werden, damit das Herz und das endokrine System nicht zu sehr belastet würden.)

Essay 3

Freitag, den 16. April 1982

Unsere Tage und Nächte vergingen in verwirrender Betriebsamkeit und wurden von so unregelmäßigen Schlafperioden unterbrochen, daß wir kaum bemerkten, ob es heiß oder kalt, wolkenlos oder regnerisch war. Die Farbe des Grases wechselte allmählich von Braun zu einem blassen Gelbgrün. Jane döste tagsüber häufig in ihrem Stuhl, wachte aber nachts auf und sah sich dann alte Filme im Fernsehen an. Während ihrer ersten Wochen zu Hause schlief ich selten länger als zwei Stunden ohne Unterbrechung: Ich hatte das Gefühl, als müßte ich ständig aufstehen, um die Verbände an ihren wundgelegenen Stellen zu kontrollieren, ihr die Kissen aufzuschütteln und es ihr auf der motorbetriebenen, vibrierenden Luftmatratze, die wir schließlich als die unter den gegebenen Umständen beste Unterlage ausgewählt hatten, bequem zu machen. Ich brachte ihr etwas zu trinken und massierte ihre Beine, während sie mit angezogenen Knien auf dem Rücken lag. (Sie kann ihre Beine nicht ausstrecken.) Ich saß bei ihr, während sie ein paar Züge an einer Zigarette machte. In den Nächten herrschte eine eigenartige, subtile Stimmung von Zeitlosigkeit, die ich immer bewundert hatte. Sie durchdrang unser Schlafzimmer — doch so dumpf und mitgenommen ich auch oft war, spürte ich doch überdeutlich, wie diese heitere Ruhe durch die Geräusche des Fernsehapparates empfindlich gestört werden konnte, wenn in den Sendungen andere Tages- und Jahreszeiten dargestellt wurden.

Jane versuchte, mit ihrer behinderten rechten Hand zu schreiben, und war immer wieder frustriert, weil sie den Stift nicht gut genug halten konnte, um die ihr in den Sinn kommenden Ideen aufzuzeichnen. Zeitweise benutzte sie ihren Kassettenrekorder, um so einen Ausgleich für ihre fehlende Schreibfähigkeit zu schaffen, doch das bedeutete, daß wir die Zeit finden mußten, um die Tonbandaufzeichnungen zu transkribieren — und bis jetzt haben wir dies nicht getan. Viele dieser Texte sind übrigens so persönlich, daß wir sie im Moment nicht bekanntmachen wollen.

(Unsere erste »neue« Seth-Sitzung hielten wir schließlich letzten Montag abend, den 12. April ab. Sie war nur kurz, doch, wie ich es erwartet hatte, ganz ausgezeichnet. Wir waren sehr erfreut darüber, denn wir mußten, wie ich zu Jane bemerkte, sämtliche uns zur Verfügung stehen-

den Mittel einsetzen, wollten wir jemals alle Ereignisse in unserem Leben verstehen, die zu den Erfahrungen rund ums Krankenhaus geführt hatten. Und obwohl es sich um eine rein persönliche Sitzung handelte, denke ich doch, daß sie Hinweise enthält, die für uns alle gelten. Jane fiel so leicht in Trance wie eh und je, doch schwang auch in ihrer Seth-Stimme dasselbe Zittern mit, das ich schon öfter bemerkt hatte, seit sie wieder zu Hause war. Denken Sie bitte daran, daß Seth — der sich selbst als körperlos bezeichnet — Jane mit Ruburt, ihrem männlichen »Wesensnamen«, anspricht.)

Trotz all eurer Beschwerden *(so begann Seth um 20.56 Uhr mit einem Anflug von Humor)* versteht ihr eigentlich recht gut, welche Entscheidungen und Handlungen für euer Leben ausschlaggebend sind, so daß Ruburt mehr als üblich von den psychischen und körperlichen Vorgängen weiß, die gerade unterhalb der Schwelle des Wachbewußtseins liegen. Daher kam es vorübergehend zu einer gewissen Kluft zwischen seinem Leben und der Art, wie er es führte; zwischen seinem Leben und dem, was er damit hätte machen sollen, wurden eine Pause und eine Verzögerung sichtbar, wie sein Gesundheitszustand unmittelbar vor dem Zwischenfall mit dem Krankenhaus zeigte.

Ich werde euch dabei helfen, diese Vorgänge besser zu verstehen, denn mit vielen Menschen — mit den meisten Menschen — geht dasselbe vor sich, wenn sie zu einem bestimmten Zeitpunkt wichtige Entscheidungen hinsichtlich der Fortsetzung oder Beendigung ihres Lebens treffen. Aber sie verdrängen diese Themen noch gründlicher, als Ruburt es tat.

(Nach einer langen Pause um 21.05 Uhr:) Geduldet euch einen Moment ... Die ganze Thematik hat sich schon vor einiger Zeit angekündigt und in der Hauptsache — in der Hauptsache geht es dabei um die Verfassung der Seele, die vor ihren eigenen Gesetzen steht oder mit sich selbst ins Gericht geht und den eigenen Fall in einer Art privatem, doch auch öffentlichem psychischem Gerichtsverfahren aufrollt. Entscheidungen über Leben und Tod werden oft auf ebendiese Weise getroffen. In Ruburts Fall folgten sie einer psychischen und sachlichen Logik oder Gesetzmäßigkeit, die auf vielen verschiedenen Wirklichkeitsebenen zutage trat. Auf diese Weise wurden vergessene Themen ans Licht gebracht, wurden gefürchtete Schwächen und Unzulänglichkeiten aktiv durchlebt, so daß sie richtig erkannt, eingeordnet und bewertet werden konnten. Soweit es angesichts eurer zeit-

lichen Bedürfnisse möglich ist, werde ich versuchen, dies näher zu erläutern.

(21.10 Uhr.) Natürlich hatte die Sache demnach bis zu einem gewissen Grad einen therapeutischen Zweck. Ruburt ist jetzt viel schneller als früher dazu bereit, gewisse Änderungen in seinem Leben herbeizuführen, und er sieht sich jetzt eher als Mitglied einer Gemeinschaft lebender Wesen — weniger isoliert als zuvor, befreit von der überperfekten (unbewußten) Modellvorstellung und daher nicht mehr unter dem Zwang, in einer derartigen psychologischen Knechtschaft zu leben. *(Alles dies wurde mit beträchtlichem Nachdruck vorgebracht.)*

Er *(Ruburt)* braucht daher nicht zu versuchen, das vollkommene Selbst zu sein, der Übermensch — und in der Tat sah er sich sozusagen in der Rolle des Bittstellers, der an die irdische Tür der Kreatürlichkeit klopft, so wie jedes Geschöpf, das durch einen Unglücksfall verwundet wurde, ein anderes um Hilfe bitten mag. Er fand eine wechselhafte Welt vor, eine, die nicht einfach als schwarz oder weiß bezeichnet werden konnte, in der gegeben und genommen wurde und in der sogar noch unter den bedauerlichsten Umständen Raum vorhanden war für gewisse Handlungen, für gewisse Verbesserungen und für gewisse ... schöpferische Antworten. Die Regeln des Spiels haben sich also zwangsläufig geändert. Die Themen sind klarer, schärfer umrissen.

(21.18 Uhr.) Die Sache mit der Arthritis verhält sich, wie ich es geschildert habe *(in einer Reihe persönlicher Sitzungen),* aber ihr habt es immer noch mit der medizinischen Interpretation dieser Situation zu tun, so daß es nun an Ruburt liegt, die Angelegenheit zu bereinigen. Er nimmt seine Tätigkeiten in seinem schöpferischen, natürlicherweise heildienlichen Tempo wieder auf und hat nicht länger Angst davor, zu schnell voranzuschreiten — oder es einmal zu tun —, denn ihm wurde nur zu deutlich gezeigt, daß Aktivität und Bewegung die einzige sichere, gesunde und schöpferische Antwort [auf die Herausforderungen des Lebens] darstellen.

Wir wünschen keine langatmigen Diskussionen darüber, warum etwas geschah und was genau passierte; es genügt, die Dynamik der Vorgänge zu verstehen. Ruburt kann mit dem Bild arbeiten, das er nun von sich selbst hat. Er ist unvollkommen, doch form- und wandelbar.

Später mehr zu diesem Thema. Dies soll nur ein erster Schritt für euch sein — und wie immer euch beiden meine herzlichsten Grüße.

(»Vielen Dank, Seth. Gute Nacht.«)

(21.25 Uhr. In Anbetracht der Umstände war Jane im großen und ganzen gut vorangekommen. »Ich hatte das Gefühl, daß es gar nichts mit dem Eindösen zu tun hatte, wenn ich ein paar Mal etwas langsamer wurde«, sagte sie, auf einige längere Pausen anspielend, »mir kam es ganz normal vor...« Ich sagte ihr, sie habe ihre Sache gut gemacht. »Aber ich war wirklich besorgt, als ich heute abend vor der Sitzung in einen so merkwürdigen Schwebezustand geriet«, fügte sie hinzu.

Wir waren mit der Sitzung sehr zufrieden. Sie enthält eine Reihe wichtiger Hinweise. Die auf Arthritis lautende Diagnose sei, meinte Jane, das einzige, das ihr die Schulmedizin nach derzeitigem Erkenntnisstand geboten und eingeredet habe — aber würde sie nach so vielen Jahren in der Lage sein, sich über die Diagnose hinwegzusetzen? Seth hatte immer wieder betont, daß sie nicht eigentlich an Arthritis leide. Nach seinen Äußerungen hatte sich Jane ihre körperliche Bewegungsunfähigkeit vielmehr als eine Art Schutz zugelegt, um mit ihren einzigartigen Fähigkeiten nicht zuweit zu gehen oder um nichts zu überstürzen. Doch sie benutzte ihre »Symptome« auch, um ihre Ausrichtung auf diese Fähigkeiten zu intensivieren und den in unser beider Wesen liegenden Hang zu großer Abgeschiedenheit zu verstärken. Ich muß jedoch hinzufügen, daß diese Aussagen starke Vereinfachungen sehr komplexer psychologischer Zusammenhänge sind.

Ebenso bedeutsam ist Seths Hinweis, Jane brauche nicht einmal mehr unbewußt zu versuchen, »das vollkommene Selbst zu sein«. Ich hätte, ehrlich gesagt, sehr gerne zusätzliche Informationen — von Jane wie auch von Seth — über die Fortschritte, die sie bei ihren Überlegungen über die Vorzüge einer Fortsetzung des körperlich-materiellen Lebens macht. Und nun mußte ich erkennen, daß es um anderes ging. Es sah wieder einmal so aus, als würde ich bestenfalls ansatzweise begreifen, daß Jane sich entschlossen hatte, eine Reise zu unternehmen, in deren Verlauf sie sich und die Welt physisch wie auch emotional gründlich erforschen wollte — dies im Gegensatz zu der eher intellektuellen Art, in der sie und ich, angeregt durch das Seth-Material und der eigenen Wißbegierde folgend, unsere Suche nach Erkenntnis gewöhnlich vorantreiben ... Ihr Entschluß jagte mir genauso Angst ein wie mein stillschweigendes Mitwirken an ihrem Vorhaben. Und warum, so fragte ich mich, mußten die Menschen ihre Erkenntnisse und Erfahrungen häufig so teuer bezahlen?

9.30 Uhr. Freitag, den 16. April 1982. Jane griff das Thema der vor fünf Tagen abgehaltenen Seth-Sitzung an diesem Morgen in einer eigenen Sitzung von neuem auf und erläuterte dabei vor allem Seths Einführungsmaterial. Zunächst versuchte sie nach besten Kräften, es schriftlich zu tun: Unter Schmerzen und ihren Stift unbeholfen haltend verbrachte sie über eine Stunde damit, die ersten vier Absätze niederzuschreiben — auch hier fügte ich ihrem Text, nachdem ich die Aufzeichnungen überprüft hatte, Anmerkungen hinzu.)

Eines weiß ich gewiß: Jetzt, da ich diese Einführung schreibe, bin ich eine ganz andere Person als damals, als Seth das Buch diktierte. Während er von den Anfängen der Welt sprach, begann ich, mit dem Gedanken an eine stille Beendigung meiner eigenen persönlichen Existenz zu spielen — nicht durch einen gewaltsamen Suizid, sondern durch einen halbwegs beabsichtigten, umfassenden Rückzug.

Einige unverhüllte Anspielungen darauf scheinen in Robs Anmerkungen zu diesem Buch auf. Zum einen verlief der Prozeß des Sichzurückziehens am Anfang recht langsam. Zum anderen widmete Seth, als das vorliegende Werk etwa zu drei Vierteln vollendet war, eine Reihe von persönlichen Sitzungen einer tiefschürfenden Besprechung der »magischen Einstellung zur Wirklichkeit« — dieses Material sollte mir persönlich und anderen Menschen in ähnlichen Situationen dabei helfen, die Einstellung zu den jeweiligen Erfahrungen und damit die Erfahrungen selbst zu verändern. Robs detaillierte Aufzeichnungen über meinen Gesundheitszustand geben darüber Aufschluß.

Seine diesbezüglichen — und noch andere — Arbeiten verzögerten die Fertigstellung der *»Träume, ›Evolution‹ und Werterfüllung»*. Ich selbst ließ die Arbeit an diesem Werk mit Ausnahme einer Sitzung im November 1980 über dreizehn Monate, von Anfang Juni 1980 bis Mitte Juli 1981, liegen.

Um diese große zeitliche Lücke zu überbrücken, hätten wir Teile des Einführungsmaterials verwenden können; damals wurden einige sehr wichtige Abschnitte zusammengestellt. Aber wir wollten den Zusammenhang der für das zweibändige Werk bestimmten Sitzungen nicht durch die Einfügung anderer Themen stören. Statt dessen beschlossen wir, hier unsere persönlichen Erlebnisse und ihre Folgen, nämlich die Erfahrungen im Krankenhaus, zu schildern. Zudem hat Rob den Wunsch, daß seine Texte als Einheit erscheinen und damit die Grundlage für künftige, bereits geplante Bücher bilden können, und ich stimme ihm zu.

(11.30 Uhr. Schließlich schrieb ich Janes Worte genau so nieder wie bereits zuvor. Es war übrigens sehr ungewöhnlich, daß sie schon so früh am Tag diktierte, woher auch immer ihre Eingebungen stammen mochten.)

Seths Erläuterungen zur »magischen Einstellung« waren im allgemeinen recht persönlicher Natur, aber derart faszinierend, daß ich große Teile davon bis zu dem Zeitpunkt, als ich die Arbeit am vorliegenden Seth-Buch beendete, bereits zu einem eigenen Buch zusammengestellt hatte. Darüber hinaus hatte sich aus jenen »magischen« Sitzungen wie von selbst eine *weitere* Serie ergeben, die sich mit einem Aspekt der Persönlichkeit befaßte, der bei mir wie auch bei anderen Menschen anzutreffen ist und den Seth »das sündige Selbst« nannte; jene Sitzungen wiederum bewirkten, daß ich viele Manuskriptseiten produzierte, die unmittelbar meinem eigenen sündigen Selbst entsprangen. Diese große persönliche Enthüllung fand im Juni 1981 statt. Ironischerweise brachte ich damals, inmitten meines halbbewußten Rückzugs, nicht nur *»Träume, ›Evolution‹ und Werterfüllung«* zur Welt, sondern auch verschiedene andere faszinierende, weitreichende Konzepte. Und obwohl all jene Sitzungen aus meinen persönlichen psychischen und psychologischen Herausforderungen und Schwierigkeiten resultierten, wußte ich doch, daß sie ganz hervorragend waren und eine Veröffentlichung verdienten.

Ich konnte spüren, daß Rob hoffte, meine Bemühungen würden mir helfen. Er tat sein Bestes, um mich auf jede nur erdenkliche Art zu unterstützen. Ich nahm die Arbeit am vorliegenden Buch im Lauf des Monats Juli wieder auf, doch ich schien dabei von Tag zu Tag weniger zu tun. Aus dem Sommer wurde Herbst und schließlich Winter, und ich bemerkte es kaum. Wenn ich auf meinem Stuhl vor dem Schreibtisch saß, begann ich zu dösen. Gelegentlich fiel mir auf, daß ich daran dachte, wie leicht es im Grunde sein könnte, meine Wünsche einen nach dem anderen aufzugeben — es schienen ohnehin nur noch wenige übrig zu sein — und mich einfach in einen nicht weiter überraschenden Tod sinken zu lassen.

Das heißt, ich stellte mir vor, alles könnte so leicht und natürlich und schmerzlos vor sich gehen, daß es an keiner Stelle möglich wäre zu sagen: »Jetzt lebt sie, und jetzt lebt sie nicht mehr.«

Vielleicht hatte ich schon alles geleistet, wozu ich bestimmt war. Vielleicht brannte das Feuer meines Lebens auf natürliche Weise aus. Wozu versuchen, es erneut zum Leben zu entfachen, zumal die anfängliche *Lebensfreude* für immer verschwunden war? Vielleicht ist der vorgestellte Weg besser als die Entschlossenheit und die schmerzhaften Unannehmlichkeiten, die möglicherweise nötig wären, um das Leben zu verlängern. Aus diesem Grund war ich nur zum Teil beunruhigt, von einer merkwürdigen inneren Instanz aus zu hören, wie meine Stimme immer matter wurde. Es lag ein Zittern in ihr, als ob die Selbstlaute endlose Lücken und unebene Ränder hätten und als ob ein Teil meiner selbst sich sogar zwischen meinen Worten auflöste wie Rauch in der Luft.

(11.35 Uhr. »Laß mich eine Minute ausruhen«, sagte Jane. Sie war schnell vorangekommen und fuhr nun langsamer fort:)

Mein Gehör ließ nach, zunächst nur ganz allmählich. Laß die Menschen *um mich herum* nur reden, dachte ich; es war mir nicht mehr wichtig. Doch zu meiner großen Bestürzung stellte ich eines Tages fest, daß ich fast vollständig taub war. Nun hatte ich es allerdings nicht mehr mit einer mich sanft umhüllenden Stille zu tun: das Fehlen jeglicher Laute ängstigte mich über alle Maßen. *(Lange Pause.)* War Rob im Zimmer? Wenn ich ihn nicht sehen konnte, wußte ich es einfach nicht. Stand er schützend hinter meinem Stuhl, bereit, mir ins Bett zu helfen, oder war er in der Küche, durch einige Räume von mir getrennt? Für mich gab es keine Geräusche von Schritten auf dem Teppichboden; ich hatte überhaupt keine akustischen Anhaltspunkte mehr. Diese Erfahrung unterbrach meinen Rückzug. Ich erinnere mich daran, all das Schweigen um mich herum mit *einer bedrohlichen weißen Wand* verglichen zu haben. (Und in Klammern füge ich hinzu: Ich weiß nicht, warum ich so empfand, doch es war so.) Taub konnte ich nicht sterben *(sagte Jane um 11.45 Uhr mit einem Lachen).* Ich hatte wohl mit einem allmählichen Nachlassen der Körperfunktionen gerechnet, aber sicher nicht damit, daß sich ein Sinnesorgan plötzlich einfach ausschalten würde.

Während der nächsten Tage, Mitte Februar 1982, faßte ich den Entschluß, mein Gehörproblem zu lösen — und in körperlicher Hinsicht war es dieser Entschluß, der mich schließlich in die Notfallstation des Krankenhauses brachte. Wir hatten keinen Hausarzt, den wir hätten konsultieren können, doch dank der unschätzbaren Hilfe einer lieben Freundin, die Krankenschwester war, konnten wir mit einem Arzt des Krankenhauses einen Termin vereinbaren.

(11.50 Uhr. Wir machten eine Pause, um etwas zu essen. Jane hatte ihren Text diktiert, ohne in Trance zu gehen, genau wie am 1. und 5.

April. Und ich erklärte ihr, ich würde bei der Fertigstellung meiner Anmerkungen zum Seth-Buch »Träume, ›Evolution‹ und Werterfüllung« *ziemlich sicher viel persönliches Material hinzufügen können. Sie erhob keine Einwände, was sie in früheren Jahren gewiß nachdrücklich getan hätte.)*

Im Folgenden schalte ich (Robert F. Butts) mich wieder ein: Wir nahmen »die Arbeit« erst wieder auf, nachdem wir eine von einem fürsorglichen Nachbarn bereitgestellte Mahlzeit zu uns genommen hatten. Inzwischen war auch unsere Krankenschwester dagewesen. Ich hatte schnell etwas in der Apotheke und im Supermarkt besorgt und zwei Briefe geschrieben, in denen ich den jeweiligen Adressaten erklärte, wir hätten keine Zeit, Besucher zu empfangen. Meine Bemühungen fanden ein Echo, das nicht der Ironie entbehrt: gerade als ich den zweiten Brief zuklebte, klopfte jemand an die Haustür: eine unangemeldete Besucherin. Es war eine junge Rechtsanwältin, die von San Francisco nach Elmira geflogen war, um Jane zu sprechen. Obwohl Jane nicht eben in bester Verfassung war, unterhielt sie sich eine Stunde lang mit der jungen Dame über deren persönliche Probleme. Ich machte ein Nickerchen, als die Besucherin wieder gegangen war.

(An diesem Abend des 16. April setzten wir uns, wie Jane vorgeschlagen hatte, an den Wohnzimmertisch, wo ich ihr das am Vormittag von ihr Diktierte vorlesen sollte. Doch zu meiner Überraschung kündigte sie statt dessen plötzlich an: »Nun, ich glaube, ich werde heute abend eine Seth-Sitzung geben [die zweite seit ihrer Rückkehr aus dem Krankenhaus], aber sie wird nicht besonders lang sein.« Als sie um 19.39 Uhr in Trance fiel, zitterte ihre Stimme deutlich und wesentlich stärker als am 12. April, und sie klang so, als käme sie aus weiter Ferne. Jane sprach mit vielen langen Pausen. Ich finde, ihre früheren Anschauungen, ihr jetziger Zustand und das, was sie zur Bewältigung der ihr noch bevorstehenden Schwierigkeiten zu tun hat, werden von Seth in den folgenden Auszügen recht gelungen zusammengefaßt. [Natürlich bin ich bei all dem nicht nur ein unschuldiger Zuschauer, sondern tief in die Geschehnisse verwickelt.]

Wie er es schon hunderte Male zuvor getan hatte, eröffnete Seth die Sitzung in bekannter Manier.)

Nun: Genau der gleiche Prozeß, von dem die Schilddrüse betroffen ist, hat sich in seinem *(Ruburts)* Leben bereits mehrere Male abgespielt, und in jedem dieser Fälle ist es zu einer Selbstheilung gekommen.

Wenn jedoch Ruburt früher der irrigen Meinung war, er sei zu schnell vorwärts gegangen — oder er würde oder könnte es tun — und müsse sich zurückhalten und Vorsicht walten lassen, so erhielt er nun die medizinische Bestätigung, den »greifbaren Beweis«, daß dies keineswegs der Fall war, sondern daß vielmehr das Gegenteil zutraf: er war zu langsam gewesen. Wenn meine Hinweise ihn nicht überzeugen konnten oder wenn er die Wahrheit nicht begreifen konnte, so wurde die »Wahrheit« nun mit der ganzen Autorität der Schulmedizin ausgesprochen. Und wenn ein Arzt ihm vor Jahren einmal gesagt hatte, wie ausgezeichnet sein Gehör sei, so wurde ihm jetzt eröffnet, daß seine Langsamkeit (die Unterfunktion seiner Schilddrüse) dazu beigetragen hatte, sein Gehör in alarmierender Weise zu schädigen.

Zudem ist hier eine medikamentöse Behandlung — die Stärkung der Schilddrüse — vonnöten, die das Gleichgewicht wiederherstellen kann. Und so wird es geschehen.

(Nach einer langen Pause um 19.46 Uhr:) Hatte sich Ruburt bisher vorgestellt, er müsse so stark und vollkommen sein, daß er allen anderen bei der Lösung ihrer Probleme helfen könne, sah er sich nun verhältnismäßig hilf- und schutzlos, das heißt, sein körperlicher Zustand hatte ihn in eine solche Situation gebracht. Das allzu perfekte, unrealistisch-verstiegene Selbstbild schwand einfach dahin. Es konnte der Situation nicht standhalten.

(19.50 Uhr.) Entgegen seinen Anschauungen, ob hilflos oder nicht, mußte sich Ruburt behaupten ...

Es bestand eine gewisse Kameradschaft zwischen ihm und anderen [im Krankenhaus]. Die Wünsche und Impulse wurden unmittelbarer, konkreter und konnten leicht erkannt werden. Die körperlichen Beschwerden führten zu sofortigen Reaktionen ... Seine Schwächen waren offenkundig, wurden in dramatischer Weise enthüllt, und von diesem Punkt aus konnte er, sofern er nicht den Tod wählte, nur noch vorwärtsgehen — denn plötzlich spürte er, daß immerhin ein gewisser Bewegungsspielraum vorhanden war, daß Leistungen doch möglich waren, wogegen zuvor, angesichts seiner übermenschlichen Ansprüche an sich selbst, alle Erfolge geringfügig zu sein schienen.

Seine Genesung wird daher auch weiterhin Fortschritte machen, denn er hat sich etwas Bewegungsspielraum zugestanden, einer Änderung seiner Werterfüllung zugestimmt. Vertraue jedoch auf die

Rhythmen des Körpers, wenn sich diese Veränderungen bemerkbar machen! Der Ausflug in den Garten *(den Jane diesen Nachmittag im Rollstuhl in Begleitung ihrer Krankenschwester unternommen hatte)* war hier eine ganz ausgezeichnete und in praktischer wie symbolischer Hinsicht wichtige Sache.

(Nach einer langen Pause um 20.01 Uhr:) Das sündige Selbst schuf sozusagen ein den Ansprüchen nach übermenschliches Selbstbild, und es umschloß Ruburts Körper wie Beton. Nun, dieses Bild wurde durch die Erlebnisse im Krankenhaus zerstört, und es zerbröckelte. Ruburt blieb mit einem natürlicheren, ihm eher entsprechenden und wesentlich realistischeren Selbstbild zurück. Damit kann er nun umgehen. Seht euch nach Möglichkeit mein Material über die »magische Einstellung« an. Ruburt hatte sozusagen seinen Thermostat immer ganz niedrig eingestellt. Nun haben seine Wünsche und Absichten zu einer gesunden und vernünftigen Regulierung der Temperatur geführt, und die inneren Prozesse werden unwillkürlich in Gang gesetzt, um eine normale Stimulation seines Körpers zu bewirken, genau wie seine Absichten zuvor zwangsläufig eine körperliche Trägheit herbeigeführt hatten.

Genug für heute. Ich wünsche euch einen schönen guten Abend — und wisset, daß ihr beide wichtige neue Schritte getan habt.

(»Gute Nacht, Seth«, sagte ich.)

(20.10 Uhr. Janes Seth-Stimme war im Verlauf der Sitzung etwas kräftiger geworden. Seth hatte zwei wichtige Punkte erwähnt, die uns sehr ermutigten: Zum einen hatte sich Janes Schilddrüse schon einmal selbst geheilt — wenn so etwas jetzt geschähe, wäre sie nicht mehr von Medikamenten abhängig —, und zum anderen wurde ihr übermenschliches Selbstbild, das ihrem sündigen Selbst entstammte, »durch die Erlebnisse im Krankenhaus zerstört, und es zerbröckelte«. Diese beiden Vorgänge konnten ihrem Körper die Freiheit geben, sich selbst zu heilen. [Im ersten Essay schrieb ich, Janes Schilddrüse habe nach Auffassung ihres Arztes aufgehört zu arbeiten und Jane müsse für den Rest ihres Lebens täglich Ersatzhormone einnehmen. Aber der Arzt hatte keinerlei Andeutungen gemacht, aus denen hervorging, die Schilddrüse könne sich je regenerieren.]

»Ich frage mich, was du in sechs Monaten tun wirst, wenn Seth recht behält«, sagte ich, »es sieht so aus, als hätte der Körper so verzweifelt versucht, sich von diesem starren übermenschlichen Bild seines sündhaften Selbst zu befreien, daß er sich schließlich einen Monat lang ins

Krankenhaus brachte und dabei fast selbst getötet hätte ...« Jane pflichtete mir bei und schilderte dann mehrere Begebenheiten, bei denen die Schilddrüse ihr, wie sie dachte, übel mitgespielt hatte. Ich erinnere mich an zwei dieser Episoden.)

Nach der Sitzung überlegte ich, was Janes »sündiges Selbst« angesichts des Materials, das es ihr im Juni 1981 geliefert hatte, wohl sagen würde. In einem Anfall fieberhafter Aktivität hatte ihr sündhaftes Selbst sein Verhalten in äußerst beredsamer Weise auf sechsunddreißig eng mit Handschrift beschriebenen Seiten erklärt und verteidigt. Wir waren über die Enthüllungen, die damals durch Janes Feder flossen, entsetzt gewesen, auch wenn wir widerstrebend eingestehen mußten, daß wir viele Punkte, die dieses Selbst geltend machte, zumindest intellektuell verstanden. Ich war, als sich jenes Material vor uns entfaltete, sehr ärgerlich geworden: Ich ärgerte mich über den Teil von Janes Psyche, der so zäh an seinen Überzeugungen festhielt, aus welchen Gründen auch immer, und ich ärgerte mich über mich selbst, weil ich auch nicht besser als sie begriff, welches Ausmaß und welche Tiefe ihr Glaube besaß und wie zerstörerisch er nach gewöhnlichen Maßstäben sein konnte. Ich wurde auch an Ausführungen erinnert, die Seth ein paar Wochen zuvor, am 16. April, in einer sehr wichtigen persönlichen Sitzung gemacht hatte: »Viele Glaubensvorstellungen von Ruburt haben sich geändert, doch sein zentraler Glaube an das sündige Selbst hat sich als sehr hartnäckig erwiesen. *(Zu mir:)* Obwohl du solche Anschauungen nicht in derselben Weise teilst, bist auch du mit ihnen behaftet, denn du hast sie schon früh, in erster Linie von deinem Vater, übernommen ...«

Es ist unmöglich, hier alle von Jane selbst stammenden Texte über ihr sündiges Selbst wiederzugeben — auch wenn ich es gern täte. Doch ich möchte in Kürze einige Passagen aus den ersten paar Seiten wiedergeben, um zu demonstrieren, wie mitunter die Erfahrungen der ersten Lebensjahre später weitreichende Wirkungen nach sich ziehen können. Wie sich noch zeigen wird, wirft dieses Material offensichtlich genau so viele Fragen auf, wie es beantwortet, doch im Moment kann ich die ganze Angelegenheit nur beiläufig streifen. Wir haben in unserem Bemühen um Verständnis zweifellos noch jahrelange Arbeit vor uns. Sicher ist, daß Jane — genau wie ich und jeder andere Mensch — alle Herausforderungen ihres Lebens selbst *wählt;* wenn man sich jedoch auf bestimmte Tätigkeiten konzentriert, ergibt sich daraus auch die Art, wie man seinen Schwierigkeiten im Lauf der Jahre (oft in enger Zusammenarbeit mit anderen) begegnet: Welche neuen und ursprünglichen Tiefen der Gefühle und Überzeugungen werden Schicht um Schicht freigelegt, welche Einsichten, welches Aufbegehren und, ja, welche Akzeptanz ...

Ich denke, ich könnte viele Seiten langatmig über die Rätsel des Lebens schreiben und darüber, daß wir alle natürlich unser Bestes geben, obwohl wir vielleicht oftmals nicht begreifen, was wir eigentlich tun; doch im Grunde möchte ich nur festhalten, daß Jane, auch wenn sie glauben sollte, in einigen wesentlichen Bereichen des Lebens versagt zu haben, glücklicherweise bemerkenswerte Einsichten in ihre Situation gewonnen hat (wie ich als ihr Ehepartner Einsichten in die meine gewonnen habe). Dies gelang ihr mit Hilfe verschiedener Komponenten ihrer Persönlichkeit, mit Hilfe des Seth-Materials und mit meiner Unterstützung. Wir hoffen, daß ihre Geschichte dazu beiträgt, Licht auf andere Fälle zu werfen. Es gibt Gründe — *kreative Gründe* —, warum sie jetzt nicht gehen und keine handschriftlichen Aufzeichnungen machen kann. Wir bestehen darauf zu erfahren, was dies für Gründe sind. Einige von ihnen wurden offenbar von und in Janes sogenanntem sündigen Selbst geschaffen. Welche Prüfungen haben sie und ich doch zu bestehen! Ich möchte noch einmal zitieren, was Seth gerade vor einem Jahr, am 16. April 1981, in einer persönlichen Sitzung sagte: »Die Art deines Bewußtseins bringt, relativ gesehen, einige wesentliche Probleme, aber auch spektakuläre Möglichkeiten mit sich. Du bist dabei zu lernen, wie du die Realität nach deinen Überzeugungen gestalten kannst, wobei es dir freisteht, diese Überzeugungen selbst zu wählen — deine Geistesverfassung in einer Weise auszusuchen, wie das beispielsweise die Tiere nicht tun können. In jenem größeren Kontext gibt es keine Irrtümer, denn jede Handlung, ob angenehm oder nicht, wird in der ihr gemäßen Weise wieder ausgeglichen *(die Hervorhebung der gesperrten Stellen wünschte Seth)*, und zwar nicht nur unmittelbar in bezug auf sie selbst, sondern auch ... in bezug auf einen größeren Zusammenhang, den euer Bewußtsein gegenwärtig möglicherweise noch nicht begreifen kann.«

So weit, so gut. Wir stimmen grundsätzlich mit Seths Anschauungen überein und glauben, sie bergen ein subtiles Geheimnis, doch wir möchten schon heute soviel wie möglich ausgleichen, und zwar ganz bewußt, in körperlicher wie auch in psychologischer Hinsicht.

Ein bescheidener Vorstoß, den ich in dieser Richtung unternahm, bestand darin, Jane beizubringen, mit der linken Hand — in Druckbuchstaben — zu schreiben, denn ihre linke Hand funktioniert inzwischen viel besser als die rechte. Ich nahm an, dies würde Jane verhältnismäßig leichtfallen, da sie des öfteren die Vermutung geäußert hatte, sie gehöre zu jenen Menschen, die zwar als Linkshänder geboren, aber in jungen Jahren dazu gezwungen worden waren, mit der rechten Hand zu schreiben. Sie hat meinen Vorschlag bisher noch nicht in die Tat umgesetzt. (Ich war dabei von einer eigenen Erfahrung ausgegangen, denn ich hatte mir als geborenem Rechtshänder selbst beigebracht, mit der linken Hand in Druckschrift zu schreiben, und schaffte das ohne weiteres.)

Ende Mai und Anfang Juni 1981 veröffentlichten wir zwei Bücher, in denen jahrelange Arbeit steckte: das Seth-Buch *»Individuum und Massenschicksal«* sowie Janes *»The God of Jane: A Psychic Manifesto«*. Nach meiner Überzeugung konnten sich diese beiden Werke wirklich sehen lassen; doch ich war auch sicher, daß Janes Beschwerden — vor allem ihre Gehbehinderung — vom Zeitpunkt der Veröffentlichungen an erheblich zugenommen hatten. Es schien so, als ob ein mächtiger Teil ihrer Psyche sich bitter für das Erscheinen der Bücher rächte. Vielleicht, so dachte ich, war dies für die körperliche Behinderung verantwortlich, die Jane einerseits die Veröffentlichung von verbotenem Material ermöglichte und die andererseits sie — und auch mich — infolge unserer Isolation vor Abweisung seitens der materiellen Welt schützte. Wir beide waren aufs äußerste beunruhigt. Unser gemeinsames Lebenswerk schwankte am Rand einer physischen Katastrophe.

Unsere arge Bedrängnis führte daher dazu — und das ist wohl kaum ein Zufall —, daß Jane ab dem 17. Juni 1981 spontan die Texte ihres »sündigen Selbst« produzierte. Dieser Prozeß war in den persönlichen Sitzungen durch Seths Äußerungen über ihr sündiges Selbst und die damit verbundenen Herausforderungen nahegelegt worden. Ebendiese Sitzungen, die Veröffentlichung der beiden Werke, Janes persönliches Material über ihr sündiges Selbst und ihr sich verschlechternder Gesundheitszustand wirkten miteinander wie ein komplexer Auslöser. Hier folgen nun die versprochenen, äußerst aufschlußreichen Aussagen, deren Anfang ich im zweiten Band von *»Träume, ›Evolution‹ und Werterfüllung«* in Kapitel 3 vorlegen werde. Ich zitiere ein paar Auszüge wörtlich, doch füge ich auch einiges anderes von Janes Material hinzu (wie immer stehen meine wenigen

Einschübe in Klammern.) Janes persönliches Material ist von einer Unmittelbarkeit, daß man es bezeichnen kann als

Stellungnahme des sündigen Selbst:

Ich wende mich gegen eine Bezeichnung, die mein Selbst nicht verdient, denn wenn ich auch — und vielleicht allzu zwanghaft — an das Phänomen der Sünde geglaubt habe und es zu vermeiden suchte, so waren doch all mein Sinnen und Trachten nicht so sehr auf die Vermeidung von Sünde als vielmehr auf die Erkenntnis ewiger Wahrheiten gerichtet, auf die Mitwirkung an universalen Zielsetzungen und somit auf die spirituelle Einheit von persönlichem Selbst, umfassendem Selbst und universellem Geist. Diese Zielsetzungen beflügeln die schöpferischen Kräfte und treiben uns fortgesetzt an, unsere Existenz zu erforschen, um dem Verständnis die göttlichen Mysterien zu erschließen, die innerhalb und hinter jeder Existenz verborgen liegen — der deinen wie auch der meinen.

Bei unseren Forschungen ging es nicht um Einsichten aus zweiter Hand, sondern um die unmittelbare Begegnung meines Bewußtseins und Wesens mit dem Unbekannten, auch um die Begegnung des menschlichen und verletzbaren Selbst mit den seelischen Erfahrungswelten des Ewigen und Göttlichen, um Erfahrungen des Bewußtseins, zu denen ich mich hingezogen fühlte ... und die wahrzunehmen ich befähigt war.

Ich glaubte vor allem an die unendliche Gültigkeit der Seele und inspirierte mein schöpferisches Selbst, so frei wie möglich auszuschreiten, auch wenn ich in meinem Herzen noch an Sünde und Teufel glaubte. Auf meinem Herzen lastete schwer das lieblose Kainszeichen, und ich empfand, daß auf der Menschheit unbilligerweise das beinahe unwiderrufliche Verhängnis — der tragische Makel — von Sünde und uraltem Frevel lastet. Und so lauteten denn meine Überlegungen: Wenn ich sündhaft bin, dann ist die unausweichliche Folge, daß sich in meiner Sicht selbst jene Erfahrungen der Seele verzerrt darstellen, die mir am klarsten erscheinen. Unwissend muß ich Irrtümern verfallen, wenn ich mir selbst am meisten vertraue, da ich an dieser sündigen Neigung teilhabe ... All diesen Gefühlen zum Trotz ging ich unentwegt weiter voran.

Der Glaube an die Sünde und das sündige Selbst ist seit ungezählten Jahrhunderten in die Vorstellungen des Menschen von sich selbst und von Gott eingebettet. Diese Glaubensinhalte bildeten Kristallisationspunkte für Kulturen und Religionen. Ich halte also daran fest, daß ich zu Unrecht angegriffen werde (vielleicht ist dieser Ausdruck zu stark), weil ich nach meinem Verständnis bloß eine Philosophie akzeptierte, der Millionen und aber Millionen Menschen gleich mir erlegen sind und der die »Weisesten« der Menschheit Glauben und Vertrauen geschenkt haben.

Doch schon in den Jahren unserer [Janes] Kindheit sehnte ich mich danach, solche zu Glaubenssätzen erhärteten Überzeugungen abzuschütteln und nach anderen Erklärungen zu suchen, dorthin zu gehen, wohin noch kein Mann und keine Frau gelangt waren, und mich über die Grenzen *aller* etablierten Glaubensvorstellungen hinauszuwagen.

Für mich war das kein Spiel, sondern die größte Herausforderung, die darauf hinauslief, in einem einzigen Leben die Bedeutung allen Lebens zu entdecken, in der verwundbaren Flüchtigkeit eines Erdendaseins Beweise für die Ewigkeit zu finden, ihre unbekannten Dimensionen auszukundschaften. Wenn ich also in der Verfolgung solcher Ziele meine Vorsichtsmaßnahmen übertrieb und zu stark reagierte, geschah dies sicher nicht in böser Absicht, sondern in dem wohlmeinenden Bestreben, das schöpferische Selbst zu schützen — um es einen vorsichtigen Kurs steuern zu lassen aus Furcht, der jahrhundertealte Glaube des Menschen an die Sünde könne auf einer Wahrheit beruhen, an der ich Anteil hatte, die ich aber nicht verstehen konnte.

Es wäre leicht genug, dieses oder jenes Symbol des Bösen zu verwerfen. Doch was, wenn all diese Symbole eine tiefverborgene Wahrheit in sich trügen und den Ausgangspunkt für eine beherrschende Macht bildeten, die ich in meiner Ignoranz noch nicht wahrnahm? Denn zu jener Zeit drängte das schöpferische Selbst in unserer Erfahrung, deiner wie auch meiner, ungestüm voran, trotz aller zur Vorsicht mahnenden Aussagen vieler alter und zeitgenössischer Schriften, und unsere Bücher wurden von Millionen gelesen.

Der Glaube an die sündige Natur des Menschen blieb also in meinen Vorstellungen bestehen und mahnte mich ständig an meine Unkenntnis des eigenen Wesens. Wie konnte ich sicher sein, daß *unsere* Betrachtungsweise nicht ebenfalls verzerrt war, daß unsere »Sünde« nicht gerade darin bestand, sie *nicht* als Wert anzuerkennen? Vielleicht enthielt die Sünde selbst einen Wert, der sich unseren Überlegungen entzog und noch unentdeckt war.

In gewisser Weise gediehen mir daher die körperlichen Symptome zu einer Art psychologischem Widerruf, so daß wir vor einer höheren Instanz nicht dafür »angeklagt« werden konnten, andere Menschen von eingewurzelten Glaubensüberzeugungen, die wir verwarfen, abzubringen, obwohl wir über nichts Tragfähiges verfügten, mit dem sie möglicherweise oder sicher auf ein neues »Rettungsfloß« gelangen konnten, das wir bereitzustellen versuchten ...

Aber ich war — so zeigt sich jetzt — nicht von Sünde im metaphysischen Sinn befleckt (was ich für möglich gehalten hatte), sondern vom Glauben an die Sünde, den ich nicht aufgegeben hatte. Deshalb war der Widerruf nötig, um mich selbst und andere vor infolge der Ablehnung der Sünde möglichen, für die anderen fatalen Fehlern in unserem Werk zu schützen ...

Soweit Jane. All dies war — und ist — großartiges Material, das genauer und eingehender als meine eigenen Überlegungen die Frage behandelt, warum irgendein Teil von Janes Psyche das Bedürfnis nach Schutz vor der Welt oder vor einem anderen Teil ihrer selbst haben könnte. Obwohl die Aussagen über ihr sündiges Selbst uns beide sehr aufwühlten, schienen sie gleichzeitig einen magischen psychologischen Schlüssel zu liefern: das sehnlichst herbeigewünschte Verständnis, das Janes gekrümmten physischen Körper endlich befreien würde. Doch das geschah nicht. Nichts half — weder Seth mit all seinen bedeutsamen Ausführungen über die Magie der Einstellung noch die Veröffentlichung der neuen Bücher, und auch nicht Janes eigene Arbeiten. Die dringende Notwendigkeit, genug zu lernen, um ihre Genesung in Gang bringen zu können, blieb für uns auch während des Sommers 1981 bestehen.

Zurück zu den Büchern: Anfang August schickte ich die korrigierten Abzüge für Janes Gedichtband *»If We Live Again: Or, Public Magic and Private Love«* an unseren Verlag, die Prentice-Hall, zurück. Normalerweise hätte uns dieses Ereignis große Freude bereitet, denn es bedeutete, daß vor Jahresende ein weiteres Werk von Jane veröffentlicht sein würde. Statt dessen verzweifelten wir im Lauf der Wochen immer mehr an ihrem Gesundheitszustand. Wie hartnäckig konnten denn die Glaubensvorstellungen sein, an denen Janes sündiges Selbst festhielt? Schließlich blieb uns nur noch die Hoffnung, daß vielleicht gerade die Entlarvung des sündigen Selbst zu einer körperlichen Besserung führen könnte. Doch auch das war nicht der Fall. Vormittags malte ich, auf der Suche nach innerem Frieden, den ich auf keine andere Weise finden konnte. Während der Herbst und dann der Winter ins Land zogen, hielt Jane in großen Abständen einige wenige Sitzungen für *»Träume, ›Evolution‹ und Werterfüllung«* und auch eine Reihe persönlicher Sitzungen ab. Sie waren Ausdruck einer weitgehend nutzlosen Betriebsamkeit, dachte ich, doch gleichzeitig gab ich nur zu gerne zu, daß jede Sitzung, ganz unabhängig vom jeweiligen Thema, so einzigartig und schöpferisch war wie eh und je. Eigenartigerweise warf ich oft tagelang keinen Blick auf die Seth-Texte, außer ich mußte sie gerade notieren oder auf der Maschine tippen. Anfang Dezember 1981 erklärte ich Jane schließlich, ich sei nahe daran, mich zu weigern, auch nur noch eine einzige Sitzung, ob regulär oder privat, mit ihr abzuhalten, denn ich hatte große Angst, daß sich ihr Zustand mit jeder weiteren Sitzung verschlimmern würde. Wieder lehnte sie ab, ins Krankenhaus zu gehen. In dieser Zeit schickte uns die Prentice-Hall die Belegexemplare des nunmehr erschienenen Lyrikbuches *»If We Live Again«*. So stolz Jane und ich auch auf dieses Buch waren: sein Erscheinen half ihr in keiner Weise. Bei unserer kleinen alljährlichen Weihnachtsparty schenkten wir es, mit einer Widmung, an enge Freunde — das beste Geschenk, das wir anzubieten hatten. Nach den Feiertagen trafen wir uns jedoch mit Freunden nur selten und mit Fremden gar nicht.

Der Winter schien uns der längste und kälteste seit Jahren zu sein. Obwohl heftige Unwetter überall um uns herum tobten, fiel ausgerechnet in der Region des Staates New York, in der wir leben, erstaunlich wenig Schnee, worüber wir sehr froh waren. Wie Jane mir am 1. April in ihrer Sitzung — der ersten, auf die in den Essays eingegangen wird — gesagt hatte, verschlechterten sich ihre Geh- und Schreibfähigkeit und ihr Gehör während der ersten Wochen des Jahres 1982 zusehends. Ende Februar kam sie ins Krankenhaus …

Essay 4

Samstag, den 17. April 1982

(Nach dem Abendessen sagte ich Jane, daß ich an den Essays für das vorliegende Buch arbeiten wolle. Meine Anmerkungen zu Seths ermutigender persönlicher Sitzung vom vorangegangenen Abend hatte ich bereits am Vormittag auf der Maschine getippt: ».… und wisset, daß

ihr beide wichtige neue Schritte getan habt.« Jane sagte, sie wolle gern selbst ein wenig diktieren, und ich war einverstanden. Sie scheute jedoch davor zurück, weitere Teile jenes Sumari-Klagelieds zu übersetzen, daß sie für sich gesungen und aufgenommen hatte, kurz bevor sie ins Krankenhaus ging. Ich kannte nach wie vor nur die eine großartige Zeile, die sie für mich übersetzt hatte: »Laß meine Seele an einem anderen Ort Zuflucht finden.«

Ich las ihr nun die letzten beiden Seiten des Textes vor, den Seth uns am Vorabend durchgegeben hatte. Jane döste in ihrem Stuhl vor sich hin, als ich geendet hatte, und ich nahm an, sie würde an diesem Abend wohl doch nicht mehr arbeiten. Aber sie raffte sich auf: »Ich glaube, ich habe den ersten Satz.« Ich zündete ihr eine Zigarette an. Ihre Stimme war frei von jedem Zittern, und sie sprach etwas langsam. — 19.30 Uhr.)

Zweifellos hatte ich mich in den Gegensätzen des Lebens verfangen, und die endlosen Fragen, die sich mir aufdrängten, waren mir nur zu bewußt. Einerseits gab es das Seth-Material selbst und andererseits die Seth-Bücher.

(Nach einer langen Pause um 19.34 Uhr:) Seine Äußerungen hatten mich irgendwie zu dem Punkt geführt, wo sich die Erfahrungsdimensionen hätten ändern sollen. So wie er sie vortrug, behandelten sie die spontanen, ungestümen Kräfte der Natur. Seth betonte, diese Kräfte könnten, wollte man ihnen wenigstens im Grundsätzlichen folgen, den Rang des Menschen erhöhen und ihn mit einer solchen Brillanz und Freude erfüllen, daß die uralten Probleme der Gattung weitgehend davor verblassen würden.

Gewiß ist unser Leben und das anderer Menschen durch das Seth-Material stark beeinflußt und zum Besseren gewendet worden. In der Folge hat sich sicher auch unser Verständnis vertieft; doch angesichts dieses großen Versprechens frage ich mich, was ich wohl falsch machte, da ich ja kaum in der Lage bin, meinen Stuhl zu verlassen. Und wenn das spontane Ordnungsprinzip ein so wesentlicher Faktor für die Vorgänge im Universum ist, weshalb versuchte ich dann, es aus meinem eigenen Alltag auszuschließen?

(Nach einer langen Pause um 19.40 Uhr:) Rob und ich haben oft geglaubt, dieses Buch würde nie vollendet werden. Ich hätte zu dem Schluß kommen können, daß ich genügend Zeit und Energie in Seth und seine Pläne investiert hatte, und ohne eine bewußte Entscheidung zu treffen, hätte ich vielleicht einfach aufhören können, weitere

Sitzungen abzuhalten. *(Lange Pause.)* Aber natürlich setzte ich die Sitzungen doch fort. Mir wird immer deutlicher, daß die Erfahrungen in einem Bereich gesammelt werden, der sich *zwischen* den Gegensätzen des Lebens erstreckt. Wir leben in einer Welt, die uns zwischen unseren sehnlichsten Hoffnungen und unseren größten Ängsten hin und her wirft, obgleich wir dem einen oder anderen Extrem selten in seiner reinen Form begegnen.

(19.48 Uhr. Jane sprach mit viel Nachdruck. Wie auf ein Stichwort hin versetzte eine lebhafte Brise, die durch ein offenes Fenster hereinwehte, ein gläsernes Windglockenspiel im Innern des Raums in Bewegung, und klingende Harmonien erfüllten das Wohnzimmer. Das Glockenspiel war ein Geschenk von Fans, die wir nie gesehen hatten.)

Werterfüllung ist hier das wichtigste Thema, im Seth-Buch wie auch bei meinen persönlichen Erfahrungen, und wenn ich wirklich verstehen würde, was Seth in diesem Buch sagte, müßte ich in meinem Alltag keine solche Tragödie durchleben.

(Nach einer langen Pause um 19.51 Uhr:) Unsere Vitalkraft möchte sich zum Ausdruck bringen. Die gesamte Natur ist ein nicht zu unterdrückendes Streben nach Ausdehnung. Altbekannte Theorien wie die vom Überleben der am besten angepaßten Art, vom herkömmlichen Evolutionsprozeß oder die Mythen von Göttern und Göttinnen können unmöglich das »Geheimnis des Universums« erklären. Doch wenn wir von unseren Fähigkeiten froh und unbeschwert Gebrauch machen, nähern wir uns dem, was wir tatsächlich sind, und zwar so sehr, daß wir uns mitunter auch dem nähern, was das Universum ist. Dann sind nicht einmal unsere traurigsten Eskapaden oder unsere unglücklichsten Unternehmungen vergeblich, sondern sie dienen als Pforten der Erfahrung zu einem tieferen Verständnis und zu einer inhaltsreicheren Verbindung mit dem Universum, von dem wir ein so wesentlicher Teil sind.

(19.58 Uhr. »Ende der Einführung«, sagte Jane unvermittelt. »Das heißt nicht, daß ich nichts hinzufügen möchte, wenn du alles abgetippt hast. Ich möchte nur sicher sein, daß meine persönlichen Erfahrungen ständig in das Buch einfließen, denn dazu ist es ja da. Du könntest einen kurzen Epilog anfügen, je nachdem, was noch geschieht.«

»Ich weiß nicht«, sagte ich, »das kann ich jetzt noch nicht sagen.«

»Moment mal, laß mich überlegen, ob da noch etwas ist. Du kannst auch einen Prolog oder sonst etwas schreiben, wenn du willst ...« — Ende um 20.01 Uhr.)

Essay 5

Sonntag, den 18. April 1982

(9.03 Uhr. Gestern abend hatte Jane erklärt, ihre Arbeit an der Einführung zum vorliegenden Buch sei beendet. Ich hatte zwar nicht ausgesprochen, aber dennoch vermutet, daß sie noch mehr zu sagen haben würde. Als wir dann zu Bett gingen, brachte sie zwei weitere Themen zur Sprache, die von Interesse sein könnten: zum einen die Frage, warum wir uns in der Vergangenheit angesichts ihrer körperlichen Verfassung nicht aktiver um medizinische Hilfe bemüht hatten, und zum anderen die Frage nach den vielen persönlichen Sitzungen, die Seth im Lauf der Jahre für sie gegeben hatte.

Ein dritter Punkt wurde an diesem Morgen noch besprochen, ein Thema, über das wir in der letzten Zeit oft geredet hatten. Es betraf die anderen »Seths«, die sich im ganzen Land zu Wort meldeten. Im Verlauf des Tages möchte ich noch einiges zu dieser verbreiteten Erscheinung sagen; fest steht jedenfalls, daß es Leute gibt, die ganz ohne Janes Einverständnis für »ihre Seths« sprechen. Jane legt größten Wert darauf, daß es anderes als das von ihr produzierte Seth-Material nicht geben kann.

All diese Themen beschäftigten Jane in der Tat so sehr, daß sie sich zum zweiten Mal innerhalb von drei Tagen gleich nach dem Frühstück an die »Arbeit« machte. Mit festerer Stimme begann sie nach einem kurzen Blick auf die Sonntagmorgenzeitung:)

Ich hielt so viele Sitzungen ab, in denen Seth sich mit meinem körperlichen Zustand befaßte, daß es mir schließlich peinlich wurde und mich verwirrte. Diese Sitzungen waren wirklich großartig — warum konnte ich keinen größeren praktischen Nutzen aus ihnen ziehen?

Ich habe natürlich keine Ahnung, wie es um meine Gesundheit stünde, wenn das Phänomen »Seth« nicht *(Ende 1963)* in mein Leben getreten wäre oder wenn es keine Sitzungen gegeben hätte, auf die ich mich stützen konnte. Und auch in den allerpersönlichsten Sitzungen hielt Seth seine Ausführungen stets in einem umfassenden, allgemeingültigen Rahmen, so daß wir jetzt über eine Unmenge unveröffentlichten (und sehr provokativen) Materials verfügen, das die Zusammenhänge zwischen der Krankheit eines Menschen und seinen Familienangehörigen, die Beziehungen innerhalb einer Gemeinschaft und die Bedeutung der allen menschlichen Aktivitäten zugrunde liegenden Glaubensüberzeugungen behandelt. Auf Glaubensüberzeugungen sind auch Krankheiten zurückzuführen. Das ist mit Sicherheit eine von Seths eindeutigsten Botschaften. Jedes Individuum befindet sich in einem Zustand dauernder Veränderung. Werden Symptome suggeriert und wird diesen die ganze Aufmerksamkeit zugewendet, so werden sie zur Lebenswirklichkeit und aufgrund des Glaubens an sie zur chronischen Krankheit.

(9.10 Uhr.) Natürlich konnte Seth mein Leben nicht an meiner Statt führen. Er konnte auch nicht das Leben anderer Leute an *deren* Stelle führen. Doch im Lauf der Jahre fühlte ich mich immer mehr für Menschen mit körperlichen Beschwerden verantwortlich, die schriftlich um Seths oder meinen Beistand nachsuchten. Ihre Nöte — und meine eigenen — schienen die große Hoffnung zu zerstören, die Seth anbieten konnte und anbot: den Zuwachs an Einsicht und Verständnis, mit dem Glaubensüberzeugungen, die das Individuum in Bann geschlagen haben, aus dem Weg geräumt werden können.

Ich hatte mich seit den späten sechziger Jahren, als meine Beschwerden einsetzten, geweigert, medizinische Hilfe in Anspruch zu nehmen. Mit einem gebrochenen Bein wäre ich zu einem Arzt gegangen, um es eingipsen zu lassen. Doch ich hatte das Gefühl, mit meiner besonderen Art von Schwierigkeiten allein fertig werden zu können. *(Lange Pause.)* Die Symptome waren deutlich genug. Sie äußerten sich in der Verlangsamung der Bewegungen und einem an Steifheit grenzenden Mangel an Beweglichkeit. Ich glaubte, für meine Besserung selbst sorgen zu können, indem ich unmittelbar mit meinem Körper arbeitete, ohne daß Medikamente Nebenwirkungen verursachten und jemand zwischen mir und der Realität stand, die ich so geschickt geschaffen hatte. Wie sonst hätte ich ernsthaft lernen können? Je mehr Vermittler ich zwischen meinem körperlichen Befinden und meinen persönlichen Überzeugungen duldete, so dachte ich, um so verwirrter würde ich sein.

(Nach einer langen Pause um 9.21 Uhr:) Ich bin nicht sicher, wo für mich die Grenze lag. Im Falle eines Herzinfarkts hätte ich mich zweifellos so schnell wie möglich in ein Krankenhaus begeben; doch ich hatte es mit einer chronischen Krankheit zu tun. Die Diagnose — die ich in meiner Sitzung *(vom 1. April)* erwähnte — nannte eine eindeutige, definitive Ursache: eine schwere *Unterfunktion der Schilddrüse*, was Seths umfassenderer Interpretation meines körperlichen Zustands nicht widerspricht.

(9.25 Uhr.) Ich mußte es aber wohl von den Ärzten gesagt bekommen. Seth hatte recht: Ich bewegte mich *tatsächlich* zu langsam und *nicht* zu schnell, wie ich befürchtet hatte. Ich hatte mich zu sehr zur Ruhe gezwungen und so lange diszipliniert, bis mir nur noch die Hoffnung blieb, meinen Lebensstil umgehend zu ändern.

In meiner Kindheit hatten mir die Ärzte große Angst eingejagt, als meine Mutter wegen ihrer Arthritis bereits bettlägerig war und bei mir eine *Überfunktion* der Schilddrüse festgestellt wurde — und diese Erkrankung konnte, wie meine Mutter mir sagte, zu geistiger Umnachtung und sogar zum Tod führen. Wenn daher die Schulmedizin etwas damit zu tun gehabt hatte, daß eine Art medizinischer Bann über mich gesprochen war, dann konnte sie natürlich auch bestens dazu beitragen, ihn wieder aufzuheben.

(Nach einer langen Pause um 9.35 Uhr:) Als sich mein Gesundheitszustand im Verlauf des letzten Jahres weiter verschlechterte, bekam ich das Gefühl, daß die Enttäuschungen des Lebens seine Freuden überwogen. Ärgerliche Zwischenfälle ereigneten sich auch in unserem Privatleben. Die Prentice-Hall, in der meine Bücher erschienen waren, änderte ihre Organisation und Verlagspolitik, und mein langjähriger Freund und Lektor, Tam Mossman, zog in Erwägung, zu einer anderen Firma zu wechseln. Große Sorgen bereiteten mir auch die sich häufenden Berichte über verschiedene Leute, die öffentlich »für Seth« sprachen und dafür saftige Honorare kassierten.

(9.43 Uhr.) Ich hatte das Gefühl, daß meine Arbeit verunreinigt wurde, mehr noch, ich war verärgert und über die Leser meiner Bücher enttäuscht, die offenbar so leicht auf »andere Seths« hereinfielen. Wie Seth selbst so oft gesagt hatte, spricht er nur durch mich, damit die Reinheit des Materials gewahrt und unversehrt bleibt. Und genau diese Vereinbarung zwischen ihm und mir ist die einzige Garantie für die Echtheit meiner Seth-Bücher.

Jedenfalls bedrückten mich all diese Probleme.

Nun, mal sehen ... Gut: Ich hoffe, gelegentlich die ganze, im Moment natürlich noch offene Geschichte meiner körperlichen und kreativen Prüfungen erzählen zu können. *»Träume, ›Evolution‹ und Werterfüllung«* befaßt sich zu einem großen Teil mit der Entwicklung des Individuums, insofern sie unmittelbar mit der Entwicklung des Universums zusammenhängt: Die beiden *sind* eins. *(Lange Pause.)* Der Wunsch des Menschen, sich anzupassen, scheint oft dazu zu führen, daß er die Vitalität des Lebens auf bedauerliche Weise entstellt.

Doch langfristig gesehen werden sich sogar solche Aktivitäten letztlich *konstruktiv* auswirken, auch wenn wir ihren Sinn momentan nicht verstehen.

(9.49 Uhr. »So, ich denke, das ist im Moment alles«, sagte Jane. »Dieser Stoff gehört zu dem von gestern abend.«

»Es macht mich wirklich wütend«, fuhr sie dann fort, als wir über ihre relativ zurückhaltenden Kommentare zu den anderen Seths sprachen, »daß Leute, die sich für Seths oder meine Anhänger halten, sich selbst oder den anderen vormachen können, für Seth zu sprechen, und hinsichtlich ihrer Motive so blind sind, daß sie nicht erkennen, wie sie der Sache und den Menschen schaden, indem sie, um ihr Tun zu legitimieren, mein Werk mißbrauchen.«)

Jane hatte im verständlichen Wunsch, ihr Werk zu schützen, schon vor langer Zeit mehrere eindeutige Stellungnahmen veröffentlicht. Schon in Kapitel 9 ihres Standardwerkes »*Das Seth-Material*« (1970) hatte sie geschrieben: »Einige meiner Leser und auch andere Leute haben mich wissen lassen, sie kommunizierten mit Seth durch automatisches Schreiben. Seth jedoch erklärte mehrmals, solche Kontakte habe er nicht, sein Informationsaustausch bleibe auf die Arbeit mit mir beschänkt, damit die Echtheit des Seth-Materials gewährleistet bleibe.« Und in ihrer Einführung zu den »*Gesprächen mit Seth*« (1972) zitierte sie, was Seth in der Sitzung 510 vom 19. Januar 1970 gesagt hatte: »Obgleich meine Kommunikationen immer und ausschließlich durch Ruburt gehen, damit die Integrität des Materials gewahrt bleibt, werde ich den Leser auffordern, sich meiner als Persönlichkeit bewußt zu werden ...«

Und wenn Seth sich *tatsächlich* durch andere mitteilte — oder es könnte, wenn er es wünschte —, warum hat er dann nicht in den Büchern, die wir im Lauf der Jahre veröffentlicht haben, darauf hingewiesen? Wir hätten seine Aussagen hinsichtlich eines solchen Aspekts seiner Fähigkeiten und Absichten ebenso respektiert wie alle anderen. Seit 1963 eine Zensur auszuüben, um Seth gewissermaßen »für uns selbst behalten« zu wollen, hätte sich längst als ebenso komplizierte wie auch unehrenhafte Arbeit erwiesen: Jane und ich hätten bei der Niederschrift der Sitzungen das Material ständig manipulieren müssen, und ein solches Vorgehen hätte für uns eine kreative Tragödie heraufbeschwören müssen.

Auch in dem im Jahr 1981 veröffentlichten Buch »*God of Jane*« (in Kapitel 20, Sitzung 876) präsentierte Jane einige verhältnismäßig neue Seth-Texte, die zeigen, daß jegliche Fremdkommunikation ausgeschlossen ist. Doch die gegenteilige Vorstellung kann recht anregend sein. Die Behauptung einiger Frauen, sie hätten mit Seth in Verbindung gestanden, tat dieser humorvoll ab, daß dies nicht auf Tatsachen, bestenfalls auf den Glauben dieser Frauen zurückzuführen sei.

Dieser Sturm im Wasserglas hinterläßt die Frage: Wie kommt es, daß diese »anderen Seths« erst auftauchten, nachdem Jahre zuvor Janes Seth-Material veröffentlicht worden war? Fühlt sich jemand angeregt, seine inneren Fähigkeiten zu nutzen, so können wir uns darüber nur freuen; die Berufung auf Seth müssen wir ablehnen.

Essay 6

Dienstag, den 20. April 1982

(Ursprünglich war es meine Absicht, Janes Sitzung von diesem Morgen in einem der vorangegangenen Essays unterzubringen. Aber davon rückte ich ab. Ich wußte mit Janes Diktat zwar zuerst nichts anzufangen, doch wurde mir schon am nächsten Morgen dessen Bedeutung bewußt. Die besprochenen Themen sind für uns bedeutungsschwer, und einige ihrer materiellen und psychologischen Aspekte könnten sich geradezu vernichtend auswirken, wenn wir sie als solche zuließen. Indem die Sitzung gleichsam isoliert wiedergegeben wird, bekommen Sie eine klarere Vorstellung davon, wie wir uns zu Beginn von Janes Krankenhausaufenthalt [und natürlich auch noch später] fühlten; zudem dienen die Aussagen als Brücke der Ergänzung zu den Inhalten der vorangegangenen Essays.

Gestern abend, kaum zwei Tage nach ihrer letzten Sitzung, bat ich Jane also um weitere Ausführungen zu dem zentralen Thema »Krankenhausaufenthalt«, und zwar nicht nur aus ihrer eigenen Perspektive, sondern auch aus der der Ärzte, die sie untersucht und über sie und ihre Beschwerden diskutiert hatten. Einige von ihnen hatten sich vor ihr so unterhalten, als ob sie gar nicht anwesend gewesen wäre — und da ihr Gehör zu dieser Zeit noch sehr beeinträchtigt war, hatte sie damals tatsächlich beinahe das Gefühl, gar nicht vorhanden zu sein.

Zum dritten Mal innerhalb von fünf Tagen begann sie unmittelbar nach dem Frühstück mit dem Diktat. Wieder saßen wir am Spieltisch im Wohnzimmer. — 8.47 Uhr.)

Ich hatte den Eindruck, daß die Vertreter der Schulmedizin, wenn sie eines Menschen erst einmal habhaft geworden sind, fast zwanghaft versuchen, deren Effizienz zu rechtfertigen und ihre Wundertaten an denen zu vollbringen, die glücklich oder unglücklich genug sind, als »geeignete Kandidaten« für die Zuwendung ihrer uneingeschränkten Aufmerksamkeit zu gelten.

Es schien, als hätten intelligente junge Rheumatologen und orthopädische Chirurgen bereits über meine Zukunft entschieden, als sie meinen Fall erörterten. Ich bemühte mich, ihnen zuzuhören, wenn sie mit Rob und mir sprachen, doch mein Gehör war noch so schlecht, daß es mir nahezu unmöglich war, mehr als einen Satz auf einmal aufzunehmen. Die Ärzte schienen sich einig zu sein, daß ich eine Art abklingender rheumatoider Arthritis hatte, wobei kaum noch eine akute Entzündung vorlag. Doch ein Arzt sagte mir ganz nüchtern, daß ich nie wieder würde laufen oder auch nur das Gewicht meines Körpers auf die Füße würde stellen können, wenn ich mich nicht einer Reihe von Operationen zur Erneuerung der Gelenke unterzöge — *falls*, so schränkte er ein, sich herausstellte, daß ich eine »geeignete Kandidatin« wäre.

Eine geeignete Kandidatin zu sein bedeutete, mein Leben für mindestens ein Jahr in die Hände der Ärzte im Krankenhaus zu legen: ein Jahr lang Therapien, chirurgische Eingriffe und noch mehr Therapien, bis ich zuletzt vier verschiedene Operationen hinter mir hätte. Man würde mir die Knie- und Hüftgelenke ersetzen.

Es ergaben sich jedoch einige Bedenken: Meine beiden Körperhälften sind ungleich, so daß ich möglicherweise trotz vier neuer Metall- oder Plastikgelenke nicht in der Lage wäre, richtig zu gehen. Ich müßte vielleicht einen Stock oder eine Art Laufgestell zu Hilfe nehmen. Die Mediziner erklärten sich jedenfalls bereit, es zu *versuchen*. Sie würden sämtliche wissenschaftlichen Techniken in meine Dienste stellen. Sicher wären atemberaubende Summen nötig, um die chirurgischen Möglichkeiten voll auszuschöpfen, doch gewiß würde sich die eine oder andere Versicherung zur Übernahme der Kosten bereiterklären. (Unsere finanziellen Möglichkeiten reichten bei weitem nicht aus, doch wir hätten unter der Bedingung einer elfmonatigen Wartefrist eine Versicherung abschließen können.) Doch unabhängig von den Kosten, so meinte ein Orthopäde, solle ich am besten gleich im Krankenhaus bleiben — da ich nun schon einmal da war —, bis die gesamte Prozedur beendet sein würde, insbesondere wenn sich herausstellte, daß ich eine geeignete Kandidatin sei.

(Nach einer langen Pause um 9.02 Uhr:) Eine geeignete Kandidatin zu sein bedeutete auch, zum einen endlich die wundgelegenen Stellen loszuwerden und zum anderen eine umfassende medizinische Therapie zu erhalten. Wenn ich den Gesprächen der Ärzte zuhörte, konnte ich trotz meines schlechten Gehörs geradezu spüren, wie sie im Eifer, für mich zu arbeiten, ihren gesamten Apparat in Gang setzten — doch ich war zu jenem Zeitpunkt nicht bereit, eine Entscheidung solcher Tragweite zu treffen. Ich wollte zuerst die Reaktion meines Körpers auf das synthetische Schilddrüsenhormon, also die Hormontherapie, abwarten. Ich wünschte mir sehnlichst, laufen zu *können,* denn weiß Gott, so dachte ich, ich wäre geradewegs davongelaufen, so schnell ich gekonnt hätte!

(9.05 Uhr.) Vor allem die jungen Ärzte, mit denen ich zu tun hatte, die Spezialisten, waren wohl die geschniegeltsten Gecken, die Elmira je gesehen hat. Sie sahen blendend aus, waren nach der neuesten Mode gekleidet, und selbst im Krankenhaus war nicht zu übersehen, daß sie auch über die feinsten Umgangsformen verfügten. Auf ihre Art wirkten sie wie Magier, die aus heiterem Himmel Wunder vollbrachten, dich mit ihrem charmanten Lächeln und ihren guten Manieren überwältigten und für eine merkwürdige Sache zu gewinnen versuchten.

(9.12 Uhr.) In diesem Fall ging es ihnen um die *Operationen.* Nichts anderes kam in Frage: Welch ein Verbrechen, sich in meinem Alter *(dreiundfünfzig Jahre)* mit weniger als der vollen, ungehinderten Bewegungsfreiheit zufriedenzugeben! *(Einminütige Pause um 9.13 Uhr; Janes Augen blinzelten und schlossen sich dann.)* Ein Arzt sagte mir, mit der Beweglichkeit meines Körpers müsse es aufwärts gehen, wenn meine Schilddrüse ...

(Nach einer langen Pause mitten im Satz döste Jane ein. Ihr Kopf fiel nach vorn, und ihr Körper rutschte langsam gegen die rechte Stuhllehne in eine inzwischen für sie typische Position: Die Funktion ihrer Schilddrüse war immer noch stark beeinträchtigt und damit auch ihre Energie, obwohl sie nun schon seit vierundzwanzig Tagen wieder zu Hause war. Um 9.17 Uhr schlief sie bereits fest. Während ich beobachtete, wie sie immer mehr zur Seite sank, fragte ich mich, ob sie wirklich die zu einer Selbstheilung nötigen psychischen und physischen Reserven hatte — ob überhaupt irgend jemand sie unter den gegebenen Umständen haben konnte. Vielleicht waren diese Prüfungen tatsächlich zu viel für Jane. Wo lagen ihre Grenzen, und wieviel konnte sie nach siebzehn

Jahren immer intensiverer Kämpfe noch verkraften, ob und aus welchen Gründen sie diese Prüfungen nun selbst — und mitunter schon vor langer Zeit — gewählt hatte oder nicht?

Jane erwachte um 9.20 Uhr. »Nun, es ging um die Operationen ...«

»Hast du gemerkt, daß du eingeschlafen bist?«

»Erst als ich aufwachte«, sagte sie mit einem etwas schuldbewußten Lächeln. »Jetzt kommt Material, das ich aufgezeichnet haben möchte, doch es wird dir nicht gefallen, denn es ist nicht für die Einleitung bestimmt.«

»Das ist doch gleichgültig«, sagte ich. »Wenn du es nicht im Buch haben willst, in Ordnung. Wir können es ja immer noch bringen, nicht wahr?«

(9.25 Uhr. »Das ist nun alles, was für die Einleitung bestimmt ist ...« Und dann diktierte Jane »weiteres Krankenhaus-Material« im Umfang von etwa drei maschinengeschriebenen Seiten, von dem sie wußte, daß sie es schließlich an irgendeiner Stelle verwenden würde.)

Jane schreckte vor dem Gedanken an die Operationen offensichtlich dermaßen zurück, daß sie ihn völlig verdrängte. Erst als sie wieder zu Hause war, führte sie sich mit meiner Hilfe allmählich die mögliche Tragweite ihrer selbstgeschaffenen körperlichen Realität vor Augen. Sie war wirklich »zutiefst schockiert«, wie man so schön sagt. Die Ärzte wollten ihr tatsächlich die größten Gelenke aus dem Körper schneiden und durch Scharniere aus Metall und Plastik ersetzen, die in die Knochenenden eingelassen und dort festzementiert werden sollten. Jane weinte. Ihre Stimme bebte: »Bis ich ins Krankenhaus kam, habe ich mich trotz allem die ganzen Jahre über niemals *krank gefühlt*«, schluchzte sie. Auch die begeisterten Berichte über erfolgreich verlaufene Ersatzgelenk-Operationen bedeuteten ihr nichts. »Naja, vielleicht bei einem Gelenk oder bei zweien«, meinte ich, und dann schwieg ich, denn ich wollte ihr nicht auch noch meine Ängste aufbürden. Aber *vier* solche Operationen? Und warum dann aufhören? Wenn man ihre Knie und Hüften wiederhergestellt haben würde, kämen dann die Schultern an die Reihe? Sie konnte ihre Arme nicht bis auf Schulterhöhe heben. »O ja, man würde auch die Schultern operieren«, sagte mir ein Arzt ungerührt vor Jane, als ob wir über einen leblosen Mechanismus diskutierten, bei dem es Teile auszutauschen galt. Also *sechs* Operationen! Aber was war dann mit den Ellbogen und Fingern meiner Frau? Irgend jemand im Krankenhaus — ich weiß nicht mehr, wer es war — sagte uns, daß künstliche

Gelenke für Finger beziehungsweise Knöchel gewöhnlich weniger gut funktionierten: die Knochen der Hände sind vergleichsweise zu klein und zerbrechlich. Doch man könnte sehr wohl geltend machen, daß es für Jane vielleicht noch wichtiger war, mit einem Bleistift oder einem Kugelschreiber zu *schreiben* — für sie ein wesentliches Mittel zum Ausdruck ihrer Kreativität — als zu gehen. (Es wäre schon sehr erfreulich, wenn sie wenigstens auf der Maschine schreiben könnte!) Es hätten also acht Operationen werden können oder auch zehn oder ...?

Doch was könnte mit dem Körper geschehen, wenn seine psychische Bewohnerin willens war, einen oder alle diese chirurgischen Eingriffe über sich ergehen zu lassen? Ich konnte meine Frage selbst beantworten, denn mir fielen Berichte aus Fachzeitschriften ein, in denen geschildert wurde, wie Menschen aller Altersstufen zahlreiche unglaubliche Operationen, die sich oft über Jahre hinzogen, überstanden hatten. Doch ich war entsetzt bei dem Gedanken, meiner lieben Frau stehe ein ähnliches Schicksal bevor, ob nun mit oder ohne Zustimmung meinerseits. Ich wußte, daß sie weit davon entfernt war, sich für die Operationen zu entscheiden; ich selbst schreckte davor zurück, sie dazu zu ermutigen, so schön es auch gewesen wäre, sie wieder auf den Füßen zu sehen. Das Einsetzen künstlicher Gelenke war ein irreversibler Eingriff, und ich wußte, daß solche Operationen mitunter auch fehlschlagen konnten.

Aus einigen der von mir gesammelten Artikel ging hervor, daß ein herkömmliches künstliches Gelenk — zum Beispiel für ein Knie — auch bei einer erfolgreichen Operation normalerweise nur etwa vier bis sieben Jahre hält und die Funktionstüchtigkeit dann allmählich nachläßt. Eine äußerst entmutigende Aussicht! Was ist zu tun, wenn das eingesetzte künstliche Gelenk ausgeleiert ist? Keiner der Ärzte, mit denen wir gesprochen hatten, hatte diese Möglichkeit überhaupt erwähnt. (Man kann natürlich immer anführen, es sei besser, wenigstens vier Jahre lang gehen zu können als überhaupt nicht!) Jane und ich hatten auch gelesen, daß man in Tierversuchen an der Perfektionierung künstlicher Kniegelenke mit einer porösen Oberfläche arbeitete, um so eine bessere Verbindung zwischen Knochen und Metall zustandezubringen; ein solches Gelenk könnte fünfzehn Jahre oder länger halten. Eines Tages, so bemerkte ich zu Jane, würden wir uns bei den orthopädischen Chirurgen genauestens danach erkundigen, welche operativen Verfahren grundsätzlich zur Auswahl stehen, ob wir uns nun je dazu entschließen sollten, eine solche Möglichkeit in Anspruch zu nehmen oder nicht.

Schon im ersten Essay schrieb ich: »Wird erst einmal etwas als ›rheumatoide Arthritis‹ diagnostiziert, hat man es leider nicht nur dann, wenn man *ins* Krankenhaus geht, sondern auch noch, wenn man es wieder *verläßt.*« Selbst wenn sich Jane also diesen Operationen unterziehen würde — und danach wieder einigermaßen gehen könnte —, hätte sie immer noch Arthritis. Sie steckte in ihr. Davon waren wir überzeugt. Und auch ihr Körper brachte diese Tatsache, für jedermann sichtbar, zum Ausdruck. »Ihre Gelenke sind ruiniert«, bemerkte Dr. Mandali zu Jane. Zuvor hatte die Ärztin sich die Meinung eines jungen auswärtigen Rheumatologen angehört, den sie darum gebeten hatte, Jane zu untersuchen. »Wollen Sie etwa für den Rest Ihres Lebens in einem Rollstuhl sitzen und ans Haus gefesselt sein? Sie denken da aber an eine sehr reduzierte Existenz ...« Und Jane konnte in dem Bemühen, sich vor den negativen Suggestionen zu schützen, die, seit sie ins Krankenhaus gekommen war, wie psychische Hammerschläge unaufhörlich auf sie niedersausten, nur schwache Einwände gegen die empfohlenen Operationen vorbringen.

Ich möchte an dieser Stelle noch erwähnen, daß alle Ärzte, die Jane untersuchten, ihre Vorschläge in hilfreicher Absicht und im Namen der »Wahrheit«, so wie sie sie verstanden, unterbreiteten — natürlich mit individuellen Unterschieden. Auf uns wirkte jedoch die allgemeine, unbewußte Voreingenommenheit dieser Ärzte sehr negativ. Eine Ausnahme machte nur ein relativ junger Arzt, von dem Jane gegen Ende ihrer letzten Sitzung gesprochen hat. Zufällig handelte es sich um eben den Mann, der sie ursprünglich ins Krankenhaus aufgenommen hatte. Er akzeptierte und ermutigte Jane *so, wie sie war,* und sie spürte eine unmittelbare psychische Verbindung mit ihm. Doch er war ein Neurologe, und wir sahen ihn immer seltener, seit einmal ausgemacht war, daß seine Fähigkeiten in Janes Situation zu keiner dauerhaften Besserung beitragen würden. Nach den überwältigenden Argumenten der Ärzte stand ihr, wie Jane meinte, nur eine Möglichkeit offen, nämlich die, sich den Operationen zu unterziehen ...

Essay 7

Freitag, den 7. Mai 1982

Im folgenden werde ich eine Reihe verschiedener Themen anschneiden, von denen einige bereits gestreift wurden. Während unserer Arbeit an diesen einleitenden Essays kamen Jane und ich ganz unwillkürlich immer wieder auf älteres Material zurück, und jedesmal versuchten wir, tiefer in das jeweilige Thema einzudringen, neue Bedeutungen zu entdecken und neue Einsichten zu gewinnen. (Natürlich drängt sich in einem solchen Fall die Besprechung zusätzlicher Punkte geradezu auf!) Allen Stoff kondensiert darstellen zu wollen ist ein äußerst schwieriges Unterfangen, wenn es darum geht, unser jahrelanges hingebungsvolles Bemühen um das Seth-Material zusammenzufassen, denn zwangsläufig haben wir es immer wieder mit Konzepten zu tun, die nicht auf dem Boden der von der Gesellschaft akzeptierten Glaubensüberzeugungen angesiedelt sind. Einundvierzig Tage sind vergangen, seit Jane das Krankenhaus verlassen hat, und allein schon das Verstreichen dieser Zeitspanne hat uns in die Lage versetzt, ihre Krankheit mit allem, was dazu gehört, wie auch unsere Anschauungen, Absichten und Wünsche in einem anderen Licht zu sehen.

Zu den Themen, die wir bisher noch nicht besprochen haben, gehören Seths (und unsere) Ansichten über die Reinkarnation, die Abbilder, die wahrscheinlichen Realitäten und die Bezugssysteme 1 und 2. Jane ging in ihrem Diktat in der in Essay 3 erwähnten Sitzung vom 16. April kurz auf Seths Material über die »magische Einstellung zur Wirklichkeit« ein und gab damit eine Einleitung zu ihren Ausführungen über das »sündige Selbst«. Als Kontrapunkt gebe ich hier zwei Auszüge wieder, um zu skizzieren, was Seth mit seiner »magischen Einstellung« meint.

Ich habe bereits die Kompilation eines kurzen Buchs geplant, das Seths Ausführungen zur magischen Einstellung zur Wirklichkeit umreißt. Vor einem Jahr hatte Jane ein viel ambitiöseres Projekt mit diesem Material in Angriff genommen, wie sie bereits am 16. April erwähnte, doch sie ließ dann wieder davon ab. Mein Vorhaben wird sich in der Hauptsache mit etwa einem Dutzend Sitzungen befassen, die Jane im August und September 1980 abhielt, und mit den Dichtungen, zu denen Jane durch diese Sitzungen inspiriert worden war. Vielleicht wird sie eine Einführung zu dem Buch beisteuern, in der sie schildern könnte, wie sich Seths Informationen und die Äußerungen ihres sündigen Selbst zu der magischen Einstellung zur Wirklichkeit verhalten.

Wenn wir, wie Jane in ihrer Sitzung vom 17. April sagte, in einer Welt leben, »die uns zwischen unseren sehnlichsten Hoffnungen und unseren größten Ängsten hin und her wirft«, dann kann man wohl zu Recht sagen, daß sie nun entschlossen ist, sich zumindest einigen ihrer »größten Ängste« zu stellen. Zweifellos erzeugt ihre gegenwärtige schlechte Verfassung gewaltige physische Probleme und psychische Konflikte, die sie meiner Meinung nach in ihrer einmaligen Weise angeht. Wenn vermutlich auch gewisse Teile ihrer Psyche »jene Ängste fürchten«, tun andere es offensichtlich nicht — jedenfalls ziehen sie es vor, sich mit diesen Ängsten auseinanderzusetzen, und sie haben damit bereits vor vielen Jahren begonnen. Andernfalls könnte es Janes Symptome nicht geben. Dabei spiele ich keinesfalls auf irgendwelche Vorstellungen von Prädestination an. Natürlich bieten sich hier vielfältige Gelegenheiten für Forschungen. Und ich glaube nach wie vor an das, was Seth am 16. April 1981, vor nunmehr über einem Jahr, gesagt hat: »In jenem größeren Kontext gibt es keine Irrtümer, denn jede Handlung, ob angenehm oder nicht, wird in der ihr gemäßen Weise wieder ausgeglichen, und zwar nicht nur unmittelbar in bezug auf sie selbst, sondern auch ... in bezug auf einen größeren Zusammenhang, den euer Bewußtsein gegenwärtig möglicherweise noch nicht begreifen kann.«

Mir liegt fern, am Begriff der Erlösung im üblichen theologischen Sinn anzuknüpfen, obwohl ich es durchaus für möglich halte, daß das Prinzip der Erlösung — des *Verstehens* und *Annehmens* — in einem anderen, umfassenderen als dem uns geläufigen materiellen und psychologischen Bezugsrahmen in einem »religiösen« Sinn eine Rolle spielt, und zwar als Teil des intuitiven Begreifens dessen, was Seth als »All-das-was-ist« bezeichnet hat.

Da ich in diesem Leben sehr eng mit Jane verbunden bin, durch die Ehe wie auch reinkarnationsbedingt und dann auch (wie uns Seth und auch unsere Gefühle sagen) durch meine Rolle als ihr Gegenpart, bin ich genauso an diesem Streben nach Ausgleich beteiligt wie sie. Ausgehend von unseren gegenwärtigen Vorstellungen über die grenzenlose Natur des Bewußtseins glauben wir, daß unsere gemeinsame Suche schon vor unserer Geburt begonnen hat — *aufgrund freier Wahl* —, und wir erwarten, daß sie so lange andauern wird wie unser körperlich-materielles Leben. Ich bin nicht der Auffassung, in diesem Leben seien außergewöhnliche physische oder psychische Heilungen nicht möglich, aber wenn sie sich *tatsächlich* ereignen, so stehen sie in engem Zusammenhang mit übergreifenden, viel umfassenderen Mustern unseres Lebens. Für mich bedeutet Ausgleich oder Befreiung oder Erlösung demzufolge eine kontinuierliche Suche oder Reise, die uns zu all den von uns selbst gewählten Erfahrungen und Wechselwirkungen führt, die wir auf unserem Weg aus den verschiedensten Gründen verursacht haben — und ich glaube wirklich, daß einige dieser Gründe mit dem zu tun haben, was »unser Bewußtsein gegenwärtig möglicherweise noch nicht begreifen kann«. Der Umstand, daß wir an derartige Zusammenhänge glauben, läßt die Art unserer Einstellung erkennen und weist auch darauf hin, daß Jane und ich meinen, noch vieles lernen zu müssen. Und wir versuchen, uns stets Seths Äußerung vor Augen zu halten: »Euer Intellekt muß nicht die Antworten auf all eure Fragen kennen.«

Jane und ich führen unser körperliches Leben in dieser Welt genau so wie alle anderen Menschen auch; daher ist es unvermeidlich, daß wir wie jedermann mit rein materiellen Alltagsproblemen zu kämpfen haben. Doch es besteht ein großer Unterschied: Wir kennen Seths Ansichten zu vielen wichtigen Lebensfragen und können förmlich spüren, wie seine unsere eigenen Meinungen konfrontierenden Ideen einen ständigen inneren Aufruhr hervorrufen und immer neue Einsichten mit sich bringen. Das ist auch dann der Fall, wenn nicht alles zum Besten steht, wenn wir uns »dumpf« vorkommen oder uns in unseren Aktivitäten behindert fühlen.

In solchen Situationen denke ich oft über Seths Konzeptionen der »Reinkarnation« und der »Abbilder« nach und vergegenwärtige mir die Idee meines größeren, unkörperlichen »Gesamtselbst«, meiner »Wesenheit«, der andere, psychisch miteinander verbundene, in die Zeit hineinprojizierte *körperliche* Wesen inhärent sind. Für Seth gibt es grundsätzlich Zeit nicht, sondern nur ein großes »umfassendes Jetzt«, in dem das unbeschreibliche All-das-was-ist zum Ausdruck kommt. Unsere sinnliche Wahrnehmung interpretiert jedoch dieses umfassende Jetzt als ein lineares Geschehen, und zwar aufgrund des unvermeidlichen Ablaufs von Geburt, Altern und Tod. Um uns zu verdeutlichen, worauf es ihm ankommt, stellt Seth seine Auffassung vom sich reinkarnierenden Selbst und von den Abbildern in einer Weise dar, die wir sinnlich erfassen können.

Er spricht davon, wie unser Selbst mittels seiner Inkarnationen die Vergangenheit, die Gegenwart und die Zukunft erforscht — *doch im Grunde genommen tut es dies gleichzeitig,* denn Seths Definition zufolge ist Zeit etwas Simultanes. Ich habe bereits erwähnt, daß es uns körpergebundenen Geschöpfen immer schwerfallen wird, die widersprüchliche Idee der »simultanen Zeit«, also der Gleichzeitigkeit aller Zeit, zu begreifen. Bevor ich fortfahre, möchte ich klarstellen, was ich mit dem »sich reinkarnierenden Selbst« meine (wobei ich mich für den Moment auf »vergangene« Leben beschränke). Es ist zum Beispiel in sich widersprüchlich zu sagen: »Im zwölften Jahrhundert lebte ich als Leibeigener in Bayern.« Der Brennpunkt unserer Identität liegt immer in der *Gegenwart* — wie auch jedes reinkarnierte Selbst seinen eigenen Identitätsbrennpunkt in seiner Gegenwart hat. Wie könnte es auch anders sein?

Wäre es jemandem möglich, zu seinem Leben im zwölften Jahrhundert zurückzukehren, und sei es auch nur als Beobachter, was würde dieser Zeitreisende dann vorfinden? Ein Individuum, das keineswegs geneigt ist, seine Identität zugunsten einer anderen Person aufzugeben oder sie als bloße Manifestation eines »künftigen« Selbst zu betrachten! Ich glaube, die Menschen, die munter über ihre »früheren Leben« plaudern, vergessen einfach, daß jene, die früher gelebt haben, völlig unabhängige Geschöpfe waren — und *sind* —, auch wenn sie psychisch mit anderen Wesen in Verbindung stehen. Der Zeitreisende könnte wohl kaum von einer seiner »früheren« Persönlichkeiten Besitz ergreifen! Eine interessante Frage: Wie würden wir heute, im zwanzigsten Jahrhundert, wohl reagieren, wenn ein Besucher aus dem Jahre 2355 uns sagte, wir seien eine seiner »früheren« Inkarnationen?

Der Leibeigene wird seine Zeit also zwangsläufig von einem Standpunkt aus betrachten, den sein zukünftiges Selbst nie einnehmen könnte. Und bedenken Sie, welche zusätzlichen Probleme im Gefühls- und Wahrnehmungsbereich entstehen würden, wenn zwischen dem gegenwärtigen und den vergangenen Leben die Geschlechtszugehörigkeit gewechselt hat. Die Andersartigkeit der Genitalien bringt Erotik — und sogar regelrechte sexuelle Neugier und Erregung — ins Spiel; doch in gedruckten Abhandlungen zum Thema der Reinkarnation scheint eine Beleuchtung dieser Aspekte der Sexualität tabu zu sein. Im Gegensatz hierzu findet sich in der Literatur über Reinkarnation reichhaltiges Material zu allgemeinen sexuellen Verhaltensmustern, von der Promiskuität bis zur Verdrängung. (Ich frage mich, ob es eine Kausalität zwischen ausgeprägten sexuellen *Phantasien* in einem »früheren« Leben und *effektiven sexuellen Problemen* in einem gegenwärtigen oder »zukünftigen« Leben gibt.)

Doch wäre ein Zeitreisender je dazu bereit, seinen derzeitigen seelisch-geistigen und körperlichen Brennpunkt aufzugeben und vollständig in einer früheren Persönlichkeit aufzugehen? Ich glaube, das wäre in der Regel nicht — vielleicht auch nie — der Fall, denn unter den gegebenen Voraussetzungen würde das bedeuten, daß man einen Teil seines Gesamtselbst oder seiner Wesenheit aufgibt, der durch die Projektion in unsere gegenwärtige Zeit einen bestimmten Bewußtseinsstand erreicht und eine einzigartige körperliche Form erhalten hat. Doch wage ich es nicht, solch seltsame Entwicklungen grundsätzlich auszuschließen. Vielleicht können derartige Übertragungen auf dem grenzenlosen Schauplatz der wahrscheinlichen Realitäten (auf die ich in diesem Essay noch eingehen werde) stattfinden. In diesem Fall kämen sie uns nur von unserem eigenen Standpunkt beschränkter Wahrnehmungsfähigkeit aus merkwürdig vor.

Darüber hinaus sind Jane und ich der Überzeugung, daß jemand, der unter Hypnose »in frühere Leben zurückgeführt« wird, diese aus der Behaglichkeit und Sicherheit seiner gegenwärtigen Existenz heraus recht genüßlich betrachten kann (abgesehen von Reaktionen auf die bewußten oder unbewußten Suggestionen des Hypnotiseurs). Dies träfe selbst dann noch zu, wenn der Betreffende sehr unglücklich wäre und versuchte, die Ursachen für seine derzeitigen Probleme in einem oder mehreren »früheren« Leben ausfindig zu machen. Es ist schön und gut zu behaupten, vor etwa achthundert Jahren ein Leibeigener gewesen zu sein — doch meist wird man sich dann entweder auf unbedeutende Begleitumstände der tatsächlichen körperlichen und geistigen Realität des Leibeigenen (armer Bursche) einlassen oder nur bestimmte Elemente seiner Persönlichkeit aufgreifen, insofern sie mit seinem Gesamtselbst oder seiner Wesenheit assoziiert werden können. Beide Aspekte machen es wesentlich sicherer und auch unterhaltsamer, von einer früheren Existenz als Leibeigener zu sprechen.

So vieles ließe sich noch anführen, aber ich kann hier nur andeuten, welche Punkte ich für wesentlich halte. In Büchern und Zeitschriften und heutzutage auch auf Kassetten zum Thema der Reinkarnation wimmelt es von Berichten über Reisen in frühere Leben, und manche dieser Schilderungen sind äußerst sensationell aufgemacht. Legt man jedoch Seths Konzept vom umfassenden Jetzt zugrunde, so vergessen die Abenteuerlustigen gewöhnlich, den Schluß zu ziehen, daß Reinkarnation auch in entgegengesetzter Richtung — das heißt, von der Zukunft her — wirksam sein müßte! Es ist so, wie eine sehr scharfsinnige junge Dame kürzlich an Jane und mich schrieb: Warum kann man Menschen mit gleich großem Erfolg, wie man sie in ihre *vergangenen* Leben führt, nicht auch in *zukünftige* Leben versetzen? Unsere recht umfangreiche Korrespondenz beschert uns nur sehr selten Fragen dieser Art (das Schlüsselwort scheint mir in diesem Fall »mit Erfolg« zu sein).

1974 kommentierte Seth meine diesbezüglichen Überlegungen wie folgt: »Du hast Angst, künftige Leben zu bedenken, weil du dich dann mit dem Tod auseinandersetzen müßtest, der ihnen unausweichlich vorangeht.« Seth spielte damit natürlich auf die konventionelle und in unserer Kultur weitverbreitete Angst vor dem Tod an, die die meisten von uns empfinden. Zweifellos betrifft uns der bevorstehende eigene Tod viel unmittelbarer — und er ist auch wesentlich bedrohlicher — als die »Auseinandersetzung« mit Todeserlebnissen aus »früheren» Leben, auf die man stoßen könnte: *jene* Tode liegen bereits hinter uns! Doch es sieht ganz so aus, als ob unter den gegebenen Voraussetzungen aktuelle Probleme erhellt werden könnten, indem man die zukünftigen wie auch die vergangenen Leben erforscht.

Was eine »erfolgreiche« Versetzung in ein zukünftiges Leben anbelangt, so ist offensichtlich ein solcher Vorgriff ein sehr schwieriges Unterfangen. Es liegt in der Natur der Sache, daß ein zukünftiges Leben nicht nachweisbar ist — beispielsweise gibt es keine Aufzeichnungen, die man prüfen könnte. Jane und ich haben zwar von Techniken gelesen, die eine Rückführung in frühere Leben ermöglichen sollen. Oft werden solche »Reisen« in Hypnose unternommen. Sie können sich aber auch spontan ereignen, und ich selbst konnte auf diese Weise einen recht erheiternden Blick in eines meiner vergangenen Leben tun.* Doch hatte *unseres Wissens* niemand je eine direkte

---

* Sie finden die von mir erlebte erheiternde Geschichte in der Sitzung 721 im Seth-Buch »The ›Unknown‹ Reality«, Band 2, erörtert. Das zweibändige Werk »The ›Unknown‹ Reality« ist in deutscher Sprache im Goldmann Verlag unter dem Haupttitel »Seth und die Wirklichkeit der Psyche« und mit den Band-Titeln »Unbekannte Realität«, Band 1 und Band 2, veröffentlicht worden. Im folgenden wird daher dieses Werk jeweils mit den Band-Titeln zitiert werden.

und bewußte Begegnung mit einem zukünftigen Selbst. Ich möchte behaupten, daß die Versuchung, zukünftige Leben im Hypnosezustand zusammenzuphantasieren, recht groß ist — doch wie läßt sich erklären, daß die Hypnotisierten, wie sehr sie sich auch um die Zukunft bemühen mögen, kaum mehr als einen formlosen Zustand sehen? Das Scheitern aller Anstrengungen, in die Zukunft vorzudringen, könnte als ein Zeichen für den Widerstand seitens des in der Gegenwart agierenden Selbst gewertet werden. (Auch spielen möglicherweise ein Selbst oder vielmehr mehrere Selbst aus früheren Leben eine Rolle.)

Und ob es wohl möglich ist, im Traumzustand ein zukünftiges Leben zu erreichen, vielleicht induziert durch Hypnose oder Autosuggestion vor dem Einschlafen? Die von Jane und mir erzielten Resultate waren bestenfalls vage, im Gegensatz zu unseren »normalen« *präkognitiven Träumen,* die wir anhand unserer schriftlichen Aufzeichnungen belegen können. Erinnerungen an Träume von künftigen Leben können stark verfremdet und verzerrt sein, damit das schützende, bewußte Selbst nicht beunruhigt wird. Ich habe oft gemutmaßt, daß in den Hunderten der von mir aufgezeichneten Träume sicher Hinweise auf künftige Leben zu finden sein müssen.

Berichte von Projektionen in entfernte künftige Leben scheinen selten zu sein: Vielleicht scheut das bewußte Selbst zu sehr davor zurück, sich in solche unbekannten Gewässer des Bewußtseins zu wagen, obwohl, wie gesagt, in den Erfahrungsräumen der Psyche Zukünftiges wie auch Vergangenes als vorhanden vorausgesetzt werden können.

Ich habe insbesondere das Gefühl, daß das Spiel der wahrscheinlichen Realitäten und der wahrscheinlichen Leben, denen man begegnet, um so verwirrender wird, je weiter man in die Zukunft reist. Der Vorstoß in ein solches Netzwerk macht es erforderlich, ständig unter unzähligen Möglichkeiten auszuwählen und Entscheidungen zu treffen, denn jeder Gedanke, jede Bewegung kann den Reisenden in eine andere wahrscheinliche Realität versetzen. In einigen Fällen wird er große Angst davor haben, sich in all diesen Realitäten zu verlieren. (Was geschieht, wenn man eine der erwählten wahrscheinlichen Realitäten *nicht erfahren will?* Dies kommt sicher laufend vor!) Die Unsicherheit, der das bewußte Selbst ausgesetzt ist, kann sich jedoch als Hindernis für das Wissen um eines oder mehrere künftige Leben auswirken — ebenso vielleicht auch die Angst davor, dem physischen

Tod dieses Lebens verfrüht zu begegnen. Addiert man zu diesen beiden Faktoren noch die ganz natürliche Besorgnis, daß einige Erfahrungen in künftigen Leben zwangsläufig unangenehm oder schlimm sein dürften, dann ergibt das drei mächtige psychische Blockaden, die der Kenntnis zukünftiger Existenzen im Wege stehen. Weitere könnten noch dazukommen. Angesichts all dieser Umstände wollen die meisten lieber gar nichts über künftige Leben wissen.

Von erfahrenen Therapeuten geleitete Rückführungen in vergangene Leben haben sich in manchen Fällen offensichtlich als heilsam erwiesen. Unabhängig von der Frage, ob es die Reinkarnation gibt oder nicht, haben die auf diesem Konzept beruhenden Überzeugungen — oder schon der bloße Gedanke an eine solche Möglichkeit — für die Auseinandersetzung des Individuums mit seinen Schwierigkeiten im gegenwärtigen Leben sehr gute Dienste geleistet; die Therapeuten arbeiten zu diesem Zweck mit Hypnose, aber auch mit auf Allegorien, Assoziationen oder Symboldeutung abgestellten Therapiemethoden.

Wie unermeßlich kreativ wir doch sind: Unsere Gegenwart ist vom Standpunkt der Vergangenheit aus ein Teil der Zukunft und vom Standpunkt der Zukunft aus gleichzeitig auch ein Teil der Vergangenheit!

Ich finde es recht erheiternd (und es entbehrt auch nicht einer gewissen Ironie), daß Menschen, die sich mit Rückführungen in vergangene Leben beschäftigen, wissentlich oder unwissentlich ständig mit der Idee zukünftiger Existenzen spielen, denn aus der Perspektive irgendeines »vergangenen« Lebens, in das sie sich vielleicht versetzen können, stellt ihr gegenwärtiges Leben offenbar eine zukünftige Existenz dar. In gewisser Weise gilt dies auch für Jane, wenn sie mit Seth Kontakt aufnimmt, und zwar trotz der Tatsache, daß die beiden eine »psychische Brücke« zwischen sich errichtet haben: Wenn Seth uns mitteilt, daß sich sein letztes irdisches Leben im Dänemark des sechzehnten Jahrhunderts abgespielt hat, dann stellen Jane und ich seine zukünftigen körperlichen Wesensaspekte dar. Ich drücke dies so aus, weil Seth selbst bemerkt hat, daß wir drei »Ableger derselben Wesenheit« seien. Doch nun *unterscheiden* wir uns voneinander. In Seths Worten (aus der *»Unbekannten Realität«*, Band 2, Anhang 18): »Ruburt *(Jane)* ist jetzt, in seinem gegenwärtigen Leben, nicht ich. Er ist allerdings eine Ausdehnung oder Materialisierung des Seth, der ich einmal war.«

All dies ist stark vereinfacht. Man muß Vorsicht walten lassen, wenn man Teile eines Selbst als »vergangen« oder »zukünftig« bezeichnet, denn je weiter man sich in das umfassende Jetzt hineinbewegt, um so schneller werden Konstruktionen wie Vergangenheit, Gegenwart und Zukunft hinfällig. Zudem spielen dann, wie im Fall von Seth und Jane, Wahrscheinlichkeiten und Wahlmöglichkeiten eine immer bedeutendere Rolle.

Jane und ich glauben nicht, daß wir im gegenwärtigen Leben von irgendwelchen Erfolgen, Fehlschlägen oder Krankheiten aus anderen Leben beeinflußt worden sind: höchstens allgemein hinsichtlich einiger körperlicher und persönlicher Eigenheiten und Fähigkeiten. Ich bekenne freimütig und mit einem Schuß Humor, daß dabei ein gewisser, uns beiden gemeinsamer Widerspruchsgeist im Spiel sein könnte. Vielleicht sind wir zu stur, um aus vollem Herzen anzuerkennen, daß es solche Möglichkeiten gibt, oder wir sind trotz all unserer Probleme zu sehr unserem »gegenwärtigen« körperlich-materiellen Leben verhaftet, um mit Seth völlig einer Meinung zu sein.

Unsere Einstellung weist daher vielleicht auf unbewußte Stärken und Schwächen hin, wenn es darum geht, das Seth-Material zu akzeptieren und wenigstens teilweise im Leben umzusetzen oder auch nicht. Möglicherweise sind wir viel mehr in unserer Zeit und unseren Vorstellungen »eingekerkert« oder tiefer darin verwurzelt, als wir uns eingestehen wollen. Jedenfalls war Jane von der Idee der Reinkarnation nie sonderlich begeistert. Ich habe in anderen Büchern bereits erwähnt, daß sie selten darüber spricht. Sie wurde im römisch-katholischen Glauben erzogen und hielt lange leidenschaftlich an dieser Religion fest. Allerdings war sie schon früh der unbeugsamen Opposition der Kirche gegen die Lehren der Reinkarnation ausgesetzt, denn seltsamerweise hatte sie sich bereits in den in ihren Jugendjahren entstandenen Dichtungen mit diesem verbotenen Thema befaßt (wenn auch nicht explizit). Jane ist überzeugt, die kirchliche Verwerfung der Reinkarnation schon lange hinter sich gelassen zu haben. Ihre Vorsicht stammt nicht daher, sondern von anderen Überzeugungen her. (Was mich betrifft, so wußte ich als Heranwachsender nichts von der Reinkarnation außer ihrem Namen.) Doch geben wir gerne zu, daß Jane in bestimmten Seth-Sitzungen wie auch in ihrer sehr evokativen Lyrik ihr intuitives und kreatives Selbst dazu ermutigt hat, das Thema der Reinkarnation ernsthaft zu erörtern. In ihrem zweiten und neuesten Gedichtband *»If We Live Again: Or, Public Magic and Private Love«*, der im Dezember des letzten Jahres (1981) veröffentlicht wurde, kommt dies klar zum Ausdruck. Ich zitiere aus dessen drittem Teil:

> Ich lebe wieder
> und erinnere mich an tausend Jahreszeiten,
> ordne die vielen April und September
> immer wieder neu
> in der durchsichtigen Vase meines Geistes
> und stelle sie auf den Tisch
> meiner Aufmerksamkeit —
> ein kleines Stilleben.

Sogar aus diesem kurzen Zitat geht hervor, daß Janes Lyrik jene mystisch-intuitive Unschuld angesichts der Natur (und damit letztlich des All-Einen) widerspiegelt, die ich im ersten Essay zu beschreiben versucht habe. Es könnte gut sein, daß Janes Psyche ein sehr viel tieferes Wissen um die »Tatsachen« der Realität aus ihrem Gesamtselbst, oder ihrer Wesenheit, geschöpft hat, als wir beide es bewußt besitzen. Wir beide hatten (in wirklich sehr isolierten Episoden) im Zusammenhang mit den gleichzeitig existierenden, reinkarnierten mehreren Selbst die Möglichkeit gehabt, uns psychisch zum Ausdruck zu bringen, und über einige unserer Erfahrungen haben wir berichtet. Manche Erfahrungen machten wir im Traumzustand. Unsere Distanziertheit gegenüber der Idee der Reinkarnation ist vielleicht auf nichts anderes als auf unsere Widerborstigkeit zurückzuführen, aber wir glauben, daß jeder Mensch stets die Freiheit hat, eine solche Wahl oder Kausalität zu akzeptieren oder abzulehnen — *wie auch immer man sich entscheidet.* Nein, wir sind vielmehr der Ansicht, daß unsere gegenwärtigen Probleme in ganz spezifischer Weise zum Wissen unseres Gesamtselbst *beitragen*, wir aber nicht von reinkarnationsbedingten Verflechtungen beherrscht werden. Ich bin mir allerdings nicht sicher, wie viele andere Menschen auch so empfinden. Aber ich weiß, daß ungeachtet regionaler und kultureller Unterschiede die Idee der Reinkarnation seit Jahrtausenden weltweit verbreitet ist, und kürzlich in unserem Land durchgeführten Meinungsumfragen zufolge glaubt ein Viertel der Bevölkerung daran.

Seth kam in einigen Kapiteln dieses Buches auf die mit der Reinkarnation zusammenhängenden genetischen Faktoren zu sprechen. Er sagte, im Grunde genommen seien sowohl unsere genetische Struktur wie auch die Geschichte unserer Inkarnationen »miteinander verwobene« Bewußtseinssysteme. Die erstgenannte ist ein physischer, die zweitgenannte ein psychischer Teil unseres inneren Wissensschatzes. Ich hege keine Zweifel daran, daß er recht hat — daß wir also während unseres irdischen Lebens auf Bewußtseinssysteme unserer Wahl zurückgreifen, zu welcher »Zeit« auch immer. Das hängt von unserer willentlichen Wahl ab, die wir weitestgehend frei treffen.

Die Ablehnung der Reinkarnationsidee hat natürlich zur Folge, daß es sich angenehmerweise erübrigt, sich im gegenwärtigen Leben mit seinem »Karma« auseinanderzusetzen — sofern es ein Bewußtseinssystem geben sollte, in dem dieses altüberlieferte Prinzip Geltung hat. Man stelle sich vor, wie gut es jemand haben könnte, dessen Selbst sich in jungen Jahren — oder gar schon vor der physischen Geburt — dazu entschlösse, ein von psychischem Erbgut völlig unbelastetes Leben zu führen, in dem es wenig oder gar nichts »aufzuarbeiten« gäbe. Welche Freiheit läge vor ihm — und welche Prüfungen! Der Buddhismus und auch der Hinduismus würden schon die bloße Vorstellung verurteilen: Wie kann man es wagen, auch nur daran zu *denken*, seinem »Schicksal« oder seiner »Bestimmung« zu entrinnen oder sie einfach (um es salopp auszudrücken) zu ignorieren! Unsere Wirklichkeit ist offensichtlich weitmaschig genug, um Raum auch für solche phantastisch anmutenden Gedanken zu lassen ...

All dies erinnert mich an kürzlich in den Medien erschienene Berichte, die schilderten, wie die Schulmedizin nicht nur mit allen Kräften versucht, neue Behandlungsmethoden zur Krebsbekämpfung zu finden (etwa durch die Erforschung und Analyse der Funktion veränderter, sogenannter onkogener Zellen), sondern bereits auch behauptet, spezifische Gene ausgeforscht zu haben, die Imponderabilien wie das Verhalten eines Menschen — auch zum Beispiel Depressionen — beeinflussen. Damit nicht genug: Soziobiologen legen ihre recht umstrittenen Thesen vor, denen zufolge viele menschliche Verhaltensweisen letztlich genetisch bedingt seien und diese wiederum auf kulturelle Veränderungen Einfluß nehmen und so weiter.

Man könnte sich nun fragen, wie es sich, wenn negative Gemütszustände wie Depressionen eine genetische Grundlage haben, mit der erblichen Bedingtheit einer positiven Regung wie Freude verhält — oder welche Rolle etwa gar reinkarnationsbedingte Faktoren spielen. (In den Medien habe ich bisher nichts darüber vernommen.) Falls Reinkarnation und Vererbung tatsächlich miteinander verwobene Systeme wären, dann könnte man sagen, daß selbst die Entscheidung einer Person, ihre reinkarnationsbedingte Erbschaft zu ignorieren, genetisch bedingt sei — und es wäre vielleicht recht ergiebig, den sich daraus ergebenden widersprüchlichen Implikationen nachzugehen. Welche Wunder schlummern wohl noch in unseren Zellen? Bei diesen Überlegungen vereinfache ich allerdings sehr stark. Wenn aber Spuren oder Eigenheiten »aufeinanderfolgender« Leben genetisch verankert sein sollten, wäre es eine ungeheure Aufgabe, sie ausfindig zu machen.

Es wäre sicher keinem heutigen Forscher möglich nachzuweisen, daß das reinkarnationsbedingte Erbe irgendwo unter den etwa hunderttausend der auf sechsundvierzig Chromosomen aufgereihten Gene eines jeden Zellkerns kodiert ist. Es heißt, ein bestimmtes Gen enthalte die Anweisungen für die Herstellung eines bestimmten Proteins, das der Körper beispielsweise für die Konstruktion oder Funktion eines Auges benötigt, und das Gen gebe mit diesem Kode die von den leiblichen Vorfahren ererbten Charakteristika weiter. Wird diese genetische Ausstattung auch von reinkarnationsbedingten Faktoren beeinflußt oder gesteuert? Und könnten derartige Faktoren genauso zwingend sein wie beispielsweise die von einem Großvater ererbten? Bei der Erzeugung sämtlicher Körperproteine (mittels der Nukleinsäure DNS und der Überträgersubstanz RNS) hat jedes Gen einer Zelle seine individuelle Aufgabe. Stellt man sich jedoch die genetische Ausstattung in erster Linie als ein Bewußtseinssystem vor, das mit dem psychischen Netzwerk reinkarnationsbedingter Erfahrungen einherginge, so wird deutlich, auf welche Weise diese beiden nichtstofflichen Systeme ineinandergreifen und sich wechselseitig beeinflussen könnten. Es ist also denkbar, daß jeder von uns ein Sammelsurium aus dem einerseits von Vorfahren und andererseits reinkarnationsbedingt Ererbten darstellt — wir wären eine »Promenadenmischung«, auch wenn uns dieser Gedanke nicht behagt ... Was wir aus diesen Möglichkeiten machen, die wir uns bei jeder irdischen Geburt selbst bescheren, ist eine andere Sache.

Um diesen Essay in einigermaßen überschaubaren Grenzen zu halten, habe ich nirgends in diesen Ausführungen die inhärenten, ungeheuer komplexen möglichen Folgen erwähnt, die sich aus dem Zusammenspiel von Vererbung, Reinkarnation und *wahrscheinlichen Realitäten* ergeben.

»Ich meine, eine zu intensive Beschäftigung mit der Frage der

Reinkarnation führt dazu, daß wir die simultane Natur der Zeit vergessen und eine fatalistische Haltung einnehmen«, schrieb Jane für mich, als ich an diesen Abschnitten arbeitete. »Vielleicht möchten wir zum Beispiel Zeit und Ort einer vergangenen Existenz in Erfahrung bringen — und allein schon diese Konzentration auf ›Vergangenes‹ vertieft unsere Bindung an die Zeit. Die Suche nach Einzelheiten führt uns weiter von den größeren Zusammenhängen fort, in die solche Einzelheiten eingebettet sein müssen. Ich spüre beispielsweise, daß Rob und ich früher schon oft zusammen gelebt haben und wir uns in vielerlei Beziehungen verbunden waren. Aber ich möchte nicht zuviel ›Zeit‹ darauf verwenden, etwas über diese Leben herauszufinden. Ich ›weiß‹, daß wir jene anderen Existenzen verändern und neu gestalten. Wenn ich Gedichte schreibe, kann ich dieses alles Leben übergreifende Prinzip oft spüren und die ›wirklichen Tatsachen‹ auffangen.«

Wir sind also nicht gegen die Idee der Reinkarnation eingestellt, sondern nur vorsichtig, was unseren Glauben an diese Lehre anbelangt. Hier beziehe ich den Terminus »Inkarnation« lediglich auf das von Seth entwickelte Prinzip der Abbilder, dem zufolge jeder von uns mit bestimmten anderen männlichen und weiblichen Wesen verbunden ist, die zur selben Zeit wie wir leben und die das körperlich-materielle Leben aus so unterschiedlichen Perspektiven und auf einer solchen Vielzahl von Wegen erforschen, wie es einem einzelnen Individuum beziehungsweise dessen Selbst nicht möglich wäre. Dies bedeutet, daß jedes reinkarnierte Selbst während seiner Existenz einer größeren »Familie« von Abbildern zugehört, die psychisch miteinander verbunden sind und immer wieder wie ineinandergreifende magische Zahnräder über die Zeit und die Wirklichkeit unserer Erscheinungswelt hinweg in sich ständig ändernden Mustern zusammenfinden. Und hat man erst einmal dieses Konzept der Inkarnationen und der Abbilder verstanden, kann man sich das eine kaum noch ohne das andere vorstellen, so unabdingbar scheinen sie zusammenzugehören.

(Offenbar können sich Abbilder, im Gegensatz zu den reinkarnierten Selbsten, unter Umständen gelegentlich begegnen. Jane und ich glauben, einigen unserer Abbilder unter Bedingungen begegnet zu sein, die in Band 2 der *»Unbekannten Realität«* näher beschrieben sind. Versuchen Sie sich einmal spaßeshalber die komplizierten Beziehungen vorzustellen, die sich allein schon in einer fünfköpfigen Familie ergeben können, wenn jedes Familienmitglied über die Sippe hinaus noch einer größeren Familie mehrerer reinkarnierter Selbst und Abbilder angehört! Es ergäbe sich eine Vielzahl der möglichen psychischen Wechselwirkungen, die sich in der »Vergangenheit, Gegenwart und Zukunft« der wiederverkörperten Selbst und Abbilder dieser fünf Menschen anbahnen können!)

Jane und ich sind sicher, daß die Erfahrungen unseres gegenwärtigen Lebens so viele psychische und physische Komponenten haben, daß deren Zahl unser Fassungsvermögen bei weitem übersteigt — und viele dieser Vernetzungen würden unserem »Alltagsbewußtsein« (wie auch dem anderer Menschen) sicher recht fremdartig erscheinen.

Ich glaube jedoch nicht, daß wir uns irgend etwas wirklich »Fremdartiges« ausdenken können, und ich benutze das Wort hier nur, um zu einem weiteren Ideenkomplex Seths überzuleiten, nämlich dem der wahrscheinlichen Realitäten oder der Wahrscheinlichkeiten, wie Jane und ich normalerweise sagen. Seth betont nicht nur, daß die reinkarnierten Selbst und Abbilder auf dieser uns bekannten Erde ständig in psychischer Bewegung sind, sondern er weist auch darauf hin, daß jedes Selbst sich in *andere*, in parallele Realitäten begeben kann. Ich zitiere aus Sitzung 681, Band 1 der *»Unbekannten Realität«:*

»Alle wahrscheinlichen Welten existieren jetzt. Alle wahrscheinlichen Variationen jeglicher Realität in ihrem unscheinbarsten Aspekt existieren jetzt. Ihr flechtet euch ständig in Wahrscheinlichkeiten hinein und aus ihnen heraus und wählt dabei aus. Die Zellen in eurem Körper tun das auch.«

Wenn also Jane in *dieser* Realität eine Krankheit durchmacht, tut sie es in einer anderen nicht, doch zwischen diesen beiden Extremen erforscht sie zugleich alle Phasen ihrer Krankheit in einer Reihe wahrscheinlicher Universen, die sie »im Nu« durcheilt ... In einigen Realitäten begleiten wir einander in unterschiedlichen Beziehungsformen. In anderen wiederum bin *ich* derjenige, der krank wird! Und in wieder anderen existiere ich körperlich überhaupt nicht. Doch da ich, wie Seth gesagt hat, mit ihr in dieser einen aller wahrscheinlichen Realitäten lebe, von der aus ich schreibe, ist meine Existenz in jeder auch ihrer Realitäten zumindest immer wahrscheinlich. Das gleiche gilt von Janes Standpunkt aus für mich. Selbst wenn Seth bisher nichts dergleichen geäußert hat (soweit ich mich erinnere), glaube ich, daß wir alle — also alle Menschen — im Kontext der wahrscheinlichen Realitäten alle Aspekte zum Beispiel der Sexualität und der Elternschaft gleichzeitig erforschen.

Im Netzwerk der wahrscheinlichen Realitäten bestehen demnach zahllose Möglichkeiten des Ausgleichs zwischen den Geschöpfen — oder sogar zwischen *Ideen.* Wie viele mögen es wohl sein? Seth bemerkte vor langer Zeit einmal, daß wir Menschen die Idee der Unendlichkeit wenigstens *annäherungsweise* erfassen können, wenn wir bedenken, welche Verflechtungen das Prinzip der wahrscheinlichen Realitäten impliziert. Zu meinem »Privatvergnügen« habe ich in den vergangenen Jahren oft versucht, diese Aussage zu objektivieren, indem ich die mögliche Zahl wahrscheinlicher Realitäten mit der aktuellen wissenschaftlichen Schätzung der Zahl der Atome des Universums gleichsetzte: 10^{79} oder eine Eins mit neunundsiebzig Nullen. Doch schon diese verhältnismäßig einfache, wenn auch für uns unfaßbare Zahl ist unzureichend, denn sie repräsentiert nur eine Maßeinheit innerhalb des physikalischen Universums, das wir zu kennen glauben. In den grenzenlosen Räumen des Bewußtseins ist 10^{79} jedoch kaum mehr als ein Tor zu den denkbaren unendlich großen Quantitäten und Qualitäten der wahrscheinlichen Realitäten. Faszinierend! In solch einem verwirrenden Spektrum gibt es sicher zahllose Möglichkeiten der Erlösung — oder des Ausgleichs oder der Liebe oder, sagen wir, der *Vergebung.* Soweit unser Verständnis reicht, kann ein solcher Ausgleich auf psychische, physische oder beide Arten zugleich erfolgen oder einfach auf der Erforschung noch unbekannter Empfindungen und Leistungen beruhen.

Jenseits dieser am Menschen orientierten Parameter müssen noch zahllose wahrscheinliche Realitäten liegen, die mit den Veränderungen der Psyche wie auch der körperlichen Gestalt einhergehen: *nichtmenschliche* Aspekte unserer selbst, zu denen wir gewöhnlich kaum eine Beziehung herzustellen vermögen. Ich kann mir nicht vorstellen, irgend etwas könnte auch nur einige der Wechselbeziehungen zwischen jenen weitentfernten wahrscheinlichen Realitäten und unserem weltlichen Universum verhindern. Alles hängt davon ab, wie weit man seine Phantasie schweifen lassen will …

Sowohl im Seth-Buch *»Individuum und Massenschicksal«* wie auch in Janes *»God of Jane«* finden sich Seths Ausführungen über die Bezugssysteme 1 und 2. Seine Äußerungen sind ein ausgezeichnetes Beispiel dafür, wie eine wirklich schöpferische Idee, die geeignet ist, vielen Menschen zu helfen, dem Versuch, eine persönliche Situation zu bewältigen, entspringen kann — denn am 17. September 1977 erläuterte Seth in einer persönlichen Sitzung, die Jane ermutigen sollte, sich gegen ihre körperlichen Beschwerden zu behaupten, die Begriffe Bezugssystem 1 und 2.

Unter Bezugssystem 1 versteht Seth die alltägliche, unserem Wachbewußtsein gewärtige »Arbeitsrealität», die wir für selbstverständlich halten, die Wirklichkeit, in der die Zeit in linearer Abfolge verläuft und die Ereignisse sich unweigerlich von Moment zu Moment abspielen. Es ist das Umfeld, in dem wir unser physisches Leben führen, die meisten von uns, ohne weiter nachzudenken. Jenseits des Bezugssystems 1 gibt es jedoch das Bezugssystem 2 — das große, zeitlose oder simultane umfassende Jetzt, eine Manifestation von All-das-was-ist. All unsere Gedanken, Pläne, Träume, Entscheidungen und Handlungen entstammen dem Bezugssystem 2; sie fließen nach Maßgabe unserer Anschauungen und Überzeugungen vom Bezugssystem 2 ins Bezugssystem 1, wo sie sich dann realisieren.

Wie Seth in dieser einführenden Sitzung vor über viereinhalb Jahren darlegte, ist mit Janes »Körper selbst alles in Ordnung, nur die Umsetzung von Glaubensvorstellungen läßt zu wünschen übrig... Selbst wenn ihr glaubt, mit dem Körper s e i etwas verkehrt, würden die notwendigen Korrekturen in einer anderen Art von Zeit [im Bezugssystem 2] vorgenommen, die im Bezugssystem 1 überhaupt keine Zeit — o d e r n i c h t d i e Z e i t s p a n n e, d i e i h r f ü r n ö t i g h i e l t e t — erfordern.« Den letzten Teil des Ausspruchs habe ich selbst hervorgehoben, denn man übersieht leicht seine Tragweite: Die individuellen Erwartungen hinsichtlich der für eine Heilung nötigen Zeitspanne bestimmen darüber, wie schnell sie vonstatten geht. Wenig später kam Seth mit einer Bemerkung durch, die ich für ziemlich ironisch gehalten habe: »In schöpferischer Hinsicht arbeitet Ruburt schon lange im Bezugssystem 2, und diese Sitzung sollte ihm helfen, gewisse gedankliche Verbindungen herzustellen, so daß er entsprechende Methoden allmählich auch anwenden kann, um seine körperliche Verfassung zu beeinflussen.«

Es folgten viele reguläre und persönliche Sitzungen, in denen Seth sich zu den Bezugssystemen 1 und 2 äußerte. Wie es mitunter vorkommt, wenn man sich zu verkrampft um etwas Wichtiges bemüht, dauerte es eine Weile, bis Jane und ich das Naheliegende erkannten: Wir waren nicht *unfähig,* uns im Bezugssystem 2 zu bewegen, um etwa in der im Bezugssystem 1 von uns gemeinsam geschaffenen Realität Unterstützung für Janes Heilung zu erhalten, sondern wir bezogen für unsere körperlich-materielle Realität *genau das* aus dem Bezugssystem 2, *was wir haben wollten,* wenngleich oftmals unbewußt oder unbeabsichtigt. Es geht also auch hier um Entscheidungen — eine unangenehme Wahrheit. Wie ich in diesen Essays zu zeigen versuche, haben wir unsere Bemühungen, in jenes größere Bezugssystem vorzudringen, nicht aufgegeben. Wir versuchten auf mancherlei Art, die Mauer unserer Emotionen und unseres Intellekts zu durchbrechen. Grundsätzlich kann die Kommunikation zwischen den Bezugssystemen gar nicht aufgehalten werden. Ich glaube, falls es jemandem gelänge, diesen Austausch zu unterbinden, würde das zum physischen Tod führen. Für uns gab es jedesmal Lernprozesse, die zu einer Veränderung führten, wenn wir entschieden hatten, eine körperliche Erkrankung sei »falsch«. Aber sie war erst dann falsch, wenn für uns feststand, daß wir sie nicht mehr brauchten.

In einigen wenigen Seth-Sitzungen war auch von den Bezugssystemen 3 und 4 die Rede. Seths Begegnungen mit Jane hatten ihm zufolge ursprünglich im Umfeld des Bezugssystems 3 stattgefunden. Bezugssystem 4 hat vielleicht, vermute ich, mit unserer Kommunikation — *durch* die ersten drei Bezugssysteme hindurch — mit entlegensten wahrscheinlichen Realitäten zu tun.

In die Wechselwirkungen zwischen den Bezugssystemen sind offensichtlich auch alle sogenannten »unbeseelten« Dinge verwoben. Seth zufolge ist unsere Trennung zwischen Lebendigem und Leblosem sehr willkürlich. Jedes reinkarnierte Selbst, jedes Abbild und jedes wahrscheinliche Selbst haben ihre Bezugssysteme. Das gilt für die allerkleinsten wie auch für die gigantischsten Wesenheiten und auch leblosen Entitäten, und es trifft »wahrscheinlich« auch auf die meisten der entlegensten wahrscheinlichen Realitäten zu, die man sich überhaupt vorstellen kann. Doch immer helfen die Wechselwirkungen zwischen den Bezugssystemen jeder Schöpfung und jeder Gegenwart einem »größeren Zusammenhang, den unser Bewußtsein gegenwärtig möglicherweise noch nicht begreifen kann«, gerecht zu werden.

Im ersten Teil dieses Essays (an dem ich am 7. Mai 1982 zu arbeiten begonnen habe) erwähnte ich eine Reihe von Sitzungen aus dem Jahr 1980, in denen sich Seth zum einen über die magische Einstellung zur Wirklichkeit und zum anderen über Janes und meine voneinander abweichenden Pläne zu Büchern über dieses Thema äußerte. Ihr sich ständig verschlechternder körperlicher Zustand quälte uns so sehr, daß Jane die Arbeit an *»Träume, ›Evolution‹ und Werterfüllung«* bereits im Anfangsstadium der Übermittlung dieses Materials aufgab und sich statt dessen auf die persönlichen Sitzungen konzentrierte. Einige Monate lang zog sie (durch mich ermutigt) in Erwägung, ein Buch über die magische Einstellung zu schreiben, und trug zu diesem Zweck viele Informationen zusammen. Sie betrachtete das Buch ebensosehr als eine Hilfe für sich wie für andere. Als dann die (in Essay 3 wiedergegebene) Durchgabe des Materials über ihr sündiges Selbst einsetzte, bekam dieses den Vorrang vor allem anderen. Das war natürlich zu erwarten, denn zu diesem Zeitpunkt war unsere Konzentration fast vollständig Janes Beschwerden zugewandt. Jane nahm die Arbeit am vorliegenden Werk erst im Juli 1981 wieder auf, als die zwei Hauptteile des Materials über das sündige Selbst bereits durchgekommen waren. Während der vorangegangenen dreizehn Monate hatte sie nur eine einzige Sitzung für *»Träume, ›Evolution‹ und Werterfüllung«* abgehalten. Ihre Konzentration auf das geplante Buch über die magische Einstellung verdichtete sich jedoch nie soweit, daß sie es zur Ausführung brachte. Unsere allgemeine psychologische Verunsicherung trug sicher viel zum Scheitern dieses Vorhabens bei; so blieb Jane bei ihren schriftstellerischen Versuchen in Einzelheiten stecken, in einem Dickicht von Daten, Zitaten aus alten Sitzungen und komplizierten Studien über unsere Traumberichte wie auch über andere Aufzeichnungen psychischer Herkunft oder alltäglicher Natur. Die von ihr gewählte Arbeitsweise entsprach ihr einfach nicht; die Inhalte ihrer Stoffsammlung sind nach wie vor ausgezeichnet.

Seth zufolge beziehen wir alle gewünschten Informationen aus dem Bezugssystem 2 (und möglicherweise auch aus den anderen) den Inhalten nach entsprechend der Einstellung, in der wir uns auf die Informationen konzentrieren: diese kann positiv, negativ oder magisch sein. In der persönlichen Sitzung vom 26. Februar 1972 sagte er: »Ihr bekommt, worauf ihr euch konzentriert. Es gibt keine andere allgemeingültige Regel.« Jedem Wesen steht es demnach frei, sich die magische Einstellung als die seiner Wahl zunutze zu machen. Diese simple »Gebrauchsanweisung« beinhaltet jedoch eine Fülle von Erkenntnissen und Erfahrungen, zu der Jane und ich uns nur unter größten Schwierigkeiten einen Zugang verschaffen konnten, wie er unserem bewußten Wollen entsprach — wogegen viele Leserinnen und Leser, nach ihren Briefen zu urteilen, wenig oder gar keine Mühe haben, mit den verschiedenen Aspekten des Seth-Materials zu arbeiten.

In der persönlichen Sitzung vom 17. August 1980, der dritten aus der Serie über die magische Einstellung zur Wirklichkeit, kam Seth wie folgt durch:

»Magische Einstellung geht von der Gewißheit aus, daß das Leben eines Individuums sich von selbst entwickelt, heranreift und sich erfüllt, daß ferner ein Individuum und seine jeweilige Umgebung auf einzigartige Weise aufeinander abgestimmt sind und zusammenwirken. Das klingt recht einfach. Im Grunde genommen handelt es sich hierbei jedoch um, wenn ihr so wollt, die Gewißheit einer jeden — bitte skandieren — Z-e-l-l-e. Sie ist jedem Chromosom, jedem Atom eingraviert und durchdringt jedes lebende Geschöpf, jede Schnecke, jedes Haar auf eurem Kopf. Diese jeder Zelle, jedem Lebewesen inhärente Gewißheit ist natürlich von biologischer Relevanz: sie gibt den Anstoß zu allem Wachstum und jeglicher Entwicklung.

(Ruhig, amüsiert:) Jede Zelle glaubt an ein besseres Morgen. Zugegebenermaßen wird unsere Zelle mit diesen Worten personifiziert, doch die Aussage enthält eine fundamentale Wahrheit. Es trägt jede Zelle das Wissen um ihre Daseinsberechtigung in sich. Mit anderen Worten: Sie weiß sogar um das Leben des Wesens über seinen Tod hinaus ...

Der Mensch ist ein ganzheitliches Geschöpf, das gleich dem Tier bestimmte Aufgaben in der Natur versieht, unabhängig davon, ob er sie begreift oder nicht. Jedes Individuum hat eine Zukunft, die sich erfüllt, auch wenn sein Tod schon morgen eintritt, und es verfügt über die zur Entwicklung nötigen Mittel, so daß seine Bestimmung sich auf ganz natürliche Weise erfüllt. D i e s e s P r i n z i p ist in eurer Welt durchgängig wirksam. Wäre dies nicht der Fall, gäbe es keine Welt. Würde immer das Schlimmste geschehen, und das nehmen die meisten Wissenschaftler an, hätte es nicht einmal eine Evolution nach ihren Begriffen geben können — ein gutes Argument, das man gelegentlich vorbringen könnte *(alles dies war mit Nachdruck, aber auch mit beträchtlichem Humor gesagt).*

Mit diesen Hintergrundinformationen wollte ich die Atmosphäre für euch schaffen, die ihr braucht, um das, was ich die magische Einstellung nenne, zu verstehen.«

Im ersten Essay schilderte ich, wie Dr. Mandali Jane mitteilte, ihre

Schilddrüse habe einfach aufgehört zu arbeiten, und wie die Ärztin das endokrine System meiner Frau mit einer Tagesdosis von fünfzig Mikrogramm eines synthetischen Schilddrüsenhormons behutsam zu verjüngen suchte. Jane muß diese Pillen für den Rest ihres Lebens in noch genau zu bestimmender Dosis einnehmen (obwohl Seth in seiner im dritten Essay festgehaltenen Sitzung vom 16. April erklärt hatte, daß ihre Schilddrüse sich bereits mehrfach »selbst *geheilt*« habe).

Nach nunmehr neun Wochen sind Jane und ich jedoch nur allzugern bereit, die Dosis zu erhöhen, denn offenbar braucht meine Frau diesen Schub. Ich habe bereits mehrfach erwähnt, wie sie in ihrem Stuhl vor sich hindöst oder sogar einschläft. Dr. Mandali ist ebenfalls der Ansicht, daß diese Schläfrigkeit in direktem Zusammenhang mit der reduzierten Schilddrüsentätigkeit steht. Doch hinter dem Dösen steckt noch mehr — ein Phänomen, auf das ich bisher nicht eingegangen bin und das ich hier nur streifen kann: Jane glaubt, infolge der medikamentösen Schilddrüsenbehandlung eine Reihe von zum Teil halluzinatorischen, zum Teil psychischen Erlebnissen gehabt zu haben.

»Ich habe verschiedene neue Erfahrungen mit veränderten Bewußtseinszuständen gemacht«, schrieb sie mühsam, »und diese Zustände sind völlig anders als alle, die ich bisher kennengelernt habe. Deswegen sind sie auch so schwierig einzuordnen ...« Zum Beispiel hatte sie lange Gespräche mit mir und gelegentlich auch mit Freunden geführt, während wir uns in einem scheinbar außerkörperlichen Zustand befanden. Damit hängen wohl auch vermeintlich mit mir gemeinsam unternommene Aktivitäten zusammen. Beim »Aufwachen« mußte sie feststellen, daß wir nichts dergleichen getan hatten. Oft sprach sie von »Bewußtseinslücken« beim Dösen. »Ich weiß nicht, was ich in meinem Stuhl tat«, sagte sie gestern um 11.05 Uhr; sie war eingeschlafen, nachdem sie mir gesagt hatte, sie müsse den Nachtstuhl benützen. »Die ganze Angelegenheit mit meiner Schilddrüse ist mir sehr unangenehm. Ich habe das Gefühl, dir oder auch dem Leben im Weg zu stehen ...« Sicher litt sie bisweilen an Depressionen, und ich versuchte, sie aufzuheitern.

Im weiteren hat Jane einige merkwürdige Varianten von Erlebnissen außerkörperlicher Erfahrung (AKE) beschrieben, die wohl eine Folge der medikamentösen Behandlung ihrer Schilddrüse waren. Sie glichen nicht den typischen Erlebnissen, bei denen sie etwa das Gefühl hatte, ihre Psyche steige aus dem dank der Schwerkraft sicher auf dem Stuhl sitzenden Körper empor. Statt dessen spürte sie ganz realistisch, wie ihr Körper *mit dem Stuhl* zur Decke schwebte ... Mitunter hörten sich ihre Erzählungen wirklich seltsam an: Der Stuhl kippte zusammen mit Jane um hundertachtzig Grad, und sie näherte sich der Decke unseres Schlafzimmers mit den Füßen voraus. Unter sich sah sie dann beispielsweise den Fernsehapparat »auf dem Kopf stehen« und die kurzen Vorhänge statt am unteren am oberen Teil der Fenster hängen. Nicht nur das: Wegen ihrer Doppelsichtigkeit gab es für Jane manchmal auch *zwei* Fernsehapparate und *vier* Fenster! Allerdings hat sie weder ihren eigenen Körper unter sich sitzen sehen, wie es bei Erlebnissen außerkörperlicher Erfahrung häufig vorkommt, noch ist sie verstorbenen Personen begegnet.

Bis heute weiß Jane nicht, ob und in welchem Ausmaß Halluzinationen bei diesen Erfahrungen mit im Spiel waren; sicher träumte sie mitunter einfach. Auf jeden Fall aber haben die hier erwähnten Erlebnisse, neben anderen, überraschend neue Aspekte ihrer Fähigkeiten enthüllt, und Jane beabsichtigt, diese bei späterer Gelegenheit eingehend zu erforschen und darüber zu schreiben.

Essay 8

Sonntag, den 23. Mai 1982

Inzwischen sollte deutlich geworden sein, daß es sich bei den in diesen Essays skizzierten Darstellungen des Selbst weitgehend um semantische Spielarten handelt, mit deren Hilfe Seth immer wieder versucht, uns die verschiedenen Aspekte seiner Ideen verständlich zu machen. Im Grunde genommen ist alles eins, wie er von seiner Warte aus viel besser weiß als wir von der unsrigen aus. (Doch »unsere Leben und Tode finden hier und jetzt statt«, schrieb Jane in Kapitel 10 ihres Buches *»God of Jane«*, indem sie aus ihrer eigenen »psychischen Bibliothek« zitierte.)

Zu den ältesten Vorstellungen gehört sicher die, daß alle scheinbaren Teile Ausschnitte eines einheitlichen Ganzen reflektieren; diese Auffassung ist mit unserer Vorgeschichte in uns gewachsen, da wir versuchten, die »wahre« Natur der Realität zu erfassen. Meist haben wir unsere diesbezüglichen Erkenntnisse oder Gefühle mangels einer besseren Ausdrucksmöglichkeit in religiöse Begriffe gekleidet, doch meine ich, daß heute auch Wissenschaftler immer intensiver nach einer Theorie — sogar nach einer bloßen Hypothese — suchen, die die subjektiven Variablen in einer Weise zusammenfaßt, die dem Menschen eher entspricht als die noch immer nicht widerrufene Einheitstheorie der Physik. Was sind denn Menschen überhaupt? Soweit Jane und ich es beurteilen können, sind wenigstens manche unter den führenden Wissenschaftlern der Welt nun endlich bereit, sich mit dem Bewußtsein zu befassen. Die neuesten wissenschaftlichen Arbeiten, die ich zur Hand habe, vor allem eben von Physikern stammende Abhandlungen, enthalten so manche Aussagen, die noch vor kurzem als metaphysisch oder als noch Schlimmeres gebrandmarkt worden wären.

Ich stelle jedoch mit einer gewissen Erheiterung fest, daß die Wissenschaft solche Häresien assimiliert, indem sie sie in anerkannte Denkmodelle integriert oder sie aus ihnen ableitet — wie etwa im Fall der Mehrweltentheorie der Quantenmechanik. Stark vereinfacht ausgedrückt, erlaubt dieser »quantentheoretische Ansatz« die Annahme, daß jeder von uns nur eine von unzähligen wahrscheinlichen oder Parallelwelten bewohnt. Sogar die Evolutionstheorie wird neu heraufbeschworen, denn angeblich *evolvieren* diese anderen Welten parallel zu der, in der wir leben. Doch gibt die Quantentheorie keine Antwort auf die Frage, wie oder warum sich eine Persönlichkeit dazu *entschließt,* einem bestimmten der vielen möglichen Wege zu folgen, und das Bewußtsein als solches bleibt ganz außer acht. (Einige Physiker vermuten jedoch, daß subatomare Teilchen — Photonen — *miteinander kommunizieren,* während sie zwar getrennte, aber »sympathetische« Wege gehen.) Seth hat schon immer von der vielmaschigen Verflochtenheit des Bewußtseins gesprochen und darauf hingewiesen, daß wir nicht nur eine wahrscheinliche Welt bewohnen, sondern uns ständig willentlich zwischen mehreren von ihnen hin und her bewegen — und zwar in Mikrosekunden, wenn wir es so wollen.

Ich möchte an dieser Stelle anfügen, daß sowohl Seth als auch der Quantentheorie zufolge aus dem oder im »leeren« Raum spontan Materiepartikel entstehen; das scheint mir mit einem der Sätze von der Erhaltung der Energie im Widerspruch zu stehen, dem zufolge Materie nicht aus nichts geschaffen werden kann. Seth behauptet, jene spontanen Schöpfungen gingen aufgrund der Aktivitäten des Bewußtseins ständig vonstatten. In der theoretischen Welt der Quantenmechanik müssen jedoch einige Bedingungen erfüllt sein: überschwere Kerne in starken elektrischen Feldern und so weiter.

Leser, die uns aktuelle Bücher und Artikel von auf diesem Gebiet tätigen Wissenschaftlern geschickt haben, meinten, es müsse für Jane und mich erfreulich sein, wenn Ideen, von denen Seth seit Jahren spricht, von der offiziellen Wissenschaft »bestätigt« werden (oft hatten wir das entsprechende Material übrigens schon in unseren Unterlagen). Einmal mehr kann ich mich einer gewissen Ironie nicht enthalten, denn hierzu muß ich sagen, daß die Wissenschaft leider gemeinhin vom Vorhandensein des Seth-Materials überhaupt keine Ahnung hat, auch wenn wir von einzelnen Wissenschaftlern verschiedener Disziplinen anerkennende und ermutigende Briefe erhalten. Wir haben nicht das Gefühl, irgend etwas werde »bestätigt«. Letzte Woche schrieb ich daher in einem Brief: »Kein angesehener Wissenschaftler wird sich, unabhängig davon, was er persönlich von der ganzen Sache hält, öffentlich zum Seth-Material bekennen. Das würde sich ungünstig auf seine Karriere auswirken, und so wird es nach unserem Dafürhalten aus vielerlei Gründen auch weiterhin noch lange bleiben.«

Eines Tages werde ich Seth spaßeshalber — aber kaum in der Absicht, einflußreiche Wissenschaftler zu überzeugen — darum bitten, sich über etwaige Zusammenhänge zwischen seinen Anschauungen und den Ergebnissen der Quantenmechanik zu äußern. Ich bin sicher, daß ihn die ganze Sache amüsieren wird. Bisher jedenfalls hat er das Thema nicht angeschnitten, und wir haben ihn auch nicht darum gebeten. Vermutlich wird sich Jane nur wenig (wenn überhaupt) für die Frage interessieren, ob es Verbindungen zwischen dem Seth-Material und der Theorie der Quantenmechanik geben könnte. Alle diesbezüglichen Kommentare in unseren Büchern sind ausschließlich mein Werk, meine Vermutungen: ich finde es unterhaltsam, in schöpferischer Weise mit einer Theorie zu spielen, mit der sich schließlich ein jeder nach Belieben beschäftigen kann. Und ich bin nach wie vor der Ansicht, daß die Theorie der Quantenmechanik deutliche paranormale Aspekte enthält, ob die Wissenschaft das nun zugibt oder nicht.

Da ja die Theorie der Quantenmechanik auf der Annahme beruht, daß alles, was wir »kennen« — Materie, Energie, Sinneswahrnehmungen —, aus Quanten besteht, das heißt aus kleinsten, unteilbaren Mengen (von elektrischer Ladung, von Energie, von Wirkung), und die subatomaren Einheiten oder Teilchen aus den Interaktionen materieloser Felder produziert werden, weist die Quantentheorie zumindest Analogien mit der Seth-These auf, das Universum bestehe aus reinem Bewußtsein. Diesem Bewußtseinskontinuum, dem All-das-was-ist, sind aber Seth zufolge auch die nichtstofflichen elektromagnetischen Energie- und Bewußtseinseinheiten zuzuordnen. Demnach stellt die Quantenmechanik eine Theorie dar, die nicht weit genug in die Grundlagen der Realität eindringt, auch wenn die Physiker ihre einheitlichen Feldtheorien heutzutage auf die Idee der Quanten abstützen.

Für mich ist Bewußtsein oder All-das-was-ist ein allgegenwärtiges, wahrhaft unbeschreibliches *Gewahrsein*, das uns Menschen grenzenlos erscheint, eine »Einheit«, in der nicht nur die Kategorien von Zeit und Raum, des Gefühlslebens und Denkens jenseits objektiver Faßbarkeit, sondern auch zahllose andere Wirklichkeiten und Wahrscheinlichkeiten enthalten sind, die außerhalb unserer sehr beschränkten inneren und äußeren Wahrnehmungsfähigkeit liegen. Nach physikalischen Kriterien ist die Realität daher noch immer nicht faßbar.

Selbst wenn sich ihr gegenwärtiger Zustand nicht wesentlich bessern sollte, sei es, sagte Jane, als ich den letzten Absatz zu Papier brachte, für uns wohl doch von Vorteil, das Seth-Material zu kennen: »Auf jeden Fall möchte ich es lieber *mit* diesem Material riskieren als *ohne* es!« rief sie in ihrem Kummer.

Vor sechs Tagen, am 18. Mai, erhöhte Dr. Mandali zu unserer großen Erleichterung endlich die Dosis der Hormontabletten, die sie meiner Frau für die Schilddrüse verschrieben hat, von fünfzig auf siebzig Mikrogramm pro Tag. »Die Wirkung wird sich aber erst in einigen Wochen zeigen«, sagte sie zu Jane. Die Steigerung der Dosis erfolgte im Anschluß an die positiven Ergebnisse einer Blutuntersuchung, die von der Ärztin einige Tage zuvor angeordnet worden war. Ein Assistent war aus dem Krankenhaus zu uns nach Hause gekommen, um Jane etwas Blut abzunehmen — er »ließ sie also zur Ader«. Nun muß sich Jane jedesmal einem solchen Test unterziehen, bevor die Dosis der Medikamente für ihre Schilddrüse erhöht wird.

Im Lauf unserer unermüdlichen Suche nach Antworten auf zahlreiche persönliche Fragen diskutierten wir darüber, daß Jane seit ihrer Kindheit gleichsam einen Kreis beschrieben hat: Ihre Eltern, Marie und Delmer, hatten im Jahr 1928 in Saratoga Springs, einem bekannten Erholungsort im Staat New York, geheiratet. Sie wurden 1931, als Jane zwei Jahre alt war, geschieden. (Jane sah ihren Vater — er stammte selbst aus einer zerrütteten Familie — erst im Alter von einundzwanzig Jahren wieder.) Als Jane drei Jahre alt war, erkrankte ihre Mutter schwer an rheumatoider Arthritis. Die Tochter kann sich tatsächlich nur an eine einzige Gelegenheit erinnern, bei der sie ihre Mutter auf den Füßen sah. Wir besitzen nur ein paar Fotografien von Marie, die Del kurz nach ihrer Heirat gemacht hat. Sie zeigen eine schöne Frau im Badeanzug an einem Strand in Florida.

In anderen Büchern berichten wir ausführlicher, wie Jane ohne Vater und mit einer Mutter aufwuchs, die schon früh bettlägerig war und immer mehr verbitterte. Mutter und Kind lebten von der Sozialhilfe und wurden im Laufe der Jahre von einer Reihe unsteter Fürsorgerinnen unterstützt — einige von ihnen waren Prostituierte, die nach Janes Aussagen zeitweise ohne »Arbeit« dastanden, wenn die städtischen Behörden die betreffenden »Häuser« schlossen, um dem Glücksspiel und dergleichen Einhalt zu gebieten. Marie war eine sehr intelligente, aber reizbare Frau, die so gut wie immer von Schmerzen geplagt war und ihrer Tochter durch ein Verhalten zusetzte, das man schon fast als psychotisch bezeichnen muß. (Zum Beispiel jagte sie der kleinen Jane einen Schrecken ein, indem sie sich Baumwolle in den Mund stopfte und einen Selbstmord vortäuschte.) Jane verbrachte auch einige Zeit in einem streng katholisch geführten Waisenhaus. Ihr Vater starb 1971 im Alter von achtundsechzig Jahren, ihre Mutter 1972, im gleichen Alter; Jane, die Marie seit einigen Jahren nicht mehr gesehen hatte, war nicht zum Begräbnis gegangen. Ich hatte sie auch nicht dazu gedrängt. Was mich betrifft, so hatte ich mich bei den wenigen Treffen mit Marie in ihrer Gegenwart immer unwohl gefühlt.

Nicht einer der Ärzte, mit denen wir sprachen, wollte ohne Umschweife zugeben, daß rheumatoide Arthritis vererbbar ist — sie sprachen nur davon, daß »sie in manchen Familien häufiger vorkomme« und mehr Frauen als Männer daran erkrankten. Erst heute sahen wir im Fernsehen einen sehr bekannten Experten, der das gleiche sagte. Doch mit Ausnahme ihrer Mutter gibt es in der Geschichte von Janes Familie keinen Fall von Arthritis, abgesehen vom »üblichen« leichten Altersrheumatismus der Großeltern. Es erhebt sich die Frage: Warum zeigten sich zunächst bei Marie und dann auch bei Jane diese Symptome? (Soweit wir feststellen konnten, war Marie beim

Ausbruch der Krankheit etwa sechsundzwanzig Jahre alt. Jane war fünfunddreißig, und morgen wird sie dreiundfünfzig.)

Ich bin seit etwa fünfzehn Jahren davon überzeugt, daß bei Jane als jungem Mädchen die *psychologische Konditionierung* viel wesentlicher — also viel schädlicher — war als irgendeine ererbte körperliche Veranlagung. Ich glaube, Maries alles beherrschende (selbstgewählte) Wut auf die Welt drang tief in Janes sich entwickelnde Psyche ein und veranlaßte sie dazu, durch Verdrängung ihrer Gefühle innere Barrieren als Schutz aufzubauen; verdrängte Gefühle können aber jederzeit aktiviert werden und in körperlichen Symptomen zum Ausdruck kommen. Unter vielen Möglichkeiten wurde diese Konditionierung auf psychischem Weg von der Tochter gewählt und akzeptiert, und sie beabsichtigte, sich in dieser Weise mit dem Verhalten der Mutter auseinanderzusetzen. Dies ist für mich ein Beispiel dafür, wie sich alle Beteiligten auf eine bestimmte wahrscheinliche Folge von Erfahrungen und Ereignissen einigen können.

Ich glaube, heute gibt es sogar stichhaltige medizinische Beweise für meine Interpretation von Janes »Symptomen«, wie wir sie seit Jahren nennen. Im Lauf der letzten Jahre hat man festgestellt, daß die rheumatoide Arthritis eine erstaunlich komplizierte Erkrankung ist, die mit dem Immunsystem des Körpers in Zusammenhang steht. Wenn die rheumatoide Arthritis voranschreitet, wendet sich das Immunsystem gegen den eigenen Körper und schädigt ihn. Eine sehr vereinfachte Erklärung hierfür ist, daß Abwehrzellen, phagozytische Monozyten, in einem sich dauernd wiederholenden Prozeß zu Makrophagen oder Reinigungszellen werden, die wiederum Enzyme freisetzen, die gesundes Gelenksgewebe angreifen. Die daraus entstehenden Abbauprodukte ziehen weitere Monozyten an und so weiter. Eine entzündliche Ansammlung zellularer Abbauprodukte zerstört schließlich die Gelenksknorpel und zersetzt die Knochen.

Das ist jedoch nicht alles. Experimente haben inzwischen gezeigt, daß die Hirntätigkeit das Immunsystem beeinflussen kann, indem sie dieses entweder verstärkt oder reduziert. Bis vor wenigen Jahren war die Unabhängigkeit des Immunsystems von allen »äußeren« Einflüssen ein medizinisches Dogma. Doch kürzlich wurden im Gehirn bestimmte chemische Substanzen entdeckt, die mit chemischen »Rezeptoren« der Zellen des Immunsystems in Verbindung stehen. Die Forscher rechnen damit, noch viele solcher Verknüpfungen zu finden. Ich halte es daher für durchaus möglich, daß der andauernde Streß, dem

Jane seit ihrer frühen Kindheit ausgesetzt war, ihr Immunsystem ständig überstimulierte. Immer wieder hatte Marie zu Jane gesagt, sie tauge nichts und ihre Geburt sei schuld an der Krankheit der Mutter. Schon lange vor ihrem zehnten Lebensjahr hatten sich bei Jane hartnäckige Symptome von Kolitis gezeigt, einer Entzündung des Dickdarms, die oft von emotionalem Streß begleitet wird. Nach ihrem zehnten Lebensjahr wurde eine Überfunktion der Schilddrüse diagnostiziert. Von Marie — und anderen — bekam sie zu hören, sie würde »ausbrennen« und noch vor ihrem zwanzigsten Lebensjahr sterben. Jane sah sehr schlecht und brauchte eine starke Brille (die sie aber nur selten trug). Schließlich setzte, als sie Mitte Dreißig war, die rheumatoide Arthritis ein: Janes Immunsystem verstärkte seinen Angriff auf ihren Körper.

Wie konnten sich Personen, die mit meiner Frau zu tun hatten, auf eine wahrscheinliche Folge von Erfahrungen und Ereignissen einigen? Es gibt immer genauso viele Möglichkeiten und Wahrscheinlichkeiten, wie man sich vorstellen kann. Ich kann hier bei weitem nicht alle aufzählen. Im Bezugssystem 2 hätte sich die mit Jane schwanger gehende Marie gemeinsam mit ihrer zukünftigen Tochter für ein bestimmtes Handeln in ihrem Leben entscheiden können. Im Bezugssystem 2 hätten sich die beiden sogar noch vor *Maries* Geburt über eine solche Entscheidung verständigen können. Zieht man auch die reinkarnationsbedingten psychischen Faktoren in Betracht, so könnte ihre gestörte Beziehung in diesem Leben frühere Verbindungen widerspiegeln, die sicher anders, aber doch irgendwie ähnlich gelagert waren und sich auch nachhaltig auf alle zukünftigen auswirken. Darüber hinaus war Jane diese Beziehung, die sie übervorsichtig hatte werden lassen, vielleicht eingegangen, um ihre Empfänglichkeit für das Seth-Material abzuschwächen und weniger stark darauf zu reagieren — und dies, obwohl sie schon vor langer Zeit dafür gesorgt hatte, daß sie mit der ihr eigenen Mischung aus Mut und Unschuld zur Welt kommen würde, die sie brauchte, um mit den von ihr gewählten Fähigkeiten voranzukommen. Vielleicht hatte sie vorsorglich eine Vereinbarung mit ihrem Großvater mütterlicherseits getroffen, um sich von ihm bestimmte, deutlich ausgeprägte mystische Eigenschaften »zu borgen«; dieser Großvater war einerseits französisch-kanadischer und andererseits kanadisch-indianischer Abstammung (wir wissen nicht, zu welchem Stamm seine Vorfahren gehörten). Als Kind hatte sich Jane sehr mit ihm identifiziert. Und ihre Entschlußkraft, ihr Wille, der nach Seth »erstaunlich stark« ist, kann die Aufnahmefähigkeit und Entschlossenheit eines oder mehrerer ihrer Abbilder in diesem Leben durchaus unterstützen; vielleicht begegnet sie einem von ihnen (oder ist bereits einem begegnet), während ein anderes dieser Abbilder jenseits des Ozeans lebt und es im körperlich-materiellen Leben nie zu einem Treffen zwischen ihnen kommt.

Und dabei habe ich bis jetzt noch kaum auf die komplizierten psychischen Wechsel zwischen dem Wesen Janes und denen anderer Familienmitglieder — in der Vergangenheit, der Gegenwart und der Zukunft — hingewiesen. Die Zahl der mathematisch möglichen Kombinationen ist unermeßlich groß. Und welche Rolle spiele *ich* in diesem Zusammenhang? Welche Rollen spielen Mitglieder meiner Familie? Welche Rolle spiele ich, jetzt und künftig, bei Janes — und meiner — Erlösung, und in welcher Erfahrung oder in welchen Realitäten? Wann haben wir beide im Bezugssystem 2 (oder in anderen Bezugssystemen) unsere Vereinbarungen getroffen, und wie werden sie sich im Bezugssystem 1 auswirken? Es wäre sogar möglich, daß wir, Marie, Jane, ihr Großvater und ich, die Ausgangssituation vor unser aller körperlicher Geburt gemeinsam entworfen haben — und in irgendeiner Realität haben wir dies vermutlich auch getan! Worte sind schlecht geeignet, meine Empfindungen zum Ausdruck zu bringen, aber ich möchte, es ist wahr, am liebsten jede Beziehungskonstellation, die mir in den Sinn kommt, sofort festhalten ...

Doch worauf immer und zu welchem Zeitpunkt der »Vergangenheit« auch immer sich die Beteiligten geeinigt hatten, dieses Handeln wurde von ihnen im Lauf der Jahre im Bezugssystem 1 einer Vielfalt von Variationen und Modifikationen unterworfen, und dies immer — immer — im Einklang mit den übergreifenden Strukturen der Natur und begleitet von der völligen Freiheit aller Beteiligten, die ganze Angelegenheit jederzeit, der individuellen Perspektive entsprechend, zu akzeptieren, zurückzuweisen, abzubrechen oder zu ändern ...

Kehren wir zu Jane und Marie zurück. Ich glaube, ihr zyklisches Verhalten und wechselseitiges Agieren, wie schmerzlich es oberflächlich betrachtet auch gewesen sein mag, waren insgesamt Ausdruck schwerer Prüfungen, denen sich Mutter und Tochter einzeln und gemeinsam stellten, um höhere Ziele zu erreichen. Nicht nur die beiden Frauen, sondern auch ihre Wesenheiten oder ihrer beider Gesamtselbst sind dadurch emotional gestärkt und bereichert worden.

Eine ihrer gemeinsamen Schöpfungen in ihren Leben war die rheumatoide Arthritis. Janes Version dieser Krankheit zeigte sich etwa acht Jahre bevor Marie starb. Offenbar wurde diese Krankheit für beide äußerst bedeutsam. Aufgrund einer subtilen Sturheit, ich sprach bereits im ersten Essay davon, hatte Jane ihre Beschwerden vor Marie verschwiegen; da sich die beiden später nicht mehr sahen, erfuhr Marie davon nie. Wir vermuten jedoch, daß sie es psychisch *trotzdem »wußte«*. Und wie ich annehme, litten Mutter und Tochter im Grunde genommen sogar an *derselben* Arthritis — es handelte sich eigentlich nicht um zwei gesonderte Krankheitsfälle.

»Oh, warum mußtest du ausgerechnet *das* schreiben!« rief Jane gequält, als sie diesen letzten Satz las. Zufällig stand er am Ende meines Tagwerks, das ich ihr nach dem Abendessen zeigte. »Es ist eine phantastische Idee, aber ...«

»Nun ja, ich weiß, daß es nur eine Idee ist und vielleicht eine gute«, sagte ich. »Ich glaube, so etwas kommt dauernd vor. Ähnliches muß sich auch bei Epidemien abspielen. Aber ich wollte dich nicht verletzen — vergiß es.«

Auf diesen letzten Seiten (seit ich begonnen habe, meine Ansichten über Janes psychische Konditionierung im Kindesalter darzulegen) habe ich meine Betrachtungsweise offengelegt. Nur so kann ich persönlich unserer heutigen Welt noch einen Sinn abgewinnen. Nur allzu deutlich zeigen die auf den Titelseiten der Tageszeitungen abgedruckten Berichte über Krieg, Umweltverschmutzung, Korruption, Elend und Verbrechen, wie wenig wir Menschen uns heutzutage selbst kennen oder verstehen und wie weit der Weg ist, den wir — individuell und insgesamt — noch vor uns haben. Im Lauf der Jahre habe ich gelernt, meinen Einsichten immer mehr zu vertrauen, wenn es um unser Verhalten als Gattung im Bezugssystem einer Natur geht, die wir, wie ich glaube, gemeinsam mit allen anderen Gattungen auf diesem Planeten geschaffen haben (thematisch beschränke ich mich für den Moment auf unsere unmittelbare Umgebung). Sicher wirkt dies alles recht kompliziert, doch im Kontext meines Alltags denke ich nicht weiter über die Vielzahl an Möglichkeiten nach, von denen ich in diesen Essays bereits gesprochen habe. Statt dessen versuche ich, diese Möglichkeiten als Teile eines größeren Ganzen »im Hinterkopf« zu behalten. Das gilt wohl auch für Jane.

Selbst wenn das der Menschheit bestmögliche Verständnis der Geheimnisse des Lebens und des Universums absolut unzulänglich sein sollte, glauben Jane und ich dennoch nicht, daß die Natur völlig lieblos und grausam oder einfach gleichgültig ist, wie die Wissenschaft uns glauben machen will. Wir haben auch große Vorbehalte gegen die Evolutionstheorie und ihr Dogma vom »Überleben der Tüchtigsten«. Richtiger und befriedigender erscheint uns die intuitive Einsicht, daß diese »Natur«, die wir mitgeschaffen haben, eine lebendige Sichtbarwerdung All-dessen-was-ist darstellt, daß in diesem großartigen Panorama jede Handlung einen Sinn hat und tatsächlich zu einem Ausgleich *führt.* Wir sind keine unbedeutenden Staubpartikelchen im Kosmos. Wie wäre das auch möglich? Denn wenn Jane und ich, wie bereits erläutert, der altüberlieferten Anschauung zustimmen, der zufolge »alle scheinbaren Teile Ausschnitte eines einheitlichen Ganzen reflektieren«, nehmen wir auch an, daß auf irgendeine Weise auch das Ganze in *jedem* seiner Teile enthalten ist. Die Wissenschaft bezeichnet diese Idee als »Holonomie«; Seth spricht seit Jahren von derselben Sache, doch ohne dieses Wort je benutzt zu haben. Jane kannte es nicht einmal.

Natürlich ist mir bewußt, daß Seths wie auch unsere Ansichten meist bestenfalls Theorien sind — wenn auch sehr bestechende. Man könnte einwenden, es handle sich nicht einmal um Theorien, sondern allenfalls um Hypothesen — um vorläufige Schlußfolgerungen, die erst noch anhand zahlreicher Experimente und Untersuchungen bewiesen werden müssen. Vielleicht (so schreibe ich mit einem Anflug von Humor) handelt es sich gar »nur« um Ideen. Wie dem auch sei, Jane und ich freuen uns über die vielen tausend Briefe von Lesern und Leserinnen, die immer wieder erzählen, wie sie das Seth-Material körperlich und geistig nutzen konnten. (Mit Ausnahme einiger alter Briefe, die verlorengingen, haben wir unsere gesamte Korrespondenz sorgfältig aufbewahrt. Die Schachteln stapeln sich in einem Abstellraum im Keller. Wir hoffen, unsere »Fanpost« wird irgendwann einmal als Grundlage für eine Studie über die Reaktionen der Gesellschaft auf neue Ideen dienen. In den Briefen wird die Sicht der Naturwissenschaften, der Philosophie, der Psychologie, der Religion erörtert; manche stammen von Esoterikern, manche auch von Skeptikern, allgemein Neugierigen und geistig Kranken. In unserer Korrespondenz finden sich neben Schmähbriefen überraschenderweise auch Zuschriften von Menschen, die beinahe Analphabeten sind.)

Es liegt jedoch in der Natur der Sache, daß jede Theorie zunächst — auch wenn sie sich auf genügend Beweise für ein allgemeingültiges Prinzip stützt, das bestimmte Phänomene erklären soll — zwangsläufig fehlerhaft ist, da sie anfänglich immer auf unvollständigem Datenmaterial beruht. Sie kann daher durch eine später folgende Theorie aus dem Feld geschlagen werden, wenn Forscher sich darum bemühen, die Fehler zu berichtigen oder zu beseitigen. Die Suche nach einer endgültigen Wahrheit bringt, bevor diese als »Tatsache« anerkannt wird, eine ständige Differenzierung mit sich. (Eine solche Wahrheit kann sich mitunter als etwas so Abstraktes erweisen, daß sie für uns keine intellektuelle und emotionale Bedeutung mehr hat und damit aus unserem Bewußtsein entgleitet. Auch ist es durchaus möglich, etwas aus der Realität »wegzuanalysieren«, indem man es zu guter Letzt als »Unmöglichkeit« hinstellt — ungeachtet seiner möglichen Valenz in ähnlichen wahrscheinlichen Realitäten.)

Nach Janes und meinen natürlich vom Seth-Material mitbestimmten Vorstellungen können verschiedene Inkarnationen, Abbilder und deren »Ausläufer« als Aspekte eines solchen Differenzierungsprozesses ins Spiel kommen, wenn ein Selbst versucht, die Dimensionen des Bewußtseins zu erforschen. Dies kann unabhängig davon geschehen, ob man an vergangene und künftige Leben und beziehungsweise oder Abbilder glaubt oder nicht; doch sehe ich zur Zeit keine Möglichkeit, derartige Sichtbarwerdungen zu »beweisen«.

Ich finde diese Anschauung sehr kreativ, und weil sie es ist, akzeptieren wir sie; sie stellt den zur Zeit bestmöglichen »Beweis« dar und bietet uns eine Antwort an, indem sie uns dazu anspornt, den Sinn unserer Realität auf neuen Wegen zu ergründen. Natur- und Geisteswissenschaftler werden dem wohl kaum zustimmen — mit ein paar Ausnahmen allerdings, denn es heißt, keine Idee sei so verstiegen, daß sie nicht im Kopf irgendeines Naturwissenschaftlers oder Philosophen Unterschlupf findet. Jane und ich sind nicht so naiv zu glauben, wir könnten unsere Ansichten mit unumstößlichen Beweisen untermauern, und Seth kümmert das ohnehin nicht. Ein solcher Nachweis ist selbst dann nicht möglich, wenn ich Seths Äußerungen über die Quantentheorie ins Spiel bringe; doch Janes »erstaunlich starker« Wille ist für mich ein Gradmesser, der — zum Beispiel im Bezugssystem 2 — unwillkürlich »Wellen« des Wissens oder Bewußtseins auslöst, die mit den »Partikeln« verschmelzen, aus denen sich die körperlich-materiellen Formen zusammensetzen, die Jane dann wiederum im Bezugssystem 1 als ihre Realität erlebt, entweder mittelbar auf psychischem Weg oder auch unmittelbar.

Essay 9

Montag, den 31. März 1982

Es sind etwas mehr als neun Wochen vergangen, seit ich meine Frau aus dem Krankenhaus geholt habe. Und erst letzte Woche (nach einer weiteren routinemäßigen Blutanalyse) hat die Ärztin die Dosis des synthetischen Schilddrüsenhormons, das Jane einnimmt, wieder erhöht, dieses Mal von 70 auf 100 Mikrogramm pro Tag.

Im ersten Essay sprach ich von Janes einzigartiger Charaktereigenart, einer Mischung von Sturheit, Unschuld und Mystizismus, und daran hat sich nichts geändert. Trotz ihres Entsetzens über die Praktiken und Äußerungen der Ärzte, mit denen sie zu tun hatte, und trotz ihrer Verzweiflung angesichts der durch die Arthritis hervorgerufenen körperlichen Behinderungen wird Jane nicht aufgeben, bis sie — beziehungsweise ihr Gesamtselbst — genau das aus dem Krankheitssyndrom bezogen hat, was sie braucht. Hinsichtlich des körperlich-materiellen Lebens besitzt sie eine unglaubliche Zähigkeit. Diese Eigenschaft hat ihr in schweren wie auch erfolgreichen Zeiten geholfen und muß wohl während jener beängstigenden Kinderjahre, die sie mit ihrer Mutter Marie verlebt hat, entwickelt worden sein. Ihre Entschlossenheit ist sogar auf den Fotos erkennbar, die Jane im Vorschulalter zeigen. Sie lernte darauf zu verzichten, sich für den Jähzorn und Sarkasmus der invaliden Marie zu rächen, und ihre Spontaneität und Impulsivität im Zaum zu halten; so gewöhnte sie sich an die Unterdrückung von Gefühlen. Doch sie war — und ist — frei von Verstellung und Falschheit.

Der Begriff der Sünde wurde meiner Frau durch ihre frühe und starke Bindung an die römisch-katholische Kirche nahegebracht. Zumindest in Janes Fall ist es offensichtlich, wie die kirchliche Lehre von der Sünde Fuß faßte, als das unschuldige Kind seinen spontanen, natürlichen Mystizismus — jenen wichtigen Aspekt, den sie in diesem Leben erforschen wollte — zu schützen versuchte. Ich glaube, ihr »sündiges Selbst« wäre nicht zu solcher Bedeutung aufgestiegen, hätte es sich nicht von jenen Unterdrückungen nähren können; jedenfalls nistete es sich im Lauf der Jahre immer mehr in Janes Psyche ein und setzte seinen fehlgeschlagenen, wenn auch wohlgemeinten Versuch fort, »das schöpferische Selbst zu schützen«, den Versuch, »einen vorsichtigen Kurs zu steuern, aus Furcht, der jahrhundertealte

Glaube des Menschen an die Sünde könne auf einer gewichtigen Wahrheit beruhen, an der ich Anteil hatte, die ich aber nicht verstehen konnte«. Und so wurden natürlich die Überreaktionen des sündigen Selbst, auch wenn ihnen jegliche »Bösartigkeit« abging, Teil von Janes permanenten Prüfungen in diesem Leben.

Bevor sie so krank wurde, daß ihr praktisch nichts anders übrigblieb, als ins Krankenhaus zu gehen, hatte ich geglaubt, meine Frau würde dank ihrer Fähigkeit zielgerichteter Konzentration die nötige Ausdauer haben, jedes Ziel zu erreichen — ob dies nun fünf Minuten oder fünfzig Jahre in Anspruch nahm. Ihre Krankheit hatte diesbezüglich Zweifel in mir aufkommen lassen, aber nun sind die Dinge wieder ins richtige Licht gerückt. Jane weiß vielleicht nicht immer ganz genau, was sie will, wenn sie sich den von ihr projizierten Verwirklichungen in der körperlich-materiellen Realität gegenübersieht, doch ihre Psyche weiß es sehr wohl (das gilt vermutlich für jedermann).

Wenn ich ihr im Lauf der ersten Ehejahre gelegentlich sagte, ihre »Beschwerden« hätten nichts mit meinem Denken oder Wollen zu tun, so widersprach sie mir. Deshalb fühlte ich mich zur Suche nach einem tieferen Verständnis gezwungen, und ich lernte begreifen, daß, wenn meine Ehefrau chronisch erkrankt war, bestimmte Teile meiner selbst an diesem Geschehen teilhatten. Heute bin ich überzeugt, daß *tatsächlich* jeder von uns an der Gestaltung der Wirklichkeit mitwirkt und daher wir beide an unserer gemeinsamen Realität mitgewirkt haben. Jane und ich forschen und suchen in den umfassenderen Bezugssystemen der Existenz noch immer gemeinsam nach den Faktoren, die eine Krankheit auslösen und sie verständlich machen.

Im Rahmen dieser Essays konnte ich auf viele Themen, die Jane und ich erörtern wollten, nicht ausführlich eingehen. Vieles habe ich nicht einmal gestreift, so daß meine Aufzeichnungen in dieser Hinsicht sehr unvollständig sind. Aber abgesehen von den räumlichen und zeitlichen Beschränkungen, denen wir unterworfen sind, scheint es mir unmöglich, wirklich zum Kern einer Thematik oder einer Glaubensüberzeugung vorzudringen. Gelänge es Jane und mir dennoch, so würde sich vermutlich eine bedeutende Metamorphose vollziehen: Je weiter wir uns durch die Wahrscheinlichkeiten hindurch auf All-das-was-ist zubewegten, desto häufiger würden sich die mit einem Thema verbundenen Spannungen in zutiefst freudvolle Herausforderungen und Aufgaben verwandeln.

Unsere Träume habe ich bisher kaum erwähnt. Soweit sie mit Janes körperlichen Beschwerden in Zusammenhang standen, sind sie uns größtenteils gar nicht erst bewußt geworden. Der Bezug vieler unserer Träume zu den Krankheitssymptomen war uns zwar klar, aber wir erinnerten uns nicht oft und nicht deutlich genug an sie, um bewußt mit ihnen arbeiten zu können. Das ist auch heute noch der Fall. In dieser Hinsicht haben wir uns wohl schon vor langer Zeit entschieden: Was das heikle Thema von Janes Krankheit anging, wollten wir wohl den größten Teil unserer Traumarbeit in einem intuitiven und unbewußten Bereich belassen. Wir entnahmen daher dem Bezugssystem 2 genau das, was wir wollten.

Diese simple Aussage bedeutet aber auch, daß unsere mit Janes Problemen zusammenhängende Traumarbeit von Seth nach Kräften unterstützt wurde, und zwar im Verlauf der seit dem November 1975 abgehaltenen 347 persönlichen und 159 teilweise persönlichen Seth-Sitzungen. Dieses höchst aufschlußreiche Material über verschiedene Aspekte der Beschwerden Janes ist vielfach von so allgemeinem Interesse, daß es sich zweifellos für eine Veröffentlichung eignet, weil es auch anderen Menschen helfen könnte; doch wegen der für uns aufwühlenden persönlichen Inhalte haben wir uns noch nicht an ein solches Projekt gewagt. (Auszüge aus diesen Sitzungen habe ich dennoch in Seth-Büchern eingeschaltet.)

Es muß jedenfalls eine große Menge einschlägiger Trauminformationen vorhanden sein, die jederzeit angezapft werden könnten. Mit Seths Hilfe erfahren Jane und ich vielleicht irgendwann einmal mehr über die hilfreiche Rolle, die unser beider Träume gespielt haben, als wir uns mit den durch Janes Befinden hervorgerufenen Schwierigkeiten auseinandersetzen mußten. Natürlich erheben sich auch zahlreiche Fragen: Wenn wir hinsichtlich der Einflüsse von vergangenen, zukünftigen und *anderen* gegenwärtigen Existenzen auf unser jetziges Leben auch eher skeptisch sind, fragt es sich doch, wie es um die Wechselwirkungen zwischen Janes Verfassung und den in Träumen sich geltend machenden vielen Selbst mit reinkarnationsbedingten Erfahrungen und auch den Selbst unserer Abbilder steht. Was habe ich und was haben unsere Familien damit zu tun — und vor wie vielen Generationen, nach Kriterien linearer Zeit, wurde die Wirkung ausgelöst? In welchem Ausmaß pflanzt sich Janes körperliche Gebrechlichkeit über den Traumzustand in andere wahrscheinliche Realitäten fort? Mit vielen dieser Fragen wird sich Jane wohl selbst auseinandersetzen, auch etwa indem sie ihre »psychische Bibliothek« zu Rate zieht. Aus solcher Forschungsarbeit könnte ohne weiteres ein Buch werden — sogar »ein Buch einer neuen Weltsicht«, bemerkte ich scherzhaft zu Jane.

Jane schrieb in Kapitel 1 ihres Buches *»The World View of Paul Cézanne: A Psychic Interpretation«* (1977): »Seth zufolge findet jeder von uns, je nachdem wie er seine persönliche Nische der Realität erlebt, aufgrund seiner Ideen, Überzeugungen und Gefühle zu einer eigenen psychischen Weltsicht.« Die Weltsicht eines jeden Menschen, der je gelebt hat, bleibt für immer lebendig und kann unter Umständen angezapft werden. Dies gilt genauso für die psychische Erfahrung der jetzt Lebenden wie für die der noch nicht Geborenen. Es kommt deshalb aber kein direkter Kontakt mit dem Urheber des betreffenden Weltbildes zustande, sondern lediglich ein Zugang zu seinen gespeicherten Erfahrungen, zu der einzigartigen Version der von ihm erfahrenen Wirklichkeit. Das ist nicht etwas Statisches, daher finden ständig Interaktionen und Modifikationen über alle Zeit hinweg statt.

Janes Buch bekäme natürlich den Titel *»The World View of Jane Roberts«*. Warum auch nicht? Wenn sie sich auf die Weltsicht des Philosophen und Psychologen William James und die des Künstlers Paul Cézanne einstimmen konnte, warum dann nicht auch auf die der Schriftstellerin und Mystikerin Jane Roberts? Die Ergebnisse hätten einen noch intimeren Charakter als im Fall von James und Cézanne. Ein derartiges Werk würde in jeder Hinsicht wertvolle Hinweise auf ihre wie auch meine Befreiung liefern.

Nachdem ich Jane am Morgen den vorliegenden Text gezeigt hatte, fragte ich sie, was sie von einem solchen Buch hielte. »Ich möchte darüber nicht sprechen«, sagte sie, »aber ich habe schon mit diesem Gedanken gespielt und entsprechende Überlegungen angestellt. Doch möchte ich lieber nicht darüber reden.«

»Okay«, sagte ich. Ich war von ihrer Reaktion angenehm überrascht, denn ihr Widerstreben, über ein bestimmtes Thema zu sprechen, war oft ein Zeichen dafür, daß sie sich bald kreativ damit auseinandersetzen würde.

In Wirklichkeit ist sogar jede *Sekunde* im Leben eines Menschen ein leidenschaftlicher kreativer Akt, denn sie stellt die Entscheidung des Individuums unter Beweis, sein körperlich-materielles Leben fortzusetzen. Ich glaube, Jane hat seit ihrer Entlassung aus dem Krankenhaus bemerkenswerte Fortschritte gemacht. Unsere Freunde sagen ihr bei jedem Besuch, sie sehe wieder besser aus. Sie hat eine wunderbar reine Haut — eine irische Haut, scherzte ich, obwohl sie nur zu einem Viertel von Iren abstammt. Die Knie- und Hüftgelenke kann sie wieder besser bewegen, obwohl sie noch weit davon entfernt ist, wieder gehen zu können. Sie benutzt sogar, wenn auch ziemlich unbeholfen, die Schreibmaschine und kann vielleicht eine halbe Seite am Tag tippen. »Aufgrund der beängstigenden Erlebnisse im Krankenhaus lernte ich, sozusagen unter Kampfbedingungen, meinem Körper zu vertrauen«, schrieb sie eines Tages — ein treffender Vergleich, wie mir scheint.

Sie hat auch ihre ersten beiden Farbzeichnungen angefertigt, wobei sie einen der Aquarellblöcke (Format: 10 × 15 cm) verwendete, die ich ihr letztes Jahr gekauft hatte. In diesen Zeichnungen mit ihren einfachen, aber sehr effektvollen Mustern aus Linien und reinen Farben umgeht Jane irgendwie ihre täglichen Probleme und bringt ihre grundsätzlich mystische Weltsicht deutlich zum Ausdruck. Das gleiche tut sie in ihren kleinen Gedichten, die sie größtenteils nicht nur für unvollendet, sondern auch für unbedeutend hält: »Ich würde sie nicht einmal mit der Maschine schreiben, wie du es getan hast«, meinte sie. Doch mir gefallen Zeilen wie: »Laß das Klagelied ertönen, das alles andere vertreibt«, und: »Ich spüre den Hauch des Todes, wenn jemand vom bekannten Pfad abkommt, ohne es recht zu bemerken«, und: »Ich atmete die öffentliche Luft, und sie wurde privat.« Jane singt gelegentlich auch in Sumari, der »Sprache«, in der sie, wie schon erwähnt, einige kurze Lieder verfaßt hat, ohne sie jedoch zu übersetzen. Ich habe ihre Prosa, Zeichnungen, Dichtungen und Sumari-Texte aus der Zeit ihrer Genesung und Prüfungen gewissenhaft für unsere Unterlagen gesammelt.

Denn Jane wird auch weiterhin auf die Probe gestellt. Das Schreiben mit der rechten Hand fällt ihr immer noch sehr schwer; sie hat sich auch nicht darum bemüht, mit der funktionstüchtigeren linken schreiben zu lernen, wie ich ihr vor ein paar Monaten vorgeschlagen hatte; inzwischen habe ich diese Idee aufgegeben. »Aber ich könnte morgen mit einem anderen Buch anfangen«, sagte sie, »nur weiß ich nicht, wozu es gut wäre ...«

Sie leidet nun zwar weniger an Doppelsichtigkeit, aber möglicherweise ist doch noch ein chirurgischer Eingriff an ihrer Augenmuskulatur nötig. Vielleicht kann ihr auch eine erst kürzlich der Öffentlichkeit vorgestellte neue Behandlungsmethode helfen, bei der in bestimmte Augenmuskeln eine Substanz injiziert wird, die aus einem bei der Fleischvergiftung entstehenden Toxin gewonnen wird; dieses Verfahren hat angeblich keine Nebenwirkungen und kann einen chirurgischen Eingriff überflüssig machen, weil es eine neue »Justierung« der Augen fördert. Jane sperrt sich jedoch nach wie vor gegen Tabletten und Operationen, obwohl sie sich ihrer widersprüchlichen Haltung bewußt ist, denn sie nimmt täglich die von Dr. Mandali verordneten synthetischen Schilddrüsenhormone und das flüssige Salizylpräparat ein. In der (in Essay 3 wiedergegebenen) Seth-Sitzung vom 16. April erfuhren wir, Janes Schilddrüse habe sich bereits mehrfach »selbst geheilt«; wir glauben allerdings nicht, daß das jetzt schon geschehen ist. Vor kurzem (am 10. Mai) folgte eine Erklärung in einer persönlichen Seth-Sitzung: »Die Schilddrüse regt sich selbst an — sie schaltet sich sozusagen ein und aus, was einen ›Stottereffekt‹ hervorruft. Der Körper versucht, den bestmöglichen Stoffwechselrhythmus zu finden und sich der medikamentösen Behandlung anzupassen.«

(Jetzt fragen wir uns: Wie wird uns Janes Körper zu erkennen geben, wann er ganz auf Schilddrüsenmedikamente verzichten möchte? Wir hoffen, dieses Problem löst sich zur rechten Zeit von selbst.)

Die eben zitierte Aussage Seths wird sicher die Frage aufwerfen, ob seit dem 16. und 20. April weitere Sitzungen abgehalten wurden (vergleichen Sie die Essays gleichen Datums). Es haben dreizehn weitere Sitzungen stattgefunden — vier ohne und neun mit Seths Präsenz, die letzte in dieser Serie am 7. Juni. Die meisten Sitzungen waren sehr kurz und nicht immer rein persönlich. Zu denjenigen, die uns betreffen, habe ich ausführliche Anmerkungen verfaßt und dabei oft, der späteren besseren Orientierung wegen, Einzelheiten unseres täglichen Lebens festgehalten.

Alle in diesem Buch angesprochenen Themen wurden weiterverfolgt, auch wenn hier aus Platzgründen ausführliche Zitate aus den jeweiligen Sitzungen nicht möglich sind. Langfristig ergibt sich daraus (wie ich im Essay 3 geschrieben habe) für Jane und mich ein umfassendes Arbeitsprogramm, sofern wir die von uns in diesem körperlich-materiellen Leben eingegangenen Verpflichtungen besser verstehen wollen. Uns bewegen dieselben Fragen, wie sie alle anderen Menschen bewußt oder unbewußt in sich tragen — und dazu gehört das ewige »Warum?« hinter allem, was uns widerfährt. Das Material aus diesen Sitzungen ist je nachdem erheiternd, schmerzlich, erleuchtend, scharfsinnig, frustrierend oder ärgerlich — und manchmal all das zugleich. Wir möchten gern möglichst viel davon veröffentlichen, obwohl es für uns teilweise nicht schmeichelhaft ist und manches für uns in unserer menschlichen Beschränktheit im Alltag nicht weiter nützlich sein mag. Da aber die Informationen bei Jane und mir so gemischte Gefühle hervorrufen, werden sie dies wohl auch bei anderen Menschen tun; sie können somit, indem sie Stärken und Schwächen deutlich hervortreten lassen, als Anstoß zu weiteren Lernschritten dienen. Jeder Mensch gestaltet selbst seine Realität. Der Ärger über Jane und mich, der in mir aufkam, als sie mit den Ausführungen über ihr sündiges Selbst durchkam (Essay 3), ist seit langem verflogen. Vielleicht sind noch Spuren davon in meiner (und Janes) Psyche zu finden, doch es ist sehr schwer, seinem Ärger freien Lauf zu lassen, wenn man der einfachen, aber fundamentalen und weitführenden Idee zustimmt, daß man sich *tatsächlich* seine Wirklichkeit selbst schafft.

Jane hat immer noch depressive Phasen, und sie nickt auch noch häufig in ihrem Stuhl ein. Wenn ich in meinem Büro arbeite, höre ich mitunter, wie sie, am Spieltisch im Wohnzimmer sitzend, Selbstgespräche führt: Ich weiß inzwischen, daß sie dann oft schläft und laut träumt; auf diese Weise löst sie die Probleme ihrer Psyche und durchläuft die von ihr selbst gewählten Lernprozesse. Ich helfe ihr, so gut ich kann. Indem ich aber soviel Zeit für diese Essays aufwende, befürchte ich immer, sie zu lange allein zu lassen. Jane sagt, sie fühle sich zuweilen einsam.

Natürlich kommt in diesen Essays unsere selbstgewählte Lebenseinstellung zum Ausdruck, und zwar mit und ohne Einfluß des Seth-Materials. Für manche mag es so aussehen, als hätten wir Seths Lehren nur zögernd und bloß teilweise in die Praxis umgesetzt, aber zumindest eines steht fest: Hätten wir die Übermittlung der Seth-Informationen nicht schon von Anfang an, ohne zu zögern, gefördert und seit nunmehr achtzehn Jahren *alles niedergeschrieben*, gäbe es seine Lehren nicht — zumindest nicht in der vorliegenden Form. Wir halten uns also zugute, manches doch ganz richtig gemacht zu haben. Lernerfahrungen kommen auf recht unterschiedliche Weise zustande und sind auch unabhängig vom zeitlichen Nacheinander; und wenn Jane und ich bestimmte Aspekte unserer selbstgeschaffenen Realität nicht schätzen, können wir sie zu ändern versuchen, gemeinsam oder auch jeder für sich.

Seit Jane wieder zu Hause ist, haben wir schon viele alte Gewohnheiten aufgegeben; jetzt haben wir die merkwürdig anmutende Freiheit, uns täglich auf wenige wesentliche Dinge zu konzentrieren. Wir wurden von neuem daran erinnert — genauer gesagt, *wir haben uns selbst gelehrt* —, welch ein wunderbares und ungeheuer vielfältiges Ausdrucksmittel das körperlich-materielle Leben ist.

Unser beider Konzentration gleicht einem hellen Scheinwerfer, den wir auf ein Ereignis nach dem anderen richten. Da Jane noch immer pflegebedürftig ist, verteilen sich die Schlafenszeiten relativ gleichmäßig über den Tag und die Nacht. Da ich nicht mehr stundenlang ohne Unterbrechung an den Seth-Büchern oder am Seth-Material arbeiten kann, versuche ich, mir anzugewöhnen, in jeweils etwa einer Stunde größter Konzentration möglichst viele Manuskriptseiten »herzubringen«. Zwischen solchen schöpferischen Phasen bin ich damit beschäftigt, meine Frau zu pflegen, das Haus in Ordnung zu halten, die vielen Besorgungen für unser tägliches Leben und die im Zusammenhang mit unseren Veröffentlichungen anfallenden Arbeiten zu erledigen, angemeldete und auch unerwartete Besucher zu empfangen und zu versuchen, zumindest einige der Zuschriften zu beantworten, die sich bedrohlich in kaum mehr zu bewältigenden Mengen stapeln. Oft kommen mir meine Träume in den Sinn, und Jane geht es ebenso. Seit sie aus dem Krankenhaus zurück ist, habe ich keine Gelegenheit zum Malen mehr gefunden, und ich mußte eine Hilfskraft für das Rasenmähen engagieren. Auch meine mitternächtlichen Spaziergänge, die mich so oft durch die hügeligen Landschaften der Nachbarschaft führten, habe ich noch nicht wieder aufgenommen; ich freute mich immer, wenn die schattenhaften Formen des Rotwilds vor mir auftauchten, das sich aus den nördlich unseres Hügelhauses gelegenen Wäldern hervorwagte. Die Krankenpflegerin besucht Jane jetzt nur noch zweimal in der Woche, und das genügt durchaus, denn zum Beispiel die wundgelegenen Stellen verursachen meiner Frau keine großen Beschwerden mehr.

Auf Dr. Mandalis Wunsch unterzog sich Jane hier im Haus vor ein paar Tagen einer routinemäßigen Phlebotomie, einem Aderlaß. Heute, am 18. Juni, teilte uns die Ärztin telefonisch mit, daß wir aufgrund der Untersuchungsergebnisse die Dosis von Janes Schilddrüsenhormon von 100 auf 125 Mikrogramm erhöhen können — eine äußerst erfreuliche Entwicklung, die ihr hoffentlich bald wieder zu mehr Energie verhelfen wird. Es gab allerdings auch unerfreuliche

Nachrichten, denn aus der Blutanalyse ging hervor, daß der Gehalt des flüssigen Salizylpräparats (des Aspirinersatzes) in Janes Blut zu niedrig war. Sie nimmt dieses Mittel seit fast *sechzehn Wochen* viermal täglich ein. Dr. Mandali wies mich daher an, Jane wieder Aspirin zu verabreichen, um die arthritischen Schmerzen und die Entzündung unter Kontrolle zu halten: »Sie darf bis zu sechzehn Tabletten pro Tag einnehmen.«

Jane protestierte sofort gegen diese hohe Dosierung und meinte, das sei entschieden zuviel und sie werde wahrscheinlich zu ihrer alten Gewohnheit zurückkehren und acht bis zehn Aspirintabletten pro Tag schlucken. Wir beide waren bestürzt. Es ist sehr beunruhigend zu erfahren, daß verordnete Medikamente nicht die gewünschte Wirkung haben. Doch rheumatoide Arthritis mit Aspirin behandeln? Uns war das immer ganz unglaublich vorgekommen. Aber Dr. Mandali meinte, Aspirin sei trotz der neuen entzündungshemmenden, nichtsteroiden Präparate, die von der FDA (dem Gesundheitsministerium der USA) kürzlich für den Handel freigegeben worden waren, wohl immer noch das Beste, weil die neuen Mittel oft Nebenwirkungen zeitigten. Und der Rat der Ärztin wird durch die Veröffentlichungen, die ich in der letzten Zeit für unsere Unterlagen gesammelt habe, bekräftigt.

Scheinbar müssen wir wieder einmal auf schmerzliche Weise lernen, daß wir in Janes Fall jede Wende zum Besseren *in unserem Inneren* selbst in Gang setzen müssen (denn ich bin sicher genauso von ihrer Krankheit betroffen und für sie »verantwortlich« wie Jane selbst). Daß nun solche Gefühle wieder in uns wach werden, ist in Anbetracht unserer lebenslangen Gewohnheiten und Grundsätze wohl kaum ein Zufall, denn wir leben gern zurückgezogen und möchten so autonom wie möglich sein — sogar in der gegenwärtigen Situation, in der Jane so sehr auf Hilfe angewiesen ist. Anders zu leben läuft unseren Überzeugungen zuwider. Janes Abhängigkeit erklärt sich meiner Meinung nach zumindest teilweise durch ihr Streben nach einem »Ausgleich«, der sich natürlich aufgrund anderer Motivationen und in anderen Realitäten vollziehen kann als in diesem zeitgebundenen Dasein. Janes Behinderungen entspringen wohl in der Tat ihrer mystischen Natur, doch wurden sie wohl kaum *durch sie verursacht*.

Jane hat, so glaube ich, während der letzten Wochen *tatsächlich* einige »bemerkenswerte Fortschritte« gemacht; doch ich denke, sie muß das Problem ihrer Krankheit trotzdem noch einer grundsätzlichen Lösung zuführen und sich — in letzter Konsequenz — entscheiden, ob sie ihr körperlich-materielles Leben überhaupt fortsetzen will. Seth drückte es vor einigen Monaten, in der Sitzung vom 12. April, der ersten nach ihrem Krankenhausaufenthalt, ganz wunderbar aus, und ich komme auf seine (in Essay 3 festgehaltene) Äußerung immer wieder zurück: »Die ganze Thematik hat sich schon vor einiger Zeit angekündigt und in der Hauptsache — in der Hauptsache geht es dabei um die Verfassung der Seele, die vor ihren eigenen Gesetzen steht oder mit sich selbst ins Gericht geht und den eigenen Fall in einer Art privatem, doch auch öffentlichem psychischen Gerichtsverfahren aufrollt. Entscheidungen über Leben und Tod werden oft auf ebendiese Weise getroffen. In Ruburts Fall folgten sie einer psychischen und sachlichen Logik oder Gesetzmäßigkeit ...«

Janes Zweifel am Sinn der Fortsetzung ihres körperlich-materiellen Lebens sind, wenn sie sehr deprimiert ist oder sich körperlich unwohl fühlt, zu verstehen, und in solchen Momenten spüre ich in ihren Stimmungsschwankungen die Unschlüssigkeit ihrer Seele. Sicher setzt sie sich bewußt mit dem ganzen Problem auseinander, glaube ich, obwohl sie außerhalb der Sitzungen, die sie für Seth und sich abhält, nicht darüber spricht.

»Vielleicht wollte ich gar nichts mehr schreiben«, diktierte sie am 27. Mai. »Ich fürchtete, jegliche Inspiration verloren zu haben. Die im Lauf von zwanzig Jahren gefundenen Antworten reichten womöglich nicht aus, und sofern dies zutreffen würde, gäbe es kein Lebensziel mehr für mich. Ich habe vor, an dem restlichen Material über das sündige Selbst zu arbeiten ...«

Doch bis heute hat sie damit nicht begonnen.

Ich glaube auch nicht, daß Jane den medizinischen Befund der rheumatoiden Arthritis »beiseiteschiebt«, wie Seth am 12. April sagte (diese Sitzung wird in Essay 3 wiedergegeben). Jede bewußte Änderung der tiefverwurzelten Krankheitsüberzeugung würde die ungeteilte Zusammenarbeit ihrer Psyche, einschließlich der Komponente ihres sündigen Selbst, erfordern. Offenbar ist momentan noch keiner von uns dazu bereit, eine solch grundsätzliche Entscheidung zu fällen. Dabei spielt zweifellos unsere Angst vor Fehlern eine Hauptrolle. Doch ironischerweise ist ja gerade Janes sündiges Selbst in erster Linie für ihr Krankheitssyndrom verantwortlich; daher kann eine Besserung nur dann eintreten, wenn Janes Psyche sich von der sündigen

Verkettung dieses Selbst freimachen könnte. Ein derartiger Wandel würde für uns in der Tat einen großen Triumph bedeuten. Voraussetzung hierfür wäre allerdings unsere Bereitschaft, »neue Tatsachen« aus dem Bezugssystem 2 in unser tägliches Leben zu integrieren.

In meinem Alter von dreiundsechzig Jahren lerne ich also wieder einmal, daß ich Janes Leben nicht an ihrer Statt führen oder sie vor den Folgen ihrer physischen und psychischen Entdeckungen und *Entscheidungen* schützen kann, so gern ich dies auch täte. Sie könnte es für mich auch nicht tun. Diese Art überlagerter psychischer Einwirkung wird von dem betreffenden Individuum ganz einfach ignoriert, und das mit Recht. Jane ist in jedem Fall durch ihre Bestimmung geschützt. Dank ihrer mystischen Natur weiß und akzeptiert Jane, daß ungeachtet von Umstand und Art der leibliche Tod, wann immer er eintritt, genauso zum körperlichen Dasein gehört wie das Leben selbst. Ihre Psyche würde darauf beharren, davon bin ich zutiefst überzeugt, daß sie meinen Schutz oder den von wem immer nicht braucht — nur Verständnis. Ich lebe Tag für Tag mit dem Wissen, daß meine Frau dabei ist, tiefgreifende Entscheidungen zu fällen, und daß sie sich, sobald dieser Entscheidungsprozeß abgeschlossen ist, geistig und körperlich dementsprechend verhalten wird.

In diesem Sinn wird Janes Handeln von ihrem Gesamtselbst oder ihrer Wesenheit vollumfänglich als Ausdruck der durch ihre Individualität ermöglichten Lernprozesse gebilligt sein. Damit meine ich keineswegs, diese Billigung vollziehe sich passiv oder unbeteiligt; es handelt sich vielmehr um einen äußerst intimen und sublimen Vorgang, den wir vermutlich nicht richtig zu würdigen wissen. Wenn Jane im Moment des Todes mit ihrem Gesamtselbst verschmilzt, wird sich alles in subtilste Kreativität und Einsicht auflösen, und ich bin überzeugt, daß Jane als Individuum »weiterleben« wird.

Ich glaube auch, solche Prüfungen — die mit Entscheidungen über die Fortführung des Lebens zu tun haben — hatten die Lebewesen auf der Erde (und vielleicht sogar die Erde als lebende Entität selbst auch) schon immer zu bestehen. Jane und ich wissen nicht, wie unser Leben weitergeht, doch würden wir gerne darüber berichten.

Ich möchte diesen Essay mit Seth-Botschaften abschließen, die meines Erachtens zum Besten gehören, das er uns zu sagen wußte. Die diesbezüglichen Sitzungen (die Sie im Seth-Buch *»Die Natur der persönlichen Realität«*, Kapitel 1, finden) sind mir noch in lebendiger

Erinnerung: Seth bekräftigt die Idee, daß wir alle unsere Realität selbst schaffen.

Aus Sitzung 610 vom 7. Juni 1972: »Ihr wißt immer, was ihr tut, selbst wenn ihr es nicht realisiert. Euer Auge weiß, daß es sieht, auch wenn es sich selber nicht sehen kann, außer mit Hilfe des Spiegels. Ebenso ist die Welt, die ihr seht, eine Spiegelung dessen, was ihr seid, eine Spiegelung nicht durch den Spiegel, sondern durch die dreidimensionale Realität. Ihr projiziert eure Gedanken, Gefühle und Erwartungen nach außen, dann nehmt ihr sie als äußere Wirklichkeit wahr. Wenn ihr euch von anderen beobachtet fühlt, dann beobachtet ihr euch vom Standpunkt eurer Projektionen aus selbst.«

Und aus Sitzung 613 vom 11. September 1972: »Natürlich gibt es auch Wechselwirkungen zwischen den anderen und euch, aber auch diese Wechselwirkungen werden von euch ausnahmslos akzeptiert oder durch eure Gedanken und Gefühle oder euer Verhalten zu euch gezogen. Das gilt für alle Lebensbereiche. Es gilt in eurem Sinne auch für die Zeit vor und nach dem Leben. Wie durch ein Wunder seid ihr in den Besitz der Gabe gelangt, eure eigene Lebenserfahrung hervorzubringen.«

Essay 10

Mittwoch, den 23. Juni 1982

Da ich den ersten Essay mit einer Zeile aus einem von Janes Sumari-Liedern eröffnet habe, scheint es mir angebracht, den letzten Essay auch mit einem Sumari-Text zu beschließen.

Diesmal kann ich jedoch mit der Übersetzung einer vollständigen Komposition aufwarten. Als Jane gestern nachmittag auf der glasverkleideten Veranda unseres Hügelhauses saß, sang sie ganz spontan ihr Lied. Der Tag war mild und sonnig; es wehte ein sanfter Wind, und ich hatte für Jane alle Fenster geöffnet. Üppiger grüner Rasen erstreckte sich bis zu den großen Ahorn- und Färberbäumen, die die Straße säumen. Ich hatte Jane nicht darum gebeten, ein Lied zu diesem letzten Essay beizusteuern; wie ich hinterher von ihr erfuhr, hatte sie nicht gewußt, daß ich so kurz vor dem Abschluß meiner Arbeit stand. Ich weiß nur, daß Jane melodisch zu singen begann; die Töne schwebten durch das Haus. Ich konnte sie von meinem Büro aus sehr gut hören. »Oh, Sie singen so rein und süß!« hatte Janes Krankenpflegerin neulich beim Wechseln der Verbände gerufen, als meine Frau zu singen begann. Die Klarheit ihrer Stimme, in der kaum noch ein Zittern mitschwang, ließ erkennen, wie sehr sich Janes Verfassung seit ihrer Heimkehr gebessert hatte. Wie unterschied sich doch ihr jetziger Gesang von dem betrübten Sumari-Lied, das sie im letzten Februar, kurz bevor sie ins Krankenhaus ging, auf Tonband aufgenommen hatte. »Laß meine Seele an einem anderen Ort Zuflucht finden«, hatte sie damals geklagt.

Jane hat dieses neue Sumari-Lied leider nicht auf Tonband aufgezeichnet, denn sie konnte sich ja nicht aus ihrem Stuhl erheben, um das Gerät zu suchen. Ich war zu entzückt von ihrem Gesang, um an ein Tonband zu denken. Sobald sie ihr Lied beendet hatte, schrieb sie die Übersetzung nieder. Jane las sie mir vor, und ich wußte sofort, daß dieses Lied hierher gehörte, denn einige Worte beziehen sich auf das Grundthema dieser Essays: auf das sublime, unsterbliche Bewußtsein des Menschen dieser Erde und des All-Einen und auf die liebevolle Befreiung, die durch Bewußtwerdung stets möglich ist — irgendwie und irgendwo in der ewigen persönlichen Welt eines jeden von uns — und die wir alle immer suchen.

Sumari-Heilgesang

Während du
schliefst,
wurden
alle Gefäße
der Erde
gefüllt.
Mutter Erde
sorgte für jedes
Bedürfnis.

Während du
weintest,
fielen deine Tränen
als süße Regentropfen
auf kleine
dürstende Hügel,

die sich in Welten erheben,
die du nicht sehen kannst,
obwohl man dich
dort kennt.

Während du
schliefst,
füllte Mutter Erde
alle Gefäße
deines Fleisches
im Überfluß.
Kein Atom blieb
ungetröstet
in Welten, die
dir gehören,
doch von denen du
nichts weißt.

Vorwort — das Wort hat Seth

Persönliche Sitzung, Dienstag, den 13. September 1979

(Seth begann sein Vorwort zum vorliegenden Buch »Träume, ›Evolution‹ und Werterfüllung«, Band 1, eigentlich erst in der nächsten, der 881sten Sitzung, die Jane zwölf Tage später [am 25. September] für ihn abhielt. Ich entschied mich jedoch, vorab diese persönliche Sitzung wiederzugeben, weil sie bestimmte Seth-Informationen über Jane und mich enthält, die, wie ich glaube, unsere gesamte Arbeit mit ihm beleuchten: sämtliche Sitzungen und Bücher, wie auch unser beider von ihm unabhängiges, kreatives Leben. Mit besonderer Freude interpretiere ich Seths heutiges Material dahingehend, daß Jane »medial oder mystisch« veranlagt ist, denn zumindest für mich bedeutet dies, daß sie sich dazu entschlossen hat, in diesem körperlich-materiellen Leben so weit wie möglich in die Erfahrungsräume der Realität oder des Bewußtseins vorzudringen.

In diesen Vorbemerkungen werde ich — als Antwort auf viele schriftlich bei uns eingegangene Fragen — auf Ausführungen Seths zum Thema »Bewußtsein der Tiere« eingehen; die entsprechenden Informationen kamen erst vor drei Tagen durch, in der Sitzung 878 vom 10. September. Zuvor jedoch möchte ich eine Verbindung zwischen dem vorliegenden und dem letzten Seth-Buch »Individuum und Massenschicksal« knüpfen. Jane beendete die Arbeit an »Individuum und Massenschicksal« vor etwa einem Monat [am 15. August], und eine Woche später begann ich mit der Endfassung meiner dafür vorgesehenen Anmerkungen und Fußnoten, mit denen ich sicher noch einige Monate zu tun haben werde. Gleichzeitig nehme ich Janes Diktat für dieses Buch entgegen. All diese Aktivitäten, dazu noch jeden Morgen mein Malen und die schriftliche Aufzeichnung der Träume, laufen in meinem erfüllten, kreativen Leben, das ich sehr genieße, nebeneinander her. Auch Jane ist glücklich mit all ihren Beschäftigungen.

In »Individuum und Massenschicksal« berichtete ich einiges von unserer Tätigkeit als Autoren — damit einfach einmal festgehalten ist, wie kompliziert bestimmte Aspekte eines kreativen Lebens sein können —, darüber, wie wir mit den Sitzungen, den Manuskripten, dem Korrekturlesen und den Terminen jonglieren [um nur ein paar unserer Bemühungen zu erwähnen]. Wir arbeiteten »Tag und Nacht« — was uns überhaupt nichts ausmachte. Damit sich nun die Informationen nicht wiederholen, werde ich lediglich auf den Zusammenhang zwischen den beiden Büchern eingehen und dann kurz ein paar andere Themen aufgreifen, die uns sehr am Herzen liegen. Darüber hinaus habe ich allerdings noch keine Vorstellung, wie viele Anmerkungen von Jane und mir oder wie viele Zitate, zum Beispiel aus Sitzungen, die nicht diesem Buch galten, wir einfügen werden.

Unser beider Leben scheint sich in der Tat rund ums Buch zu drehen! Lassen Sie mich zunächst von den jüngsten kreativen Aktivitäten Janes berichten, mit denen sie beschäftigt war, während sie das Seth-Buch »Individuum und Massenschicksal« beendete.

Als sie das Projekt im letzten Mai zur Seite legte, um mit der Arbeit an »God of Jane: A Psychic Manifesto« zu beginnen, hatte Jane bereits siebzehn Kapitel ihres dritten Seven-Romans »Oversoul Seven and the Museum of Time« in eine gut lesbare Form gebracht. Bis heute hat sie von den fünfundzwanzig für »God of Jane« geplanten Kapiteln etwa fünfzehn in der Rohfassung fertiggestellt und für einige weitere Notizen gemacht; sobald das recht persönlich gehaltene Buch »God of Jane« beendet ist, wird sie an »Oversoul Seven« weiterarbeiten. Da die Arbeit am Seth-Buch »Individuum und Massenschicksal« abgeschlossen ist, hat Jane vor drei Tagen begonnen, eine Einführung zu diesem Buch zu schreiben. Daneben hat sie gemalt, Post beantwortet und Gedichte verfaßt. Seit sie im Jahr 1975 »Dialogues of the Soul and Mortal Self in Time« veröffentlicht hat, würde sie gern einen weiteren Gedichtband herausgeben. Sie spricht ziemlich häufig davon und blättert dann in ihrer Gedichtsammlung, die im Lauf der Jahre entstanden ist. Sie hat sogar ein paar schriftliche Notizen zu diesem Vorhaben gemacht. [Ich hätte wirklich gerne mehr Zeit, um einige ihrer Gedichte nochmals in Ruhe lesen zu können.]

Unsere Freundin Sue Watkins, die über eine Autostunde von uns entfernt wohnt, ist gerade jetzt beim fünfzehnten Kapitel von »Conversations with Seth« angelangt; sie erzählt in diesem Buch von den ASW-Seminaren, die Jane vom September 1967 bis zum Februar 1975 geleitet hat. Der Verlag Prentice-Hall will es veröffentlichen. Jane hat es noch nicht gesehen. Im nächsten Monat wird sie sich mit Sue treffen, um mit ihr das Buch zu überarbeiten, und bald danach will sie die Einleitung dazu schreiben.

Wir erwarten in wenigen Tagen die Belegexemplare von »Emir's Education in the Proper Use of Magical Powers« vom Verlag Delacorte Press: Es handelt sich dabei um Janes Buch für Kinder — oder für »Leser jeden Alters«, wie sie es ausdrückt. Und Tam Mossman, Janes Lektor bei der Prentice-Hall, versucht zur Zeit herauszufinden, ob, wie er vermutet, inzwischen die holländische Ausgabe der »Gespräche mit Seth« erschienen ist. Sobald die Buchsendung aus den Niederlanden bei der Prentice-Hall eintrifft, wird Tam uns unsere Exemplare zuschikken. Die deutschsprachige Ausgabe dieses Titels wurde vor vier Monaten [im Mai] vom Ariston Verlag in Genf veröffentlicht, und gerade vor drei Wochen erhielten wir einen ersten Leserbrief aus der Schweiz. Die Verfasserin des Briefs schrieb auf englisch, und sie lobte Janes und meine Arbeit mit verblüffend ähnlichen Worten wie die Leser hierzulande. Wenn es zunächst auch nur wenige Reaktionen aus dem Ausland gab [wir meinen, zum Teil wegen der Sprachbarriere], freuten wir uns doch darüber, denn sie zeugten von einem gemeinsamen, von Nationalitäten unabhängigen Interesse an den Möglichkeiten des Menschen. Die Zuschriften aus Europa werden sich allmählich genauso mehren, wie es nach der Veröffentlichung des »Seth-Materials« im Jahr 1970 in unserem Land der Fall war.

Gestern abend trat ich auf die verglaste hintere Veranda des Hügelhauses hinaus. Unsere schwarzweiße Katze Mitzi folgte mir. Das Haus wird gerade frisch gestrichen, und der Geruch der Acrylfarben drang in meine Nase. Aus den Wäldern auf den Hügeln hinter dem Haus kam das Zirpen der Zikaden und Heuschrecken. Ich vergewisserte mich, daß ich die Verandatür hinter mir geschlossen hatte, damit Mitzi nicht hinaus konnte; die Silhouette der Katze, die mich beobachtete, wie ich nun die Auffahrt hinunterging, zeichnete sich gegen das Licht des Küchenfensters ab. Zu dieser Tageszeit, kam mir in den Sinn, würde Mitzi normalerweise frei herumstreifen. Wir haben sie vor drei Wochen, im Alter von sieben Monaten, sterilisieren lassen. (Unser Tierarzt meinte, wir müßten bis Anfang nächsten Jahres warten, erst dann könne Mitzis Wurfgenosse Billy kastriert werden; er solle erst noch etwas wachsen.) Kürzlich von Seth gemachte Aussagen über das Bewußtsein der Tiere haben Jane und mich etwas beruhigt: Uns drückte nämlich ein schlechtes Gewissen, weil wir den unschuldigen Katzen ihre geschlechtliche Rolle genommen und auch schon vor langem beschlossen hatten, sie im Haus zu halten; ihr Bewegungsspielraum reicht daher nur von der vorderen bis zur hinteren Veranda, die beide bis zum Boden hinab verglast sind und Billys und Mitzis einzige Möglichkeit darstellen, mit der Außenwelt in Kontakt zu kommen.

Als ich die Auffahrt hinunterging, überlegte ich, was ich wohl in diesen Vorbemerkungen als nächstes zur Sprache bringen könnte. Die Nacht war warm, der Himmel bewölkt und geheimnisvoll: Die Laterne an der Ecke unseres Anwesens warf lange Schatten auf die Straße, die am Haus vorbei in die Wälder führt. Die rhythmischen, nahezu schrillen Töne der Insekten riefen mir die ausgedehnten Campingferien lebhaft in Erinnerung, die mein Vater der Familie vor vielen Jahren beschert hatte. Ich erinnerte mich, wie ich als Kind eine erstaunlich feingliedrige grüne Heuschrecke in meiner Hand gehalten hatte. Eines Nachts hatte mein Vater meinen Bruder und mich in den Wald mitgenommen, wo wir zunächst dem Geräusch eines Insekts gefolgt waren, bis er es schließlich auf einem Zweig gerade in Augenhöhe für uns Kinder mit seiner Taschenlampe anleuchten konnte.

Wie schon vor ein paar Tagen hielt ich auch gestern abend wieder nach einem Kaninchen Ausschau, das gleich einem dunklen Schatten über die stille Straße hoppelt. Heute sah ich zwar keines, aber ich hörte den Flug von Wildgänsen, die sich über der Wolkendecke aus nördlicher Richtung näherten. Und dieses immer lauter werdende, mir vielleicht liebste Geräusch in der ganzen Natur erinnerte mich daran, daß ich »Individuum und Massenschicksal« mit Bemerkungen über Wildgänse abgeschlossen hatte. Daneben hatte ich aber auch über Three Mile Island geschrieben, ein in etwa 210 Kilometer Luftlinie südlich von uns in Pennsylvania gelegenes Atomkraftwerk. In einem der beiden Reaktoren war es aufgrund mechanischer Fehler und menschlichen Versagens beinahe zu einem Durchschmelzen der Uranbrennstäbe im Kern und damit zu einer potentiell katastrophalen Situation gekommen, die in mehreren tausend Quadratkilometern Umkreis viele Tausende von Menschen in Mitleidenschaft hätte ziehen können. Im Moment schien es ganz unwahrscheinlich, daß sich dieser Unfall erst vor sechs Monaten ereignet hatte.

Während ich mich also in dieser geheimnisvollen nächtlichen Stunde an den Geräuschen des Lebens freute, wußte ich plötzlich, worüber ich in diesem Vorwort sprechen wollte: über Janes und meine Gefühle im Zusammenhang mit Three Mile Island als einem technologischen und wissenschaftlichen Abenteuer, das die Suche des Menschen nach neuen

Formen der Energiegewinnung [und, wie wir glauben, des Bewußtseins] aus dem viel grundlegenderen und weitreichenderen Prinzip verkörpert, das Seth das All-Eine oder Alles-das-was-ist nennt. Ich möchte auch das Verhältnis von dieser Idee der Kernenergiegewinnung als einer Angelegenheit von nationalem Interesse zu der heutigen Situation im Iran andeuten. Im Iran findet eine Revolution eindeutig religiösen, fundamentalistisch-islamischen Charakters statt. [Islam heißt übrigens soviel wie »Friede«.] Die Heftigkeit der Umwälzungen im Iran läßt die anwachsende christlich-fundamentalistische Bewegung in den Vereinigten Staaten von Amerika vergleichsweise zahm erscheinen; daher möchte ich mich auf das Dilemma im Iran konzentrieren und nicht auf die religiösen Konflikte in unserem Land eingehen.

Im Seth-Buch »Individuum und Massenschicksal« ist neben dem Unfall von Three Mile Island auch die Tragödie von Jonestown erörtert worden, wo im November 1978 in Guyana in Südamerika mehr als neunhundert Amerikaner durch Mord oder Selbstmord umgekommen waren, und zwar aus Gründen religiösen Fanatismus. Gestern nacht wurde mir nun klar, daß ich in den Vorbemerkungen zu diesem Buch im Zusammenhang mit den Ereignissen von Jonestown auch auf die religiöse Revolution im Iran hinweisen sollte. Denn für mich und Jane stellen die Geschehnisse von Three Mile Island einerseits und von Jonestown wie auch im Iran andererseits Extremäußerungen menschlichen Verhaltens dar: Aspekte religiösen Fanatismus und wissenschaftlicher Hybris, die doch eher an entgegengesetzten Polen der menschlichen Psyche angesiedelt zu sein scheinen.

Als hätte er genau auf den geeigneten Moment gewartet, ließ gestern nacht ein Waldkauz in den dunklen Wäldern auf dem Hang hinter unserem Haus seinen klagenden Ruf ertönen, während die Laute der Wildgänse allmählich in der Ferne verhallten. Aus meiner Perspektive deutet jedes rhythmische Geräusch in der Natur auf eine Kontinuität, Unausweichlichkeit und Sicherheit hin, die ich in unseren allzu menschlichen Angelegenheiten oft vermisse — auch wenn ich in »Individuum und Massenschicksal« bekannte, Jane und ich seien uns natürlich aller »guten Errungenschaften« des Menschen in seiner Massenrealität bewußt. Eigentlich, so dachte ich, sind unsere Begriffe von Religion und Wissenschaft gar nicht so gegensätzlich, wie es zunächst erscheint. In »Individuum und Massenschicksal« erläuterte Seth ausführlich die tiefe, im Grunde gleichartige Bedeutung, die hinter diesen beiden Glaubenssystemen — oder Kulten, wie er sie nannte — steht;

Jane und ich hoffen auf eine Fortsetzung dieser Themen in diesem Buch. Es will uns sogar scheinen, als habe Seth schon in »Individuum und Massenschicksal« damit begonnen, uns auf »Träume, ›Evolution‹ und Werterfüllung« vorzubereiten — lange bevor Jane oder er dieses Werk namentlich erwähnte.

Die fundamentalistisch-islamische Ausrichtung des Iran ist der profanen weltlichen Orientierung der Regierungen westlicher Länder diametral entgegengesetzt. So schrecklich die Vorkommnisse in Jonestown auch waren, wo religiöser Fanatismus ein Massensterben verursachte, sind die Entwicklungen im Iran doch wesentlich ernster. Der Iran ist immerhin ein ganzes Land, wogegen Jonestown nur eine kleine, im tiefen Dschungel einer entlegenen Gegend verborgene Ansiedlung war. Der Iran kann Glaubensbrüder, ja ganze Völker ohne weiteres mit dieser uralten religiösen Kraft, diesem religiösen Bewußtsein »anstecken«, sofern man es zuläßt. Ähnliches kann im Umfeld der Kernenergie mit einer von der Wissenschaft neuentdeckten Kraft geschehen, die sich vielleicht noch verheerender auswirkt, wenn man sie nicht sorgsam »kontrolliert«. Für Jane und mich wird an gerade diesen Aspekten der Wissenschaft und Religion deutlich, wie Ereignisse von gewaltigem Ausmaß ihren wohlmeinenden Urhebern aus der Hand gleiten und sich buchstäblich selbständig machen können. Und ich glaube, es ist wirklich kein Zufall auf der Bühne des Weltgeschehens, daß die Revolution im Iran exakt zu dem Zeitpunkt dramatische Formen annahm, als die Vorkommnisse im vergleichsweise winzigen Jonestown aus der Aufmerksamkeit der Weltöffentlichkeit entschwanden. Für mich liegen die Zusammenhänge auf der Hand.

Three Mile Island ist auch nach sechs Monaten, wie ich gegen Ende des Buches »Individuum und Massenschicksal« schrieb, immer noch »ein ungelöstes Rätsel«, nur schätzt man inzwischen die Kosten für Reparatur und Säuberung des beschädigten Reaktors auf gut über eine Milliarde Dollar [statt den erst vor einem Monat veranschlagten vierzig oder vierhundert Millionen], und man nimmt an, daß die Arbeiten nicht nur vier, sondern viele Jahre mehr in Anspruch nehmen werden. Three Mile Island wurde zum schlechten Omen für unser unbedarftes Drauflos-Experimentieren mit der Natur, die uns ihrerseits in der Folge allerhand Überraschungen beschert, insbesondere wenn eine solche »Überraschung«, wie es Seth ausdrückt, eine Eigendynamik entwikkelt, sobald sie einmal geschaffen ist. [Diese Denkweise ist wohl für die breite Öffentlichkeit, der die Kernenergie dienen soll, weitgehend inak-

zeptabel, wobei die Ironie darin besteht, daß weder der damit handelnde Geschäftsmann noch der Wissenschaftler erklären kann, was jene phantastische Kernenergie — oder eine beliebige andere Energieform — eigentlich ist. Erinnern Sie sich an das erste der vier Seth-Zitate im Vorspann dieses Buches: »Jede Form von Energie enthält Bewußtsein ... Die Anerkennung dieser simplen Feststellung würde eure Welt wahrhaftig verändern.«]

Ich würde lieber über die Natur schreiben, die Jane und mich hier im Hügelhaus umgibt, doch ist ja anfänglich jedes neu entdeckte, große Geheimnis unserer Welt ein »natürliches«. Die Atomenergie sollte das Leben auf unserem Planeten verändern — bis die unerwarteten Probleme im Zusammenhang mit der Sicherheit, der Entsorgung radioaktiver Abfälle, der Korrosion, den Kosten, den Qualitätsmängeln, der Materialermüdung und viele andere Hindernisse auftraten. Von der wissenschaftlichen und technologischen Seite der Nutzung der Atomenergie haben die meisten von uns keine Ahnung. Ganz allmählich hatte dieses Umfeld nun aber wirklich bedrohliche Formen angenommen und wurde, psychologisch gesehen, zu etwas »Unnatürlichem«. Im Fall von Three Mile Island waren wir nahe daran, die Kontrolle über diese Energie, dieses Bewußtsein, zu verlieren.

Haben die Auseinandersetzungen um Three Mile Island die Kräfte eines wissenschaftlich orientierten Bewußtseins heraufbeschworen, so hat die Entwicklung im Iran mit Sicherheit ein stark religiös orientiertes Bewußtsein mobilisiert. Wie auch immer geartete religiöse Triebkräfte sind unserem Verständnis leichter zugänglich als wissenschaftliche. Man darf wohl sagen, daß unsere Spezies schon lange vor den Anfängen der Geschichtsschreibung religiöser Ausdrucksformen wegen gekämpft hat. In diesem Jahr [1979] hat sich der Iran in ein Land verwandelt, für das alle westlichen Nationen — vor allem aber die Vereinigten Staaten von Amerika — »des Teufels« sind. Heute beherrschen die religiösen Würdenträger des Iran dieses Land tatsächlich und operieren hinter der Fassade einer schwachen weltlichen und wahrscheinlich nur für kurze Zeit amtierenden Regierung, die vom Schah noch schnell eingesetzt wurde, bevor er im letzten Januar ins Ausland floh. [Heute wirkt er müde und krank und reist mit seinem kostspieligen Hofstaat auf der Suche nach einer sicheren Bleibe durch die Welt, nachdem er seine Untertanen fünfundzwanzig Jahre lang brutal unterdrückt hat.]

In der islamischen Kultur beruht die Gesetzgebung im wesentlichen auf religiösen Prinzipien; Staat und Kirche sind nicht getrennt, es sei denn durch Gewalt. Im Iran gärt es. Hunderte von Menschen mußten bei erbitterten innerparteilichen Auseinandersetzungen ihr Leben lassen. Unter der Herrschaft der Geistlichkeit wurden in diesem Jahr erneut mehrere hundert Menschen hingerichtet, und Tausende werden wohl noch sterben müssen. Im letzten Februar überfiel eine fanatische Gruppe marxistisch orientierter iranischer Fedajin [oder sich Opfernder] die US-Botschaft in Teheran und nahm siebzig Amerikaner als Geiseln. Die Gefangenen wurden dank der Vermittlung weltlicher Unterhändler, die der iranischen Geistlichkeit ergeben waren, bald wieder befreit, doch zweifellos kann es jederzeit zu neuerlichen antiamerikanischen Ausfällen kommen. Viele unserer Landsleute haben den Iran auf dem Luftweg verlassen, ebenso die Bürger anderer westlicher Länder. Aus Millionen iranischer Kehlen erschallte offiziell und inoffiziell der Ruf, das Land von allem westlichen Gedankengut zu reinigen …

Offenbar reicht das im Iran beziehungsweise in den Vereinigten Staaten von Amerika entfesselte religiöse und wissenschaftliche Massenbewußtsein weit über die Grenzen des jeweiligen Ursprungslandes hinaus. Ich denke, solche Bewußtseinsinhalte haben schon vor langer Zeit die psychische Atmosphäre, die sozusagen die ganze Erde umgibt und sie stark beeinflußt, nachhaltig geprägt. Und diese Bewußtseinsinhalte oder Kräfte müssen sich zudem ständig mit neuer Energie aufladen. So schüren religiöse Fanatiker eifrig den Haß. Und hier bei uns haben nicht weniger als sechs verschiedene Kommissionen — auf privater, Landes- und Bundesebene — ihre Untersuchungen der Vorkommnisse von Three Mile Island aufgenommen. Viele junge Menschen [und nicht allein in den USA] äußern sich recht fatalistisch über die Möglichkeit von nuklearen Unfällen oder, schlimmer noch, von Kriegen. Mitunter weigern sie sich sogar, Kinder in diese Welt zu setzen, für deren Zustand sie ihre Eltern verantwortlich machen. Und die meisten älteren Menschen wollen von einem Atomkrieg nichts wissen und verschließen aus Angst einfach ihre Augen.

Jane und ich versuchen zwar, Seths wie auch unsere eigenen Vorstellungen im Sinn zu behalten, wonach sich die Menschheit in der heutigen Zeit mit großen, selbstgewählten Schwierigkeiten auseinanderzusetzen hat, doch muß ich gestehen, daß es uns oft schwerfällt. Vermutlich hätten die führenden Politiker dieser Welt, selbst wenn sie — als Privatleute — mit uns einer Meinung wären, große Probleme beim Umsetzen dieser Denkweise in Taten, denn sie sind aufgrund jahrhun-

dertealter Tradition und Geschichte trotz ihrer »Machtpositionen« Gefangene eines nationalen Status. Es wäre äußerst schwierig, originelle oder gar revolutionäre Formen eines wirklich nutzbringenden Verhaltens bei den Regierungen und bei den Massen zu etablieren.

Diese Äußerungen sind nicht als Voraussagen zu verstehen; vielmehr stützen sie sich auf bereits fest begründete Phänomene: Ich glaube keinen Augenblick daran, daß irgendein Land, oder gar die ganze Menschheit, auf die Atomenergie verzichten wird — genausowenig wie der Iran, die Vereinigten Staaten von Amerika oder irgendwelche andere Nationen wie auch immer geartete fundamentalistische Religionen abschaffen werden. Ich vermute, diese spezifischen Aspekte des wissenschaftlichen und religiösen Bewußtseins werden uns noch sehr lange beschäftigen; offenbar hat sich ein umfassenderes Bewußtsein — und letztlich das All-Eine — so entschieden. Ich glaube, gerade diese Aspekte der Suche der Menschheit werden noch einige Jahre lang immer stärker hervortreten, bis deren Eskalation schließlich in eine »Evolution« mündet, die kontrollierbarere, wohltätigere und verständnisvollere Kräfte freisetzt.

Es ist daher sicher töricht, wenn Wissenschaftler erwarten, die Völker der Welt würden ihren Glauben einfach aufgeben, weil die Wissenschaftler es so wünschen und Religion als »Irreführung« oder etwas noch Schlechteres diffamieren. Genauso töricht ist es, wenn die den Wissenschaftlern zahlenmäßig weit überlegenen religiösen Menschen erwarten, die Wissenschaftler würden sich mehrheitlich der Religion zuwenden, ihren Agnostizismus oder Atheismus, ihre mechanistische, reduktionistische Betrachtungsweise des Lebens aufgeben und ihre Versuche einstellen, das menschliche Wesen in einer Reihe »logischer« Schritte auf immer niedrigere Komponenten bis hinunter zur atomaren Ebene zu reduzieren. [Gott ist überflüssig.] Die Wissenschaftler können natürlich nicht erklären, woher das uns bekannte Universum kommt oder wohin es geht. Über so weitreichende Fragen können auch sie nur mit Hilfe von Theorien ihre Spekulationen anstellen, ob sie nun eher zu der heute populären Auffassung, das Universum sei mit allen impliziten Konsequenzen durch einen »Urknall« entstanden, oder ob sie zu der weniger bekannten »Ausdehnungstheorie« neigen. Der Wissenschaftler kann auch nicht besser als ein religiös gesinnter Mensch erklären, was das Leben ist, woher »es« kommt oder wohin »es« geht.

Ich erinnere mich lebhaft an Seths Bemerkung im Zuge der Sitzung

855 vom 21. Mai 1979 [»Individuum und Massenschicksal«, Kapitel 7]: »Das Universum ist — und ihr könnt euch den Begriff auswählen, der euch am meisten zusagt — eine spirituelle oder geistige oder psychische Manifestation und nicht, wie euer übliches Vokabular nahelegt, eine objektive Manifestation.«

Janes und meine Gefühle für Tiere veranlassen uns unwillkürlich dazu, diese Aussage Seths zumindest teilweise mit einer anderen aus demselben Buch [Sitzung 832 vom 29. Januar 1979, Kapitel 5] in Verbindung zu bringen, die mir auch sehr deutlich im Gedächtnis geblieben ist und die ich faszinierend finde: »Die Natur in all ihren Erscheinungen wird so voll erfahren durch die Tiere, daß sie für diese das Äquivalent zu euren kulturellen und zivilisatorischen Strukturen darstellt. Die Tiere sprechen auf ihre vielfältigen Nuancen in einer Weise an, die sich jeglicher Beschreibung entzieht, so daß ihre ›Zivilisationen‹ — die der Tiere — aufgrund der Verwobenheit sinnlich wahrgenommener Tatsachen bestehen, die ihr gar nicht wahrzunehmen vermögt.«

Ich denke häufig über diese Einsichten nach, wenn ich das Leben der wilden und der domestizierten Tiere, auch das der Vögel, in der Umgebung des Hügelhauses beobachte. In diesen Vorbemerkungen habe ich an früherer Stelle erwähnt, daß wir unsere Katze Mitzi vor beinahe drei Wochen sterilisieren ließen und daß ihr Wurfgenosse Billy zu Beginn des nächsten Jahres kastriert werden soll. Ich habe von Janes und meinen Schuldgefühlen gesprochen, weil wir die Katzen ihres Geschlechtslebens berauben und sie nicht frei umherlaufen lassen. Ich habe auch festgehalten, wie Seth vor drei Tagen in einer Sitzung, in der es um das Bewußtsein der Tiere ging, unser schlechtes Gewissen bis zu einem gewissen Grad beruhigt hat, und ich habe gesagt, seine Informationen seien auch für andere Menschen wertvoll. Jene Sitzung 878 fand am Montag, den 10. September 1979, statt — es war erst die fünfte reguläre Seth-Sitzung nach Beendigung von »Individuum und Massenschicksal« und die dritte vor Beginn der Arbeit am vorliegenden Buch. Ich hatte an jenem Tag einen mit Watte ausgestopften Papierball für Mitzi angefertigt. Sie schubste ihn mit blitzschnellen, reflexartigen Bewegungen im Wohnzimmer umher und auch unter den Schaukelstuhl, auf dem Jane gerade in Trance fiel und zu sprechen begann. Hier folgen nun Auszüge aus der vorerwähnten Sitzung.)

(21.07 Uhr.) Guten Abend.

(»Guten Abend, Seth.«)

Wenn ich die Possen eurer Mitzi beobachte, habe ich einen Vorwand, um das Thema des heutigen Abends aufzugreifen: das Bewußtsein von Tieren.

Ich möchte beginnen, indem ich euch einfach dazu auffordere, einige als selbstverständlich geltende Auffassungen in Frage zu stellen — *(mit Nachdruck)* gründlich in Frage zu stellen. *(Pause.)*

Es ist ein wenig in Mode gekommen, den Menschen immer als Naturzerstörer, als ein destruktives Mitglied der Großfamilie der Natur hinzustellen oder ihn, dem die Natur als Lebensgrundlage gegeben wurde, sogar als von der Natur getrennt zu sehen.

Es ist ein wenig in Mode gekommen, den Menschen als ... ein Wesen zu betrachten, das sein eigenes Nest beschmutzt, und ich entschuldige das Verhalten der Menschen in dieser Hinsicht kaum. Doch es gibt auch andere Aspekte und Fragen, die selten gestellt werden. Ihr ignoriert die Tatsache, daß das Bewußtsein der Tiere insgesamt eigene Ziele und Absichten verfolgt. Es ist wahr, daß Tiere auf grausamste Weise geschlachtet werden, um den Menschen als Nahrung zu dienen — dann behandelt man sie einfach wie Lebensmittel. *(Pause.)*

Büffel streifen nicht mehr wie früher umher. Es gibt jedoch überall in der zivilisierten Welt Tausende von Zuchttieren, die zeit ihres Lebens gut versorgt werden — Tiere, deren Existenz einzig auf die »unersättliche» Gier des Menschen nach Fleisch zurückzuführen ist. So wird die Sache normalerweise betrachtet. Nur selten wird bedacht, daß es Tiere nur gibt, weil tierisches Bewußtsein [durch eigene Wahl] physische Gestalt annahm, daß bestimmte Gattungen vom Menschen geachtet und beschützt werden und daß das Bewußtsein solcher Tiere an einer derartigen Übereinkunft beteiligt sein könnte.

Man kann nicht sagen, die Tiere hätten bei dem Handel etwas gewonnen, aber man kann sagen, die Spezies Mensch und bestimmte Tierarten hätten eine Übereinkunft getroffen ... die beiden Seiten Vorteile brachte. Der Mensch gehört viel enger zur Natur, als ihm klar ist, und im Gesamtzusammenhang aller Aktivitäten kann er keinerlei ... Handlungen vornehmen, mit denen die übrige Natur aufgrund eigener Erwägungen nicht einverstanden ist.

Erinnert euch hier an anderes Material, beispielsweise an das über die Zellkommunikation und über das ungeheure Netz des wechselseitigen Austauschs, das alle Gattungen miteinander verbindet. Natürlich können die Tiere mit den Menschen kommunizieren, und natürlich kann der Mensch mit anderen Gattungen — mit allen

Gattungen — kommunizieren. Eine solche Kommunikation hat es immer gegeben. Der Mensch kann es sich zur Zeit bloß nicht leisten, sich ihrer bewußt zu werden, einfach weil seine gesamte Kultur auf der Vorstellung beruht, die Tiere befänden sich »von Natur aus« in einer untergeordneten Position. Die Menschen, die Tiere schlachten, können es sich nicht leisten, jene Tiere als Träger eines lebendigen Bewußtseins zu behandeln.

(Nach einer langen Pause um 21.26 Uhr:) All dem liegt eine bedeutsame Einheit zugrunde, ein Zusammengehörigkeitsgefühl, denn ein Teil des lebendigen Bewußtseins der Erde stirbt, um die Fortsetzung des Lebens der gesamten Natur zu gewährleisten. Dieses natürliche Sakrament wird jedoch zu etwas völlig anderem, wenn das Geschenk dermaßen mißverstanden und der Gebende so schäbig behandelt wird ...

Grundsätzlich haben viele Viehzüchter die Tiere um ihrer selbst willen gern und freuen sich an ihnen — doch allein die »Freude an Tieren« gilt nicht als männlich genug. In eurer Gesellschaft dürft ihr Tiere nicht um ihrer selbst willen, sondern ihr müßt sie aus anderen Gründen gernhaben. Wenn ihr mit Tieren zu tun haben wollt, müßt ihr Bauern, Tierärzte, Viehzüchter oder dergleichen werden ...

Viele Tiere mögen zielgerichtete Arbeit. Sie arbeiten gerne mit dem Menschen zusammen. Die Pferde freuen sich über das, was sie in eurer Welt geleistet haben. Sie verstehen ihre Reiter viel besser, als ihre Reiter sie verstehen. Viele Hunde lieben ihre Aufgabe als Beschützer von Familien. Es gibt tiefe emotionale Bande zwischen dem Menschen und vielen Tierarten. Es gibt gefühlsmäßige Reaktionen. Delphine beispielsweise antworten sensibel auf die Welt des Menschen. Und die Tiere auf einem Bauernhof sind sich der psychologischen Lebensausrichtung des Bauern und seiner Familie, jedes einzelnen Mitglieds, emotional durchaus bewußt ...

Bewußtsein ist mit Inhalten erfüllt — jede Art von Bewußtsein. Die Tiere [des Bauern] verstehen ihn in gewisser Weise als Hebamme, die für ihre Geburten mitverantwortlich ist. Auch die Nahrung kommt aus des Bauern Händen. Die Tiere wissen aus sich heraus, daß jede Art körperlichen Lebens mit dem Tod endet — daß die körperlich-materiellen Reichtümer an die Erde, von der sie kamen, zurückgegeben werden müssen.

(Nach einer Pause um 21.45 Uhr:) Die Tiere machen den Menschen für nichts verantwortlich. Würdet ihr euch als Gattung tatsäch-

lich mit den Tieren verständigen, so hättet ihr eine völlig andere Kultur, eine Kultur, die tiefgreifende Bewußtseinsveränderungen mit sich brächte.

In eurer Bequemlichkeit habt ihr es vorgezogen zu vergessen, wieviel ihr von den Tieren schon gelernt habt; ich sprach bereits in früheren Sitzungen davon. Indem ihr das Verhalten der Tiere beobachtetet, habt ihr euch einen beträchtlichen Teil eurer medizinischen Kenntnisse erworben. Ihr habt gelernt, welche Pflanzen zu meiden sind und welche ihr kultivieren könnt. Ihr habt gelernt, wie ihr Läuse loswerden könnt, indem ihr ins Wasser geht. Durch Beobachtung der Tiere habt ihr euer Sozialverhalten erlernt. Einstmals konntet ihr euch mit Tieren identifizieren, und auch sie fühlten sich eng mit euch verbunden. Sie waren eure Lehrer, obwohl sie einen anderen Weg als ihr eingeschlagen haben. Zweifellos hättet ihr es [als Spezies] ohne die Hilfe der Tiere nicht sehr weit gebracht.

Domestizierte Tiere haben ihre eigenen Gründe für die Wahl einer solchen Daseinsform. Es liegt zum Beispiel nahe zu glauben, es wäre das Beste, wenn eure Katzen *(Billy und Mitzi)* draußen frei herumlaufen könnten, denn das entspricht dem Leben einer Katze in freier Wildbahn.

Katzen in der Wildnis haben eine bestimmte Art der Natur erforscht. In *jener* Art der Natur, in der die äußeren Lebensbedingungen eine natürliche Populationsdichte mit sich brachten, gäbe es weit weniger Katzen als heute. Eure Katzen würden nicht existieren. Was ist daran so unnatürlich oder abartig, wenn eine Hauskatze feines Katzenfutter aus der Dose vorzieht, während sie sonst vielleicht Mäuse fressen oder sich von Heuschrecken ernähren müßte? Die Hauskatze erforscht eine *andere Seite* der Natur, in der sie eine bestimmte Beziehung zum menschlichen Bewußtsein hat, eine Beziehung, durch die sich ihr spezifisches Bewußtsein verändert.

Eure Katzen leben im Haus genausogut wie draußen. Sie verstehen ihre Beziehung zu eurer menschlichen Realität. Sie genießen ihre Zugehörigkeit zu eurem Leben ebenso, wie jedes wilde Tier sich freut, Teil seines Rudels oder seiner Herde zu sein. Das Bewußtsein dieser Katzen *tendiert* in eine andere Richtung, es spürt die Begrenztheit gewisser Einstellungen, es nimmt neuartige Perspektiven wahr und bildet Bewußtseinsallianzen, die ebenso natürlich sind wie andere auch.

(22.01 Uhr. Seth erörterte nun einige andere Fragen, die Jane und ich ihm gestellt hatten, und beendete die Sitzung um 22.27 Uhr.

Seths Äußerungen über Katzen erinnerten mich unwillkürlich an bestimmte andere faszinierende Auslassungen in »Individuum und Massenschicksal«. Ich hatte diese in Kapitel 6 in der Fußnote auf den Seiten 213 f. als Auszüge aus nicht für das Buch bestimmten Sitzungen wiedergegeben. Die beiden folgenden Zitate aus dem erwähnten Material lassen weitreichende Schlußfolgerungen zu — und sollten diese Ideen jemals in größerem Umfang bekannt werden, so würden sie gewiß, so glauben Jane und ich, auf den heftigen Widerspruch maßgeblicher Kreise stoßen.

Aus Sitzung 837 vom 28. Februar 1979: »So etwas wie ein Katzenbewußtsein oder ein Vogelbewußtsein gibt es im Grunde genommen nicht. Vielmehr handelt es sich einfach um Bewußtsein, das sich dafür entscheidet, etwas in dieser oder jener Verkörperung zu erleben.«

Aus Sitzung 838 vom 5. März 1979: »So wie es kein Bewußtsein gibt, das darauf ›zugeschnitten‹ wäre, Katze oder Hund zu werden, so gibt es auch kein vorfabriziertes Bewußtsein, das dazu bestimmt wäre, ein menschliches zu sein ...«)

(Ich habe wirklich lange — mehr als drei Jahre — gebraucht, um den Vorbemerkungen für die nachfolgende Sitzung den letzten Schliff zu geben. Als ich die Arbeit am 23. September 1982 endlich abschließen konnte, war es wieder später Abend, und einmal mehr trat ich auf die hintere Veranda hinaus, um ein wenig frische Luft zu schnappen. Vieles ist seit 1979 in Janes Leben, in meinem und in dem anderer geschehen, doch hier, im Licht der Straßenlaterne, wirkte die Szenerie vor unserem Haus so magisch und geheimnisvoll wie eh und je. Deswegen wohnen wir so gerne hier. Die stille Straße führt auch an diesem warmen Abend noch immer am Haus vorbei, den Hügel hinauf und in die Wälder. Die Zikaden und Heuschrecken lassen immer noch ihr Zirpen ertönen; häufig habe ich in letzter Zeit das Flügelschlagen der südwärts ziehenden Wildgänse gehört, und mehrmals waren Rehe auf unser Grundstück gekommen. Auch heute hielt ich nach Kaninchen, Waschbären und Rehen Ausschau, aber ohne Erfolg.

Wie schon oft in den vergangenen Jahren regte sich in mir die Hoffnung, mich in einer anderen, der jetzigen sehr ähnlichen wahrscheinlichen Realität viel nachdrücklicher für ein naturverbundenes Leben entschieden zu haben — für eines, in dem ich den größten Teil des Jahres Tag und Nacht im Freien zubringen kann. Es muß sich einfach so verhalten! In jenem wahrscheinlichen Leben benutze ich mitunter ein

Zelt, doch ich koche und schlafe so oft wie möglich unter freiem Himmel, es sei denn, das Wetter ist zu schlecht. Wie anders jenes Leben doch aussieht! Auch »dort« bin ich ein Maler, so stelle ich es mir häufig vor, aber vielleicht kein Schriftsteller. Vielleicht bin ich ein Künstler wie Milton Avery oder Paul Cézanne. Immer mehr bewundere, ja verehre ich heute die zielstrebige, kindliche Hingabe von Künstlern wie Avery und Cézanne an ihr Schaffen. Nicht daß ich beispielsweise Cézanne imitieren möchte [ich könnte es nicht einmal, selbst wenn ich wollte], aber in jener anderen Realität habe ich mich dazu entschlossen, das natürliche Leben naiver oder mit klarerem Blick zu führen, mich angesichts der Natur zu verfeinern und dabei zugleich danach zu streben, alle mir zur Verfügung stehenden Ausdrucksmöglichkeiten meisterhaft zu handhaben.

Welch merkwürdiger Wunsch in dieser Zeit der wissenschaftlichen und religiösen Unruhen, der Computer, der Kernenergie und der Raumfahrttechnologie! Er mutet fast wie ein Versuch an, sich in eine frühere, scheinbar weniger komplizierte Zeit zurückzuversetzen. Das wäre allerdings tatsächlich ein illusionäres Ziel! Aber unabhängig davon, was wir als Gattung erreicht oder einen wie weiten Weg wir zurückgelegt haben: zu Beginn waren wir völlig abhängig von unserer Erde mit ihrer phantastischen Vielfalt an Schätzen und Lebensformen. Das subtile Bezugssystem liegt in seiner unermeßlichen Schönheit bis heute vor uns, und ich möchte immer wieder zu ihm zurückkehren. Unsere menschliche Version dieses Bezugssystems erschaffen wir an jedem Tag neu, und ich meine, wir wissen bis jetzt noch kaum, was wir sind und was wir haben. Ich lebe mittlerweile in dem Glauben, ein vorwiegend unter freiem Himmel geführtes Leben würde mir Einsichten in unsere vergänglichen und geistigen Welten ermöglichen, die ich auf keine andere Weise erlangen könnte, und in meiner Malerei würde sich dieses tiefere Verständnis unausweichlich widerspiegeln. Manchmal sehne ich mich einfach nach einem solchen Leben. Natürlich möchte ich hier lediglich betonen, wie wichtig ein möglichst unabhängiger Lebensstil in unseren immer komplizierter werdenden nationalen und globalen Kulturen ist. Doch wir alle haben unsere Träume.

Jane schätzt zwar das Prinzip der Unabhängigkeit ebenso sehr wie ich, aber der vorstehend geschilderten Lebensweise kann sie keinen Reiz abgewinnen. Immerhin fand sie zum Beispiel an Campingferien Gefallen, mit denen ich sie nach unserer Heirat im Jahr 1954 vertraut machte. Sie wuchs jedoch unter ganz anderen materiellen und psycho-

logischen Bedingungen auf als ich, und ein sportliches Leben im Freien war ihr fremd. Doch sie stellte ihr intuitives Verständnis für die Natur und auch für meine Wünsche mehr als hinreichend unter Beweis, indem sie — ein Weihnachtsgeschenk für mich — 1977 ihr hervorragendes Buch mit dem Titel »The World View of Paul Cézanne: A Psychic Interpretation« veröffentlichte.

Hier folgt nun also die persönliche Sitzung, die ich zu Beginn der Anmerkungen erwähnte, jene Sitzung, die ich unmittelbar vor dem Seth-Vorwort zu diesem Buch einschieben wollte. Die anschließenden einführenden Anmerkungen sind fast unverändert so wiedergegeben, wie ich sie niederschrieb, bevor Jane am Donnerstag, den 13. September 1979, abends um 20.40 Uhr, mit der Sitzung begann. An jenem Abend konnte ich jedoch nicht mehr tun, als kurz auf das »zusätzliche« Material hinzuweisen, das ich soeben präsentiert habe, obwohl ich schon damals recht genau wußte, was ich zur Sprache bringen wollte.

Jane war gestern so entspannt und sie fühlte sich so wohl — wie es in letzter Zeit häufig vorkam —, daß wir unsere reguläre, für den Mittwoch abend geplante Sitzung vorzogen. Auch flossen neuerdings ihre Inspirationen reichlich. Jane hatte eine schöpferische Phase und arbeitete intensiv an »God of Jane« sowie an der Einführung zu »Individuum und Massenschicksal«; für diese Bücher hatte sie viele Seiten großartigen Materials zustandegebracht. Heute wirkte sie wieder sehr entspannt, obwohl sie unentwegt schrieb. Nach dem Abendessen füllte sie sogar noch zwei Seiten mit von Seth »aufgeschnappten« Bemerkungen für dieses Buch.

Wir hielten die Sitzung wie gewöhnlich im Wohnzimmer ab. Jane gähnte, dann lachte sie, während wir auf Seth warteten. »Ich versuche immer noch, einen anderen Titel zu finden ...« Nach längerem Experimentieren mit Titeln und Themen hatte sie schließlich vor etwa sieben Wochen, kurz vor dem 30. Juli 1979, den Buchtitel direkt von Seth genannt bekommen. [Vergleichen Sie die Anmerkungen am Schluß der Sitzung 869: »Individuum und Massenschicksal«, Kapitel 10.] »Ich finde die Bezeichnung ›Werterfüllung‹ für einen Buchtitel recht merkwürdig«, sagte Jane. »Das Wort klingt zu ungewohnt — ich fürchte, das wird die Leser verwirren. Mir schwebt etwas Einfacheres vor, etwa ›Träume und Evolution: Ein Seth-Buch‹. Auch sollte ›Evolution‹ nicht in Anführungszeichen stehen. Oder wie wäre es mit ›Träume, Evolution und Kreativität‹?«

Ich hatte schon seit geraumer Zeit erwartet, daß die Arbeit an die-

sem Buch beginnen würde. Von Seth stammt die Interpretation des Ausdrucks »Werterfüllung«, mit dem er die schöpferische Entwicklung schwer definierbarer Werte bezeichnet, die die Qualität jeglichen Lebens, nicht nur des menschlichen, verbessern, und zwar keineswegs nur in moralischer Hinsicht.

Jane hatte vorgeschlagen, die Sitzung früher abzuhalten. »Ich glaube, gleich bin ich soweit.« Nachdem Jane mühelos in Trance gefallen war, sprach sie sehr angeregt und energisch — ein starker Kontrast zu ihrer eben noch matten Verfassung. Diese Transformation habe ich oft beobachten können: ein vertrauter, aber immer wieder faszinierender und mysteriöser Schub von Energie oder Bewußtheit.)

(Amüsiert:) Kommentare.

(»Okay. Guten Abend, Seth.« — Pause.)

Vor dem Beginn unserer Sitzungen habt ihr euch in erster Linie für eine Schriftstellerin — oder vielmehr Dichterin — und einen Künstler gehalten. Ich möchte nun ein paar wichtige Punkte klarstellen.

Ihr bezeichnet euch, vor allem jetzt, als Dichterin beziehungsweise als Künstler, weil diese Begriffe bislang am besten auf eure Fähigkeiten und auf eure Veranlagung zuzutreffen schienen. Ruburts* Schriftstellerei unterschied ihn von anderen. Deine Malerei unterschied dich von anderen. Es waren erkennbare, sichtbare Beweise eurer Kreativität. Ihr habt euch daher mit überlieferten Eigenschaften und Aktivitäten identifiziert, die am besten zu euch zu passen schienen.

Bis zu einem gewissen Grad hattet ihr eure eigenen, von der Gesellschaft anerkannten Nischen, auch wenn sie — bitte hervorheben — im Verhältnis etwas Ungewohntes waren. Ihr wußtet nichts von der tieferen, älteren oder reichhaltigeren Überlieferung — einer

---

* Wer mit dem Seth-Material vertraut ist, weiß dies bereits: Jane wird von Seth mit »Ruburt«, dem Namen ihrer männlichen Wesenheit, angesprochen. Ich fasse hier Seths etwas amüsierte Kommentare aus der Sitzung 12 vom 2. Januar 1964 zusammen: »Geschlechtlichkeit ist, ungeachtet all eurer fleischlich bedingten Vorstellungen, ein psychisches Phänomen und beruht einfach auf Eigenschaften, die ihr männlich und weiblich nennt. Diese Eigenschaften sind real. Es handelt sich aber um Gegensätze, die nichtsdestoweniger komplementär sind und miteinander verschmelzen. Wenn ich sage, wie ich es getan habe, die umfassende Wesenheit oder das Gesamtselbst sei weder männlich noch weiblich, und dennoch Wesenheiten mit eindeutig männlichen Namen wie zum Beispiel ›Ruburt‹ und ›Joseph‹ [wie Seth mich nennt] anspreche, meine ich damit lediglich, daß sich die betreffende Wesenheit in ihrem Gesamtselbst stärker mit den sogenannten männlichen Charakteristika identifiziert als mit den weiblichen.«

seit langem weitergegebenen Erbschaft —, die zu euch gehört, denn in eurer Gesellschaft fandet ihr keinerlei Hinweise darauf. Offenbar wart ihr seit Beginn unserer Sitzungen immer wieder verunsichert und hattet Zweifel. Zum Beispiel: Ist Ruburt ein Schriftsteller oder ein medial veranlagter Mensch? Bist du, Joseph, ein Künstler oder nicht? Wie steht es um deine schriftstellerische Arbeit — zum einen für unsere Bücher und zum anderen für die Buchprojekte, die du mitunter in eigener Regie ausführst?

Derartige Konflikte können nur in einer Gesellschaft auftreten, in der das gesamte Kreativitätsprinzip zersplittert ist, in der schöpferische Prozesse gleichsam als inneres Fließband zur Fertigung bestimmter Produkte betrachtet werden: eine Gesellschaft, in der das eigentliche Wesen der Kreativität kaum zur Kenntnis genommen wird, es sei denn, die »Endprodukte« dienten bestimmten Zwecken.

Ruburt liegt mit seinen heutigen einführenden Texten *(zu »Individuum und Massenschicksal«)* ganz richtig — mit dem, was er über die seit langem vergessenen Fähigkeiten eines Dichters und über seine eigene Rolle sagt. Ruburt war im tiefsten Sinne des Wortes *immer* ein Dichter. Denn er reihte nicht einfach Wörter oder Worte aneinander, sondern er sandte eine Syntax des Bewußtseins aus, indem er Rhythmus und Melodie, Reim und Refrain als Treppen nutzte, auf denen sein eigenes Bewußtsein emporstreben konte.

(20.53 Uhr.) Bei ihrem Versuch, irdische Formen nachzuahmen, hofften die Künstler früher, das Wesen der Kreativität verstehen zu können. Dichtung und Malerei waren in einer Weise *funktional*, die ich *(humorvoll, betont lässig)* in unserem nächsten Buch beschreiben werde, und zugleich auch »ästhetisch«; doch primär galten sie stets dem Bestreben des Menschen, sich und die Welt zu begreifen. Der ursprüngliche Zweck der Kunst — wobei hier in erster Linie Dichtung und Malerei gemeint sind — ist weitgehend in Vergessenheit geraten. Der wahre Künstler war vor allem nämlich immer ein, wie ihr sagen würdet, medial oder mystisch veranlagter Mensch. Seine besondere Kunst *(Pause)* bestand in der Art, wie er zum einen seine Kreativität umsetzte und zum anderen die grenzenlose Schöpferkraft des Universums ergründete — und darüber hinaus diente er gleichsam als Gefäß, in dem er sein Wissen nach bestem Vermögen auffing, oder als Schaufenster, in dem er sein Wissen, für jedermann sichtbar, ausstellte.

Dies ist das Erbe, dem ihr beide treu ergeben seid. Es hat eine ehrenvolle Geschichte. Hierzu gehören auch einige Errungenschaften — Ruburt hat mich in diesem Punkt ganz richtig verstanden —, die wir die psychologischen Künste nennen wollen. Mit diesen habt ihr ebenfalls zu tun.

Ich würde mich sehr freuen, wenn du, Joseph, verstündest, daß zum Beispiel zwischen deiner Schriftstellerei und deiner Malerei kein Widerspruch besteht noch bestehen kann, denn diese beiden Tätigkeiten nutzen einfach verschiedene Methoden, um den Sinn und den Ursprung der Kreativität zu erforschen.

Die Sitzungen, die ich euch gebe, stellen nach herkömmlichen Begriffen eine weitere Ausdehnung dieser Kreativität dar, doch auch sie wurzelt in althergebrachten Traditionen. *(Zu mir gewandt:)* Deine Schriftstellerei ist natürlich auch Kunst. Ebenso ist sie eine Methode, Kreativität wahrzunehmen und zu verstehen, eine Methode, mit deren Hilfe man lernt und die auf sich selbst zurückwirkt. Und du hast eine ganz besondere Begabung *(Pause),* von einem höchst ungewöhnlichen Standpunkt aus neue Horizonte zu entdecken. Erforsche zum Beispiel deine Empfindungen im Hinblick auf mich: ob sie sich im Lauf der Jahre geändert haben oder nicht, inwieweit ich »ich selbst« bin oder ein Teil von Jane oder Ruburt oder von dir oder Joseph oder sonstwem. Die Erkenntnis, daß du an dem Ort bist, wo du sein wolltest, und daß deine Fähigkeiten weder miteinander in Konflikt stehen noch du mit ihnen, wird unweigerlich zu deren Weiterentwicklung und schließlichen Erfüllung führen; eine neuartige, umfassende und unverwechselbare Kreativität jenseits aller Schablonen wird daraus erwachsen.

Nun: Wenn Ruburt sich selbst zu vertrauen beginnt, wie er es bereits getan hat, lockert sich der körperliche *(arthritische)* Panzer. Die schöpferischen Fähigkeiten werden sogar noch leichter umzusetzen sein. Dies ist der Grund für seine neue Schaffenskraft und die neuen Schritte, die er unternommen hat. Das alles hängt zusammen.

Er glaubte an eine bestimmte Eigenart des schöpferischen Selbst und konnte ihm daher nur im Rahmen seines Glaubens Vertrauen schenken. Er war überzeugt, sich durch starke geistige und körperliche Barrieren vor seiner eigenen Spontaneität schützen zu müssen. Nun begreift er allmählich, daß ihn die spontanen und kreativen Aspekte seiner Persönlichkeit frisch und lebendig erhalten: man kann und muß ihnen vertrauen. Wie er jetzt weiß, muß er nicht langsamer werden, denn Entspannung führt zu Bewegung.

(21.09 Uhr.) In der Tat hat er einen Teil der Hauptthemen, die in unserem neuen Buch behandelt werden sollen, von mir aufgeschnappt; das Buch wird den Titel *»Träume, ›Evolution‹ und Werterfüllung«* haben. *(Pause.)*

Es wird natürlich zwangsläufig viel Material über die wahre Natur der Kreativität, ihren kulturellen Nutzen, aber auch über ihren Mißbrauch beinhalten. Ihr müßt nicht kämpfen, um der Schubkraft eures Lebens zu vertrauen. Dieser Druck dient immer dazu, euch eurer Bestimmung in bestmöglicher Weise zuzuführen, und zwar so, daß es der ganzen menschlichen Gattung zugute kommt.

Wenn ihr dem Drängen eures Lebens vertraut, werdet ihr immer Unterstützung finden. Teile Ruburt dies mit.

Ich möchte also, daß ihr beide das Folgende begreift: Im helleren Licht der Kreativität habt ihr, ihre wahre Bedeutung erkennend, den richtigen Kurs eingeschlagen. Tilgt daher alle noch verbliebenen Gedanken an Konflikte und alle Zweifel aus eurem Gemüt. Tut ihr dies, so werden damit sämtliche Probleme, die mit Angelegenheiten wie Steuern, Sexualität oder ähnlichen Dingen zu tun haben, wie von selbst gelöst — und das gilt für euch beide.

Ihr studiert das Wesen der Kreativität in einer Weise, wie es sonst nur wenige getan haben oder tun können, und dadurch werden unfehlbar neue schöpferische Bezugssysteme erschlossen und neue Auswege für Situationen gefunden, die nur in engeren Bezugssystemen Schwierigkeiten verursachen.

Habt ihr Fragen?

(»Nein. Jane war in letzter Zeit großartig, und darüber freue ich mich sehr.«)

Er sollte es auch sein — das meine ich vorausblickend: Er wird es sein. Ende der Sitzung.

(»Danke.«)

Einen schönen guten Abend.

(»Gute Nacht, Seth.«)

(21.16 Uhr. Unmittelbar nach Beendigung der Sitzung kippte Janes Kopf zur Seite, und sie sank sehr schnell in den entspannten Zustand zurück, in dem sie sich befunden hatte, bevor sie für Seth sprach.)

Sitzung 881, Dienstag, den 25. September 1979

(Am Samstag nachmittag hatte Jane die endgültige Version ihrer Einführung zu »Individuum und Massenschicksal« fertiggetippt, und gestern morgen schickte ich sie zu Handen Tam Mossmans an die Prentice-Hall.

Heute fühlte sich meine Frau tagsüber größtenteils recht wohl — sogar so wohl, daß sie einige Male einschlief. In ihrem Körper scheinen sich viele erfreuliche muskuläre Veränderungen abzuspielen. Nach dem Abendessen schlug ich vor, Seth, sofern es heute abend zu einer Sitzung käme, um einen Kommentar zu ihren gegenwärtigen Entspannungszuständen zu bitten. Um 20.30 Uhr rief Jane mich aus meinem Arbeitszimmer. Sie war nervös, denn sie spürte Seths Bereitschaft, das Vorwort zum vorliegenden Buch zu diktieren.

Mir gefiel vor allem der erste Satz, der den Auftakt zu seinem neuesten Buch bildet. Er versprach etwas, an das Jane und ich uns wirklich halten konnten — eine aufregende, doch auch nachdenklich stimmende Zeit der »Arbeit« und neue Informationen. Ruhig, mit vielen Pausen, von denen einige im Text vermerkt sind, begann Jane um 20.50 Uhr für Seth zu sprechen.)

Guten Abend.

(Ich lachte. »Guten Abend, Seth.«)

Vorwort: Dieses Buch wird mein bisher ehrgeizigstes Projekt sein. Punkt.

Vielleicht werden manche sagen, grundsätzlich sei jedes Buch, das einer nach euren herkömmlichen Vorstellungen von Kreativität derart weit entfernten psychologischen Quelle entspringt, ein ambitiöses Unterfangen. Doch auch wenn ein körperlich existierender Schriftsteller ein Manuskript erstellt, liegen solch kreativer Leistung umfangreiche und verborgene psychologische Manöver zugrunde, die im Manuskript selbst nicht in Erscheinung treten.

Wie die meisten meiner Leserinnen und Leser wissen, behaupte ich nicht, über einen materiellen Körper zu verfügen. *(Pause.)* Ich nehme jedoch für mich in Anspruch, eine unabhängige Seinswirklichkeit in einer anderen als der euch bekannten Realität zu haben. Mein Status und meine Herkunft erscheinen euch nur deshalb so merkwürdig, weil ihr noch sehr wenig von euren Ursprüngen wißt. Ich beginne heute abend mit der Arbeit an diesem Buch, seinen Titel habe ich bereits genannt. Und Ruburt oder in diesem Fall eher Jane konnte bereits

Fragmente des Stoffs dieses Buches auffangen. Materiell betrachtet gibt es im Augenblick jedoch nur das Blatt Papier, auf das Robert Butts jetzt meine von Jane ausgesprochenen Worte schreibt.

Eines Tages wird ein umfangreiches Buch vorliegen. Obwohl das Manuskript jetzt materiell noch nicht vorhanden ist, sind die Gedanken und die Worte, die den Inhalt dieses Buches ausmachen werden, bereits auf ganz elementare Art real. Zu jeder Art Kreativität gehören bestimmte Qualitäten, die im allgemeinen übersehen werden und deshalb nicht zum Vorschein kommen. Das von uns angewendete schöpferische Verfahren kann dazu dienen, manche dieser Qualitäten ans Licht zu bringen und viele Aspekte der menschlichen Psyche zu beleuchten, die gewöhnlich im dunkeln bleiben.

Ich spreche durch Ruburt oder — wenn euch das lieber ist — durch Jane Roberts. Ruburt verfügt über eigenständige schöpferische Fähigkeiten, die er sinnvoll nutzt. Unseren ersten Kontakt *(im Dezember 1963)* haben wir weitgehend diesen Fähigkeiten zu verdanken. Wissenschaftler sagen gerne, man blicke, wenn man ins Universum hinausschaut, in der Zeit zurück. Doch es gibt Interessanteres: Wenn man ins Innere seiner Psyche vordringt, bewegt man sich — immer nach euren Zeitbegriffen — »zurück« zu den Ursprüngen der Existenz. Eure schöpferischen Fähigkeiten versetzen euch nicht einfach nur in die Lage, Bilder zu malen, Geschichten zu erzählen oder zu schreiben und Skulpturen oder Architektur zu schaffen. Sie bieten euch nicht bloß eine Grundlage für eure Religionen, Wissenschaften, Zivilisationen und Kulturen. Sie sind vielmehr eure ureigenste Verbindung mit der Quelle jeglichen Lebens.

(Jane machte um 21.10 Uhr in Trance eine lange Pause.) Geduldet euch einen Moment ... *(Lange Pause.)* Sie geben euch zunächst einmal die Kraft, ein Glaubenssystem zu kreieren. *(Pause.)*

Nun: Solange ihr glaubt, Bewußtsein entstehe irgendwie aus toter Materie, werdet ihr euer Sein niemals begreifen und immerzu nach dem Punkt suchen, an dem das Leben Gestalt annahm. Ihr werdet ständig an einer euch vorschwebenden mechanischen Geburt des Universums herumrätseln müssen — und es wird euch tatsächlich so vorkommen, als bestünde eure Welt aus lauter Ersatzteilen, die sich irgendwie und rein zufällig gerade so gruppierten, daß aus ihnen später Leben hervorging.

Ihr seid voller Fragen und wollt wissen, wann und wo die verschiedenen Arten und Gattungen in Erscheinung traten und wie die Felsen geformt wurden, wann einigen Reptilien Flügel wuchsen, wann manche Fischarten aus dem Ozean auftauchten und Luft zu atmen lernten, und ihr müßt euch darüber den Kopf zerbrechen, was jeweils zwischenzeitlich geschah.

Wie viele Reptilien zum Beispiel trachteten nach Flügeln und scheiterten und konnten nicht fliegen, oder wie viele Millionen Reptilien und wie viele Versuche waren erforderlich, bevor der erste Vogel triumphierend über die Lande schwebte? Wie viele Fische starben mit nur halb ausgebildeten Lungen, zu weit vom Wasser entfernt, um wieder in die Fluten einzutauchen? *(Jetzt mit größerem Nachdruck:)* Oder wie viele Fische, die sich wieder ins Wasser fallen ließen, mußten feststellen, daß sie sich in einer Übergangsphase befanden, in der sie weder im Wasser weiterleben noch Luft atmen konnten?

Wie viele Wasserbewohner starben also, bevor das erste Säugetier mit voll entwickelten Lungen in Sicherheit dastand und die junge Luft der Erde atmete?

Heutige Wissenschaftler sagen, Energie und Materie seien eins. Sie müssen den nächsten großen Schritt tun, um zu erkennen, daß Bewußtsein und Energie und Materie eins sind.

(Nach einer Pause um 21.22 Uhr:) Geduldet euch einen Moment ... In diesem Buch werden wir also den Ursprung des Universums, den Ursprung aller Lebewesen, den Ursprung des Lebens schlechthin von einem anderen Standpunkt aus betrachten. Dieser Standpunkt wird euch, so hoffe ich, ein anderes Bezugssystem vermitteln, mit dessen Hilfe ihr zum einen die körperlich-materielle Realität — und euren Anteil daran — studieren und verstehen und zum anderen die ungeheure schöpferische Komplexität erspüren könnt, die jedes Individuum mit dem Ursprung allen Bewußtseins verbindet.

Ich versuche daher, euch einen sinnvolleren Begriff der Evolution*

* Kürzlich kaufte ich zwei von »wissenschaftlichen Kreationisten« verfaßte Bücher. Die Autoren lehnen die Idee der Evolution ab. Ich habe eines dieser Bücher halb durchgelesen und teilweise mit Jane besprochen. Nach der Sitzung schlug ich ihr vor, es auch zu lesen, damit sie Hypothesen kennenlernte, die sich von den herrschenden wissenschaftlichen Theorien unterscheiden. In aller Kürze: Die Kreationisten glauben, Gott habe das Universum (die Erde natürlich eingeschlossen) vor etwa zehntausend Jahren geschaffen. Sie behaupten, alle Lebewesen der Erde seien seit diesem ursprünglichen Schöpfungsgeschehen im wesentlichen unverändert geblieben; sie haben zum Beispiel auch Erklärungen für das Verschwinden der Dinosaurier und anderer Lebensformen. Den Evolutionstheoretikern zufolge ist das Universum vor etwa 10 bis

nahezubringen, und ich muß in diesem Zusammenhang auf die geistige Realität und ihre Wirkung auf die Entwicklung des menschlichen Bewußtseins zu sprechen kommen.

Das Universum hatte seinen Ursprung nicht in einer externen, objektivierten Quelle, wie ihr es euch gerne vorstellt. Euer physischer Körper mit seinem beschränkten Wahrnehmungsapparat liefert euch grobe, materielle Bilder, äußerliche Darstellungen. Doch treten zum Beispiel eure Träume nicht plötzlich im Äußeren zutage und werden nicht statt eurer sichtbar. Sie bleiben verborgen. Eure Träume erscheinen auf dem inneren Bildschirm eures Geistes.

Ich möchte meine Bemerkungen auf keinen Fall so verstanden wissen, als wollte ich in irgendeiner Weise die Fülle, den Wert und die Großartigkeit der körperlich-materiellen Existenz negieren. Vielmehr möchte ich betonen, daß der von euch normalerweise als »Träumen« bezeichnete Zustand nur ein vager Hinweis *(mit Nachdruck)* auf die innere Realität von Ereignissen ist, auf die innere Ordnung des Geschehens, aus der die körperlich-materielle Welt hervorgeht. Ich hoffe zu verdeutlichen, wie die Natur der Träume dazu beigetragen hat, das Bewußtsein des Menschen zu prägen. Ich hoffe *(mit vielen Gesten)* aufzuzeigen, daß die Lebensumstände vom Bewußtsein gestaltet werden und nicht umgekehrt.

Ich hoffe zu demonstrieren, daß alle Gattungen durch das motiviert werden, was ich als »Werterfüllung« bezeichne, wobei sie danach streben, neben ihrer eigenen zugleich auch die Lebensqualität aller anderen Gattungen zu verbessern.

---

20 Milliarden Jahren entstanden, die Erde selbst ungefähr 4,6 Milliarden Jahre alt, und Fossilfunde wie auch andere Indizien lassen vermuten, daß lebende Organismen vor mindestens 3,5 Milliarden Jahren in Erscheinung traten und sich zu entwickeln begannen. Auch die Evolutionstheoretiker glauben aber, die Suche nach der »ersten Ursache« werfe weniger wissenschaftliche, sondern eher philosophische und theologische Fragen auf. Warum ist das Universum, das wir so gut zu kennen glauben, überhaupt entstanden, und was war die *Ursache* seiner Entstehung?

Ich weiß, daß Jane sich für solche Hypothesen interessiert, doch gleichzeitig ein wenig Angst hat: »Ich möchte davon — oder von irgendwelchen Büchern — nicht so beeinflußt werden, daß es sich auf das Material auswirken könnte«, ließ sie in den letzten Tagen mehrmals vernehmen. Ich stimme ihr zu, zumal die Ansichten dieser »wissenschaftlichen Kreationisten« mir noch begrenzter vorkommen als die des konventionellen wissenschaftlichen Establishments. Doch Jane verfügt über einen scharfen, kritischen Verstand. Ich habe keine Bedenken, sie — oder Seth — könnte von ihrem Lesestoff über Gebühr beeinflußt werden.

Insofern sind alle Gattungen in einem gemeinsamen Unterfangen vereint, das jedoch weitgehend unsichtbar geblieben ist, und zwar aufgrund von Glaubensvorstellungen, die, allgemein gesprochen, durch eure Wissenschaften und Religionen nach außen auf die Welt projiziert wurden. Alle eure bedeutenden Kulturen haben zuerst in der Welt der Träume existiert. Man könnte sagen, das Universum habe sich selbst ins Sein geträumt.

(Nach einer einminütigen Pause um 21.40 Uhr:) Geduldet euch einen Moment ... Wachen und Schlafen sind normalerweise die einzigen Bewußtseinszustände, in denen ihr euch aufhaltet. Für euch sieht es so aus, als wäre dies das Ergebnis eures evolutionären Fortschritts. Doch es hat auf Erden Kulturen gegeben, die sich auf den Gebrauch vieler verschiedener Bewußtseinsbrennpunkte in ähnlicher Weise spezialisiert hatten, wie ihr mit Werkzeugen umgeht.

Träume sind bisweilen sehr präzise. Im Traumzustand können Informationsquellen benutzt werden, die sonst nur schwer anzuzapfen sind. Ich hoffe, ihre Bedeutung zu enthüllen, die sie für die »evolutionäre Entwicklung« des Menschen hatten, aber auch ihre Anwendungsmöglichkeiten in eurem Alltagsleben aufzuzeigen. Die Antworten liegen dort, wo ihr am wenigsten nach ihnen gesucht habt. Die Schöpfung des Universums ist keineswegs abgeschlossen — und auch jeder Mensch wird, in jedem Moment, neu geschaffen.

(21.47 Uhr.) Ende des Vorworts. Ruburt sollte sich *(amüsiert)* nun eigentlich besser fühlen, und geduldet euch einen Moment ... Ruhe deine Finger aus. Möchtet ihr diese *(eine Weinflasche)* öffnen?

(Anschließend gab er Jane einige persönliche Informationen. Aus zwei Gründen möchte ich den persönlichen Teil der heutigen Sitzung wiedergeben: Zum einen gibt Seth einen Kommentar zu der schöpferischen Arbeitsweise im Zuge der Sitzungen ab, und zum anderen erläutert er, wie wir unserem Ich oder dem körperlichen Selbst die Vorstellung von unseren »Pflichten« einprägen und uns dabei über die impulsiven, natürlichen Botschaften unseres Körpers hinwegsetzen. Hier also Seths Kommentar:)

Heute wollte sich Ruburts Körper entspannen. Er hat seine Sache sehr gut gemacht und wollte die Entspannung zulassen, doch da er gestern Arbeitszeit verloren hat, *(lauter)* ging ihm seine Zustimmung wohl kaum unter die Haut. Als du seine Tintenzeichnungen erwähntest, wollte er gern einfach spielerisch zeichnen, hatte aber, schuldbewußt, das Gefühl, er sollte es besser nicht tun. Er vergaß wieder einmal, daß das schöpferische Selbst den Überblick über sein gesamtes Leben hat und mit seinen Impulsen stets schöpferische Ziele verfolgt.

Diese Sitzungen sind nur möglich aufgrund zuhöchst schöpferischer Produktivität in vielen Bereichen, so daß er sich durchaus mit Zeichnen oder mit irgendeiner anderen Beschäftigung, zu der er Lust hat, erfrischen sollte, denn dadurch wird seine Kreativität natürlich gesteigert. Er wird sein Buch *»God of Jane«* erfolgreich beenden. Er sollte den Rhythmen seiner Kreativität folgen, ohne sich dabei Sorgen über die Zeit zu machen. Sorge dafür, daß er wieder einmal drei Stunden lang unbeschwert schreiben oder malen oder sonst etwas tun kann. Für sein Buch wird schon gesorgt werden. An den Anmerkungen zu *»Individuum und Massenschicksal«* kannst du erkennen, wie deine eigene Kreativität zum Vorschein kommt. Gewiß braucht man Zeit, um zu schreiben, doch die diesem Vorgang zugrunde liegende Kreativität hat ihre eigene »Zeit«.

Ende der Sitzung, und einen schönen guten Abend.

(»Darf ich eine Frage stellen?«)

Du darfst.

(»Was war das für ein Gefühl, das er heute wie ein elektrisches Pulsieren in der Brust, am Rücken und im Unterleib empfand?«)

Er wollte seine Entspannung nicht zulassen. Er trat sozusagen auf die Bremse.

(»Okay.«)

Wieder beginnen wir mit einem neuen Buch, und sicher wird euer lebhafter Verstand erneut Fragen von allgemeinem Interesse aufwerfen.

Einen schönen guten Abend.

(»Danke, Seth. Gute Nacht.«)

(21.56 Uhr. »Ich konnte seine Nähe spüren«, sagte Jane, kurz nachdem sie aus der Trance aufgewacht war. »Und dann spürte ich ihn immer deutlicher; doch ich bekomme immer noch kalte Füße, wenn ich daran denke, daß er ein neues Buch anfangen will ... War es gut?«

Ich nickte erfreut. »Er sagte, dies sei sein bisher ehrgeizigstes Projekt.«

»Naja, ich möchte lieber nicht darüber nachdenken. Wenn ich es tue, mache ich mir nur wieder Sorgen wegen meiner Verantwortung und vergesse, daß Seth meint, wir sollten die Sitzungen in erster Linie deswegen abhalten, weil sie uns Spaß machen. Ich bin sehr gespannt, alles zu lesen«, sagte Jane.

»Somit war der Tag doch nicht ganz verschwendet«, scherzte ich. »Wir konnten noch etwas Sinnvolles tun.« Sogar Jane lachte.

Es ist uns natürlich nicht möglich, jegliches Verantwortungsgefühl im Hinblick auf die Sitzungen auszuschalten. Ich bin sicher, Seth weiß das; doch offensichtlich liegt ihm daran, daß wir eine grundsätzlich entspannte und psychisch unverkrampfte Haltung einnehmen. Mitunter fällt uns das jedoch recht schwer. Vor kurzem erhielten wir einen hervorragenden, ziemlich langen Aufsatz über unsere Arbeit, in dem der Verfasser, ein Psychologe, unter anderem die Bedeutung des Seth-Materials wie auch die verschiedenen Erklärungen für dessen Ursprung erörtert. Auch wir denken über solche Themen nach, doch um die Sitzungen regelmäßig in wöchentlichen Abständen durchführen zu können, konzentrieren wir uns auf die einfache schöpferische Leistung, die uns jede Sitzung abverlangt, und lassen weitreichende Schlußfolgerungen beiseite. Solche Schlüsse ergeben sich gewöhnlich auch ohne unser aktives Bemühen.)

1
Vor dem Anfang

Sitzung 882, Mittwoch, den 26. September 1979

(Jane war heute abend wieder sehr entspannt. Sie hatte das von mir empfohlene Buch über den wissenschaftlichen Kreationismus gelesen. Ihre Gefühle bei der Lektüre waren zwiespältig. Mehr als einmal sagte sie: »Man muß bei diesen Leuten auf der Hut sein«, womit sie die Kreationisten meinte, »oder sie bringen dich dahin, wo sie dich haben wollen. Man muß kritisch bleiben.« Belustigend ist dabei die Tatsache, daß man Ähnliches über das Seth-Material geschrieben oder gesagt hat, aber Jane ging darauf nicht ein.

Sie vermutete, Seth würde heute abend an seinem neuen Buch weiterarbeiten. »Ja, ich habe bereits einige Sätze im Kopf und warte nur darauf, daß er sie in die richtige Reihenfolge bringt«, sagte sie, als wir uns zur Sitzung niederließen. Schon bald kam Seth durch, um 21.14 Uhr:)

Guten Abend.

(»Guten Abend, Seth.«)

Nun. *(Nach einer langen Pause:)* Das Universum wird gestern seinen Anfang nehmen. Das Universum hat morgen seinen Anfang genommen. Diese beiden Aussagen sind ziemlich bedeutungslos. Die Zeiten stimmen nicht, und vielleicht empört sich euer Zeitgefühl dagegen. Doch die Aussage »Das Universum hat in einer fernen Vergangenheit seinen Anfang genommen« ist im Grunde genommen genauso bedeutungslos.

Obwohl die beiden ersten Aussagen in der Tat keinen logischen Sinn ergeben, deuten sie dennoch auf *(Pause)* Phänomene hin, die zeigen, daß die Zeit nicht mehr ist als eine schöpferische Hilfskonstruktion. Zeit und Raum gehören in gewisser Weise zum Mobiliar eures Universums.

Das Erleben der Vergänglichkeit der Augenblicke gehört ebenso zu eurem psychologischen Raum, wie Uhren an den Wänden eurer Zimmer hängen. Wann immer Gelehrte der Wissenschaft oder Religion nach dem Ursprung des Universums forschen, tun sie es in der Vergangenheit. Aber: Das Universum wird — hebe das Wort hervor —

jetzt geschaffen. Die Schöpfung vollzieht sich, in Worten eurer Begriffswelt ausgedrückt, in jedem Augenblick. Sogar die Illusion der Zeit entsteht jetzt. Daher ist es ziemlich sinnlos, in dem für sich betrachtet höchst relativen Schema linearer Zeit nach den Ursprüngen des Universums suchen zu wollen.

Euer — bitte hervorheben — Jetzt, der gegenwärtige Augenblick, ist eine psychologische Plattform. Es scheint, als habe das Universum durch eine Art Energieentladung *(durch den »Urknall«)* seinen Anfang genommen. Die Evolutionstheoretiker können jedoch die Ursache hierfür nicht erklären. Viele religiös gesinnte Menschen glauben dessenungeachtet daran, daß in einer Welt höherer Dimensionen der Wirklichkeit ein Gott walte, der das Universum geschaffen hat und es, selbst aber außerhalb der Schöpfung stehend, in Gang setzte. Andere wieder meinen, die Energie des [Universums]* müsse sich, unabhängig von ihrem Ursprung, irgendwann einmal erschöpfen. Heutigen wissenschaftlichen Erkenntnissen zufolge kann Energie aber weder erzeugt noch zerstört, sondern nur transformiert werden *(wie das erste thermodynamische Grundgesetz besagt).* Die Wissenschaft erachtet Energie und Materie im wesentlichen als ein Gleiches, das lediglich je nach Begleitumständen auf unterschiedliche Weise in Erscheinung tritt.

(21.31 Uhr.) In gewisser Hinsicht gehen Wissenschaft wie auch Religion von der Vorstellung eines objektiv geschaffenen Universums aus. Entweder wurde es »von Gott erschaffen«, oder es bildete sich nach einer anfänglichen Energieexplosion auf bislang ungeklärte Weise zunächst tote Materie, aus der später Bewußtsein hervorging — was ebenfalls noch zu erklären wäre.

Tatsächlich aber wurde die Materie vom Bewußtsein erschaffen. Wie ich bereits sagte, verfügen jedes Atom und jedes Molekül

---

* Ursprünglich sagte Jane an dieser Stelle »Welt«, obwohl Seth — dessen bin ich sicher — »Universum« meinte. Wenn ich an Seths Aussagen eine Änderung vornehme oder zur Erläuterung Worte so einfüge, als ob sie von ihm stammten oder von ihm hätten stammen können, sind diese in eckige Klammern gesetzt. Gelegentlich formulieren Jane oder ich eine Seth-Aussage um, doch dies ist nur selten nötig. In der Regel weichen wir nicht von seinem Wort ab, ohne es anzumerken.

Einfügungen, die ich in runden Klammern und in Kursivschrift setze, wie zum Beispiel *(wie das erste thermodynamische Grundgesetz besagt),* dienen lediglich als Zusatzinformationen meinerseits.

über eigenes Bewußtsein. Bewußtsein, Materie und Energie sind eins, doch das Bewußtsein setzt die Transformation der Energie in Materie in Gang. Deshalb war die Geburt eures Universums ein Triumph der Ausdehnung des Bewußtseins: es lernte, sich eine körperlich-materielle Form zu geben. Das Universum gelangte — bitte hervorheben — auf die gleiche Weise ins Dasein, wie Ideen aus dem bei euch als subjektiv empfundenen Bereich körperlich-materiell Gestalt annehmen.

Das Bewußtsein eines jeden Menschen, der dieses Buch liest, existierte (nach euren Zeitbegriffen), noch ehe das Universum geschaffen war, aber dieses Bewußtsein war noch nicht sichtbar geworden. Das Wort »träumen« — auch wenn es nur ein vager Vergleich ist — beschreibt den Seinszustand vor der Erschaffung des Universums am besten. *(Lange Pause.)* In jenem Stadium vor dem Anfang existierte euer Bewußtsein unabhängig von Zeit und Raum; es wußte um seine immensen Möglichkeiten. All das läßt sich nur sehr schwer in Worte fassen, doch es ist äußerst wichtig, es zu versuchen. *(Lange Pause.)* Euer Bewußtsein ist Teil eines absolut urschöpferischen Prozesses.

Von »Gott« spreche ich absichtlich nicht, und zwar wegen der Konnotationen, die der Gottesvorstellung der konventionellen Religionen anhaften. Ich werde jedoch versuchen, in diesem Buch die Charakteristika jenes göttlichen Prozesses zu erläutern. Ich nenne das urschöpferische Bewußtsein »All-das-was-ist«. Dieses All-Eine ist so eng mit seinen Schöpfungen verbunden, daß es nahezu unmöglich ist, den »Schöpfer vom Geschaffenen« zu unterscheiden; jede Schöpfung trägt unauslöschlich auch die Charakteristika ihres Ursprungs in sich.

Wenn ihr annehmt, das Universum sei nach einem mechanistischen Modell entstanden, dann hätte jeder Teil dieser »kosmischen Maschine« sich selbst erschaffen und seine Funktion in der »zukünftigen Gesamtkonstruktion« gekannt haben müssen. Ferner wäre dann jeder Teil individuell aus eigenem Ursprung, glücklich auf seine spätere Funktion oder Bestimmung zugeschnitten, entstanden, und der gleiche individuelle Ursprung hätte auch der Ursprung aller anderen individuellen Teile sein müssen.

Ich will nicht sagen, das Universum sei das Ergebnis irgendeiner »psychischen Maschine«; vielmehr *(mit Nachdruck)* ist jeder Teil des Bewußtseins Teil des All-Einen, und das Universum fügt sich in einer spontanen göttlichen Ordnung zusammen — und jeder Teil des Bewußtseins trägt das unauslöschliche Wissen um das Ganze in sich.

Die Geburt der Welt war ein göttliches Erwachen der Psyche. Jedes Bewußtsein, das am materiellen Universum teilhat, träumte (nach euren Zeitbegriffen) schon vor der Erschaffung der Erde von einer körperlichen Existenz. Von einer höheren Warte als der euren aus läßt sich ganz treffend sagen, das Universum sei noch nicht entstanden oder es sei bereits verschwunden. Aber von einer noch höheren Perspektive aus betrachtet, war das Universum schon immer in dem einen oder anderen Zustand vorhanden.

Dem Sinn des Universums entsprechen am ehesten eure liebevollen Gefühle, die ihr für eure Kinder hegt, deren Fähigkeiten ihr gerne voll entwickelt sehen würdet.

(21.58 Uhr.) Eure kühnsten Vorstellungen können euch nur einen vagen Hinweis auf die großartige schöpferische Schubkraft geben, die selbst der geringsten eurer Handlungen zugrunde liegt, denn auch die unbedeutendste Aktivität ist nur möglich, weil für euren Körper in der materiellen Welt bereits gesorgt ist. Euer Leben ist euch gegeben. In jedem Moment wird es erneuert. So leicht und mühelos bewegt ihr euch dank dieser Schubkraft der Lebensenergie fort, daß ihr sie kaum bemerkt. *(Pause.)* Es ist nicht so, daß ihr eine bestimmte Menge an Energie zur Verfügung hättet, die sich verbraucht und erschöpft. Vielmehr werdet ihr in jedem Moment aufs neue erschaffen.

Dies ist für heute genug. Ende der Sitzung, und einen schönen guten Abend.

(»Danke, Seth. Gute Nacht.«)

(22.02 Uhr. »Das war kurz, aber es macht nichts«, sagte Jane, nachdem sie aus ihrer Trance erwacht war. »Ich dachte mir schon, das sei alles, was für heute abend vorgesehen war. Ich höre niemals einfach auf — wie man etwa einen Wasserhahn zudreht —, wenn es noch mehr gibt.«

»Ich nehme an, das ist Kapitel 1?«

»Na ja, das hat er nicht gesagt. Nun, ich werde morgen malen und die ganze Sache mit der Evolution vergessen ...«

Doch während ich dieses Material nun zwei Abende später [am Freitag] abtippe, kann ich anmerken, daß Jane nicht gemalt hat. Statt dessen arbeitete sie an »God of Jane« weiter. Sie beendete auch die Lektüre des Buches über den Kreationismus und nahm dazu wie folgt Stellung.)

»Das Buch vertritt die Idee, Gott habe das Universum samt Erde auf perfekte Weise geschaffen, doch nun verkümmere seine Schöpfung. Niedergang und Katastrophen seien Verfallserscheinungen früherer besserer Zustände, doch diese würden, wenn sie ihren Sinn erfüllt hätten, letzten Endes vom Schöpfer ausgemerzt. In dem Buch wird behauptet, das Universum sei ungefähr zehntausend Jahre alt. (Seth hat mehr als einmal zu verstehen gegeben, daß es, in unseren Zeitbegriffen ausgedrückt, viel älter, sogar älter ist, als die Evolutionstheoretiker annehmen.) Wie überzeugend die Gründe, die für dieses geringe Alter gegeben werden, beispielsweise für einen von der Evolutionstheorie überzeugten Geologen sind, bleibt dahingestellt ...

Ein oder zwei Jahrtausende nach der Schöpfung zerstörte eine weltweite Flut alles bis auf einige Arten. Die Gattung Mensch überlebte. (Für diese Flutkatastrophe wird im Buch nicht einmal ein ungefähres Datum genannt. Noah und seine Arche werden nicht einmal erwähnt. Wie könnte dies in einem solchen Buch auch sein?) Es gab keine Evolution. Alle Arten waren so geschaffen worden, wie sie heute aussehen. Warum war, fragt man sich, ein derartiger Gott nicht in der Lage, die Vollkommenheit seiner ursprünglichen Schöpfung zu erhalten? Wozu der Sündenfall des Menschen und die daraus resultierende Flutkatastrophe, der *alle Arten zum Opfer fielen*? Die Evolutionstheorie muß sich mit solchen Fragen natürlich nicht befassen, doch auch diese Kreationisten stellen sie nicht.

Sie stufen allerdings, wie auch die Evolutionstheoretiker, andere Spezies niedrig ein: Nur der Mensch verfügt über Bewußtsein — eine bedenkliche Aussage zum Beispiel im Licht der Forschungsarbeit, die mit Delphinen durchgeführt wird. Daß der Mensch die Sprache gebraucht, wird platt und bequem erklärt: Gott schuf ihn so!

So meine ich, daß diese Kreationisten, wie auch die Evolutionstheoretiker, eine vernünftige Erklärung der Entstehung des Universums und der Ursprünge des Menschen nicht zu bieten haben. Letztlich stützen sie sich allein auf den *Glauben* ihrer Anhänger! Mir wird unbehaglich zumute, wenn ich mir vergegenwärtige, daß wir existieren — lebendig, bewußt und technologisch fortgeschritten — und dabei, obwohl wir als Spezies mit Intellekt und Intuition begabt sind, nicht die geringste Ahnung haben, wie das Universum entstand oder wozu wir leben. Aus diesem Grund erscheint mir Seths Vorstellung vom All-Einen, das sowohl innerhalb als auch außerhalb des Universums existiert und jenseits von Raum und Zeit wirksam ist, viel sinnvoller. Ich bin neugierig, Näheres darüber zu erfahren. Heute morgen, als ich die wenigen Seiten durchsah, die wir bis jetzt für das neue Seth-Buch* beieinander haben, bekam ich den Eindruck, daß der Titel des ersten Kapitels lauten wird: ›Vor dem Anfang‹ — wir werden ja sehen ...«

Sitzung 883, Montag, den 1. Oktober 1979

(Letzten Samstag abend fand bei uns eine Art Klassentreffen statt, an dem die Besucher der ASW-Kurse teilnahmen, die wir wöchentlich in unserer Stadtwohnung abgehalten hatten, bevor wir im Jahr 1975 in das Hügelhaus außerhalb von Elmira umgezogen waren. Aus New York war eine große Gruppe ehemaliger Kursteilnehmer gekommen, auch einige aus der näheren Umgebung. Der Abend war ein voller Erfolg. Da sich alle Anwesenden sehr gut kannten, kam es zu einem lebhaften und kurzweiligen Meinungsaustausch. Es war ein sehr lustiger Abend: Ich lachte so oft und schallend, daß mir schließlich der Bauch weh tat. Seth meldete sich immer wieder zu Wort, wie er es auch wäh-

---

* Sobald sich Jane vor einigen Monaten auf den Titel des neuen Seth-Buches *»Träume, ›Evolution‹ und Werterfüllung«* eingestellt hatte, war mir klar, daß das heikle Thema dieses Buches die Evolution sein würde. In Anhang 12 der *»Unbekannten Realität«*, Band 2, den ich im August 1977 abgeschlossen hatte, stellte ich die gängige Evolutionstheorie den Ideen, die von Seth zu diesem Thema vertreten werden, gegenüber. Ich habe mittlerweile natürlich noch viel mehr Daten gesammelt. Doch der größte Teil des Anhangs 12 gilt meiner Ansicht nach noch heute, obwohl ich immer vorhatte, weiter und vielleicht auch gründlicher auf diese Thematik einzugehen. Es gibt einige Aspekte, die ich heute, mit dem Abstand von ein paar Jahren, etwas anders darstellen würde; doch Jane und ich möchten die Texte nicht überarbeiten. Wir lassen sie lieber so stehen, wie sie sind, denn sie bringen unser zum damaligen Zeitpunkt bestes Wissen und Gewissen zum Ausdruck und zeigen auch, was wir mit den Seth-Informationen zu diesem Thema anfangen. Wenn dieses »beste Wissen und Gewissen« zögernd und unvollkommen vorgebracht wurde, dann soll es eben so sein. Ich finde es äußerst interessant, daß die Evolutionstheorie nun von Menschen angezweifelt wird, die, wie Jane und ich, einfach wissen wollen, ob und inwiefern sie sich auf wissenschaftliche Tatsachen gründet, die umfassend genug sind.

Warum aber haben die besten Köpfe der Menschheit hinsichtlich der Entstehung unseres Universums und des Ursprungs des Menschen bis heute keine zufriedenstellenden Antworten geben können? Warum haben so viele Menschen, schätzungsweise *fünfzig Milliarden,* leben müssen, ohne sinnvolle Antworten auf derart lebenswichtige Fragen geben zu können? Hätten, wenn dem so wäre, die vielen Menschen nicht mehr oder weniger umsonst gelebt? Doch das wiederum erscheint mir widersinnig. Das Leben kann doch nicht wirklich so sein! Deshalb haben Jane und ich, glauben wir, einen guten Grund, an der Offenlegung des Seth-Materials weiterzuarbeiten.

rend der Kurse oft getan hatte, und Jane hatte sehr viel Spaß. Wir werden Aufzeichnungen der verschiedenen Tonbandaufnahmen erhalten.

Doch bei alldem verspürte jeder von uns eine tiefe Sehnsucht nach den damaligen Kursen, denn sie waren wirklich einzigartig gewesen; ich glaube nicht, daß es möglich wäre, jene lang nachwirkende, ganz besondere und unschuldige Atmosphäre von Spannung und Forschungsdrang wieder wachzurufen. Verständlicherweise bewerte ich Janes damalige Leistungen heute wesentlich höher als während der fast sieben Kursjahre.

Vor beinahe drei Wochen schrieb ich im Vorwort zu dem vorliegenden Buch, daß wir darauf warteten, die ersten gedruckten Exemplare von Janes »Emir's Education in the Proper Use of Magical Powers« zu bekommen. Heute kamen die Bücher an. Eleanor Friede, Janes Lektorin bei Delacorte Press, hat bei der Beschaffung der Illustrationen und der Herstellung eines schmucken kleinen Bändchens großartige Arbeit geleistet. Wir alle hoffen, daß der Titel ein Verkaufserfolg werden wird.

Heute abend war deutlich zu erkennen, daß Jane die Sitzung wirklich abhalten wollte, denn sie sagte mir schon früh, sie sei dazu bereit. Wir beschlossen, die Sitzung zur Abwechslung in ihrem Arbeitszimmer, ihrer »Höhle«, im hinteren Teil des Hauses abzuhalten. Zunächst gingen Janes Kundgaben sehr ruhig vonstatten, doch schon bald nahm ihr Vortrag an Intensität zu, wurde oft laut und leidenschaftlich: Sie gestikulierte wesentlich mehr als sonst, starrte mich mit weit aufgerissenen Augen an, beugte sich immer wieder in ihrem Schaukelstuhl vor, schlug die Beine übereinander, um sie dann gleich wieder nebeneinander zu stellen. Sie war in ihrem Trancezustand äußerst angeregt, ja aufgedreht, und sprach bedeutend schneller als gewöhnlich.)

(21.06 Uhr, flüsternd): Guten Abend.

(»Guten Abend, Seth.«)

Diktat: Die Überschrift des Kapitels — ich vergaß, sie euch zu nennen — lautet: »Vor dem Anfang.«

Nun: Ihr könnt nicht wissenschaftlich beweisen, daß eure Welt von Gott geschaffen wurde, einem Gott *(Pause),* der sie zwar in Gang setzte, doch selber außerhalb blieb. Genausowenig könnt ihr wissenschaftlich n a c h w e i s e n, daß die Schöpfung der Welt das Ergebnis eines Zufalls war. Und ihr werdet daher auch nicht in der Lage sein, das zu beweisen, was ich euch erzählen werde — nicht nach gewöhnlichen Maßstäben.

Ich hoffe jedoch, mit meinen Erläuterungen gewisse Hinweise und

Fingerzeige zu liefern, die euch zeigen, wo ihr nach subjektiver Evidenz Ausschau halten könnt. Punkt.

Ihr führt euer Leben zunächst gemäß eurem eigenen subjektiven Wissen, und ich werde versuchen, in eurem Bewußtsein die Erinnerung an Ereignisse wachzurufen, mit denen eure Psyche eng verwoben war, als die Welt entstand — und obwohl diese Ereignisse der Vergangenheit anzugehören scheinen, vollziehen sie sich auch jetzt.

Vor der Entstehung des Universums, so könnt ihr voraussetzen, existierte eine allmächtige, schöpferische Quelle. *(Pause.)* Ich hoffe, aufzeigen zu können, daß diese göttliche Schöpferkraft in eurer Erfahrungswelt ebenso gegenwärtig ist, wie sie es vor der Entstehung des Universums war. Wieder bezeichne ich diese ursprüngliche, ebenso göttliche wie subjektive innere Allmacht als All-das-was-ist. Ich versuche, Vorstellungen in Worte zu fassen, die die Grenzen des Intellekts zu sprengen drohen, wenn diesem Intellekt nicht kraft Intuition nachgeholfen wird. Ihr werdet also beim Lesen dieses Buches euren Verstand und eure Intuition gebrauchen müssen.

All-das-was-ist barg vor dem Anfang die unendliche Schubkraft aller möglichen Schöpfungen in sich. Die Kreativität dieses All-Einen war *(Pause)* von solcher Großartigkeit und Macht, daß selbst seine feinstgesponnenen Vorstellungen, Träume, Gedanken, Gefühle oder Stimmungen von einer Realität und Intensität waren, daß sie geradezu nach Freiheit verlangten. Freiheit wovon? Freiheit wozu? Freiheit, was zu sein?

Die Erfahrung der subjektiven inneren Schöpfungskraft aus dem »Geist« des All-Einen war so brillant und so deutlich, daß sie sich bei ihren mentalen Wanderungen in der ewig blühenden, ewig wachsenden inneren Landschaft beinahe verlor. Jeder Gedanke, jedes Gefühl, jeder Traum, jede Stimmung waren unauslöschlich von all den Eigenschaften dieser unendlichen inneren Schöpferkraft geprägt. Jeder Aspekt dieser Regungen glühte und vibrierte vor eigener Kreativität, im Wunsch, so zu erschaffen, wie er selbst erschaffen worden war. Vor dem Anfang existierte ein inneres Universum, das keinen Anfang und kein Ende hatte. Ich benutze den Ausdruck »Vor dem Anfang«, damit ihr diese Vorstellungen leichter aufnehmen könnt. In Parenthese: (Dasselbe unendliche innere Universum existiert zum Beispiel jetzt).

(Nach einer Pause um 21.31 Uhr:) All-das-was-ist enthielt oder

enthält das Wissen um das Sein aller Lebewesen mit ihren unendlichen Möglichkeiten, und »sobald« es sich diese zahllosen Möglichkeiten vorstellte, existierten sie als, wie ich es nenne, göttliche Tatsache.

Das All-Eine wußte nur von sich selbst. Es war versunken in seine subjektiven inneren Erfahrungen und sogar göttlich erstaunt, als seine Gedanken und Vorstellungsbilder eigene Vitalität erlangten und die Kreativität ihrer subjektiven Schöpferkraft erbten. *(Mit großem Nachdruck:)* Diese Gedanken und Vorstellungen nahmen mit ihrem »Schöpfer« den Dialog auf.

Gedanken gewaltiger Lebenskraft begannen, ihre eigenen Gedanken zu hegen, und deren Gedanken hegten wiederum Gedanken. Wie in göttlicher Verwunderung wurde sich All-das-was-ist dessen gewahr und begann, auf diese »Generationen« von Gedanken und Träumen zu antworten, zumal die Gedanken und Träume sich auch untereinander verflochten. Es gab keine Zeit, daher »vollzog« sich all dies simultan. Die geschilderte Abfolge des Vorgangs ist sehr vereinfacht. *(Mit vielen Gesten und großem Nachdruck:)* Mittlerweile, nach euren Zeitbegriffen, dachte All-das-was-ist spontan neue Gedanken und träumte neue Träume und erging sich in neuen Vorstellungsbildern — und sie alle verbanden sich mit den nunmehr unendlichen Generationen der »bereits« existierenden, miteinander vielmaschig verflochtenen Gedanken und Träume.

Gewahr dieser spontanen Schöpfung, dieses simultanen »Stroms« göttlichen Erwachens begann All-das-was-ist die Wechselwirkungen zu beobachten, die sich in der Nachkommenschaft seiner subjektiven Schöpferkraft vollzogen. *(Pause.)* Es hörte zu und begann, auf einen Gedanken oder einen Traum zu reagieren und zu antworten. Es führte die mentalen Bedingungen herbei, die von jenen Generationen mentaler Nachkommen gefordert wurden.

Eure Sprache verursacht oft Schwierigkeiten, deswegen akzeptiert bitte das Pronomen »es« so gut ihr könnt. »Es« klingt für meine Zwecke zwar zu neutral, doch »er« oder »sie« wäre sprachlich nicht angebracht. Grundsätzlich entzieht sich das All-Eine natürlich allen Kriterien menschlicher Sprache oder Geschlechtszugehörigkeit. All-das-was-ist wurde sich also zunehmend gewahr, daß seine sich immerzu vervielfältigenden Gedanken und Träume ihrerseits danach verlangten, sich jener großartigen Gabe der Kreativität zu erfreuen, mit der sie ursprünglich ausgestattet worden waren.

Es ist sehr schwierig, All-das-was-ist zu beschreiben. Ich kann nur sagen, daß es von dem »Bedürfnis« durchdrungen ist, liebevoll aus seinem eigenen Wesen heraus schöpferisch tätig zu sein, seine eigene Realität liebend so umzugestalten, daß jedes unscheinbarste wahrscheinliche Bewußtsein ins Dasein treten kann. *(Lange Pause.)* Und es hat die Kraft, dafür zu sorgen, daß alle möglichen Orchestrationen des Bewußtseins Gelegenheit erhalten, das Universum wahrzunehmen und sich liebend zu entfalten.

Ich werde auf die umfassende Bedeutung der »Liebe, wie sie hier gemeint ist, noch zurückkommen; dieses Kapitel stellt lediglich eine Art Übersicht über den Stoff dar, der noch folgen wird.

(Alles mit großem Nachdruck, Jane mit geweiteten, dunklen Augen und vielen Gesten:) All-das-was-ist befand sich, könnte man sagen, in einem kreativen Aufruhr, da sich all seine Gedanken und Träume, Stimmungen und Empfindungen in der Höchststufe ihrer Steigerung bis an die Grenzen ihres Seins anspannten und nach einer bis dahin unbekannten, unentdeckten und bislang noch nicht gedachten Freisetzung suchten. Damit meine ich, daß in dieser geistig-seelischen Nachkommenschaft alle Bewußtseinsformen enthalten waren, die je auf eurer Erde in Erscheinung getreten sind oder treten werden — alle zärtlich umhüllt: das erste menschliche Wesen, das erste Insekt —, ein jedes mit einem inneren Wissen um seine Entwicklungsmöglichkeiten. All-das-was-ist liebte seine Nachkommenschaft und suchte die Antwort auf dieses göttliche Dilemma in sich selbst.

(Nach einer Pause um 21.57 Uhr:) Es waren unvorstellbare Gedankensprünge der göttlichen Inspiration vonnöten, bevor die Antwort kam, und sie ergab sich folgendermaßen: All-das-was-ist durchforschte die wahrhaft unendliche Vielfalt seiner schier unglaublichen Nachkommenschaft, um festzustellen, welche Bedingungen für den einen noch herrlicheren Traum erfüllt sein müßten: den Traum von der objektivierten Freiheit in Form der Vergegenständlichung. Welche Öffnung tat sich auf, damit aus dem Potential innerer Schöpferkraft materielle Wirklichkeit entstehen konnte? Als das All-Eine diese Bedingungen zusammenfaßte, blitzte in ihm die geistig-seelische Schöpfung jener gegenständlichen Welten auf, die gebraucht wurden — und indem es sich diese Welten vorstellte, so würdet ihr es ausdrükken, wurden sie materiell erschaffen.

[All-das-was-ist] sonderte sich jedoch nicht von diesen Welten ab, denn sie wurden aus der Schöpferkraft seiner Gedanken geschaffen, und jede hat göttlichen Gehalt. Alle Welten wurden aus diesem göttlichen Gehalt geschaffen, so daß sie einerseits zwar äußerlich vorhanden, andererseits aber aus göttlicher Substanz sind, und jeder hypothetische Punkt in eurem Universum *(Pause)* steht ganz elementar in direkter Verbindung mit All-dem-was-ist. Das Wissen um das Ganze ist in all seinen Teilen enthalten — und doch ist das All-Eine mehr als die Summe seiner Teile.

Die innere göttliche Schöpferkraft ist in der Tat unendlich. Sie kann nie zur Gänze verdinglicht werden. Als die Welten, eure und andere, geschaffen wurden, ereignete sich in der Tat eine Explosion von unvorstellbarem Ausmaß, denn der göttliche Funke der Inspiration explodierte in die Vergegenständlichung.

Der erste »Gegenstand« war eine nahezu unerträgliche, obschon gewichtslose Masse; sie explodierte und setzte umgehend Prozesse in Gang, die das Universum hervorbrachten — Zeit spielte allerdings dabei keine Rolle. Der Prozeß, der sich nach eurer Meinung vielleicht über Äonen erstreckt haben müßte, vollzog sich im Augenblick eines Augenzwinkerns, und die ursprüngliche, objektive Materialisierung des massiven Gedankens des All-Einen barst in die Realität. Aus eurer Sicht war dies eine physikalische Explosion, doch die an diesem Durchbruch beteiligten Bewußtseinsformen *(mit größtem Nachdruck)* erlebten diesen Vorgang als eine triumphale »erste« Übersteigerung der Inspiration, als einen Durchbruch in eine andere Seinsweise.

Die Erde trat also in Erscheinung, als sich das Bewußtsein in die vielen Facetten der Natur verwandelte. Die Atome und Moleküle *(gestikulierend)* waren lebendig und bewußt — sie waren nicht länger nur Teil einer göttlichen Syntax, sondern sie sprachen sich durch die Eigenart ihres Wesens selbst aus. Sie wurden die lebendigen, bewußten Selbstlaute und Silben, mittels deren das Bewußtsein Materie bilden konnte.

Doch aus eurer Sicht betrachtet handelte es sich immer noch weitgehend um eine Traumwelt, auch wenn sie voll ausgestaltet war. Sie enthielt, allgemein ausgedrückt, all die Arten und Gattungen, die ihr heute kennt. Sie alle standen in Wechselbeziehung mit den vielfältigen Bewußtseinsarten, die nach Befreiung gerufen hatten, und diese Bewußtseinsinhalte wurden von All-dem-was-ist spontan mit den Formen ausgestattet, die ihren Bedürfnissen entsprachen. Das war der Vorgang, durch den das individualisierte Bewußtsein, wie ihr es euch vorstellt, in körperlich-materielle Zusammenhänge hineingeboren wurde. Diese Bewußtseinsformen waren bereits vor dem Anfang individualisiert, aber noch nicht sichtbar. Das individualisierte Bewußtsein verband sich jedoch anfänglich nicht vollständig mit seinen irdischen Formen, sondern weilte noch gern im Bereich seiner »alten« göttlichen Erbschaft. Es verhielt sich so, als ob die Erde und all ihre Geschöpfe noch ein wenig träumten und noch nicht so in der körperlich-materiellen Wirklichkeit zentriert gewesen wären wie heute.

(22.08 Uhr.) Solange das individualisierte Bewußtsein noch in der massiven inneren Schöpferkraft All-dessen-was-ist enthalten war, erfreute es sich neben seiner eigenen Einzigartigkeit auch des Gefühls einer tragenden Einheit, der tröstlichen Gewißheit, daß es mit seinem Ursprung eins war. Zu Beginn eurer Welt fluktuierte das Bewußtsein also sehr stark und zentrierte sich nur sehr behutsam; es war nicht vorbehaltlos zu völliger Unabhängigkeit bereit, wie es ursprünglich beabsichtigt zu haben schien.

Das waren die Schlafwandler*, die ersten Vertreter eurer Gattung,

---

* Von den »Schlafwandlern« sprach Seth zum erstenmal in Band 2 der *»Unbekannten Realität«* (Sitzung 708 vom 30. September 1974). Hier folgt eine stark geraffte Zusammenfassung dessen, was er uns an jenem Abend nach der Pause um 21.56 Uhr sagte:

»Stellt euch einen Körper mit einem voll agierenden Körperbewußtsein vor, einen Körper, der weder krank noch beeinträchtigt ist und zudem nicht wie ihr dieses ichbezogene Bewußtsein hat. Euch würden solche Gattungen wie Schlafwandler vorkommen, aber ihre körperlichen Fähigkeiten übertrafen die euren. Sie waren so agil wie Tiere; ihr Ziel bestand darin, einfach zu sein. Der Brennpunkt ihres Bewußtseins war anders gelagert; sie waren sich kaum der Körper gewahr, die sie geschaffen hatten. Doch lernten sie ›durch Erfahrung‹, und allmählich ›erwachten‹ sie, wurden sich ihrer selbst gewahr und entdeckten oder erschufen die Zeit.

Aus dieser Sicht schliefen die Schlafwandler nicht, nur von eurem Blickwinkel aus hätte es diesen Anschein gehabt. Es gab verschiedene solcher menschlichen Rassen. Für sie war das Traumleben, das die intensivsten Reize enthielt, Brennpunkt-Erfahrung und Wirklichkeit. Das ist sozusagen die andere Seite eurer Erfahrung. Diese Menschen verließen die materielle Erde weitgehend so, wie sie sie vorgefunden hatten. In dem körperlichen Zustand, den ihr als Wachzustand bezeichnen würdet, schliefen diese Menschen; doch sie bewegten sich mit einer großen, natürlichen körperlichen Anmut. Sie bürdeten dem Körper keine negativen Glaubensvorstellungen wie die von Krankheit und Begrenztheit auf. Sie alterten körperlich nicht in dem Maße, wie es euch jetzt auferlegt ist.«

Diese Ausführungen Seths zu den Schlafwandlern kündigten also eines der Hauptthemen für das vorliegende Buch an. Damals, vor fünf Jahren, ahnten wir natürlich nicht, daß später *»Träume, ›Evolution‹ und Werterfüllung«* folgen würde.

deren Einstellung zur materiellen Welt im wesentlichen noch immer von der »früheren« Schöpferkraft umhüllt war; sie waren demnach eure wahren Vorfahren.

Seid ihr müde?

(»Ich fühle mich gut.«)

Überhaupt mußte sich der Mensch der Vorzeit auf sein großes inneres Wissen verlassen. Macht eine Pause.

(Seth unterbrach seinen Vortrag sehr abrupt um 22.23 Uhr. »Ist eine der Katzen draußen?« frage Jane sofort und sah sich um. Billy, unsere acht Monate alte getigerte Katze schlief in einem Stuhl in unserer Nähe. Vor einigen Minuten hatte sie einige merkwürdig hohe Töne von sich gegeben, die ich von ihr noch nie gehört hatte. Ich hatte mich gefragt, ob diese Geräusche Janes Trance störten — und das war tatsächlich der Fall gewesen. Ich wußte jedoch nicht, wo Billys Wurfgenossin Mitzi war. Ich fand sie ausgesperrt auf der verglasten vorderen Veranda.

»Ich möchte den Anschluß nicht verlieren«, sagte Jane. Sie versank schnell wieder in Trance. Schnurrend und sich an mir reibend kletterte Mitzi auf mir herum, während ich meine Notizen machte. Fortsetzung um 22.30 Uhr.)

Alle Spezies zeigten zunächst eine stark subjektive Ausrichtung. Dies war nötig, lernten sie doch, in der neuen körperlich-materiellen Umwelt zurechtzukommen.

(Jane hielt inne, die Augen geschlossen. Mitzi schmeichelte mir noch immer.)

Ende der Sitzung.

(22.31 Uhr. »Oh«, sagte ich, einigermaßen überrascht.

»Ich kann es dir erklären«, sagte Jane. »Ich bekam mehr, es machte Spaß, und ich wußte, was kommen würde, doch weil ich so zurückging, wie ich es tat, konnte ich es nicht auffangen.«

Ich sagte Jane, die Sitzung sei brillant gewesen. Viele Fragen seien aufgeworfen worden, doch nach meinem Dafürhalten habe noch niemand je den »Ursprung« unseres Universums, unserer Welt, unserer Geschichte besser erklärt.

(Jane und ich haben übrigens seit der Veröffentlichung von Band 2 der »*Unbekannten Realität*« mehrere tausend Briefe erhalten. Soweit ich mich erinnere, wurden jedoch in den Zuschriften die Schlafwandler nicht erwähnt — eines von Seths faszinierenden Konzepten.)

»Ich habe einiges vor der Sitzung aufgefangen. Es ging um Wesenheiten, noch bevor es die Erde gab. Man könnte sie nichtkörperliche Wesen nennen. Doch es klingt dumm, wenn man jetzt sagt: Körperliche Wesen könnten nicht Bewußtsein in einem solchen Ausmaß in sich fassen. Ich wußte jedoch nicht, jedenfalls nicht bis zum Ende der Sitzung, daß das so eindeutig war, obwohl ... Junge, das war wirklich ein gutes Gefühl«, sagte sie zufrieden. »Ich habe es genossen ...«

Auch ich war überrascht. Seth war so schnell und emphatisch durchgekommen, daß ich, während ich Notizen machte, kaum Zeit fand, über Fragen nachzudenken. Was hat er denn vor? fragte ich Jane. Will er etwa die wissenschaftliche »Urknall-Theorie« von der Entstehung des Universums vor Milliarden von Jahren mit Ideen des Kreationismus zusammenbringen? Dieses Universum sei eine junge, spontane göttliche Schöpfung? Hat unsere Erde und haben ihre Lebewesen sich in einer »Evolution« entwickelt oder nicht? Gibt es eine Simultanevolution? Wie passen Seths nur einen Moment dauernde »anfängliche Prozesse, die das Universum hervorbrachten« und die keine Zeit beanspruchten, mit den Fossilienfunden zusammen? Sagt er damit nicht, daß sich das Universum durch eine Reihe von Traumzuständen entwikkelte oder evolvierte?

*Ich sagte Jane, daß meines Erachtens die unvorstellbare Explosion des anfänglichen überdichten Zustands, die zur Entstehung unseres Universums führte, ein lineares Ereignis gewesen sein müsse: einmal begonnen setzte es sich weiter fort. Es hatte keine fluktuierenden oder alternierenden Zustände gegeben, die zwischen dem Materiellen und dem Nichtmateriellen sozusagen hin und her pendelten. Manche Wissenschaftler behaupten neuerdings, diese Theorie sei ihr »Standardmodell« für die Schöpfung des Universums.**

---

* Die Physiktheoretiker haben graphisch dargestellt (in der Annahme, daß der Urknall bei der Entstehung des Universums unter sehr hohen Temperaturen stattgefunden hat), wie möglicherweise die erste Explosion mit einer Temperatur von weit über hundert Grad Kelvin etwa eine halbe Million Jahre später in eine kühlere mit »nur« einigen tausend Grad Kelvin überging, so daß sich Atome bilden konnten. Jane hat natürlich von diesem Standardmodell gehört, doch weiß sie wenig über die hypothetischen Einzelheiten.

Auch weiß sie praktisch nichts über verschiedene andere, weniger bekannte Theorien, die sich auf die Entstehung des Universums beziehen. Ich habe mit ihr darüber nie diskutiert. Eine dieser Theorien ist das »Inflationsmodell«, das vielleicht noch bekannter werden wird. Es umfaßt viele Charakteristika der Urknall-Theorie und kann

Wie passen also Seths Ideen von den wahrscheinlichen Universen und den wahrscheinlichen Welten zu seinem Material von heute abend? Ich sah bald ein, daß meine Fragen kein Ende nehmen würden. Seths Buch fängt eben erst an, dachte ich mir. Geduld, Geduld ...

Und Mitzi, die ihre Zuneigungsbezeugungen schon seit einer Weile eingestellt hatte, war von meinem Schoß gesprungen und verschwunden, als Jane und ich uns unterhielten.)

Sitzung 884, Mittwoch, den 3. Oktober 1979

(Das Wetter war in diesem Herbst außerordentlich warm gewesen, warm und oft auch regnerisch oder neblig, doch für die Jahreszeit sehr angenehm. Die Bäume scheinen weit hinter dem Plan der Jahreszeit zurückgeblieben zu sein; die ersten Anzeichen für die Verfärbung der Blätter haben wir erst kürzlich entdeckt. Das Gras hat sogar wieder zu wachsen begonnen, nachdem es in diesem Sommer lange Zeit trocken und wie abgestorben gewirkt hatte.

Gestern morgen hörte ich zum erstenmal in diesem Herbst die Wildgänse südwärts fliegen; doch eine dicke Wolkendecke verbarg sie. Heu-

---

manche Fragen vielleicht tatsächlich in einer befriedigerenden Art beantworten. Einer der Hauptunterschiede zwischen den beiden Theorien besteht darin, daß nach der Urknall-Theorie die gesamte Materie des Universums bereits vorhanden war, wenn auch in einem äußerst dichten Zustand, und sich später ausdehnte; nach dem Inflationsmodell ist das Universum aus nichts, oder fast nichts, entstanden — womit gemeint ist, daß aufgrund unvorhersehbarer Rhythmen spontan subatomare Teilchen entstanden, die über ausreichend Energie verfügten, um als Materie weiterbestehen zu können. Dann begann eine phantastische, inflatorische Ausdehnung. Doch die Annahme, Materie sei sozusagen aus dem Nichts entstanden, verletzt zumindest einige der Gesetze von der Erhaltung der Energie — Gesetze, die wirklich zu den grundlegendsten und bestgehüteten Axiomen der Physik gehören.

Ich bin überzeugt, daß Seths Erklärung der Entstehung des Universums weder der Urknall-Theorie noch dem Inflationsmodell verpflichtet ist, obwohl manche Aussagen vielleicht an Aspekte dieser Theorien anklingen. Die Physiker fordern uns auf zu glauben, daß die »extreme Dichte«, die sich später ausdehnte, viele Milliarden Mal kleiner war als ein Proton. (Protonen sind Elementarteilchen des Atomkerns.) Materie ist eine Form der Energie. Dennoch habe ich Schwierigkeiten, mir vorzustellen, daß die *gesamte Materie* unseres Universums bis hin zu den entferntesten Galaxien, die aus Milliarden von Gestirnen bestehen, aus diesem unvorstellbar kleinen, dichten und heißen ursprünglichen Zustand oder Seinsbereich entstanden sein soll. Ich kann verstehen, daß ein solches Modell mathematisch postuliert werden kann. Doch hätte es sich in Wirklichkeit je so abspielen können?

te nachmittag hörte und sah ich sie, und ich machte Jane auf sie aufmerksam — die Gänse flogen in einer breitgefächerten, sich verschiebenden, v-förmigen Formation und verschwanden über dem Tal, in dem — unterhalb von unserem Haus — die Stadt liegt. Die Wildgänse wirkten im Verhältnis zu den massigen Bergen sehr verletzlich. Doch dies war eine Illusion: Wie jedes andere Lebewesen auf der Erde wußte jeder dieser Vögel sehr genau, was er tat. Jeder von ihnen war bestens gerüstet, seine individuelle Werterfüllung zu suchen.

Kurz bevor wir unsere Plätze für die Sitzung einnahmen, war ich damit fertig geworden, den Text der Sitzung von Montag abend abzutippen, und Jane hatte gerade genug Zeit gehabt, ihn zu lesen, bevor sie Seths Anwesenheit spürte: »In Ordnung, ich bin bereit ...« Um 21.13 Uhr war es soweit.)

Nun. *(Lächelnd, dann betont:)* Laßt uns zu unserer Geschichte oder den Ursprüngen zurückkehren.

Wir sitzen hier an einem bestimmten Herbstabend. Offensichtlich diktiere ich dieses Buch, indem ich durch Ruburt spreche, während Joseph hinter einem ganz bestimmten Salontisch auf der Couch sitzt und meine Worte aufzeichnet.

Wir schreiben das Jahr 1979, und die Idee der Zeit und zeitlicher Daten scheint unwiderruflich mit der Psychologie [eines jeden Menschen] vermischt zu sein. Ihr könnt euch an das letzte Jahr erinnern und bis zu einem gewissen Grad auch an die vergangenen Jahre eures Lebens. Es kommt euch so vor, als wandere euer gegenwärtiges Bewußtsein in die Vergangenheit zurück, an die ihr euch nur bis zu einem gewissen Punkt erinnern könnt. Als Erfahrung eures Bewußtseins kennt ihr das Ereignis eurer Geburt nur aus zweiter Hand. Wenige Menschen haben eine bewußte Erinnerung daran.

Um dem Zweck unserer Ausführungen gerecht zu werden, muß ich dieses Buch notwendigerweise bis zu einem gewissen Grad in einen zeitlichen Rahmen einpassen. Ich muß auf eure spezifischen Gegebenheiten Rücksicht nehmen. Ansonsten würdet ihr nicht verstehen, was ich euch zu sagen versuche.

(Nach einer Pause, einer von vielen:) Obwohl also dieses Buch im Gefüge eurer Zeit diktiert wird, muß ich euch daran erinnern, daß diese Gepflogenheit — bitte hervorheben — im Grunde genommen nicht die meine ist, und außerdem ist sie — hervorheben — im Grunde genommen auch nicht die eure.

Ich habe also den Ausdruck »vor dem Anfang« benutzt, und ich werde von den Ereignissen auf der Erde in einer bestimmten Reihenfolge sprechen. Doch im tiefsten Sinn und auf eine Art, die den Intellekt ziemlich schockiert, wenn er versucht, auf eigene Faust zu operieren, findet der Anfang j e t z t statt. Jene entscheidende Explosion göttlicher innerer Schöpferkraft in die Vergegenständlichung vollzieht sich ständig, und da solche göttliche Schöpfung ihrem Wesen nach simultan ist, wird euch das Leben »in jedem Moment« gegeben. *(Pause.)*

Trotzdem werden wir unser nächstes Kapitel »Am Anfang« nennen und gewisse Ereignisse in einer bestimmten Reihenfolge schildern. Ich hoffe, daß euch manche geistigen Übungen, die ihr an anderen Stellen dieses Buches findet, helfen werden, euch über die Tradition des zeitlichen Gefüges hinwegzusetzen, und daß ihr durch den mit Intuition gepaarten Intellekt euren individuellen Platz in einem umfassenden Jetzt erspüren könnt, das groß genug ist, um alle Segmente der Zeit zu enthalten.

2
Am Anfang

Fortsetzung der Sitzung 884, Mittwoch, den 3. Oktober 1979

Kapitel zwei: Am Anfang.

Euren Gleichungen zufolge sind Energie und Bewußtsein und Materie eins. Und nach diesen Kriterien — bitte in Klammern (die Differenzierung ist notwendig) — ist das Bewußtsein die treibende Kraft, die die Umwandlung von Energie in Form und von Form in Energie steuert. Allen möglichen sichtbaren oder unsichtbaren Teilchen, die ihr entdeckt oder euch vorstellt — damit sind hypothetische Teilchen gemeint —, ist Bewußtsein zu eigen. Sie sind energetisiertes Bewußtsein.

Es gibt bestimmte, der Energie selbst inhärente Eigenschaften, ganz abgesehen von all denen, die man ihr gemeinhin zuschreibt. Selbstverständlich betrachtet ihr Energie bis heute nicht als etwas Bewußtes.

(21.35 Uhr.) Energie ist vor allem unendlich schöpferisch, innovativ, originell. Energie ist phantasievoll. (Alle Wissenschaftler können gleich hier die Lektüre dieses Buches abbrechen.) Ich schreibe der Energie keine menschlichen Eigenschaften zu. Vielmehr sind eure menschlichen Eigenschaften das Ergebnis der Charakteristika der Energie; das ist ein wichtiger Unterschied. Der Raum, wie ihr ihn euch vorstellt, ist mit unsichtbaren Teilchen angefüllt. Sie sind der nicht nachgewiesene Teil der materiellen Wirklichkeit, das nicht sichtbare verbindende Element, in dem eure Welt existiert. Obwohl ihr Atome und Moleküle nicht mit bloßem Auge sehen könnt, sind sie nachgewiesen. Sie setzen sich aus »immer noch kleineren« Teilchen zusammen, bis sie, noch kleiner, sich schließlich jeglicher Untersuchung durch physikalische Instrumente entziehen. Diese Teilchen tragen dazu bei, die Kluft zwischen der sichtbaren und der nicht sichtbaren Realität zu überbrücken.*

---

* Atome muß man, nachdem sie Teilchen *und* Wellen sind, eher als Vorgänge sehen. Die Vorstellung vom Atom, dessen Kern sich säuberlich aus unteilbaren Protonen

Im Kontext dieser Erörterungen der Anfänge eurer Welt werde ich mich für den Moment auf Bekanntes beschränken, auf Atome und Moleküle. Im Anfang stellten sie sich die Myriaden von Formen vor, die physikalisch möglich waren. Sie stellten sich die zahllosen — bitte skandieren — Z-e-l-l-e-n vor, die aus ihrer gemeinsamen Schöpfung entstehen konnten. *(Mit großem Nachdruck:)* Energie ist grenzenlos. Sie ist überschwenglich. Sie kennt keine Schranken. So träumten die Atome die Zellen ins körperliche Sein — und von dieser neu-

---

und Neutronen zusammensetzt, die von Elektronen umkreist werden, ist weitgehend überholt. Jedes Atom ist aber sicher eine erstaunlich komplizierte und fein ausbalancierte Kombination von Kräften und Partikeln, die miteinander verwoben sind — eines der Beispiele für die unendliche Kreativität, die Ordnung und das Wirken der Natur, des Bewußtseins oder des All-Einen.

Inzwischen haben Kernphysiker entdeckt, daß sich Protonen und Neutronen *wiederum* aus Kräften und Teilchen zusammensetzen, die wahrscheinlich ihrerseits wiederum aus Kräften und Teilchen bestehen, und so geht es absteigend weiter. Mittlerweile sind über hundert subatomare Teilchen identifiziert worden, und heute bezweifelt niemand, daß man noch viele weitere finden wird, wie bereits vorausgesagt wurde. Seth äußerte schon in der Sitzung 19 vom 27. Januar 1964:

»Eure Wissenschaftler sollen getrost ihre Elemente zählen ... Sie werden weitere entdecken, doch immer nur die [materielle] ›Tarnung‹ der realen [nichtmateriellen] Dingwelt schaffen. Und wenn sie Instrumente konstruieren, um immer kleinere Teilchen zu untersuchen, werden sie auch tatsächlich immer kleinere Partikel sehen, scheinbar ohne Ende. Und je weiter ihre Instrumente in das Universum hineinreichen, desto weiter werden sie ›sehen‹. Aber sie werden das, was sie scheinbar sehen, unwillkürlich in die ihnen vertraute Scheinwelt der Verschleierung eingliedern. Sie sind die Gefangenen ihrer Werkzeuge und werden es bleiben. Und sie werden solche immer wieder aufs neue erfinden, bis sie einsehen, daß etwas völlig falsch läuft. Jedenfalls werden so aus einer Begrifflichkeit, die ihr nicht verstehen könnt, von ihren Geräten Begriffe umgesetzt, die ihr begreift. Dies tun die Wissenschaftler ständig.«

Einige der von den Physikern mit Hilfe der Teilchenbeschleuniger entdeckten Teilchen haben eine unglaublich kurze Lebensdauer; sie verschwinden bereits, so scheint es, noch ehe sie geboren sind. Erinnern wir uns daran, daß Seth zufolge jedes Teilchen Bewußtsein hat. Mesonen gehören nun zu den Teilchen, die beim Zusammenstoß von Protonen entstehen. Hat sich ein Meson vielleicht dazu entschlossen, an einem Atomzertrümmerungsexperiment teilzunehmen, um für noch weniger als das Milliardstel einer Sekunde, das es in seiner Identität existiert, einen Blick auf unsere materielle Wirklichkeit zu werfen, bevor es in Elektronen und Protonen zerfällt? Auf seine Art hat das Meson vielleicht genau soviel »Zeit«, wie es braucht oder wünscht. Es empfindet unsere Welt möglicherweise als starr und andere subatomare Teilchen als äußerst langsam oder auch als schneller als es selbst. (Was die »Zeit« anbelangt, so leben einige Teilchen nicht einmal eine trillionstel Sekunde.) Ich denke aber, daß auch ein Meson oder ein anderes kurzlebiges Teilchen seine Werterfüllung sucht. Doch während das Meson nach seiner äußerst kurzen Existenz aus unserem Blickfeld veren Schwelle der physischen Aktivität aus träumte das zellulare Bewußtsein von den Myriaden von Organismen, die aus diesem unbeschreiblichen Unterfangen entstehen konnten.

Wiederum fand all dies tatsächlich gleichzeitig statt. Und diese Vorgänge waren mit einer Art der Werterfüllung verbunden, an der jedes Bewußtsein beteiligt ist. Dieses Charakteristikum der Werterfüllung ist vielleicht das bedeutsamste Element im Wesen All-dessen-was-ist und ein Erbteil aller Gattungen, aller Arten.

Das Prinzip der Werterfüllung ist schwierig zu beschreiben, denn es verbindet *(Pause)* die Natur einer liebenden Gegenwart mit dem inneren Wissen um die Gegenwart göttlicher Verflochtenheit mit einer kreativen Fähigkeit grenzenlosen Ausmaßes, die danach strebt, auch nur den geringsten wie auch den entferntesten Teil der eigenen Verflochtenheit mit dem Göttlichen zur Erfüllung zu bringen. Einfacher ausgedrückt: Jeder Teil der Energie *(alles mit großem Nachdruck)* ist mit einer ihm innewohnenden schöpferischen Kraft ausgestattet, die danach strebt, ihr Potential in allen möglichen Variationen auszuschöpfen — und zwar so, daß dadurch auch das schöpferische Potential eines jeden anderen Teils der Wirklichkeit gefördert wird.

---

schwindet, hat das Elektron eine »unbegrenzte« Lebensdauer. Man stelle sich die zahllosen Varianten der Werterfüllung vor, die es allein in unserer Welt erkundet! Und was die Bewegung anbelangt, so umkreist ein Elektron den Atomkern durchschnittlich etwa eine Million Mal in jeder milliardstel Sekunde!

In diesem Zusammenhang erinnere ich an Seths elektromagnetische Energieeinheiten. Diese nichtmateriellen Einheiten sind ihm zufolge Emanationen des Bewußtseins oder All-dessen-was-ist, und ihre »Größe« ist noch weit geringer als die des winzigsten Teilchens, das je bei einer Atomzertrümmerung beobachtet wurde. Und jede Bewußtseinseinheit verfügt über »von Natur aus unendliche Fähigkeiten zur Ausdehnung, Entwicklung und Organisation; doch sie behält immer den Kern ihrer eigenen Individualität. Sie ist bewußte Energie, nicht ›personifiziert‹, aber empfindungsfähig.« Oder wie Seth sich (in einer persönlichen Sitzung vom 3. Juli 1978) äußerte: »Die Spielarten des Bewußtseins, seine innersten Teilchen, die mit den Atomen und Molekülen, den Protonen, Neutronen oder Quarks vergleichbar sind, diese nichtmateriellen, *(humorvoll)* zauberhaften, fremdartigen Einheiten des Bewußtseins, die das Erlebnis des Auf und Ab oder Im-Kreis-herum vermitteln, werden natürlich *(wissenschaftlich)* nie untersucht. Wenn sich jeder Gegenstand der Stoffwelt aus der von der Physik postulierten Vielzahl unsichtbarer Teilchen zusammensetzt, um wieviel optimaler müssen dann die Bewußtseinsteilchen organisiert sein, ohne deren Vorhandensein die Materie bedeutungslos wäre. Die Verbindungen des Bewußtseins reichen weiter als die irgendwelcher Teilchen.«

I n s o f e r n gab es also am Anfang eine kaum vorstellbare Zeit, in der energetisiertes Bewußtsein, das seine eigenen schöpferischen Fähigkeiten und seine eigene — bitte hervorheben — V o r s t e l l u n g s k r a f t benutzte und mit triumphalem Ungestüm experimentierend eine Form nach der anderen ausprobierte. Nach Kriterien eurer Denkgewohnheiten war nichts stabil. Bewußtsein, wie ihr euch es vorstellt, verwandelte sich in Materie, dann in reine Energie und wieder zurück.

(Nach einer Pause um 21.56 Uhr:) Subjektive Schöpferkraft herrschte vor. Wie ein Heranwachsender, der sein Zuhause zum erstenmal verläßt, empfand auch das individualisierte Bewußtsein ein wenig Heimweh und kehrte oft zum »Elternhaus« zurück. Doch allmählich gewann es an Selbstvertrauen und machte sich schließlich auf, ein Universum zu erschaffen.

Weil nun All-das-was-ist derartig allmächtige, schöpferische göttliche Eigenschaften in sich trägt, erreichten alle Aspekte seiner subjektiven Erfahrung Dimensionen der Wirklichkeit, die unmöglich zu beschreiben sind. Die Gedanken des All-Einen sind nicht einfach Gedanken, wie ihr sie kennt, sondern multidimensionale gedankliche Vorgänge oder Wirklichkeiten von gewaltigstem Ausmaß. Diese gedanklichen Wirklichkeiten strebten eine Verwandlung an, die notwendigerweise stattfinden mußte, wenn *(Pause)* sie sich vergegenständlichen wollten. Eine V e r g e g e n s t ä n d l i c h u n g a u s s i c h s e l b s t h e r a u s hätte nie die gesamte Realität der vorgestellten Wirklichkeiten enthalten können, die dem göttlichen Schöpfergeist innewohnen. Nur in diesem Kontext konnte die — bitte hervorheben — r e l a t i v e Perfektion jeglicher Vergegenständlichung gedanklicher Wirklichkeiten erreicht werden. Doch diese gedanklichen Wirklichkeiten hatten von Anfang an nach der Erfahrung der Vergegenständlichung und auch nach einer Erfüllung anderer Art gestrebt, nach einer Werterfüllung, die von ihnen den Einsatz ihrer e i g e n e n Schöpferkraft forderte. Sie strebten danach, selbst so zu erschaffen, wie sie geschaffen worden waren, und All-das-was-ist wurde sich sozusagen in göttlicher Verblüffung gewahr, daß dies schon immer seine ureigene Absicht gewesen war. *(Pause.)*

All-das-was-ist erkannte, daß eine solche Trennung es euch ermöglichen würde, eine *(Pause)* andere göttliche Kunst auszuüben, in der nämlich nicht nur die Schöpferkräfte, sondern auch i h r e Schöpfungen schaffend tätig waren und Daseinsformen in die Wirklichkeit der

Stoffwelt riefen, die eben gerade deshalb möglich waren, weil ein Unterschied zwischen dem Schöpfer und den Schöpfungen zu bestehen — bitte hervorheben — schien. Das All-Eine ist darum auch im kleinsten Teil des Bewußtseins wie auch der Stoffwelt enthalten.

Doch selbst ein kleines Teilchen des Bewußtseins kann auf einzigartige Weise exzentrische* Versionen All-dessen-was-ist hervorbringen, die sonst, ohne jene Trennung, nicht hätten zustande kommen können. Die liebende Unterstützung, die liebevolle Ermutigung des kleinsten wahrscheinlichen Bewußtseins und der geringsten Erscheinungsform — das ist die Absicht des All-Einen. *(Lange Pause.)*

All-das-was-ist weiß, daß auch diese Absicht Teil eines übergeordneten Zwecks ist. In Begriffen eurer Zeitvorstellung ausgedrückt, wird die Verwirklichung dieser Absicht aus einer folgenschweren Explosion geistiger Inspiration in materielle Vergegenständlichung oder in eine andere Energieform hervorgehen. In einem tieferen Sinn ist der übergeordnete Zweck jedoch auch jetzt schon bekannt, und bis zu einem gewissen Grad träumt das gesamte Universum von ihm, wie einst das zellulare Bewußtsein von den Organen träumte, die es bilden könnte.

(22.15 Uhr.) Ich möchte betonen, daß ich hier nicht von spiritueller Evolution spreche, sondern von einer Ausdehnung.** Für den Mo-

---

* Mir hat es immer gefallen, wie Jane im Zusammenhang mit der Fähigkeit der Bewußtseinsteilchen, neue Varianten ihrer selbst zu erzeugen, das Wort »exzentrisch« gebraucht; sie hat der Definition der Wörterbücher ihre eigene originelle Interpretation hinzugefügt, nach der damit etwas Ungewöhnliches, Merkwürdiges oder Unkonventionelles bezeichnet wird. Von der Exzentrizität des Bewußtseins sprach sie zum erstenmal im Oktober 1974, nach ihrer ersten bewußten Erfahrung mit ihrer »psychischen Bibliothek« und einem darauf folgenden transzendenten Erlebnis, in dessen Verlauf sie plötzlich in erstaunlich klarer Sicht das große »Modell« jeden Teils ihrer Umgebung zu erkennen begann — jedes Menschen, jeden Gebäudes, jeden Grashalms, jeden Vogels, um nur ein paar Beispiele zu nennen. Unsere gewöhnliche Welt erschien im Gegensatz dazu auf einmal recht schäbig. Jane schrieb, jedermann sei »ein klassisches Modell und gleichzeitig phantastisch exzentrisch ... Ich sah, daß jeder von uns ein geliebter Exzentriker ist, nicht nur weil wir innere Modelle des Selbst, sondern auch die Freiheit besitzen, von ihnen abzuweichen, und all dies macht das Modell in unserer Zeit lebendig und schöpferisch.«

Vergleichen Sie dazu die Kapitel 2 und 3 in *»Psysich Politics«*.

** Als ich den Text der Sitzung tippte, fragte ich mich, was Seth wohl an dieser Stelle und im vorausgehenden Absatz meinte. Manchmal ist es schwierig zu erfassen, was er meint. Sein Stoff wirft gewöhnlich mehr Fragen auf, als er Antworten liefert, doch diesmal hat er sich selbst übertroffen. Ich versuche, aus solchen kurzen Passagen

ment werden wir uns jedoch auf die Bedeutung des Bewußtseins bei der Weltentstehung konzentrieren und hervorheben, daß der Ausgangspunkt des körperlich-materiellen Lebens geistigen Ursprungs war. Der Traumzustand prägte nicht nur das Bewußtsein eurer Gattung, sondern diente dem Menschen einerseits auch als nie versiegende Quelle von Informationen über seine körperlich-materielle Umwelt und andererseits als inneres Kommunikationsnetz zwischen allen Arten.

Ende des Diktats.

(22.19 Uhr.) Einen Moment bitte ... Erinnert mich doch in unserer nächsten Sitzung daran zu schildern, wie diese geistigen Entitäten es lernten, sich in körperliche Individuen umzuwandeln.

(Herzlich:) Ende des Diktats, Ende der Sitzung. Einen schönen guten Abend —

(»Danke.«)

— und ich genieße die behagliche, spezifische Atmosphäre eures Zimmers *(Janes Schreibzimmer)* im Hügelhaus, das in sein materielles Nest eingebettet ist, die besondere Straße und die kleine Stadt. Dies gilt vor allem dann, wenn wir Themen solcher Komplexität besprechen — Themen, die allem Anschein nach unerschöpflich sind und doch dazu beitragen, daß ihr einen besonderen Abend erlebt.

Meine allerbesten Wünsche — einen schönen guten Abend.

(»Danke, Seth. Gute Nacht.«)

(22.23 Uhr. »Ich weiß nicht, ob es so weitergeht oder nicht«, meinte Jane, »aber dieses Buch macht mir mehr Spaß als alle anderen. Ich ge-

---

nicht allzuviel herauszulesen, doch hatte ich das Gefühl, es würde aus der Beantwortung all der Fragen, die ich aufgrund dieser Sitzung stellen könnte, ein ganzes Buch entstehen. Bezog er sich mit »folgenschwerer Explosion« etwa auf eine andere Art Urknall? Ich bezweifle dies. Ohne allzusehr über Einzelheiten zu spekulieren, läßt sich annehmen, daß er damit eine Explosion von *Ideen* oder von *Wissen* in unsere Realität meinen könnte, eine Explosion mit ungeheuren materiellen Folgen. Solche Folgen würden sich aus einer »bloß« geistigen Explosion ergeben. (Ich konnte hier auch Zusammenhänge zwischen Seths Vorstellungen von der ursprünglichen Natur des All-Einen und dem Inflationsmodell des Universums sehen.)

Da ich mitunter nicht ganz sicher sein kann, was Seth *tatsächlich* meint, wünschte ich nachträglich, er hätte entweder Jane von sich aus mehr Informationen über jene Explosion oder Ausdehnung durchgegeben oder ich wäre schnell genug gewesen, ihn darum zu bitten; obschon es oft nicht zu vermeiden ist, daß Worte begrenzend sind, können sie auch vielschillernd sein — und das ist etwas sehr Schönes, denn es zeugt von ihrer Lebendigkeit und von ihren sich verändernden Bedeutungsinhalten, die im Grunde genommen niemals ganz zutreffend »in Worte gefaßt« werden können.

rate dabei in einen gewissen euphorischen Zustand. Ich weiß zwar, daß die Sitzung nicht allzu lang war, doch ich hatte das Gefühl vollkommener Zufriedenheit.«

Ich lachte. Man konnte sehen, daß Jane mit Freude an ihrem neuesten Seth-Buch arbeitete. Ich entgegnete ihr vergnügt, die Sitzung sei genauso gut und inspirierend gewesen wie die letzte — die 883ste. Wieder einmal war ihr Vortrag intensiv, oft leidenschaftlich und von vielen Gesten begleitet gewesen. Häufig hatte sie etwas von Seths Ausführungen in diesem Buch schon vorher aufgeschnappt. Manchmal teilt sie mir das mit, zuweilen aber vergißt sie, es zu erwähnen, oder sie wird erst durch das Material einer Sitzung daran erinnert, daß sie bereits wußte, worüber Seth sprechen würde.)

Sitzung 885, Mittwoch, den 24. Oktober 1979

(Seit wir vor drei Wochen die Sitzung 884 abhielten, sind fünf geplante Sitzungsdaten verstrichen; vier davon haben wir versäumt, doch eine private Sitzung fand am 10. Oktober statt. Wir waren sehr beschäftigt. Jane hat intensiv an »God of Jane« gearbeitet und auch eine Reihe von Gedichten geschrieben. Am 7. Oktober, einem Sonntag, sah Jane zum erstenmal die Arbeit von Sue Watkins über Janes ASW-Kurse. Das Projekt ist wesentlich umfangreicher, als Sue angenommen hatte, und dabei sind noch einige Kapitel zu schreiben. Die beiden Frauen verbrachten den ganzen Tag damit, das Manuskript durchzusehen, und ich hatte auch Gelegenheit, ein wenig darin zu lesen. Später gestand Sue lachend, sie sei anfänglich nervös gewesen, weil sie Kritik unsererseits befürchtet hatte. Sue macht aber ihre Sache sehr gut und hat natürlich völlige Freiheit, ihr Buch nach Gutdünken zu schreiben. Am nächsten Tag begann Jane mit ihren Notizen für eine Einführung zu diesem Buch.

Vier Tage nach Sues Besuch erhielten wir einen begeisterten Brief von einem freischaffenden Filmproduzenten und Regisseur in Hollywood, mit dem er uns informierte, seine Bemühungen um eine Option für die Filmrechte zu Janes Roman »The Education of Oversoul Seven« seien endlich von Erfolg gekrönt. Diese ziemlich verwickelte Angelegenheit begann vor achtzehn Monaten, und neu ist lediglich, daß unsere Freunde in Hollywood und in der Lizenzabteilung von Prentice-Hall sich auf die Bedingungen für die Option geeinigt haben; ein Ver-

trag muß gegebenenfalls später unterzeichnet werden. Während dieser Zeit, in der keine Sitzungen stattfanden, habe ich viel Zeit mit der Erledigung unserer Korrespondenz verbracht. Letzten Samstag abend hatten wir eine sehr interessante Zusammenkunft mit einem Psychologen aus New York. Unser Besucher nahm Seths reichhaltiges Material auf Band auf und wird uns eine Transkription davon schicken.*

Heute schrieb Jane drei weitere, hervorragende kleine Gedichte, die, wie ich hoffe, alle irgendwann einmal veröffentlicht werden können. Sie hat aber während der ganzen Zeit, in der sie daran arbeitete, vor

---

* Der Anstoß für einige der Briefe ergab sich am 9. Oktober (diesen Monat), als Jane und ich die ersten Exemplare der niederländischen Ausgabe der »*Gespräche mit Seth*« erhielten. Wir sahen sofort, daß Ankh-Hermes, der holländische Verlag, den Text erheblich gekürzt hatte. In den Anmerkungen zu der persönlichen Sitzung, die wir am nächsten Abend abhielten, schrieb ich: »Wir fühlten uns vor Überraschung zu gelähmt, um ärgerlich zu werden.«

Ankh-Hermes hatte tatsächlich nicht eine Übersetzung, sondern eine gekürzte Fassung veröffentlicht. Das war wirklich enttäuschend. Viele meiner Anmerkungen, von denen einige Auszüge aus Seth-Texten enthalten, sind gestrichen worden, darüber hinaus sogar eine ganze Reihe von Sitzungen.

»Meine Reaktion kann nicht so spontan sein wie die eure«, meinte Seth am 10. Oktober. »Ich respektiere eure gefühlsbetonten Reaktionen, wie auch immer sie ausfallen, und euer Recht darauf. *(Laut und amüsiert:)* Seth, so scheint es, faßt sich auf Holländisch etwas kürzer als auf Englisch — aber das Material liegt vor, und wenn die Holländer das Buch gekürzt haben, ist es im Grunde genommen i h r V e r l u s t. Verträge sollten jedoch immer eingehalten werden; schließlich ist das die Rechtsgrundlage jeder Gesellschaft ...

Bei der Übersetzung eines Buches ist es natürlich so gut wie unmöglich, den Inhalt im Wortlaut des Originals auszudrücken. Eine Übersetzung wird immer von unsichtbaren nationalen Eigenheiten und den mit diesen verflochtenen linguistischen Eigengesetzlichkeiten der Fremdsprache mitgeprägt sein. Andernfalls könnte kein Buch von einem anderssprachigen Menschen verstanden werden. Es muß daher aber auch zwangsläufig Verzerrungen geben, doch diese Verzerrungen haben ihre Bedeutung.«

Unser Lektor Tam Mossman hat für uns den Vertrag zwischen der Prentice-Hall und dem Verlag Ankh-Hermes überprüft und festgestellt, daß er eine Klausel enthält, die Kürzungen ohne unsere Zustimmung verbietet. Ankh-Hermes wurde bereits aufgefordert, die gekürzte Version von »*Seth spreekt*« aus dem Verkehr zu ziehen und statt dessen eine ungekürzte Fassung zu veröffentlichen — in der Tat eine sehr kostspielige Forderung. Nun, da unser erster Ärger verflogen ist, bedauern Jane und ich dieses Vorgehen. Wir sind hin und her gerissen zwischen den wirtschaftlichen Nachteilen, die Ankh-Hermes erwachsen, und unserem eigenen Wunsch, daß sich die Übersetzungen der Seth-Bücher so eng wie möglich an das Original halten. Änderungen möchten wir auf ein Minimum beschränkt wissen. Tam arbeitet nun an einem Zusatz zu den Verträgen, der dafür sorgen soll, daß solche Verwirrungen nicht mehr auftreten können.

sich hin gebrummelt, weil sie, glaube ich, mit sich selbst unzufrieden war, da sie nicht an »God of Jane« arbeitete.

Jane hat den heute verfaßten Gedichten keine Titel gegeben. Alle drei preisen in täuschend einfacher, fast unschuldig-mystischer Art die Veränderungen, die der Herbst mit sich bringt. Hier ein Beispiel:

Wenn das reiche Blattwerk
des Sommers verschwunden ist,
scheint uns von allen Seiten,
nah und fern, der Raum zu umgeben.
Das riesige Gewölbe des Universums
wird vertraut,
reicht bis zu unseren Kaminen,
steht in glänzenden Wirbeln plötzlicher Offenheit
gerade hinter unseren Türen.
Aus den Galaxien eilt Raum herbei,
die neue Leere zu füllen,
wo vorher Millionen Blätter waren,
und die Täler werden nun
zu natürlichen Gefäßen des Raums,
gefüllt bis zum durchsichtigen Rand.

Jane hat auch Farbzeichnungen zu ihren Naturgedichten angefertigt. Sie arbeitet mit leuchtenden, schlichten Farben und erzielt ihre Effekte mit Farbstiften, deren Farben sie mit Wasser vermischt. Einige dieser kleinen Arbeiten würde ich gerne einrahmen, denn sie zeigen visuell dieselben Qualitäten, wie sie in den Gedichten verbal zum Ausdruck kommen. Wir bewahren Janes Zeichnungen jedoch in der Regel verpackt auf, denn die Farben verblassen bereits, wenn sie dem Licht nur einige Wochen lang ausgesetzt sind.

Heute abend begann sie damit, etwas »Komisches« über unsere Katzen Billy und Mitzi zu schreiben, die beiden gerade zehn Monate alten Wurfgenossen: »Am Anfang waren Billy und Mitzi noch nicht einmal kleine Kätzchen, sondern nur ein winziger Teil des Himmels und der Wolken, die Katzen sein wollten. Nicht daß irgend jemand gewußt hätte, was Katzen waren, denn Gott hatte noch keine geschaffen. Wäre es nicht um Billy und Mitzi gegangen, gäbe es vielleicht überhaupt keine Katzen …« Diese Geschichte hatte sich aus der drolligen Art ergeben, in der sie zu Mitzi über die Geschenke des Himmels sprach, die das Kätz-

*chen erhalten hatte; ich machte Jane darauf aufmerksam, daß daraus ein wunderschönes Kinderbuch entstehen könnte. Jane präsentierte ihren Stoff auf den Seiten, die sie heute abend schrieb, in recht humorvoller Weise, die mich trotz einiger Unterschiede an ihren zweiten Roman »The Further Education of Oversoul Seven« und an ihren »Emir« erinnerte.**

Ich habe Jane auch vorgeschlagen, das nachstehend abgedruckte kleine Gedicht in ihre Geschichte über Billy und Mitzi einzubauen. Es gehört zu einer Serie von Zeichnungen und unbetitelten Gedichten, die mir Jane letzten Juni in Buchform als Geburtstagsgeschenk überreicht hatte:

Scheinbar gibt es
bei Tieren
kein ungelebtes Selbst,
ganz so, als seien sie
so vollständig wie möglich
im Fleisch zugegen,
ohne Lücken
des Bewußtseins,
die ausgefüllt werden müßten,
während wir stets versuchen,
zu etwas anderem
zu werden.

Jane überraschte mich im letzten Moment noch mit der Frage, ob ich die Sitzung wünsche; ich hatte geglaubt, sie möchte sie ausfallen lassen. Seth bezeichnete seine Kundgaben diesmal auch nicht als Buchdiktat, doch sie gehörten sicherlich in den Kontext des vorliegenden Buches. Und in seinen einleitenden Bemerkungen sprach er von der schöpferischen Freiheit, die Jane sich heute — offenbar trotz ihrer mürrischen Stimmung — gestattet hatte.)

(21.20 Uhr, flüsternd:) Guten Abend.

(»Guten Abend, Seth.«)

Einige Bemerkungen. Als Ruburt vergaß, sich Sorgen zu machen, weil er »nicht arbeitete«, kam seine natürliche, spielerische Kreativi-

---

* *»Sieben-Zwei«*, wie wir es nennen, wurde von der Prentice-Hall im Mai veröffentlicht — vor fünf Monaten. Delacorte Press veröffentlichte den Titel *»Emir«* gerade letzten Monat.

tät zur Geltung, und heute verfaßte er Gedichte. Dichtung paßte jedoch nicht in seine derzeitigen Vorstellungen von Arbeit, und deshalb zählte diese großartige Kreativität für ihn kaum.

In gewisser Weise — in gewisser Weise — setzte die Entstehung des Universums auf die gleiche Art ein wie Ruburts Schöpfungen heute abend: aus dem Wunsch zu schaffen — aus reiner Freude, nicht aus einem Verantwortungsgefühl heraus.

Wissenschaftler werden viele der im vorliegenden Buch geäußerten Ideen nicht oder nur mit großen Vorbehalten akzeptieren, obschon manche sehr wohl verstehen werden, was ich zu sagen habe. Das ist aber schwer zu verteidigen, weil *(Pause)* sich die tiefsten Wahrheiten materiell nicht beweisen lassen. *(Pause.)* Die Wissenschaftler pflegen gezielte Fragen zu stellen, und, wie Ruburt kürzlich schrieb *(in »God of Jane«)*, sie finden in der Regel ganz eindeutige Antworten — *(humorvoll)* auch wenn manche Antworten falsch sind.

»Falsche« Antworten können jedoch so zusammenpassen, daß sie ein stimmiges Bild ergeben, eine für sich betrachtet ausgezeichnete Konstruktion — warum auch nicht? Antworten, die nicht in die Konstruktion passen, werden einfach verworfen und kommen daher nicht zur Geltung. Demnach befassen wir uns hier in gewisser Weise mit dem, was die Wissenschaft verworfen hat. Das schlußendlich von uns präsentierte Bild wird also gewiß nicht dem der etablierten Wissenschaft entsprechen.

Wenn jedoch objektive Beweisbarkeit die Voraussetzung ist, daß etwas als Tatsache gesehen wird, dann kann man sagen, daß auch die Wissenschaft, wie ihr wißt, ihre Version der Entstehung des Universums nicht zu beweisen vermag. Sie hat nur eine Hypothese aufgestellt, sammelt alle diese Hypothese bestätigenden Daten und Fakten und ignoriert all diejenigen, die nicht ins Bild passen. Darüber hinaus ruft die wissenschaftliche Erklärung der Weltentstehung keine Zustimmung im Herzen der Menschen hervor, sondern im Gegenteil heftigsten Widerwillen, denn in seinem Herzen weiß der Mensch sehr wohl um seinen Wert und erkennt, daß sein Bewußtsein kein Zufallsprodukt ist.* *(Schnell und mit großem Nachdruck:)* Der Psyche

---

* Mittlerweile haben einige führende Physiker und auch Mathematiker ihrer Überzeugung Ausdruck verliehen, daß in unserer Welt beziehungsweise im Universum dem Bewußtsein eine entscheidende Rolle zukommt. Doch jedem dieser Naturwissenschaftler stehen Dutzende anderer gegenüber, die dem widersprechen. Für Mate-

wohnt eine Art Selbstbestätigung inne, eine Bestätigung, die den Anstoß zu körperlich-materiellem Sichtbarwerden gibt, eine Bestätigung, die den Menschen davor bewahrt, von seinen mentalen Konstruktionen völlig geblendet zu werden.

(21.33 Uhr.) Darüber hinaus gibt es einen tiefverwurzelten, subjektiven Maßstab der Vernunft im Bewußtsein des Menschen, nach dem er letztlich alle Lehren und Glaubensvorstellungen seiner Zeit beurteilt, und wenn auch sein Intellekt zeitweise von unrichtigen Lehren beeindruckt wird, läßt sich doch diese innere Instanz der Unversehrtheit des Menschen nicht täuschen.

---

rialisten ist eben nur die Materie real und das Bewußtsein bloß ein Epiphänomen, ein Nebenprodukt der Hirntätigkeit und chemischer Vorgänge. Sie glauben, der körperliche Tod sei das Ende von allem und alles sei ohne Sinn. Sie nennen ihre rebellischen Kollegen verächtlich »Animisten« (oder auch »Vitalisten«) — diejenigen, die glauben, alle Lebensformen und Erscheinungen der Natur hätten einen spirituellen Ursprung, der von stofflicher Materie unabhängig ist. Die Widersprüche, die hier zutage treten, haben Jane und mich häufig beschäftigt. Was kann denn ein materialistischer Wissenschaftler *anderes* benutzen als seinen Verstand — das heißt sein Bewußtsein, das armselige Epiphänomen —, um die Materie zu erforschen? Ganz zu schweigen davon, daß die Materie schließlich »nur« Energie ist. So leugnet paradoxerweise der Verstand seine eigene Wirklichkeit und Bedeutung. Es ist auch blanke Ironie, wenn die Wissenschaftler Jahre für ihre Spezialausbildung aufwenden, um uns dann über die Sinnlosigkeit all unseres (und natürlich auch ihres eigenen) Strebens zu belehren.

Abgesehen von unseren auf das Seth-Material gestützten Ansichten wird die Lehre, das Leben habe keinen Sinn und geistig-seelische Wirklichkeiten gebe es nicht, vielleicht schon bald widerlegt sein, wie sich im Lauf der Geschichte der Wissenschaft so viele Theorien und »Tatsachen« als unrichtig erwiesen haben. Jane und ich wären nicht überrascht, wenn die Menschheit auf ihrer rastlosen Suche nach Sinn zu der alten Vorstellung vom Geist in allem Belebten und Unbelebten zurückkehren würde. Eine solche aktualisierte animistisch-vitalistische Anschauung könnte Entdeckungen einbeziehen, die von den subnuklearen Vorgängen bis hin zu stellaren Abläufen im Weltall reichen. Die Menschen *wissen* um ihren Wert, wie Seth in dieser Sitzung feststellte.

Jane äußerte sich kürzlich zu diesen Fragen im Zuge ihrer Arbeit an *»God of Jane«* wie folgt: »Zweifellos benötigen wir den Glauben an den Sinn des Lebens. Dieser Glaube ist geradezu ein biologischer Imperativ. Wären wir so, wie heutige Naturwissenschaft behauptet — Geschöpfe, die ihren Ursprung sich blind miteinander verbindenden Elementen in einem durch Zufall entstandenen Universum verdanken und die überall von Chaos umgeben sind —, wie könnten wir dann auch nur den Gedanken von Sinn oder Ordnung erfassen? Die Wissenschaft würde die Idee einer Sinngebung wie auch unseres Bewußtseins als Spiegelungen des Zustands des Gehirns abtun. Doch eine Wissenschaft, die das Bewußtsein ignoriert, wird über kurz oder lang bei ihrer eigenen Illusion enden. Sie ignoriert die Realität der Erfahrungen, die Gewißheit des Seins, und damit leugnet sie die Werte des Lebens, statt sie zu bestärken.«

Es gibt etwas im Menschen, das um alles, was wesentlich ist, weiß. Das Wissen ist dem Menschen eingegeben, wenn er geboren wird und heranreift. Die Lungen oder der Verdauungsapparat müssen keine gelehrten Abhandlungen über die »Mechanik« des Körpers lesen, damit sie richtig funktionieren.

An inneres Wissen richtet sich auch dieses Buch. Es soll im Leser, in der Leserin, welcher Überzeugung sie auch sein mögen, eine Art subjektiver Evidenz hervorrufen, die Gewißheit eines Einklangs zwischen Vorstellungen und Sein. Wenn euch viele Menschen schreiben, sie hätten das Gefühl, irgendwie schon immer mit dem Seth-Material vertraut gewesen zu sein, so trifft das natürlich zu, denn dieses Material bringt inneres Wissen zum Ausdruck, das einem jeden Individuum eingegeben ist. *(Pause.)*

Es gibt eine Fülle bestimmter, sogar spezifischer subjektiver Beweise für die Natur eurer Realität — Beweise, die geradezu auf der Hand liegen, sobald ihr nach ihnen Ausschau haltet und ihr insbesondere auch einmal die Welt eurer Träume mit eurem täglichen Leben vergleicht.

Mit anderen Worten: Geistiges Spiel ist natürlich die Grundlage aller Kreativität, ja mehr noch: es ermöglicht das große innere Spiel der Erfahrung der geistigen und der materiellen Realität.

Bei allem Respekt, euer Freund [der Psychologe] bellt in bester Absicht vor dem falschen psychologischen Baum. Er ist begeistert von seinen Werttests, und seine Begeisterung ist das Wichtige. Diese Tests sind aber mehr als alles andere eine Ausgeburt sozusagen mechanistischer Psychologie, als ob sich menschliche Werte in so etwas wie ein logisches Alphabet aus psychischen Atomen und Molekülen zerlegen ließen. *(Humorvoll:)* Ein achtbarer Versuch, doch kommt darin lediglich das Bemühen der Psychologie zum Ausdruck, eine unbrauchbare Hypothese vernünftig erscheinen zu lassen.

Ihr könnt natürlich tun, was ihr wollt *(was die Durchführung jener Tests betrifft),* doch unser Hauptziel besteht darin, die Grenzen der Psychologie zu überschreiten und nicht zwischen den Blumen, die zur Zeit auf dem Feld der Psychologie wachsen, herumzuflattern.

Was Ruburt angeht, so machte er sich zu große Sorgen wegen der Verträge *(für »Individuum und Massenschicksal« und »God of Jane«, die wir mit der Prentice-Hall noch abschließen müssen)* und der Übersetzungsgeschichte. Es wäre sehr schön, wenn ihr davon ausginget, daß all diese Angelegenheiten zu eurer Zufriedenheit schöpferisch gelöst werden. Ruburt hat immer noch ein wenig Angst davor, sich zu entspannen, weil er sich dann schuldig fühlt. Sein Körper reagiert jedoch darauf, und deswegen sollte er daran denken, daß Kreativität etwas Spielerisches ist und daß sie i m m e r zum Durchbruch kommt, wenn er sich geistig entspannt und die Sorgen abschüttelt.

Habt ihr Fragen?

(»Nein, ich denke nicht.«)

Ihr macht eure Sache gut, und eure Aufzeichnungen *(für »Individuum und Massenschicksal«)* ordnen sich wie von selbst; also laßt es einfach geschehen.

Ich wünsche euch einen schönen guten Abend.

(»Danke, Seth. Gleichfalls.«)

(21.57 Uhr. »Da hat er recht«, sagte Jane lächelnd. »Das ist schön.«

Der Psychologe, der uns besucht hatte, hinterließ uns einige der Fragebögen, von denen Seth gesprochen hatte. Jane hatte sich geweigert, sie in Anwesenheit des Besuchers auszufüllen, und verspürte auch wenig Neigung, es jetzt zu tun. Sogar unser Gast gab zu, daß die Tests eher experimentellen Charakter hatten; ich glaube, sie waren größtenteils von einem seiner Kollegen entworfen worden. Mir schien es so, als tendierten sie [vielleicht unbeabsichtigt] in eine negative Richtung. Wer sich dem Test unterzieht, muß nämlich aus einer Anzahl mehr oder weniger negativer Möglichkeiten auswählen und bestimmte Präferenzen in einer Reihenfolge auflisten, die von seinen persönlichen Überzeugungen abhängt — das denke ich jedenfalls.

Offensichtlich kam Seth nicht auf seine Äußerung am Ende der letzten Sitzung zurück, die wir viel früher in diesem Monat durchgeführt hatten: »Erinnert mich doch in unserer nächsten Sitzung daran zu schildern, wie diese geistigen Entitäten es lernten, sich in körperliche Individuen umzuwandeln.« Ich habe heute abend nicht danach gefragt. Auch Jane hat es nicht erwähnt. Solche Unterlassungen sind vor allem auf die Unterbrechung der geplanten Abfolge der Sitzungen zurückzuführen — wir können uns mitunter nicht mehr so deutlich an eine bestimmte Sitzung erinnern, wenn wir uns zwischendurch mit anderen Dingen beschäftigen müssen. Die fragliche Information wird aber sicher interessant sein, wenn Seth schließlich mit ihr durchkommt.

Als ich beim Lesen des Protokolls dieser Sitzung nochmals der Seth-Äußerung begegnete: »Die Lungen oder der Verdauungsapparat müssen keine gelehrten Abhandlungen über die ›Mechanik‹ des Körpers lesen ...«, las ich die Stelle Jane vor, und sofort erinnerten wir beide uns an eines ihrer Gedichte, das sie vor etwa vier Monaten geschrieben hatte.)

Wenn Zehen Augen hätten,
dann könnte ich sehen,
woher meine Füße wissen, wohin sie gehen sollen,
aber Zehen sind blind.
Und wie kommt es, daß meine Zunge
Worte spricht, die sie nicht hören kann?
Denn trotz aller Beredsamkeit
ist die Zunge taub
und bewegt sich in Geräuschlosigkeit.

(Die Aussage dieser Zeilen ist deutlich genug, so daß ich hier nur die erste Strophe des Gedichts wiedergebe.)

Sitzung 886, Montag, den 3. Dezember 1979

(Seit Seth vor fast sechs Wochen in der letzten regulären Sitzung [der 885sten] durchgekommen war, haben wir nur drei persönliche Sitzungen abgehalten. Ich wünschte, ich könnte sie hier wiedergeben, denn Seth lieferte viele wertvolle Informationen — nicht nur in bezug auf uns selbst [einschließlich Janes beeinträchtigten Gesundheitszustands, ihre »Steifheit«], sondern auch auf die zahllosen Wechselwirkungen, die sich ständig zwischen unserer inneren und äußeren Realität oder dem Bezugssystem 1 und 2, wie er es nennt, abspielen. Einige jener Ausführungen sind rein persönlich, doch viele auch von allgemeinem Interesse.

Im Vorwort zum vorliegenden Buch erwähnte ich Janes Vorhaben, einen zweiten Gedichtband herauszubringen. Ihre Arbeit ist inzwischen so weit gediehen, daß Seth schließlich am 21. November bemerkte: »Das Buch mit den Liebesgedichten ist eine großartige Idee.« Jane möchte darin nun Gedichte veröffentlichen, die sie mir im Lauf der Jahre — seit unserer ersten Begegnung im Februar 1954 — gewidmet hat. Sie sprach letzten Monat mit Tam Mossman über das Buch, und die beiden erörterten mögliche Titel. Aber Jane hat noch keinen gefunden, der ihr gefällt.

In dem Vorwort schrieb ich auch von meiner Vermutung, daß sich der große Aufschwung des religiösen wie auch wissenschaftlichen Bewußtseins, der durch die Vorfälle in Three Mile Island, in Jonestown und im Iran herbeigeführt worden war, einmal in Gang gesetzt, vermutlich fortsetzen würde. Jane und ich haben beobachtet, daß sich diese Tendenz stetig weiter verstärkt hat. Mittlerweile hat die anfängliche Betroffenheit in unserem Land wegen des Zwischenfalls in Three Mile Island tiefergehende Fragen aufgeworfen, vor allem die, warum so viele Atomkraftwerke in der Nähe dicht besiedelter Gebiete errichtet wurden; die Durchführung einer Massenevakuierung, sofern es in einem dieser Kraftwerke zum Ernstfall käme, würde offenbar unüberwindliche Schwierigkeiten bereiten.

Was den Iran anbelangt, so schilderte ich, wie im letzten Februar [1979] eine fanatische Gruppe marxistisch orientierter iranischer Guerillas die Botschaft der Vereinigten Staaten von Amerika in Teheran überfiel und zeitweise etwa 70 Amerikaner gefangenhielt. Ich bemerkte, daß es wieder zu einer solchen Situation kommen könnte, und so war es auch: Am 4. November besetzten iranische Studenten das Gelände der US-Botschaft und nahmen 63 Amerikaner als Geiseln; drei weitere wurden im iranischen Außenministerium gefangengehalten. Damit begann der erste Tag eines Countdown für die Befreiung der Geiseln (heute, da ich diese Bemerkungen niederschreibe, sind bereits 30 Tage verstrichen). Diese militanten Moslems ließen dreizehn amerikanische Bürger wieder frei, fünf weiße Frauen und acht schwarze Männer, die am Thanksgiving Day zu Hause ankamen, hielten aber die übrigen 53 Amerikaner weiterhin gefangen. Der Iran zeigt für unser Land nur Geringschätzung und Verachtung.

Meine Gedanken mögen nicht besonders originell sein, doch jene Auswüchse des Bewußtseins sind Ausdruck von phantastischen Möglichkeiten des Menschen — denn solche Entwicklungen zeigen, wie unsere Handlungen, auch wenn wir nur als winzige Geschöpfe in der unglaublichen Reichhaltigkeit eines übergeordneten Bewußtseins oder des All-Einen leben, dazu führen können, daß jenes große Bewußtsein neue Bereiche seiner selbst erforscht. Recht erschreckende Möglichkeiten, die uns da offenstehen, meine ich, vor allem, weil wir sie in unserer Unwissenheit für etwas Selbstverständliches halten. Das tun wir natürlich dauernd, individuell und kollektiv.

Heute unterhielten Jane und ich uns darüber, ob Seth die Arbeit am vorliegenden Buch wohl wieder aufnehmen würde. Ich war trotzdem überrascht, als er es tat. Jane hatte auch den dringenden Wunsch geäußert, in der Sitzung einige persönliche Informationen zu erhalten.

21.20 Uhr. Ziemlich langsam und mit wohlüberlegten Worten:)

Nun: Am Anfang gab es weder Gottvater* noch Allah, noch Zeus.

Am Anfang war Gott, den ihr euch als Energiegestalt vorstellen könnt — und damit meine ich ein Sein, dessen Realität sich der Definition des Wortes »Sein« entzieht, da es Quelle und Inbegriff allen Seins ist. Dieses Sein existiert in psychologischen Dimensionen, in *(lange Pause)* einem umfassenden Jetzt, in dem alles, was (nach euren Zeitbegriffen) ist oder sein wird, in unmittelbarer Aufmerksamkeit und in einem göttlichen Kontext ruht; dieser ist von einer derart brillanten Konzentration geprägt, daß *(lange Pause, Augen geschlossen)* das Bedeutendste wie das Geringste, das Größte wie das Kleinste gleichermaßen in einem alliebenden kontinuierlichen Brennpunkt schweben.

Eure Vorstellungen von Anfang und Ende erschweren die Erklärung erheblich, denn euren Begriffen zufolge ist der Anfang des Universums bedeutungslos — somit gab es — bitte hervorheben — *(mit Nachdruck)* jenen Begriffen zufolge keinen Anfang.

Das Universum entsteht, wie ich bereits erläuterte, ständig neu, und jeder Augenblick der Gegenwart birgt seine ihm eigene Vergangenheit in sich. Ihr wollt nur einen geringen Teil der riesigen, stets verfügbaren Datenmenge, aus der sich jeder Augenblick an individuellen wie globalen, wenn ihr so wollt, Bausteinen zusammensetzt, als vorhanden anerkennen. Ihr akzeptiert nur diejenigen Daten, die zu euren Vorstellungen von einer in der linearen Zeit ablaufenden Bewegung passen. Als Folge davon ergeben zum Beispiel eure archäologischen Funde gemeinhin ein Bild, das völlig mit euren Vorstellungen über den linearen Ablauf der Geschichte, somit über aufeinanderfolgende geologische Zeitalter übereinstimmt.

(21.34 Uhr.) Das Wachbewußtsein verfügt über einen zwar großartigen, aber begrenzten Gesichtskreis. Ihm fehlt die innere Wahrnehmung. Ich benutze den Ausdruck »Wachbewußtsein« so, wie ihr es zu definieren pflegt. Das Wachbewußtsein stützt sich auf den begrenzten Wahrnehmungsapparat eurer auf die dreidimensionale Erscheinungswelt zugeschnittenen fünf Sinne — wobei die fünf Sinne natürlich nur

---

* Es ist nicht möglich, den Zeitpunkt, zu dem Gottvater die Schöpfung erschaffen hat — wie es in der Genesis, dem ersten Buch der Bibel, beschrieben wird —, auch nur einigermaßen zu bestimmen. (Der biblische Schöpfungsbericht schließt jede Evolution aus.) Man kann den Zeitpunkt der Schöpfung auch nicht ermitteln, indem man etwa die Generationenfolge, wie sie im *»Alten Testament«* aufgeführt ist, abzählt, denn die Auflistung in der Bibel kann ja durchaus unvollständig sein.

einen sehr eingeschränkten Ausschnitt der Realität vermitteln und sich wirklich nur auf das Nächstliegende beschränken können.

Die körperlichen Sinne sind eine Art Ausstülpung der inneren Sinne*, die mehr oder weniger jeder Kreatur eigen sind, unabhängig von deren Entwicklungsstand.

Die inneren Sinne stellen allen Gattungen ein inneres Kommunikationsmittel bereit. Und es besitzen auch die — bitte skandieren — Z-e-l-l-e-n innere Sinne.

Atome registrieren ihre eigene Position, Geschwindigkeit, Bewegung, die Beschaffenheit ihrer Umgebung sowie die Materie, die sie bilden. Eure Welt fügte sich nicht einfach zufällig zusammen, indem sich hier und da intelligenzlose Atome bildeten, geistlose Gase miteinander zu Elementen verschmolzen — doch wurde die Welt ebensowenig von einem fernwaltenden, anthropomorph vorgestellten Gott geschaffen, der sie Stück für Stück in der Art eines kosmischen Fließbands zusammensetzte. *(Mit einem Anflug von Humor:)* Mit eingebauten Defekten, wohlgemerkt, und mit verbesserten Modellen in jeder neuen geologischen Saison.

Das Universum vergegenständlichte sich aus dem, was Gott ist.

Das Universum ist die natürliche Ausdehnung göttlicher Kreativität und göttlicher Absicht, und es wurde liebend — bitte hervorheben — von innen nach außen gebildet; es existierte das Bewußtsein, bevor es Materie gab, und nicht umgekehrt.

Euer Bewußtsein ist auf elementare und entscheidende Weise Teil der göttlichen Energiegestalt. Nach Kriterien innerer Erfahrung ist es ein metaphysischer, wissenschaftlicher und menschlich-schöpferischer Irrtum, die Materie vom Bewußtsein zu trennen, denn nur Bewußtseinsinhalte vergegenständlichen sich im materiellen Leben. *(Lange Pause.)*

Euer Bewußtsein wird den Tod eures Körpers überleben, und es wird eine andere Form annehmen — eine Form, die sich ihrerseits aus »Bewußtseinseinheiten« zusammensetzt. Ihr seid voreingenommen und denkt gern in Begriffen von Bewußtseinshierarchien, an deren Spitze die Menschheit steht. In der Bibel heißt es beispielsweise, der Mensch stehe über dem Tier, und es sieht so aus, als würde mit

---

* Jane gab Seths unvollständige Aufzählung der inneren Sinne in Kapitel 19 des Buches *»Das Seth-Material«* wieder, das im Jahre 1970 (1986 in deutscher Sprache) veröffentlicht wurde.

einer Aufwertung des tierischen Bewußtseins zwangsläufig das eure irgendwie abgewertet. Die göttliche Energiegestalt drückt sich jedoch auf eine Weise aus, die ihre Qualität *(Pause)* nicht schmälert. Sie kann in ihrer Absicht nicht so banalisiert werden, daß Lebewesen kreatürlichen Seins über oder unter einem anderen einzuordnen wären. *(Amüsiert:)* Alles ist erstrangig.

Ihr begrenzt die Fähigkeiten eures Bewußtseins, indem ihr ihm verweigert, die Reichweite seiner Aufmerksamkeit auszudehnen; daher seid ihr den unterschiedlichen, mannigfaltigen und reichhaltigen Erfahrungen anderer Gattungen gegenüber verschlossen und ignorant geblieben: Es sieht so aus, als stünden sie tiefer als ihr. Ihr habt es zugelassen, euch an vorfabrizierte Definitionen zu halten, die nur dazu dienten, Kategorien aufzustellen, anstatt außer eurer eigenen auch die Wirklichkeit anderer Lebewesen zu erforschen.

(Nach einer langen Pause um 21.55 Uhr:) Nochmals: Am Anfang gab es die Welt geistiger Wirklichkeit, aus der sich eure Welt materialisierte. Doch in dieser Stoffwelt war das Bewußtsein noch nicht ganz zu Hause. Es erging sich daher in einer Traumwelt, in der es von einer materiellen Realität träumte, und dann in dieser Welt erwachte.

Berge erhoben sich und versanken. Die Ozeane füllten sich, lieferten ihre Gezeiten. Inseln stiegen aus dem Meer. Die Jahreszeiten waren noch vage. Es fluktuierten sogar die Magnetfelder. Doch schon von Anfang an waren bereits alle Arten da, obschon bloß auf ebenso vage Weise, denn als die Traumwelt in die materielle Welt durchbrach, gab es all die tumultuarische Aufregung und Verwirrung, die mit einem schöpferischen Massenereignis einhergeht. Es gab mehr denn je Bewegung, Verschiedenheit und Austausch. Das Bewußtsein experimentierte mit seinen eigenen Formen. *(Mit großem Nachdruck und mit vielen Gesten:)* Die Arten und die Umgebung formierten sich in gegenseitigem Einvernehmen, in prächtigen Kombinationen, und diese trugen zur Erfüllung aller anderen Vergegenständlichungen der neuen materiellen Realität bei.

Ein derartiges Ereignis kann einfach nicht zu euren Vorstellungen vom »Anfang der Welt« passen, denen zufolge das Bewußtsein im Zuge der »Evolution« erst später als Nebeneffekt der Materie entspringt oder ein von außen wirkender Gott eine zwar göttliche, doch mechanistische Welt in Gang setzt. *(Pause.)*

Dieses Konzept paßt auch nicht zu eurem Verständnis von Gut und Böse, wie ich im Verlauf dieses Buches noch erläutern werde.

Gott oder All-das-was-ist ist im tiefsten Sinne vollkommen und doch unvollkommen. Ich bin mir bei dieser Aussage des Widerspruchs bewußt, der sich für euren Verstand zu ergeben scheint. Doch in gewisser Weise trägt zum Beispiel eine schöpferische Leistung zur Vervollkommnung eines Künstlers bei, obwohl der Künstler natürlich nie vollkommen sein kann. All-das-was-ist, und das ist eine differenzierte Aussage, lernt also in gewisser Weise jetzt, indem ihr lernt, und nimmt euren Erkenntnissen entsprechende Korrekturen vor. Doch seid vorsichtig! Allzuleicht entsteht ein Göttlichkeitswahn. Dessenungeachtet müßt ihr wissen: Ihr habt Anteil an All-dem-was-ist, und euch wohnt eine Fähigkeit inne — die Fähigkeit, euch auf die euch eigene Art der unwiderlegbaren Gewißheit eurer höheren Existenz gewahr zu werden. Ihr steht dem Anfang eurer Welt ebenso nahe wie Adam und Eva oder wie die Römer oder die Ägypter oder die Sumerer. Der Anfang der Welt ist nur ein Schritt aus dem Moment heraus — innerhalb seiner Fülle.

Ich verfolge mit diesem Buch eine Absicht — dies ist ja Buchdiktat —, und meine Absicht besteht darin, eure Vorstellung von euch selbst zu ändern, indem ich euch ein zutreffenderes Bild eurer Geschichte vermittle, und zwar sowohl hinsichtlich eures unsterblichen Bewußtseins als auch hinsichtlich eurer körperlich-materiellen Erbschaft.

Ende des Diktats.

(22.13 Uhr. Nachdem Seth noch einige Mitteilungen für Jane gemacht hatte, beendeten wir die Sitzung um 22.32 Uhr. »Ich hatte keine Ahnung, daß er es so machen würde«, sagte Jane. »Ich bin wirklich froh, wieder am Buch zu arbeiten.«)

Sitzung 887, Mittwoch, den 5. Dezember 1979

(Heute nachmittag unterzeichneten Jane und ich in Anwesenheit unseres Anwalts, dessen Frau als Zeugin fungierte, unsere Testamente. Jane war heute morgen etwas deprimiert gewesen, und mit dem Schreiben hatte es nicht so recht geklappt. Und das, was mit den Testamenten zum Ausdruck kam, trug natürlich nicht dazu bei, sie aufzuheitern. * *Trotz-*

---

* Auch wenn uns die Abfassung unserer Testamente an den Tod denken ließ, so zeugen sie doch auch von unserem Bedürfnis nach Ordnung und von dem, was wir im Leben erreicht haben. Wir haben eine gute Lösung gefunden: Janes wie auch mein

dem schlief sie am Nachmittag einige Stunden, ihren Impulsen vertrauend; doch merkwürdigerweise war sie beim Aufwachen mit sich unzufrieden, weil sie geschlafen hatte. Beim Abendessen war sie stiller als sonst, obwohl sie sagte, sie wolle die Sitzung abhalten.)

Testament sehen vor, daß unser Nachlaß nach dem Tod dessen, der den anderen überlebt, der Manuskript- und Archivabteilung der Bibliothek der Yale University in New Haven, Connecticut, vermacht wird. Unser materieller Besitz, Hügelhaus und Auto eingeschlossen, ist bescheiden. Wichtig ist unser schöpferisches Werk, und deshalb soll dieses mit allem, was dazugehört, an einen sicheren Ort kommen und zugleich so, wie es von uns übergeben wurde, Forschern und Laien für Studienzwecke zur Verfügung stehen.

Die Sammlung wird umfassen: unsere Stammbäume und Lebensläufe; die Tagebücher und Photographien meines Vaters; unsere literarischen und malerischen Jugendwerke; Comics und andere zu Erwerbszwecken von mir angefertigte Arbeiten; unsere ersten veröffentlichten und unveröffentlichten Kurzgeschichten; meine Originalprotokolle und Transkriptionen von Sitzungen, ob veröffentlicht oder nicht, »reguläre« wie auch persönliche, sowie von den ASW-Kursen stammende Aufzeichnungen; Tonbandaufnahmen von Jane, einschließlich der, die während der Kurse entstanden, wenn sie für Seth sprach oder in der Sumarisprache sang; unsere Tagebücher, Niederschriften von Träumen und Manuskripte; unsere Zeichnungen und Gemälde; Janes umfangreiche Dichtungen; unsere Geschäftskorrespondenz; Bücher, Verträge und Akten; das Seth-Material betreffende Rundschreiben, die in den USA und im Ausland veröffentlicht wurden; die meisten Leserbriefe — kurz, eine Menge Material, das zeigt, wie sich unsere anfänglich getrennten Bemühungen zur Schaffung eines gemeinsamen Lebenswerks verbanden.

Zuerst wollten wir die Sammlung bis zu unser beider Ableben unter Verschluß halten. Doch wir haben dann beschlossen, sie so bald wie möglich für akademische wie auch private Studien der Öffentlichkeit zugänglich zu machen. Zu diesem Zweck werden wir Kopien der Papiere und Tonbänder in die Bibliothek schaffen, die Originale aber behalten, um damit arbeiten zu können, solange wir leben. Von vielen Schriftstücken haben wir ja nur ein Exemplar und haben auch gern die Gewißheit, daß an einem anderen Ort »Sicherheitskopien« archiviert werden — das gilt zum Beispiel für Janes Tagebücher und auch für viele meiner Aufzeichnungen.

Die Kopien plane ich hier im Haus anzufertigen, wann immer ich eine freie Minute habe. Es wird viel Zeit — vielleicht einige Jahre — und im Hinblick auf nötige Hilfskräfte und auch sonst einiges kosten, die vielen tausend Seiten Papier und die Tonbänder und Photographien zu kopieren.

Tam Mossman, der an der Yale University studiert hat, half uns vor einem Jahr (im Dezember 1978), Kontakte zu den Verantwortlichen beim Sterling-Memorial zu knüpfen. Seitens der Bibliothek wurde uns erklärt, daß unsere Sammlung andere, die sich bereits dort befinden, ergänzen würde, und ein Archivar zu uns geschickt, um die Menge des Materials, das wir anzubieten haben, abzuschätzen. Zunächst müssen wir es in die Bibliothek schaffen, und dann muß sich das dortige Personal darum kümmern — und das ist an sich schon ein großes Unterfangen. Jane und ich sind hocherfreut, daß das Seth-Material und alles, was damit zusammenhängt, erhalten bleiben wird.

(21.17 Uhr, flüsternd:) Guten Abend.

(»Guten Abend, Seth.«)

Nun: Diktat. *(Mit vielen Pausen:)* Wenn ich von der Traumwelt spreche, dann meine ich damit nicht ein Phantasiereich, sondern eine Welt geistiger Wirklichkeiten, aus der alle Formen der Stoffwelt, wie ihr sie euch vorstellt, hervorgehen. In Wirklichkeit handelt es sich eher um ein inneres Universum als um eine innere Welt. Eure stofflich-materielle Wirklichkeit ist nur eine von vielen Materialisierungen aus dem Fond dieser inneren Organisation. Alle Zivilisationen und Kulturen existierten zuerst im inneren Reich geistiger Wirklichkeiten. *(Lange Pause.)*

Am Anfang hatten die Arten nicht dieselben Formen wie jetzt. Sie hatten Pseudoformen — Traumkörper, wenn euch diese Bezeichnung lieber ist —, und sie konnten sich physisch nicht fortpflanzen. Ihr Zeitgefühl war völlig anders, alles Geschehen auf der Erde vollzog sich anfänglich in einer Art Traumzeit. Nach eurem Verständnis bedeutet dies, daß die Zeit beschleunigt oder verlangsamt werden konnte. Es handelte sich um eine Zeit der Psyche.

Formen erschienen und verschwanden. *(Pause.)* Nach euren Begriffen von Raum und Zeit jedoch nahmen die Traumkörper materielle Gestalt an. Diese Vorgänge spielten sich aber nicht bei allen Arten in gleicher Weise ab. Eine Zeitlang gab es auf der Erde eine gemischte Population. Es gab Arten, die ihre körperliche Gestalt bereits vollständig angenommen hatten, und andere, bei denen dies nicht der Fall war. In sich selbst jedoch waren die Formen, ob körperlich oder nicht, vollkommen. Vögel waren Vögel, und Fische waren Fische.

(21.30 Uhr.) Am Anfang gab es auch heute unbekannte Gattungen: Mensch-Tier- und Tier-Mensch-Kombinationen und viele andere »Kreuzungen«, von denen einige nach euren Zeitbegriffen eine verhältnismäßig lange Lebensdauer besaßen. Dies trifft auf alle Bereiche des Lebens zu. Es gab *(mit sanftem Nachdruck)* Traumbäume mit Traumlaub, die sich allmählich ins Bewußtsein träumten, die materielle Gestalt annahmen, indem sie sich immer mehr in der Realität der Stoffwelt zentrierten, bis ihre Traumsamen schließlich materielle Bäume hervorbrachten.

Ich könnte mich auch anderer Begriffe bedienen, die sich in mancher Hinsicht besser eignen würden als »die Traumwelt«. Wenn ich jedoch vom Träumen spreche, weiß ich, daß der Traumzustand jedem Leser, jeder Leserin bekannt ist und für euch der geistigen Realität, aus der eure körperlich-materielle Welt entsteht, am nächsten kommt. Der Traumzustand scheint euch chaotisch, schattenhaft, trügerisch oder gar bedeutungslos zu sein, einfach weil ihr im Leben so sehr auf den Alltag eurer Erscheinungswelt konzentriert seid, daß euch Träume wie das Hintergrundgeräusch einer atmosphärischen Störung vorkommen, das euch von eurem Schlaf übrigbleibt. Doch genauso würde der Mensch die materielle Erscheinungswelt erleben, wenn er nicht in ihr zentriert oder nicht mit ihr vertraut wäre. *(Pause.)*

Die Welt trat, kann man also sagen, auf die gleiche Weise ins Sein, wie eine Vorstellung es tut. Die stofflich-materielle Welt dehnt sich auch in derselben Weise aus wie eine Idee. Um euch die Sache verständlich zu machen, spreche ich von der Welt, die ihr wahrnehmt, von der Erde, die ihr kennt, aber selbstverständlich gibt es wahrscheinliche Erden, die ebenso real sind wie die eure. Sie existieren neben der euren und sind untereinander vielschichtig verbunden. Mit den Worten ausgedrückt, die eure Wissenschaft benutzt, gab es keine lineare Evolution, sondern gewaltige *(lange Pause)* Explosionen des Bewußtseins, eine Ausdehnung der Fähigkeiten, eine Entfaltung der Fähigkeiten aller Arten, und diese Vorgänge dauern seit jeher noch heute an. Es sind dies die inneren Vorgänge, durch die sich das Bewußtsein Ausdruck verleiht.

Im Verlauf dieses Buches werde ich einige von ihnen schildern; sie stellen intuitive Erkenntnissprünge dar. Die Verhaltensmuster von Tieren sind beispielsweise keineswegs so starr und endgültig, wie ihr annehmt. Und euer körperlich-materielles Erleben hängt mit Traumerfahrungen zusammen, die mit dem, was ihr objektiv Handeln nennt, zutiefst verflochten sind.

Ohne eure Mythen hättet ihr »Tatsachen« nie entdeckt.

Einen Moment bitte ... Ende des Diktats.

(21.48 Uhr. Seth kam nun mit einer recht langen Abhandlung über die psychologischen Manipulationen durch, die Jane und ich zwischen den Bezugssystemen 1 und 2 vornehmen, und gab uns Hinweise, wie wir einander an den Übergängen beider Systeme helfen konnten. Ende um 22.13 Uhr).

Sitzung 888, Montag, den 10. Dezember 1979

(Am letzten Samstag abend besuchte uns Dr. L. Guy [so werde ich ihn nennen], Professor der Psychologie an einer bekannten Universität in der Nähe. Er hatte Jane am 16. November geschrieben. Als Jane ihn daraufhin anrief, gab er ihr zu verstehen, daß er auf Wunsch eines gewissen Dr. Camper [wieder ein Pseudonym] Kontakt mit ihr aufgenommen habe. Dr. Camper, Soziologieprofessor an einer Universität im Mittelwesten der USA, hatte Dr. Guy gebeten, Jane dazu aufzufordern, ihre parapsychischen Fähigkeiten testen zu lassen. [Übrigens haben sich die beiden Wissenschaftler bisher nicht persönlich kennengelernt.]*

Der Abend war sehr angenehm verlaufen. Dr. Guy kennt eine Reihe von auf dem Gebiet der Parapsychologie führenden Persönlichkeiten. Sowohl er wie auch Dr. Camper sind stark auch an Magie interessiert. Seth kam ein paar Mal durch und setzte Dr. Guy auseinander, wie er sich tief genug entspannen könne, um die psychischen Signale zu empfangen, an denen er so interessiert sei. Merkwürdigerweise brachte Dr. Guy kein Tonbandgerät mit. Wir benutzten auch keins, und daher verschwand das Seth-Material erstmals ebenso schnell, wie es dargeboten wurde — für uns eine eigenartige Erfahrung. Jane-Seth diskutierte mit Dr. Guy auch über die Magie und die Motivationen, die ihrer Ausübung zugrunde liegen. Und im Gegenzug gab Dr. Guy Jane und mir — wir waren erstaunt — am Salontisch eine kleine magische Darbietung zum Besten.

Wie Jane später bemerkte, hatte Dr. Guy mit keinem Wort auf die Seth-Demonstration reagiert; doch ich hatte beobachtet, daß er genauso gebannt zugehört hatte, wie viele andere vor ihm. »Ich vermute, er wird nun an Dr. Camper schreiben«, sagte Jane. Wir hatten Dr. Guy nicht danach gefragt. Er überließ uns ein von einem Wissenschaftler verfaßtes Buch über ein berühmtes Medium; ich werde es an ihn zurückschicken, sobald wir es gelesen haben.)

(21.04 Uhr. Mit einem Lächeln:) Guten Abend.

(»Guten Abend, Seth.«)

Diktat. Ihr könnt Vorgänge nur dann lokalisieren oder bestimmen,

---

* Im letzten Sommer kamen Jane und ich auf schriftlichem Weg selbst mit Dr. Camper in Kontakt. Diese Begebenheiten sind zu kompliziert, als daß ich sie hier schildern könnte, doch Jane geht in ihrem Buch »*God of Jane*« hinlänglich darauf ein.

wenn sie auf die eine oder andere Weise eurer Wahrnehmung zugänglich sind.

Mikroskopische oder makroskopische Abläufe könnt ihr nicht wirklich präzise lokalisieren oder festhalten. Ihr könnt »unsichtbare« Vorgänge nicht ausmachen, denn auch wenn eure raffinierten Instrumente sie registrieren, sind sie ihnen nicht im selben Zeitgefüge begegnet. Ich möchte das kurz erörtern, damit wir später die Lage des Universums besprechen können.

Jeder Vorgang, den ihr wahrnehmt, ist nur ein Teil der wahren Dimensionen des betreffenden Vorgangs. Der Beobachter und das beobachtete Objekt sind in den Vorgang involviert und beeinflussen sich gegenseitig. Diese Wechselbeziehung besteht immer, in jedem Realitätssystem und auf jedem Aktivitätsniveau. Zum Beispiel »weiß« in gewisser Hinsicht sogar ein Elektron, daß es von euren Instrumenten beobachtet wird. Die Elektronen des Instruments stehen in Beziehung mit dem Elektron, das Wissenschaftler »isolieren« möchten, um es zu untersuchen.

Ganz abgesehen davon gibt es jedoch etwas, das wir vorläufig einmal als das »kollektive Unbewußte« aller Elektronen bezeichnen wollen, die an dem gesamten, scheinbar isolierten Vorgang der Beobachtung des Elektrons durch die Wissenschaftler beteiligt sind. Innerhalb des Spielraums eurer Aktivitäten könnt ihr Vorgänge nur dann angemessen identifizieren, sie in Zeit und Raum projizieren, wenn ihr bestimmte Teile wesentlich größerer und wesentlich kleinerer Vorgänge isoliert und eine ganz spezifische Abfolge der Vorgänge als real anerkennt.

(Nach einer Pause, einer von vielen:) Das Licht kann als Welle oder als Teilchen* definiert werden, und das gleiche gilt oft auch anderwei-

---

* Seth hätte besser sagen sollen, daß Licht als Welle (elektromagnetische Schwingung) oder als Teilchen *auftritt,* doch er drückte es nicht so aus, und ich lasse stehen, was er gesagt hat. Jane warf mir einen wissenden, etwas amüsierten Blick zu, während Seth diesen Abschnitt diktierte, denn offensichtlich bezog sich sein Stoff auf eine Anmerkung, die ich Jane heute gezeigt hatte — eine meiner Fußnoten (zu Sitzung 823) in *»Individuum und Massenschicksal«.* Ich versuche mich darin auf sehr einfache Art mit der Unschärferelation und mit der Komplementarität des Lichts zu befassen, aber auch mit anderen Grundsätzen der Physik.

Ich glaube, daß ein guter Teil der heutigen Seth-Äußerungen durch meine aus dieser Fußnote ersichtlichen Bemühungen inspiriert wurde. Ein derartiger Austausch spielt sich zwischen Jane (Seth) und mir häufig ab und findet auch seinen Niederschlag in den Büchern.

tig. Beispielsweise läßt sich das Bewußtsein als Welle oder als Teilchen definieren, denn es kann als das eine oder das andere agieren und als das eine oder andere in Erscheinung treten, auch wenn seine eigentliche Definition die schöpferische Fähigkeit einschließen müßte, sich selbst zu materialisieren.

Ihr könnt den Anfang des Universums zeitlich nicht bestimmen — denn *(plötzlich lauter)* jener Anfang ist gleichzeitig zu gewaltig und zu winzig, als daß er in irgendeine eurer Kategorien passen könnte. Solange alles in diese eure Kategorien übersichtlich und in sich geschlossen zu passen scheint, bewegt ihr euch mit brillanter Nonchalance auf dem Schauplatz von Zeit und Raum. Zeit und Raum sind aber nur Hilfsgrößen, psychologische Variablen. *(Pause.)* Wenn ihr nach dem Alter des Universums oder der Welt fragt, dann geht ihr wie selbstverständlich davon aus, daß es sich bei Zeit und Raum um Konstanten, ja etwas nahezu Absolutes handelt. Ihr fragt nach Antworten, die nur dann gefunden werden können, wenn ihr den Kontext eurer Alltagserfahrungen verlaßt — denn innerhalb dieses Erfahrungsbereichs werdet ihr immer auf Anfang und Ende stoßen, auf einander folgende Augenblicke und auf eine dreidimensional festgefügte Stoffwelt, in der es scheinbar keine Anhaltspunkte für einen anderen als eben den materiellen Ursprung gibt.

(Nach einer Pause um 21.23 Uhr:) Die körperlich-materielle Welt, wie ihr sie kennt, ist einzigartig und von entscheidender Bedeutung für das ganze Universum. Sie ist ein integraler Bestandteil des Universums, und doch ist sie auch eine eigenständige Wirklichkeit ihrer selbst. Diese Wirklichkeit ist abhängig von den Wahrnehmungen all der Lebensformen, aus denen sie besteht. Doch sie ist auch eine Schöpfung des Bewußtseins, die sich aus der göttlichen Energiegestalt zu einer einzigartigen Form des Ausdrucks erhebt — und jene göttliche Seinsgestalt ist von so unvorstellbarem, multidimensionalem Ausmaß, daß ihre gesamte Wirklichkeit in irgendeiner ihrer zum Ausdruck kommenden Realitäten oder Welten nicht sichtbar werden kann.

Die Zeit ist eine Hilfsgröße, der Raum ebenfalls. Das Universum begann daher nicht zu einem bestimmten Zeitpunkt oder an einem bestimmten Ort im Raum — denn *(lauter)* man kann zu Recht sagen, daß der gesamte Raum und die gesamte Zeit simultan in Erscheinung traten und simultan in Erscheinung treten.

Ihr könnt die Lage des Bewußtseins nicht bestimmen. *(Lange Pause.)*

Wenn ihr träumt, könnt ihr den Schauplatz eures Traums nicht ebenso exakt bezeichnen, wie ihr zum Beispiel den Standort eines Stuhls oder Schreibtisches lokalisieren könnt, die möglicherweise neben dem Bett, in dem ihr träumend liegt, auf dem Boden stehen. Doch auch der innere Schauplatz eurer Träume ist real, und bedeutungsvolle Aktivitäten können sich dort abspielen. Der physikalische Raum ist in derselben Art vorhanden, nur ist er ein psychologischer Gemeinschaftsbesitz der Massen — doch am Anfang gab es eine »Zeit«, da dies nicht der Fall war.

Am Anfang hatte der physikalische Raum etwa die Eigenschaften, die heute für euch der Raum in euren Träumen hat. Er schien eher persönlich-privater Natur zu sein, und nur langsam, sozusagen, wurde er Gemeingut. *(Pause.)*

Wie sah eine solche Welt aus, und wie könnt ihr sie überhaupt mit der Welt, die ihr kennt, in Zusammenhang bringen?

Ende des Kapitels.

3
Schlafwandler in einer Welt in Trance und das Erwachen der Arten

Fortsetzung der Sitzung 888, Montag, den 10. Dezember 1979

(21.36 Uhr.) Kapitel drei.

(»Drei?«)

Drei: Schlafwandler in einer Welt in Trance und das Erwachen der Arten. So lautet die Überschrift. *(Pause.)*

Geduldet euch einen Moment ... Ihr habt euch angewöhnt, auf gewisse Vorgänge des Nervensystems zu reagieren und andere zu ignorieren, die dann einfach als Vorgänge im Hintergrund ablaufen. Diese Vorgänge sind Grundlage für Millionen von Kräften: für Nervenreize, die ihr als biologisch real akzeptiert. Die anderen, die Hintergrundreize, könnt ihr zwar nur unter größten Schwierigkeiten identifizieren, doch sind sie immer im Hintergrund eures Wachbewußtseins vorhanden, wie ein Geplauder im Traum, das unterhalb der Schwelle eurer wachbewußten Assoziationen vonstatten geht.

In neurologischer Hinsicht stimmt ihr euch nur auf einen Teil der Realität eures Körpers ein und bemerkt die bedeutsame, in den Dimensionen winzige, aber äußerst lebhafte Kommunikation nicht, die in der mikroskopisch kleinen, doch vitalen Welt der Zellen ständig hin und her geht.

Nach euren Kriterien sind Elektronen und ebenso auch euer zellulares Bewußtsein präkognitiv veranlagt. Die relative zeitliche Beständigkeit eures Körpers hängt von dem großartigen Verhalten der Elektronen im Umgang mit Wahrscheinlichkeiten ab. *(Pause.)* Die Stabilität der Zelle und ihr verläßliches Funktionieren im Gesamtgefüge des Körpers hängen von der ihr angeborenen Fähigkeit zu sofortiger Kommunikation und prompter Entscheidung ab, denn jede Zelle kommuniziert mit allen anderen und ist durch Bewußtseinsfelder*

---

* Seths »Bewußtseinsfeld« klingt wie eine Weiterentwicklung der Feldtheorie der Physik. In der Physik wird jedoch ein Feld als »Energie und Bewegung« und nicht als Bewußtsein bezeichnet.

mit allen anderen verbunden, in denen jede Entität von welchem Rang auch immer eine Rolle spielt.

Auf einer Ebene gehorchen eure Zellen den Gesetzen der Zeit, doch auf anderen Ebenen setzen sie sich darüber hinweg. Alle diese Kommunikationsvorgänge gehören zur menschlichen Teilhabe an der Realität, und sie alle laufen unterhalb der Reizschwelle dessen ab, was ihr gemeinhin als Bewußtsein betrachtet. Jeglicher Vorgang in eurer Welt kommt ursprünglich nicht aufgrund körperlich-materieller Teilchen zustande. Diese Vorgänge sind das Ergebnis geistig-seelischer Aktivität.

(21.51 Uhr.) Geduldet euch einen Moment ... »Am Anfang« wart ihr euch dieser geistig-seelischen Aktivität bewußt. Sie hatte sich auch »noch nicht« zur Form verdichtet. *(Mit Nachdruck:)* Die Form war zwar vorhanden, doch noch nicht sichtbar. Ich schätze die folgende Analogie zwar nicht sonderlich, doch ist sie nützlich: Statt kleinster materieller Teilchen *(lange Pause)* gab es infinitesimal kleine Bewußtseinseinheiten, die sich allmählich zu größeren umformten — doch eine kleinere Bewußtseinseinheit ist nicht »weniger als« eine größere, denn jede Bewußtseinseinheit birgt in sich das ihr — bitte hervorheben — angeborene Erbe All-dessen-was-ist.

Ihr erachtet den rationalen Verstand, wie ihr ihn kennt, als den Sachwalter eures Bewußtseins, das wohlüberlegter Absichten fähig ist, das sich seiner selbst gewahr wird und mit der Gabe der Logik und dem Verständnis für Symbolsprache und -formen ausgestattet ist. Dies scheint aber lediglich deshalb zuzutreffen, weil ihr nur in einem bestimmten Umfeld bewußt tätig werdet und Erfahrungen nur innerhalb eines bestimmten, begrenzten Spektrums lokalisieren könnt.

Ende des Diktats. Für unseren Freund noch einige Hinweise.

(22.01 Uhr. Nun gab Seth einige Hinweise für Jane und verabschiedete sich dann um 22.10 Uhr. Trotz der vielen Pausen, die Jane an diesem Abend gemacht hatte — und die von mir größtenteils nicht vermerkt wurden —, war ihr Vortrag oft sehr nachdrücklich und bedeutungsvoll gewesen. Die Pausen dienten hie und da gewissermaßen als zusätzliche Interpunktion und Betonung für Seths Informationen.)

Sitzung 889, Montag, den 17. Dezember 1979

(Vor vier Tagen fand Jane den meiner Ansicht nach besten Titel für den Gedichtband, den sie zusammenstellt: »If We Live Again: Love's Lives and Probable Selves.« Neben der Arbeit an »God of Jane« schrieb sie einige hervorragende neue Gedichte für das Buch und auch einige als Weihnachtsgeschenk für mich — doch sie geht dabei sehr heimlich zu Werke; ich soll nicht erfahren, was sie vorhat.

Die letzte Nacht war die bisher kälteste dieses Winters, und als wir uns heute abend zur Sitzung niederließen, war es nicht viel wärmer. Dennoch ist es in unserer Region für die Jahreszeit bis jetzt außerordentlich mild gewesen. Wir hatten heuer noch keinen Schnee — bisher jedenfalls!

Jane rief mich um 20.30 Uhr, um mir zu sagen, sie sei bereit für die Sitzung. »Es ist besser, wenn ich anfange«, sagte sie. »Sonst komme ich vielleicht in Versuchung, sie zu verschieben; ich entspanne mich zu sehr. Ich habe von Seth einige großartige Sachen für das Buch aufgefangen ...« Und das ist auch der Grund, warum wir die für letzten Mittwoch abend regulär geplante Sitzung hatten ausfallen lassen: Jane war dermaßen entspannt gewesen, daß sie sich nicht einmal darauf konzentrieren mochte, in Trance zu gehen.)

(20.45 Uhr.) Diktat.

Nun: Die Bausteine der Materie nenne ich BE's — Bewußtseinseinheiten. Sie formen die stoffliche Materie, wie sie nach eurem Verständnis und in eurer Erfahrung vorhanden ist. Bewußtseinseinheiten bilden aber auch andere Materie, die ihr nicht wahrnehmt.*

---

* Später bat ich, diese höchst faszinierende Aussage zu erläutern. Seths Antwort war so kurz, daß ich sie nachstehend einfügen kann. Leider kam es nicht zu einem ausführlicheren Kommentar. Ich bin aber sicher, daß es bei dem Thema der »anderen Materie« um schier unendliche Verzweigungen gehen dürfte.

»Bewußtseinseinheiten wirken dabei mit, körperlich-materielle Realitäten zu schaffen — so wie Ruburt es tatsächlich schon in einigen seiner Gedichte angedeutet hat. Nun gibt es aber viele Dimensionen, in denen stoffliche Welten gleich wie eure Welt vorhanden sind, doch solange ihr euer Bewußtsein nicht in ihnen zentriert, bemerkt ihr deren Existenz überhaupt nicht, sondern nehmt nur leeren Raum wahr.

Im Universum geht nichts verloren, nie verschwindet etwas, noch wird es verschwendet; daher trägt die Energie eurer Gedanken, auch wenn es nichtsdestoweniger noch eure Gedanken sind, dazu bei, die natürlichen Eigenschaften stofflicher Realitäten hervorzubringen, die ihr nicht wahrnehmt. Auch eure Welt setzt sich aus Bewußtseinseinheiten zusammen. Ihre natürlichen Elemente sind die glitzernden Überbleibsel anderer Bewußtseinseinheiten, die ihr nicht seht.«

Die Bewußtseinseinheiten verhalten sich entweder als »Teilchen« oder als »Wellen«. In beiden Fällen sind sie sich ihrer Existenz gewahr. Wenn Bewußtseinseinheiten als Teilchen agieren, bauen sie eine raum-zeitliche Kontinuität auf. Sie nehmen die Charakteristika der Partikularität an. Sie geben sich durch die Festsetzung spezifischer Grenzen eine Identität. *(Lange Pause.)*

Sie nehmen also bestimmte Formen an, wenn sie als Partikel agieren, und erleben ihre Realität aus »dem Mittelpunkt« dieser Formen heraus. Sie konzentrieren sich auf ihre einmaligen Spezifikationen oder richten dort ihren Brennpunkt ein. Sie werden — bitte hervorheben — nach eurem Verständnis individuell.

Verhalten sich die Bewußtseinseinheiten jedoch als Wellen, setzen sie ihrem Selbstgewahrsein keinerlei Grenzen — und wenn sie als Wellen agieren, können die Bewußtseinseinheiten tatsächlich gleichzeitig und das heißt auch zu jeder Zeit an mehreren Orten zugegen sein.

Mir ist klar, daß diese Ausführungen schwer zu verstehen sind. Doch *(Pause, dann mit großem Nachdruck)* nochmals: Es kann eine Bewußtseinseinheit an allen Orten gleichzeitig zugegen sein. Die Aussage, eine als Welle operierende Bewußtseinseinheit sei präkognitiv oder überhaupt hellsichtig, ist insofern irrelevant, als sie über die Fähigkeit verfügt, simultan an allen Orten und in allen Zeiten zugegen zu sein.

Diese Bewußtseinseinheiten — und nicht die subatomaren Einheiten der Quantenphysik — sind die Bausteine der Materie, und zwar jeglicher Materie — der des menschlichen Körpers, der Bäume, der Felsen, der Ozeane, der Kontinente sowie, nach eurem Verständnis, sogar des sichtbar gewordenen Raumes.

(Jane-Seth wiederholte die hervorgehobene Äußerung sehr laut, da ich ihn zunächst nicht verstanden hatte.)

Die Bewußtseinseinheiten können als eigenständige Identitäten auftreten oder als Kraft zu einer gewaltigen, harmonischen Welle der Aktivität zusammenfließen. Punkt. In der Tat operieren die Bewußtseinseinheiten ständig auf beide Arten. Eine Identität verliert ihre Partikularität nie mehr, wird nie mehr ausgelöscht, denn ihre Existenz ist ein untilgbarer Teil der »gesamten Welle des Bewußtseins, zu der sie gehört«.

(Nach einer Pause um 21.04 Uhr, einer von vielen:) Jede »partikularisierte« Einheit des Bewußtseins fließt jedoch in dem kontinuierli-

chen Schub mit, der von den Bewußtseinsfeldern erzeugt wird und sowohl Wellen wie auch Teilchen in Bewegung setzt. Jede partikularisierte Einheit verfügt über ein inhärentes Wissen um alle anderen Teilchen; auf anderen Ebenen wiederum operieren die Einheiten, wie gesagt, als Wellen. Grundsätzlich bewegen sich diese Einheiten schneller als Licht* und verlangsamen, wie ihr es versteht, ihre Geschwindigkeit nur, um Materie zu bilden. *(Pause.)* Die Bewußtseinseinheiten können nun als Entitäten oder auch als Kräfte betrachtet werden, nachdem sie in beiderlei Formen auftreten. Aus metaphysischer Sicht könnte man sie als den Punkt bezeichnen, an dem Alldas-was-ist tätig wird, um eure Welt zu erschaffen — als Energiequelle nie endender schöpferischer Inspiration, als Ausgangspunkt der Metamorphose zweifellos göttlichen Ursprungs, der die materielle Welt ihre Entstehung aus der höheren Realität des göttlichen Bewußtseins verdankt. In wissenschaftlicher Hinsicht können die Bewußtseinseinheiten als Bausteine der Materie betrachtet werden. In ethischer Hinsicht stellen sie die spektakulären Grundlagen der nach Werterfüllung strebenden Welt dar: sämtliche Bewußtseinseinheiten sind miteinander verbunden, eine jede ist jeweils Teil jeder anderen, und jede hat Anteil an der Gesamterfahrung jeglichen Geschehens. Ich werde noch darauf zu sprechen kommen, wie sich dies auf eure Einstellung gegenüber den anderen Lebewesen eurer Erde wie auch auf eure Beziehung zu dem Planeten, den ihr mit ihnen teilt, auswirkt.

(Pause um 21.17 Uhr. Wieder einmal, wie schon oft seit Beginn der Arbeit am vorliegenden Buch, hinterließen Janes Trance-Kundgaben den Eindruck inspirierten Engagements. Ihre Aussagen wurden in eindringlichem, fast pathetischem Ton vorgebracht. Es war Jane unschwer anzumerken, daß sie die Arbeit an dem Buch genoß — daß sie es nötigenfalls sogar zuließ, davongetragen zu werden. Vielleicht stimmt die Art ihrer Darstellung und ihres Vortrags mit der von Seth vor fast drei Monaten im Vorwort diktierten Ankündigung überein: »Dieses Buch wird mein bisher ehrgeizigstes Projekt sein. Punkt.«)

---

* Nach Albert Einstein kann kein Materieteilchen in unserem Universum aus dem Ruhezustand auf volle Lichtgeschwindigkeit beschleunigt werden, die in einem Vakuum etwa 299 000 Kilometer pro Sekunde beträgt. Wie ich in der *»Unbekannten Realität«*, Band 2, Anmerkung 1 zu Sitzung 709 schrieb, werden jedoch hypothetische Partikel, die schneller sind als Licht, im Kontext der Einsteinschen speziellen Relativitätstheorie für möglich gehalten.

Am Anfang wurden die Bewußtseinseinheiten, die innerhalb einer psychologischen Gestalt, der göttlichen Seinsgestalt, existierten und mit deren unvorstellbarer Kreativität ausgestattet waren, ihrerseits kreativ tätig, begannen zu forschen und strebten die Erfüllung der ihnen inhärenten Werte an. Sie operierten sowohl als Wellen wie auch als Teilchen, teils von ihrer eigenen schöpferischen Unruhe, teils von der unersättlichen Kreativität All-dessen-was-ist getrieben, und nahmen schließlich das Projekt in Angriff, das Zeit und Raum und euer gesamtes Universum ins Sein brachte. Sie waren — als kleinste Bewußtseinsträger — demnach die ersten Wesenheiten.

Ich möchte, daß ihr euch eine Situation vorzustellen versucht, in der *(lange Pause)* eine psychologisch-energetische Kraft existiert, die unter anderem die Fähigkeit besitzt, zugleich auf der mikroskopischsten wie auch der makroskopischsten Ebene zu agieren, die in sich selbst *(lange Pause, Augen geschlossen)* eine Million eigenständiger, i n t a k t e r, einzigartiger Entitäten erschaffen kann und dabei immer noch als Teil dieser Entitäten wie auch als größere Einheit, als deren Quelle, agiert — in diesem Fall ist sie eine Welle, aus der die Teilchen hervorgehen. Diese Beschreibung trifft auf unsere Bewußtseinseinheiten zu.

(21.26 Uhr.) So entstand eure Welt von innen nach außen. In der Zentrierung auf ein Sein als körperlich-materielle Geschöpfe kreierten die Bewußtseinseinheiten das, was ihr für die Eigenart körperlich-materieller Individuen haltet: unterschiedliche Besonderheiten, die dafür sorgten, daß jedes in einem Körper zentrierte Bewußtsein über ihm eigene originelle Varianten verfügte, schöpferisches Potential besaß, die Möglichkeit hatte, völlig ursprüngliche Erfahrungen zu machen und eine Perspektive oder einen Standpunkt eigener Art einzunehmen, von dem aus es an der Realität teilhaben konnte — an einer Realität, die *(mit großem Nachdruck)* i n s e i n e r E r f a h r u n g s - w i r k l i c h k e i t von keinem anderen Individuum auf die gleiche Art erlebt werden konnte. Das ist die privilegierte, immer neue, persönliche und unmittelbare Erfahrung jedes Individuums welcher Gattung oder Art oder welcher Entwicklungsstufe auch immer, wenn ihr es dem höheren Universum gegenüberstellt.

In anderen Erfahrungswirklichkeiten bewegt sich die Individualität, während sie als solche erhalten bleibt, auf den wellenartigen Schwingungen des Bewußtseins weiter. Sie ist überall zugleich, und die Bewußtseinseinheiten, die euren Zellen inhärent sind, kennen die

Bewußtseinsinhalte aller anderen Bewußtseinseinheiten in Zeit und Raum.

Nochmals: Am Anfang agierten diese Einheiten sowohl als Teilchen wie auch als Wellen. Ihre Zentrierung richtete sich aber nicht ausschließlich auf das Stofflich-Materielle, wie ihr es kennt. Was ihr heute als den Traumzustand kennt, entsprach am Anfang dem Wachbewußtsein, denn es war von Anfang an die gültige Ausdrucksform zielgerichteter Aktivität, Kreativität und Macht. Der Traumzustand ist bis heute ein Bindeglied zwischen den Realitäten des Bewußtseins und denen der Stoffwelt geblieben, und als Spezies erlerntet ihr das Gehen, indem ihr zunächst buchstäblich Schlafwandler wart. Ihr wandeltet im Schlaf. Ihr träumtet eure Sprachen. Ihr spracht in euren Träumen und schriebt später die Alphabete nieder; und stets wurden euer Erkenntnisstreben und euer Intellekt von der großen inneren Seinswirklichkeit, aus der euer individuelles Bewußtsein hervorging, angefeuert, geschärft, vorangetrieben.

Die Materie hätte aus sich selbst heraus niemals Bewußtsein produzieren können. Auch nicht ein einziges individuelles Bewußtsein hätte aus purem Zufall ins Dasein treten und nicht ein einziger Gedanke hätte aus noch so vielen Nervenenden entspringen können, wenn die Materie selbst nicht von Anfang an von Bewußtsein beseelt und mit Lebenswillen ausgestattet worden wäre. Ein Mensch, der glaubt, das Leben habe wenig Sinn, verläßt es schnell — und *(mit Nachdruck)* eine sinnlose Existenz könnte nie Leben hervorbringen. Auch wurde das Universum nicht für die Menschheit allein geschaffen — von einem Gott, der einfach die Oberaufsicht über eben diese Gattung ausübt und ebenso eigensinnig und zerstörerisch vorgestellt wird wie im schlimmsten Fall der Mensch.

(21.45 Uhr.) Statt dessen handelt es sich um eine innere Qualität multidimensionaler Aktivität, ein riesiges Feld multidimensionaler Kreativität, um einen Schöpfer, der an jeder seiner Schöpfungen teilhat und dennoch größer als die Summe seiner Teile ist: Dieser Schöpfer kann sich als Maus auf einer Wiese erleben oder als die Wiese oder als den Kontinent, auf dem sich die Wiese befindet, oder als den Planeten, der den Kontinent enthält, oder als das Universum, zu dem der Planet gehört — eine Kraft, die in sich ganzheitlich und trotzdem teilbar ist, welche Einheit und zugleich unvorstellbare Vielfalt beinhaltet, eine Kraft, die ewig und zugleich sterblich ist, eine Kraft, die sich kopfüber in die eigene Kreativität stürzt, die die Jahreszeiten

erfindet und zugleich auch erlebt, die sich durch Individuation verherrlicht und sich dabei doch immer der großen Einheit bewußt ist, die allen Erfahrungen der Individualität zugrunde liegt, die in diesen enthalten ist und durch die sie zum Ausdruck kommt: eine Kraft, aus der in jedem Augenblick vergangene und zukünftige Zeiten in jede mögliche Richtung fließen. *(Lange Pause.)*

(Jane hatte den ganzen Abschnitt flüssig und mit großer Intensität vorgetragen, und ich habe die Satzzeichen nach bestem Vermögen so gesetzt, wie der Text aus ihr herauskam. Ich glaube, ich habe sie noch nie beredsamer und sicherer für Seth sprechen hören. Dieses Buch regt sie wirklich an.)

Ich will mich jedoch an eure Ausdrucksweise halten und von einem Anfang sprechen, und an diesem Anfang wurde es dem Menschen durch seine Träume ermöglicht, sich in der stofflichen Realität zurechtzufinden. Die Traumwelt war der erste Schauplatz, auf dem er lernte. In Zeiten der Trockenheit träumte er von Orten, an denen Wasser zu finden war. In Zeiten des Hungers träumte er von Orten, an denen Nahrung zu finden war. Das bedeutet, daß sein Träumen ihn in die Lage versetzte, die Lande hellsichtig zu überschauen. Er verschwendete keine Zeit mit der Methodik von Versuch und Irrtum, die ihr heute für etwas Selbstverständliches haltet. In den Träumen agierte sein Bewußtsein als Welle.

In vorgeschichtlichen Zeiten waren die Träume aller Gattungen und Arten auf eine Weise, die euresgleichen heute fast unbekannt ist, etwas G e m e i n s a m e s: So befragte der Mensch in seinen Träumen zum Beispiel die Tiere — lange bevor er lernte, den Spuren der Tiere zu folgen: Wo gibt es Nahrung oder Wasser? Wie ist das Land strukturiert? Der Mensch erforschte den Planeten, weil seine Träume ihm sagten, daß das Land vorhanden war.

Die Menschen waren nicht annähernd so isoliert, wie es heute der Fall zu sein scheint, denn in ihren Träumen teilten sie einander ihre Aufenthaltsorte und ihre Bedürfnisse mit und verständigten sich auch über die Eigenarten ihrer Kulturen, ihres Wissens und ihrer Künste. All die Erfindungen, von denen ihr heute oft meint, sie hätten sich rein zufällig ergeben, sämtliche Entdeckungen, vom ersten Werkzeug bis zur Erkenntnis der Bedeutung des Feuers oder zu den Errungenschaften der Eisenzeit, der gesamte Erfindungsreichtum waren das Ergebnis inspirativer und kommunikativer Vorgänge, die sich in der Traumwelt abspielten. Der Mensch träumte seine Welt und schuf sie dann, und vorher träumten die Bewußtseinseinheiten den Menschen und all die Arten, die ihr kennt.

(Nach einer Pause um 22.02 Uhr:) Um Mißverständnisse auszuschließen, möchte ich einen Punkt besonders hervorheben: Die Traumwelt beinhaltet keineswegs ein Tätigkeitsfeld, dem Logik und Ziel oder Intelligenz abgehen. Es verhält sich nur so, daß ein großer Teil ihrer umfassenden Realität durch eure begrenzte Wahrnehmung ausgeklammert wird; das träumende Bewußtsein kann eure Computer ohne weiteres in den Schatten stellen. Ich möchte eure intellektuellen Fähigkeiten keineswegs unterbewerten — aber ich betone, daß sie nur deshalb so leistungsfähig sind, wie ihr sie kennt, weil das träumende Selbst ständig die volle Kapazität des von Intuition angereicherten Verstandes benutzt.

Die rein intellektuellen Fähigkeiten, wie ihr sie kennt, können *(Pause)* dem Vergleich mit den inneren Fähigkeiten, die Teil eurer geistig-seelischen Realität sind, nicht standhalten.

Ende des Diktats.

(»In Ordnung.«)

(22.08 Uhr. Seth kam nun mit Bemerkungen durch — sie wurden hier weggelassen —, die für Jane und mich bestimmt waren. Dann:)

Habt ihr Fragen?

(»Was hältst du von meinen Überlegungen zu den täglichen Fernsehnachrichten?«)*

---

* Noch vor wenigen Stunden hatten Jane und ich uns darüber Gedanken gemacht, warum wir uns ständig von einer Flut übler Nachrichten überschwemmen lassen, die uns im Fernsehen jeden Abend angeboten werden. Das Geiseldrama im Iran ist nur ein Beispiel. Ich ließ die Bemerkung fallen, mir scheine, die meisten Probleme unserer Welt rührten von unserer alltagsbezogenen Denkweise her, weil die Menschheit so sehr auf ein vom Wachbewußtsein gesteuertes Verhalten fixiert ist — regional, national und weltweit —, daß offenbar kaum Aussichten bestünden, jemals aus diesem eingefahrenen Verhaltensmuster auszubrechen. Unsere Geschichte sei, versuchte ich zu erklären, Ausdruck einer starrköpfigen Weigerung, unsere eingeschliffenen Überzeugungen zu ändern, wenngleich ich zugeben muß, daß es viele komplexe Gründe für das uns mitbetreffende Verhalten der Massen gibt.

Ich hatte auch das Gefühl, meine Frage sei aus Janes und meinen besonderen Bemühungen der letzten Zeit erwachsen, unsere Denkgewohnheiten zu verbessern und vermehrt so zu denken, daß wir Tag für Tag Resultate erzielen, die wir auch wirklich haben wollen. Ich wende eine Reihe von Grundsätzen an, die Seth uns am 1. Januar dieses Jahres durchgab — auch wenn Jane ihnen merkwürdigerweise nicht viel Beachtung schenkt. Zweifellos aber hat sich unsere Einstellung in letzter Zeit entscheidend verbessert, so daß wir mehr innere Ruhe gefunden haben.

Es ist nicht so wichtig, ob du die Nachrichtensendungen anschaust oder nicht — doch es ist von großer Bedeutung, was du über das Weltgeschehen denkst.

Wesentlich ist die Sicht, aus der du das Weltgeschehen betrachtest, und es stimmt, daß die heutigen Kommunikationsmittel dem Wachbewußtsein eine viel größere Informationsflut bescheren, als dies früher der Fall war. Doch eben diese Informationsflut gewährt dem Menschen Einblick in seine Aktivitäten. Wenn auch weltweit Zeichen eines neuen Nationalismus sichtbar werden, beginnen die betreffenden Nationen unter neuen Vorzeichen, und die Augen der Welt ruhen auf ihnen.

Euer Land muß sich mit den Folgen seiner eigenen Politik auseinandersetzen — den Folgen der Machtgier wie auch der guten Absichten; doch ist es auf eine neue Art ins Blickfeld der Öffentlichkeit getreten. Die Welt wird schon bald als Einheit betrachtet werden, doch kann es dabei insofern zu Veränderungen in der allgemeinen Verteilung der Verantwortung kommen, als jene, die bisher nicht viel bezahlt haben, dann mehr bezahlen müssen.

Auch die Folgen des Fanatismus treten offen zutage. Niemals zuvor war es möglich, daß jedes Individuum in der Lage war, sich einen solchen Überblick über das Weltgeschehen zu verschaffen, niemals war es weniger gezwungen, sich mit der Politik seiner Regierung zu identifizieren. Das ist für sich genommen bereits eine Öffnung für schöpferische Leistung. Und sie besagt auch, daß der Mensch die Augen vor den Ungerechtigkeiten der Welt nicht verschließt.

Ende der Sitzung. Einen schönen guten Abend.

(»Gleichfalls, Seth. Danke sehr.«)

(22.18 Uhr. »Das war eine ziemlich geballte Ladung!« rief Jane, als sie aus ihrer Trance erwachte. »Ich hatte einfach das Gefühl, wir bekämen tolle Sachen zu hören — ich habe es einfach gespürt. Ich erinnere mich nicht so genau daran, was Seth alles gesagt hat, aber ich war, ohne es zu wissen, von dem überzeugt, was er sagte. Weißt du, was ich meine?«

Sicher wußte ich das. Ich gratulierte ihr zu dieser Sitzung.)

Sitzung 890, Mittwoch, den 19. Dezember 1979

(Jane war etwas gereizt, als die Zeit für die Sitzung näherrückte. Sie reagierte ein wenig merkwürdig und verständlicherweise auch unwillig, als ich mich bei ihr erkundigte, ob sie heute abend überhaupt Fragen für Seth habe. Sie hatte mit der Sitzung eigentlich um 20.00 Uhr beginnen wollen, doch es hatte nicht geklappt. »Aber jetzt spüre ich, daß er in der Nähe ist«, sagte sie wenig später. Ihr Vortrag war zu Beginn der Sitzung stockend.)

(21.17 Uhr.) Nun: Guten Abend.

(»Guten Abend, Seth.«)

Diktat: Das innere Universum *(Pause)* ist eine Gestalt, die sich aus Feldern bewußter Energie zusammensetzt und das enthält, was wir vorläufig als »Inbegriff der Information« bezeichnen wollen — doch später werden noch Ergänzungen folgen, weil es sich nicht um die Art von Informationen handelt, die ihr gewohnt seid.

Jeder Bewußtseinseinheit sind all jene Informationen e i g e n, die auch dem Ganzen zur Verfügung stehen, und auch wenn sie als Teilchen agiert, beruht ihre spezifische Natur auf dem großen »Fundus« inneren Wissens des Ganzen. Ein jedes dieser Teilchen kann nur deshalb dort sein, wo es »ist«, das sein, was es ist, und dann sein, wann es ist, weil die Stellung aller Teilchen zueinander, die Beschaffenheit und Inhalte aller anderen Teilchen bekannt sind. *(Lange Pause um 21.23 Uhr.)*

Im Grunde genommen beginnt eure materielle Welt an jedem Punkt, an dem diese Bewußtseinseinheiten kreativ auftreten. Sie sind die Ursache aller stofflich-materiellen Realität. Andernfalls könnte das Leben nicht von einer Generation zur anderen »weitergereicht« werden. Jede Bewußtseinseinheit intensiviert, steigert ihren Daseinswillen und, so könnte man sagen, erzeugt in ihrem Innern den zündenden Funken eines Urverlangens, der in einem Prozeß »explodiert«, der wiederum zu stofflicher Materialisation führt. Sie verwandelt sich in das, was ich als elektromagnetische Energieeinheit* bezeichne

* Seths erste Ausführungen über die elektromagnetischen Energieeinheiten erfolgten im September und Oktober 1967; vergleichen Sie dazu im Anhang von Janes Buch »*Das Seth-Material*« ihre Auszüge aus den Sitzungen 504 bis 506 und ferner in Kapitel 20 der »*Gespräche mit Seth*« die Sitzung 581 vom 14. April 1971.

zeichnet habe, und läßt sich damit auf eine eigene Art der körperlichen Erfahrung ein.

Wie die Bewußtseinseinheiten operieren auch die elektromagnetischen Energieeinheiten als Felder, Wellen oder Teilchen — doch sind sie, wie ihr es ausdrücken würdet, stärker auf das Materielle ausgerichtet. Bei ihnen sind sozusagen die Würfel gefallen: Sie haben bereits den speziellen Prozeß der Projizierung in Gang gesetzt, der notwendig ist, um körperlich-materielle Formen hervorzubringen. Sie liefern nun die Impulse, die es ermöglichen, eure Welt zu erbauen. Es werden in der Tat zahllose Schritte unternommen, bevor sich die elektromagnetischen Energieeinheiten auf ihre Weise verbinden, um mikroskopisch kleine, materielle Teilchen zu bilden; und auch hier vollzieht sich eine großartige, äußerst behutsame Auslese, wenn sich nämlich diese Einheiten — bitte hervorheben — auf bestimmten Funktionsebenen von ihren eigenen größeren »Informationsfeldern« lösen, um sich auf die verschiedenen Elemente zu spezialisieren, die wiederum die Bildung von tadellos in eure Welt passenden Atomen und Molekülen gestatten.

(Wie auch in der letzten Sitzung wurde Janes flüssiger, sonorer Vortrag nun allmählich etwas gedämpfter.)

Zunächst gibt es also verschiedene Stufen von, sagen wir, Pseudomaterie, von Traumbildern, die nur nach und nach miteinander verschmelzen und körperlich lebensfähig werden. Zwischen der Materie, wie ihr sie kennt, und der Antimaterie, von der in physikalischen Theorien die Rede ist, gibt es eine endlose Mannigfaltigkeit verschiedenartiger »Materie«.

Anders gesagt: In vielen anderen Erfahrungsräumen, nicht nur den euch bekannten, existieren Formen. Die Gebilde in euren Träumen sind ebenso real wie die eurer körperlich-materiellen Dingwelt. Sie passen sich ihrer Umgebung einfach in einer anderen Aktivitätswirklichkeit an, und sie gleichen durchaus den Formen, die zu Beginn eurer Welt bestanden.

Während ihr wie alle Geschöpfe noch das wart, was ich als Schlafwandler bezeichnet habe, waren eure Körper in physischer Hinsicht bereits tauglich. Ihr wußtet jedoch noch nicht so recht, wie ihr von ihnen Gebrauch machen solltet. Heute, im Wachzustand, versteht ihr nicht, wie eure Traumkörper durch die Luft fliegen, sich über Raum und Zeit hinwegsetzen, sich mit Fremden unterhalten können und so weiter. *(Mit großem Nachdruck:)* In gleicher Weise mußtet ihr jedoch einstmals lernen, mit der Schwerkraft umzugehen, euch in Raum und Zeit zurechtzufinden, euch in einer gegenständlichen Welt zu bewegen, und das heißt auch zu atmen, eure Nahrung zu verdauen und überhaupt all die biologischen Vorgänge zu lenken, die ihr heute für selbstverständlich haltet.

Ihr konntet es so lange nicht wagen, euch voll und ganz mit solchen Körpern zu identifizieren, bis ihr gelernt hattet, in ihnen zu überleben; also begannen *(Pause)* die wahren Lebensprozesse im Traumzustand, in dem sich jene neuen Körper mit ihrem auf die Erde ausgerichteten Bewußtsein alle Organe und Glieder ausprobieren sahen. Hinter all dem stand die brillante Verständigung und Zusammenarbeit aller Bewußtseinseinheiten, die den Körper zusammensetzen; eine jede steuerte ihre eigenen Informationen und ihr spezifisches Wissen zur Gesamtorganisation des Körpers bei, und jede war in die äußerst komplexen Beziehungsfelder verwoben, denn die wunderbare Leistungsfähigkeit des Körpers ist das Resultat der Beziehungen, die zwischen all seinen Teilen bestehen und ihn mit Existenzwirklichkeiten verbinden, die stofflich-materiell nicht in Erscheinung treten.

(21.48 Uhr.) Bewußtseinseinheiten, die sich in elektromagnetischen Energieeinheiten entluden, brachten sowohl die Geschöpfe wie auch deren Umwelt in ein und demselben Prozeß hervor, dessen Verlauf man eher als kreisförmig denn als linear bezeichnen könnte. Und so gesehen gibt es selbstverständlich nur verschiedene körperlich-materielle Manifestationen des Bewußtseins — nicht einen Planeten mit seinen Bewohnern, sondern eine ungeteilte Gesamtgestalt erwachten Bewußtseins. Bitte hervorheben: In Begriffen wie diesen ausgedrückt sieht jeder Teil des auf das Stoffliche zentrierten Bewußtseins die Realität und die Erfahrungswelt von seinem eigenen privilegierten Standpunkt aus, um den sich scheinbar alles andere dreht, auch wenn dies ein allgemein verfügbares Feld voraussetzt, das größer oder kleiner ist als das eure.

Vom Standpunkt eines Felsens aus würdet ihr beispielsweise als Teil seiner Umgebung gelten, während ihr ihn wohl eher als Teil eurer Umwelt betrachtet. Ihr stimmt euch nicht auf die Frequenz des Felsen-Bewußtseins ein. Doch in der Tat *(Pause)* nehmen viele andere Ausdrucksformen des Bewußtseins, auch wenn sie auf ihre spezifische Weise zentriert sind, die ganzheitliche Natur der Erde deutlicher wahr als der Mensch — aber indem der Mensch seine eigenen Wege geht, trägt er ebenfalls zur Werterfüllung aller anderen Bewußtseinsformen bei, und zwar auf eine Art, die völlig jenseits der Horizonte eures gewöhnlichen Erkenntnisvermögens liegt.

Wenn ihr euch daran erinnert, daß grundsätzlich jede Bewußtseinseinheit um die Inhalte und Position jeder anderen Einheit weiß und daß diese Einheiten die gesamte Stoffwelt der Materie bilden, dann könnt ihr vielleicht intuitiv erfassen, was ich meine; denn welches Wissen der Mensch auch erlangt, welche Erfahrungen irgendein Individuum auch sammelt, welche Künste oder Wissenschaften ihr auch hervorbringt: alle derartigen Informationen werden auf anderen Aktivitätsebenen im gleichen Augenblick von jeder einzelnen der anderen Bewußtseinseinheiten wahrgenommen, die die Bausteine jeglicher stofflichen Realität sind — ob diese Einheiten nun in der Form eines Felsens, eines Regentropfens, eines Apfels, eines Frosches oder eines Schuhs sichtbaren Ausdruck finden. Auch die vom Menschen hergestellten Gegenstände bestehen, wie ihr wißt, aus Atomen und Molekülen. Ihr müßt aber wissen, daß auch solche Gegenstände von Bewußtseinseinheiten getragen werden, die sich in elektromagnetischen Energieeinheiten entladen und damit ihren stofflichen Ausdruck finden.

Euch ist, doch nur scheinbar, ein manifestes und ein nicht manifestes Bewußtsein zu eigen. Ihr nehmt das Bewußtsein eines Gegenstandes nicht wahr. Es ist für euch nicht sichtbar, weil der Bereich, innerhalb dessen ihr eure Aktivitäten entfaltet, Grenzen erfordert, die euer Bild der Realität einrahmen und auf das beschränken, was innerhalb des Rahmens ist.

Alle von euch angefertigten Gegenstände haben ihren Ursprung auch im Reich der Träume; dort wurden sie zunächst konzipiert, und zwar in ähnlicher Weise, wie der Mensch seine ersten Werkzeuge anfertigte. Er wurde mit *(lange Pause)* all den Fähigkeiten geboren, die heute für ihn charakteristisch sind, und mit anderen Fähigkeiten, die, wie ihr sagen würdet, immer noch auf ihre Entfaltung warten. Nicht daß der Mensch sie bislang nicht genutzt hätte, doch hat er sich nie bewußt auf sie konzentriert. Spuren dieser anderen Fähigkeiten sind im Traumzustand immer zu finden, ebenso in der Kunst, in der Religion und sogar in der Wissenschaft. Sie tauchen auch in Politik und Wirtschaft auf, doch eben meist nur unterschwellig, als intuitives Hintergrundgeschehen, das in der Regel nicht zu Bewußtsein kommt und auch oft nicht beachtet wird. Wir werden noch darauf zurückkommen.

(22.12 Uhr.) Die Träume des Menschen haben ihm immer ein Gefühl von Dynamik, Zweckhaftigkeit und Sinn vermittelt und ihm das Rohmaterial geliefert, den Stoff, aus dem seine Kulturen hervorgegangen sind. Die wahre Geschichte der Welt ist die Geschichte der Träume des Menschen, denn auf sie sind auf die eine oder andere Weise alle historischen Entwicklungen zurückzuführen.

Sie waren die Ursache für das Aufblühen der Landwirtschaft wie auch für den Aufbau der Industrie, für den Aufstieg und den Untergang ganzer Völker, den Glanz und die Zerstörung Roms. *(Pause.)* Eure größten technologischen Errungenschaften lassen sich beinahe datieren; sie setzten mit der Erfindung der Druckerpresse ein und mündeten schließlich ins Atomzeitalter. Edisons Erfindungen sind nachgewiesenermaßen durch Intuitionsblitze zustande gekommen. Alle Erfindungen sind trauminspiriert. *(Mit großem Nachdruck:)* Doch wenn ich sage, eure materielle Welt entstamme der Traumwelt, so meine ich natürlich eine Traumrealität, die sich beträchtlich von der euch geläufigen unterscheidet. Selbstverständlich könnte ich auch hier wieder zu einer anderen Bezeichnung Zuflucht nehmen; ich wähle diese, weil ich betonen möchte, wie intim jeder Mensch mit jener anderen Realität verbunden ist, die im Traumzustand erfahren wird.

Diese Analogie wird euch helfen, zumindest intuitiv zu verstehen, warum es Lebensumstände wie zum Beispiel Leid und Armut gibt, die sich auf andere Weise wohl kaum befriedigend erklären lassen. *(Jane und ich hatten heute über dieses Thema gesprochen.)* Ich hoffe, damit auch Vorkommnisse in der Natur ins rechte Licht zu rücken, bei denen es auf den ersten Blick zweifellos so aussieht, als gehe es um das Überleben der Tüchtigsten in einem unerbittlichen, brutalen Kampf oder aber um die Strafen eines rachsüchtigen Gottes auf der einen und den Triumph einer bösen Macht auf der anderen Seite.

Nun: Das Aufkeimen des Universums müßt ihr euch spasmodisch vorstellen — ein Universum, das in Erscheinung tritt und wieder verschwindet — das sich allmählich, um es einmal so auszudrücken, für immer längere Zeitabschnitte manifestiert. Am Anfang gab es nur gleichsam Bilder ohne Konturen, die langsam Gestalt annahmen, bald aufleuchteten, bald verlöschten und sich schließlich zu etwas beständigeren Formen verdichteten, die aber noch keineswegs rein stofflich waren. Erst am Ende des Vorgangs eigneten sie sich all jene Charakteristika an, die ihr heute der Stoffwelt zuschreibt.

Während all dies geschah, orientierte sich das Bewußtsein immer gezielter und bildete, von eurer — der körperlich-materiellen — Seite aus betrachtet, immer größere Organismen. Auf der »anderen Seite« löste es sich aus den größeren Aktivitätsfeldern heraus und zentrierte sich zweckgerichtet auf seine spezifische Bestimmung. Die Einheiten dieses Bewußtseins, ich wiederhole es, agieren als Entitäten (als Teilchen oder Partikel, als Wellen oder Kräfte). So schuf also das Bewußtsein den Eindruck zeitlicher Abläufe — und selbstverständlich war es nicht umgekehrt.

(Ruhig um 22.29 Uhr:) Ende des Diktats. Eine kleine Bemerkung noch.

(Seth kam mit einigen Aussagen für Jane durch. Dann:)

Ich wünsche euch einen schönen, guten Abend. Wir können übrigens jederzeit zu jedem Thema, das euch interessiert, eine Sitzung abhalten.

(»Danke, Seth. Gute Nacht.«)

(22.31 Uhr. Seths letzte Bemerkung, die mir recht humorvoll vorkam, spielte auf einen der Gründe an, warum Jane vor der Sitzung so gereizt gewesen war: auf ihren Konflikt zwischen dem Wunsch nach reinen Buch-Sitzungen einerseits und nach Ausführungen zu wenigstens einigen Themen, die uns beschäftigen, andererseits. Zur Zeit zählen unter anderem Jonestown, der Iran sowie die Bezugssysteme 1 und 2 dazu — und ein Thema, das ich in diesem Jahr bereits einmal angeschnitten habe, nämlich die Frage nach der menschlichen Fortpflanzung. In ein paar Essays befaßte ich mich mit der Rolle der zwei- bis fünfhundert Millionen männlicher Samen, die zum Zeitpunkt der Befruchtung nicht mit der weiblichen Eizelle in Kontakt kommen, und ich warf verschiedene Fragen auf. Ich möchte über die tiefgehende biologische Verständigung Bescheid wissen, die zu einem gegebenen Zeitpunkt unter all den Samenzellen im Körper eines Mannes stattfindet, und in Erfahrung bringen, warum offenbar bei einer Ejakulation nicht unbedingt eine der »tüchtigsten« Samenzellen das Ei befruchtet. Seth hat einige Antworten gegeben, doch hätten wir gerne weitere Informationen. So verzichte ich auf meine ursprüngliche Absicht, hier Auszüge aus dem bereits gesammelten Material wiederzugeben.

Janes heutiger Vortrag war großartig gewesen; sie hatte gleichmäßig gesprochen und seltener Pausen gemacht als in der Sitzung von Montag abend; wenn sie sich heute auch nicht zu den gleichen Gipfeln hinreißender Beredsamkeit aufgeschwungen hatte wie in der letzten Sitzung, so war sie doch sehr überzeugend gewesen.)

Sitzung 891, Mittwoch, den 26. Dezember 1979

(Letzten Montag abend, am Weihnachtsabend, wurde keine Sitzung abgehalten. Statt dessen hatten wir ein paar enge Freunde zu Besuch; wir alle tauschten Geschenke untereinander aus. Nach der Party überreichten Jane und ich uns unsere Geschenke. Ich erhielt ein kleines Buch mit den Gedichten und Zeichnungen, die sie für mich angefertigt hatte. [Ich hatte nichts so Schönes für sie vorbereitet.] Als Jane mir ihre Gedichte vorlas, empfand ich ihre Unschuld und ihr Wahrnehmungsvermögen wieder einmal überdeutlich: »Stets verwandelt sich das Universum in uns ...« Wir verbrachten nach dem Abend einen stillen, doch sehr behaglichen Weihnachtstag.

Die heutige Sitzung förderte kein reines Buchdiktat, doch vielfach Inhalte aus »Träume, ›Evolution‹ und Werterfüllung« zutage. »Es ist mir gleich, ob wir eine Sitzung zum Buch oder zu irgendeinem anderen Thema abhalten«, sagte Jane, als wir uns um 20.50 Uhr niederließen. »Ich warte einfach ab. Ich spüre nicht einmal Seths Anwesenheit ...« Ihr kam das merkwürdig vor, denn immerhin hatte sie während der letzten Tage einiges von Seth aufgefangen. Wir sprachen darüber, doch machten wir keine Notizen.

Um 21.06 Uhr: »Ich glaube, ich bin bereit. Doch es hört sich nicht so an, als ginge es um das Buch. Manchmal empfange ich die erste Zeile ...«)

(21.07 Uhr. Sanft, mit dunklen, leuchtenden Augen:) Guten Abend.

(»Guten Abend, Seth.«)

(Humorvoll:) Das Thema des heutigen Abends lautet: »Große Erwartungen« — denn hier beziehe ich mich auf das Buch von *(Charles)* Dickens.

Nun: Jetzt, in diesem Moment, ist das kommende Jahr 1980 in all seinen m ö g l i c h e n Versionen gegenwärtig. Soweit es sich um Allgemeingeschehen, das die Massen miteinander teilen, handelt, gibt es natürlich für jedes einzelne Individuum, das auf diesem Planeten lebt, nicht ein völlig anderes Jahr — doch liegt sozusagen eine immense Vielzahl von — den Massen gemeinsamen — Welten des Jahres 1980 »in der Luft«.

Die Sache verhält sich natürlich nicht einfach so, als brauchtet ihr lediglich zu wählen, welche Ereignisse sich 1980 verwirklichen sollen; vielmehr habt ihr bereits einen gewissen Fundus von Wahrscheinlichkeiten der einen oder anderen Art als »Rohmaterial« für das kommende Jahr bereitgestellt. Es wäre recht unwahrscheinlich, Joseph, daß du dich beispielsweise plötzlich in einen Schneider verwandelst, denn du hast dich bisher nie für Wahrscheinlichkeiten entschieden, die in diese Richtung führen könnten. Genausowenig wird sich England aller Wahrscheinlichkeit nach im nächsten Jahr plötzlich zum Islam bekehren.

Doch aus der Fülle vorhandener Wahrscheinlichkeiten, die sich aufgrund persönlicher Entscheidungen oder aufgrund der Einstellung der Massen verwirklichen werden, wählen die Menschen der Welt tatsächlich das für sie wahrscheinliche Jahr 1980. *(Lange Pause.)*

Ich lasse mir hier etwas Zeit, denn es gibt einige Punkte, die ich beleuchten möchte, doch sind sie schwierig zu erklären.

Jedes wahrscheinliche Handeln, das ein Individuum in Erwägung zieht, ist Teil der bewußten Überlegungen des Betreffenden. Unbewußt ziehen die Menschen aber auch a n d e r e Wahrscheinlichkeiten in Betracht, die vielleicht ins Wachbewußtsein dringen, vielleicht aber auch nicht, weil sie einfach beiseite geschoben oder nicht beachtet werden. Ich möchte, daß ihr versucht, euch vorzustellen, die nach eurem Dafürhalten tatsächlichen Ereignisse seien *(Pause)* ein lebendiger Ausdruck von Wahrscheinlichkeiten — das heißt die stofflich gewordenen Darstellungen geistig vorweggenommener Wahrscheinlichkeiten. Die Wahrscheinlichkeiten, mit denen ihr euch nicht bewußt beschäftigt habt, bleiben nach psychologischen Kriterien Randerscheinungen: sie sind da, aber sozusagen auch nicht da.

Euer Wachbewußtsein kann Wahrscheinlichkeiten nur als Möglichkeiten der Erfahrung anerkennen. Wie ich bereits sagte, werden jedoch ständig bewußte wie auch unbewußte Entscheidungen zugunsten der einen oder anderen Wahrscheinlichkeit getroffen. Ereignisse, die ihr nicht bewußt wahrnehmt, sind aber *(Pause)* b i s z u e i n e m g e w i s s e n G r a d T e i l e u r e r u n b e w u ß t e n E r f a h r u n g e n. Dies gilt für das einzelne Individuum genauso wie für die großen Ereignisse des Weltgeschehens. Jegliches Handeln strebt nach Erfüllung. *(Recht energisch:)* All-das-was-ist trachtet nach der Gesamtheit aller möglichen Erfahrungen, doch in einem so u m f a s s e n d e n Bezugssystem, daß Fragen wie etwa die nach Schmerz oder Tod völlig irrelevant sind, auch wenn sie natürlich in der materiellen Realitätserfahrung eine große Rolle spielen.

(21.25 Uhr.) Große Erwartungen haben im Grunde genommen nichts mit der Entwicklungsstufe eines Lebewesens zu tun; auch ein

Grashalm ist von großen Erwartungen erfüllt. Große Erwartungen beruhen auf dem Glauben in die Natur der Realität, auf dem Glauben an die Natur selbst und an das Leben, das uns gegeben wurde, auf welcher Stufe es auch angesiedelt sein mag. Alle Kinder werden zum Beispiel mit großen Erwartungen geboren. Märchen enthüllen oft — wenn auch nicht immer — geheimes inneres Wissen, wie der Erörterung des Märchens vom Aschenbrödel zu entnehmen war *(vergleichen Sie die Sitzung 824 in »Individuum und Massenschicksal«)*, und die großartigsten Märchen sind immer die, in denen am Ende die größten Erwartungen siegen: Die unbefriedigenden Aspekte der stofflichen Welt können durch große Erwartungen im Nu verändert werden.

Eure Erziehung macht euch glauben, all dies sei Unsinn, die Welt sei allein durch ihre materiellen Aspekte definiert. Wenn ihr an Kraft denkt, dann denkt ihr beispielsweise an Atom- oder Sonnenenergie, aber die Urkaft ist die schöpferische Energie im Geist des Menschen, die ihn in die Lage versetzt, solche Kräfte, solche Energien zu nutzen.

(Mit Nachdruck:) Die wahre Kraft ist die der Vorstellung, die es wagt, ins Auge zu fassen, was noch nicht existiert. Die auf große Erwartungen gestützte Vorstellungskraft kann innerhalb der Wahrscheinlichkeiten nahezu jede Realität hervorbringen. Alle Versionen des Jahres 1980, die möglich sind, werden zustande kommen. Alle Varianten außer denen, für die ihr euch bewußt entscheidet, werden, psychologisch peripher, im Hintergrund eurer bewußten Erfahrungen bleiben — doch all diese möglichen Varianten werden auf die eine oder andere Art miteinander verknüpft sein.

Die wichtigsten Tatsachen hat eure Gesellschaft eigentlich nie so recht erkannt, sonst wüßtet ihr um die nutzbringende Anwendung willentlich zielgerichteter Vorstellungskraft auf der Grundlage eurer großen Erwartungen und deren Verflochtensein mit allen Aktivitäten in den Bezugssystemen 1 und 2. Ihr macht es euch zu einfach: Ihr wünscht euch etwas; ihr befaßt euch eine Zeitlang damit; ihr malt euch aus, wie es in die vorderste Reihe der Wahrscheinlichkeiten gelangt, sich eurer Lebenssituation nähert; dann laßt ihr es wie einen Kieselstein ins Bezugssystem 2 fallen; ihr vergeßt es für zwei Wochen so gründlich wie möglich. Das Ganze wiederholt ihr in rhythmischer Abfolge.

Letztes Jahr gab ich euch für das neue Jahr einige Ratschläge, und *(mit einem Anflug von Ironie)* mir scheint, daß sie wieder zum Leben erweckt werden könnten.

(»Ich habe sie wöchentlich mehrmals gelesen«, sagte ich. Tatsächlich hatte Seth uns seine Ratschläge in diesem Jahr erteilt, am 1. Januar.)*

Sag Ruburt, der sie jetzt nicht mehr liest, sie seien noch genauso nützlich wie damals. Sie tragen dazu bei, den Verstand und die Vorstellungskraft zu zentrieren. Dieses Zentrieren hilft euch zu handeln, zu sein. Geduldet euch einen Moment …

(21.37 Uhr. Seth kam mit zwei kurzen Hinweisen für Jane durch. Dann:)

»Nun: Ich werde mein Bestes tun, um in unserem Buch den Ursprung des Universums zu erklären und eure dringlichsten Fragen zu beantworten. Doch wegen der gängigen Begrenzung der Wirklichkeit auf das sinnlich Wahrnehmbare muß ich oft zu Analogien Zuflucht nehmen.

Wenn nun zum Beispiel das Jahr 1980 abläuft, ist die Energie, die in euer Universum einfließt, so neu und frisch, als wäre — so würdet ihr sagen — die Welt erst gestern erschaffen worden; dieser Aspekt ist allerdings schwer zu erklären. All die möglichen Versionen des Jahres 1980 wickeln ihre eigene wahrscheinliche Vergangenheit wie auch ihre eigene wahrscheinliche Zukunft ab, und jedes Bewußtsein,

---

* Ich glaube, daß Seths Maximen äußerst wirksam sind, und versuche, sie ständig im Sinn zu behalten:

»Erstens: Ich werde mich selbst, meine Charakterzüge, meine Fähigkeiten, meine Neigungen und Abneigungen, meine positiven und negativen Einstellungen bejahen, denn ich sehe ein, daß sie meine einzigartige Individualität ausmachen. Sie wurden mir aus gutem Grund zuteil.

Zweitens: Ich werde meine Leistungen bejahen und mich über sie freuen, und ich werde sie mir so nachdrücklich einprägen wie früher meine Fehlschläge.

Drittens: Ich werde mir stets das schöpferische Bezugssystem der Existenz vor Augen halten, innerhalb dessen sich mein Dasein abspielt. Aus diesem Grund werden mir die wie Wunder anmutenden Möglichkeiten, das Potential und die freudige Spontaneität des Bezugssystems 2 gegenwärtig sein, so daß mir ein kreatives Leben offensteht.

Viertens: Ich werde mir klarmachen, daß die Zukunft eine vieler möglichen Wahrscheinlichkeiten ist. In herkömmlichen Begriffen ausgedrückt, existiert dort noch nichts. Es handelt sich gleichsam um jungfräuliche Erde, die durch meine Gedanken und Empfindungen bepflanzt wird. Deshalb werde ich Leistungen und Erfolge pflanzen, und dies tue ich, indem ich daran denke, daß es in der Zukunft nichts geben kann, das ich nicht will.«

das es jetzt, 1980, gibt, war — wiederum in eurer Ausdrucksweise — ein Teil dessen, was ihr für den Anfang der Welt haltet.

(An mich gewendet:) Deine Mutter beschloß auf ihre alten Tage nicht einfach, an eine andere Vergangenheit zu glauben als an die, die von der Familie akzeptiert wurde — sie veränderte tatsächlich die Wahrscheinlichkeiten. Sie war nicht verwirrt oder von Zwangsvorstellungen besessen. Ihre Erinnerung war in dieser Hinsicht nicht getrübt: Es war die Erinnerung der wahrscheinlichen Frau, zu der sie wurde.*

Wie die Affäre mit den amerikanischen Geiseln *(im Iran)* dient jedes materielle Geschehen als ein Brennpunkt, in dem sich all seine wahrscheinlichen Varianten und Folgen sammeln. Das Geiseldrama *(das nun acht Wochen andauert)* ist ein materialisierter Massentraum, dessen essentielle Bedeutung politischer und religiöser Natur und dessen Aufgabe es ist, Glaubenskonflikte hervorzuheben und die Aufmerksamkeit der Öffentlichkeit darauf zu lenken. Alle Betroffenen nahmen bewußt oder unbewußt an diesem Geschehen teil, und es ist natürlich kein Zufall, daß das kommende Jahr 1980 von diesem Ereignis überschattet wird. Wie wird die Welt damit umgehen?

Selbstverständlich sind daran auch eure Fernseh- und Nachrichtenübermittlungssysteme unmittelbar beteiligt. In gewisser Weise ist es sehr gut, daß sich dieses Ereignis jetzt und in dieser Art abgespielt hat, denn dadurch treten die Probleme auf dem Schauplatz der Welt deutlich in Erscheinung. Es kam daher tatsächlich zu viel weniger Gewaltanwendung, als es sonst der Fall hätte sein können. Religiöse Überzeugungen samt ihren Hintergründen und den politischen Auswirkungen werden nun gründlicher unter die Lupe genommen werden als je zuvor. Befaßt euch in Gedanken nicht mit Ereignissen, von denen ihr nicht wünscht, daß sie eintreten sollen! *(Lange Pause.)* Derartige Überlegungen bringen euch nämlich den angedachten Wahrscheinlichkeiten näher. Konzentriert euch deshalb auf das, was euren

---

* Hier bezieht sich Seth auf die auffällige Art, in der meine Mutter, Stella Butts, ihre »Erinnerungen« an ihren Mann (meinen Vater) revidiert und für ihn vorteilhafter gestaltet hatte. Robert Butts senior starb 34 Monate vor ihr, im Februar 1971. Alle Mitglieder der Familie Butts hatten Stellas markanten Gesinnungswandel im Rückblick auf ihren Mann bemerkt; doch Jane und ich waren wohl die einzigen, die diese Veränderung darauf zurückführten, daß sie sich in eine andere wahrscheinliche Realität bewegte.

Wünschen entgegenkommt. Und soweit es sich um politisches Geschehen handelt, geht davon aus, daß mitunter selbst die Menschen weiser sind, als sie wissen.

Habt ihr Fragen?

(Nur etwa eine Million, dachte ich. »Nein, ich glaube nicht«, sagte ich zu Seth.)

Dann wünsche ich euch einen glücklichen Jahrestag ...

(»Danke.«)

... und das unter allen wahrscheinlichen glücklichste Jahr 1980. Einen schönen guten Abend.

(»Danke, Seth. Gute Nacht.«)

(21.58 Uhr. Jane und ich feiern morgen unseren 25. Hochzeitstag.)

Sitzung 892, Mittwoch, den 2. Januar 1980

(Am 27. Dezember, dem Abend unseres Hochzeitstages, hielt Jane eine nicht geplante Sitzung für ein junges, mit uns befreundetes Ehepaar ab. Obwohl sie dies wegen der damit verbundenen Arbeitsbelastung nur noch selten tut, helfen solche spontanen Äußerungen ihrer Kreativität sowohl ihr wie auch den anderen. Ich nahm die Sitzung mit dem Tonbandgerät auf, das ich Jane zu Weihnachten geschenkt hatte; unsere Freunde werden uns eine Transkription des Bandes schicken.

Seth kam letzten Montag abend, am Sylvester, nicht durch. Statt dessen gaben Jane und ich eine Party. Am nächsten Tag waren wir wieder bereit, unser Schreiben und Malen aufzunehmen. Doch zunächst entfernte ich die Festdekorationen, auch den wunderschönen Weihnachtsbaum. Ich stellte ihn, eine Balsamfichte, in dem Wald hinter unserem Hügelhaus auf: selbst das Gerippe des Baumes würde mich im nächsten Sommer an die Tage erinnern, die dann seit Beginn des Jahres 1980 verstrichen sein werden, und ich würde dankbar dafür sein, jeden dieser Tage körperlich erlebt zu haben.

Am Wochenende haben wir die Verlagsverträge mit Prentice-Hall für »Individuum und Massenschicksal« und »God of Jane« unterzeichnet, und ich habe sie heute morgen auf die Post gebracht. Wir waren mit beiden Buchprojekten gut vorangekommen. Wir stehen nun wieder um sechs Uhr früh auf, so daß wir vormittags schon ein gutes Pensum »Arbeit« erledigen können.)

(20.47 Uhr, flüsternd:) Guten Abend.

(»Guten Abend, Seth.«)

Ein glückliches neues Jahr.

(»Danke, gleichfalls«, sagte ich, wohl wissend, wie sehr Seths Auffassung von »Zeit« sich von der unseren unterschied.)

Diktat. Ihr wart *(Pause)* alle am Anfang der Welt zugegen, obwohl ihr jetzt allerdings auf eine etwas andere Art als damals in der Welt anwesend seid.

Denkt daran, daß jede Bewußtseinseinheit ein göttlicher Teil Alldessen-was-ist ist. Dann wird euch das, was ich nun erklären möchte, vielleicht eher einleuchten.

Lange Zeit — ich bediene mich wieder eurer Sicht- und Ausdrucksweise — verharrten die Schlafwandler in dem ihnen eigenen Zustand des Schlafwandelns und dementsprechenden Aktivitäten. Was auf dem Planeten Erde damals als reales Leben galt, würdet ihr heute als Traumleben bezeichnen. Während die Schlafwandler schliefen, arbeiteten sie im Geiste; sie konzipierten geistig individuell, aber in gemeinsamem Bemühen *(lange Pause)* all die strahlend schönen Konstrukte, die insgesamt das Reservoir bildeten, aus dem die Menschen schöpfen konnten. In diesem multidimensionalen Aufgebot lernte das Bewußtsein, sich geistig in elektromagnetische Energieeinheiten, in Atome und Moleküle, in Elektronen und Chromosomen zu verwandeln. Geistig schuf es die Strukturen, durch die alles körperlich-materielle Leben fließen konnte, und damit begann die stoffliche Existenz der Welt. Die Bewußtseinseinheiten sind unzerstörbar und von unendlicher Lebensenergie, unabhängig von den Formen, die sie annahmen. Die erträumten Formen der Menschen waren Traumbilder, Bewußtsein baute die Formen als Materie auf.

Das Bewußtsein verfügt über unvorstellbar große Beweglichkeit, ohne je etwas von seinem Potential zu verlieren. Bewußtseinseinheiten können sich mit Millionen anderen vermischen und deshalb millionenfach unterschiedliche Inhalte und Formen hervorbringen.

Ihr »lest« euer Bewußtsein gleichsam vertikal und identifiziert euch mit ihm auf nur bestimmten »Etagen«. Es erscheint euch so, als würde jede anders als auf die euch geläufige Art organisierte Wahrnehmung, jede anders konzipierte Einheit des Selbst zwangsläufig eure eigene Identität negieren oder funktionsuntüchtig machen. Am Anfang der Welt gab es jedoch zahllose Gruppierungen und Verbindungen des Bewußtseins, viele unterschiedlich organisierte, aber nichtsdestoweniger als Selbst erlebte innere Einheiten von Lebewesen und dazu auch die Art der psychologischen Orientierung, wie ihr sie heute habt — die aber keineswegs vorherrschend war. Während, im allgemeinen, die Arten auf der Erde von Anfang an in den Formen existierten, die ihr heute kennt, funktionierte ihr Bewußtsein völlig anders als jetzt; die Gattungen und die Arten waren kraft unterschiedlicher innerer Gleichsetzung der Motive — eine Identifikation, die euch seither im Untergrund des Wahrnehmbaren abhanden gekommen ist — viel enger miteinander verbunden.

(21.05 Uhr.) Anfänglich war die Welt, wie gesagt, ein Traum, und was heute für euch das Wachbewußtsein ist, war damals das Traumbewußtsein. Insofern wurde die äußere Welt der Erde geistig hervorgebracht, jedes Atom durch ein bewußtes Atom — und jedes Atom ursprünglich durch Bewußtseinseinheiten. Ich sagte, daß diese Einheiten als Teilchen agieren könnten und auch als Kräfte; demnach sprechen wir hier nicht von einem geistigen Mechanismus; diese Einheiten sind im eigentlichen Sinne des Wortes vielmehr Wesenheiten, und zwar solche mit unvorstellbaren schöpferischen Eigenschaften, absichtsvoll handelnde Entitäten, die vom unendlichen Geist angetrieben wurden, denn dieser war von einer Inspiration erfüllt, die der Welt Licht gab. Diese Entitäten, die euren Vorstellungen zufolge uralt sind, ließen Teile ihrer selbst sozusagen — bitte hervorheben — in Trance zurück, und diese stülpten Berge, Täler, Luft und Wasser aus.

(Nach einer einminütigen Pause um 21.13 Uhr:) Jene Entitäten befinden sich gewissermaßen in Trance, doch ihr Potential ist ungeschmälert, und sie stehen miteinander in ständigem Austausch. *(Lange Pause.)*

In anderen Erfahrungswelten als denen, die ihr anerkennt, kommuniziert auch ihr ständig mit ihnen. Es geht zwischen jeder Lebensform und ihrer Umwelt ein endloses Wechselspiel vor sich. *(Lange Pause.)*

Es gibt keinen Ort, keinen Punkt, an dem das Bewußtsein aufhört und die Umwelt beginnt oder umgekehrt. Jede Lebensform nimmt zusammen mit jeder anderen Form Gestalt an. Umgebung und Organismus entstehen in wechselseitiger Abhängigkeit. Nachdem jedoch die Formen zur Gänze verstofflicht waren, agierten alle Spezies noch lange Zeit als Schlafwandler, wenn auch das Verstreichen der Zeit nicht als solches empfunden wurde. Im Lauf dieser Phase wurde das Werk, nichtstoffliches Bewußtsein mit Materie zu verbinden, vollendet. Zum Beispiel machte sich die Schwerkraft jetzt geltend. Die Jahreszeiten nahmen die Rhythmen an, die für die Geschöpfe an den verschiedenen Orten am besten geeignet waren. Die Umwelt und die Geschöpfe paßten sich aneinander an.

Bis dahin war die Kommunikation hauptsächlich durch die Charakteristika der Bewußtseinseinheiten bestimmt gewesen *(lange Pause);* jede Einheit wußte um ihre Beziehung zu allen anderen auf dem Planeten. Die Geschöpfe stützten sich auf innere Sinne, während sie lernten, mit den neuen, spezialisierten Sinnen umzugehen, die sie, die Geschöpfe, auf die Wahrnehmung in Zeit und Raum ausrichteten. Diese Ausrichtung der Wahrnehmung war von entscheidender Bedeutung, denn mit dem vollständigen Erwachen des Bewußtseins im Fleisch mußten die Schnittstellen mit Raum und Zeit einwandfrei klargestellt sein.

Die Traumkörper wurden grobstofflich und stellten sich durch den Gebrauch der Sinne auf grobstoffliche Frequenzen ein — Frequenzen von solcher Macht und Anziehungskraft, daß sie die Lebewesen aller Arten, von der Mikrobe bis zum Elefanten, erreichten und sie in einem festen Gefüge raumzeitlicher Ordnung beieinander hielten.

Am Anfang dienten die Träume des Menschen in gewisser Weise direkt seinem körperlichen Überleben. Sie lieferten ihm die Informationen, die die neuen körperlichen Sinne unter den gegebenen Umständen nicht bieten konnten. Die körperlichen Sinne konnten ja nur die unmittelbare Umgebung wahrnehmen. Die Träume des Menschen glichen diesen Mangel aus und erfüllten sein Bewußtsein, indem sie ihm die so nützlichen umfassenderen Informationen verschafften, zu denen es einst leichten Zugang hatte. Im Schlaf konnte der Mensch aus den Informationen Vorteil ziehen, die in den seinem Fleisch inhärenten Bewußtseinseinheiten gespeichert waren.

(21.30 Uhr.) Bitte hervorheben: Nun: Wenn er träumte, kehrte der Mensch in einen Zustand zurück, wie er ihm vor dem Erwachen zuteil gewesen und aus dem sein körperliches Leben hervorgegangen war — nur war er jetzt ein neues Geschöpf, mit einem neuen Bewußtsein, und dies galt auch für alle anderen Gattungen und Arten. Im Traum machten sich die Spezies mit ihren Ursprüngen bekannt, und sie wurden ihrer Einheit inne. Sie erinnerten sich daran, wie es gewesen war. Sie erinnerten sich daran, daß sie in einem gegenseitigen Wechselspiel Gestalt angenommen hatten.

Ich gebe zu, daß diese Schilderung viel schwerer zu verstehen ist als das religiöse Symbolbild Gottes, der die Welt erschaffen hat, oder die wissenschaftliche These einer Welt, die in einem leeren Universum unter den schlüpfrigen Händen des Zufalls entstanden sein soll. Doch wird, hoffe ich, meine Erklärung aufgrund der sichtbar werdenden inneren Wahrheiten in Verstand und Herz derer Anklang finden, die aufgeschlossen genug sind, um zuzuhören. Der Geist des Menschen ist nämlich von dem Wunsch beseelt, die Wahrheit zu entdekken und alles richtig zu deuten, und er weiß um seine umfassende Erbschaft. Es ist nicht einfach so, daß der Mensch eine Seele hat, die im Gegensatz zu allem anderen an ihm gesegnet ist; vielmehr ist alles, was er kennt, unabhängig von Größe oder Rang, aus »dem Stoff der Seele« gemacht, um es einmal so zu formulieren. Alles, was dem Menschen zuteil ist, hat seinen Wert — und nichts davon wird je ausgelöscht oder zerstört, mag sich auch die Form ändern.

(Alles mit eindringlicher Intensität:) Notgedrungen muß ich die Geschichte der Weltentstehung so erzählen, als handelte es sich um ein Nacheinander. Doch in Wahrheit kommen die Welt und all ihre Geschöpfe wie ein spontan komponiertes, hier und jetzt aufgeführtes musikalisches Werk zustande, in dem die Noten sich verlebendigen und sich selbst spielen, so daß Musiker und Noten eins werden; auch der Zweck und die Darbietung sind ein und dasselbe, und jede Note, die gespielt wird, stimmt stets die ihr möglichen eigenen Variationen an, gestaltet alle wahrscheinlichen Kompositionen aus, während sie gleichzeitig an den von allen anderen Noten mitgestalteten Themen und Melodien der Gesamtkomposition teilhat — so daß jede Note ertönend sich selbst definiert und doch auch dank ihrer Teilhabe an der Komposition als Ganzem Bedeutung und Wert hat.

Vieldimensionale Kreativität solcher Art überfordert das Wachbewußtsein, doch kann es sich in einem neuartigen Erkennen ausdehnen, wenn es unter Wahrung der vom Selbst erlebten Einheit von seinem eigenen Thema weitergeführt wird.

In der von umfassender Kreativität geschaffenen Komposition folgt auch eure Welt in gewisser Weise ihrem eigenen Thema. Ihr möchtet wissen, wie ihr in diese musikalische Darbietung hineingeraten seid. *(Pause.)* Ich benutze hier eine Analogie, wenn auch eine recht simple, aus der Welt der Musik, um darauf hinzuweisen, daß wir es auch mit Wahrnehmungsfrequenzen zu tun haben. Ihr seid [so könnte man sagen] auf die Orchestrierung der Erde eingestimmt, und eure Wahrnehmung der Zeit ist einfach das Ergebnis von Gewohnheiten, von Wahrnehmungsgewohnheiten, die ihr am Anfang erlernen mußtet. Und ihr nahmt diese Gewohnheiten an, als eure körperlichen Sinne sich schärften und sich immer mehr spezialisierten.

(21.47 Uhr.) Ihr habt euch auf eure Zeit selber festgelegt — doch umfassendere Wahrnehmungen traten im Hintergrund eures Wachbewußtseins und im Traumzustand schon immer zutage. Eben die große Aktivität im Traumzustand ermöglicht es euch als psychophysischen Wesen, *(lauter)* die Welt, die euch vertraut ist, zu erkennen und zu bewohnen.

Ende des Diktats.

Du, Joseph, hast mit deiner Trauminterpretation hervorragende Arbeit geleistet, und Ruburt hat, ohne es zu wissen, mit seinen Gedichten viel dazu beigetragen.*

Habt ihr irgendwelche Fragen?

(»Hast du uns irgend etwas zum Jahresbeginn mitzuteilen, etwas wie die Ratschläge zu Anfang des letzten Jahres?«)

(Mit viel Humor, mich fest anblickend:) Ich dachte, ich hätte meine Ansprache für 1980 bereits gehalten.

(»In Ordnung.«)

Haltet euch an die Ratschläge. Ich nehme an, daß euch Sitzungen wie die von heute abend dabei helfen werden, die Natur der Bezugssysteme 1 und 2 und den Einfluß eurer geistigen Einstellung auf alles materielle Geschehen zu verstehen.

(»Daran dachte ich gerade.«)

Ich wünsche euch einen schönen guten Abend.

(»Danke, Seth. Gute Nacht.«)

(21.52 Uhr. Jane sagte, sie sei während der Sitzung ziemlich abgeho-

---

* In meinem Traum, in dem ich noch jung war, ging es um die Bekräftigung eines Standpunktes, den ich seit jeher vertreten habe. Ganz einfach: Ich träumte, mir werde, obwohl der Boden mit Schnee bedeckt war, die Aufgabe übertragen, für einen schönen jungen Baum zu sorgen, der auf einer großen Wiese in der Nähe des Wohnhauses der Butts wuchs. (Meine Familie wohnte in Sayre im Staat Pennsylvanien, nur 29 Kilometer von Elmira im Staat New York entfernt, wo Jane und ich jetzt leben.) Obwohl es Winter war, trug der Baum ein dünnes Blätterkleid, und im Traum befanden sich in der Nähe alte Industriegebäude, in denen ich mich verirrte — doch ich fand wieder ins Freie und kehrte zum Baum zurück. Ich deutete den Traum so, daß ich den Baum schon damals als Lebensbaum ansah und mich entschlossen hatte, der Welt der Natur und der Kunst nahe zu bleiben, statt mich mit der Sicherheit bietenden Industrie einzulassen. Jane wurde heute durch den Traum dazu angeregt, eine Reihe hervorragender kurzer Gedichte zu diesem Thema zu schreiben.

ben gewesen, und fügte dann im weiteren Verlauf des Gesprächs hinzu, sie habe von Seth Informationen über den Anfang unserer Welt, der Menschheit und unserer Kulturen aufgefangen, die er in der nächsten Sitzung durchzugeben beabsichtige. Seth wäre demnach in der Lage, mit diesem Material jetzt sogleich durchzukommen. Nur Janes und meine Einstellung zur Zeit und unsere Gewohnheiten schienen ihn davon abzuhalten. Natürlich wird sich die Sitzung, die Jane am nächsten Montag abhalten wird, irgendwie von der unterscheiden, die sie heute hätte durchführen können — woraus sich interessante Schlußfolgerungen ergeben.)

4
Die Träumer der Vorzeit

Sitzung 893, Montag, den 7. Januar 1980

(Um sicherzugehen, daß es zu einer Sitzung kommen würde, bevor sie sich zu sehr entspannte, rief Jane frühzeitig nach mir. Sie plant, im Laufe der Kundgaben nun wieder Pausen einzuschieben, damit sie längere Sitzungen abhalten kann. Um 20.40 Uhr konnte sie Seths Anwesenheit spüren. »Wie gesagt, ich tue mein Bestes ...«)

(20.43 Uhr, mit überraschender Herzlichkeit:) Guten Abend.

(»Guten Abend, Seth.«)

Diktat, zunächst einmal: Neues Kapitel, das vierte: Die Träumer der Vorzeit.

Geduldet euch einen Moment ... Während langer Zeiten, die euch wie Äonen vorkommen würden, befanden sich die Menschen häufiger im Traum- als im Wachzustand. Wie die Tiere schliefen sie stundenlang. Sie wachten sozusagen nur auf, um dem Körper etwas Bewegung zu verschaffen, um Nahrung aufzunehmen und später auch, um sich zu paaren. Es handelte sich in der Tat um eine Traumwelt, doch war es eine äußerst lebendige Welt voller Zauber, in der die Traumvorstellungen unbeschwert mit all den Wahrscheinlichkeiten spielten, die dieses neue Abenteuer mit sich brachte. Die Träumer stellten sich die verschiedenen Möglichkeiten der Sprache und der Kommunikation vor, ersannen großartige Traumgeschichten von zukünftigen Kulturen, die von ihrer eigenen inhärenten Geschichte durchtränkt waren; sie errichteten gedankliche Aufbauten, aus denen unwillkürlich Vergangenes wie Zukünftiges entstand und sie somit in die Zeit einband.

An diesen Träumen partizipierte bis zu einem gewissen Grade jedes Bewußtsein, das sich auf das abenteuerliche irdische Unternehmen eingelassen hatte, so daß die Lebewesen und ihre Umwelt ein großes Einssein ineinandergreifender Wirklichkeitswelten waren. Täler und Berge träumten sich gemeinsam mit ihren Bewohnern ins Sein und ins Zusammenleben.

Die Arten aller Gattungen lebten — bitte hervorheben — von eurem Standpunkt aus betrachtet sehr viel gemächlicher als heute. Das Blut eurer Gattung zum Beispiel brauchte nicht so schnell durch Venen und Arterien zu fließen, das Herz nicht so oft zu schlagen. Auch bestand, im Gegensatz zu heute, nicht die dringliche Notwendigkeit des gegenseitigen Abstimmens der Bedürfnisse der Lebewesen und der Umwelt, denn zwischen ihnen vollzog sich ein vom Bewußtsein inspiriertes natürliches Geben und Nehmen.

Die elementaren Naturgesetze waren — auch wenn sich ein solcher Zustand kaum veranschaulichen läßt — noch nicht so fest verankert wie heute. Selbst der Schwerkraft kam noch nicht die heutige Gültigkeit *(eines Grundgesetzes)* zu. Die Luft hatte mehr Auftrieb. Der Mensch spürte, wie er auf sehr angenehme Weise von ihr gehalten wurde. Auch nahm er sich anders wahr als heute. Zum Beispiel endete seine Gleichsetzung mit seinem Selbst nicht an der Oberfläche seiner Haut: Er konnte ihm vielmehr über die Grenzen des Körpers hinaus in den Raum folgen und spüren, wie es mit dem Unendlichen verschmolz — ein ganz ursprünglicher Sinneseindruck, natürlich der inneren Sinne, den ihr vergessen habt.

(20.58 Uhr.) Während dieser Phase war übrigens das hervorstechendste Kennzeichen des Traumes eine gedankliche Aktivität von exquisiter, äußerst origineller Vielfalt, und das Wissen, das der Träumer, also der Mensch, sich aneignete, wurde dem grobstofflichen Gehirn eingeprägt. Dieser Vorgang vollzieht sich heute im Zusammenhang mit den Funktionen des Körpers, seiner Beziehung zur Umgebung, seinem Gleichgewicht, seiner Temperatur und seinen ständigen inneren Veränderungen, und zwar völlig unbewußt. All diese komplizierten Aktivitäten wurden im Traumzustand, durch den die Bewußtseinseinheiten ihr inneres Wissen in die Stofflichkeit übertrugen, erlernt und eingeübt.

Dann erwachten der Mensch und auch die anderen Gattungen sozusagen immer mehr in der stofflichen Welt, entwickelten die äußeren Sinne und fügten sich in Raum und Zeit ein. Doch nach wie vor schläft und träumt der Mensch, und dieses Schlafen und sein Träumen verbinden ihn bis heute eng mit seinen Ursprüngen und mit denen des ihm bekannten Universums. *(Pause in einem gleichmäßigen, insgesamt eher gedämpften Vortrag.)*

Der Mensch träumte seine Sprachen. Er träumte, wie er seine Zunge zu benutzen hatte, um Wörter zu artikulieren. In seinen Träumen übte er, Worte aneinanderzureihen, um ihnen Sinn zu geben; schließlich konnte er ganz bewußt einen Satz in dem Glauben beginnen, er könne ihn auch beenden, ohne jedoch genau zu wissen, wie er ihn angefangen hatte.

Die Grundlage aller Sprachen ist jene Sprache, die in den Träumen gesprochen wurde. Die Notwendigkeit der Sprachen ergab sich erst, als der Mensch weniger träumte und sich immer mehr in die Stoffwelt von Raum und Zeit einließ, denn im Traumzustand konnten er, seine Gefährten und die anderen Lebewesen unmittelbar miteinander kommunizieren. Die Sprache trat also allmählich an die Stelle innerer Kommunikation. All den sogenannten Frühkulturen des Menschen — den Höhlenzeichnungen wie auch den Religionen — liegt eine großartige Einheit zugrunde, denn sie alle entstammen der gemeinsamen Quelle, aufgrund deren der Mensch inneres Wissen in stofflich-materielle Aktualität zu übertragen vermochte.

Der Mensch lernte, die Stabilität, Kraft und Beweglichkeit seines Körpers zu wahren und einen Gleichgewichtszustand herbeizuführen, indem er sich dem Klima und den Elementen anpaßte, und im Traum stellte er Berechnungen an, die sein Wachbewußtsein nicht bewältigen konnte. Der Mensch lernte, sich mittels seiner Träume im Schlaf selbst zu heilen, und im Schlafzustand trägt auch heute noch jedes Bewußtsein zur Gesundheit und Vitalität des Organismus bei. Das Universum befindet sich keineswegs im Kriegszustand; es beruht auf dem liebenden Zusammenwirken all seiner Teile. Das ist eine Tatsache — das Geschenk des Lebens bringt die Verwirklichung dieses Zusammenwirkens mit sich; die Teile eines Organismus sind von Natur aus eine Einheit, und zwar aufgrund innerer Beziehungen, die auf dem Prinzip der Kooperation beruhen. *(Mit größtem Nachdruck:)* Diese Beziehungen bestehen bereits zum Zeitpunkt eurer Geburt, da ihr noch nicht von irgendwelchen kulturbedingten Glaubenssätzen, die möglicherweise das Gegenteil besagen, beeinflußt seid.

(21.14 Uhr.) Ohne dieses wirklich grundlegende, ursprüngliche, liebevolle Zusammenwirken, das eine vorgegebene Qualität des Lebens selbst ist, wäre das Leben nicht von Dauer gewesen. Jedes Individuum jedweder Gattung nimmt sich diese anfängliche Lebensfreude und Energie zum Maßstab. Jedes Individuum jedweder Gattung strebt, weil mit Bewußtsein ausgestattet, unwillkürlich danach, die Lebensqualität zu steigern — nicht nur für sich selbst, sondern auch für die Gesamtheit allen Lebens.

Dies ist ein unumstößliches Charakteristikum des Lebens, ungeachtet aller Glaubensvorstellungen, die euch möglicherweise dazu bringen, die Vorgänge der Natur falsch zu verstehen und andere Lebewesen geringzuschätzen. *(Pause.)* In gewisser Weise träumten die Träumer der Vorzeit dank ihrer unglaublichen Kreativität alle Lebewesen mit all ihren Gegenwarten, Vergangenheiten und Zukünften ins Sein — das heißt, ihre Träume öffneten die Türen von Raum und Zeit für Wesenheiten, die andernfalls nicht in die Wirklichkeit entlassen worden wären, so wie vormals die Bewußtseinseinheiten aus dem Geist All-dessen-was-ist entlassen wurden.

Alle möglichen Wesenheiten, die je Gestalt annehmen werden, existieren schon immer. Sie haben immer existiert und werden immer existieren. All-das-was-ist muß seinem Wesen entsprechend alles sein, was es je sein kann. Daher kann auch die Existenz kein Ende haben — und keinen Anfang. Doch das könnt ihr nicht verstehen. Versucht daher das Wesen der Bewußtseinseinheiten zu begreifen, aus deren inspirierender Vorstellungskraft alle körperlich-materiellen Formen hervorgingen. Sie sind gewissermaßen eure Vorfahren — und nicht nur die euren, sondern die aller Bewußtseinsformen, aus denen sich eure Welt zusammensetzt.

Macht eine Pause.

(21.25 Uhr. Und zum erstenmal seit langem unterbrach Jane eine Sitzung. »Du warst sehr gut«, sagte ich ihr.

»Ja, ich war wirklich am Ball.« Wenn der Vortrag auch größtenteils ziemlich ruhig war, hatte Jane doch zuweilen mit erheblicher Intensität gesprochen. »Im Winter möchte ich früher mit den Sitzungen beginnen«, meinte Jane, »damit ich früher aufhören und noch eine halbe Stunde fernsehen kann — es ist entspannend und behaglich, vor allem, wenn wir allein sind ... Ich glaube, der Rest der Sitzung wird von mir handeln.«

Sie hatte recht. Um 21.34 Uhr meldete sich Seth mit reichlich Material für Jane zurück. Es ist sehr interessant zu beobachten, wie sich Seths Informationen für Jane aus seiner Arbeit am vorliegenden Buch ergaben. Ich zitiere hier nur den Anfang meiner seitenlangen Notizen — gerade genug, um zu zeigen, wie sich auch das eher persönliche Material über alle Konventionen hinwegsetzt.)

Nun: Es ist leicht zu leben — so leicht, daß ihr euch, während ihr lebt, euch ausruht, kreativ tätig seid, handelt, fühlt, schaut, schlaft und wacht, gar nicht wirklich um all dies bemühen müßt. Von eurem Standpunkt aus wird all dies für euch erledigt.

Es wird im Bezugssystem 2 für euch getan — übrigens werde ich im Verlauf des Buchdiktats immer wieder auf das Bezugssystem 2 eingehen. Viele eurer Glaubenssätze laufen darauf hinaus, das Leben sei hart, es sei schwierig, es zu meistern, das Universum sei unsicher und ihr müßtet alle euch zur Verfügung stehenden Mittel nutzen — nicht etwa, um dem Leben mit freudiger Hingabe zu begegnen, sondern um euch gegen seine überall lauernden Gefahren zu schützen, die zu erwarten ihr gelehrt wurdet.

Aber nicht genug damit. Aufgrund wissenschaftlicher wie auch religiöser Vorstellungen glaubt man in eurer westlichen Zivilisation, daß auch innere Gefahren drohen. In der Folge vergeßt ihr euer naturgegebenes Selbst und laßt euch auf eine weitgehend imaginäre Kultur eines Glaubens aus zweiter Hand ein: auf negative Glaubensüberzeugungen, die individuell und en masse in die Zukunft projiziert werden. Darauf reagieren die Menschen zwangsläufig mit Krankheiten oder mit unangemessenem Verhalten. Das Leben ist — bitte hervorheben — l e i c h t. Es ist sicher und zuverlässig, weil es leicht ist. Dies sage ich für Ruburt …

(Nach einer Pause mit viel Humor:) Ich bin bereit, die Sitzungen auszudehnen, solange ihr es mit mir aushaltet. Ich werde an einem Abend an einem Buch und am nächsten Abend an einem anderen arbeiten, wenn ihr das möchtet, oder private Angelegenheiten oder Fragen von allgemeinem Interesse besprechen oder auch zweimal pro Woche am derzeitigen Thema arbeiten — ganz wie es den Herrschaften genehm ist!

(Ende der Sitzung um 21.58 Uhr.

»Nun, für jemanden, der nicht ganz mitgekommen ist, war es wohl ganz gut«, sagte Jane nach der Sitzung. Sie hatte sich ein wenig erholt. Wir beide waren aufs neue von Seths Kreativität beeindruckt. »Wenn wir nicht ständig soviel Post zu beantworten hätten, würde ich es mit mindestens drei Sitzungen pro Woche versuchen«, fügte sie hinzu. »Aber du hast ja auch gar nicht die Zeit, noch mehr zu tippen, bei all dem, was du jetzt schon tust.«

»Ich würde mir die Zeit nehmen. Es wäre die Sache schon wert.« Und ich erinnerte Jane daran, daß sie zur Zeit ihrer ASW-Kurse oft drei Sitzungen pro Woche abgehalten hatte. Der letzte Kurs hatte im Februar 1975 stattgefunden, als wir uns schon darauf vorbereiteten, von unserer Stadtwohnung ins Hügelhaus umzuziehen.)

Sitzung 894, Mittwoch, den 9. Januar 1980

(Die Witterung ist für die Jahreszeit weiterhin ungewöhnlich mild, der Boden immer noch kahl. Wir hatten diesen Winter sehr wenig Schnee. Es ist kaum zu glauben.

Jane fühlte sich müde, als wir um etwa 21.50 Uhr zur Sitzung Platz nahmen. Sie hatte Dutzende von Leserbriefen gelesen, die uns heute nachmittag vom Verlag geschickt worden waren. Eigentlich hatte sich Jane vor der Sitzung ein wenig entspannen und noch ein paar Notizen machen wollen. Dieser Stapel von Briefen bedeutete allerdings auch, daß die Seth-Bücher gelesen werden, und dafür sind wir wirklich dankbar. Über die Feiertage erhielten wir mehr Weihnachtskarten von Leserinnen und Lesern als je zuvor; ja, es treffen ständig noch weitere ein. »Diese Zuschriften wachsen mir beinahe über den Kopf«, meinte Jane, »doch manche sind wirklich großartig.« Sie beantwortet die Briefe inzwischen meist selbst, denn ich habe keine Zeit, um ihr zu helfen.)

(21.08 Uhr.) Guten Abend.

(»Guten Abend, Seth.«)

(Zunächst mit vielen Pausen:) Diktat: Während dieser Phase, die wir den Träumern der Vorzeit zugeordnet haben, kam es zu geistiger Aktivität großer Tragweite: die »Struktur« des auf die Stoffwelt zentrierten Bewußtseins brachte die Phänomene des »Selbst« hervor.

Nun war ein körperlich zentriertes, auf das Körperliche eingestimmtes Selbst vonnöten, das effizient in einem gemeinsam mit allen Geschöpfen geschaffenen System von Raum und Zeit agieren konnte; doch mußte dieses Selbst auf die eine oder andere Weise in Erfahrungsräumen Unterstützung finden, die prinzipiell von Zeit und Raum unabhängige Informationen und Kenntnisse boten — unentbehrliches Wissen, das aber die im stofflichen Brennpunkt gesammelte Aufmerksamkeit nicht zerstreuen durfte. *(Lange Pause.)*

Irgendwie mußte dieses innere Wissen alle Bewußtseinsformen auf dem Planeten miteinander vernetzen. Die Geschöpfe mußten in der Lage sein, im Nu zu reagieren. Doch beruhten die inneren Mechanismen, die solche Sofortreaktionen ermöglichen, auf einer Anpassungsfähigkeit in einem Maß, das die Fähigkeiten des Wachbewußtseins übersteigt. In eurem Zeitgefüge könntet ihr euch zum Beispiel niemals so schnell bewegen, wie ihr es tut, wenn ihr sämtliche der an einer Bewegung beteiligten Muskeln bewußt steuern müßtet — ähnlich verhält es sich mit anderen vergleichbaren körperlichen Leistungen oder mit der Sprache. Ihr könntet euch sicher nicht verständlich machen, wenn ihr euch zuerst all die mit dem Sprechen verbundenen Mechanismen vergegenwärtigen und sie dann bewußt in Gang setzen müßtet, bevor ein Wort erklänge. Ihr brauchtet deshalb dieses innere Wissen, und es mußte so beschaffen sein, daß es euer Denken nicht störte.

Im Grunde genommen gibt es nicht verschiedene, sondern nur ein Selbst, doch um der besseren Verständlichkeit willen muß ich mich so, als ob es Unterschiede gäbe, ausdrücken.

Zuallererst gab es das innere Selbst, das schöpferisch träumende Selbst. Es war, wie gesagt, von Bewußtseinseinheiten gebildet, ein Selbst, bestehend aus bewußter Energie, das eure Wesenheit ausmacht und auch die der frühesten Erdbewohner ausmachte. Dieses innere Selbst umgab sich mit seinem eigenen Traumkörper, doch dieser Traumkörper war der von euch vorgestellten Notwendigkeit, sich körperlich zu betätigen, enthoben. Er war von Schwerkraft, Raum und Zeit unabhängig, sozusagen befreit.

(Nach einer Pause um 21.23 Uhr:) Als sich der Körper jedoch verdichtete, schuf das innere Selbst das Körperbewußtsein, so daß der materielle Körper sich selbst, seine Umwelt und die Beziehung, in der er zu ihr stand, immer bewußter wahrnahm. Doch bevor dies geschehen konnte, wurde dem Körperbewußtsein beigebracht, die eigene innere Wirklichkeit wahrzunehmen. Der Körper wurde von elektromagnetischen Energieeinheiten auf allen Stufen biologischen Lebens — der Atome, Zellen, Organe — liebevoll aufgebaut. Die Struktur des Körpers entstammte dem inneren Selbst. Die Bewußtseinseinheiten, die an diesem Schöpfungsprozeß mitwirkten, waren die gemeinsame Ursache für das Werden der Umwelt und ihrer Lebewesen, die bestens aufeinander abgestimmt waren.

Bislang war immer die Rede von dem inneren Selbst, das in einem inneren Erfahrungsraum zu Hause ist, das sich in eine körperlich-materielle Form hineinträumt und schließlich ein Körperbewußtsein schafft. Diesem Körperbewußtsein gibt das innere Selbst seinen Fundus an Wissen über das von ihm geträumte Leben mit all den physischen Errungenschaften, einen Funken, den es auf triumphale Weise kreiert hat. *(Pause.)* Das Körperbewußtsein ist nicht etwa »unbewußt«, doch, um es für euch verständlich auszudrücken, verfügt der Körper über sein eigenes Bewußtseinssystem, das — bitte hervorheben — bis zu einem gewissen Grad von dem, was ihr für euer

Wachbewußtsein haltet, abgekoppelt ist. Das Bewußtsein des Körpers ist wohl kaum geringer zu bewerten als euer Wachbewußtsein und ist auch dem eures inneren Selbst keineswegs unterlegen, denn es repräsentiert ja das Wissen des inneren Selbst und ist Teil seines Bewußtseins — der Teil, der an den Körper delegiert wurde.

Jede Zelle arbeitet, wie ich schon oft gesagt habe, deshalb so perfekt im Verbund des Körpers, weil sie gleichsam mit präkognitiven Fähigkeiten ausgestattet ist. Sie kennt den Gesundheitszustand und die Vitalität aller anderen Zellen auf dem Planeten. Sie weiß um die Lage jedes Sandkorns an den Stränden jedes Ozeans. Sie ist Teil des Bewußtseins eurer irdischen Stoffwelt. Und deshalb ist diese selbst und sind deren Lebewesen sowie überhaupt die Elemente der Natur im Körperbewußtsein miteinander verbunden. Euer Intellekt funktioniert so klar und präzise, so logisch *(amüsiert)* und mitunter so arrogant, weil er auf der Welle der großen Schubkraft sogenannter »uralter«, sogenannter »unbewußter« Macht reitet, *(mit großem Nachdruck)* der Macht unmittelbaren Wissens, das ein Charakteristikum des Körperbewußtseins ist.

(Nach einer Pause, einer von vielen:) Vergeßt nicht: Wir haben es nach wie vor mit dem inneren Selbst und dem Körperbewußtsein zu tun. Als sich das Körperbewußtsein entwickelte und seine Organisation vervollkommnete, standen das Selbst und das Körperbewußtsein miteinander in einer Art psychologischem Einvernehmen.

(Nach einer Pause um 21.42 Uhr:) Geduldet euch einen Moment ... und nehmt mit einer Analogie vorlieb, die mir noch am besten vorkommt: Das Selbst ähnelt einem Gummiband, das kräftig und elastisch nach innen und außen zu schwappen vermochte, ohne jedoch einen hinreichend stabilen psychologischen Rahmen zur Verfügung zu haben, der für physische Standhaftigkeit hätte sorgen können. Das innere Selbst war immer noch mit der Traumrealität verknüpft, während sich die Orientierung und das Bewußtsein des Körpers — wie beabsichtigt — auf das Abenteuer materieller Existenz ausrichteten und diesbezüglich Neugierde, Interesse und auch Verwunderung entwickelten, und so bildete das innere Selbst, wie es einst das Körperbewußtsein geschaffen hatte, nun einen neuen »Ableger« seiner selbst aus: ein Bewußtsein, ein Selbst, dessen Wünsche und Absichten in einer Weise auf die materielle Welt zielgerichtet waren, wie es dem inneren Selbst allein nicht möglich gewesen wäre.

(Alles mit rhythmischer Betonung:) Das innere Selbst war sich sei-

ner Vieldimensionalität nur allzusehr bewußt, so daß es sich, mit euren Worten ausgedrückt, mittels des vorgestellten Körpers zur psychologischen Geburt in Raum und Zeit verhalf. Es setzte sich selbst dem Geschöpf gleich, in dem es sich dann erkannte. Und dieser »Teil« des Selbst ist derjenige, den ihr als euer Wachbewußtsein akzeptiert, das im Gefüge der Jahreszeiten lebt und sich innerhalb von Zeitstrukturen wahrnimmt, das in Augenblicken blendender Wachheit wie erstarrt ist und dessen Kulturen zu kommen und zu gehen scheinen. Dies ist das Selbst, das sich in der lieb gewordenen Einzelheit der Augenblicke munter regt, dessen körperliche Sinne an Licht und Dunkelheit, an Klang und Berührung gebunden sind. Dies ist das Selbst, das das Leben des Körpers führt.

Es ist das Selbst, das nach außen schaut. Es ist das Selbst, das ihr in einem egoistischen Sinn als eure Bewußtheit bezeichnet. Das innere Selbst wurde zu dem, was ich das ichhafte Selbst oder das innere Ego nenne. Es geht auf jene innere Realität des Bewußtseins zurück, aus der sowohl euer persönliches Wachbewußtsein wie auch euer Körperbewußtsein hervorgingen.

Ihr seid also ein Selbst, doch der Zweckmäßigkeit halber möchte ich sagen, daß euer Selbst aus drei Teilen besteht: dem inneren Selbst, das zum inneren Ego wurde, dem Körperbewußtsein und dem euch vertrauten Wachbewußtsein.

Diese Teile sind jedoch eins oder, könnte man sagen, wie drei verschiedene Bewußtseinssysteme, die zusammenwirken, um ein Ganzes zu bilden. Auch ändern sich die scheinbaren Unterschiede ständig.

(Nach einer langen Pause um 21.57 Uhr:) Geduldet euch einen Moment ... Bis zu einem gewissen Grad sind diese drei Bewußtseinssysteme auf die eine oder andere Weise in allen Arten und in jedem Partikel des materiellen Universums wirksam. Das bedeutet, daß aus eurer Sicht die drei Systeme möglicherweise variieren, doch wirken sie immer zusammen, ob es nun um einen Mann oder eine Frau, einen Felsen oder eine Fliege, einen Stern oder ein Atom geht. Das innere Selbst stellt eure Urwesenheit dar, das Selbst, das ihr in Wirklichkeit seid.

(Sehr schnell:) »Die Erde ist ein hübscher Ort, aber ich würde dort nicht gerne leben.« So ähnlich lautet ein alter Spruch, glaube ich. Doch die Wahrheit ist, daß ihr eben deshalb körperliche Wesen seid, weil ihr tatsächlich gerne auf dieser Erde lebt und die Lebensumstände wie auch die besondere Art der Herausforderung, der Wahr-

nehmung, des Wissens und des Verstehens eurer Welt tatsächlich genießt.

(Alles mit großem Nachdruck:) Diese Lebensbedingungen schließen, um das mit euren Worten auszudrücken, sicherlich auch das Leid mit ein. Wie die Freude immer ein Charakteristikum irdischer Erfahrung war, so gehört auch das Leid dazu. Dieses Thema wird im vorliegenden Buch noch behandelt werden. An dieser Stelle möchte ich nur einen Aspekt aufgreifen, nämlich die Bedeutung der körperlichen Empfindungen, welcher Art sie auch sein mögen.

Wie ihr noch sehen werdet, können sich alle Lebewesen, unabhängig von ihrer Entwicklungsstufe, innerhalb der Welt ihrer Wirklichkeit die Empfindungen, die sie erleben wollen, aussuchen, und sie tun dies auch; doch — bitte hervorheben — bis zu einem gewissen Grad werden alle Empfindungen wahrgenommen. Wir werden noch auf die Rolle des Verstandes und seine Interpretation schmerzhafter Empfindungen zu sprechen kommen. Hier möchte ich betonen, daß all die Wesenheiten, die sich zur körperlichen Existenz hingezogen fühlen, zunächst und vor allem Empfindungen auskosten möchten. Der Körper ist zum Reagieren geschaffen. Er ist dazu geschaffen, auf selbstempfundene Reize wie auch auf eine Umgebung zu reagieren, die nicht er selbst ist, indem er das erfährt, was man, anders als üblich, natürlichen Streß nennen könnte. Der Körper erhält sich sein Gleichgewicht, indem er auf die Schwerkraft reagiert, indem er mit anderen Körpern in Berührung kommt, indem er seine Empfindungen verändert, indem er sich in der Balance zwischen Gleichgewicht und Ungleichgewicht verherrlicht.

(Nach einer langen Pause um 22.14 Uhr, zögernd:) Geduldet euch einen Moment ... Dem Körperbewußtsein wurde ein großartiges Gespür für seine eigene Realität mitgegeben, eine Gewißheit seiner Identität, ein Gefühl angeborener Sicherheit und Geborgenheit, das es ihm ermöglicht, nicht nur in der körperlich-materiellen Welt tätig zu sein, sondern auch in ihr zu wachsen. Es besitzt ein Gespür für Kühnheit und Wagemut, ein Gespür für natürliche Macht. Es ist vollkommen darauf eingerichtet, sich an seine Umgebung anzupassen — und die Umgebung ist vollkommen darauf eingerichtet, Wesen mit einem solchen Körperbewußtsein aufzunehmen.

Die der unermeßlichen und grenzenlosen Wirklichkeit All-dessen-was-ist entstammenden Bewußtseinseinheiten wagten es, sich freudig in Raum und Zeit zu begeben, und initiierten damit die Sichtbarwerdung einer Welt dank göttlicher Kreativität, die »bislang« nicht entfaltet worden war. Sie erweiterten daher in gewaltigem Ausmaß die Erfahrungswelt und somit die unermeßliche Existenz All-dessen-was-ist, wobei natürlich die innere Verbundenheit einer jeden Bewußtseinseinheit mit All-dem-was-ist aufrechtblieb. So ließ sich, kann man sagen, auch das All-Eine auf die Stoffwelt ein, und es wurde bis in seine göttlichen Tiefen aufgerüttelt von jedem Grashalm, der sich durch die Erde an die Luft drängte, aufgerüttelt von jeder Geburt und von jedem Lebensmoment im Dasein jeder Kreatur.

Das All-Eine wohnt daher eurer Welt inne; es ist an jedem Punkt der Stoffwelt zugegen und ist die unerschöpfliche Kraftzentrale, die ständig die Materie neu erschafft.

Soviel für heute.

(22.25 Uhr.) Nun: Mein Beifall für Ruburt. Er macht gute psychologische Fortschritte, und das bedeutet, daß er auch körperlich Fortschritte macht.

Eine Kleinigkeit möchte ich gerne noch anfügen: Ihr bekommt meine Energie oft auf eine Art zu spüren, die ihr nicht erwartet. Ende der Sitzung, und einen schönen guten Abend.

(»Gute Nacht, Seth.«)

(22.26 Uhr. »Du meine Güte«, sagte Jane, »vor der Sitzung war ich so erschöpft, und jetzt habe ich während der Sitzung nicht einmal eine Pause eingelegt. Ich stehe wirklich gerne früh auf, denn unabhängig davon, was sonst geschieht, weiß ich, daß wir am Vormittag einiges schaffen können …«

Heute hat Jane einen Anruf erhalten. Drei junge Teilnehmer der ASW-Kurse, die wir vor nahezu fünf Jahren eingestellt hatten, sind aus New York City angereist, um einen Freund zu besuchen, der ebenfalls zu den ehemaligen Kursteilnehmern gehört. Natürlich sind sie alle auch gute Freunde von uns und möchten uns gerne wiedersehen. Jane widmete sich ihnen nach dem Mittagessen für eine Stunde.)

Sitzung 895, Montag, den 14. Januar 1980

(Unser lieber Freund David Yoder [so werde ich ihn nennen] ist 48 Jahre alt, Junggeselle und von Beruf Hochschullehrer. Jane und ich begegneten ihm im Mai 1960, als wir von Sayre nach Elmira zogen, in ein fast in der Stadtmitte gelegenes Mietshaus, das einst ein luxuriöser

Ansitz gewesen war. Drei Jahre später begann Jane dort mit den Sitzungen, und wir wohnten dort fünfzehn Jahre. Anfänglich wohnte David uns gegenüber im zweiten Stock; als unter uns eine größere Wohnung frei wurde, zog er eine Etage tiefer, und etwas später mieteten Jane und ich die Räume, die er zuvor gehabt hatte, hinzu und belegten damit zwei nebeneinander liegende Wohnungen; wir brauchten damals mehr Platz und wollten nicht umziehen.

David ist einer der freundlichsten Menschen, die wir je kennengelernt haben. Jane begann mit ihren ASW-Kursen gegen Ende 1967. Unser Freund mußte daher für die nächsten siebeneinhalb Jahre jeden Dienstagabend einiges an Lärm und Unruhe über sich ergehen lassen. Er war über Janes Tätigkeit im Bilde, doch hatte er kaum Interesse an psychischen Phänomenen. Er beschwerte sich nie, obwohl er bisweilen in ein Hinterzimmer seiner Wohnung auswich oder das Haus verließ, bis der Kurs vorbei war. Wir mußten uns bei ihm laufend für die Störungen entschuldigen.

Als wir uns selbst noch kein Telefon leisten konnten, durfte Jane Davids Apparat benutzen. Auch überließ er uns seine Zeitschriften und Zeitungen — eine Gewohnheit, die er bis zum heutigen Tag beibehalten hat. Manchmal tauschten wir Möbel mit ihm; manchmal verkaufte er uns Stücke, die er durch neue ersetzte, zu einem sehr günstigen Preis. Eine gepflegte Umgebung und ein wohlgeordnetes Leben liegen ihm sehr am Herzen. So hatte er einen motorgetriebenen Rasenmäher gekauft und jahrelang das Gras gemäht, ohne vom Vermieter irgendeine Entschädigung zu verlangen.

Im März 1975 kauften Jane und ich das Hügelhaus, das gerade außerhalb der Stadtgrenze von Elmira liegt, und nur wenige Wochen später erwarb David selber ein Häuschen nicht weit von uns entfernt im Tal. Wir trafen uns nicht mehr so oft wie früher, doch einmal pro Woche ließ David auf dem morgendlichen Weg zur Schule seine Zeitschriften und Zeitungen auf unserer hinteren Veranda liegen, ob wir schon aufgestanden waren und ihn sahen oder nicht.

In letzter Zeit war David nicht mehr wie sonst regelmäßig den Hügel hinaufgekommen; doch Jane und ich waren so beschäftigt, daß wir diesen Umstand gar nicht recht bemerkt hatten. Daher waren wir wirklich schockiert, als wir vergangenen Donnerstag morgen Besuch von Doris erhielten — sie ist ebenfalls Lehrerin und eine Freundin aus der Zeit, als wir noch im Mietshaus lebten — und erfuhren, David liege im Krankenhaus und müsse sich am nächsten Tag einer dreifachen

Bypass-Herzoperation unterziehen. Jane und ich konnten es gar nicht fassen. Wir hatten geglaubt, David sei kerngesund. Er hatte vor einiger Zeit angefangen zu joggen und war dreimal wöchentlich um zwanzig Kilometer am Stück gelaufen. Im Krankenhaus hatte er Doris gefragt, warum so etwas ausgerechnet ihm passieren müsse, wo er doch immer versucht habe, auf seine Gesundheit zu achten, anderen zu helfen und »alles recht zu machen«.

Jedesmal wenn einer unserer Bekannten in ernste Schwierigkeiten gerät, stellen Jane und ich aufs neue unsere Werte in Frage, aber auch die der Gesellschaft, in der wir leben. Wir mußten auch an einen anderen Freund denken, der letztes Jahr im Alter von 39 Jahren an Krebs gestorben war.

David erholt sich nun zwar gut von seiner Operation, doch kann er noch keine Besuche empfangen. Jane hat jeden Tag im Krankenhaus angerufen, um sich nach ihm zu erkundigen. Sie stellt für ihn ein einzigartiges, bezauberndes kleines Büchlein mit Gedichten und Zeichnungen zusammen. Ich mache Besorgungen für David und werde ihn zu gegebener Zeit aus dem Krankenhaus abholen und nach Hause bringen.

Seth sprach heute abend über Krankheit und Leid im allgemeinen und über David im besonderen. Ich gebe im folgenden nur Auszüge aus dem allgemeinen Teil der Ausführungen wieder, keine Äußerungen über David. Wir haben auch nicht im Sinn, ihm die ihn betreffenden Seth-Informationen aufzudrängen, denn dies wäre eine Verletzung seiner Privatsphäre. Das Material von heute abend trägt jedoch zu unserem Verständnis von Themen wie dem freien Willen und der freien Wahlmöglichkeit, von Gut und Böse, Krankheit und Gesundheit bei und wirft Licht auf viele Fragen, die uns im Lauf der Jahre gestellt wurden.

»Nun«, meinte Jane, als wir uns zur Sitzung niederließen, »mir wäre es fast lieber anzunehmen, man sei das Opfer blinden Zufalls, als zu glauben, daß man krank wird, weil man es selber so gewollt hat oder so dumm und ignorant ist …« Auf meine Bemerkung, ich könne sie in solchen Anwandlungen nicht bestärken, antwortete sie spontan: »Also los, Seth, ich bin hier.« Doch als sie seine Anwesenheit spürte, war ihr klar, daß er kein Buchdiktat im eigentlichen Sinn geben würde.)

(21.17 Uhr, flüsternd:) Guten Abend.

(Um einen Scherz zu machen, erwiderte auch ich flüsternd: »Guten Abend, Seth.«)

Viele hundert Jahre lang *(Pause)* hielt die Institution der römisch-katholischen Kirche die [westliche] Kultur zusammen und gab ihr ihre Gebote und ihre Bedeutung. Die kirchlichen Ideale und sittlichen Normen wurden von der gesamten Gesellschaft getragen und dienten als Grundlage für alle etablierten Formen des Wissens, der Wirtschaft, der Medizin und aller anderen Wissenschaften.

Die kirchliche Sicht der Realität war die als gültig anerkannte. Ich kann die Tatsache gar nicht genug betonen, wie sehr die Glaubensvorstellungen der damaligen Zeit das Leben des einzelnen prägten, so daß selbst die persönlichsten Angelegenheiten entsprechend der kirchlichen Lehre interpretiert wurden. Das Weltbild war ein religiöses, ein von der Kirche definiertes, und ihre Lehrmeinungen galten als Wahrheit und Wirklichkeit zugleich.

Krankheiten mußten ertragen werden, denn sie waren von Gott gesandt, um die Seele zu läutern, um den Körper zu reinigen, um den Sünder zu strafen oder einfach um den Menschen in seine Schranken zu weisen und ihn vor der Sünde des Hochmuts zu bewahren. Das von Gott geschickte Leid galt als eine Realität des Lebens und auch als religiöse Wahrheit.

(Nach einer langen Pause um 21.25 Uhr:) In Kulturen der Naturvölker wie auch des Altertums glaubte man, Krankheiten würden von Dämonen oder bösen Geistern geschickt, die Welt sei ein Tummelplatz guter wie auch böser Geister, die sich, selber unsichtbar, mit den Elementen der Natur vermischten, und man glaubte, der Mensch müsse sich vorsehen, böse Geister nicht zu verärgern. In der Geschichte der Menschheit hat es alle Arten von Beschwörungsritualen gegeben, die dazu dienen sollten, die bösen Geister zu besänftigen, deren Realität für den Menschen nicht nur eine Tatsache, sondern auch eine religiöse Wahrheit war.

Es ist leicht genug, diese Glaubensvorstellungen mit einem Schulterzucken abzutun und sich über die verzerrten menschlichen Realitätsbegriffe zu wundern. Doch *(belustigt)* die gesamte wissenschaftliche Betrachtungsweise des Phänomens Krankheit ist genauso wirklichkeitsfremd. Sie wurde ebenso umständlich ausgearbeitet und mit »Unsinn« durchwoben. Sie ist kaum sachlicher als etwa die »Tatsache«, daß Gott Krankheiten als Strafe schickt oder daß sie die unerwünschten Geschenke übelwollender Dämonen sind.

Nun: Im Mittelalter verstanden sich Kirchenmänner darauf, verschiedene Teile des menschlichen Körpers, die von Krankheiten befallen waren, weil der Mensch sich einer besonderen Sünde schuldig gemacht hatte, in Diagrammen darzustellen. Die klügsten Köpfe fanden diese Schemata überzeugend und logisch, zumal Patienten mit bestimmten Beschwerden in bestimmten Körperregionen gestanden, die diversen Sünden begangen zu haben, die angeblich damit zusammenhingen. Die Gesamtkonstruktion dieser Glaubensvorstellungen war in sich stimmig. Ein Mensch konnte wegen der Sünden seines Vaters verkrüppelt oder kränklich zur Welt kommen.

Der wissenschaftlich abgesteckte Rahmen ist heute im Grunde genommen genauso unsinnig, obwohl sich die wissenschaftlich ermittelten Tatsachen häufig zu bestätigen scheinen. Nehmen wir zum Beispiel die Viren. Eure Überzeugungen werden zu sich selbst beweisenden Realitäten. Es wäre unmöglich, über das menschliche Leid zu sprechen, ohne diesen Umstand zu berücksichtigen. Vorstellungen und Ideen werden von Generation zu Generation weitergegeben — und diese Vorstellungen und Ideen sind die Träger eurer gesamten Wirklichkeit mit ihren Freuden und ihrem Leid. Die Wissenschaft hingegen ist — bitte hervorheben — alles in allem ein miserabler Heiler. Die Perspektive der Kirche verlieh dem Leid zumindest eine gewisse Würde: Es kam — hervorheben — tatsächlich von Gott, eine unerwünschte Gabe vielleicht, aber immerhin handelte es sich um eine Strafe, die von einem strengen Vater zum Besten des Kindes verhängt wurde.

Die Wissenschaft löste die Tatsachen von der religiösen Wahrheit ab. In einem Universum, das durch Zufall entstanden war und in dem das Überleben der Tüchtigsten als Hauptregel des Wohlverhaltens gilt, wurde Krankheit zu einer Art Verbrechen gegen die Spezies. Es besteht darin, daß ein Kranker untüchtig ist, und wirft daher alle möglichen Fragen auf, die zuvor nicht ernsthaft gestellt worden sind.

Haben zum Beispiel »genetisch Minderwertige« das Recht, sich fortzupflanzen?* Man nimmt an, solche Krankheit sei, ähnlich wie

---

* Seth schnitt hier sicher ein Thema an, das mit ethischen und juristischen Problemen befrachtet ist, von denen sich viele aus den jüngeren wissenschaftlichen Erkenntnissen im Bereich der Genetik ergeben haben. Einige Moralphilosophen, Humangenetiker, Ärzte, Rechtsanwälte und religiöse Führer sind der Ansicht, daß Menschen, deren Gene die Anlagen zu schweren Erbkrankheiten aufweisen, kein Recht haben, sich fortzupflanzen. Andere Fachleute ähnlicher Qualifikationen behaupten das Ge-

ein Unwetter, das Ergebnis physischer Kräfte, gegen die das Individuum kaum etwas unternehmen kann. Die »neuen« Ideen der Freudianer vom anstößigen Unterbewußten führen obendrein zu einem weiteren Dilemma, denn man geht meist davon aus, daß das Unterbewußte oder Unbewußte infolge von Kindheitserfahrungen selbst die besten Absichten und mit vollem Bewußtsein getroffene Entscheidungen eines Menschen sabotieren und ihn heimtückisch in Krankheiten und Katstrophen stolpern lassen könne.

In gewisser Weise wird mit solchen Gedankengängen der metaphysische Teufel durch einen psychologischen ersetzt. Wenn die Wissenschaft davon ausgeht, daß schon das Leben keinen wirklichen Sinn hat, dann muß natürlich erst recht das Leid sinnlos sein. Das Individuum wird zum Opfer des Zufalls, was seine Geburt, seine Lebensumstände und seinen Tod betrifft. *(Sehr eindringlich:)* Die Krankheit wird zu seiner unmittelbarsten Konfrontation mit der scheinbaren Sinnlosigkeit seiner persönlichen Existenz.

Ihr beeinflußt den Zustand eures Körpers durch das, was ihr denkt und glaubt. Wenn ihr an Vererbung glaubt, wird die Vererbung zu einem starken suggestiven Faktor in eurem Leben und kann dazu beitragen, genau die Erkrankung in eurem Körper auszulösen, von der ihr glaubtet, sie sei schon immer dagewesen, bis schließlich mit Hilfe des wissenschaftlichen Instrumentariums eine »Fehlfunktion« oder dergleichen entdeckt wird, und dann liegt der Beweis natürlich für jedermann auf der Hand.

(Nach einer Pause um 21.50 Uhr:) Es gibt offensichtlich einige Gesundheitsstörungen, die nach euren Begriffen tatsächlich vererbt sind und sich meist schon unmittelbar nach der Geburt zeigen, doch

---

genteil, nämlich daß das Recht, für die Erhaltung der Art zu sorgen, unverzichtbar und unveräußerlich sei. Es gibt Fragen im Überfluß; sie betreffen die Amniozentese (Untersuchung der Gebärmutterflüssigkeit, um genetische Schäden beim Fetus festzustellen), die therapeutische Abtreibung, die künstliche Befruchtung, die Befruchtung im Reagenzglas, die Embryoverpflanzung (Leihmutterschaft), die Verantwortung des Gesetzgebers, der Schulmedizin und der religiösen Gemeinschaften, oder etwa das Problem, ob geistig zurückgebliebene und genetisch geschädigte Menschen eine lebensverlängernde medizinische Behandlung erhalten sollen, und dergleichen mehr. Man rechnet damit, daß Jahre vergehen werden, bis nur erst einmal unsere Rechtsprechung dem wissenschaftlichen Fortschritt auf dem Gebiet der Genetik angepaßt ist — doch ironischerweise werden künftige Forschungsergebnisse die Probleme mit Sicherheit noch weiter komplizieren.

ihre Zahl ist im Verhältnis zu den Krankheiten, von denen ihr lediglich glaubt, sie seien erblich bedingt, wie zum Beispiel viele Krebsarten, Herzleiden, arthritische oder rheumatische Beschwerden, sehr gering. Und vielfach könnten Erbkrankheiten positiv beeinflußt werden, und zwar durch den Einsatz mentaler Techniken, auf die wir noch zu sprechen kommen werden.

Es gibt so vielerlei Leid, wie es vielerlei Freude gibt, und auf keine Frage gibt es eine einfache Antwort. Als menschliche Lebewesen akzeptiert ihr die Lebensumstände. Und aus diesen Lebensbedingungen schafft ihr eure täglichen Erlebnisse. Ihr werdet *(mit Nachdruck)* in ein bestimmtes Glaubenssystem wie auch in ein bestimmtes Jahrhundert hineingeboren, doch in dieses Gesamtbild gehört auch die Freiheit, Lebenserfahrungen verschieden zu deuten. Sinn, Wesen, Würde oder Schande des Leids deutet ihr aufgrund eurer zu Glaubenssätzen erhärteten Überzeugungen. Ich hoffe, euch im Lauf meiner Ausführungen ein Bild der Realität zu vermitteln, das das Leid in die richtige Perspektive rückt; doch dieses Thema ist äußerst delikat, denn es berührt zutiefst die Hoffnungen, die ihr für euch selbst und für die Menschheit hegt, ebenso eure Angst um euch selbst und um die Menschheit.

Geduldet euch einen Moment ... Ihr habt euch angewöhnt, von eurem Bewußtsein nur begrenzt Gebrauch zu machen, und habt gewisse Themen verstandesmäßig mit einem Tabu belegt. Dazu gehören die Gedanken an Tod und Leiden. Bei einer Spezies, die vor allem auf das Überleben der Tüchtigsten und den Wettkampf der Gattungen untereinander gedrillt ist, wird jeder Anflug von Leid oder Schmerz oder der Gedanke an den Tod als unehrenhaft, als biologische Schande, als feige, als geradezu geisteskrank empfunden. Das Leben ist unter allen Umständen zu erhalten — nicht weil es an und für sich bedeutungsvoll und sinnvoll wäre, sondern weil es nur dieses eine Spiel gibt, das bestenfalls ein Glücksspiel ist. Dieses eine Leben ist alles, was euch zuteil ist, und genau dieses wird allenthalben von Krankheit, Katastrophen und Kriegen bedroht, und selbst wenn ihr solch drastischen Umständen entgeht, so bleibt euch aus dieser Sicht doch nur ein Leben, das aus seelenlosen Elementen entstanden ist, die für eine kleine Weile Bewußtsein und Vitalität erlangen und von einer Lebenskraft zehren, die zwangsläufig irgendwann verbraucht ist.

(Pause um 22.05 Uhr. Jane hatte alles Bisherige gefühlsbetont und

schnell und mit einer Mischung aus Ironie und Belustigung vorgetragen.)

Aus solcher Sicht werden sogar Gefühle wie Liebe und Begeisterung auf nichts anderes als die unberechenbare Aktivität zündender Neuronen zurückgeführt *(Pause)* oder auf chemische Substanzen, die auf andere chemische Substanzen reagieren. Allein schon eine derartige Auffassung verursacht Leid. Die gesamte Wissenschaft eurer Zeit, jedenfalls die Naturwissenschaft, dient der Verbreitung von Glaubensüberzeugungen, die dem Wissen des menschlichen Herzens direkt zuwiderlaufen. Die Wissenschaft hat, wie ihr wißt, die Wahrheit des Gefühlslebens verleugnet, ebenso die Wahrheit inneren Wissens. Doch die Wissenschaft negiert nicht einfach den Wert oder die Gültigkeit emotionaler oder geistig-seelischer Erfahrungen, sondern sie glaubt vielmehr fest daran, daß Wissen nur von außen, nur durch die Beobachtung der äußeren Abläufe in der Natur, erworben werden könne.

Ich sprach über die Lebensqualität, und man kann mit Recht sagen, daß so manche Männer und Frauen vergangener Jahrhunderte, auch wenn sie weniger lang gelebt haben als heute, ein erfüllteres, befriedigenderes Leben geführt haben — und ich möchte nicht, daß diese Aussage falsch verstanden wird.

Nun: Es trifft zu, daß die Religion das Leiden in mancher Hinsicht glorifiziert und zu einer Kardinaltugend verklärt hat; zu anderen Zeiten oder in anderer Hinsicht hat sie es abgewertet, hat sie Kranke als vom Teufel besessen und Geisteskranke als Untermenschen angesehen. Unterschiedliche Aspekte spielen hier eine Rolle.

Die Wissenschaft jedoch betrachtet den Körper als Mechanismus und hat die Idee propagiert, das Bewußtsein sei in einem mechanischen Apparat gefangen und menschliches Leid werde insofern auch mechanisch verursacht. *(Belustigt:)* Man setzt der Maschine lediglich ein paar bessere Teile ein, und alles läuft wie geschmiert! Dabei tritt die Wissenschaft natürlich auch als Magierin auf, und der Glaube an sie scheint bei manchen Gelegenheiten Wunder zu wirken: Das neue Herz beispielsweise wird einem Menschen neue Herzlichkeit oder Beherztheit geben.

(22.16 Uhr. Nach einer Besprechung der persönlichen Situation von David Yoder setzte Seth seine allgemeinen Erläuterungen um 22.30 Uhr fort.)

Krankheit wird als ein den Menschen motivierender Faktor benutzt. Damit meine ich, daß es keine menschlichen Beweggründe gibt, die nicht irgendwann einmal mit Krankheit zu tun haben können, denn oft dient sie als Mittel zum Zweck, als Methode, um etwas zu erreichen, das der Betreffende auf keine andere Weise erreichen zu können meint.

Der eine benutzt die Krankheit, um einen Erfolg zu erzielen, und ein anderer, um einen Fehlschlag herbeizuführen. Man kann sie auch als Mittel benutzen, um Stolz oder Bescheidenheit zur Schau zu stellen, um Aufmerksamkeit auf sich zu ziehen oder um von sich abzulenken. Krankheit ist oft nur eine andere Art, sich auszudrücken. Doch spricht die Wissenschaft nie davon, daß Krankheiten einen Sinn haben oder gar mehreren Zielen dienen können, und ich bin nicht der Ansicht, daß solche Ziele zwangsläufig schlecht sind. Oft sind Krankheiten fehlgeleitete Versuche, etwas zu bekommen, das man für wichtig hält. Krankheit kann ein Ehrenabzeichen oder auch ein Schandfleck sein — aber wenn ihr menschliche Schicksale auslotet, dann steht außer Frage, daß das Leid bis zu einem gewissen, aber entscheidenden Grad nicht nur Sinn und Zweck hat, sondern auch aus mancherlei Gründen aktiv herbeigeführt wird.

Meistens streben die Menschen nicht nach extremen Leidenserfahrungen; doch zwischen den Extremen liegen vielfältig abgestufte Reize, die man als schmerzhaft bezeichnen könnte und die dennoch aktiv gesucht werden. Die sportlichen Betätigungen des Menschen geben ein gutes Beispiel ab. Die Athleten werden durch gesellschaftliche und finanzielle Belohnungen und die Aussicht auf spektakuläre körperliche Leistungen zu Anstrengungen getrieben, die unter normalen Umständen als äußerst schmerzhaft angesehen würden. Der Bergsteiger bezwingt die höchsten Gipfel und nimmt freiwillig ein gerüttelt Maß an Strapazen und Leiden auf sich, wenn er derlei Ziele verfolgt.

(22.37 Uhr. Seth kam mit weiteren Informationen durch, die sich auf David bezogen. Dann:)

Ich möchte nicht, daß meine Ausführungen in welchem Zusammenhang auch immer zu simpel klingen, doch müssen wir mit dieser Erörterung ja irgendwo beginnen ... Das ist bei weitem noch nicht alles [über die Krankheit], doch es ist genug für heute abend. Wenn es dir möglich ist, so ermutige deine liebe Frau dazu, deinem Beispiel zu folgen und zu beschließen, sich keine Sorgen mehr zu machen. Dieses Gebot sollte an erster Stelle stehen.

(»Okay.«)

Meine herzlichsten Grüße und einen schönen guten Abend.

(»Danke, Seth, gleichfalls.«)

(22.45 Uhr. »Du meine Güte, deine Finger müssen dir ja bald abfallen!« rief Jane aus, als sie aus ihrer Trance erwacht war. Sie hievte sich von ihrem Schaukelstuhl zur Couch herüber. »Warum hast du nicht um eine Pause gebeten?«

»Es sah so aus, als brauchtest du keine.« Zudem war die Sitzung für mich derart faszinierend gewesen, daß ich alles andere vergessen hatte. Jetzt war meine rechte Hand aber ziemlich ermüdet.

»Ich erinnere mich an vieles nicht mehr«, sagte Jane. »Aber ich habe das Gefühl, Seth wollte mit seinem Material einige meiner Überlegungen aus der letzten Zeit entkräften — nämlich die, daß es keine Erklärung für all den Schmerz und all das Leid in der Welt gibt, daß das Ganze so gewaltig ist, daß man nichts sagen oder tun kann, was irgend jemandem wirklich nützt ...«

Ich entgegnete ihr, Seths Stoff liefere möglicherweise eine Erklärung für ihre Reaktion auf Davids Krankheit und auch für das Büchlein, das sie für ihn vorbereite, und ich fügte hinzu, daß Seth diese Sitzung sehr wohl als Diktat für »Träume, ›Evolution‹ und Werterfüllung« hätte bezeichnen können, wenngleich er es nicht tat: Viele der Aussagen könnten zumindest helfen, wichtige Fragen zu beantworten.)

Sitzung 896, Mittwoch, den 16. Januar 1980

(Jane hat einiges von der Zeit, die für die Arbeit an »God of Jane« und »If We Live Again« vorgesehen war, abgezweigt, um an der Einführung zu Sue Watkins' Buch »Conversation with Seth« zu schreiben. Sue nahm ihr Manuskript mit, als sie mit ihrem Sohn und ihren Eltern für den Rest des Monats nach Florida ging.

Ich bin mit dem Abtippen meiner Notizen zur letzten Sitzung gerade rechtzeitig fertig geworden, um mich auf die nächste vorzubereiten. Jane rief David Yoder im Krankenhaus an. Zu ihrer Überraschung klang er heute schwächer als bei ihrem letzten Gespräch, und auf seinen Wunsch hin wurde mein für morgen geplanter Besuch auf Freitag nachmittag verschoben.

Danach überflog Jane den Stapel der Aufzeichnungen meiner »Träume von Sayres Umgebung«, wie Seth sie nannte. Ich habe seit dem 22.

Dezember sechs lange und komplizierte Träume niedergeschrieben, die sich in meiner Heimatstadt abspielen. In diesen Träumen erforschte ich meine verschiedenen, mitunter widersprüchlichen Ansichten über das Schreiben und Malen, meine Beziehung zur Gesellschaft, zum kommerziellen Leben und zu meinem [verstorbenen] Vater, insofern er mitunter andere Ansichten vertrat. Neulich hatte ich Jane gefragt, ob Seth sich wohl dazu äußern würde.

21.09 Uhr. Heute abend gab sie seinen Kommentar durch. Er faßte meine Träume auf sehr einleuchtende Art zusammen. »In deinem Herzen steht Sayre für deine Kindheit«, meinte er abschließend, »und in diesem Sinn ist die Stadt für dich ein Symbol für die Kindheit aller Menschen. Denn bis zu einem gewissen Grad spürt jeder Mensch, daß mit seiner eigenen Geburt irgendwie auch die Menschheit als Ganzes geboren wird.«

Wir machten um 21.40 Uhr eine Pause. »Ich muß dir etwas sagen«, meinte Jane, als ich sie beglückwünschte. »Ich habe vorhin einen Blick auf die in deinem Notizbuch festgehaltenen Träume geworfen und nicht mehr als fünf Minuten darauf verwendet. Zum Donnerwetter.« Sie lachte erfreut darüber, wie gut Seth damit zurechtgekommen war.

»Meine Erinnerungen an diese Traumerfahrungen sind genauso real wie die Erinnerungen an irgend etwas anderes, das ich in der letzten Zeit getan habe«, erklärte ich. Seit jeher hatte mich die simple Beobachtung fasziniert, daß in die Vergangenheit zurückreichende Traumerlebnisse mit der Zeit immer wichtiger für mich werden. Ich glaube, wenn man aus Gegenwartsträumen aufwacht, neigt man viel eher dazu, einen Traum als »bloßen Traum« zu bezeichnen und ihm nicht die gleiche Realität und den gleichen Wert beizumessen wie den im Wachzustand durchlebten Erfahrungen.

Jane wollte schnell die Sitzung wieder aufnehmen. Obwohl das folgende Material an sich nicht zum Buchdiktat gehört, gebe ich es hier aus naheliegenden Gründen wieder. Fortsetzung um 21.52 Uhr.)

Fortsetzung der *(in der letzten Sitzung aufgenommenen)* Erörterung von Krankheit und Leiderfahrung. Ich habe manchmal das Gefühl, man erwartet von mir, daß ich die Lebensbedingungen rechtfertigen soll, wo doch diese einer solchen Rechtfertigung selbstverständlich nicht bedürfen.

Eure Glaubensüberzeugungen versperren euch den Zugang zu einem Großteil des ansonsten durchaus verfügbaren Wissens über die innere Erlebniswelt des Menschen — eines Wissens, das die Beantwortung vieler Fragen nach den Gründen für menschliches Leid erleichtern könnte. Andere Fragen sind wahrhaftig wesentlich schwieriger zu beantworten. Männer und Frauen sind im Hinblick auf alle Empfindungen und auf alle möglichen Erfahrungen von Natur aus neugierig. Sie dürsten nach Erlebnissen jeder Art. Ihre Neugierde beschränkt sich nicht auf Hübsches oder Stoffweltliches.

Männer und Frauen werden mit dem Verlangen geboren, Grenzen zu überschreiten und — das Folgende *(amüsiert und laut)* bitte in Anführungszeichen — »das zu erforschen, was noch kein Mensch je gesehen hat«; so ähnlich heißt es ja im Vorspann *(einer bekannten amerikanischen Fernsehsendung)*. Männer und Frauen werden mit einem Gespür für Dramatik, mit einem Bedürfnis nach An- und Aufregung geboren. Das Leben selbst ist spannend. Auch die besinnlichste, ruhigste Stimmung wird von der Schubkraft spektakulärer molekularer Prozesse getragen.

Wenn der Mensch reifer und erwachsen wird, vergißt er viele seiner natürlichen Neigungen, Gefühle und Phantasien, denn sie passen nun nicht länger zum vorgegebenen Bild des Menschen und der Gattung, an das zu glauben euch beigebracht wurde. Folglich befremden euch viele Erfahrungen im Leben, die eigentlich natürliche Auswirkungen jener Gefühle sind; ihr meint jedoch, sie liefen euren tiefsten Wünschen zuwider oder würden euch aufgezwungen, sei es durch Einwirkungen von außen oder von eurem Unterbewußten.

Die Gedanken von Kindern liefern ausgezeichnete Hinweise auf das Wesen des Menschen, doch viele Erwachsene erinnern sich nicht an ihre Gedanken aus der Kindheit, es sei denn an jene, die tatsächlich oder scheinbar mit ihren Ansichten über die Kindheit übereinstimmen.

Kinder spielen zum Beispiel, getötet zu werden. Sie versuchen sich vorzustellen, wie man stirbt und wie der Tod ist. Sie stellen sich vor, wie es wäre, wenn sie von einer Mauer fielen und sich das Genick brächen. Sie malen sich mit ebenso großer schöpferischer Unbekümmertheit tragische Rollen aus wie auch solche, die den Beifall der Erwachsenen finden könnten. Oft sind sie sich auch durchaus der Tatsache bewußt, daß sie, um sich schwierigen Situationen zu entziehen, »willentlich« krank werden — *(humorvoll)* und auch wieder gesund.*

---

* Seths Hinweis erinnert mich an meine eigene Kindheit. »Cowboys und Indianer« war damals, gegen Ende der zwanziger Jahre, das Lieblingsspiel der Jungen von Say-

Die eigene Rolle bei derartigen Episoden lernen Kinder sehr schnell wieder vergessen, so daß sie sich später, wenn sie als Erwachsene krank werden, nicht mehr daran erinnern, daß sie die Krankheit selbst verursacht haben, und unglücklicherweise auch nicht mehr wissen, wie sie sich selbst willentlich wieder gesundmachen können.

(22.05 Uhr.) Wie ich schon sagte, gibt es ein breites Spektrum des Leidens und der Leiderfahrung, und ich werde meine Ausführungen, die ich hin und wieder in dieses Buch einstreuen möchte, zunächst sehr allgemein halten. Insbesondere in früheren Zeiten — obwohl dieser Brauch noch nicht völlig ausgestorben ist — versuchten sich die Menschen durch Kasteiungen zu läutern. Sie streuten sich Asche aufs Haupt, schlugen sich mit Ketten, fasteten oder nahmen andere Entbehrungen auf sich. Mit anderen Worten, sie litten um der Religion willen. Nicht daß sie einfach nur geglaubt hätten, zu leiden sei gut für die Seele — eine fragwürdige Behauptung übrigens —, doch ihnen war etwas anderes klar: Der Körper kann zu leiden nur dann ertragen, wenn er Bewußtseinskräfte entfaltet. Und sie hofften, auf diese Weise einen Zustand religiöser Ekstase herbeiführen zu können.

Religiöse Ekstase bedarf nicht körperlichen Leidens als Stimulus, und derartige Kasteiungen wirken einem religiösen Verständnis — bitte hervorheben — im allgemeinen entgegen. Jene Praktiken veranschaulichen jedoch, auf welche Weise der Mensch das Leiden von sich aus als Mittel zum Zweck benutzen kann, und der Einwand, ein solches Tun sei widernatürlich, trifft nicht den Kern der Sache,

---

re, und wenn wir die nahegelegenen Wiesen durchstreiften, taten wir so, als töteten wir unsere Feinde oder als würden wir selbst getötet. Wir hatten viel Spaß dabei und spielten oft bis zur Erschöpfung. Ganz im Sinn von Seths Aussage war auch ich bisweilen »willentlich krank« geworden — gewöhnlich um irgendwelchen Unannehmlichkeiten in der Schule zu entgehen. Ähnliches hatte auch Jane auf dem Kerbholz. Nach überstandener Gefahr dann wieder gesund zu werden war natürlich kein Problem!

Janes Spiele waren allerdings anders als die meinen gewesen. »Vielleicht haben wir hin und wieder gespielt, tot zu sein — wir haben uns dann einfach hingelegt und die Augen zugemacht; aber das war auch schon alles.« Als sie aber im Geschichtsunterricht von Marie-Antoinette, der Königin von Frankreich, die 1793 in Paris auf der Guillotine hingerichtet worden war, gehört hatte, »habe ich Antoinette gespielt«, erzählte sie. »Ich war dann tapfer und spöttisch, weil ich wußte, daß ich geköpft werden sollte — solche Spiele waren das.«

denn all dies vollzieht sich innerhalb des Bezugssystems der Natur. *(Lange Pause.)*

Disziplin ist eine Form angewandten Leidens, zumindest so, wie sie gewöhnlich auferlegt wird. Dem Menschen wird nicht beigebracht, die gewaltigen Ausmaße seines Erfahrungspotentials zu verstehen. Für ein Kind ist es etwas ganz Natürliches, neugierig zu sein, wissen zu wollen, was es heißt zu leiden — und dadurch lernt es, ungewolltes Leiden zu vermeiden und andere vor ungewolltem Leiden zu schützen; außerdem, und das ist noch wichtiger, lernt es die unterschiedliche Intensität von Gefühlen und Empfindungen kennen, die sein Erbteil sind. Wenn ein Mensch dies als Kind begreift, wird er, einmal erwachsen, andern keine Schmerzen zufügen, weil er sich selbst nicht verbietet, die Gültigkeit der eigenen Gefühle zu empfinden.

Versagt ihr euch aber das unmittelbare Erleben der eigenen Gefühle und unterdrückt ihr sie, sagen wir, durch allzu strenge Disziplin, dann lauft ihr Gefahr, andere Menschen leichthin zu verletzen, weil ihr die eigene abgestumpfte Gemütsverfassung, die eigene Empfindungslosigkeit, auf sie projiziert. Dazu kommt es vor allem dann, wenn ihr eure eigene Empfänglichkeit für Schmerzen abtötet und eure Gefühle unterdrückt.

(22.25 Uhr.) Verletzbarkeit und Schmerzempfindlichkeit des Menschen sind die Voraussetzung für sein Mitgefühl mit anderen und helfen ihm daher auch dabei, in der Gesellschaft möglichst aktiv an der Beseitigung vermeidbarer Ursachen für Leiden und Schmerzen mitzuwirken.

Geduldet euch einen Moment ... Das ist genug für heute abend. Ich möchte nur noch eines erwähnen: Sämtliche schmerzlichen Erfahrungen der Menschen werden auch von der Instanz registriert, die ihr das B e w u ß t s e i n d e r W e l t nennen könnt. Jedes Gebrechen, jedes Versagen, jede Enttäuschung, überhaupt jedes unbewältigte Problem, das Leiden zur Folge hat, wird Teil der Erfahrung der Welt all dessen, was lebt und ist. Auf diese Weise werden sogar Schwächen, sogar die Unfähigkeit zu leiden, behoben oder vielmehr a u s g e g l i c h e n, da im Licht jener Gesamterfahrung Korrekturen vorgenommen werden.

So lebt denn auch jeder Mensch sein Leben ganz für sich und doch auch für die gesamte Menschheit. Jedes Individuum setzt sich mit neuen Aufgaben und neuen Umständen auseinander und vollbringt immer neue Leistungen, und zwar von einem für sich selbst und zugleich auch für die gesamte Menschheit einzigartigen Standpunkt aus.

(Herzlich:) Ende der Sitzung. Einen schönen guten Abend.

(»Vielen Dank, Seth. Gute Nacht.«)

(22.27 Uhr. »Der Stoff ist hervorragend«, sagte ich zu Jane, als sie aus ihrer Trance kam. »Es wäre schade, ihn nicht in dieses Buch einzubauen.«

»Was soll's«, antwortet Jane. »Wir bauen das Material hier oder anderswo ein. Ich will mir deshalb keine Sorgen machen.«

Ich lachte und sagte ihr, daß sie mir mit ihrem neuen Vorsatz, sich keine Sorgen zu machen, ganz aus dem Herzen sprach.)

Sitzung 897, Montag, den 21. Januar 1980

(Für die Jahreszeit ist es immer noch recht warm; die Temperatur liegt tagsüber oft über dem Gefrierpunkt, und wenn es ein wenig Schnee gibt, schmilzt er bald wieder weg. Heute morgen habe ich David Yoder aus dem Krankenhaus abgeholt und nach Hause gebracht, und heute nachmittag bin ich mit Billy, unserm getigerten Kater, zum Tierarzt gegangen. Billy hatte sich seit dem letzten Samstag merkwürdig benommen, und sein schönes Fell hatte seinen Glanz verloren. Seine Körpertemperatur war bedenklich hoch, und der Tierarzt gab ihm eine Spritze und verschrieb ihm Tabletten, doch konnte er die Ursache für die Erkrankung nicht ausfindig machen. Jane und ich fragten uns, was Billys Krankheit wohl mit Davids Geschichte zu tun haben konnte — so zu denken wäre uns ohne Kenntnis des Seth-Materials sicher sehr abwegig vorgekommen.

Wir haben auch bemerkt, daß aus Mitzi, der Wurfgefährtin Billys, ein »kleiner Hansdampf« geworden ist, wie Jane es ausdrückt, seit Billy seinen Appetit verloren hat; sie spielt und rennt im Haus und auf den Veranden herum, als versuchte sie, Billys ungewöhnlichen Aktivitätsmangel auszugleichen.

»Es wäre mir sehr recht, wenn Seth uns etwas über die Ursache von Billys Erkrankung sagen könnte«, bemerkte ich nach dem Abendessen zu Jane. »Später vielleicht«, meinte sie. Sie hatte in letzter Zeit über vieles »nachgegrübelt«: über David, die menschliche Zerbrechlichkeit,

über Billy und sich selbst, und sie mußte sich sehr anstrengen, um sich auf andere Gedanken zu bringen.)

(21.15 Uhr, flüsternd:) Guten Abend.

(»Guten Abend.«)

Nun: Diktat. Eure Welt wurde, wie gesagt, nicht von einem objektivierbaren Gott erschaffen, der sie gewissermaßen von der Warte eines Außenstehenden aus schuf und in Gang setzte. Viele [religiöse] Theoretiker glauben tatsächlich, ein solcher Gott habe so seine Schöpfung hervorgebracht, und der Verfallsprozeß habe bereits zu etwa demselben hypothetischen Zeitpunkt eingesetzt, in dem die Schöpfung beendet gewesen war.

Diese Vorstellung kommt nahe an wissenschaftliche Hypothesen heran, denen zufolge das Universum im Zerfall begriffen sei, weil sich seine Energie verbrauche und seine Ordnung allmählich in Chaos übergehe. In beiden Fällen geht man von einem beendeten Schöpfungsprozeß aus, auch wenn es sich im einen Fall um ein Werk Gottes und im anderen um das Ergebnis reiner Zufälligkeiten handelt. *(Pause.)*

Ich spreche jedoch alles in allem von einem kontinuierlichen, fortdauernden, nie zu Ende kommenden Schöpfungsvorgang, obschon ich gezwungen bin, ihn als eine bestimmte Abfolge von Ereignissen darzustellen. Dem Bild eines beendeten Werkes stelle ich das dynamische Modell eines Universums gegenüber, in dem der Schöpfungsprozeß kein Ende hat, sich überall spontan vollzieht, und zwar überall gleichzeitig, in einer Art umfassenden Gegenwart, aus der alle zeitlichen Erfahrungen hervorgehen. In diesem Modell gibt es immerzu neue Energie, und alle Systeme sind offen, wenn sie vielleicht auch getrennt zu funktionieren scheinen. Einmal mehr betrachten wir damit also ein Modell, das auf der aktiven Zusammenarbeit aller seiner Teile beruht, die wiederum in der einen oder anderen Weise an der Erfahrung des Ganzen teilhaben.

In diesem Modell sind Formveränderungen das Ergebnis kreativer Synthesen. Dieses Modell hat seinen Ursprung *(lange Pause, Augen geschlossen)* in einer unermeßlichen, unendlichen, göttlichen Schöpferkraft des Bewußtseins, die jeder Bewußtseinseinheit zu eigen ist, welchen Rang sie auch einnehmen mag. Es handelt sich also um eine subjektive Göttlichkeit, die der Schöpfung innewohnt, um eine vieldimensionale Kreativität von solchen Ausmaßen, daß sie Schöpfer und Schöpfung zugleich ist.

(Nach einer von vielen langen Pausen um 21.37 Uhr:) Dieser göttliche psychologische Prozeß — und »Prozeß« ist hier nicht die treffendste Bezeichnung —, dieser göttliche psychologische Zustand der Bezogenheit erzeugt aus seinem eigenen Sein heraus Welten innerhalb von Welten. Euer Universum ist nicht das einzige. Nichts in der Natur existiert isoliert, und in diesem Sinne setzt gerade die Existenz eures Universums die Existenz anderer voraus.

Diese Universen wurden und werden jetzt und künftig auf die Art geschaffen, die ich eben geschildert habe — und alle derartigen Systeme sind, wie gesagt, ihrerseits offen, auch wenn es unter funktionalen Aspekten vielleicht nicht so aussieht.

Es gibt eine buchstäblich unbegrenzte Zahl perfekt inszenierter Abläufe, die die Existenz eurer Welt ermöglichen. Ich gebe zu, daß es mir mitunter unbegreiflich erscheint, wie ein Mensch von der Sinnlosigkeit der Welt überzeugt sein kann, denn allein schon die Existenz eines menschlichen Körpers zeugt von einer nahezu unfaßbaren molekularen und zellularen Kooperation, die keine noch so günstige Verkettung glücklicher Zufälle jemals hätte bewirken können.

(Janes Vortrag war alles andere als schnell gewesen, auch wenn ihr »Energiepersönlichkeitskern« den letzten Abschnitt mit großem Nachdruck und spürbarer Belustigung diktiert hatte. Doch nun verlangsamte sich ihr Tempo immer mehr; sie machte viele lange Pausen.)

Man könnte sagen, euer Universum entspringe, wie auch alle anderen, einer Dimensionalität, die die schöpferische Quelle aller Realitäten ist, einem allem zugrunde liegenden Traumuniversum, sozusagen, einem göttlichen psychologischen Urgrund, wo das subjektive Sein von seinem unstillbaren Verlangen nach Kreativität befeuert, erleuchtet, angeregt und durchdrungen wird. Das Potential seiner Macht ist so gewaltig, daß seine Vorstellungsbilder zu Welten werden; es ist mit einer Kreativität von solcher Herrlichkeit erfüllt, daß es nach der edelsten Erfüllung strebt, denn selbst seine geringsten Gedanken und alle seine Möglichkeiten werden von einer lauteren Absicht bestimmt, die buchstäblich jegliche Vorstellungskraft übersteigt.

(21.47 Uhr.) Diese gute Absicht tritt auch in eurer Welt offen zutage. Sie zeigt sich in den gemeinsamen Hervorbringungen, die beispielsweise Mineral-, Pflanzen- und Tierreich miteinander verbinden — etwa in der Beziehung der Biene zur Blüte. Doch ihr glaubt das Gegenteil; ihr habt *(nuanciert, mit sanftem Nachdruck)* euren Geist verschlossen für die kooperative Wesensart des Menschen, für das

ihm angeborene Verlangen nach Gemeinschaft, für seine natürliche Neigung zur Zusammenarbeit und zu uneigennütziger Sorge um alles, was ist. Doch auf diese Aspekte werden wir im Verlauf des Buches noch zu sprechen kommen.

Macht eine kurze Pause.

(21.50 Uhr. Als Jane aus der Trance kam, war sie sehr entspannt. Ich erwähnte die häufigen, langen Sprechpausen nicht; allein für den letzten Abschnitt hatte sie drei Minuten benötigt. Ihr Kopf bewegte sich hin und her, ihre Augenlider zuckten. »Er hätte keine Pause anordnen sollen«, sagte sie. »So schlecht war ich noch nie ... Ich wollte eigentlich wieder zweistündige Sitzungen abhalten ...« Sie saß ruhig da, während ich diese Anmerkung niederschrieb. Mit »schlecht« meinte sie natürlich entspannt. Ich entgegnete, es bestehe keine Notwendigkeit, die Sitzung fortzusetzen. »Ich weiß nicht, ob ich den Anschluß finde. Ich bin so ...« Ihr Kopf sank immer wieder zur Seite. Sie zündete sich eine Zigarette an. »Ich warte einfach ab.«

Seth kam um 21.59 Uhr wieder durch.)

Ende des Diktats.

Nun: Entweder hat das Leben einen Sinn, oder es hat keinen. Es kann nicht manchmal einen Sinn haben und manchmal nicht — auch kann nicht das Leben der Gattung Mensch sinnvoll sein, während das anderer Spezies sinnlos ist. Doch sein Sinn ist vielleicht nicht immer offenkundig, denn wenn wir über dieses Thema sprechen, tun wir es natürlich vom menschlichen Standpunkt aus.

Warum zum Beispiel wurde David krank? Wir haben darüber gesprochen und dabei verschiedene Erfahrungswelten berücksichtigt — doch Sinn und Bedeutung fallen oft in Kategorien, die nur schwer zu beschreiben sind.

(22.05 Uhr.) Euer Kater reagierte merkwürdig auf das Wetter. Eigentlich reagierte er nicht, vielmehr setzte er sich mit der in ihm durch das Wetter ausgelösten Stimmung gleich. Er wurde in gewisser Weise Teil des Wetters, öffnete sich dafür, wurde aber depressiv, wie ihr dies nennt.

Für eine Katze ist das eine Erfahrung. Es kommt jedoch noch etwas anderes dazu: Sie fing nämlich die Gefühle auf, die die Situation eures Freundes David bei euch ausgelöst hatte — darin liegt aber nicht die Ursache von Billys Befinden, sondern das ist lediglich eine zusätzliche Nuance. Die Wechselwirkungen zwischen den Wetterverhältnissen und dem Verhalten von Tieren wird kaum verstanden. Eure andere

Katze reagierte zum Beispiel konträr zum Wetter, indem sie sich aktiv zusätzliche Reize verschaffte.

Dazu später mehr. Einen schönen guten Abend.

(»Danke, Seth.«)

(22.10 Uhr. »Ich dachte, du wolltest nicht, daß Seth heute etwas über Billy sagt?« fragte ich Jane, nachdem sie schnell aus der Trance gekommen war.

Sie beantwortete die Frage auf ihre Art. »Das war mein Fehler — wäre ich nicht so ablehnend gewesen, hätte er mehr gesagt. Das Thema Krankheit ist für mich immer noch sehr heikel.« Janes körperliche Beschwerden spielten hier wohl eine wichtige Rolle, auch wenn sie das nicht aussprach. »Es macht mich wütend«, sagte Jane ruhig. »Während der Pause konnte ich spüren, daß Seth vorhatte, auf Billys Zustand einzugehen, und ich verspannte mich innerlich sofort. Ich habe das dir gegenüber nicht erwähnt, sondern sagte nur zu mir: ›Seth, fang einfach an, das ist alles.‹ Warum hat er uns also nicht wissen lassen, daß die Katze wieder gesund wird?«

Ihre emotionelle Anspannung hänge, sagte sie dann, auch mit dem Tod unseres Katers Billy Eins im Februar 1979 zusammen. Bei Billy Eins handelte es sich natürlich um den Vorgänger des heutigen Billy; die beiden Tiere waren einander erstaunlich ähnlich — sowohl äußerlich wie auch vom Temperament her. »Ich ärgere mich über mich selbst«, sagte Jane. »Ich wünschte, wir hätten diesen Kater Willy genannt, wenn ich auch weiß, daß das alles abergläubischer Unsinn ist.«

Und als die Sitzung zu Ende war, hörte ich Mitzi draußen in der Küche mit dem Papierknäuel spielen, den ich ihr gegeben hatte. Die Kellertür stand offen. Immer wieder stieß sie den Papierball die Kellertreppe hinunter, sauste ihm hinterher, trug ihn die Stufen hinauf und ließ ihn wieder hinunterkullern — es schien, als müßte sie immer noch für unsere Unterhaltung sorgen, während ein genesender Billy auf einem bequemen Stuhl im Wohnzimmer döste.

Mein Bericht über den Tod von Billy Eins findet sich in »Individuum und Massenschicksal«, Kapitel 6, Sitzung 840.)

Sitzung 898, Mittwoch, den 30. Januar 1980

(Am 23. Januar schickte ich Janes Vorwort für Sue Watkins Buch »Conversations with Seth« an unseren Verleger.

Seit wir vor neun Tagen die letzte [897ste] Buch-Sitzung abhielten, hat Jane drei bemerkenswerte persönliche Sitzungen abgehalten. Heute abend war sie sehr entspannt und versucht, die Sitzung ausfallen zu lassen und einfach zu malen. Sie fühlt sich zu kräftigen, hellen Farben hingezogen. »Ich liebe die rote Sofadecke, auf der du sitzt«, sagte sie, als wir auf den Beginn der Sitzung warteten — und in der Tat, der Cordstoff glühte im warmen Licht der Lampe, die auf dem Raumteiler hinter der Couch steht; der Raumteiler trennt die Küche vom Wohnzimmer.*

Ich sagte Jane, sie müsse keine Sitzung abhalten, wenn sie lieber malen wolle, aber wenn sie schon in Trance ginge, dann würde ich von

---

* Wir betrachten diese drei tiefschürfenden Sitzungen als persönliche, weil sie durch unsere Reaktionen auf David Yoders Probleme, auf die Erkrankung unseres Katers Billy, auf die verspielten Possen von Billys Wurfgenossin Mitzi und auf verschiedene andere persönliche Angelegenheiten zustande gekommen waren. Das ganze Material enthält jedoch allgemeingültige Aussagen, und ich wünschte, ich könnte mit wenigen Worten die Vielfalt und Tiefe dieser Seth-Informationen verdeutlichen.

»Euer Körperbewußtsein ist wie das Bewußtsein *eines beliebigen Tieres*«, sagte Seth beispielsweise am 23. Januar. »Mitzi, die die Kellertreppen hinauf- und hinuntersaust, ist ein Beispiel für die bei Mensch und Tier vorhandene Freude an Aufregung und Aktivität. Tiere genießen es, gestreichelt, gekrault und geliebt zu werden. Sie reagieren in ihrer Weise auf Suggestionen, und dementsprechend reagiert auch euer Körperbewußtsein darauf, wie ihr mit ihm *bewußt umgeht*. Nehmt, um meine Ausführungen besser verstehen zu können, einmal an, euer Körper sei ein gesundes Tier ... Ein Tier, wie auch euer Körperbewußtsein, hat eigentlich keine Vorstellung vom Alter. Beide Bewußtseinsformen — die eures Körpers und die des Tieres — sind auf nur sehr schwer zu beschreibende Weise zu jedem Moment ihrer Existenz ›jung‹. Ich setze voraus, daß ihr darunter die ›mentale Einstellung‹ des Tieres und des Körperbewußtseins versteht. Auch Tiere haben in der Tat mentale Attribute und vor allem auch ihr Gefühlsleben.«

Seths Material steht größtenteils dem mechanistischen Modell der Wissenschaft entgegen, wonach sich der Körper mit dem Alterungsprozeß abnutzt; dieses Modell wird durch Glaubensüberzeugungen bekräftigt, die die Menschen sich zu eigen gemacht haben. Seth ging ausführlich darauf ein, wie sich der unverhältnismäßige Streß, den wir uns durch unsere von Angst geprägten Zukunftsprojektionen selbst aufbürden, nachteilig auf unser Körperbewußtsein auswirkt, das in der Gegenwart zentriert ist.

Seth eigentlich gerne etwas über meinen Traum von heute früh hören: Ich war darin eine Frau gewesen, die genauso alt war wie mein Vater. Die Tatsache, daß mein Vater tot ist, kam im Traum nicht zum Ausdruck.)

(21.28 Uhr.) Diktat.

(»In Ordnung.«)

(Nach einer langen Pause:) Der Wachzustand, wie ihr ihn kennt, ist eine spezialisierte Erweiterung des Traumzustands, aus dem er an die Oberfläche eures Bewußtseins dringt, geradeso wie eure materiellen Lokalisierungen konkrete Ausformungen dessen sind, was zuerst in der Welt des Geistes existiert.

Der Wachzustand hat demnach seinen Ursprung im Traumzustand, und die ganze Dingwelt eurer Umgebung und die Erlebnisse, mit denen ihr im Wachzustand vertraut seid, gehen ebenfalls aus jener inneren Erfahrungswelt hervor. *(Pause.)*

Wenn ihr jedoch den Traumzustand untersucht, tut ihr dies in der Regel vom Realitätssystem der Wachheit aus. Ihr versucht, die Dimensionen des Traumerlebens zu ermessen, indem ihr die Regeln der Wirklichkeit anwendet, die euch gewöhnlich als Kriterien für die Beurteilung materiellen Geschehens dienen. Deshalb seid ihr nicht in der Lage, die wahren Charakteristika des Traumzustands zu erkennen; ausgenommen sind hier die wenigen Gelegenheiten, bei denen ihr in euren Träumen »aufwacht« — eine Angelegenheit, auf die ich später noch zu sprechen kommen werde. Doch in gewisser Weise könnte man zu Recht sagen, daß das Universum auf dieselbe Art geschaffen wurde, wie eure Gedanken und Träume zustande kommen: spontan und doch nach einer immanenten, erstaunlichen Ordnung und inneren Organisation. Ihr denkt eure Gedanken, und ihr träumt eure Träume, ohne irgendein deutliches Wissen von den unglaublichen Vorgängen zu haben, die dabei mitspielen; doch eben jene Prozesse sind auch die, die der Existenz des Universums zugrunde liegen.

Richtig verstanden seid ihr selbst die Uraltträumer, die eure Welt ins Sein träumten. Versteht mich bitte recht: Ich möchte damit nicht sagen, ihr wäret passive oder haltlos phantasierende Träumer, die sich in irgendeinem göttlichen Geist verloren haben; vielmehr seid ihr die einzigartige schöpferische Sichtbarwerdung einer göttlichen Intelligenz, deren Kreativität alle Wirklichkeiten entstammen. Und da ihr eurerseits mit schöpferischen Fähigkeiten ausgestattet seid mit der Möglichkeit zur und dem Verlangen nach Erfüllung, seid ihr wahre

Erben der göttlichen Schöpferkraft. Die Spontaneität weiß um ihre eigene Ordnung.

(21.41 Uhr.) Ich habe es schon oft gesagt: Die Teile der Welt fügen sich spontan ineinander, nach einer Ordnung, die eigentlich den untergeordneten Gesetzen von Ursache und Wirkung oder von Vorher und Nachher widerspricht. In dieser Hinsicht liefert euch der Traumzustand viele Hinweise auf die Quelle eurer eigenen Existenz wie auch der Existenz eurer Welt.

Computer, wie großartig und kompliziert sie auch sein mögen, können nicht träumen, und deshalb mangelt es ihnen selbst bei einer riesigen Masse gespeicherter Daten zwangsläufig an jener unausgesprochenen inneren Weisheit, über die selbst die kleinste Pflanze oder das unscheinbarste Samenkorn verfügt. Und keine noch so große Informationsmenge, über die ein Computer »verfügt« oder die er verarbeitet, läßt sich mit der unausgesprochenen inneren Weisheit vergleichen, die den Atomen und Molekülen zu eigen ist, aus denen sich ein solches Gerät zusammensetzt. Ein Computer taugt nicht dazu, solches Wissen aufzunehmen. Dafür ist er nicht geeignet, weil er nicht träumen kann. Beim Träumen wird das immanente Wissen der Atome und Moleküle kombiniert und übersetzt. Dieses Wissen dient als Fundament für die durch Wahrnehmung gewonnenen Informationen und Erkenntnisse, aufgrund deren sich dann der Traum vergegenständlicht, somit verwirklicht.

Vor eurer Geburt seid ihr subjektiv »lebendig«, und auch nach eurem Tod werdet ihr subjektiv lebendig sein. Euer subjektives, das heißt geistiges Leben wird von dem spezialisierten Zustand des Bewußtseins bestimmt, den ihr Wachheit nennt und in dem ihr nur die Erfahrungen als real anerkennt, die in das euch vertraute Koordinatensystem von Raum und Zeit fallen. Eure umfassendere Realität und auch die Realität des Universums existieren außerhalb dieses Koordinatensystems. *(Pause.)* Ihr schafft das Leben für euch selbst, verändert es im Lauf der Zeit, so wie ein Schriftsteller sein Buch umschreiben kann, ihr variiert die Begleitumstände, entwerft einen anderen Grundplan. Der Schriftsteller weiß nur von seinem Schaffen, aber nichts von der spontanen Ordnung, die mit der Kreativität einhergeht. Die ursächlichen Prozesse spielen sich — bitte hervorheben — in anderen Bewußtseinswelten ab.

Die Realität wird auf ganz elementare Art von innen nach außen geschaffen, und sie geht von der Traumrealität in die stofflich-materielle Wirklichkeit über — und *(mit sanftem Nachdruck)* diese Vorgänge spielen sich in anderen Erfahrungsräumen des Bewußtseins ab.

Macht eine Pause.

(21.55 Uhr. Die Pause kam für mich ziemlich früh. Janes Tempo hatte stark geschwankt; zuweilen machte sie viele Pausen, und dann sprach sie wieder relativ flüssig und schnell. »Ich habe schon nach dem Abendessen geahnt, daß es etwa so laufen würde«, sagte sie. Sie glaubte nicht, daß die Sitzung noch lange dauern würde. Seth meldete sich um 22.10 Uhr wieder — und sprach über meinen Traum, bis er sich um 22.30 Uhr verabschiedete.)

Sitzung 899, Mittwoch, den 6. Februar 1980

(Wir hielten die für letzten Montag geplante Sitzung nicht ab, so konnten wir ein wenig ausruhen.

Ich schätze, daß ich etwa zwei Drittel der Anmerkungen, die ich für »Individuum und Massenschicksal« schreiben möchte, fertig habe. Neben der Arbeit am vorliegenden Buch schreibt Jane nun auch wieder an »As We Live Again« und an »God of Jane«. Bei ihrer Arbeit an »God of Jane« erlebt sie derzeit einen »schöpferischen Höhenflug«. Die komplizierten Ereignisse im Iran und im Zusammenhang mit dem Reaktor von Three Mile Island entwickeln sich in dem Maß weiter, wie sich das Bewußtsein in diesen Bereichen erforscht.*

Heute vor 95 Tagen (am 4. November 1979) fand in Iran die Geiselnahme der Amerikaner statt. Hierzulande ist jede Hoffnung, die Geiseln bald freizubekommen, schon vor langem aufgegeben worden. Ich kann hier nur auf die gegenwärtig außerordentlich komplizierte Situa-

---

* Gestern schloß sie die Reinschrift der endgültigen Fassung von Kapitel 2 ab, allerdings ist ihr Werk immer noch formbar, sozusagen elastisch. Heute schrieb sie in ihr Tagebuch: »Ein großartiger Tag ... ich begann, Kapitel 3 von »*God of Jane*« zu tippen, und kam richtig in Fahrt; ich finde es herrlich; ich kam sehr gut voran und fügte beim Tippen spontan vieles hinzu. Es ging so gut, daß ich vergaß, eine Pause für meine nachmittägliche Gymnastik zu machen.«

Auf diese Art schwelgt sie in ihren schöpferischen Aktivitäten. Doch sie hat genug Freiraum, um ihre Ausdrucksmöglichkeiten noch zu erweitern, denn sie bemerkte: »Ich möchte gern wieder einmal etwas ganz anderes tun. Vielleicht einen kleinen Kurs über kreatives Schreiben geben? Oder etwas mit Tonbändern machen?«

tion im gesamten Mittleren Osten verweisen. Die ohnehin schon explosive, mißliche Lage im Iran ist durch die russische Invasion in Afghanistan während der vergangenen Weihnachtsfeiertage erheblich verschärft worden: Nun muß sich die iranische Revolutionsregierung, die den islamischen Glauben so fanatisch auslegt, mit einer zumindest möglichen Bedrohung an der östlichen Grenze auseinandersetzen, weil die »gottlosen« Russen Afghanistan besetzt halten. Für Jane und mich ist es faszinierend zu beobachten, wie das Gesamtbewußtsein der Vereinigten Staaten von Amerika mit dem Rußlands und Irans verflochten wird, und offenbar trägt das Bewußtsein aller Nationen unserer Welt zu den Problemen und Schwierigkeiten im Spannungsfeld »Iran« bei.

Was das Atomkraftwerk in Three Mile Island anbetrifft, so konnten die Ingenieure das kontaminierte Reaktorgebäude bis jetzt noch nicht betreten. Der erste Vorstoß in den Reaktor, bei dem radiologische Messungen vorgenommen werden sollen, ist nun für den kommenden April (1980) geplant. Um jedoch die Sicherheit der Arbeiter zu gewährleisten, werden zuerst über 55 000 Curies des radioaktiven Gases Krypton 85 aus dem Reaktorgebäude in die Atmosphäre freigesetzt.

Dieses Vorhaben hat starken Widerstand ausgelöst und ist ein gutes Beispiel für die psychologische Belastung, der die Bevölkerung im südöstlichen Pennsylvanien ausgesetzt ist. An der zunehmenden Zahl psychologischer Studien über die Angst vor der Kernenergie ist zu erkennen, wie sich das Bewußtsein wieder einmal ausdehnt und auf neue Art erforscht. »Wann wird es wohl zu einem Verschmelzen der Uranbrennstäbe kommen?« fragen sich die Menschen, obwohl einige der weltweit über zweihundert Kernkraftwerke nun bereits seit mehr als zwanzig Jahren in Betrieb sind, ohne daß auch nur ein einziger Todesfall durch Strahlung verursacht worden wäre. Daneben gibt es eine Unmenge von Problemen, die mit der immer noch strittigen und schwierigen Frage zu tun haben, wie die kontinuierlich anwachsende Menge nuklearer Abfälle beseitigt werden kann.

Gestern und auch heute früh hat Jane einige Notizen über das gemacht, was sie von Seth aufgefangen hat, und sie in das für die Sitzungen bestimmte Notizbuch gelegt — für den Fall, daß ich Zeit hätte, sie abzutippen. [Ich hatte keine Zeit.] Etwas später las sie dann das gesamte Material noch einmal durch, das er zum vorliegenden Buch geliefert hatte.)

(20.51 Uhr.) Guten Abend.

(»Guten Abend, Seth.«)

Diktat. *(Pause.)* Solange der Mensch nur seinen Traumkörper besaß, erfreute er sich natürlich einer bemerkenswerten Freiheit, denn dieser Körper mußte weder ernährt noch bekleidet werden. Er unterlag nicht dem Gesetz der Schwerkraft. Der Mensch konnte sich überall nach Belieben tummeln. Noch erkannte er — bitte hervorheben — kaum, daß er von seiner Umgebung oder den anderen Geschöpfen getrennt war. Er wußte um seine Eigenständigkeit, doch war sein Identitätsgefühl noch nicht so eng mit seiner Form verbunden, die es materiell noch gar nicht gab.

Aber die Traumwelt war zum Erwachen bestimmt. Dieses Erwachen vollzog sich spontan, doch nach eigener Ordnung. Die anderen Lebewesen der Erde erwachten tatsächlich »früher« als die Menschen, um es trotz der Gleichzeitigkeit aller Zeit einmal so auszudrücken. Sie verwirklichten ihre Traumkörper noch »vor« den Menschen stofflich-materiell. Während die Menschen also noch ihr Sein nur träumten, waren die Tiere »bereits« körperlich in dieser Welt.

Die Pflanzen erwachten »vor« den Tieren — und es gibt Gründe für diese unterschiedlichen Grade von Wachheit, die eigentlich nichts mit den von der Wissenschaft nach äußerlichen Kriterien definierten Differenzierungen der Arten zu tun haben, sondern vielmehr mit inneren Bewußtseinsverbindungen und mit den Arten als Bewußtseinsfamilien. Diese fielen ins Sein, als all die Bewußtseinsformen, die auf dem Weg in die körperlich-materielle Realität waren, die nahezu unvorstellbare schöpferische Hervorbringung untereinander aufteilten *(lange Pause)*, so daß die materielle Welt, eure Erscheinungswelt, entstand.

(21.04 Uhr.) Die Umwelt, wie ihr sie kennt, besteht aus lebendigem Bewußtsein. Alte Religionen sprechen von »Naturgeistern«, und solche Bezeichnungen zeugen von Erinnerungen, die der Vorgeschichte entstammen. Lebendiges Bewußtsein erschuf das, was ihr Natur nennt — die Kontinente, die Ozeane und Flüsse, die Berge und Täler, die gesamte Landmasse. Die kreative Schubkraft eurer materiellen Welt mußte aus jenem lebendigen Bewußtsein hervorgehen.

Bitte hervorheben: In gewisser Weise sind Vögel und Insekten tatsächlich lebendige Teile der fliegenden Erde, ebenso wie *(lächelnd und mit besonderer Betonung)* Bären und Wölfe und Kühe und Katzen die Erde widerspiegeln, die all die Geschöpfe duldet und hegt, die auf ihrer Oberfläche leben. Und wiederum in gewisser Weise repräsentiert der Mensch die denkende Erde, und indem er seine Gedanken entwickelt, spezialisiert er sich in seiner Art auf die bewußte Arbeit der Welt — eine Arbeit, die *(mit großem Nachdruck)* von dem unentbehrlichen »unbewußten« Wirken der Natur abhängig ist, von einer Natur, die ihn erhält. Und wenn er denkt, dann denkt der Mensch für die Mikroben, für die Atome und die Moleküle, für die infinitesimal kleinsten Teilchen, die sein Wesen ausmachen, für die Insekten und die Felsen, für die Lebewesen der Erde, der Luft und der Meere.

Für den Menschen ist das Denken etwas so Natürliches wie das Fliegen für die Vögel. Er betrachtet die materielle Wirklichkeit stellvertretend für alle übrigen Lebewesen der materiellen Wirklichkeit: Er ist die Erde, die lebendig wird, um ihn mit bewußten Augen anzusehen — doch dieses begnadete Bewußtsein gibt es, weil es auf so intime Weise zum Bezugssystem der Erde gehört. *(Pause.)*

Wie war es, als der Mensch aus der Traumwelt erwachte?

Ende des Kapitels.

5
Der »Garten Eden«: Der Mensch »verliert« seinen Traumkörper und gewinnt eine »Seele«

Fortsetzung der Sitzung 899, Mittwoch, den 6. Februar 1980

(21.15 Uhr.) Kapitel fünf: Der »Garten Eden«: Der Mensch »verliert« seinen Traumkörper und gewinnt eine »Seele«.

Die Legende vom Garten Eden ist eine verzerrte Schilderung des Erwachens des Menschen als körperliche Kreatur. Nun wird der Mensch in seinem grobstofflichen Körper voll handlungsfähig, und im Wachzustand kann er seinen Traumkörper, der zuvor so real für ihn gewesen war, kaum noch spüren. Er macht seine Erfahrungen nun in einem Körper, der ernährt, bekleidet und vor der Unbill der Elemente geschützt werden muß — in einem Körper, der der Schwerkraft und den irdischen Gesetzmäßigkeiten unterworfen ist. Er ist gezwungen, die Muskeln dieses Körpers zu benutzen, wenn er sich von einem Ort zum andern bewegen will. In einem Erkenntnisblitz sieht er sich plötzlich erstmals als Lebewesen, das nicht nur von seiner Umgebung, sondern auch von allen anderen Geschöpfen der Erde getrennt ist.

Dieses Gefühl der Trennung ist für ihn zunächst niederschmetternd. Doch seine Bestimmung ist es, der Teil der Natur zu sein, der sich selbst in der richtigen Perspektive sieht. Er soll derjenige Teil der Natur sein, der sich auf den selbstbewußten Gebrauch seiner Vorstellungen spezialisiert. Er *(lauter)* wird die Blume des Intellekts zum Blühen bringen — eine Blume, deren Wurzeln tief in der Erde verankert sein müssen und die neue psychische Samen abgeben wird — nicht nur für sich selbst, sondern auch für die übrige Natur, deren Teil sie ist.

Doch der Mensch schaute nach außen und fühlte sich plötzlich isoliert, war überrascht von seiner Einsamkeit. Nun mußte er Nahrung finden, wo doch zuvor sein Traumkörper keiner materiellen

Speise bedurft hatte. Ehedem war der Mensch weder männlich noch weiblich gewesen, sondern er hatte die Eigenschaften beider Geschlechter in sich vereinigt; doch nun spezialisierten sich die grobstofflichen Körper auch hinsichtlich der Geschlechtszugehörigkeit. Der Mensch mußte sich körperlich fortpflanzen. In verschollenen uralten Legenden kam die sexuelle Differenzierung deutlich zum Ausdruck. Zu der Zeit, in der die biblischen Legenden entstanden, fanden historische Interessen und soziale Überzeugungen eines Volkes ihren Ausdruck in der Erzählung von Adam und Eva, einer symbolträchtigen Legende, die aber zur Wirklichkeit des Geschehens wenig beiträgt.

Einerseits spürte der Mensch deutlich, daß er von einer höheren Stufe herabgestürzt war, denn er konnte sich noch an die einstige Freiheit der Traumrealität erinnern — einer Realität, in die die anderen Geschöpfe immer noch — bitte hervorheben — bis zu einem gewissen Grad eingebettet waren.* Übrigens verfügte der Mensch »damals« bereits über all die Fähigkeiten, die ihr ihm heute zuschreibt: die außerordentliche Fähigkeit, dem Intellekt die Phantasie entgegenzusetzen, *(leise)* das Streben nach Erkenntnis und Selbstverwirklichung, die voll ausgebildete Fähigkeit, Sprachen zu entwickeln — einen scharfen Verstand also, der schon dem Höhlenmenschen wie etwa heute einem Städter zu eigen war.

(21.35 Uhr.) Wenn sich der Mensch auch unversehens allein und isoliert fühlte, so war er doch von der großen Mannigfaltigkeit der Erscheinungsformen dieser Welt sogleich beeindruckt. Jedes außerhalb seiner selbst lebende Wesen war für ihn ein neues Geheimnis. Auch war er wie verzaubert von seiner eigenen subjektiven Realität, von dem Körper, in dem er sich nun vorfand, und von den Unter-

---

* Als ich einige Tage später den Text dieser Sitzung anhand meiner Notizen auf der Maschine tippte, dachte ich zunächst, Seth hätte sich hier widersprochen, denn in derselben Sitzung hatte er kurz zuvor gesagt: »Die anderen Lebewesen der Erde erwachten tatsächlich ›früher‹ als die Menschen, um es einmal so auszudrücken. Sie verwirklichen ihre Traumkörper noch ›vor‹ den Menschen stofflich-materiell.« Doch dann wurde mir klar, daß Seth wohl meinte, der Mensch habe sich bewußt und *in größerem Maß* als die anderen Lebewesen von seinem Traumkörper abgelöst, und jene anderen Wesen seien sich, auch wenn sie früher als der Mensch »erdentüchtig« waren, ihrer Traumkörper dennoch bewußter gewesen als er. Ich werde versuchen, daran zu denken, Seth um nähere Erläuterungen zu diesem Punkt zu bitten.

schieden zwischen ihm selbst und anderen, die ihm glichen, und all den übrigen Lebewesen. Sobald andere Geschöpfe seine Aufmerksamkeit erregten, begann er, sie zu erforschen, zu klassifizieren, zu beschreiben und zu benennen.

Bitte hervorheben: In gewisser Weise war es ein großes, schöpferisches und zugleich kosmisches Spiel des Bewußtseins mit sich selbst, und es war Ausdruck einer neuen Art des Gewahrseins; doch ich möchte betonen, daß jede Version des All-Einen einzigartig ist. Jede hat ihren Sinn, obwohl dieser Sinn für euch nicht leicht zu definieren ist. Viele Menschen fragen sich zum Beispiel: »Worin besteht der Sinn meines Lebens?« Und sie meinen damit: »Was soll ich tun?« Doch *(mit Nachdruck)* Sinn und Zweck eures wie eines jeden Lebens liegen in seinem bloßen Sein begründet. Dieses Sein schließt zwar Handlungen ein, doch sind diese selbst nur insofern von Bedeutung, als sie der Essenz eures Lebens entspringen, das seinen Zweck durch sein bloßes Vorhandensein erfüllt.

(Nach einer langen Pause in einem gleichmäßigen, eher schnellen Vortrag:) Natürlich verfügt der Mensch noch immer über seinen Traumkörper, nur wird dieser jetzt vom physischen Körper überschattet. Im Gegensatz zum Traumkörper ist der physische Körper verletzlich — wie der Mensch schnell feststellen mußte, als er seinen Erfahrungsbereich weitgehend vom einen auf den anderen Körper verlagerte. Im Traumkörper empfindet der Mensch keine Angst. Der Traumkörper stirbt nicht; er existiert vor und nach dem körperlichen Tod. In seinem Traumkörper hat der Mensch das Schauspiel beobachtet, wie ein Tier das andere »tötet«, und gesehen, daß die Traumkörper der Tiere dabei unversehrt bleiben.

Er sah auch, daß die Erde zwar ihre Formen veränderte, die Identität jeder einzelnen Bewußtseinseinheit dabei aber überlebte — und obwohl er das Bild des Todes vor Augen hatte, sah er ihn nicht als etwas Endgültiges an, wie es heute so viele Menschen tun.

Der Mensch erkannte, daß ein Austausch von physischer Energie nötig ist, damit die Welt fortbestehen kann. Er beobachtete das Drama des »Jägers« und der »Beute« und sah, wie jedes Tier seinen Teil zur Erhaltung der körperlich-materiellen Erscheinungsform der Erde beiträgt — doch das Kaninchen, das vom Wolf verschlungen wird, überlebt in seinem Traumkörper, in seiner wahren Gestalt, und der Mensch wußte das. Als der Mensch jedoch im grobstofflichen Körper »erwachte« und sich immer mehr auf den Gebrauch seiner Sinne spezialisierte, konnte er den freigewordenen Traumkörper eines getöteten Tieres, der weiter auf den Hügeln herumsprang, nicht mehr wahrnehmen. Dem Menschen blieb nur eine blasse Erinnerung an sein einstiges Wissen, und für geraume Zeit konnte er gelegentlich noch daran anknüpfen. Er wurde sich jedoch seiner grobstofflichen Sinne immer deutlicher bewußt: Einiges empfand er spürbar als angenehm und anderes als unangenehm. Nach manchen Reizen verlangte es ihn, andere mied er, und so machte er sich im Lauf der Zeit aus dem Angenehmen und dem Unangenehmen eine ungefähre Vorstellung von »Gut« und »Böse«.

Was zum Wohlbefinden des Menschen beitrug, war für ihn grundsätzlich auch gut. Der Mensch besaß einen stark ausgeprägten Instinkt, der ihm eine möglichst umfassende Entwicklung und möglichst große Erfüllung vermitteln sollte, und zwar auf eine Art, daß dabei der Mensch seinerseits *(mit Nachdruck)* zur größtmöglichen Entfaltung auch aller anderen Bewußtseinsformen beitragen konnte. Seine natürlichen Impulse sollten dabei die inneren Direktiven sein, die ihn dazu brachten, nach genau dem zu streben, was für ihn und für andere das Beste war.

(Herzlich:) Ende des Diktats.

(21.58 Uhr. Nach einigen Bemerkungen für Jane und mich war die Sitzung um 22.13 Uhr beendet. »Ich kann mich jetzt an nichts mehr erinnern, doch glaube ich, daß alles zur Sprache kam, was ich gestern und heute von Seth aufgefangen habe«, sagte Jane.)

Sitzung 900, Montag, den 11. Februar 1980

(Zunächst erschien uns das Material dieser Sitzung persönlicher Art zu sein, doch seine Thematik paßt zu gut zum vorliegenden Buch, als daß wir es hätten ausklammern können.

Nach dem Abendessen las Jane noch einmal die Schilderung meines Traums vom letzten Samstag morgen sowie die meiner wachbewußten Erfahrungen vom nächsten Abend durch. Beide Erlebnisse hatten mit der Wahrnehmung intensiver Farben zu tun. Vor allem fasziniert mich die Ähnlichkeit meiner beiden Abenteuer mit den Berichten über Erlebnisse in Todesnähe, die wir letzthin gelesen hatten. Im Zusammenhang mit derartigen Erfahrungen sprechen die Menschen oft von Be-

gegnungen mit intensivem weißem Licht. Sicher bin ich bei meinen Erlebnissen dem Tod nicht nahe gewesen, doch habe ich das Gefühl, als hätte ich durch sie einen wenn auch noch so flüchtigen Blick auf jenes »Licht des Universums« geworfen, nach dem in der Geschichte der Menschheit so eifrig gesucht und von dem auch gelegentlich berichtet worden war.

Hier zunächst die meinem Traum-Notizbuch entnommene, leicht überarbeitete Schilderung der Teile meines Traums, die sich auf meine Wahrnehmung von Licht und Farbe beziehen:

»Mein Freund Floyd Waterman (so werde ich ihn nennen) und ich befanden uns in einem Krämerladen in Sayre, meiner alten Heimatstadt. Wir waren beide bekleidet, doch ich wußte, daß wir uns irgendeinem Test, bei dem es um die sexuelle Potenz ging, unterziehen mußten. Wir standen dicht vor einem großen Schaufenster an der Frontseite des Ladens, also gut sichtbar für alle — auch für die Personen, die ganz in unserer Nähe an Tischen saßen und speisten —, doch niemand schien auf uns zu achten ... Floyd kam bei dem Test als erster an die Reihe und ging in eine kleine Kabine, wie sie von Kassierern benutzt wird. Während ich wartete, bis ich dran war, drehte ich mich um und schaute durch die Schaufensterscheibe — und plötzlich fand ich mich auf drei Seiten von Wänden umgeben, die von der Decke bis zum Fußboden aus dem schönsten, kunstvollsten und farbenreichsten Gitterwerk aus diamantförmigen Glaskristallen bestand, das man sich nur vorstellen kann. Ich vermag den geheimnisvollen Glanz und das Funkeln dieser geschliffenen Wände, die in warmen Orangetönen, in Braun, Gelb, Rot und Violett schimmerten und vibrierten, nicht zu beschreiben. Jedes Farbsegment wurde von einem ganz feinen schwarzen Rahmen gehalten, ähnlich wie mitunter die Mosaike farbiger Kirchenfenster von kannelierten, aber viel gröberen Bleistreifen eingefaßt sind. Ich ›sehe‹ jene Traumlichter und Farben noch jetzt, beim Schreiben, vor mir. Ich habe überlegt, ob ich den Versuch wagen soll, meine besten Traumbilder aller Zeiten zu malen ... Doch frage ich mich, wie ich das wohl bewerkstelligen könnte ...«

Und hier die Schilderung meiner wachbewußten Erfahrung vom nächsten Abend:

»Jane und ich gingen nach ein Uhr zu Bett, nachdem wir im Fernsehen einen Film über den Zweiten Weltkrieg angeschaut hatten. Jane lag ruhig rechts neben mir; ihr Rücken war mir zugewandt. Ich befand mich in einer sehr angenehmen und friedlichen Stimmung. Ich lag auf

dem Rücken, bereit einzuschlafen, als ich plötzlich zwei äußerst helle Lichter bemerkte, die rechts von mir — zwar hinter Jane, doch noch in meinem Blickfeld — aufleuchteten. Ich wußte oder sah, daß diese Lichter von gewöhnlichen Tischlampen mit säulenförmigen Schirmen aus weißem Stoff stammten und daß sie auf einem runden Eichentisch standen, der unserem Wohnzimmertisch glich. Der Schirm der näherstehenden Lampe war im Durchmesser größer und auch höher als der der anderen, doch schien dies nichts auszumachen: Mir wurde bald klar, daß beide Lampen ungewöhnlich hell waren. Sie leuchteten in der Tat außerordentlich stark; obwohl ich versucht war, meinen Kopf zu wenden, um sie direkt ansehen zu können, hielt ich mich zurück, denn ich war nicht sicher, ob ich diesen Anblick ertragen würde. Ich begriff jedoch, daß die Lampenschirme beruhigend und schützend wirkten, und ich empfand keinerlei Angst oder Beklemmung. Ich wußte, daß ich nicht träumte, sondern etwas Besonderes erlebte. Ich wußte auch, daß ich die Lichter willentlich verschieben konnte, bis sie sich direkt vor mir befanden, und experimentierte ein wenig, um sicherzugehen, daß dies auch stimmte. Als sich die Lichter bewegten, strahlten sie sogar noch intensiver — stark genug jedenfalls, um mich schnell davon zu überzeugen, daß ich mich ihrer vollen, wenn auch durch die Schirme gemilderten Leuchtkraft nicht direkt aussetzen wollte.

Ich fühlte mich sofort an den Traum der letzten Nacht erinnert, in dem ich viele Farben gesehen hatte. Jetzt waren die Lichter zwar ›nur‹ weiß, aber warm und kühl zugleich und unbeschreiblich in ihrer Intensität; es waren wirklich alle Farben in ihnen enthalten.

Für eine Weile gab ich mich dem Genuß dieses merkwürdigen Erlebnisses hin, während Jane neben mir schlief, und schließlich schlief auch ich ein.«

Heute morgen versuchte ich es mit einem kleinen Ölbild, das mich zeigte, wie ich vor einer jener farbigen Kristallwände aus dem Traum stand. Ich hatte zwar keine Probleme mit diesem Selbstporträt, war aber zuletzt trotzdem ziemlich enttäuscht. In gewisser Weise hatte ich den Fehlschlag ja vorausgesehen: Es war mir einfach nicht möglich, jenes Irisieren und Schillern der Wand aus Licht und Farbe mit einfachen Ölfarben einzufangen. Als die Zeit für die Sitzung gekommen war, wußte ich nicht weiter. Sollte ich das halbfertige Gemälde wegwerfen oder versuchen, es doch noch zu vollenden? Natürlich könnte ich morgen vormittag einen neuen Anlauf nehmen; aus irgendeinem Grund widerstrebte es mir, mein Versagen schon heute einzugestehen.

Als Seth durchkam, spielte Mitzi wieder mit ihrem Papierball auf der Kellertreppe.)

(20.47 Uhr, flüsternd:) Guten Abend.

(»Guten Abend, Seth.«)

Nun: Unser heutiges Thema ist das Licht.

Es gibt, wie ich euch gesagt habe, ein inneres *(Pause)* »psychologisches« Universum, aus dem das eure hervorgeht, und diesem inneren Universum entspringt zugleich das Bezugssystem 2. Es liegt allen Phänomenen körperlich-materieller Art und somit auch allen physikalischen »Gesetzen« zugrunde.

Dieses innere Universum unterscheidet sich von dem euch bekannten der Stoffwelt. Jede realistische oder praktische Erklärung seiner Wirklichkeit würde eine gänzlich neue Physik erforderlich machen, und dies wiederum würde zuerst die Geburt einer völlig neuen Philosophie voraussetzen. Denn die Physik kann natürlich nicht an erster Stelle kommen, das seht ihr wohl ein.

Es geht hier nicht [so sehr] darum, daß solche Entwicklungen die Fähigkeiten des Menschen von heute übersteigen würden; vielmehr wären dazu Kunstgriffe nötig, die der Mensch aus ganz praktischen Gründen in seiner gegenwärtigen Situation nicht beherrschen kann. Theoretisch könnte er sich zwar im Nu in eine vergleichsweise günstigere Position begeben. Doch damit das wirklich möglich ist, müssen wir uns weitgehend mit Analogien behelfen, und diese Analogien führen dich, Joseph, oder Ruburt oder auch einige andere vielleicht tatsächlich zu einem geeigneteren Ausgangspunkt, so daß der »Sprung« ins Licht neuer Erkenntnis gelingen könnte. Dies erfordert aber nicht allein den Einsatz des Intellekts, sondern auch des Willens und der Intuition, die zusammenwirken und auf einen gemeinsamen Brennpunkt ausgerichtet sein müssen.

Das Licht, auf das deine Fragen abzielen, hat *(Pause)* — bitte hervorheben — auf seine Weise an jenem anderen inneren Universum teil. In eurer Welt kommen dem Licht bestimmte Eigenschaften zu, und es unterliegt bestimmten Einschränkungen. Physikalisch wird es von den Augen und in weit geringerem Maß auch von der Haut wahrgenommen. Das Licht eurer Welt stammt von der Sonne, von einer äußeren Quelle, und in eurer Welt treten Licht und Dunkelheit zweifellos als Gegensätze in Erscheinung.

Als ihr noch in eurer Stadtwohnung lebtet, hatte Ruburt mehrmals Gelegenheit, einen flüchtigen Blick auf die zugrunde liegenden Prinzipien zu erhaschen — als er beispielsweise einmal versuchte, über Einsichten, die sich einfach nicht in Worte fassen lassen, ein Gedicht zu schreiben.* Ich weiß mitunter nicht, wie ich es am besten erklären soll, doch sozusagen — bitte hervorheben — ist selbst in der Dunkelheit noch Licht enthalten. Licht manifestiert sich auf vielerlei Art, nicht nur *(mit Nachdruck)* in seiner materiellen Form. Überall ist Licht vorhanden. Dieses Licht, das sich physikalisch nicht nachweisen läßt, ist die Quelle des sichtbaren Lichts, das den euch bekannten physikalischen Gesetzmäßigkeiten unterliegt. In gewisser Weise bringt das Licht sogar die Dunkelheit hervor. Jede Bewußtseinseinheit, von welchem Rang auch immer, besteht, wie gesagt, aus Energie, und diese Energie äußert sich in einer Art Luminiszenz, die sinnlich nicht wahrgenommen wird: Dieses Licht, aus dem alle Farben hervorgehen, ist grundsätzlich viel intensiver als seine physikalischen Spielarten.

Die Farben, die ihr wahrnehmt, stellen nur einen sehr kleinen Ausschnitt aus dem Gesamtspektrum des Lichts dar, um es in physikalischen Begriffen auszudrücken; doch das Spektrum, das ihr kennt, ist nur ein unvorstellbar kleiner Teil von anderen, umfassenderen Spektren, die außerhalb des Geltungsbereichs physikalischer Gesetze liegen.

(Nach einer Pause um 21.06 Uhr:) Sogenannte leere Räume, seien es nun die Lücken zwischen den Möbelstücken eurer Wohnung oder seien es die scheinbaren Leerräume zwischen den Sternen, sind von der Stoffwelt abgeleitete Darstellungen — oder Entstellungen —, denn der gesamte Raum ist von Bewußtseinseinheiten erfüllt; ihn durchdringt ein lebendiges Licht, an dem sich die Glut des Lebensfeuers entzündet.

Die körperlichen Sinne müssen solche Wahrnehmungen ausblen-

---

* Wir sind vor beinahe fünf Jahren (im März 1975) aus unserer Stadtwohnung in das Hügelhaus umgezogen; Jane glaubt aber, das Gedicht, von dem Seth sprach, noch etliche Jahre früher geschrieben zu haben. (Sie begann gegen Ende 1963 mit den Seth-Kundgaben.) Ich kann mich nicht daran erinnern, daß sie sich je um die Abfassung eines solchen Gedichtes bemüht hat. Ich hätte es gern zu Gesicht bekommen. Bei Jane stapelten sich im Lauf der Jahre Tagebücher, Hefte mit Gedichten, Manuskripte und lose Zettel aller Art — doch was wir suchten, fanden wir nicht. Sehr schade! Damals haben wir unsere Arbeiten noch nicht so sorgfältig datiert wie heute. Einer von uns wird es wahrscheinlich eines Tages finden — wenn er gerade nach etwas anderem sucht.

den. Doch jenes Licht ist buchstäblich überall zugleich, und es ist ein »wissendes Licht«, wie Ruburts [William] James erkannt hat.*

Nun: Bei gewissen Gelegenheiten, etwa beim Herannahen des Todes, doch oft auch einfach in Zuständen, wenn das Bewußtsein außerhalb des Körpers weilt, ist der Mensch in der Lage, jenes innere Licht wahrzunehmen. Bei einigen Erlebnissen außerkörperlicher Erfahrung sah Ruburt zum Beispiel Farben, die heller und strahlender waren, als irdische es je sein können, und auch du sahst diese blendenden Farben in deinem Traum. Sie gehören zum größeren Wahrnehmungsspektrum der inneren Sinne, und im Traum warst du ja in keiner Weise auf deine körperlichen Sinne angewiesen.

In jenem Traum spiegelten sich zunächst deine Sorgen über die Männlichkeit und das Alter wider — Sorgen, mit denen sich dein Freund Floyd allein herumschlagen mußte,** und deswegen sahst du euch beide in einem Krämerladen, der einfach die kommerzielle Welt versinnbildlicht, in der Waren feilgeboten werden: Hattest du in dieser Welt noch einen Wert? Warst du noch im Besitze deiner Manneskraft? Jeder von euch mußte sich der Prüfung unterziehen. *(Pause.)* Andere sahen euch, waren aber gleichgültig, womit zum Ausdruck kam, daß es sich um eure Privatsorgen handelte, an denen der Welt möglicherweise nicht viel gelegen war.

Statt der Prüfung erwartete dich in deiner Traumvision das schimmernde Glas mit seinen leuchtenden Farben und Prismen, prächtig und kunstvoll — ein Sinnbild für den wahren Ursprung des Lebens und auch der Geschlechtlichkeit —, ein riesiges, vieldimensionales

---

* Vergleichen Sie dazu die Abschnitte, die Janes Eintragung vom 31. März 1977 in Kapitel 10 ihres Buches *»The After Death Journal of an American Philosopher: The World View of William James«* folgen.

** Ich brauchte eine Weile, um mir darüber klarzuwerden, daß Seth hier interessanterweise darauf anspielte, ich hätte wohl irgendwie Floyds Sorgen über sein Alter und seine Männlichkeit aufgefangen. Floyd, Jane und ich sind gute Freunde, und er kennt unsere Arbeit genau. Er ist einige Jahre jünger als ich, doch soweit ich mich erinnern kann, haben wir beide nie über derlei Angelegenheiten gesprochen, nicht einmal im Scherz. Normalerweise genieße ich mein Alter und meine Männlichkeit, ohne mir weiter darüber Gedanken zu machen, doch gewiß enthüllte mein Traum, daß ich zumindest unbewußt über solche Themen nicht erhaben war. Es läßt sich leicht sagen, Sorgen dieser Art entstammten negativen Glaubensüberzeugungen, doch ich meine, daß dabei auch viel anderes mitspielt — universale Fragen, denen im körperlichen Leben nachzugehen Männer und Frauen sich entschlossen haben.

Mosaik, in dem die Sexualität nur ein kleines Steinchen ist. Du hattest deine Vorstellung vom facettenreichen Licht deines eigenen Wesens vor Augen.

Nun: Die Episode mit dem Lampenlicht: da verhieltest du dich wie erwartet. Du schautest jenes innere Licht, doch die Lampenschirme hatten zweierlei Bedeutung. Einmal sollten sie dir, wie du vermutetest, einen Eindruck des Schutzes vermitteln, deine Augen buchstäblich beschatten. Ruburt hatte jedoch recht, wenn er in den Lampenschirmen auch ein Sinnbild für die gewissenlosen Experimente sieht, die *(während des Zweiten Weltkriegs)* mit der menschlichen Haut durchgeführt wurden. Der Film *(letzten Abend im Fernsehen)* hatte in dir wieder einmal die Frage nach dem Sinn des Lebens und nach der Unsterblichkeit des Menschen aufgeworfen. Zwar waren deine Lampenschirme nicht aus *(menschlicher)* Haut, sondern aus gewöhnlichem Stoff gemacht, doch erinnerten sie dich an solche, versinnbildlicht durch die Glühbirne. Du fühltest, daß all die zu Tode gequälten Menschen nicht ausgelöscht sind. Ihr Bewußtsein gleicht tatsächlich einer Glühbirne, die in einer neuen Lampe wieder aufleuchtet. Die Lichter verknüpften also für dich das Leben mit dem Tod und vermittelten dir Erkenntnis.

(21.26 Uhr.) Wenn ich von einem inneren psychologischen Universum spreche, ist es sehr schwierig zu erklären, was ich damit meine. *(Pause.)* In jener Realität wird jedenfalls die psychologische Aktivität von den euch bekannten physikalischen Gesetzen nicht eingeschränkt. Gedanken beispielsweise haben Eigenschaften, die ihr nicht wahrnehmt und die sich nicht nur auf die Materie auswirken, sondern auch eigene größere Strukturen außerhalb eurer Realität bilden. Diese Strukturen folgen ihren eigenen, sagen wir, physikalischen Gesetzen. Ihr erweitert oder gestaltet im Lauf eures körperlichen Lebens eure Realität in anderen Dimensionen. *(Lange Pause.)*

Dort existieren beispielsweise die Gemälde, die dir vorschwebten, und sie sind ebenso real wie die Bilder in deinem Arbeitszimmer. Ich spreche hier nicht in Symbolen. Es gibt in der Tat ein Licht, das ihr nicht seht, einen Klang, den ihr nicht hört, und Empfindungen, die ihr nicht spürt. All dies gehört zur Wirklichkeitswelt der inneren Sinne. Die inneren Sinne sind ein Pendant eures sinnlichen Wahrnehmungsapparates. Sie bilden sozusagen euer naturgegebenes, nichtstoffliches »Wahrnehmungsinstrumentarium«. Die körperlichen Sinne sind relativ leicht auseinanderzuhalten: Ihr könnt das, was ihr seht, von dem unterscheiden, was ihr hört. Wenn ihr eure Augen schließt, seht ihr nichts.

Die inneren Sinne, die ich zuvor zwar als in Funktion und Eigenschaft voneinander getrennt beschrieben habe, wirken aber prinzipiell dergestalt zusammen, daß es für euch äußerst schwierig wäre, zwischen ihnen zu unterscheiden. Sie arbeiten nach einer vollkommenen, spontanen Gesetzmäßigkeit und sind sich aller Synchronizitäten gewahr. Daher ist es den Entitäten in jenem psychologischen Universum möglich, »überall gleichzeitig zu sein« und alles zugleich zu erfassen. Eure Welt setzt sich ebenfalls aus solchen »Entitäten« zusammen — den Bewußtseinseinheiten, die euren Körper formen. Das Wachbewußtsein, über das ihr verfügt, kann Informationen solcher Art nicht bewältigen.

(21.44 Uhr.) Geduldet euch einen Moment ... *(Einminütige Pause.)* Diese Bewußtseinseinheiten »rücken« jedoch gleichsam zusammen, um psychologische Wesenheiten zu bilden, deren Zahl viel größer ist als etwa die Zahl der Sterne in [eurer] Galaxis *(über 400 Milliarden),* und jedes dieser psychologischen Gebilde besitzt eine eigene Identität — seine eigene Seele, wenn ihr so wollt, und eine eigene Bestimmung im Gesamtgefüge allen Seins.

Damit wollen wir es für heute abend bewenden lassen. Wir brauchen sicher ein paar neue, tragfähige Begriffe. Doch könnt ihr das Licht als ein Symbol jenes inneren Universums wie auch der Quelle allen Verstehens begreifen.

Ende der Sitzung.

(»Darf ich etwas sagen?«)

Sicher darfst du das.

(»Ich bin mit meinem kleinen Gemälde heute morgen nicht sehr weit gediehen.«)

Du hast dich deinem eigenen Verständnis dessen, was du sahst, unterlegen gefühlt, das ist das eine. Die von dir im Traum wahrgenommenen Farben besaßen mehr Leuchtkraft als irdische, und in gewisser Weise hast du versucht, die Farben allzugenau nachzubilden — mit untauglichen Mitteln, weil eine exakte Übertragung Farben und auch Symbole erfordern würde, über die du im Materiellen nicht verfügst. Wenn du davon ausgehst, daß diese Farben in dir sind, auch in deinem zellularen Verständnis, dann wirst du weniger vorsichtig zu Werke gehen. Kannst du mir folgen?

(»Ja.«)

Du warst zu pedantisch. Ende der Sitzung.

(»Danke.«)

(21.59 Uhr. Jane saß ruhig und mit geschlossenen Augen in ihrem Schaukelstuhl, bevor sie nach wenigen Augenblick aus ihrer Trance kam. Normalerweise »erwacht« sie sofort. »Ich habe dort gewartet, als ob ich an der Grenze zu etwas Neuem stünde und versuchte, dort hineinzukommen. Mir war so, als schwebte ich ... Du meine Güte, das war aber kurz«, rief sie beim ersten Blick auf die Uhr. Tatsächlich hatte die Sitzung eine Stunde und zwölf Minuten gedauert — etwas länger als der Durchschnitt der letzten fünf Sitzungen. Janes Zeitgefühl hatte sich im Zuge der Kundgabe gedehnt: »Ich hatte das Gefühl, sehr weit weg gewesen zu sein ... mehr zu bekommen, als ich weitergeben konnte, als ob ich dicht an irgendeiner Sache dran wäre ...«

Ich sagte ihr, Seths Idee, die Farben aus meinem Traum seien in mir, bis hin zum zellularen Gewahrsein, sei bestechend.

Ich möchte noch erwähnen, daß ich die Arbeit an meinem Traumgemälde schließlich doch nicht aufgegeben habe. Am Morgen nach dieser Sitzung übermalte ich das noch feuchte Bild der Lichterwände, mit dem ich tags zuvor gekämpft hatte. Diesmal gelang es mir, das Bild glücklich zu Ende zu bringen, indem ich einfach Impressionen der Farben wiedergab. Als nächstes malte ich ein kleines Ölbild von dem Licht, das von den beiden Tischlampen in meinem wachbewußten Erlebnis ausgegangen war. Meine Erfahrungen mit dem Traumgemälde halfen: Dieses Mal fiel es mir leichter, die großartige Strahlung der beiden Lichtquellen einzufangen. Ich habe allerdings gelernt, daß eine Auseinandersetzung mit dem Licht des Universums eine demütigende Aufgabe sein kann.)

Sitzung 901, Montag, den 18. Februar 1980

(Am letzten Mittwoch abend, dem 13. Februar, wurde keine Sitzung abgehalten. An diesem Tag rief Tam Mossman von der Prentice-Hall bei Sue Watkins an und bat sie um die Erlaubnis, ihr Buch »Conversations with Seth« in zwei Bänden drucken zu dürfen; Sues Bericht über Janes ASW-Kurse ist zu lang geworden, als daß er in einem einzigen Band veröffentlicht werden könnte. Demnach hatte Sue letzten Monat in Florida den ersten Band beendet. Tam plant seine Herausgabe für

den kommenden Oktober und die des zweiten Bandes für den Januar 1981.

Jane hat sich, was ihre körperlichen Symptome anbelangt, in den letzten Tagen viel besser gefühlt; wiederholt kam es ganz spontan zu erfreulichen Entspannungsphasen, und sie kann wieder bedeutend besser gehen. Ihre schöpferische Produktivität ist ebenfalls ungebrochen. Sie hat an »I Am Alive Again«, ihrem längsten Gedicht für das Buch »If We Live Again«, gearbeitet. Als sie sich gestern nachmittag zu einem Nickerchen hinlegte, fing sie Hinweise auf Themen auf, die Seth in »Träume, ›Evolution‹ und Werterfüllung« zu besprechen beabsichtigt: »Menschenwanderungen« und »innere und äußere Hinweise«, die sich auf das Bewußtsein des Menschen beziehen. Sie hofft, daß Seth diesen Stoff heute abend behandeln wird. Am Nachmittag beendete sie die Niederschrift der endgültigen Version des Kapitels 5 von »God of Jane«.

Heute suchte ich unseren Optiker auf — mit einem für Jane und mich faszinierenden Ergebnis. *

---

* In Kurzform berichtet: Als ich ein Kind war, brachte mich meine Mutter zum Optiker unserer Familie, den meine Eltern seit Jahren kannten. Mit den besten Absichten setzte mir dieser freundliche Herr eine Brille auf. Die Gläser waren zwar nicht besonders stark, aber ich trug sie während der nächsten vierzig Jahre widerspruchslos. Erst als mir die Bedeutung der im Seth-Material enthaltenen Ideen allmählich klar wurde, stellte ich die »Notwendigkeit« einer Brille in Frage. Ich trug nun die Brille nicht mehr den ganzen Tag. Sie war mir beim Schreiben und Malen ohnehin im Weg. Beim Autofahren mußte ich sie allerdings aufsetzen, denn in meinem Führerschein war ein entsprechender Vermerk eingetragen. Ansonsten benutzte ich sie nur, wenn ich mich müde fühlte.

Letzte Woche erhielt ich von unserem Optiker (ich werde ihn hier John Smith nennen) die alle zwei Jahre fällige Standardeinladung zur Überprüfung der Augen. Nur widerwillig ging ich heute nachmittag hin und erlebte eine sehr angenehme Überraschung: Mein Sehvermögen hat sich seit dem letzten Mal verbessert. Meine Brille ist für mich zu stark geworden. Das ergab auch eine Nachprüfung. Als John Smith daraufhin meine Augen auf ein Glaukom überprüfte, ergaben seine Messungen, daß sich mein Augendruck im Normalbereich hielt und sich somit seit dem letzten Mal ebenfalls verbessert hatte. »Das läßt sich sehen«, rief er aus, »der Druck ist schön niedrig.«

»Ich habe wohl irgend etwas richtig gemacht«, sagte ich zu Jane, als ich ihr alles erzählte. Und Seth hat mir im persönlichen Teil der heutigen Sitzung einige interessante Mitteilungen zukommen lassen:

»Du wünschtest eine Bestätigung für die Vitalität deines Körpers, seine Widerstandskraft und seine Regenerationsfähigkeit. Du wolltest auch die Gewißheit, daß du in diesem Leben so lange als Künstler tätig sein kannst, wie du willst. Irgendwo

(21.20 Uhr, flüsternd:) Guten Abend.

(»Guten Abend.«)

Diktat. *(Lange Pause.)* In der Zeit des Erwachens empfand der Mensch ein gewisses Gefühl des Getrenntseins von seinem Traumkörper und seiner inneren Realität — der Welt seiner Träume —, doch war er sich seiner geistigen Herkunft, seines Ursprungs aus dem Bewußtsein All-dessen-was-ist noch immer viel deutlicher bewußt, als ihr es heute seid.

Auch trat die praktische Nützlichkeit seiner Träume offener zutage, denn sie zeigten ihm, wie schon gesagt, in präzisen Visionen, wo beispielsweise Wohnland und Nahrung zu finden war, und Jahrhunderte lang gab es Menschenwanderungen, die in etwa mit den heutigen Zügen der Wildgänse vergleichbar sind. Auf all seinen Reisen folgte der Mensch den Wegen, die ihm im Traumzustand kundgetan worden waren. Aber allmählich setzte sich der Mensch immer stärker mit seiner äußeren Umgebung gleich, so kam ihm schließlich sein inneres Selbst beinahe fremd vor. Es entartete zur Vorstellung von der Seele, und scheinbar gab es die verhängnisvolle Dualität: Auf der einen Seite war da ein Selbst, das in der Stoffwelt zu Hause und tätig am Werk war, und auf der anderen Seite war das von ihm getrennte andere Selbst, eben die als eigenständiges, geistiges Wesen verstandene Seele, die in der immateriellen Welt des Geistig-Seelischen agierte.

Der Mensch der Vorzeit betrachtete die Schlange als die heiligste und wichtigste, als die geheimnisvollste und weiseste aller Kreaturen. In seiner Erfahrungswelt schien die Schlange zweifellos ein lebendiger Teil der Erde zu sein, aus deren Tiefen sie aufstieg — aus dem verborgenen Urgrund, dem auch alle Erdgötter entstammten. Mit Erstaunen beobachteten die Menschen, wie die Schlangen aus ihren Löchern krochen. Die Schlange war damals, um es jetzt mit euren Worten zu sagen, sowohl ein weibliches wie auch ein männliches Symbol. Sie schien aus dem Schoß der Erde hervorzukommen und das geheime Wissen der Erde zu besitzen. Doch gleichzeitig war sie

---

im Hinterkopf hast du dir nämlich Sorgen gemacht und aufgrund deiner Beschwerden befürchtet, deine Augen könnten schwächer werden. Nun aber hast du entdeckt, daß die Beschwerden auf deine zu starke Brille zurückzuführen sind und deine Sehkraft sich erheblich verbessert hat. Sie hat sich verbessert, weil du dir positive Suggestionen eingibst und lernst, dich mehr zu entspannen. Und, natürlich: deine Augen existieren nicht nur materiell, nicht nur in deinem Kopf.«

mit ihrem langgestreckten Körper auch ein Symbol für den Penis. Auch die Tatsache, daß sie ihre Haut abstreift, war von Bedeutung, denn in seinem Innern wußte der Mensch immer schon, daß auch er seinen Körper ablegen muß.

(Nach einer Pause um 21.31 Uhr:) Die Bewußtseinseinheiten, welchen Rangs auch immer, verfolgen Ziele und Absichten. Sie sind von dem Wunsch nach Kreativität und von dem Verlangen, die Qualität der Existenz zu verbessern, durchdrungen. Sie haben die Fähigkeit, auf eine unendliche Vielzahl von Signalen zu reagieren. Für ihre Mobilität gibt es einen so großen Spielraum, daß sich beispielsweise die bewußten Erfahrungen eines Menschen in einer praktisch unbegrenzten Zahl von Kombinationen ausdenken ließen.

Zwischen dem inneren Selbst und dem äußeren Selbst, das dem Ich oder Ego gleichzusetzen ist, besteht keineswegs eine festzementierte Beziehung unterschiedlicher Funktionen; vielmehr können sie sich auf unendlich vielfältige Art miteinander verbinden. Die Realität der vom Ego erlebten körperlichen Ich-Erfahrung geht nicht verloren, auch wenn sich die durch die inneren Erfahrungen des geistig-seelischen Lebens gesetzten Akzente auf das innere Selbst verschieben. Sogar die scheinbar nackten Tatsachen der Geschichte werden sehr unterschiedlich erlebt, je nach ihrem symbolischen und dem vom einzelnen unterschiedlich bewerteten ideellen Gehalt, den sie unweigerlich in sich tragen. So können die einen Menschen einen Krieg in der Tat als mörderisches Unheil erleben, als einen Triumph der Grausamkeit, die anderen — was immer falsch ist — als erhabenen Sieg des menschlichen Geistes über das Böse.

(Nach einer langen Pause mit großem Nachdruck:) Wir werden später noch auf das Thema des Krieges zurückkommen. Hier möchte ich nur erwähnen, daß der Mensch nicht von Grund auf »kriegerisch« veranlagt ist. Er mordet nicht von Natur aus. Er strebt nicht von Natur aus danach, sein Leben oder das Leben anderer zu zerstören. Es gibt den »Kampf ums Überleben« nicht. Doch wenn ihr eine derartige Vorstellung auf die natürliche Wirklichkeit eurer Welt projiziert, dann werdet ihr die Natur und die Erfahrungen, die ihr mit ihr macht, dementsprechend interpretieren.

Der Mensch hat den Trieb und den Wunsch zu leben, und er hat den Trieb und den Wunsch zu sterben. Das gleiche gilt für alle anderen Geschöpfe. In seinem Leben läßt sich der Mensch auf ein gemeinsames Unternehmen mit seinen Artgenossen und mit allen anderen

Spezies ein, und so betrachtet ist auch sein Tod ein Akt der Kooperation, denn er gibt der Erde seine körperliche Substanz zurück. *(Pause.)* Unter körperlich-materiellem Aspekt besteht der »Zweck« des menschlichen Lebens darin, die Qualität der Existenz in jeder Hinsicht für alles, was ist, zu verbessern. Geistig gesehen ist es das »Ziel« des Menschen, das Geheimnis der Liebe und der Kreativität zu verstehen, den Ursprung seines Wesens intellektuell und psychisch zu begreifen und sich liebevoll für höherdimensionale Wirklichkeiten zu öffnen, auch wenn er sie bewußt nicht kennt. *(Pause.)* Durch sein Denken, durch die Qualität seiner Gedanken und ihr Fließen im Strom des Bewußtseins experimentiert er tatsächlich mit außergewöhnlichen, neuen Wirklichkeiten, denn er erschafft geistig andere Welten, die ihrerseits vom Traumbewußtsein aus in multidimensional verflochtene Wirklichkeiten ausmünden. Der Mensch lernt, neue Welten zu erschaffen. Deshalb hat er viele Prüfungen auf sich genommen. *(Lange Pause.)*

Ihr alle habt leibliche Eltern; manche von euch haben auch leibliche Kinder. Aber ihr alle werdet »eines Tages« die mentalen Eltern von Traumkindern sein, die in einer neuen Welt erwachen, die sich dort zum erstenmal umsehen und sich einsam, verängstigt und zugleich voll des Triumphs über ihr Dasein fühlen. Alle Welten haben einen inneren Anfang. All eure Traumwelten erwachen irgendwo, und wenn es soweit ist, dann pulsiert in ihnen das Verlangen nach Kreativität, und sie sind aus einem unschuldigen, neuen Wollen geboren. Das, was in Harmonie mit dem Universum, mit All-dem-was-ist lebt, hat einen angeborenen natürlichen Drang, der alle Hindernisse beseitigen wird. Daher fällt es der Natur leichter, zu blühen und zu gedeihen, als darauf zu verzichten.

Macht eine Pause.

(Pause von 21.56 Uhr bis 22.09 Uhr.)

Ihr wißt heutzutage von psychischen Aktivitäten wie dem Sprechen in Trance, dem automatischen Schreiben und dem Schlafwandeln. Derartige Phänomene weisen in unserer Zeit auf einige sehr wichtige Faktoren der ursprünglichen Beziehung des Menschen zur Welt und zu sich selbst hin.

Das Schlafwandeln war in jener Vorzeit, die ich »den Anfang« nannte, allgemein verbreitet, was heute nicht mehr der Fall ist. Schlafwandelnd lernte der Körper, geleitet vom inneren Selbst, zu gehen und hielt den sich ebenfalls geltend machenden Intellekt davon ab, sich selbst im Weg zu stehen und zu viele Fragen zu stellen, die die geschmeidigen, spontanen Bewegungen des Körpers hätten behindern können.

Der Mensch hat seit Anbeginn eine angeborene Neigung zum Ausdruck in Sprache und in Symbolen durch Bilder und Schrift. Zunächst sprach er automatisch, und zwar in seinen Träumen. Bitte hervorheben: In gewisser Weise könnte man fast sagen, daß er die Sprache benutzte, ehe sein Bewußtsein ihre Bedeutung verstand. Und damit sein forschender Intellekt nicht allzu sehr darüber nachgrübeln konnte, wie die Worte zustande kamen oder welche Bewegungen dazu nötig waren, vollzog sich auch sein Schreiben auf automatische Art. Man könnte fast sagen: Der Mensch benutzte die Sprache, ohne *(Pause)* »es zu wollen«. Daher war sie von nahezu magischer Qualität, und deshalb kam auch »das Wort«, das am Anfang war, in den Augen des Menschen direkt von Gott.

Geduldet euch einen Moment ...

(22.19 Uhr. Nachdem Seth einiges Material für mich persönlich durchgegeben hatte, verabschiedete er sich um 22.30 Uhr.)

Sitzung 902, Mittwoch, den 20. Februar 1980

(Heute abend schlug Jane im Sinne einer von Seth empfangenen Anregung vor, »Teile dieser Sitzung im Anhang des Buches« unterzubringen, einem Anhang zu »Träume, ›Evolution‹ und Werterfüllung«. Doch erscheint es mir einfacher, da die meisten seiner Ausführungen allgemein gehalten sind, diese hier wiederzugeben und einiges persönliches Material wegzulassen.)

(21.08 Uhr.) Nun: Mit der Besserung deiner Sehkraft wurde dir ein gutes Beispiel für die Fähigkeiten des Menschen gegeben — oder vielmehr gabst du es dir selbst. Sogenannte Wunder sind, wie ich bereits sagte, einfache Ergebnisse des ungehinderten Wirkens der Natur, und das ist sicher so und nicht anders. Euch wird immer wieder ein bestimmtes Bild des Körpers und seiner Funktionen vermittelt, und dieses Bild scheint sehr aussagekräftig zu sein. Es scheint für sich selbst zu sprechen.

Doch selbstverständlich nehmt ihr in Wirklichkeit lediglich ein Bild des Körpers wahr, das die Annahmen des Menschen widerspiegelt und von ihnen beeinflußt wird. Ärzte rechnen zum Beispiel damit, daß die Sehschärfe nach dem dreißigsten Lebensjahr allmählich nachzulassen beginnt, und es gibt zahlreiche Untersuchungsberichte, die »beweisen«, daß eine solche Verschlechterung tatsächlich ein biologisches Faktum ist.

Nach der Ansicht herrschender Lehre, die euch tagtäglich suggeriert wird, ist der Körper ein Mechanismus, eine höchst erstaunliche Maschine, doch *(lauter)* eben nur eine Maschine, ohne eigene Ziele, ohne irgendwelche Absichten, ein geistloses Sammelsurium verschiedener Einzelteile, die ganz zufällig in irgendwie vorherbestimmter Weise zusammengewachsen sind. Die Erfinder des Zufalls und der biologischen Evolution behaupten zwar, es gäbe keinen Willen, aber dennoch schreiben sie den Naturerscheinungen den Willen zum Überleben zu — oder, besser gesagt, einen willenlosen Überlebenstrieb. Insofern — bitte hervorheben — räumen sie ein, die Maschine des Körpers »beabsichtige« immerhin, ihr eigenes Überleben sicherzustellen — doch ein Überleben, das keine über sich selbst hinausweisende Bedeutung hat. Und weil der Körper eine Maschine ist, geht man folgerichtig davon aus, daß sich nach einer gewissen Nutzungsdauer Verschleißerscheinungen zeigen.

In diesem Bild des Körpers spielt das Bewußtsein kaum eine Rolle. Doch in der Frühgeschichte des Menschen — euren Zeitbegriffen zufolge sehr lange nach dem »Erwachen«, wie es im vorliegenden Buch beschrieben ist — lebte der Mensch wesentlich länger als heute, in manchen Fällen sogar einige Jahrhunderte lang, und zwar bei bester Gesundheit.* Bis dahin hatte ihm nämlich noch niemand gesagt, dies

---

* Ein Bruchteil des Alters, das einige biblische Patriarchen erreicht haben sollen! Das war mein erster Gedanke. Mein zweiter Gedanke war, diese Seth-Aussage zu streichen. Doch Jane irritierte die Aussage nicht, und mich, aus einiger Distanz, auch nicht. Man staunt natürlich, in Kapitel 5 der Genesis zu erfahren, welch hohes Alter Adam und neun seiner Nachkommen zugeschrieben wird. Lebte Adam wirklich 930 Jahre lang oder Seth, der dritte Sohn von Adam und Eva, 912 Jahre? Enoch, der »nur« 905 Jahre lebte, zeugte Methusalem, der mit 969 Jahren den Altersrekord der Bibel hält und dessen Sohn Lamech 777 Jahre und dessen Enkel Noah 950 Jahre alt wurden. Demgegenüber starb Abraham im Alter von »nur« 175 Jahren.

Jane und ich nehmen jedoch an, daß die langlebigen Menschen, von denen Seth sprach, nichts mit den legendären Figuren der Bibel zu tun haben. »Mir erscheint es durchaus plausibel, daß Seth so etwas sagt«, meinte Jane. Und meine Fragen veranlaßten Seth, uns in persönlichen Sitzungen weitere Informationen zukommen zu lassen. Erstens: »Damals erreichten Männer und Frauen tatsächlich ein erstaunliches Alter, weil ihre Lebensweisheit benötigt wurde. Sie überlieferten ihr Wissen in Form

sei unmöglich. Des Menschen Fähigkeit, über die Welt zu staunen, seine Wißbegierde, seine Kreativität in seiner unermeßlich weiten Erfahrungswelt erhielt ihn aktiv und vital. Außerdem waren die Alten wegen ihres Wissens hochgeachtet. Sie wurden gebraucht. Sie gaben ihre Weisheit an die nachfolgenden Generationen weiter. All das erhielt diese Menschen geistig-seelisch und biologisch vital und jung.

(Zu mir:) Du hast heute abend über einige [bedeutende] Staatsmänner gesprochen, die alles andere als jung sind, und auch über Männer und Frauen, die im fortgeschrittenen Alter nicht nur Leistungen erbringen, sondern *(Pause)* sogar noch neue Horizonte eröffnen. Dazu sind sie nicht nur aufgrund ihrer persönlichen Fähigkeiten in der Lage, sondern auch weil sie Bedürfnisse der Welt in einer Weise befriedigen, wie es ein jüngerer Mensch in der Regel nicht tun könnte.

In eurer Gesellschaft wird das Alter beinahe als Schande betrachtet. Die fixe Idee, alt zu sein sei etwas Anrüchiges, treibt manche Menschen zu der — oft ganz bewußten — Entscheidung, ihrem Leben ein Ende zu setzen, bevor die natürliche Schwelle erreicht ist. In einer Gesellschaft jedoch, in der klarwird, daß das Erfahrungswissen der Älteren und Alten benötigt wird, ändert sich die Situation schlagartig: die Menschen leben länger.

Zuweilen ist man in eurer Gesellschaft auch der Ansicht, daß die jüngeren Menschen vom wirklichen Leben ferngehalten werden, daß sie keiner sinnvollen Arbeit nachgehen können, daß die Zeit ihrer Unmündigkeit unnötig verlängert wird. In der Folge sterben manche junge Menschen aus dem vom Motiv her gleichen Grund wie die alten: sie glauben, jung zu sein sei irgendwie minderwertig. Sie werden

---

von Liedern und Geschichten. Darüber hinaus aber setzten sie ihre Energie in besonderer Art ein: Sie lebten im Wechsel zwischen dem Wach- und Traumzustand, und während sie schliefen, alterten sie weniger schnell. Im Traumzustand war die Kommunikation umfassender, so daß der von ihnen tradierte Wissensschatz zu einem Wissensfundus anwuchs, über den die Gruppe als Ganzes verfügte.«

Zweitens: »In die Legenden des ›*Alten Testaments*‹ sind undeutliche Erinnerungen an Vorzeiten eingewoben. Der Version der Bibel, die ihr kennt — oder die anerkannt wird —, gingen nicht nur frühere schriftliche Fassungen, sondern auch solche mündlicher Überlieferung voraus, die erst sehr viel später niedergeschrieben wurden. Manches war da natürlich bereits in Vergessenheit geraten, manches aber wurde auch von Interessengruppen zu eigennützigen Zwecken verwendet, entstellt oder sogar regelrecht verfälscht.«

verwöhnt, verhätschelt, mitunter wie amüsante Schoßtierchen behandelt und mit technologischen Wunderdingen unterhalten, doch es wird ihnen nicht erlaubt, ihre Energie einzusetzen. Die alte Sitte, der zufolge ein Sohn in die Fußstapfen seines Vaters zu treten hat, wird leider oft mißbraucht; doch andererseits kann der Sohn so schon in jungen Jahren einer sinnvollen Arbeit nachgehen und sich als Teil des Lebensstroms fühlen. Er kann von sich denken, er werde gebraucht.

(21.34 Uhr.) Die sogenannte Jugendkultur führte trotz all der — bitte hervorheben — nur scheinbaren Überbewertung der Schönheit und Leistungsfähigkeit der Jugend letzten Endes zu deren Abwertung, denn nur wenige konnten dem hohen Ideal gerecht werden. Häufig fühlten sich daher sowohl die Jungen als auch die Alten aus eurer Kultur ausgeschlossen. Beiden gemeinsam ist die Möglichkeit, ihre schöpferische Vitalität zu erhöhen. Dies ist von großen Künstlern oder von großen Staatsmännern immer wieder demonstriert worden, indem sie gerade eben ihr Alter zur Steigerung ihrer Fähigkeiten genutzt haben. Es kommt für jeden Menschen eine Zeit, in der die Erfahrungen, die er im Leben gesammelt hat, sich nahtlos ineinanderfügen und eine neue, klarere Perspektive ergeben, ein neues psychologisches Bezugssystem bilden, aus dem seine allergrößten Fähigkeiten hervorgehen und zu einer neuen Synthese führen können. Doch viele Mitglieder eurer Gesellschaft erreichen niemals diesen Punkt — oder aber jene, die es schaffen, werden für ihre Leistungen nicht auf die richtige Weise oder aus den richtigen Gründen anerkannt ...

Zum Überlebenswillen des Menschen gehört auch ein Gefühl für Sinn und Zweck sowie ein Gespür für die — bitte hervorheben — Qualität des Lebens. Euch wird ein recht beeindruckendes Bild vor Augen geführt, das die »Tatsache« des ständigen Verfalls des Menschen zu untermauern scheint, und doch werden euch auch Beweise für das Gegenteil geliefert, sogar in eurer Welt, wenn ihr danach Ausschau haltet.

Die Olympischen Spiele, die ihr im Fernsehen verfolgen könnt, zeugen von der großen Leistungsfähigkeit des jugendlichen menschlichen Körpers. Doch es besteht ein krasser Gegensatz zwischen den Aktivitäten dieser Athleten und den normalen Aktivitäten eines jungen Menschen. *(Pause.)* Ihr zweifelt nicht, daß intensivstes Training und strengste Disziplin erforderlich sind, um Spitzenleistungen vollbringen zu können, aber ihr scheint nicht zu wissen, daß die scheinbar außergewöhnlichen körperlichen Fähigkeiten der Spitzensportler einfach Ausdruck dessen sind, was von Natur aus als Anlage im menschlichen Körper steckt. Tatsächlich kommen diese Athleten dank ihres Trainings schließlich in die Lage, euch einen flüchtigen Eindruck von den spontanen Möglichkeiten des Körpers zu vermitteln. *(Mit Nachdruck:)* Der Körper ist auch anderer Spitzenleistungen fähig.

(21.53 Uhr.) In meinen Ausführungen über Leiderfahrung und Leiden erwähnte ich, daß Krankheiten einem Zweck dienen, daß sie in eurer Gesellschaft dabei helfen, das Gesicht zu wahren; hier spreche ich von den körpereigenen Fähigkeiten. Diese lassen mit dem Alter nicht nach. Das Alter allein hat noch niemals zum Verlust der körperlichen Agilität, der geistigen Fähigkeiten oder der Wunscherfüllung geführt. Kein Lebender kann dem Tod entrinnen, doch wann und wie er sich auf das Sterben einstellt, liegt grundsätzlich beim einzelnen Menschen. Sinnvolle Arbeit ist in jeder Altersstufe wichtig. Allein mit Hobbys kann man ältere Menschen ebensowenig zufriedenstellen wie jüngere; demgegenüber trägt eine sinnvolle Arbeit auch die Fülle des Spiels in sich, und gerade diese spielerische Note birgt ein großes, seinem Wesen nach heilendes und schöpferisches Potential.

In gewisser Weise haben deine Augen ihre Kapazität auf quasi spielerische Weise verbessert. Die Sinne möchten sich selbst übertreffen. Auch sie lernen »durch Erfahrung«. Du hast in letzter Zeit wieder häufiger gemalt. Aus diesem Grund wurden deine Augen wieder stärker beansprucht. Sie *(mit Nachdruck)* genießen ihre Rolle bei dieser Tätigkeit, wie beispielsweise die Ohren zu hören genießen. Es ist ihre Bestimmung. Dein Wunsch zu malen verband sich mit dem natürlichen Wunsch der Augen zu sehen und unterstützte ihn.

Wenn es um physische Symptome geht, betrachtet ihr euren Körper meist mit so tödlichem Ernst, daß die innere Spontaneität weitgehend gebremst wird. Ihr bürdet der menschlichen Natur eure lähmenden Glaubensüberzeugungen auf.

Dein Traum *(von heute nachmittag)** paßt in seiner Art hierher,

---

* Die folgende Schilderung meines Traums entnehme ich, etwas gekürzt, meinem Traum-Notizbuch: »In leuchtenden, klaren Farben: Ich träumte, wie ein Schiff — ein Frachter mit einem Anstrich aus warmen Grautönen und einer Mischung aus Rostrot und Orange — im Ozean versank. Ich befand mich unter Wasser, auf der einen Seite des Schiffes, und betrachtete das Geschehen als Beobachter. Ich sah mit an, wie das Schiff, ohne Schlagseite zu bekommen, durch das blaugrüne Wasser auf dem ebenen, gelben, ockerfarbenen und braunen Sandgrund des Ozeans aufsetzte — doch statt

denn wie du siehst, gleitet das Schiff des Lebens auch unterhalb der Oberfläche des Bewußtseins sehr schnell und anmutig durch die Gewässer der Psyche ... Du machst in den Erfahrungsräumen, die unterhalb der Oberfläche liegen, sehr gute Fortschritte. Es gab wenig Hindernisse. Du konntest sozusagen ungehindert segeln, und dein Traum war in der Tat als inneres Bild deiner Fortschritte zu verstehen.

(Nachdem Seth einen weiteren Traum von mir besprochen hatte, verabschiedete er sich um 22.11 Uhr. »Ich war vor der Sitzung derart entspannt, daß ich mir wie ein nasser Lappen vorkam«, meinte Jane lachend. Ich erwiderte, sie könne mit der Sitzung zufrieden sein und ich wolle, was mir wichtig erscheine, in mein Traum-Notizbuch aufnehmen.)

Sitzung 903, Montag, den 25. Februar 1980

(Die Reinschriften meiner Sitzungsnotizen archiviere ich in jeweils einer von zwei Serien numerierten Ringordner. Mit den »regulären« und Buch-Sitzungen sind wir bei Band 77 angelangt, und das Material der persönlichen oder »gestrichenen« Sitzungen geht bis Band 22. Jane hat heute morgen eine Notiz gemacht und in Band 77 abgeheftet, in dem ich einige Blätter Papier für die Aufzeichnung der nächsten Sitzung bereithalte: »Etwas von Seth am Wochenende — habe nur wenig erhalten — etwas über das Wahrnehmungsraster der Erde, das so konstruiert ist, daß ... alles gleichzeitig geschaffen werden mußte, sonst hätte es ›Löcher‹ im Raster gegeben.«

Als wir uns dann zur Sitzung niedersetzten, ließ Jane mich wissen, daß sie heute nach dem Abendessen Material von Seth aufgefangen habe, aber unsicher gewesen sei, weil sie nicht verstanden hat, was er meinte. Es ging um ihre Fragen bezüglich Säugetieren, Gattungen, Ar-

---

nun dort bewegungslos liegen zu bleiben, begann das Schiff, über den Meeresgrund zu »segeln« oder ihn zu durchpflügen, beinahe so, als ob es ein Auto wäre, das eine Straße entlangfährt. Ich sah, wie Wellen aus Sand anmutig vor dem Bug des Frachtschiffes aufstiegen. Ich sah keine Menschen, keine Fische — nur das Schiff, das Wasser und den Grund, der der leichten Fahrt des Schiffes keine Hindernisse bot. Die Tatsache, daß das Schiff auch unter Wasser mühelos navigieren konnte, empfand ich als eine Offenbarung, und ich wußte, daß dies irgendwie ein gutes Vorzeichen für meine Zukunft bedeutete. Ich war sehr erfreut. Die Farben waren wunderschön. Ich würde gern ein Bild von diesem Traum malen.«

ten und anderen Klassifizierungen der Lebewesen. Für mich war offenkundig, daß ihre beiden letzten Eingebungen von Seth unmittelbar damit zusammenhingen und daß bestimmte schöpferische Teile ihrer Psyche ihre »Arbeit« nie unterbrachen. Ich versuchte, ihr in Kürze zu erklären, daß die Wissenschaft der Klassifikation der Lebewesen in der Biologie als Taxonomie bezeichnet wird. Meine Bemühungen, ihr Begriffe wie »Phylum« und »Genus« zu erläutern, hatten nur wenig Erfolg, denn es war kein Lexikon zur Hand, mit dem ich mein Gedächtnis hätte auffrischen können; allerdings konnte ich ihr verständlich machen, daß »Säugetiere« keine Familie innerhalb einer Gattung sind, sondern daß sie die höchstentwickelte Klasse der Wirbeltiere mit Tausenden von Arten sind, die in Ordnungen und diese wiederum in Familien unterteilt werden.

Angesichts Janes geringer Kenntnis des wissenschaftlichen Vokabulars, das vom Menschen entwickelt wurde, um die Vielzahl an Lebewesen auf unserem Planeten zu klassifizieren, halte ich es für erwähnenswert, daß Seth im Lauf der Sitzung die übliche Terminologie benutzte. Dennoch erweiterte er die grundlegenden Kategorien mitunter noch durch seine eigenen Interpretationen.)

(21.16 Uhr.) Guten Abend.

(»Guten Abend, Seth.«)

Diktat. *(Pause)* Die Welt, wie ihr sie kennt, existiert so, wie sie ist, weil ihr selbst lebendige Bestandteile eines riesigen »bewußten Wahrnehmungsrasters« seid.

Jede — bitte skandieren — Z-e-l-l-e ist, so gesehen, ein Sender und zugleich auch ein Empfänger. Alle Klassen der höherentwickelten Lebewesen — Säugetiere, Reptilien, Fische, Vögel und so fort — sind integrale Bestandteile dieses lebendigen Wahrnehmungsrasters. Das Bild der Welt ergibt sich jedoch nicht nur aus den gesendeten und empfangenen Botschaften, sondern wird auch von den Beziehungen dieser Botschaften untereinander beeinflußt. Bitte hervorheben: Nach euren Begriffen also waren alle höherentwickelten Lebewesen »am Anfang der Welt« zugegen. Andernfalls hätte es große Löcher in jenem Wahrnehmungsraster gegeben, das die Empfindungen des körperlichen Lebens überhaupt erst ermöglicht.

In gewisser Weise »überlagert« das materielle Universum eine andere Realität, in der es seinen Ursprung hat. Die Welt wurde und wird erschaffen in Dimensionen jenseits aller Zeit und auch *(mit Nachdruck)* jenseits des Raums, wie ihr ihn kennt.

Andere Wirklichkeiten sind ebenso legitim wie die eure, ebenso vital und ebenso »real«; sie sind vorhanden neben und gemeinsam mit der euren und nach eurem Verständnis auch »im selben Raum«; aus eurer Sicht allerdings würden diese Räume und Realitäten natürlich als etwas völlig von euch Getrenntes erscheinen. Doch kein System ist geschlossen, und daher ist das lebendige Wahrnehmungsraster, das eine Welt und somit eine Realität zur Folge hat, grundsätzlich auch mit allen anderen Systemen »vernetzt«. Sie stehen in ständigem Austausch miteinander. *(21.30 Uhr. Pause in einem eindringlichen Vortrag.)*

Die Wahrnehmungsraster, aus denen sich eure Welt zusammensetzt, vermitteln euch das Wahrnehmungsbild einer Welt, wie ihr es erfahrt, weil eure Position im gesamten Raster durch eure körperlichen Sinne bestimmt wird. Tiere beispielsweise gehören zwar in den Bereich eurer Erfahrung, doch sind sie zugleich auch in anderen Systemen auf dieses Raster »eingestimmt«. Alle Klassen des Tier- und des Pflanzenreiches wie auch natürlich die Menschheit sind integrale Bestandteile jener umfassenden Wahrnehmungsstruktur, und — bitte hervorheben — deshalb mußte diese Struktur schon »zu Beginn« eurer Zeit vollendet sein.

(21.35 Uhr. Einmal mehr sprang unser Kater Billy auf die Couch und rollte sich, an meinen linken Ellbogen geschmiegt, zu einem Knäuel zusammen, während ich Janes Diktat aufzeichnete.)

Mitunter konnten bestimmte Schaltkreise dieses »Netzwerks« vielleicht »intensiver genutzt werden«, so daß immer ein gewisser kreativer Spielraum vorhanden war, insbesondere hinsichtlich der Spezies, die eurer Systematik zufolge die höherentwickelten Klassen ausmachen. Es gab beispielsweise immer schon Vögel, doch im großen Zusammenspiel von »innerer« und äußerer Kommunikation zwischen allen Teilen dieses riesigen Lebenssystems kam es zu einer schöpferischen Wechselwirkung, die die Artbildung in fast endlos vielen Variationen innerhalb dieser und jeder anderen Klasse zuließ.

Euer technologisches Kommunikationssystem ist eine bewußte — und großartige — Konstruktion, die jedoch auf dem euch angeborenen Wissen um die innere, zellulare Kommunikation zwischen allen Arten jeder Gattung beruht. Dabei stelle ich keineswegs das Recht des Menschen in Abrede, seinem Intellekt zu dieser Technologie zu gratulieren.

(21.42 Uhr.) Die Klassen der höherentwickelten Lebewesen bilden

Strukturen, nach denen sich das Bewußtsein formiert, und weil diese Strukturen relativ stabil wirken, überseht ihr leicht die Tatsache, daß sie sozusagen in jedem Moment mit neuer Energie gefüllt werden. Der Mensch durchläuft bei seiner körperlichen Entwicklung nicht die gleichen Stadien, die jene hypothetische Kreatur, die aus dem Wasser an Land stieg, um zu einem Säugetier zu werden, angeblich durchlaufen hat — vielmehr ist jeder Gattung das Wissen um »ihre Vergangenheit« eingeprägt. Dieser Sachverhalt läßt sich zum Teil nur mit Mühe verständlich machen, und ich muß versuchen, alten Wörtern eine neue Bedeutung zu geben. *(Pause)* Die aus der Reinkarnationsidee sich ergebenden Aspekte sind insofern sinnvoll, als sie auf eine geistige Grundlage der Gemeinsamkeit verweisen. Eine solche Grundlage ist für jede Spezies vonnöten.

Säugetiere beispielsweise bleiben Säugetiere, sie verharren innerhalb ihrer Klasse.* Dies führt zu einer ausgeprägten genetischen Stärke; das Bewußtsein dieser Tiere entscheidet sich aufgrund ihrer Neigungen und Absichten für die Zugehörigkeit zu ihrer Klasse. Dessenungeachtet haben Tiere natürlich, sofern in ihrer körperlichen Betätigung ihr Bewußtsein involviert ist, scheinbar nur sehr begrenzten Spielraum. So kann ein Tier nicht beschließen, eine Zeitung zu lesen. Lesen gehört einfach nicht zu seiner Realität. Doch haben Tiere in gewissen anderen Bereichen auch wieder einen viel größeren Handlungsspielraum, als ihr denkt. Sie sind sich *(mit Nachdruck)* der sie umgebenden Natur auf viel intimere Weise als ihr bewußt, sie erleben sich deutlicher als von ihr getrennt, doch zugleich auch deutlicher als *zu ihr gehörig*. In dieser Hinsicht drehen sich ihre Erfahrungen um Beziehungen von grundsätzlich anderer Art.

---

* Seth berührt hier ein Thema, zu dessen Studium Jane und ich wenig getan haben. Wir würden gerne mehr darüber erfahren. Säugetiere (Mammalia) sind Tiere der höchsten Klasse warmblütiger Wirbeltiere. Sie haben gewöhnlich ein Fell, und ihre Jungen werden mit der Milch des weiblichen Tiers ernährt. Doch aus Gründen, die noch konkret erörtert werden sollen, nimmt der Primat Mensch (der auch zu den Säugetieren zählt) eine Sonderstellung ein.

Für mich hat die wissenschaftliche Systematik der Einteilung von Organismen etwas Faszinierendes. Für den Menschen beispielsweise sieht diese Einteilung — ausgehend vom Allgemeinen, zum Besonderen hinführend — folgendermaßen aus: Das Tierreich, der Stamm der Chordata, die Klasse der Säugetiere, die Ordnung der Primaten, die Familie der Hominiden, die Gattung *Homo,* die Art oder Spezies *Homo sapiens* (der vernunftbegabte Mensch), gewöhnliche Bezeichnung Mensch.

(Nun legte Jane in ihrem Vortrag mehrere Pausen ein — und ich hatte den Eindruck, daß Seth nach Worten suchte, mit denen er uns sein Anliegen am besten verständlich machen könnte.)

Die erwähnten Wahrnehmungsraster sind im Gefüge eurer linearen Zeit »nicht für immer« vorhanden, weil ja solche Zeit nichts enthalten kann, was sich außerhalb ihrer Grenzen befindet. Wenn eine Welt aber einmal existiert, dann wird sie der Ewigkeit eingraviert oder aufgestempelt, so daß es sie gleichzeitig innerhalb und außerhalb eurer Zeit gibt.

Wenn ihr fragt: Wann hat die Welt ihren Anfang genommen? oder: Was ist wirklich geschehen? oder: Gab es den Garten Eden?, dann meint ihr die Welt, die ihr kennt. Doch in Wirklichkeit gab es im selben Raum mehrere Planeten Erde, noch bevor eure Erde materiell vorhanden war,* und sie alle entstanden auf die gleiche Art, wie ich sie euch in diesem Buch zu erklären versucht habe. Die Strukturen der Welten — die Strukturen — bleiben in eurer Dimension der Zeit bestehen, wenn auch die Welten wieder aus ihr verschwinden müssen, um »ihre Existenz außerhalb der Zeit« fortzusetzen. Die Strukturen aber werden wieder ausgefüllt.

(22.03 Uhr.) Im Fall der Erde wird das Wahrnehmungsraster unterschiedlich genutzt; bestimmten Erscheinungen kommt »in der einen Ära« eine größere und »in anderen« eine geringere Bedeutung zu. Alle Zeit ist ja eins. Doch ausgehend von eurer Zeitvorstellung kann ich nur Folgendes sagen: Wenn die Gesamtheit aller Bewußtseinsformen, die eine bestimmte Erde geschaffen und deren Realität nach besten Kräften gestaltet haben, die Fähigkeiten der Individuen und der Gemeinschaft so weit wie möglich zur Entfaltung gebracht hat, dann überläßt sie dieses Raster liebevoll anderen Bewußtseins-

---

* Seth hat uns schon seit den ersten Sitzungen gesagt, daß die uns bekannte Erde nach unseren Begriffen die letzte einer Serie von Erden ist, die im selben »Raum« oder im »Wertklima psychischer Realität« existiert haben. Doch Seth zufolge gehört noch sehr viel mehr dazu, wie sich aus dem folgenden Auszug aus Sitzung 29 vom 26. Februar 1964 (vor gerade sechzehn Jahren) ergibt: »Es gibt Erden, die zur gleichen Zeit wie eure Erde in Erscheinung treten. Eure solide Erde ist für viele Wesen, die denselben Raum bewohnen, den auch eure Erde einnimmt, gar kein fester Körper. Die Vorstellung von verschiedenen Körpern an ein und demselben Ort ist eigentlich von vorneherein falsch, aber ich weiß nicht, wie ich euch den Sachverhalt erklären könnte, ohne solche Ausdrücke zu verwenden.«

Vergleichen Sie auch Anhang 8 in Band 1 der »*Unbekannten Realität*«.

formen und hat auch weiterhin an Existenzen teil, die nach euren Begriffen nicht physischer Natur sind. Und das ist schon viele Male so geschehen.

Der Mythos vom Garten Eden ist eine Legende vom letzten Neubeginn der Erde. Jede Welt ist so konstruiert, daß jedes Bewußtsein, unabhängig von seiner Entwicklungsstufe, eine entscheidende Rolle in ihr spielt. *(Mit großem Nachdruck:)* Und jegliches Handeln eurerseits, wie belanglos es euch auch vorkommen mag, wird — auf die eine oder andere Art — mit jeder anderen Welt anderer Wirklichkeiten verbunden sein.

In gewisser Weise haben wir heute abend die Zeit ein Stück weit transzendiert — obschon ich weiß, daß in diesem Wohnzimmer, in dem ich mit Ruburts Stimme spreche, nur wenig Zeit eurer Zeit vergangen ist; denn das, was ich gesagt habe, enthält in der Tat Hinweise oder, anders gesagt, Kadenzen, die euch, wenn ihr dazu bereit seid, ein Gefühl der Existenz vermitteln können, wie sie außerhalb des zeitlichen Kontextes besteht. Auch nur der Versuch, einen solchen Sachverhalt verbal darzulegen, erfordert Änderungen in der Wahrnehmung. Da das Wahrnehmungsraster, einem Fernsehbildschirm vergleichbar, ein verläßliches Bild der Realität vermittelt, kommt es euren Sinnen fest und dauerhaft vor, und zwar auch deshalb, weil ihr darauf trainiert seid, nur bestimmte Signale wahrzunehmen, andere nicht. Signale aus anderen Wirklichkeiten können — bitte hervorheben — tatsächlich empfangen werden. So *könnt* ihr euch beispielsweise auf das Bewußtsein einer Zelle einstimmen.

Da dieses Material verständlich formuliert sein soll, bahnen Ruburt und ich uns gemeinsam einen Weg der Wahrnehmung — er von seiner Seite und ich von meiner her —, auf dem wir hin und her gehen — bitte hervorheben — können, als ob wir durch die Drähte eines riesigen Computers schlüpften — doch eines Computers, der lebt.

(22.18 Uhr.) Ende des Diktats. Ende der Sitzung, es sei denn, ihr hättet noch eine Frage.

(»In Sitzung 837 zu ›Individuum und Massenschicksal‹, an der ich gerade arbeite — es ging um den Tod unseres Katers Billy vor einem Jahr —, sagtest du, es gäbe kein Katzenbewußtsein an sich. * *Jane nick-*

---

* Auf Sitzung 837 ist in *»Individuum und Massenschicksal«* in den einleitenden Anmerkungen und Fußnoten zu Sitzung 840 Bezug genommen.

te. »Die Sitzung von heute abend erinnert mich daran. Ich sehe, wie alles zusammenpaßt.«)

Es paßt in der Tat. Innerhalb seiner Klasse als Säugetier kann sich Billy ganz nach Wunsch in irgendeiner Spezies reinkarnieren.

(»Ergeben sich da nicht Konflikte mit dem Konzept der Seelenwanderung?« Ich glaube doch, auch der Mensch sei ein Säugetier.)

Das ist etwas anderes — ich meine, Menschen, die als Tiere wiedergeboren werden. Ich betrachte die Spezies Mensch als eine eigene Klasse. Erinnere dich aber bitte daran, daß es auch Fragmente gibt, und das ist [wiederum] etwas anderes.*

(»Vergangenen Samstag morgen hatte ich zwei Träume, die, so schien es mir, parallel liefen beziehungsweise sich gleichzeitig abspielten. Aber sie waren nicht ineinander verschachtelt, wie es in einem Doppeltraum der Fall ist.«)

---

* Jane und ich hatten uns unter Seelenwanderung (Metempsychose) ausschließlich die Wiedergeburt einer menschlichen Seele in Tiergestalt vorgestellt. In Wirklichkeit bezieht sich dieser Ausdruck jedoch auf die Reise der Seele in irgendeine Form hinein, sei sie nun menschlich, tierisch oder anorganisch — und entspricht daher nicht der landläufigen Vorstellung der Wiedergeburt in der gleichen Spezies. In Sitzung 705, Band 2 der *»Unbekannten Realität«*, sagte Seth: »Es gibt keine Seelenwanderung, bei der die Gesamtpersönlichkeit eines Menschen als Tier ›wiederkehrt‹. Dennoch findet im körperlich-materiellen Bezugssystem eine ständige Vermischung statt.« Wie aus der zweiten Fußnote zu Sitzung 840 in *»Individuum und Massenschicksal«* hervorgeht, stellte er klar: »Ich möchte die Idee falschverstandener Seelenwanderung vermeiden, der zufolge sich beispielsweise Menschenseelen in Tieren verkörpern.«

Im *»Seth-Material«* sind die auf Dezember 1963 zurückgehenden Anfänge der Seth-Kundgaben beschrieben; Kapitel 2 handelt im besonderen von »Fragmentpersönlichkeiten«. In der Sitzung vom 15. Dezember 1963 äußerte Seth: »Alle Fragmente einer Persönlichkeit existieren in untergetauchter Form innerhalb der Wesenheit mit ihrem eigenen, individuellen Bewußtsein. Sie sind sich der Entität selbst nicht bewußt ... Die Wesenheit bedient sich der Fragmente auf eine Weise, die ihr als unbewußt bezeichnen würdet; das heißt, sie erteilt keine bewußten Anweisungen. Die Wesenheit überläßt die Fragmente einem unabhängigen Leben, und dann vergißt sie sie mehr oder weniger ... Auch Gedanken sind Fragmente, wenn auch in einer anderen Realität.« Dann formulierte Jane einen Schlüsselsatz: »Fragmente einer anderen Art, Persönlichkeitsfragmente, handeln zwar unabhängig, werden aber von der Wesenheit überwacht.«

Als ich in derselben Sitzung an Seth die Frage nach dem evokativen Gebrauch des Wortes »Fragment« stellte, erwiderte er: »Soweit ich weiß, stammt diese Bezeichnung von mir.« In anderen Sitzungen jedoch bediente er sich statt des Ausdrucks »Fragment« auch anderer Bezeichnungen.

Du weißt, daß man mehr als nur einen Traum zur gleichen Zeit haben kann. Man kann auch verschiedene Versionen von Träumen mehrerer wahrscheinlichen Selbst erleben, doch es wird immer irgendeinen Anknüpfungspunkt geben — das heißt, es wird immer einen Grund geben, warum das Individuum einen solchen Traum aufgreift. Die Träume der Menschen stellen ein Kommunikationsnetz dar, dessen Verflochtenheit auch wahrscheinliche Wirklichkeiten einbezieht. In Träumen wird alles Massengeschehen ausgearbeitet, eingeleitet, das Los eines Volkes, einer Nation entschieden.

Der Mensch denkt beim Schlafen genauso wie beim Wachen. Aber wenn er schläft, sind die Gedanken üppiger ausgestattet: sie sind mit Symbolen und Bildern angereichert.

Ende der Sitzung und einen schönen guten Abend.

(»Vielen Dank. Gute Nacht.«)

(22.25 Uhr. »Oh, ich habe das Gefühl, wir hatten eine phantastische Sitzung«, begeisterte sich Jane, nachdem sie ihren Trancezustand schnell hinter sich gelassen hatte. »Sie ist wohl Ausdruck meiner Bemühung, mich von den Ansichten der Wissenschaft über die Evolution freizumachen«, meinte sie, und ich stimmte ihr zu.

Ich füge dem noch einen Auszug aus meinem Traum-Notizbuch vom letzten Samstag morgen hinzu:

»In Farbe wie gewöhnlich: Ich kann mich zwar kaum noch daran erinnern, aber Jane schlug vor, ich solle das niederschreiben, was ich noch weiß. Ich hatte zwei parallel laufende Träume. In beiden kamen dieselben Menschen vor, und in beiden faßte ich denselben Entschluß. Es ging um eine Entscheidung, die ich in einem neu erbauten, an einem Berghang gelegenen Haus traf. Der Moderator einer sehr bekannten Fernsehsendung, die wir gestern abend gesehen hatten, spielte eine wichtige Rolle. Ich rätsele nun darüber nach, wie es möglich ist, zwei Träume zugleich zu haben; sie müßten doch eigentlich nacheinander kommen. Ich habe nicht das Gefühl, daß der eine Traum innerhalb des anderen stattgefunden hatte, wie es bei dem von mir so genannten ›Doppeltraum‹ der Fall ist.«)

Sitzung 904, Mittwoch, den 27. Februar 1980

(Jane rief mich um 20.15 Uhr zur Sitzung, aber es wurde 20.50 Uhr, ehe wir uns endgültig niederließen. Sie wollte früh beginnen, denn sie war so entspannt: »Los, Seth, wenn du eine Sitzung wünschst, dann hilfst du mir am besten aus meiner Stimmung heraus«, lachte sie. »Ich spüre seine Nähe ...«)

(20.54 Uhr.) Guten Abend.

(»Guten Abend, Seth.«)

(Lächelnd:) Diktat.

(»Gut.«)

Nun. *(Pause.)* Das Abenteuer aktiven Handelns in der Zeit, die es so »vorher« nicht gab und eigentlich auch nicht gibt, ist tatsächlich eine der bedeutsamsten Entwicklungen am Anfang eurer Welt.

Die Legende vom Garten Eden bezieht sich im weitesten Sinne auf die plötzliche Erkenntnis des Menschen, nun in der Zeit handeln zu müssen. Daraus ergab sich die unmittelbare Notwendigkeit, zwischen den Möglichkeiten des Handelns zu wählen, und Entscheidungsfindungen wurden wichtig.

Die Zeitbezogenheit allen Handelns und Geschehens ist vielleicht für den Menschen etwas, das ihn am nachhaltigsten beeinflußt. Für Existenzen jenseits von Zeit und Raum *(Pause)* sind bestimmte Unterscheidungen überflüssig. Sie können theoretisch eine unendliche Vielzahl von Richtungen gleichzeitig einschlagen. Aufgrund der Zeitabfolge in eurer Erscheinungswelt wurde dem Menschen jedoch ein neuer Brennpunkt vorgegeben. Bestimmte Aktivitäten waren im Verhältnis zu anderen wichtiger, angenehmer oder mühsamer. Plötzlich sah sich der Mensch gezwungen, aus einer Vielzahl möglicher Aktivitäten auszuwählen und Entscheidungen zu treffen, die er in diesem Zusammenhang »zuvor« noch nicht getroffen hatte.

(Jane machte eine Pause, die Augen geschlossen. Sie schien während der Trance oft nach Worten zu suchen.) Das Folgende ist wieder schwierig zu erklären: Der freie Wille ist allen Formen des Bewußtseins zu eigen, unabhängig von ihrer Entwicklungsstufe — aber *(flüsternd)* der freie Wille wirkt nur innerhalb des arteigenen Bezugssystems. Der Mensch verfügt zwar über einen freien Willen, aber dieser freie Wille ist nur im Aktionsfeld des Menschen wirksam, das heißt, er ist an das raumzeitliche Bezugssystem gebunden.

Der Mensch *(mit Nachdruck)* verfügt bei jeder Entscheidung, zu der e r f ä h i g i s t, über freien Willen. Das bedeutet, daß des Menschen freier Wille in seiner neurologischen Struktur enthalten ist, durch sie seine Bedeutung erhält, in ihr seinen Brennpunkt hat und durch sie gesteuert wird. Er kann sich in seinem physischen Ausdruck in Zeit und Raum folglich nur in bestimmten Richtungen fortbewegen und entsprechend entscheiden. Doch eben das — bitte hervorheben — v e r l e i h t dem freien Willen des Menschen seine Bedeutung und gibt ihm einen Kontext, in dem er sich kundtun kann. Damit meine ich bewußte Entscheidungen, wie ihr sie kennt.

(Nach einer langen Pause:) Ihr könnt nur innerhalb des raumzeitlichen Bezugssystems bewußte Entscheidungen treffen, denn sonst würdet ihr hilflos in einem unaufhörlichen Entscheidungsdilemma dahintreiben und euch darin verfangen. Beim Erwachen, von dem ich bereits ausführlich gesprochen habe, erlebte der Mensch, wie er sich aus seinem anfänglichen »Traumzustand« erhob und plötzlich der Notwendigkeit des Handelns in einer raumzeitlichen Welt gegenüberstand, in einer Welt, in der Entscheidungen unvermeidlich waren, in einer Welt, in der er unter einer endlosen Vielzahl wahrscheinlichen Handelns wählen und dasjenige aussuchen mußte, das er verwirklichen wollte. Dieser Zwang zu wählen würde zu einer nahezu unerträglichen Situation führen, wenn nicht jeder Spezies gewisse Ausdrucks- und Verhaltensweisen vorgegeben wären und ihr dadurch bestimmte Reaktionsweisen leichterfielen als anderen Arten. Und jede Spezies hat die ihr eigenen Charakteristika und Veranlagungen, die ihr zusätzlich dabei helfen, die Einflußsphäre festzulegen, in der sie ihre Entscheidungsfähigkeit entfaltet.

(21.17 Uhr.) Jede Spezies verfügt auch, kraft der Bewußtseinseinheiten, die ihr inhärent sind, über ein inneres Gesamtbild des Zustandes jeder anderen Art *(Pause)* und erhält darüber hinaus grundlegende Impulse, die sie auf Entscheidungen zuführen, bei denen ihr Entwicklungspotential am besten genutzt wird und die gleichzeitig dem Wohl des gesamten Weltbewußtseins dienen. Dies beschneidet den freien Willen nicht mehr, als er dadurch eingeschränkt ist, daß sich der Mensch vom Fetus zum Erwachsenen e n t w i c k e l n muß und nicht umgekehrt.

Die Unterschiede zwischen den Spezies sind durch diese Art der Organisation gegeben, so daß die Wahlmöglichkeiten deutlich abgesteckt und die Bereiche uneingeschränkten Handelns klar festgelegt sind. Die Gesamtheit des wahrscheinlichen Handelns liegt bis zu einem gewissen Grad bereits in den Unterschieden zwischen den Spezies begründet. Angesichts der riesigen Struktur wahrscheinlicher Aktivitäten war jedoch eine noch weitaus feinere Differenzierung notwendig, und diese wurde aufgrund der inneren Durchlässigkeit reinkarnationsbedingter Existenz ermöglicht.

Sprechen wir vom Menschen: Einem jeden Menschen ist eine einzigartige, individuelle Kombination von Eigenschaften und Fähigkeiten, Vorlieben und Strebungen angeboren. Sie dienen der Konzeption individueller Handlungen in einer Welt, in der eine unbegrenzte Anzahl wahrscheinlicher Wege offensteht. Es haben die persönlichen Impulse im Grunde genommen die Funktion, jedem Individuum Gelegenheit zum Selbstausdruck zu verschaffen und es zu wahrscheinlichen Aktivitäten anzuleiten, die für seine Entwicklung am besten geeignet sind. Sie dienen daher gleichsam als Starthilfe zu Vorbereitungen von Handlungen *(Pause)* und sollen den freien Willen möglichst wirkungsvoll zur Geltung bringen. Andernfalls bliebe der freie Wille »graue Theorie«: Die Individuen stünden vor derart vielen Wahlmöglichkeiten, daß sie kaum noch zu einer Entscheidung fähig wären. *(Mit Nachdruck:)* Insbesondere würde ein Individuum dann keine spezielle Neigung mehr verspüren, eine bestimmte Handlung einer anderen vorzuziehen.

Zu der Zeit, als die Erzählung vom Garten Eden in eure biblischen Geschichten einging, herrschte bereits ein Gesamtbild im Licht der Vorstellungen von Gut und Böse vor, die aber — diese Vorstellungen — in Wirklichkeit, um es einmal so auszudrücken, in der Entwicklung des Menschen erst wesentlich später zur Geltung kamen. Die innere reinkarnationsbedingte Struktur der menschlichen Psyche ist für das körperliche Überleben des Menschen sehr wichtig. Kinder — ändere das bitte in »Kleinkinder« — Kleinkinder also träumen von ihren »früheren« Leben und erinnern sich beispielsweise daran, wie man geht und spricht. Sie kommen bereits mit der Fähigkeit zu gehen, zu denken und zu sprechen zur Welt. Sie werden von Erinnerungen geleitet, die sie später vergessen.

Im Gefüge eurer Zeit erscheinen die persönlichen Ziele eines jeden Individuums auch in einem größeren historischen Zusammenhang, so daß jeder Mensch eine winzige Nische seiner eigenen Kultur ausgestaltet. Und alle Individuen einer gegebenen Zeitperiode verfolgen persönliche und allgemeine Ziele, werden mit vorbestimmten Herausforderungen und der Wahl unter all den Handlungen konfrontiert, die sie in den historischen Zusammenhang einzubringen versuchen.

(Nach einer langen Pause um 21.37 Uhr:) Geduldet euch einen Moment ...

(Nach einer langen Pause:) Ende des Diktats. Habt ihr Fragen?

(Mein Kopf schien völlig leer zu sein. Ich versuchte kurz nachzudenken und schüttelte dann den Kopf.)

Dann wünsche ich euch einen schönen guten Abend. Meine herzlichsten Grüße an euch beide.

(»Danke, Seth. Gute Nacht.«)

(21.39 Uhr. »Vor der Sitzung wußte ich, daß er über den Garten Eden, über Wahlmöglichkeiten und über die Reinkarnation sprechen würde«, sagte Jane. »Ich spürte diesen riesigen Berg an Informationen und war überwältigt von dem Gefühl, daß Seth wieder einmal Schranken durchbrach. Ich habe wirklich alles herausgeholt, was herauszuholen war. Weißt du, was ich meine?«

Noch bevor ich antworten konnte, sah Jane auf die Uhr und meinte: »Meine Güte, das war aber kurz!« Die Sitzung hatte 45 Minuten gedauert. »Ich fühle mich so, als hätte ich fünf Jahrhunderte durchlebt, als hätte ich inzwischen auf dem Mond sein können. Ich glaube, der psychologische Zeitunterschied macht mir zu schaffen«, sagte sie — eine treffende Ausdrucksweise. »Es ist schon merkwürdig. Man kann es kaum glauben, wenn man zurückkommt, doch wie sonst hätte man die Informationen erhalten sollen! Es ist wohl ganz gut so, wie es ist ...«)

6
Genetisches Erbe und reinkarnationsbedingte Disposition

Sitzung 905, Montag, den 3. März 1980

(Am letzten Samstag abend kamen wir hier im Hügelhaus mit einer Gruppe von Menschen zusammen, die früher Janes ASW-Kurse besucht hatten. Einer von ihnen — heute lebt auch er nicht mehr in der Stadt — hatte eine ziemlich schwere Erkältung. Und nun habe ich das Gefühl, daß wir beide uns möglicherweise zum ersten Mal seit vielen Jahren eine Erkältung oder etwas Ähnliches zugezogen haben.

Diese kurze Sitzung ist beinahe ein Buchdiktat. Ich gebe sie nicht zuletzt auch deshalb wieder, weil sie zeigt, welche Auswirkung etwas so Alltägliches wie eine Fernsehsendung früher einmal auf eine Seth-Sitzung hatte; natürlich spielten, wie es immer der Fall ist, auch andere Faktoren dabei mit.

Jane war nach dem Abendessen sehr entspannt. Als ich ins Wohnzimmer ging, um auf die Sitzung zu warten, saß sie vor dem Fernsehgerät und schaute sich eine jener interessanten wissenschaftlichen Sendungen an, in denen die verschiedensten Themen behandelt werden: Heute diskutierten Experten über Töne und Geburtshilfe, über Kirlianphotographie, Astronomie, Teilchenphysik und dergleichen mehr. Im Anschluß an die Sendung, die um 21.00 Uhr endete, erklärte ich Jane, so gut ich es mit meinen geringen Kenntnissen konnte, wie Teilchenbeschleuniger — »Atomzertrümmerer« — funktionieren. Zum Teil verstand sie, was ich ihr schilderte. Ich bot Jane an, ihr schnell einen Artikel zu diesem Thema zu zeigen, den ich kürzlich abgeheftet hatte; aber sie wollte ihn nicht lesen.

»Ich finde, ich hätte diese Sendung nicht ansehen sollen«, sagte sie. »Alles andere ist nun aus meinem Kopf verdrängt. Ich spüre Seths Anwesenheit nicht mehr, und ich weiß nicht, ob ich jetzt noch eine Sitzung abhalten kann oder nicht.« Ich bat sie, sich doch wieder zu entspannen. »Na ja, nun spüre ich ihn, wenn auch nur undeutlich«, meinte sie schließlich um 21.19 Uhr.

»Vielleicht kommt er gerade von einer Nachbargalaxie zurück«, scherzte ich.

»Nein, aber vor der Sendung hatte ich den Eindruck, als wolle Seth viel komplizierteres Material mitteilen, und danach konnte ich es nicht mehr auffangen«, antwortete Jane. Wir warteten geduldig. Um 21.23 Uhr: »Jetzt weiß ich, daß er eine neue Kapitelüberschrift hat ... Ich hoffe, er kommt mit irgend etwas durch. Mir ist ganz merkwürdig zumute. Ich fühle mich wirklich so, als wäre ich in Trance«, sagte Jane mit unbeabsichtigtem Humor, »aber nicht in der richtigen ...« Und wie sich herausstellte, hatte sie bislang noch keine Sitzung erlebt, die der folgenden gleichgekommen wäre.)

(21.27 Uhr.) Guten Abend.

(»Guten Abend, Seth.)

Nun. *(Pause, dann ruhig:)* Wir haben versucht, eine Art neurologische Brücke zu bauen, um besonders wichtiges Material für unser Buch zu übermitteln. Das ist der Grund für Ruburts Irritation.

Er fing die nächste Kapitelüberschrift *(für Kapitel sechs)* auf: Genetisches Erbe und reinkarnationsbedingte Disposition. Und ich versuche nun, ihm das übrige Material über andere Kanäle durchzugeben, das er dann wie ein Übersetzer in ordentliche Formulierungen übertragen kann.

Wir haben es nun eben auch mit Wahrscheinlichkeiten zu tun. Es stellt sich die Frage, warum ihr eine dieser vielen Wahrscheinlichkeiten verwirklicht und als physische Erfahrung durchlebt, die anderen nicht, woher die Anstöße dazu kommen und wohin die wahrscheinlichen Geschehnisse, die ihr nicht verwirklicht, »verschwinden«. All dies hat mit Informationen zu tun, die jedes Wesen zum einen von der genetischen Datenbank, die zur Spezies insgesamt gehört, und zum andern von der innerpsychischen Datenbank reinkarnationsbedingten Inhalts erhält.* Wie wir sehen werden, empfängt Ruburt

---

* Gene sind elementare Einheiten, die entlang der fadenartigen Chromosomen im Kern einer jeden Zelle angeordnet sind; durch sie werden im Tier- und Pflanzenreich erbliche Eigenschaften an die nachfolgenden Generationen weitergegeben. Ein Gen besteht in der Hauptsache aus Protein und einem spiralenförmigen Doppelstrang, der Helix aus Desoxyribonukleinsäure (DNS). Jedes Gen hat einen ganz bestimmten Platz auf einem Chromosom. Eine menschliche Zelle beispielsweise enthält 46 Chromosome und schätzungsweise 100 000 Gene, wobei die Gene die Baupläne für die Synthese von etwa 50 000 Proteinen bilden. Der Mensch kann über die unglaubliche Organisation der Natur nur staunen, und dies angesichts der Ergebnisse der moder-

die Informationen, die er braucht, so daß er den Stoff in Worte fassen kann. All das hängt auch eng mit den Erfahrungsräumen zusammen, in denen der freie Wille unbeschränkt eingesetzt werden kann, um wahrscheinliche Geschehnisse in körperlich wahrnehmbare umzuwandeln.

Ich bin heute nur durchgekommen, um euch diese Erklärung zu geben. In persönlicher Hinsicht durchläuft Ruburt — bitte hervorheben — in der Tat etwas beschleunigte Heilungsprozesse — man könnte sagen, auf mikroskopischen Ebenen.

Noch etwas, bevor ich für heute abend schließe: Ruburt hatte ganz recht mit seiner Interpretation deines Gesichtsausdrucks, als er dich eines Abends beobachtete, während du schliefst, und es war kein Zufall, daß er aufwachte, um dich anschauen zu können. Du warst tief in eigene generelle Heilungsprozesse versunken, in deren Verlauf deinem Organismus bestimmte Einsichten, die du gewonnen hattest, übermittelt wurden, so daß die Organe deines Körpers in der Folge weit besser miteinander kommunizieren konnten. Hierin lag auch der Grund für die Verbesserung deiner Sehschärfe, und Ruburt konnte all diese Veränderungen an dir wahrnehmen, bevor du sie überhaupt bemerktest.

Ruburts Gefühl der Irritation ist zum Teil auch auf Heilungsprozesse in seinem Körper und auf die sich verändernde Kommunikationslage — ebenfalls auf intimen, mikroskopischen Ebenen — zu-

---

nen Genforschung nur um so mehr. Doch wie steht es dann mit dem freien Willen? Wieviel Freiheit besitzen wir denn überhaupt, wenn alles durch unser genetisches Erbe vorprogrammiert ist? (Ich stelle diese Fragen unabhängig von den alten, nach wie vor andauernden Disputen der Experten in Sachen Philosophie, Psychologie und Religion.)

Ähnliches kann man sich übrigens im Hinblick auf die angebliche reinkarnationsbedingte »Erbschaft« fragen: Wieviel Raum bleibt dem freien Willen in *diesem* Konzept? Ist der Mensch ein Spielball ebenso unbekannter und unerkannter nichtpsychischer, nämlich reinkarnationsbedingter Faktoren wie auch physischer, nämlich genetischer Faktoren? Und greifen diese beiden Faktoren ineinander? Wie unabänderlich sind sie, in welchem Maß widerstehen sie Veränderungen, und inwieweit können wir sie nach Belieben ausschalten? Wird die Analyse eines Gens, das man bis in seine subatomaren Bestandteile hinein zerlegt, jemals einen Schlüssel zum Verständnis der Reinkarnation liefern? In *»Individuum und Massenschicksal«*, Kapitel 4, Sitzung 827 vom 13. März 1978, teilte Seth uns mit: »Das Bewußtsein bildet die Gene, und nicht umgekehrt, und das der Geburt harrende Kind steuert durch die Chromosomenstruktur neues Material bei.«

rückzuführen, wodurch neue »heilsame Erschütterungen« durch die verschiedenen Formationen der Materie hindurch nach oben drängen. Sag ihm also, er solle es einfach genießen.

Ende der Sitzung.

(»Danke, Seth. Gute Nacht.«)

(21.42 Uhr. Seths Anspielung auf meine Mimik während des Schlafes berührte ein Thema, zu dem Jane und ich ihn schon mehrmals befragen wollten; sie hat es auch heute wieder angesprochen. Die Verbesserung meiner Sehkraft war, wie schon berichtet, durch John Smith, unseren Optiker »offiziell« bestätigt worden. Ein paar Nächte zuvor war Jane aufgewacht, hatte ihr Nachttischlämpchen angeknipst und sich im Bett aufgesetzt, um eine Zigarette zu rauchen, wie sie es manchmal tut. Ich lag auf dem Rücken und schlief, und sie konnte mich in Ruhe betrachten. »Du hattest einen geradezu seligen Gesichtsausdruck, auch wenn mir dieses Wort nicht sonderlich gefällt und ohnehin nicht den Kern der Sache trifft«, sagte sie mir am nächsten Morgen. »Aber ich habe dich schon öfter beobachtet, während du schliefst, und ich kenne daher den Unterschied.«

»Es war fast so, als ob du neu geboren würdest«, sagte sie lachend nach der heutigen Sitzung. »Als neulich das Ehepaar Barber mit seinem Baby hier war, habe ich auf dem Gesicht des Babys einen ähnlichen Ausdruck bemerkt wie in jener Nacht bei dir — doch bei dir hat es erwachsener und wissender gewirkt. Weißt du, was ich meine?«

Ich konnte heute abend nur antworten, was ich auch damals erwidert hatte, nämlich daß ich mich über ihre Beobachtung zwar gefreut, aber keinerlei körperliche Veränderungen bei mir festgestellt hatte. Keiner von uns beiden hatte die spätere Verbesserung meiner Sehkraft mit Janes Beobachtung in Verbindung gebracht, obschon es nahegelegen hätte. Doch sind derartige Zusammenhänge bei weitem nicht so leicht zu erkennen, wie im nachhinein zu verstehen.

Ich erinnerte Jane nun daran, daß John Smith heute abend zur Essenszeit an unsere Verandatür geklopft hatte. Sie hatte diesen Vorfall vergessen, weil sie nicht gesehen hatte, daß ich mit ihm kurz auf der Veranda sprach. Er war auf dem Heimweg bei uns vorbeigekommen, um mir meine alten Brillengläser auszuhändigen, denn dies hatte er vor vier Tagen in seinem Geschäft versäumt; ich hatte nämlich die neuen, schwächeren Linsen in mein altes Lieblingsgestell einpassen lassen. Ich erklärte Jane, daß Seth wohl unabhängig von Johns auffälligem Besuch heute abend meine Augen erwähnt hätte, bedachte man das The-

ma der Sitzung. Und doch, so fügte ich hinzu, mußte auch ich aufgrund des heutigen Seth-Materials annehmen, daß sich hinter dieser simplen Erklärung »tiefere« Zusammenhänge verbargen, in welchen die Fernsehsendung, Janes Reaktionen darauf, Johns Auftauchen und die Sitzung von heute abend miteinander verknüpft waren. Jane pflichtete mir bei.)

Sitzung 906, Dienstag, den 6. März 1980

(Jane und ich sind also wirklich erkältet, und zwar recht heftig. Wir haben uns offensichtlich letzten Samstag abend von einem unserer Besucher anstecken lassen. Gestern haben wir die geplante reguläre Sitzung ausfallen lassen, weil wir uns so elend fühlten. Wir können uns tatsächlich nicht daran erinnern, wann einer von uns das letzte Mal eine Erkältung hatte.

Heute nachmittag sagte Jane, sie habe von Seth den Grund für unsere Erkrankung erfahren: Wir beide wollten unsere körperlichen Abwehrkräfte benutzen, mit anderen Worten, unser Immunsystem bedurfte der Stärkung. Ganz vage war mir heute morgen ein ähnlicher Gedanke gekommen, der mich an meine Gefühle erinnert hatte — daß nämlich das ständige Niesen unseres Freundes inmitten der Gruppe in Wirklichkeit ein Akt fortgesetzter Aggression war.

»Ich habe faszinierenden Stoff erhalten«, sagte Jane, als sie das Geschirr spülte. »Er kommt und geht. Wenn meine Stimme mitmacht, werde ich es heute abend wohl mit einer Sitzung versuchen ... Außerdem langweile ich mich, wenn ich den ganzen Abend nur herumsitzen oder fernsehen soll. Ein paar solcher Abende sind genug ...«

Die Sitzung von heute abend ist kein Buchdiktat, vermittelt aber nützliche Einsichten in unser Sozialverhalten und in unsere Sozialhygiene.

Zu Beginn der Sitzung war Janes Stimme ein wenig heiser und sehr leise, aber ich hörte aufmerksam zu und konnte Seth deutlich genug verstehen.)

(20.52 Uhr.) Nun.

(»Guten Abend, Seth.«)

Das heutige Thema lautet: Viren als Teil des ganzheitlichen Gesundheitssystems des Körpers und Viren als biologische Gegebenheit.

Viren dienen vielen Zwecken, wie ich bereits erwähnte.* Im Körper halten sich alle möglichen Arten von Viren auf, einschließlich solcher, die zwar als tödlich gelten, aber in der Regel nicht nur harmlos oder inaktiv, sondern der Ausgewogenheit des gesamten Körpers sogar zuträglich sind.

Der Körper erhält sich seine Vitalität nicht nur durch ständige Bewegung und seine erstaunliche Mobilität, sondern auch durch mikroskopische Agilität und durch innerhalb von Mikrosekunden ablaufende Aktivitäten, die ihr nicht wahrnehmt. Es gibt genauso viel Dy-

---

* Seth erwähnte Viren erstmals in Sitzung 17 vom 26. Januar 1964. Ich hatte damals gebeten, den Tod unseres elfjährigen Hundes Mischa und unserer zwei Kätzchen zu kommentieren. Jane und ich kämpften sozusagen immer noch — nicht nur um uns und die Welt besser zu verstehen, sondern auch um unsere Kreativität richtig einsetzen und nutzen zu können. Seths Antwort stimmte uns traurig. Sie eröffnete uns aber auch neue Einsichten:

»Die Atmosphäre, die euch kurz vor dem Tod der Tiere umgab, war zerstörerisch, von Kurzschlußhandlungen geprägt und voll innerer Panik. Ich möchte eure Gefühle nicht verletzen, doch muß ich euch dies sagen: Tatsache ist, daß die Tiere eure emotionelle Vergiftung aufgefangen und sie entsprechend ihrer relativ beschränkten Möglichkeiten umgesetzt haben.

Die Viren der Infektion waren natürlich mit beteiligt. Sie sind es immer. Sie sind selbst nur Fragmente — kämpfende, kleine Fragmente ohne die Absicht, Schaden anzurichten. Ihr seid grundsätzlich gegen alle derartigen Viren immun, ob ihr es nun glaubt oder nicht. Im Idealfall könntet ihr auf einer Etage mit ihnen wohnen, ohne etwas befürchten zu müssen. Solche Fragmente werden nur dann schädlich, wenn ihr ihre Gefährlichkeit anerkennt und sie fürchtet. Bis zu einem gewissen Grad sind sie wie etwa Haustiere und wie diese von eurer psychischen Kraft abhängig. Es ist zwar richtig, daß Tiere über eigene psychische Kraft verfügen, dessenungeachtet werden ihre Energie und ihre Gesundheit von euch beeinflußt. Seid ihr selbst ausgeglichen, so stärkt ihr sie. Seid ihr innerlich zerrissen, so schadet ihr ihnen, ohne es zu wissen.

Der Tod der Katzen *(sie stammten von derselben Mutter)* war durch ein vererbtes Krankheitsvirus verursacht worden. Die Lebensgeister der einen Katze wurden durch euch zunächst noch gekräftigt, doch dann brauchtet ihr eure Energien für euch selbst. Die andere Katze kam kaum in den Genuß eurer Stärkung und erlag schnell.

Die Krankheit eures Hundes hättet ihr auf keinen Fall lange aufhalten können. Ein Tier verfügt selbstverständlich über ausreichend Energie, um aus eigener Kraft gesund zu bleiben, aber es wird stark von der Vitalität der Menschen beeinflußt, an die es emotionell gebunden ist. Als euer Hund zusätzliche Energie dringend gebraucht hätte, hattet ihr keine für ihn übrig. Ihr müßt euch deshalb keine Vorwürfe machen. Tiere und auch Menschen spüren es, wenn sie jemandem zur Last fallen, und der Hund fühlte, daß er euch eine Bürde war und euch störte, obwohl ihr den Hund geliebt habt.«

Mischa, eine »Promenadenmischung«, an der wohl ein Shelty beteiligt war, war unser letzter Hund und ein treuer Gefährte gewesen.

namik, Stimulation und Reaktion im Körperinneren wie in der äußeren Welt. Der Körper muß hie und da »sein System durchspülen«, sein Repertoire durchgehen, seine Temperatur anheben *(Pause)* und seine Hormontätigkeit steigern. Auf diese Weise hält er sein Abwehrsystem intakt. Dieses System ist immer »in Betrieb«.

(21.01 Uhr.) Dieses System sorgt — bitte hervorheben — in gewisser Weise auch dafür, daß der Körper seine Energien nicht verschwendet und seine biologische Unversehrtheit wahrt. Andernfalls wäre es so, als wüßtet ihr nicht, wo euer eigenes Haus anfängt oder endet, und als wolltet ihr deshalb die gesamte Nachbarschaft aufheizen. Aus diesem Grund werden manche »durch Viren verursachte« Erkrankungen vom Körper freudig akzeptiert, denn sie reinigen das System, und das gilt auch für eure derzeitige Unpäßlichkeit.

Doch es geht immer auch noch um etwas anderes, denn jene Viren, die ihr für übertragbar haltet, stellen in der Tat auf die eine oder andere Weise die Kommunikation auf biologischer Ebene her. Es handelt sich um biologische Aussagen — buchstäblich um soziale Kommunikation im biologischen System des Körpers —, die die unterschiedlichsten Inhalte haben können.

(Immer noch ruhig, aber in einem flotten Tempo:) Wenn ein Skunk erschreckt wird, dann verbreitet es einen wirklich üblen Gestank. Wenn der Mensch erschreckt wird, dann reagiert er zuweilen in ähnlicher Art; es kommt nämlich zu einer biologischen Reaktion, wenn er Signale aus der Umgebung als bedrohlich empfindet. Er stößt einen Hagelschauer »übler Viren« aus, das heißt, er sammelt und mobilisiert tatsächlich potentiell schädliche Viren in seinem Körper, betätigt einen biologischen Auslöser, der sie aktiviert, und sendet sie dann zur Selbstverteidigung und zur Abschreckung des »Feindes« in die Umgebung aus.

In gewisser Hinsicht ist das eine Art biologischer Aggression. Die Viren sind jedoch auch Ausdruck von Spannungen, die der betreffende Mensch loswerden möchte. Das ist eine mögliche Aussage. In Kriegszeiten oder bei großen sozialen Unruhen, wenn die Menschen Angst haben, wird oft sehr nachhaltig von ihr Gebrauch gemacht.

Nun, euer Freund hat die Olympischen Spiele besucht *(letzten Monat in Lake Placid im Staat New York)*, und als er die sportlichen Darbietungen verfolgte, verspürte er eine starke körperliche Vitalität, mit der er aufgeladen wurde. Doch [aus diesen und anderen persönlichen Gründen] fand er kein Ventil für die intensive Energie, die sich in ihm anstaute, und so verschaffte er sich Erleichterung und schützte sich, indem er seinen bedrohlichen biologischen Ballast hinauswarf: die Viren.

(Lächelnd:) Eure Körper hatten solche Leckerbissen schon seit geraumer Zeit nicht mehr erhalten und nutzten daher die Gelegenheit weidlich, um ihr Abwehrsystem zu regenerieren.

Viele Menschen reagierten auf die Olympischen Spiele so wie euer Freund, weil auch sie nicht wußten, wie sie ihre Energien nutzen und umsetzen konnten — so als ob sie sich angesichts solcher Höchstleistungen in eine unscheinbare Statistenrolle gedrängt fühlten.

(Nach einer Pause um 21.17 Uhr:) Zwischen Körpern finden unbemerkt vielerlei biologische Reaktionen statt; sie alle sind grundsätzlich sozialer Natur, und immer geht es um biologischen Informationsaustausch. In gewisser Weise — in gewisser Weise — stellen Viren also eine Möglichkeit dar, sich mit der Umgebung auseinanderzusetzen oder sie zu kontrollieren. Es handelt sich um ganz natürliche Interaktionen, und weil ihr hier in einer Gesellschaft lebt, in der die Menschen im großen und ganzen gesund genug sind, um durch ihre Arbeit, Energie und Ideen einen Beitrag zu leisten, ist die Gesundheit das wichtigste. Bestimmte biologische Interaktionen zwischen allem Körperlichen bilden die Grundlage dieser Gesundheit, und zu den Mechanismen des Wechselspiels gehören die Interaktionen von Viren und sogar Erkrankungen, die nicht verstanden werden.

All das hat mit den Absichten des Menschen und mit seiner Erkenntnis zu tun. Derartige Beziehungen existieren jedoch nicht allein zwischen menschlichen Körpern, sondern natürlich auch zwischen dem Menschen und den Tieren und Pflanzen seiner Umwelt; sie wirken bei der unaufhörlichen biologischen Kommunikation mit, die letztlich die Vitalität physischer Welterfahrung des Individuums sowie der Gesamtheit aller Lebewesen hervorbringt.

Für Ruburt eine Bemerkung über Vitamine: Beigaben sind am wirkungsvollsten, wenn sie über einen Zeitabschnitt von zwei oder drei Wochen eingenommen werden; in dieser kurzen Zeitspanne wirken sie einerseits stimulierend und andererseits als mahnende Erinnerung für den Körper. Dann sollte zwei oder drei Wochen darauf verzichtet werden, damit der Körper die Stoffe selbst produziert, von denen er nun aufgrund der Ermahnung weiß, daß sie erwünscht sind. Die ständige Einnahme von Vitaminpräparaten ist auf lange Sicht nicht unbedingt ratsam, denn dann erhält der Körper das, was er braucht, allzu mühelos, und seine Fähigkeit, die benötigten Substanzen selbst zu produzieren, verkümmern. Könnt ihr mir folgen?

(»Ja.«)

(21.27 Uhr.) Geduldet euch einen Moment ... Gewisse »Krankheiten« schützen vor anderen Krankheiten, und der Körper ist von Natur aus sein eigener, äußerst kompetenter Regulator.

Offensichtlich kommen diese körpereigenen Fähigkeiten dann am besten zum Tragen, wenn ihr auf sie vertraut. Der Körper »weiß«, welche Krankheiten sozusagen in der Luft liegen, und häufig leitet er schon frühzeitig Gegenmaßnahmen ein, indem er euch das zumutet, was ihr in der einen oder anderen Welt als Unpäßlichkeit erlebt — doch dieses Unwohlsein ist in Wirklichkeit nichts anderes als eine vorbeugende Maßnahme gegen eine andere Erkrankung.

In Städten herrscht reger Verkehr: Der Körper »weiß«, wie er einem sich schnell nähernden Wagen durch einen Sprung ausweichen kann. Im Körperinnern ist der Verkehrsfluß weit stärker. Manche Entscheidungen werden in derart kurzen Zeitspannen getroffen, daß ihr es euch gar nicht vorstellen könnt — und es gibt Reaktionen, die schon beinahe vorüber sind, bevor sie überhaupt eingesetzt haben, Reaktionen, die zu schnell ablaufen, als daß ihr sie wahrnehmen könntet, und mit denen der Körper auf seine innere Realität wie auch auf alle Signale und Reize aus der Umwelt antwortet. Der Körper ist ein offenes System. Obwohl es euch sehr solide und fest erscheint, finden zwischen ihm und der Welt ständig chemische Reaktionen statt, elektromagnetische Anpassungen, Veränderungen des Gleichgewichtszustands und der gegenseitigen Beziehungskonstellation — Wechsel, die sich im Gefüge der Beziehungen eines Körpers zu jeder anderen körperlich-materiellen Erscheinung abspielen, angefangen *(mit Nachdruck)* bei den Stellungen der Planeten, des Mondes und der Sonne bis hin zur Position des kleinsten Sandkorns, der winzigsten Mikrobe im Gedärm irgendeines Lebewesens.

All diese Anpassungen vollziehen sich, ohne daß ihr sie bewußt wahrnehmt, und trotzdem stimmen sie mit euren Gesamtzielen und Absichten überein.

Ende der Sitzung.

(»Danke, Seth. Das war sehr gut. Gute Nacht.«)

Meine besten Wünsche für euch beide.

(21.35 Uhr. »Ich wußte nicht, ob ich es schaffen würde oder nicht«, sagte Jane. »Aber ich habe gespürt, daß der Stoff sozusagen wie ein

großer Block da war und daß ich ihn nur herausbringen mußte. Ich tue das gern. Aber mir ist es auch ganz lieb, wenn es nicht nötig ist.« Ich hatte es also wieder einmal erlebt: Jane hatte eine gute Sitzung abgehalten, obwohl sie sich zuvor schlecht gefühlt hatte. Ihre Stimme war zwar gedämpft geblieben, doch ihr Vortrag hatte im Verlauf der Sitzung an Kraft und Ausdrucksstärke zugenommen. Es war so, als hätte sie von Seth eine Energieinfusion erhalten. Doch nach der Sitzung wollte Jane sofort zu Bett gehen.)

Sitzung 907, Montag, den 14. April 1980

(Wir können es kaum glauben, daß seit Janes letzter regulärer Sitzung, der 906ten vom 6. März, bereits fünfeinhalb Wochen vergangen sind. Seither hat sie nur eine einzige persönliche Sitzung abgehalten, nämlich am 9. April.

Die Sitzung 906, in der Seth über die Viren und über die sozialen Aspekte vieler Krankheiten sprach, hatte Jane so angeregt, daß sie am nächsten Tag ein paar Seiten zu diesen Themen schrieb. Das Material kam sowohl von Seth als auch von »ihr selbst«, und ich habe es in die Anmerkungen zu dieser Sitzung integriert. Es ist bedauerlich, daß wir im vorliegenden Buch nicht genug Platz für solche interessanten Informationen haben. Doch so war es bei allen Seth-Büchern: Es gilt zu entscheiden, was weggelassen werden muß, nicht etwa, was hinzugefügt werden könnte.

*Ein ähnliches Gefühl der Einengung verspürte ich auch im Zusammenhang mit der Sitzung vom 9. April, in der Seth über die Kunst sprach und insbesondere zu einer Diskussion zwischen Jane und mir, bei der es um unsere persönliche Rolle als Künstler und generell um die Anwendung von Kunst in der von uns gewählten Realität ging, Stellung nahm.**

---

* Hier ein Auszug aus den Seth-Ausführungen dieser Sitzung: »Alle Lebewesen, welchen Entwicklungsgrad sie auch haben mögen, leisten ihren Beitrag zur Ästhetik. Manche verschmelzen ihre Kunst so perfekt mit ihrem Leben, daß es unmöglich ist, beides voneinander zu trennen. Dies gilt etwa für das Netz der Spinne oder den Bau des Bibers, und es gäbe zahllose andere Beispiele. Das ist kein ›blindes, instinktives Verhalten‹, sondern das Ergebnis spontaner Kunst.

Kunst ist kein Privileg des Menschen, auch wenn er das gerne glaubt. Kunst ist vor allem ein Merkmal der Natur. Blumen sind sich ihrer eigenen künstlerischen Schöp-

Zwar durchlebt Jane viele angenehme Phasen, in denen sie erleichtert und entspannt ist, doch hat sie auch Anwandlungen von Niedergeschlagenheit wegen ihrer allgemeinen Steifheit und ihrer Gehbehinderung. Nun hat sie schließlich die letzten Schübe ihrer Erkältung hinter sich gebracht, die wesentlich hartnäckiger war als meine, und sie spürt das Wiedererwachen der Energie, die sie für die Sitzungen braucht. Ansonsten ging ihre Arbeit größtenteils recht gut voran. Sie rechnet damit, morgen Kapitel 12 von »God of Jane« fertigstellen zu können. Weil sie sich vorwiegend auf dieses Buch konzentriert hat, konnte sie seit dem letzten Februar nicht sonderlich viel an ihrem Gedichtband »If We Live Again« arbeiten; und wie im Vorwort zum vorliegenden Buch erwähnt, hatte sie auch die Arbeit an »Oversoul Seven and the Museum of Time«, eingestellt, als sie im Mai 1979 mit »God of Jane« begann. Was mich betrifft, so habe ich die Arbeit an Sitzung 860 [vom 13. Juni 1979] fortgesetzt, die in »Individuum und Massenschicksal« die Kapitel 8 und 9 miteinander verbindet.

Heute hat Jane die Aufzeichnungen ihrer letzten Sitzungen für »Träume, ›Evolution‹ und Werterfüllung« nochmals durchgelesen, denn sie wollte am Abend die Arbeit an diesem Buch wieder aufnehmen und hat von Seth während des ganzen Tages entsprechendes Material aufgefangen. Zuweilen hat sie mir davon berichtet, aber ich habe

---

fung gewahr. Sie freuen sich an der Schönheit ihrer Formen und Farben — natürlich handelt es sich um eine andere Art der Wahrnehmung als die eure. Doch die Natur sucht sich auf grundsätzlich künstlerische Art selbst zu übertreffen, obwohl sie dabei praktische Ziele verfolgen mag. Der natürliche Mensch ist demnach von Natur aus ein Künstler. In diesem Sinn ist das Malen der natürliche Versuch des Menschen, eine originelle, kohärente, geistig-seelische und zugleich stoffliche Deutung der von ihm erlebten Realität zu geben und damit eine neue Realitätsvariante für seine Spezies zu schaffen.«

(Laut zu mir:) »Du lernst noch immer. Deine Arbeit entwickelt sich noch immer. Du wärest bedauernswert, wenn das nicht der Fall wäre! Jeder wahre Künstler verspürt nach der Vollendung eines Werks eine Art künstlerischer Unzufriedenheit, denn er ist sich des Unterschieds zwischen dem angestrebten Ideal und dessen Darstellung stets bewußt. Ein Künstler sucht immer nach einer kreativen Lösung für ein von ihm empfundenes, aber nie klar formuliertes Problem, und das ist buchstäblich ein Abenteuer ohne Ende. Zwangsläufig fehlt ihm ein klar umrissenes Ziel im herkömmlichen Sinn. Er kann grundsätzlich nicht sagen, worauf er abzielt; wüßte er es im voraus, würde er nicht kreativ tätig sein, sondern lediglich kopieren. Zudem weiß er oft nicht, wie er den eigenen Fortschritt beurteilen soll, denn seine Reise führt zu keinem erkennbaren kreativen Ziel. Ihrem Wesen nach dient die Kunst grundsätzlich dazu, den Künstler in einen harmonischen Einklang mit dem Universum zu bringen. Er schöpft aus derselben kreativen Energiequelle, die auch der Ursprung der Geburt ist.«

es nicht im Gedächtnis behalten. Sie gab mir auch Seths Kommentar zu einem Artikel über Zugvögel weiter, den ich ihr beim Mittagessen vorgelesen hatte, aber auch daran konnte ich mich nicht mehr erinnern. Jane rief mich schon frühzeitig zur Sitzung — um 20.20 Uhr, während ich noch mit »Individuum und Massenschicksal« beschäftigt war. Sie wollte beginnen. »Ich bin nervös, denn ich möchte endlich wieder an dem Buch arbeiten ...«

Kaum hatte sie die ersten paar Worte der Fortsetzung von Kapitel 6 durchgegeben, als ich mich plötzlich daran erinnerte, daß sie mir heute nachmittag genau dasselbe gesagt und gemeint hat, Seth werde die Sitzung auf diese Weise beginnen.)

(20.47 Uhr, flüsternd:) Guten Abend.

(»Guten Abend, Seth.«)

Diktat.

(Humorvoll: »Hurra.«)

(Langsam:) Kapitel sechs. Nun: Jede echte Diskussion über das genetische Erbe muß auch Fragen nach der Willensfreiheit und dem Determinismus aufwerfen,* und diese Themen sollten folgerichtig auch zu Fragen nach der eigentlichen Natur des rationalen Verstandes führen.

Das Verstandesdenken, mit dem ihr vertraut seid, ist das Ergebnis geistig-seelischer oder einfach psychischer Prozesse, die auf besondere Weise im raumzeitlichen Kontext eurer Stoffwelt ablaufen. Bis zu einem gewissen Grad ist daher das Denken, mit dem — bitte

---

* Die Lehre von der Willensfreiheit postuliert, daß jeder Mensch sein Handeln frei von inneren und äußeren Ursachen entscheiden kann. Der Determinismus, die Lehre von der kausalen Vorbestimmtheit allen Geschehens, spricht dem Menschen den freien Willen ab. Philosophische und religiöse Denker haben zu dieser Kardinalfrage der Ethik zahlreiche, komplizierte Thesen aufgestellt, ohne die Kluft zwischen den gegensätzlichen Doktrinen verringern zu können. Der Mensch muß sich dem Problem stellen wegen der Frage, ob er absichtlich das Böse wählen könne; nur dann ist er ja für sein Handeln verantwortlich. Die Lehre von der Allmacht, dem Vorauswissen und der Unerforschbarkeit des Willens Gottes vereinfacht das Problem nicht. So ringt der Mensch immer noch mit der Frage nach seiner Freiheit und ist im Zweifel, ob nicht vielleicht doch alles prädestiniert sei.

Jane und ich haben die Ideen des Determinismus schon immer für unbefriedigend gehalten; mit Seths Lehren lassen sich diese nicht vereinbaren. Auch die neuesten psychologischen und medizinischen Erkenntnisse, insbesondere aufgrund der Hirn- und Genforschung, haben die Lehre vom freien Willen nur noch weiter verkompliziert; dennoch hat sie überlebt und breitet sich sogar aus.

hervorheben — ihr vertraut seid, auf einen Mangel an verfügbarem Wissen zurückzuführen. Ihr versucht, etwas herauszufinden, eben weil ihr die Antwort nicht vor Augen habt. Wenn dem so wäre, dann würdet ihr wissen, und es bestünde keine Notwendigkeit, irgendwelchen Fragen nachzugehen.

Der Verstand ist ein dem »vernunftbegabten« Menschen vorbehaltenes und ein — ja — physisches Phänomen. *(Lange Pause.)* Er verleiht euch die Fähigkeit rationalen Denkens und methodischer Problemlösung und kennzeichnet ein natürliches Aufblühen des Menschen dank einer spektakulären Leistung innerhalb des menschlichen Aktivitätsrahmens.

Eure Technologie ist eine der Errungenschaften eures Verstandes. Rationales Denken ist für euch unbedingt notwendig, weil euch das umfassendere unmittelbare Wissensreservoir fehlt. Gedanken sind mentale Aktivitäten, zugeschnitten auf die Stoffwelt in Zeit und Raum; sie sind also wie mentale Gebilde, die nur in der dreidimensionalen Erscheinungswelt konstruiert werden. Bitte hervorheben: Eure Gedanken machen euch menschlich.

(Um 20.59 Uhr, immer noch langsam:) Andere Lebewesen sind auf unterschiedliche Art mental aktiv, und sie nehmen die Realität anders wahr als ihr. Alle Spezies sind jedoch durch ihre emotionalen Zustände miteinander verbunden. Nicht nur haben alle Spezies ihr Gefühlsleben, sondern alle haben auch Anteil an den Dimensionen der emotionalen Realität. Es wurde behauptet, nur der Mensch habe ein sittliches oder ein moralisches Empfinden und nur der Mensch — wenn überhaupt — verfüge über einen freien Willen. Das Wort »Moral« hat natürlich viele Bedeutungen. Doch Tiere haben ihre eigene »Moral«, ihren eigenen Ehrenkodex, ihr eigenes untrügliches Gespür für Gerechtigkeit im Umgang mit allen anderen Geschöpfen. *(Pause.)* Auch bei ihnen gibt es liebevolle emotionale Beziehungen, komplizierte soziale Zusammenhänge* und zumindest in gewissem Sinn — einem bedeutsamen — Künste und Wissenschaften. Doch diese »Künste und Wissenschaften« beruhen nicht auf der Verstandestätigkeit, wie ihr sie kennt.

Auch die Tiere verfügen über eine nicht konditionierte Willenskraft. Ich spreche hier zwar in erster Linie von den Tieren, doch das

---

* Vergleichen Sie meine Anmerkungen und die Seth-Darlegungen in der Sitzung vom 10. September 1979 in dem vorliegenden Buch, Seiten 111 ff.

gleiche gilt für jedes beliebige Lebewesen, ob klein oder groß, ob Insekt, Vogel, Fisch oder Wurm, pflanzliches Leben, Zelle, Atom oder Elektron. Sie alle verfügen über freien Willen — bitte hervorheben — im Rahmen der Bedingungen ihrer Existenz.

Die jeweiligen Existenzbedingungen sind weitgehend durch die genetische Struktur vorgegeben. Daher muß der freie Wille natürlich im Einklang mit der genetischen Eigenart stehen. Die genetische Struktur macht physische Organismen möglich, durch die das arteigene Leben erfahren werden soll, und zwangsläufig bestimmt sie in entscheidendem Maß, welche Aktivitäten in der Stoffwelt möglich sind und inwiefern Willensentscheidungen effizient umgesetzt werden können.

Dem Biber steht es nicht frei, ein Spinnennetz zu weben. *(Lange Pause.)* Beim Menschen bestimmt die genetische Struktur weitgehend über physische Charakteristika wie die Körpergröße oder die Farbe von Augen, Haar und Haut — und natürlich, weit wichtiger — über die Zahl der Finger und Zehen und eure anderen artspezifischen körperlichen Attribute. Im körperlich-materiellen Bereich und allein aufgrund seiner körperlichen Eigenschaften kann also der Mensch den freien Willensentschluß, zum Beispiel wie ein Vogel zu fliegen, nicht umsetzen; er kann auch sonst keine Handlungen ausführen, für die der arteigene menschliche Körper nicht geschaffen ist.

Der Körper verfügt zwar über das Rüstzeug, vieles weit besser zu machen, als ihr es ihm zutraut, doch bleibt die Tatsache bestehen, daß die Willensfreiheit durch die genetische Struktur zentriert, also eingeengt, wird. Das genetische Material, die Botschaften der Chromosomen beinhalten in der Tat weit mehr Informationen, als jemals verwendet werden. Diese genetischen Informationen können beispielsweise in zahlreichen Variationen kombiniert werden. *(Lange Pause.)* Unter allen nur erdenklichen Umständen sorgt die Spezies für sich selbst; deshalb beinhalten die genetischen Botschaften auch eine große Zahl von Auslösern, die die genetischen Kombinationen im Bedarfsfall verändern. Vergeßt nicht: »Genetisch« bedeutet einfach erblich bedingt.

Darüber hinaus sind die genetischen Botschaften so verschlüsselt, daß sie, in ständigem Austausch mit den jeweiligen Erfahrungen jedes einzelnen Individuums, Veränderungen erfahren können. Und jede Strukturänderung eines Chromosoms führt jedenfalls zu einer Änderung des Erbguts.

Nun: Wie ist das beim Menschen? Neben der physischen genetischen gibt es eine innere psychische Datenbank, in der die »Vergangenheit« eines Individuums — die Geschichte seiner Reinkarnationen — gespeichert ist. Sie umfaßt das immense Reservoir der Psyche, die Eigenarten, Neigungen, Fähigkeiten, Kenntnisse und Erfahrungen eines Individuums. Diese reinkarnationsbedingte Struktur gehört ebenso zum Erbe einer Person, wie die genetische Struktur Teil seines physischen Erbes ist.

Aufgrund reinkarnationsbedingter Veranlagung kann daher ein hochintelligenter Mensch in einer Familie von geistig Minderbemittelten zur Welt kommen. Unvermittelt kann ein musikalisches Talent sondergleichen auftreten ...

(21.27 Uhr. Wir wurden aufgeschreckt, weil plötzlich das Telefon läutete.)

Gönnt euch eine Pause.

(Ein guter Freund, ein ehemaliger Teilnehmer von Janes ASW-Kursen, stellte uns Fragen nach Aspekten des Übersinnlichen, die ich ihm beim besten Willen nicht beantworten konnte. Jane war dadurch natürlich aus ihrer Trance gerissen worden. Nachdem ich wieder aufgelegt hatte, fragten wir uns, warum unser Freund, der unsere Gewohnheiten gut kannte, nicht daran gedacht hatte, daß wir um diese Zeit, nämlich an einem Montagabend, wahrscheinlich eine Sitzung abhalten würden.

Dennoch fuhr Jane um 21.30 Uhr mit der Sitzung so fort, als habe es keine Unterbrechung gegeben.)

... ein musikalisches Talent mit bedeutenden technischen Möglichkeiten, und zwar unabhängig vom familiären Hintergrund. Dergleichen ist nur aufgrund des reinkarnationsbedingten Reservoirs entsprechender Eigenschaften möglich. Auch werden durch die innere, im Lauf der Reinkarnationen angelegte psychische Struktur bestimmte genetische Botschaften oder deren Kombinationen aktiviert, während andere Erbfaktoren unbeachtet bleiben. In Wirklichkeit — sage, daß ich gelächelt habe — ist das ganze Zeitgeschehen simultan, und daher spielen sich die sogenannten Reinkarnationen gleichzeitig ab. *(Pause.)*

Vielleicht hilft eine Analogie hier weiter. Die Person des Schauspielers, auch wenn er sich ganz mit einer Rolle identifiziert, sich sogar zeitweilig darin verliert, lebt und wirkt trotzdem auch weiterhin in einem Zusammenhang, der weit über das Bühnenstück hinausgeht.

Die im Schauspiel dargestellte Figur ist scheinbar nur für die Dauer des Stücks (kreativ) lebendig, während das Wahrnehmungsvermögen auf diesen Bezugsrahmen beschränkt wird, doch greift der Schauspieler, um die Rolle spielen zu können, auf seine eigene Lebenserfahrung zurück. Er bringt sein Verstehen, sein Mitgefühl, seine Kunst ein, und wenn er ein guter Schauspieler ist, dann ist er, nachdem er die Rolle gespielt hat, ein besserer Mensch.

Nun wählt ihr im Rahmen eurer reinkarnationsbedingten Existenzen eure Rollen aus, aber der Text, den ihr sprecht, und die Situationen, in die ihr geratet, sind nicht wie bei einem Bühnenstück vorherbestimmt. »Ihr« lebt, während ihr in dieser Stoffwelt lebt, zugleich auch in einem Bezugssystem multidimensionaler Aktivitäten, und zwischen eurem Ich-Selbst in Zeit und Raum und eurem Selbst außerhalb von Zeit und Raum sind wildwuchernde Interaktionen im Gang. *(Lange Pause.)*

Das in Zeit und Raum lebende Ich bedient sich des rationalen Verstandes. Dieser verschafft euch kreativ die Staffage einer Bühnenausstattung, die das Schauspiel eures Lebens braucht. Das auf die Bühne eingeengte Geschehen führt, um bei unserer Analogie zu bleiben, dazu, daß ihr nur das wahrnehmt, was im Ablauf des Schauspiels auf der Bühne geschieht — nichts von dem, was außerhalb des Theaters in der Welt, geschweige denn was in der Zukunft geschieht oder in der Vergangenheit geschah.

Ihr überdenkt eure Position. Andernfalls wäre euer freier Wille in der materiellen Welt sinnlos. Die Zahl der verfügbaren Wahlmöglichkeiten wäre ohne Ausschluß dessen, was eurem Verstand unzugänglich ist, dermaßen groß, daß ihr euch nicht entscheiden könntet, in Zeit und Raum zu handeln. Stünden euch sämtliche Möglichkeiten der Kreativität und euer umfassendes Wissen unmittelbar zur Verfügung, würdet ihr von so vielen Reizen überflutet, daß ihr physisch buchstäblich nicht handeln könntet. Dann hätten auch eure Zivilisation, eure Wissenschaft, ja sogar eure Kunst nicht entstehen können, die trotz ihrer Mängel herrliche und vollkommene Leistungen sind — einzigartige Schöpfungen des rationalen Verstandes.

Ohne den Verstand empfände ein Maler keine Notwendigkeit zu malen, denn die Unmittelbarkeit seiner inneren Vision wäre so überwältigend und blendend, innerlich so vollkommen, daß keinerlei Veranlassung bestünde, den Versuch einer materiellen Darstellung zu unternehmen. Ich möchte also, wie ihr seht, keineswegs die Qualitäten oder die Brillanz des Verstandes, wie ihr ihn kennt, auf irgendeine Weise herabwürdigen.

Ihr habt euch jedoch so ausschließlich auf seinen Gebrauch spezialisiert, ihr seid so einseitig zu seinen Gunsten voreingenommen, daß ihr dazu neigt, alle anderen Arten von Bewußtsein dem Urteil eures Verstandes als dem einzig gültigen Maßstab zur Beurteilung intelligenten Lebens zu unterwerfen. Ihr seid allenthalben von anderen Bewußtseinsäußerungen umringt, deren Gültigkeit ihr größtenteils ignoriert. Ihr setzt euch über die psychische Verwandtschaft solcher anderer Bewußtseinsformen hinweg. Das gilt besonders für jene der Tiere, die mit einer anderen Art von Wissen umgehen, aber wie ihr an der Realität emotionaler Erfahrung teilhaben; sie sind sich von Natur aus biologischer und psychischer Werte bewußt, aber in einer Weise, die eurer voreingenommenen Sicht entgeht.

Bis zu einem gewissen Grad kommt diese emotionale Realität in Erfahrungen, die anders sind als die euren, in Träumen zum Ausdruck, in denen die Tiere ebenso wie die Menschen an einem umfassenden kooperativen Unternehmen mitwirken, das dazu dient, die psychologische Atmosphäre zu erzeugen, in der sich euer Leben als lebenswert erweist.

Ende des Diktats. Ende der Sitzung, es sei denn, ihr möchtet etwas fragen. *(Amüsiert:)* Ruburt kann sich jetzt entspannen.

(»In Ordnung, Seth. Keine Fragen. Das war sehr gut.«)

Ich wünsche euch einen schönen guten Abend.

(»Danke. Gute Nacht.«)

(23.01 Uhr. »Ich hatte während des Vortrags den Eindruck, manches sei wirklich großartig, aber ich kann mich jetzt nicht genau daran erinnern, worum es ging«, sagte Jane, nachdem Seth sich verabschiedet hatte. »Aber ich fühle mich besser... Mir scheint, ich habe eine Fülle von Delikatessen erhalten, die in keinem Verhältnis zur Kürze der Zeit steht.«

Nachdem die Sitzung vorüber war, tauchten Billy und Mitzi auf und spielten.)

Sitzung 908, Mittwoch, den 16. April 1980

(Heute morgen zeigte ich Jane ein Ölporträt, an dem ich gerade arbeite. Es stellt einen imaginären Männerkopf dar, den ich vor einer Woche zu malen begann; ich habe mich dabei nach Seths für mich bestimmten Ausführungen über Kunst aus der persönlichen Sitzung vom 9. April gerichtet. [Vergleichen Sie die Fußnote zu meinen einleitenden Anmerkungen zur letzten Sitzung.] Ich erklärte Jane, daß das noch unfertige Werk bereits Verbesserungen aufweise, die, das könne ich schon heute sagen, im nächsten noch weiter entwickelt sein würden. Wenn ich eine Arbeit in einer bestimmten Art beginne, dann ist und bleibt sie irgendwie dadurch geprägt; das ist unvermeidlich, will man ein Gemälde fertigstellen. Die erahnten weiteren Verbesserungen müssen auf den nächsten Anlauf warten. So baut sich eine kreative Spannung zwischen Gegenwart und Zukunft auf. Das habe ich oft gespürt, und voller Ungeduld möchte ich dann sogleich den nächsten Schritt machen, während ich noch beim gegenwärtigen bin. Ich bat Jane darum, heute abend mein Malen zu kommentieren, wenn Seth das wolle.

Jane sagte vor der Sitzung, sie fühle »Unmengen von Seth-Material in der Luft liegen«, ohne jedoch konkret zu werden. Obwohl die Sitzung vom Montag ohnehin für dieses Buch bestimmt gewesen war, brannte Jane immer noch voller Ungeduld darauf, mit der Arbeit am Buch fortzufahren. Jane war bereit, in Trance zu gehen.)

(20.49 Uhr, flüsternd:) Guten Abend.

(Lachend: »Guten Abend, Seth.«)

Nun: Der rationale Verstand stellt die Fähigkeit mentaler Aktivität des Menschen im Kontext von Raum und Zeit dar, wie ich schon sagte.

Und auch hier geht es wieder um die Methode von Versuch und Irrtum. Der Verstand stellt Hypothesen auf, und seine beflissene Tätigkeit geht gerade auf einen Mangel an verfügbarem Wissen zurück — Wissen, das er gerne entdecken möchte.

Im Traumzustand ändern sich die Charakteristika des Verstandes, und vom Wachzustand aus betrachtet erscheinen seine Aktivitäten dann vielleicht verzerrt. In Wirklichkeit werden euch jedoch im Traumzustand bestimmte Arten der inneren Wahrnehmung und der unmittelbaren Erkenntnis zuteil. Nach herkömmlichen Begriffen scheint es sich dabei häufig um zusammenhanglose Bilder zu handeln. Sie sind nicht nach Kriterien organisiert, die dem rationalen

Verstand begreiflich sind; daher trefft ihr im Traum auf große Mengen an Informationen, die ihr intellektuell nicht in Kategorien einordnen könnt.

Die Informationen passen möglicherweise nicht in die euch zugänglichen Zeit- oder Raumbegriffe. Es gibt auch zahlreiche wichtige, sich aus dem Traumzustand ergebende Folgerungen, die unter anderem auch genetische Aktivierungen bestimmter Art hervorrufen können wie etwa die Informationsverarbeitung seitens der Spezies, die Einfügung oder Wiedereinfügung zivilisierender Elemente — all dies ist auch mit den reinkarnationsbedingten Aspekten des Träumens verbunden.

Ich habe manche dieser Themen bisher noch nicht angeschnitten, da ich sie in einem größeren Zusammenhang, nämlich in Verbindung mit dem Ursprung des Menschen und seinem artspezifischen Auftreten in Zeit und Raum behandeln möchte. Dann möchte ich auch bestimmte Aspekte hervorheben, die die Bedeutung der Träume verdeutlichen und zeigen, wie diese auf das kulturelle Umfeld einwirken und zu seiner Gestaltung beitragen. Träume sind mitunter auch hilfreich, wenn es darum geht, einem Menschen oder einer ganzen Gruppe einen für sie günstigen Weg aufzuzeigen, und dienen der Abklärung der Richtung, in die der freie Wille zum größten Nutzen der Betroffenen gelenkt werden könnte. Ich hoffe also, auf all diese Themen noch zufriedenstellend eingehen zu können. *(Lange Pause.)*

Laßt uns zunächst kurz zum Stichwort »Verstand« zurückkehren, zu seinem Zweck und seinen Eigenschaften. Dem rationalen Verstand erscheint es zwangsläufig so, als müsse er außerhalb seiner selbst nach Informationen suchen, denn er kooperiert mit den körperlichen Sinnen, die ihm zu einem gegebenen Zeitpunkt immer nur einen begrenzten Ausschnitt von Informationen über die Umgebung liefern können. Die physischen Augen sind nicht in der Lage, schon heute die Dämmerung von morgen zu sehen. Die Füße spüren nicht schon heute den Boden unter sich, den sie erst morgen betreten werden. Wenn der Verstand also wissen möchte, was morgen geschehen wird oder was gerade jetzt außerhalb der den Körpersinnen zugänglichen Domäne der Wahrnehmung vor sich geht, dann muß er versuchen, die von ihm gewünschten Informationen durch Schlußfolgerungen aus den ihm zugänglichen Informationen abzuleiten. Er muß sich also auf sinnliche Wahrnehmungen stützen, um entsprechende Rückschlüsse ziehen zu können. In gewisser Weise muß er *teilen*, um zu herrschen. Er muß versuchen, die Natur des Ganzen, das er nicht wahrnehmen kann, aus den Teilen, die ihm im körperlich-materiellen Bereich zur Verfügung stehen, abzuleiten.

(21.10 Uhr.) Kinder erlernen das Zählen zunächst mit Hilfe ihrer Finger. Später können sie auf die Finger verzichten, doch die Idee des Zählens bleibt. Im Lauf der Zeit hat es immer wieder Menschen gegeben, die wirklich erstaunliche mathematische Höchstleistungen vollbracht haben, und zwar in wenigen Augenblicken. Hätten sie in eurem Jahrhundert gelebt, so wären manche von ihnen durchaus in der Lage gewesen, es den Leistungen eines Computers gleichzutun. *(Es gibt übrigens auch heute Menschen, auf die das zutrifft!)* Meistens zeigen sich derart hervorstechende Fähigkeiten bereits beim Kind, das noch viel zu jung ist, um wissenschaftlich-mathematische Verfahren erlernt haben zu können; häufig treten sie auch bei Menschen auf, die ansonsten als geistig zurückgeblieben gelten und nicht fähig sind, logisch zu denken.*

In der Tat, je begeisterter und eifriger ein Kind seinen Verstand einsetzt, um so dumpfer werden seine mathematischen Fähigkeiten. Andere Menschen hingegen, Kinder oder Erwachsene, die man als geistig zurückgeblieben bezeichnen würde, können oder konnten exakt angeben, auf welchen Wochentag irgendein vergangenes oder zukünftiges Datum gefallen ist oder fallen wird. Andere waren in der Lage, von einem beliebigen Zeitpunkt an den Ablauf der Zeit ganz präzise anzugeben, obwohl sie dabei gleichzeitig den verschiedensten Aufgaben nachgingen. Es hat auch Kinder mit einer außerordentlichen musikalischen Begabung gegeben, mit großer Geschicklichkeit, was die technischen Aspekte des Musizierens anbelangt — und sie besaßen all diese Fähigkeiten, bevor sie eine richtige Ausbildung erhielten.

Nun: Aus manchen dieser Kinder wurden große Musiker, wogegen andere ihre Fähigkeiten im Lauf der Zeit verloren. Womit haben wir es in diesen Fällen zu tun? Wir haben es mit direktem Wissen zu tun. Wir haben es mit der natürlichen Wahrnehmungsfähigkeit der Psyche zu tun, zumindest wenn wir es in euren Begriffen ausdrücken. Wir haben es mit natürlicher, unmittelbarer Erkenntnis zu tun, so

---

* *Des idiots savants*, das sind geistig zurückgebliebene Personen, die über bemerkenswerte spezifische Fähigkeiten verfügen und zum Beispiel Rechenoperationen sehr schnell ausführen können oder erstaunliche Gedächtnisleistungen vollbringen.

wie sie den Menschen vor *(Pause)* ihrer Erfahrung des rationalen Verstandes zuteil wurde.

Manche dieser Fähigkeiten zeigen sich bei den Personen, die als geistig zurückgeblieben gelten, und zwar eben weil bei ihnen nicht alle Fähigkeiten des Verstandes entwickelt sind. Bei einem Kind ist unter solchen Umständen der Verstand noch nicht in allen Aspekten ausreichend ausgebildet, so daß in gewissen Bereichen das direkte Wissen mit seiner Brillanz durchkommen kann.

Die unmittelbare Wahrnehmung ist ein innerer Sinn. In körperlich-materieller Hinsicht mögt ihr von einem vagen »Eindruck« sprechen. Euer physischer Körper und eure körperlich-materielle Existenz beruhen auf bestimmten Arten der unmittelbaren Wahrnehmung, und sie ist sogar selbst für die Verstandestätigkeit verantwortlich. Wissenschaftler behaupten gerne, daß Tiere nur nach dem Diktat ihres Instinkts und nicht vermöge ihres Willens oder aufgrund eigener Entscheidungen tätig werden: Es ist nicht die Leistung der Spinne, ihr Netz zu spinnen, nicht die des Bibers, einen Damm zu errichten, und nicht die des Vogels, sein Nest zu bauen, denn jener Argumentation zufolge können diese Tiere nicht anders handeln. Die Spinne muß ihr Netz spinnen. Würde sie sich anders entscheiden, könnte sie nicht überleben. Aber nach derselben Logik — der ich natürlich nicht beipflichten kann — müßte auch gelten, daß der Mensch sich seinen Intellekt ebenfalls nicht als Verdienst anrechnen kann, denn er ist gezwungen, zu denken und kann gar nicht anders.

Pessimistische Wissenschaftler werden sagen, so und nicht anders sei es. Sowohl der Mensch wie auch das Tier würden von ihren Instinkten angetrieben, und der sogenannte freie Wille, auf den sich der Mensch soviel einbildet, sei nichts weiter als eine Illusion.

(21.33 Uhr.) Doch der menschliche Verstand, diese faszinierende Fähigkeit, aufzufassen, logisch zu denken, zu urteilen und Schlußfolgerungen zu ziehen, beruht auf *(Pause)* direktem Wissen — einer unmittelbaren Wahrnehmung, die seinen Gedanken die Kraft verleiht, die das Denken erst ermöglicht. *(Mit Nachdruck:)* Der Mensch denkt, weil er weiß, wie er denken muß, wenn er denkt, obwohl die wahren Denkvorgänge dem rationalen Verstand ein Rätsel bleiben.*

---

* Bei etwas Nachdenken liegt es zwar auf der Hand, aber es sollte wohl trotzdem erwähnt werden, daß Janes Wiedergabe des Seth-Materials nur ein Ergebnis ihrer un-

(Nach einer langen Pause:) Beim Träumen hat der Verstand die Wahrnehmung nicht mehr so fest im Griff. Für euch wirkt das so, als erhieltet ihr dann beinahe zuviel Informationen. Wenn ihr aus dem Traum erwacht, übernimmt der Verstand wieder seine Vorherrschaft und versucht, das Erlebte so gut wie möglich zu erfassen. Doch das Netz des Intellekts kann die Informationsfülle einfach nicht fassen, und daher wird sie psychisch weiterverarbeitet. Bei Träumen haben wir es mit einem psychologischen Phänomen zu tun, für das es kein physisches Äquivalent gibt — und deshalb ist es äußerst schwierig, derlei Themen zu besprechen.

Für die körperliche Existenz des Menschen in der materiellen Welt und für den Einsatz des freien Willens, der sich nur anhand wahrgenommener wahlweiser Handlungsmöglichkeiten entscheiden kann, ist der rationale Verstand absolut notwendig, sinnvoll und geeignet. Im umfassenden Bezugssystem der Existenz stellt der Intellekt jedoch nur eine von unzähligen Methoden dar, Daten zu organisieren und

---

mittelbaren Wahrnehmung sein kann. Da sie die Vorgänge linear, das heißt in aufeinanderfolgenden Worten, darlegen muß und dazu »Zeit« erforderlich ist, kann Jane ihr Material nicht auf einen Schlag hervorbringen, wie etwa ein Rechengenie die Lösung einer Aufgabe präsentiert; doch die Ergebnisse ihrer Kommunikation mit Seth sind psychologisch ebenso klar und direkt wie die Rechenresultate eines Zahlenkünstlers oder die Kompositionen eines Musikers. Seit Beginn der Sitzungen (Ende 1963) erstaunte mich die Geschwindigkeit, mit der Jane das Seth-Material lieferte, und deshalb hielt ich die Dauer jeder Sitzung schriftlich fest. Mein damaliges spontanes Handeln zeugt wohl davon, daß ich ihre unmittelbare Wahrnehmung intuitiv verstand, und zwar schon lange bevor wir dies hätten formulieren können. Und wenn Jane quasi aus dem Stegreif Seth-Kundgaben liefert, spricht sie noch schneller. Im Zuge der ASW-Kurse war ihr Sprechtempo mitunter spektakulär schnell gewesen.

Natürlich ist damit das ganze Thema noch nicht erschöpfend behandelt. Ich habe gelesen, daß mathematische Wunderkinder ihre Zahlen lieben, auf deren Zuverlässigkeit sie sich in dieser unsicheren Welt abstützen. Jane fühlt sich sehr zu Worten hingezogen. Worte können jedoch schwer zu handhabende Werkzeuge sein und variieren von Sprache zu Sprache. Dennoch vermittelt Jane durch das Seth-Material gravierende Inhalte, die sich in jeder Sprache, in die man sie überträgt, vertiefen, erweitern, verändern. Doch eben dieses psychologische Wachstum und die damit verbundenen Probleme unterscheiden ihr Werk von den Zahlen eines Mathematikers oder den Noten eines Musikers, die sich gleichbleiben. Im Zusammenhang mit ihrer unmittelbaren Wahrnehmung hat Jane es oft mit Gefühlen und Vorstellungen zu tun, die keineswegs so eindeutig, überschaubar und einleuchtend sind.

Unabhängig von dem, wer oder was Seth ist, ergänzt er mit Janes Mitwirkung den Informationsreichtum ihres Verstandes mit seinem Material — und macht es so dem rationalen Denken anderer Menschen zugänglich.

zu verarbeiten. Er ist Teil eines psychologischen Ordnungssystems, wenn ihr so wollt.

Euer träumendes Selbst wurzelt in psychologischen Dimensionen, von denen ihr nichts wißt. Sie dienen dazu, körperliches Erbgut und reinkarnationsbedingtes Material miteinander zu verbinden. Ihr solltet erkennen, daß das euch vertraute Selbst nur ein Teil eures höheren Selbst, Teil eurer übergeordneten Wesenheit ist, die auch in anderen Zeiten und in anderen Erfahrungswelten aktualisiert wird, nicht nur in eurer jetzigen Existenz. Zudem solltet ihr begreifen, daß die Verstandestätigkeit äußerst mächtig ist. In der Regel beurteilt ihr auch eure Träume aus eurer intellektuellen, also einer falschen Perspektive. *(Lange Pause.)* Ich versuche hier lediglich, euch eine Vorstellung von der Traumaktivität zu geben, deren ihr euch normalerweise nicht bewußt seid.

Wenn ihr einen aus eurer Perspektive erlebten Traum habt, so kann ein reinkarniertes Selbst den gleichen Traum aus seiner Perspektive erleben — ihr spielt darin dann nur eine untergeordnete Rolle. In eurem Traum hingegen erlebt ihr dieses reinkarnierte Selbst als völlig unbedeutend und nur am Rande eurer Aufmerksamkeit. Falls nun im Traum eine Idee zum Tragen kommt, sagen wir, die Idee einer Erfindung, dann kann sich diese Erfindung verwirklichen entweder als die eure oder als die des reinkarnierten Selbst.

Im Verlauf der Geschichte wurde Kultur selbstverständlich nicht allein auf materiellem Weg verbreitet. Fertigkeiten hier und Entdekkungen dort waren nicht auf die Wanderzüge der Völker zurückzuführen; vielmehr resultierten solche Wanderungen selbst aus Trauminformationen, aufgrund deren die Völker oder einzelne Stammesverbände erfuhren, welche Richtung sie einschlagen mußten, um besseres Wohnland zu finden.

(Lauter:) Ende des Diktats.

(»In Ordnung.«)

(21.55 Uhr.) Geduldet euch einen Moment ... Direktes Wissen: Ihr wißt, was ihr wißt.

(Zu mir:) Aufgrund deines Wissens weißt du, wie es durch die von dir erlernten Maltechniken fließen muß, um sie so anzuwenden und um so mit ihnen eins zu werden, daß aus dem spontanen Wissen ein Bild entsteht. Das ist es, was du gerade lernst. Das ist es, was im Bild zum Ausdruck kommt. Das ist es, wo du stehst.

Bis zu einem gewissen Grad wird jede Vision, wird jedes Sujet von sich aus kleine Veränderungen der Technik herbeiführen, sofern du es zuläßt. Deine Farben müssen nuanciert sein wie deine Impulse. Diese sollten sich in deinen Pinselstrichen vermischen und mit ihnen verschmelzen, so daß die Idee deines Themas an jedem Punkt deines Gemäldes nahezu magisch anklingt, und das ist es, was du gerade lernst. Besser gesagt, du lernst, aus der unmittelbaren Wahrnehmung Nutzen zu ziehen.

Ende der Sitzung.

(»Danke.«)

Von Herzen einen guten Abend — und sage deinem Freund Ruburt, er solle verspielter sein — *(sehr humorvoll)* arbeite daran, habe ich gesagt.

(»Gute Nacht, Seth.«)

(22.01 Uhr. »Ich habe ein ganzes Paket voll Material zu diesem Buch gespürt«, sagte Jane, »und als ich bei dem Abschnitt über Reinkarnation und Träume angelangt war, wußte ich, daß ich genau dorthin kommen sollte.« Sie hatte sich kurz vor der Sitzung in Seths Material über die »idiots savants« eingefühlt. »An bestimmten Stellen des Buchs, etwa zu Beginn oder bei der Arbeit heute abend, hatte ich das Gefühl, als ob ich mich schneller als sonst und irgendwie außerhalb der Zeit voranbewegen würde«, sagte sie. »Und mitunter auch zwischen den Zeiten ...«)

Sitzung 909, Montag, den 21. April 1980

(Gerade vor ihrem heutigen Mittagsschläfchen erhielt Jane einen Brief von einem Mann, der berichtete, seine Frau habe erblich bedingte Deformationen an den Händen und die neugeborene Tochter weise den gleichen »Makel« auf. Der Schreiber, der offenbar einige Seth-Bücher kennt, macht sich Sorgen und fragt nach dem Warum. Ihn belasten die Probleme, die das Zusammenleben mit einer »behinderten« Frau — und jetzt auch mit einem solchen Kind! — tagtäglich mit sich bringt. Jane hat vor, ihm zu antworten, daß er und seine Familie sehr viel besser mit der Situation umgehen, als es ihnen bewußt sei.

Jane sagte mir, das hatte sie an diesem Nachmittag aufgefangen, Seth wolle in einem neuen Kapitel erläutern, inwiefern es sich bei körperlichen Deformationen unter anderem um die Sichtbarwerdung von Fähigkeiten handelt, die zum genetischen Reservoir unserer Spe-

zies gehören und für den Fall beibehalten werden, daß jemals weitreichende Veränderungen erforderlich sein sollten. Sie fügte hinzu, zwischen erblich bedingten Zwängen und reinkarnationsbedingten Prägungen bestehe ein Zusammenhang. Die Eigenschaften, die mitunter Behinderungen zur Folge haben, werden demnach gebraucht, um unsere Gattung auf vielerlei und manchmal auch unerwartete Weise anpassungsfähig zu erhalten. Jane sagte noch mehr, doch ich schrieb es nicht sofort nieder. Sie glaubte, Seth würde heute abend vielleicht einen Kommentar zur Situation des Briefschreibers abgeben.

Die Sitzung fand wie gewöhnlich im Wohnzimmer statt. Jane war sehr entspannt, als sie in ihrem Schaukelstuhl saß. »Ich werde sie abhalten, weil ich es einfach will«, meinte sie. »Aber ich weiß nicht, wie weit ich kommen werde. Ich bin wirklich nicht bei der Sache.« Rechts hinter ihr lagen auf einem kleinen Teppich Billy und Mitzi im Schein einer unserer selbstgebastelten Lampen, die ihren Platz auf einem niedrigen Bücherregal hat. Ein offenbar unwiderstehlich angezogenes Insekt schwirrte in dem hellen Lichtkegel herum und schließlich auf die Lichtquelle zu. Einige Minuten lang hatten die Katzen das Geschehen fasziniert verfolgt, und gerade in dem Moment, als Jane in Trance fiel, verlor Billy die Geduld und schnappte nach dem Insekt. Die Sitzung kam nur schleppend in Gang, doch Jane machte unbeirrt weiter.)

(21.05 Uhr, flüsternd:) Guten Abend.

(»Guten Abend, Seth.«)

Diktat. Nun: Die erste Begegnung mit der körperlich-materiellen Realität im Leben eines Menschen ist die Erfahrung seines Bewußtseins.

(Ich mußte den Katzen den Spaß verderben und die Lampe, die die Katzen umzuwerfen drohten, ausknipsen. Jane wartete in Trance.)

Er ist sich eines anderen Seinszustandes bewußt. Er erlebt zuerst sein Bewußtsein und dann die Welt — damit meine ich natürlich, daß jedem Individuum eine Wesenheit zu eigen ist, die weit umfassender ist als das Erlebnisfeld des Bewußtseins, mit dem ihr im Leben gewöhnlich vertraut seid.

Wenn ihr geboren werdet, bemerkt ihr, daß ihr ein neues Bewußtsein habt. Ihr erforscht seine Reichweite. Eure anfängliche Feststellung ist, daß ihr im Fleisch existiert. Grundsätzlich muß jedes Individuum die Realität durch die direkte Begegnung mit ihr erfahren. Diese Begegnung findet natürlich durch Vermittlung der körperlichen Sinne statt. Sie werden benutzt, um Informationen über die körperlich-materielle Welt aufzunehmen und zu interpretieren. Doch eben die Wahrnehmung dieser Sinne hängt von eurem Bewußtsein ab, das sich seiner Inhaltsfülle und Macht durch seine Fähigkeit der Vergegenwärtigung von Erlebnissen gewahr wird.

Zu dieser Fähigkeit zählen nicht nur Verstandes-, Denk- und Willenshandlungen, sondern auch Vorstellungskraft, Kreativität, Telepathie, Hellsehen und Träumen. Ihr wißt, daß ihr träumt. Ihr wißt, daß ihr denkt. Das sind direkte Erfahrungen. *(Pause)* Immer wenn ihr Instrumente benutzt, um die Natur der Realität zu ergründen, erhaltet ihr nur einen »Beweis aus zweiter Hand«, wie gut die Instrumente auch sein mögen. Die subjektive Beweiskraft der Träume ist beispielsweise weit überzeugender und unwiderlegbarer als die Beweise beispielsweise für die Ausdehnung des Universums, für schwarze Löcher und sogar für Atome. Obwohl Instrumente in vielen Fällen tatsächlich von Vorteil sein können, sind sie doch zweit- und nicht erstrangige Werkzeuge der Forschung — und sie verzerren in der Regel die Natur der Realität. Dagegen ist zweifellos weit verläßlicher, was ihr subjektiv denkt, fühlt und intuitiv erkennt.

(21.21 Uhr.) Ihr habt, kann man sagen, nicht unbedingt das beste oder das bestgeeignete »Werkzeug« entwickelt, um die Natur der Realität zu erforschen. Weil ihr andere Methoden benutzt habt, sind euch viele Beweise entgangen — Beweise, die nahelegen würden, daß das materielle Universum anders, als angenommen wird, entstanden ist und der Natur seiner Realität nach anders ist.

Euch wurde beigebracht, euren subjektiven Erlebnissen kein Vertrauen zu schenken. Das bedeutet: ihr wurdet dazu erzogen, eurer ursprünglichen und grundlegenden Verbindung mit der Realität nicht zu trauen. Auf eure Erfahrung aber kommt es entscheidend an. Dieser eurer Erfahrung nach ist reinkarnationsbedingtes Erbgut oder das Leben nach dem Tode viel einleuchtender, ja viel eher bewiesen als beispielsweise die Existenz der schwarzen Löcher. *(Amüsiert:)* Nur wenige Menschen haben je ein schwarzes Loch gesehen, um es so großzügig und dezent wie möglich zu formulieren, wogegen zahlreiche Menschen persönliche Reinkarnationserlebnisse hatten oder Erfahrungen machten, die das Fortleben eines Individuums über den körperlichen Tod hinaus nahelegen.

In diesem Werk — im Band 2 — wird von weiteren Erfahrungen die Rede sein, in denen ihr — oder die meisten von euch — euch wiedererkennt, ob nun die etablierte Wissenschaft diese Erfahrung anerkennt oder nicht. Deshalb werden in Band 2 dieses Werkes aus noch weiteren, neuen Perspektiven die Träume des Menschen und der Menschheit erörtert werden. Darüber hinaus wird im besonderen die Willensfreiheit zur Sprache kommen, die bei der von jedem Individuum — jedem Menschen, jedem Lebewesen — angestrebten Werterfüllung eine entscheidende Rolle spielt.

(Als die Originalausgabe von »›Unknown‹ Reality«, Band 1 im Jahr 1977 und Band 2 im Jahr 1979, veröffentlicht wurde, beschlossen Jane und ich, die Seth-Bücher künftig kürzer zu halten und uns nie wieder auf zwei Bände einzulassen — doch genau dies wird nun zum zweiten Mal notwendig!

Als ich mit der Zusammenstellung der Seth-Diktate für das vorliegende Buch begann und dann Janes und meine Anmerkungen sowie Auszüge aus wichtigen persönlichen Sitzungen hinzufügte, wurde schon bald deutlich, daß das Gesamtwerk zu umfangreich für nur einen Band war. So überraschte uns die Entscheidung unseres Verlages, der Prentice-Hall, nicht, das Werk in zwei Bänden herauszugeben. Um der Leser willen bedauerte ich diesen Beschluß zunächst; andererseits freute es mich, daß ich nun über Seths Buchdiktat hinaus auch persönliche und allgemeine Themen, die Jane und mich berührten, aufgreifen und damit, wie ich glaube, den Bedeutungsgehalt des Buches erweitern konnte.

Seth benutzte zweifellos die Sitzung 909 als Brücke oder als Bindeglied zwischen Band 1 und 2 dieses Werkes oder, sagen wir, als verlockenden Anreiz. Die Kapiteltitel von Band 2 sind dem Inhaltsverzeichnis auf Seite 7 dieses Buches zu entnehmen. Ich hoffe, daß die Leserinnen, die Leser die Veröffentlichung des Werkes in zwei Bänden wohlwollend akzeptieren werden.)

Begeisterte Leserinnen und Leser von Jane Roberts' Seth-Büchern haben sich zum Zweck der Diskussion in der »Vereinigung der SETH-Freunde«, Postfach 3337, 8031 Zürich, zusammengeschlossen, was wir auf Bitte dieses politisch und konfessionell neutralen und nicht auf Gewinn gerichteten Vereins zur Kenntnis geben.

Namen- und Sachregister

* Bei aus Eigenschafts- und Hauptwort zusammengesetzten Begriffen empfiehlt es sich, zuerst beim Hauptwort nachzuschlagen.

Band II

Einführung, Anmerkungen und
Fußnoten von Robert F. Butts

Aus dem Amerikanischen
von Monika Kind

»Ich war unablässig auf der Suche nach einer logischen Erklärung des Lebens. Es kam mir nicht in den Sinn, daß der entscheidende Faktor, der alles miteinander verknüpft, die Liebe ist.«

JANE ROBERTS, DEZEMBER 1981

Seth-Zitate aus ASW-Kurs-Sitzungen

(Jane hatte, als wir im März 1975 aus unserer Stadtwohnung in Elmira, New York, in das Hügelhaus am Stadtrand umzogen, ihre ASW-Kurse offiziell abgeschlossen. Die folgenden Zitate stammen aus Sitzungen, die sie im Hause, für Seth, ihre Trancepersönlichkeit, sprechend, für Besuchergruppen ehemaliger Kursteilnehmer abhielt.)

»... ihr seid ein Teil der Natur, und das ist euer Glück und eure Rettung — daß ihr nämlich ungeachtet all eurer Versuche, ihn zu verlassen, in diesem Bezugsrahmen existiert, so daß ihr mit der Erde in anderen Erfahrungsräumen kommuniziert, selbst wenn ihr euch weigert, diese Kommunikation wahrzunehmen. Ihr helft der Erde zu überleben, wie sehr ihr auch bisweilen dieses Erbe zu verleugnen scheint.«

11. Februar 1977

»Ein jeder eurer Atemzüge ist von Wert. Macht euch nur klar, daß jeder eurer Atemzüge schließlich bis an die Grenzen des Universums reicht und mithilft, eure Welt aufrechtzuerhalten.«

12. Dezember 1978

»Nun kommen euch die schöpferischen Fähigkeiten nicht nur beim Malen oder Komponieren zustatten. Eure schöpferischen Fähigkeiten, einschließlich der eurer Zellen, halten euch vor allem am Leben. Ihr lebt, weil ihr in schöpferischer Weise tätig sein wolltet. Jegliches Handeln ist kreativ. Euer schöpferisches Selbst, euer spontanes, schöpferisches Selbst — eben das Selbst, das durch eure Impulse spricht — erhält euch am Leben.«

29. September 1979

Gedichte von Jane Roberts

KOMMENTIERT VON ROBERT F. BUTTS

(Jane hatte mir seinerzeit nicht eines ihrer in einem Zeitraum von viereinhalb Jahren entstandenen Gedichte gezeigt, doch hatte sie mir diese auch nicht absichtlich vorenthalten. Es waren gewissermaßen flüchtig hingeworfene Notizen, die halbvollendet und unbeachtet in ihren Tagebüchern standen, bis ich sie bei der Suche nach Material für den vorliegenden Band der »Träume, ›Evolution‹ und Werterfüllung« fand. Sie enthalten tiefe persönliche Einsichten, die von den ungebundenen, von Staunen erfüllten Sehnsüchten und intuitiven Einsichten ihrer Kindheit bis zu ihrer gegenwärtig angegriffenen Gesundheit — ihren arthritischen »Symptomen«, wie wir sie nennen — und darüber hinaus bis zum endgültigen Zustand ihres Werkes nach ihrem Tode reichen. Für mich war jedes dieser Gedichte eine Offenbarung, die traurige Empfindungen und bange Fragen in mir wachrief. Traurigkeit erfüllt mich auch beim Schreiben dieser Zeilen, und ich sage mir, daß ich, wenn ich die Gedichte gesehen hätte, als Jane sie verfaßte, doch jedesmal ein wenig mehr über sie hätte erfahren können; vielleicht hätte ich ihr mehr helfen können, als mir dies nun über die Jahre möglich war. Zugleich aber kommt es mir so vor, als habe sie die Gedichte eben erst geschrieben, so frisch und folgerichtig erscheinen sie mir. Und indem ich sie wieder lese, verstehe ich erneut, daß meine Frau mich immer noch über ihren Mut belehrt und über das unaussprechliche, nie endende Mysterium des Universums, das jeder einzelne von uns von Augenblick zu Augenblick erschafft, jeder für sich und in Gemeinschaft mit allen anderen.

Ich lege jedes dieser Gedichte mit einem kurzen Kommentar versehen vor. Das dritte Gedicht ist das einzige, dem sie einen Titel gab.

In diesem täuschend einfachen, doch bewegenden Gedicht über das magische Welterleben ihrer Kindheit läßt Jane das eingeborene Wissen erahnen, das ein Vierteljahrhundert später im Seth-Material seinen Ausdruck finden sollte. Als sie es niederschrieb, litt sie an ihren körperlichen Symptomen schon seit etwa neun Jahren. Sie hatte ihre eigenen schöpferischen Gründe, die Herausforderung dieser Symptome anzunehmen und zuzulassen, so daß sie tiefen Einfluß auf sie gewannen, und ich den-

ke, daß Jane ihre Inspiration für das Gedicht aus diesem Zusammenhang bezog.)

Herr, laß mich erinnern, wie es war,
als ich meine Haut
der Berührung jedes neuen Morgens darbot
und durch die dichten
Gedankenwälder sprang,
die zwischen Morgendämmerung und Mittag sich erstreckten,
wenn wie durch Zauber mein Mittagessen vor mir stand.
Herr, laß mich erinnern, wie es war,
als ich so neu war,
daß mir schien, ich sei ein Teil des Morgens.

Ich wollte nicht schlafen
aus Angst, die Welt würde verschwinden,
doch neue Tage folgten unablässig aufeinander.
Die alten glitten einer nach dem anderen vorbei
und wurden immer wieder aufgefüllt.

Herr, laß mich erinnern, wie es war,
als ich mich in die Morgenluft einwühlte
und glaubte, ein fernes Blatt zum Flattern zu bringen,
einfach indem ich meine eigenen Ohren und Zehen bewegte.
Ich glaubte, ich sei der Grund für den fallenden Regen,
so wie die Tränen aus meinen eigenen Augen
mir die Wangen feuchteten,
und daß meine Gedanken zu Wolken wurden,
die meinen Scheitel umkreisten.

SEPTEMBER 1974

(Ich hatte vor vier Jahren nichts davon bemerkt, daß Jane mit dem Gedanken umging, die Körperwirklichkeit zu verlassen. Hätte ich davon gewußt, so hätte es mich bestürzt — anfänglich wenigstens. Sie war siebenundvierzig Jahre alt; ich war zehn Jahre älter. Und als ich im April 1980 dieses Gedicht fand, dem zufolge — wie Jane beschrieb — sie Kraft bei mir suchte, indem sie meinen Arm berührte, da berührte sie mein Herz.)

Ich ging eines Tages
an der Welt vorbei
halb entschlossen, nicht zu bleiben,
als ich dich dastehen sah
zehn Jahre weiter in der Zeit,
doch mir im Raum so nah,
daß ich die Hand ausstreckte
und deinen Arm berührte.

26. April 1976

(Bei all den Prüfungen, die Jane geistig und körperlich zu bestehen hatte, konnte sie noch ein Gedicht demütiger Danksagung an die Erde schreiben. Wie erstaunlich! Das war mein erster Gedanke, als ich das nachstehende Gedicht fand. Jane liebte das Leben mit einer tiefen, intuitiven und sensitiven Unschuld — und so liebt sie es noch heute. Ich weiß nicht, wie sie diese irdische Liebe klarer, einfacher und schöner ausdrükken könnte als in den folgenden Zeilen. Doch birgt dieses Gedicht für mich zwischen den Zeilen noch andere Bedeutungen.)

Brief an die Erde

Ich habe so gut ich vermochte das Beste gemacht
aus deines Blutes süßem Erbe,
ein Geschöpf wie alle übrigen,
geboren aus deiner Güte und Macht,
begnadet teilzuhaben an deinem Sein,
denn deiner Liebe Mannigfaltigkeit
kennt kein Vorurteil.
So laß mich dir in Demut danken.

1976

(Im nachstehenden Gedicht, das sie erst vor einem Jahr schrieb, befaßt sich Jane nicht nur mit der Transformation ihrer Arbeit in deren unvermeidliche literarische, materielle Form, sondern sie konstatiert auch aufs neue ihren Glauben, daß ihr individuelles Bewußtsein nach ihrem körperlichen Tode weiterleben wird. Doch gedachte sie, wie schon in dem ersten Gedicht dieser Reihe, auch dabei wieder ihres Todes. Ich verstehe jetzt, daß solche Gedanken angesichts der von ihr gewählten Le-

bensaufgabe auch weiterhin in der Wirklichkeit, die Jane für sich schafft, eine bedeutende Rolle spielen werden.)

Immerfort hab' ich mein Leben in Buchstaben übersetzt,
und eines Tages wird es nur mehr
in Selbst- und Mitlauten schriftlich überdauern,
in säuberlichen Paragraphen
destilliert aus den Tagen unergründlichen Lebens.
Noch vor dem Sterben plane ich
den Rastplatz meines Geistes,
als gäbe es ein zweites Leben
in den Erzeugnissen des Denkens, das
des Hirns kürzerer Lebensspanne trotzt und aufsteigt,
von Blut, Fleisch, Hand und Augen ganz entledigt,
sich selbst genug, wahrhaft lebendig erst,
wie ein geistiger Luftballon
endlich auf sichere Fahrt gebracht
durch unerforschte Lufträume,
wenn die Hand, die ihn hält, ihn losläßt.

17. April 1979

Einführung

von Robert F. Butts

Sobald mir aufging, daß *»Träume, ›Evolution‹ und Werterfüllung«* so umfangreich werden würde, daß es in zwei Bänden veröffentlicht werden müßte, begann ich darüber nachzudenken, wie ich an dieser Stelle all das Material zusammenfassen könnte, das in Band 1 enthalten ist. Ich kam zu dem Schluß, daß eine solche Einführung, wenn ich sie so gründlich wie beabsichtigt machen wollte, ebenso lang ausfallen würde wie der erste Band selbst! Dann wurde mir klar, daß eine ausführliche Einführung kaum nötig ist, und ich nahm die ganze Sache etwas leichter.

Allerdings sollten Sie Band 1 gut kennen, ehe Sie mit Band 2 beginnen. Es gibt keine andere Methode, um die komplexe Thematik des Gesamtwerks zu verstehen. Im Hinblick auf diese Empfehlung finden Sie — zu Ihrer Erinnerung — auf Seite 7 dieses Bandes das Inhaltsverzeichnis beider Bände des vorliegenden Werks.

Auch möchte ich hier beim letzten Abschnitt meiner abschließenden Anmerkungen zu Band 1 anknüpfen: »Seth benutzte zweifellos die Sitzung 909 als Brücke oder als Bindeglied zwischen Band 1 und 2 dieses Werks oder, sagen wir, als verlockenden Anreiz.«

Ferner zitiere ich aus einem Brief, den Tam Mossman, Janes Herausgeber, an die Verlagsleitung der Prentice-Hall schrieb, nachdem Jane und ich das Manuskript zu Band 1 abgeschlossen hatten. Tam hatte mehrere Jahre lang geduldig gewartet, während Jane und ich uns mit der Produktion des Buches abmühten; in all dieser Zeit wurden wir nie unter Druck gesetzt, uns zu beeilen und das Buch abzuschließen. Wir waren immer äußerst dankbar für diese Freiheit und sind es noch. In dem erwähnten Brief nun äußerte sich Tam wie folgt:

»Das Warten hat sich gelohnt! Dieser Band ist wie drei Bücher in einem. Das eine Buch, der Kern des Manuskripts, ist das wie immer hervorragende Seth-Diktat. Darüber hinaus teilt — das ist gleichsam das zweite Buch — Rob in einem ausführlichen und oft erschütternden Bericht mit, *warum* Jane sich, trotz ihrer großen sensitiven und schöpferischen Möglichkeiten, auf ein so schweres körperliches Leiden eingelassen hat. Er ist dieser seiner Aufgabe mit großer Sorgfalt und Genauigkeit nachgekommen, und das Ergebnis — keineswegs immer leicht zu lesen — beantwortet die eindringlichen Fragen, die von den Lesern und Leserinnen der Seth-Bücher immer wieder gestellt werden.

Bei dem sozusagen ›dritten Buch‹ dieses Bandes handelt es sich — in Anmerkungen und Fußnoten — um Robs Bemühung, die Seth-Ideen weiterzuführen und auf die Geschehnisse zu beziehen, die sich gerade in unserer Welt abspielen wie die Beinahe-Katastrophe von Three Mile Island und die Geiselkrise im Iran. Und wenn es zunächst auch *scheinen* mag, als ob dies unnötige Abschweifungen seien, so stellen diese Tagesberichte meines Erachtens einen notwendigen Ballast insofern dar, als sie dem Buch eine weitere Perspektive geben und es ›nach außen hin, zum Alltag hin, öffnen‹. Auch enthält das Seth-Material nicht nur Buchdiktat, sondern auch viele persönliche Hinweise für Jane sowie auch Ratschläge.

Alles in allem werden Jane Roberts' Fans in den Genuß eines der besten Bücher dieser Serie kommen; es ist ein Buch, das entscheidende Fragen über die Bedeutung der Seth-Literatur stellt und zugleich beantwortet. Meine Begeisterung für dieses Werk wird gedämpft nur durch die Chronik von Janes Leiden und Robs Suche nach einem Ausweg — es zeichnet sich hier eine Tragödie ab ... Ich rate, wenn sich das irgend machen läßt, zu einer möglichst umgehenden Veröffentlichung.«

Ich war betroffen von Tam Mossmans Feststellung, meine Schilderungen von Janes Prüfungen seien »erschütternd«. Tam hat freilich recht. Sie *sind* erschütternd. Sie treffen ins Innerste unserer Ängste vor Krankheit, Hinfälligkeit und Tod, indem sie uns nötigen, diesen Möglichkeiten bewußt ins Auge zu schauen, während sie gleichzeitig unsere ebenso tiefen inneren Bedürfnisse und Antriebe widerspiegeln. Wenn ich so offen über Janes Kämpfe mit ihren »körperlichen Symptomen« berichte, so hoffe ich auch, mit dem Einfühlungsvermögen und Verständnis der Leserinnen und Leser rechnen zu können, nachdem diese Eigenschaften nicht zuletzt auch unabdingbare Voraussetzungen für ein Verständnis des Seth-Materials überhaupt darstellen.

Seit langem schon weiß ich, daß Janes große schöpferische Fähigkeiten so innig verquickt sind mit den Herausforderungen, denen sie persönlich zu begegnen hat, daß eins vom anderen nicht zu trennen ist. Wir waren beide nie daran interessiert, lediglich eine Reihe parapsychologisch oder esoterisch interessanter Bücher zu veröffentlichen ohne Zusammenhang mit unseren Sorgen und Bemühungen, die seit vielen Jahren Teil, ja Sinn unseres Lebens sind. Ich erkenne darin eine Bereicherung.

Ich glaube, daß dieses Gefühl der Bereicherung mit einem weltweit erwünschten Heilungsvorgang zusammenhängt, zu dem jedes lebende Wesen beiträgt, und daß dieser mit der Lebenskraft unserer eigenen Schöpfung einhergeht. Doch habe ich noch nie so etwas gehört oder gelesen, jedenfalls nicht in dieser Weise. Die Menschheit sollte sich der Erforschung globaler Möglichkeiten der Heilung widmen, um die so gewonnenen Erkenntnisse in Aktivitäten neuen Denkens und Fühlens umzusetzen.

Auf ihre schöpferische Weise tut Jane eben dies: ihre körperlichen Symptome sind Wegweiser für ihren persönlichen Kampf wie auch für unser beider Streben nach Erweiterung unseres unvollständigen Wissens. Durch ihre Erfolge und Mißerfolge bahnt Jane für viele andere Menschen einen Weg, während sie und ich unablässig weiterzulernen trachten. Doch ist es ungeachtet meines Beistands eine überaus einsame Reise, die meine Frau unternimmt. Sie kann es wohl nur beseelt von unerschöpflicher Kreativität und unbeirrbarer Zuversicht.

1
Genetik und Reinkarnation — Begabungen und »Gebrechen«, Begabte und Behinderte

Fortsetzung der Sitzung 909, Montag, 21. April 1980

(Vergleichen Sie den Beginn dieser Sitzung in Kapitel 6, Band 1.)

(Nach einer Pause um 21.34 Uhr:) Geduldet euch einen Moment ... Nächstes Kapitel *(Band 2, das erste):* Genetik und Reinkarnation — Begabungen und »Gebrechen«, Begabte und Behinderte.

(Nach langer Pause:) Die menschliche Gattung bringt als Gattung den Idioten wie das Genie, den Einfaltspinsel wie den Weisen, den Athleten wie den Mißgestalteten, den Schönen wie den Häßlichen und alle dazwischenliegenden Abstufungen hervor. Es sind also genetische Kulturen von *(eindringlich)* buchstäblich unendlicher Vielfalt am Werk, und alle haben ihren Ort und ihre Daseinsberechtigung, und alle fügen sich in das Gesamtbild nicht nur der Wirklichkeit des Menschen, sondern der die ganze Natur umfassenden Wirklichkeit des Planeten ein.

Aufgrund eurer religiösen Vorstellungen habt ihr oft geglaubt, daß Mißbildungen von Geburt an auf Sünden der Eltern, die sich an den Kindern auswirken, zurückzuführen seien oder aber daß es sich dabei um eine »karmische« Schuld handle. Im biologischen Sinne spricht man von guter oder schlechter Abstammung, und auch hinter diesen Bezeichnungen verbergen sich moralische Werturteile.

Die Idee der Reinkarnation ist stark getrübt durch religiöse Vorstellungen, die da mithineinspielen. Aber es handelt sich nicht um eine psychische Arena, in der Missetat und Vergeltung einander unablässig folgen. Noch einmal: Euch ist im Rahmen eurer Lebensumstände und unter Berücksichtigung eurer besonderen Eigentümlichkeiten Willens- und Entscheidungsfreiheit gegeben. Die große Anpassungsfähigkeit der menschlichen Gattung beruht auf einem außerordentlichen Zusammenspiel von genetischer P r ä z i s i o n und genetischer Freiheit. Die ganz besonderen Qualitäten, durch die sich die Gattung auszeichnet, ihre Zuverlässigkeit und Integrität sind permanenter Kontrolle und Gewichtung zu verdanken sowie dem Vorhandensein divergenter Eigentümlichkeiten, an denen sie sich immer wieder messen kann.

Auch speichert die menschliche Gattung in ihrem genetischen Reservoir Millionen besonderer Eigenschaften, die unter allen möglichen unvorhersehbaren Umständen zur Verwendung kommen könnten, und in dieser Hinsicht besteht natürlich auch ein Zusammenhang zwischen den verschiedensten Viren und der Gesundheit nicht nur des Menschen, sondern auch anderer Gattungen.

Stets muß die Möglichkeit kreativer Veränderung gegeben sein, damit die Spannkraft der Gattung sichergestellt ist. Diese Spannkraft kann sich vielfältig äußern, so durch Gegebenheiten, die ihr als Geburtsfehler und Mißbildungen betrachtet, oder durch allerlei Abweichungen von einer hypothetischen körperlichen Norm. Ihr alle seht ziemlich gleich aus, in der Regel *(vergnügt)* mit einem Kopf, zwei Armen, zwei Beinen und so weiter. Unterschiede oder Abweichungen von der Norm fallen oft sehr ins Auge, etwa wenn jemand beispielsweise einen Finger zuviel oder zuwenig oder zwei Daumen an einer Hand hat oder sonst eine Abweichung aufweist, die als Anomalität gilt.

(21.52 Uhr.) Auch in geistiger Hinsicht äußern sich Besonderheiten: Es gibt die sogenannten Zurückgebliebenen, die ihren Verstand nicht so gebrauchen wie die meisten anderen. Dann wiederum gibt es körperlich oder geistig hochbegabte Menschen, die ihren Begabungen nach dem Durchschnittsmenschen ebenso fern zu stehen scheinen wie am anderen Ende der Skala ein Idiot. Ich hoffe im weiteren Verlauf unserer Arbeit zu zeigen, wie all diese Gegebenheiten ihren Stellenwert in der Entwicklung sowohl des Individuums wie auch der Gattung haben.

Auf der mikroskopischen Ebene entgehen solche Varianten eurer Aufmerksamkeit vollkommen. Ihr wißt nicht, ob ihr irgendwelche verirrten Gene in euch tragt, sofern sie sich nicht sichtbar auswirken. Tatsächlich entspricht auf der mikroskopischen Ebene niemand irgendeiner Norm, und es gibt keinerlei Möglichkeit, mit absoluter Sicherheit die Entwicklung irgendeines genetischen Elements vorauszusagen. Zwar kann man Gruppenvorhersagen machen und bestimmte allgemeine Urteile fällen; doch spielen noch andere Elemente mit hinein, so daß man nicht irgendein einzelnes genetisches Element in bezug auf seine Entwicklung dingfest machen könnte — denn seine Aktivität ist mitbedingt durch Beziehungen, die in euren Berechnungen unberücksichtigt bleiben.

Eure Gedanken und Gefühle, eure Wünsche und Absichten wie auch euer Reinkarnationswissen* modifizieren diese Struktur; bestimmte latente Eigentümlichkeiten werden aktualisiert und andere wiederum abgeschwächt, indem ihr im Laufe der Lebenserfahrung eure Willensfreiheit übt und ständig neue Entscheidungen trefft.

(Energisch:) Ende des Diktats! Habt ihr noch eine Frage?

(22.04 Uhr. »Könntest du etwas über Janes Erlebnis außerkörperlicher Erfahrung von heute mittag sagen?« Janes Bewußtsein hatte ihren schlafenden Körper im Schlafzimmer zurückgelassen und war zu ihrem Arbeitszeimmer an der Rückseite des Hauses gewandert. Dort hatte sie mich angetroffen, und wir hatten dann eine sehr angeregte Unterhaltung miteinander geführt. Nachher beharrte sie darauf, daß auch ich außerhalb meines Körpers gewesen sei, obgleich ich keine bewußte Erinnerung an ein derartiges Vorkommnis habe. Zu der betreffenden Zeit mußte ich unseren Schätzungen zufolge gerade meine Staffelei verlassen haben, um im Waschbecken des Badezimmers meine Pinsel auszuwaschen — eine Routinearbeit, die ich tagtäglich verrichte und bei der ein unbeschäftigter Teil meiner Psyche sehr wohl anderen Abenteuern nachgehen könnte. Da ich jedoch wach war, während Jane schlief, spekulierten wir, daß das routinemäßige Pinselwaschen mich hinlänglich beschäftigt hatte, um meine Aufmerksamkeit von dem, was ein anderer Teil meiner selbst trieb, abzulenken.)

Geduldet euch einen Moment ... Dieses Erlebnis außerkörperlicher Erfahrung ergab sich aus einer Veränderung der inneren Einstellung, und auch die körperliche Entspannung trug dazu bei. Ruburt übte sein Bewußtsein, indem er sich mehr Freiheit einräumte. Zur gleichen Zeit war ein gewisser Teil von Josephs Gemüt damit beschäftigt, sich einfach treiben zu lassen.

Manchmal wippen die Leute mit den Füßen, oder sie malen Kringel oder trommeln mit den Fingern auf den Tisch, während sie sich auf etwas ganz anderes konzentrieren. In gleicher Weise üben sie auch ihr Bewußtsein — sie malen innerlich Kringel und entspannen

---

* In diesem Zusammenhang verweise ich auf Janes Gedichte am Ende dieses Sitzungsprotokolls.

sich auf diese Weise, sie unternehmen einen kleinen Ausflug, um sich zu erholen —, und beide habt ihr das getan, nur kam sich Ruburt dabei selber auf die Schliche.

Ihr beide seid mental durchs Haus gewandert, und Ruburt erwischte sich selbst dort, wo er sich mit seiner Psyche befand — bloß befand sich sein Körper anderswo. Weil das wie ein mentales Kringelbild war, waren die Farben unvollständig, das Bild war nicht ausgemalt.

Die ganze Unterhaltung war ein Versuch, das Geschehnis vernünftig erscheinen zu lassen, ein Versuch, das Bild e i n z u f ä r b e n.

Ende der Sitzung.

(»Danke.«)

Ihr beide macht euch sehr gut. Meine herzlichsten Gutenachtgrüße!

(»Gute Nacht, Seth.«)

(22.20 Uhr. »Ich bin überrascht, daß ich überhaupt die Sitzung hatte«, sagte Jane. »Seth hat das Kapitel begonnen, von dem ich heute schon früher etwas aufgefangen hatte, aber ich kann mich nicht erinnern, wie er es genannt hat.«

Vergleichen Sie meine Anmerkungen Seite 155 zur Sitzung 885 in Band 1. Ich zitierte ein Gedicht (über Tierbewußtsein) aus einem Heft mit Skizzen und Lyrik ohne Titel, die Jane letzten Juni für meinen Geburtstag zusammengestellt hatte. Hier zwei weitere dieser Gedichte.)

Ich hatte immer das Gefühl,
daß ich dich schon von jeher kenne,
und dennoch überraschst du mich täglich
mit neuen Versionen
deines Personseins,
die mir dann wieder einfallen.
Ich klatsche im Geiste in meine Hände
und sage: »Natürlich!«
Und du wandelst dich wieder
in eine neue Version,
die ich immer schon kannte!

Diese private Wahrscheinlichkeit
ist gar nicht so übel,

bedenkst du
die öffentlichen Welten,
die wir durchreisen mußten,
um hierher zu gelangen:
Moleküle, die in den Kulissen
den präzisen Raum-Zeit-Moment
abpaßten, um in minimale
Bewußtseinssträhnen zu springen,
nach Jahrhunderten
neu sich vereinend
und uns heraussortierend
aus Millionen
anderer Formen,
an denen wir teilhatten —
um genau diejenigen
zusammenzustellen, die wir
Rob und Jane
zu nennen beschlossen.

Sitzung 910, Mittwoch, den 23. April 1980

(Die Dominikanische Republik ist ein wirtschaftlich sehr armes Land im östlichen Teil der Antilleninsel Hispaniola. Gestern lasen Jane und ich erneut einen Artikel, den ich letzten September zu den Akten genommen und danach vergessen hatte: Im Umkreis eines bestimmten Dorfes in der Dominikanischen Republik verwandelten sich 38 Mädchen bei Beginn der Pubertät in Knaben. Diese erstaunlichen körperlichen Veränderungen gehen auf den genetischen »Defekt« eines gemeinsamen Vorfahren zurück, der vor mehr als einem Jahrhundert lebte. Jane und ich denken, daß dieses seltene Gruppengeschehen — das einzig bekannte dieser Art — gut zu Seths Material über die Millionen von Varianten paßt, die in dem riesigen genetischen Reservoir unserer Gattung enthalten sind. Also wünscht und braucht, aus welch verborgenem Grund auch immer, unser übergreifendes Bewußtsein diese spezielle »genetische Kultur«. — Vergleichen Sie den Anfang dieses Kapitels.

Heute lasen wir, daß Wissenschaftler einer Firma, die Labortiere für die medizinische Forschung auf den Markt bringt, einen Stamm haar-

*loser Mäuse ohne Thymusdrüsen gezüchtet haben. Die Thymusdrüse hilft dem Körper, Immunität gegen Infektionen von außen zu entwikkeln. »Thymusfreie« Mäuse werden zum Beispiel häufig in der Krebsforschung verwendet, da sie Tumorverpflanzungen nicht abstoßen. [Tatsächlich sind diese Tiere so empfindlich, daß sie unter sterilen Bedingungen aufgezogen werden müssen.] Dieser Artikel hat Jane sehr zugesetzt, und sie kam heute mir gegenüber mehrmals darauf zurück.**

Vor der Sitzung sagte sie, daß sie Material von Seth über die Vererbungslehre »um sich herum« fühlte. — 21.06 Uhr.)

Nun: Guten Abend.

(»Guten Abend, Seth.«)

Diktat. *(Pause.)* Gäbe es keine Idioten unter euch, so würdet ihr bald feststellen, daß es auch keine Genies mehr gibt.

---

* Jane und ich sind uns unserer höchst gemischten Gefühle angesichts der Tierversuche in der medizinischen Forschung quälend bewußt. Auch glauben wir, daß die meisten anderen Menschen ungeachtet aller rationalen Rechtfertigungen ähnliche Gefühle hegen. Möglicherweise wurde das Leben des einen oder anderen von uns — vielleicht schon vor der Geburt — durch Mediziner gerettet, die auf durch Tierversuche gewonnenes Wissen zurückgreifen konnten. Wir wissen es nicht. Hingegen wissen wir, daß es viel leichter ist, eine Weltsicht, die Tierversuche befürwortet, kurzerhand zu verdammen, wenn man selbst relativ wenig damit zu tun hat.

Vor die Wahl gestellt allerdings würden Jane und ich *jetzt* auf die durch Tierexperimente gewonnenen »Errungenschaften« verzichten, selbst wenn unser Wohlergehen aufgrund mangelnden Wissens Einbußen erlitte — vorausgesetzt, daß unser Entschluß nicht in einer persönlichen Krisenzeit ins Wanken geriete! Tatsächlich sind in unserer Gesellschaft die durch Tierversuche gewonnenen Resultate so allgegenwärtig, daß man wie ein Eremit in der Wildnis leben müßte, um sich ihnen zu entziehen. Die Verwendung von Tieren zu medizinischen Versuchszwecken bedeutet die Opferung anderer Lebensformen um menschlicher Ziele und Werte willen, auch wenn die wissenschaftlichen Methoden angeblich wertfrei sind. Solche Forschung wird natürlich im Namen des Fortschritts und des Allgemeinwohls der Menschheit durchgeführt — und dieser Fortschritt erstreckt sich wohlgemerkt auch auf die ärztliche Behandlung anderer Tiere. Wir glauben, daß jeder Leser, jede Leserin dieses Buches, meist ohne es zu wissen, Nutzen aus teilweise äußerst grausamen Tierversuchen gezogen hat und immer noch zieht — als Konsument von durch Tierversuche getesteten medizinischen, chemischen und kosmetischen Produkten, die sich in praktisch jedem Haushalt im Lande finden. Jane und ich leben in einem dieser Haushalte. Ich sehe die passive, bewußte und unbewußte Duldung von Tierexperimenten als klassisches Beispiel für die Haltung einer Gesellschaft, die ihre Ziele zum Vorwand nimmt, um jedes Mittel zu rechtfertigen — und doch prägen wir, wenigstens in den USA, jeder Generation unserer Gattung sorgfältig ein, daß solche Rechtfertigungen moralisch gesehen unannehmbar sind.

All die menschlichen Eigenschaften, die in eurer Sicht die Gattung auszeichnen, sind bedingt durch das Vorhandensein schier unendlicher Varianten, die in der Menschheit insgesamt und in vielfältigster, oft ganz gegensätzlicher Weise zum Ausdruck kommen. Was ihr als durchschnittliche Intelligenz betrachtet, ist ein Zustand, der der Aktivität konstanter Variablen zu verdanken ist, kleinster Varianten, die am einen Ende der Skala den Idioten und am anderen das Genie hervorbringen.

Beide sind notwendig, um die vielzitierte »Norm« geistig-seelischer Aktivität aufrechtzuerhalten. Ich verwende hier das euch geläufige Wort »Norm«, obwohl ich nicht einverstanden bin, wie dieser Begriff verwendet wurde, als man ihn im psychologischen Sinne zum Maßstab erhob. Das genetische System* ist kein geschlossenes System. Die Gene enthalten nicht einfach Informationen ohne Bezug auf das lebende System des Körpers. Die genetische Struktur existiert nicht als irgendein hochkomplizierter, vorprogrammierter Mechanismus, der, einmal in Gang gesetzt, blindlings weiterfunktioniert, ohne Möglichkeit der Modifikation, wenn er erst einmal läuft.

Gerade bei eurer Gattung besteht ein ausgeprägtes Geben und Nehmen zwischen humangenetischen Systemen, der Umwelt und den kulturellen Gegebenheiten — und mit kulturellen Gegebenheiten meine ich Gegebenheiten des euch ganz eigentümlichen Aktionsbereichs, zu dem Politik und Wirtschaft und so weiter zählen. *(Pause.)*

Genetisches Erbgut ist nicht in deterministischem Sinne unwiderruflich. Es sorgt für die Bevorzugung bestimmter körperlicher oder mentaler Aktivitäten, für gewisse biologische Präferenzen. Es führt dazu, daß ganz bestimmte Vorgänge vor anderen aktiviert werden, so daß Wahrscheinlichkeiten in bestimmter Richtung »aufgeladen« werden. *(Pause.)* Es gibt also eine genetische Aktivität, wiewohl auf einer anderen Aktivitätsebene als der eurem Denken geläufigen.

Wir sprechen von Chromosomenbotschaften. Diese nun sind nicht den Chromosomen eingeschrieben, wie etwa Wörter auf Papier geschrieben stehen, sondern *(eindringlich)* Informationen und Chromosomen bilden eine lebende Einheit. Die Information ist lebendig. Es handelt sich um eine Art biologische Keilschrift, in der die Strukturen, die physischen Strukturen, der Zellen alles Wissen enthalten, das

---

* Vergleichen Sie meine Fußnote zur 905ten Sitzung in Kapitel 6, Band 1.

notwendig ist, um einen physischen Körper zu gestalten — um sich selbst zu gestalten. Dies ist wahrhaftig Wissen in biologischer Gestalt, ein Wissen, das sich aufs deutlichste und lebhafteste — bitte hervorheben — biologisch ausdrückt.

(21.27 Uhr.) Die genetisch befrachteten Zellen reagieren wie alle Zellen auf Reize. Sie agieren. Sie nehmen biologisch alles Körpergeschehen wahr. Auf eine Art, die sich nicht in Worte fassen läßt, sind sie auch der Umgebung des Körpers gewahr, so wie diese auf biologischen Ebenen wahrgenommen wird. Ich habe schon früher gesagt, daß auf die eine oder andere Weise jede lebende Zelle mit jeder anderen lebenden Zelle durch ein System innerer Kommunikation verbunden ist. »Programmierte« genetische Aktivität kann durch Umweltgegebenheiten abgeändert werden.

(Nach langer Pause sehr nachdrücklich:) Ich will damit nicht bloß sagen, daß sich die genetische Aktivität beispielsweise durch einen nuklearen Unglücksfall ändern könnte. Es kann auch zu durchaus wünschenswerten Änderungen im genetischen Verhalten kommen, da nach euren Begriffen die genetische Struktur Vorkehrungen zum Wohle der Gattung trifft, indem sie diese nicht nur für alle Unvorhersehbarkeiten ausrüstet, sondern auch indem sie die besonderen Eigenschaften und Fähigkeiten aktiviert, die von der Gattung jederzeit benötigt werden, und schließlich indem sie solchen zukünftigen Entwicklungen Raum gewährt.

Eure genetische Struktur reagiert auf jeden eurer Gedanken, auf eure emotionale Verfassung, euer psychologisches Klima. Sie enthält, nach euren Begriffen, die gesamthistorische Körpererfahrung der Gattung im Kontext mit den wahrscheinlichen künftigen Fähigkeiten der Gattung. Ihr wählt eure genetische Struktur, so daß sie den Anforderungen und Fähigkeiten der Gattung angepaßt ist. Ihr wählt eure genetische Struktur, so daß sie den Anforderungen und den Potentialen entspricht, für die ihr euch entschieden habt. *(Lange Pause.)* Sie bildet euren körperlichen Bezugspunkt, euren physischen Bezugsrahmen. Sie ist euer persönliches körperliches Eigentum. Sie ist ein Teil der Materie, die ihr identifiziert, mit eurer eigenen Identität ausgefüllt habt. Euer Körper ist wie ein herrliches Schiff, das ihr euch im vorhinein erwählt habt für ein herrliches, herausforderndes Abenteuer — ein Schiff, das ihr persönlich bestellt habt und das so komplett wie nur möglich ausgestattet ist, um eure persönliche Individualität materiell zum Ausdruck zu bringen.

Manche Menschen werden, wenn sie solchermaßen auf große Fahrt gehen, nach einem vortrefflich ausgerüsteten Fahrzeug verlangen, das über raffinierte Mechanismen verfügt und ausgestattet ist mit breiten Sofas und einem Bankettsaal. Andere wünschen mehr Intensität und Spannung, und so bestellen sie ein minder großes, doch wendigeres Schiff, das schneller segelt. Wieder andere setzen sich Ziele, durch die ihre Tüchtigkeit als Seefahrer auf die Probe gestellt wird. Die Analogie mag simpel erscheinen, doch wählt sich jeder Mensch das lebende Fahrzeug des Körpers im Hinblick auf seine eigenen Ziele und Absichten. *(Lange Pause.)*

In der körperlich-materiellen Wirklichkeit lautet, mit Verlaub, der Name des Spiels Leben — und in diesem Spiel geht es um Werterfüllung. Das heißt einfach, daß jede Lebensform innerhalb ihres lebenden Bezugsrahmens nach der Erfüllung und Entfaltung all der Fähigkeiten trachtet, die sie in sich verspürt, wohl wissend, daß ihre individuelle Erfüllung auch jeder anderen Lebensform zum Wohle gereicht.

(21.45 Uhr.) Ich verkenne keineswegs den großen Wert der Genies und ihrer bedeutenden Beiträge zur Lebensqualität — doch trägt zu eurer Lebensqualität, um es noch einmal zu wiederholen, auch die Existenz der Idioten bei. Nicht nur weil aus genetischen Gründen beide Enden der Skala notwendig sind, sondern auch weil die Idioten selber von der Natur in keiner Weise als Irrtum oder Defekt betrachtet werden. Solche Bezeichnungen sind menschliche Werturteile. Idioten spielen auch insofern eine Rolle, als sie den bisweilen übermächtigen Einfluß der Ratio auf menschliches Tun und Lassen mildern.

Oft ist es dem Idioten gegeben, innerhalb seiner eigenen Wirklichkeit einen freieren, großzügigeren und wahrhaftigeren Fluß emotionaler Zustände zu erleben, unbehindert vom strengen Diktat der Vernunft; und es ist wichtig, daß eine solche mildernde Tendenz genetisch am Werke ist.

Ich werde in diesem Buch noch mehr darüber zu sagen haben.

Die Vernunft, so wie ihr sie ungefähr seit Beginn des Christentums gebraucht habt, hat ihre Reichweite auf ein sehr enges Spektrum der Wirklichkeit eingeengt. Sie hat den Wert des Lebens weitgehend nur darin gesehen, wie dieses Leben ihren eigenen Maßstäben entspricht. *(Pause.)* Das heißt, die Vernunft, so wie ihr sie gebraucht habt, meint, daß einzig mit Vernunft ausgestattete Wesen in der Lage seien, den Wert des Lebens zu verstehen. Andere Lebensformen schienen beinahe unerheblich zu sein, und Wert wurde ihnen nur insofern beigemessen, als sie dem Menschen dienlich waren. Doch das Leben des Menschen hängt offensichtlich von der Existenz der anderen Gattungen des Lebens ab, und diese Gattungen teilen mit ihm gewisse Werte. Das Leben — alles Leben — ist heilig. Und noch einmal: Alles Leben strebt nach Werterfüllung, nicht bloß nach körperlichem Überleben.

Ruburt las einen Artikel über die Züchtung von Mäusen ohne Thymusdrüse. Da der Thymus eine bedeutende Rolle in dem lebensnotwendigen Prozeß der Aufrechterhaltung der Widerstandskraft gegen Krankheiten spielt, haben diese Mäuse wenig Widerstandskraft. Sie werden zu Experimentierzwecken gezüchtet und verkauft. Die Absicht solcher Prozeduren ist, die menschliche Lebensqualität zu verbessern, die Natur der Krankheiten zu erforschen und wann immer möglich das Gelernte zum Nutzen von Menschenleben anzuwenden. Mäuse gelten nicht als menschlich. Sie sind es auch nicht. Also werden sie wie jedes Tier für entbehrlich gehalten und bedenkenlos hingeopfert für einen vortrefflichen humanitären Zweck. *(Lange Pause.)*

Möglich, daß euch dieses Vorurteil der Vernunft zunächst gar nicht zum Bewußtsein kommt, da ja schließlich Mäuse weit entfernt von eurer Gattung sind. *(Lauter:)* Vor nicht allzu langer Zeit wurden zu demselben Zwecke Juden hingeopfert, und die Begründung dafür war weitgehend die nämliche, obwohl es sich in diesem Fall um eure eigene Gattung handelte.

(22.05 Uhr.) Die Juden wurden indes als nahezu nichtmenschlich betrachtet, und immer, wenn es sich um derlei Greuel gegen eure eigene Spezies handelt, sucht ihr hemmungslos Rechtfertigung, indem ihr solche verlogenen — das Wort ist hervorzuheben — Vernunftgründe ins Feld führt. Weil die Juden als untermenschlich oder bestenfalls als menschlicher Ausschuß betrachtet wurden, galt es als gerechtfertigt, sie auf dem Altar der »genetischen Verbesserung der Menschheit« hinzuopfern. Ihr könnt nicht die Qualität eures eigenen Lebens durch die Zerstörung der Qualität irgendwelcher anderer Lebensformen verbessern. Es gibt keine genetische Herrenrasse. Schon die Unterteilung der Gattungen in Rassen wird nur aufgrund lächerlich geringfügiger Differenzen im Gesamtbild der Ähnlichkeiten vorgenommen.

Ruburt war empört über den Artikel, den er gelesen hatte, und er sagte angewidert, solchen Prozeduren liege eine biologische Unmoral zugrunde. Ich vermeide im allgemeinen Begriffe wie »moralisch« oder »unmoralisch«, da sie individuell unterschiedlich ausgelegt werden. Doch stellen die Prozeduren eine biologische Vergewaltigung, ein dem Fluß und den Intentionen der Natur hohnsprechendes Zuwiderhandeln dar: eine Lebensform wird dazu gebracht, sich gegen ihre eigene Werterfüllung zu kehren, und es sind solche Einstellungen gegenüber anderen Lebensformen, die die Schrecken der Konzentrationslager möglich machten.

(Lauter:) Ende des Diktats. Hast du eine Frage?

(Ich schüttelte schmunzelnd den Kopf. Was mich amüsierte, war freilich nicht sein Material, das ernst genug war, sondern der intensiv forschende Blick, mit dem Seth-Jane mich musterte. Während der ganzen Zeit der Trance waren Janes Augen heute abend besonders dunkel und leuchtend gewesen.

Dann wünsche ich euch einen schönen guten Abend.

(»Danke. Das Material ist sehr gut.«)

(Mit Humor:) Natürlich!

(»Okay. Gute Nacht.«)

*(22.14 Uhr. »Ich weiß, er ging auf diesen Artikel über die Mäuse ein.« Jane lachte fast wider Willen. »Ich weiß auch, er wird alles wiedergutmachen, trotz alledem. Obwohl ich nicht weiß, wie man es für die Mäuse wiedergutmachen kann ...« Wieder einmal war sie erstaunt, in so kurzer Zeit soviel Material gebracht zu haben.**

---

* Ursprünglich hatte ich eine Reihe von Anmerkungen für diese Sitzung geplant, in denen ich Seths Ideen zur Genetik (Vererbungslehre) im Vergleich mit den von der etablierten Wissenschaft gehegten Anschauungen untersuchen wollte. Diese Pläne verflüchtigten sich nach und nach, als mir klarwurde, daß ich viele Seiten brauchen würde, um die beiden Gesichtspunkte auch nur halbwegs detailliert miteinander zu vergleichen. Wir befinden uns in den Anfangsstadien eines enormen Zuwachses an wissenschaftlichen Erkenntnissen der Genforschung, und zum Zeitpunkt des Erscheinens dieses Buches wird dieses Wissen weiter angewachsen sein, selbst wenn es nichts grundsätzlich Neues mehr bringen sollte. Ich nehme an, daß die meisten Vertreter der Wissenschaft eine Menge des hervorragenden Materials, das Seth in dieser Sitzung brachte, anfechten würden, sofern sie davon Kenntnis hätten. Natürlich würden — oder werden — das nicht alle tun. Doch versuchen Jane und ich nicht, andere zu unserer Denkweise zu bekehren; die Wirklichkeit, wie sie von unserer Gattung hervorgebracht wird, ist dafür viel zu groß und vielfältig. Wir glauben nur, daß wir Fragen

der Genetik und des Bewußtseins mit Seths Hilfe auf unsere eigene Weise zu erkunden haben.

Doch glaube ich *auch,* daß, allgemein gesprochen, die Naturwissenschaft unsere genetischen Systeme noch immer und noch auf längere Zeit hinaus unter mechanistischem, deterministischem und reduktionistischem Blickwinkel betrachtet — so daß weiterhin Beweise gesammelt werden, um die herrschende Ansicht abzustützen, daß die Wissenschaft es zur Zeit *nicht nötig habe,* nach anderen, größeren und ihr etabliertes Weltbild gefährdenden Bezugsrahmen zum Verständnis von Bewußtsein, Intention und Genetik zu suchen. Tatsächlich finde ich Bewußtsein nur selten im Zusammenhang mit Fragen der Genetik erwähnt und wenn, dann nur zur Erklärung geistigen Zurückgebliebenseins im Zusammenhang mit genetischen »Defekten«.

Auch glaube ich nicht, daß die etablierte Wissenschaft sich so bald interessieren wird für Seths Idee, daß ein Austausch zwischen unseren genetischen Systemen, der Umwelt und zivilisatorisch-kulturellen Vorgängen stattfindet oder daß unsere genetischen Systeme auf unsere Gedanken und Gefühle reagieren — von irgendeiner genetischen Vorausplanung zukünftiger Wahrscheinlichkeiten ganz zu schweigen! Ich weiß nicht, ob oder wie irgendwelche dieser Faktoren im Labor gemessen beziehungsweise manipuliert werden könnten. Natürlich könnte die Wissenschaft den Ideen Seths ihre eigene Wirklichkeit *außerhalb* des Rahmens der Wissenschaft zubilligen und sie auf solche Weise übergehen.

Wie dem auch sei, die Idee irgendeiner Art genetischer Vorbereitung auf künftige Möglichkeiten kollidiert mit der mächtigen Entwicklungstheorie, der zufolge evolutionäre genetische Veränderungen nur durch natürliche Auslese und zufällige Mutationen zustande kommen (wobei zufällige Mutationen im allgemeinen als ein Versehen der Natur gelten). Hier stellen sich eine Menge ungelöster Fragen. Ich kann mir sogar vorstellen, daß Seths Material dieser Sitzung seitens der Wissenschaft als nur eine weitere Version des alten, diskreditierten Lamarckismus von der Hand gewiesen würde. (Der französische Naturforscher Jean-Baptiste de Monet de Lamarck [1774 bis 1829] vertrat die Ansicht, daß sich bestimmte Modifikationen in Struktur und Funktion eines Organismus infolge Reaktion auf Umweltfaktoren entwickeln können und daß diese »erworbenen Eigenschaften« weitervererbt würden. Doch wurde Lamarcks Werk weitgehend mißverstanden. Es hat seine Gültigkeit nicht verloren und war kürzlich Ausgangspunkt einiger sehr bemerkenswerter Forschungen, deren Ergebnisse zeigen, daß, wissenschaftlich gesehen, Evolution auch aufgrund anderer Faktoren als nur der natürlichen Auslese und zufälliger Mutationen stattfinden kann.)

Ich bin sicher, daß Seth keinen Moment zögern würde, dem Gedanken beizupflichten, daß das Bewußtsein offensichtlich eine unbegrenzte Anzahl von Gesichtspunkten enthält, ganz gleich, welche davon wir Menschen zu irgendeinem speziellen Zeitpunkt gerade als »wahr« bezeichnen. Bewußtsein kann ebensowohl die wissenschaftliche Untersuchung einiger Aspekte seines materiellen Sichtbarwerdens oder auch »gentechnische« Manipulationen gestatten, wie es Seths Material enthalten kann. All unser Tun und Trachten zeugt von dem intensiven, schöpferischen Interesse der Gattung, sich selbst bis in letzte Einzelheiten zu erforschen. Daß die wissenschaftliche Methodik ihre Grenzen hat, liegt auf der Hand. Das gleiche gilt für alle anderen Verfahrensweisen in unserer Dingwelt. Jede wie auch immer geartete Disziplin kann Barrieren gegen von »außen« kommende Einflüsse errichten — und es sind vielfach künstliche Barrieren, die sich zwangsläufig aus der Natur der jeweils vorherrschenden Glaubensüberzeugungen ergeben.

Sitzung 911, Montag, den 28. April 1980

(Am vorigen Freitag, dem 25. April, waren seit der Geiselnahme von Amerikanern im Iran 174 Tage vergangen. Bis zu jenem Tag waren die 53 Gefangenen an zwei Orten in Teheran festgehalten worden. Als wir am Freitag morgen beim Frühstück saßen, wurden Jane und ich von den Nachrichten im Fernsehen überrascht, wonach in den frühen Morgenstunden iranischer Ortszeit amerikanische Kommandos am 25. April bei dem schwierigen Versuch, die Geiseln zu retten, gescheitert waren. Ja, die Kommandoeinheiten waren nicht einmal in die Nähe der Gefangenen gekommen. Grund dafür waren technische Pannen und zwei Sandstürme, durch die sich die amerikanischen Hubschrauber hindurchkämpfen mußten, bevor sie eine Gruppe von Transportflugzeugen auf einem abgelegenen Rollfeld unter dem Codewort »Desert One« im mittleren Iran trafen. Inzwischen waren drei der acht »Choppers« aktionsunfähig. Da ihrer sechs für eine erfolgreiche Rettungsaktion als unerläßlich galten, wurde das Unternehmen abgebrochen — aber acht Besatzungsmitglieder kamen ums Leben, als einer der übrigen Helikopter während eines Auftankversuchs mit einem Transportflugzeug kollidierte. Die Explosionen und der Feuerschein konnten meilenweit durch die Wüstennacht gehört und gesehen werden.

Viele Amerikaner haben jetzt das Gefühl, daß unser Land in den Augen der Welt eine Blamage erlitten hat. »Dumm« ist noch die mildeste Bezeichnung, die wir einstecken mußten. Präsident Carter wurde von seinen wichtigsten Nachfolgekandidaten zwar nicht öffentlich kritisiert, doch auch nicht gegen kritische Stimmen aus dem In- und Ausland in Schutz genommen. Es wird angenommen, daß unsere Regierung die Rettungsaktion kurz nach der Geiselnahme vor über fünf Monaten zu planen begann, und es werden wohl noch Monate, vielleicht sogar Jahre vergehen, bis alle Details des gescheiterten Versuchs bekanntgegeben werden.

Im Moment jedenfalls halten Jane und ich das Scheitern des Unternehmens für einen Segen: in Anbetracht unserer begrenzten Kenntnisse der Gegebenheiten ist für uns nicht zu sehen, wie es hätte erfolgreich sein können. Wir betrauern die toten Soldaten und fragen uns, wieviel mehr Amerikaner — Retter und Geiseln — den Tod gefunden hätten, wenn unsere Kommandos bis zum Gebäudekomplex der amerikani-

schen Botschaft und zum iranischen Außenministerium im Zentrum von Teheran durchgedrungen wären.

*Sobald sie von dem Rettungsversuch erfuhren, verkündeten die Führer des Iran aufgebracht und höhnisch, daß sie die Geiseln überall im Land verstreut unterbringen würden, um einen weiteren Versuch dieser Art zu vereiteln. Doch haben die Iraner trotz ihrer früheren Drohungen die Geiseln nicht für die Operation büßen lassen, wovor unsere Regierung sie auch nachdrücklich gewarnt hatte. Und so scheinen sich die Ereignisse momentan auf der Stelle zu drehen — Bewußtseinsstürme, die sich, wie ich denke, zu neuen Mustern fügen müssen, damit Möglichkeiten zur Bewältigung neuer Herausforderungen sichtbar werden können.**

Im Lauf der Jahrhunderte waren im Vorderen Orient zahlreiche religiöse und säkulare [weltliche oder nichtreligiöse] Bewußtseinskräfte am Werk und im Spiel. In Kapitel 5, Band 1, Sitzung 899, erwähnte ich die sowjetische Invasion Afghanistans im Osten des Iran und den Zusammenprall der rational-materialistischen Weltanschauung Sowjetrußlands mit der fanatisch-fundamentalistischen islamischen Ideologie. Ich nahm auch Bezug auf die Verstrickungen unseres eigenen Landes in jenem Teil der Welt. Eine der Komplikationen, die ich nicht erwähnte, ist die zunehmende Konfrontation des Iran mit dem Irak. Beide Länder machen Territorialansprüche im Zusammenhang mit dem Wasserweg geltend, der im Grenzgebiet zwischen ihnen verläuft und in den Persischen Golf mündet. Seit mehreren Monaten schon liefern sie sich Grenzgefechte, und jedes der beiden Länder droht dem anderen mit größeren militärischen Aktionen.

Historisch geht die Animosität zwischen dem Iran (der bis 1935 Persien hieß) und dem Irak bis mindestens ins siebente Jahrhundert zurück, als die Eroberungszüge der Araber den Islam nach Persien brachten. Ein Hauptunterschied zwischen den beiden Ländern liegt darin, daß die Bevölkerung des Iran zur indoeuropäischen Sprachenfamilie gehört und der Irak zur semitisch-arabischen. Mohammed, der Religionsstifter des Islam, starb im Jahre 632; Streitigkeiten wegen seiner Nachfolge führten, vereinfacht gesagt, zu einer Spaltung der Islamiten in Schiiten und Sunniten. Diese große Spaltung ist auch ein Faktor in

---

* Vergleichen Sie im Zusammenhang mit dieser Anmerkung die Sitzung 891 vom 26. Dezember 1979 in Kapitel 3, Band 1 dieses Werkes, in der Seth von der Geiselaffäre als einem »materialisierten Massentraum« sprach.

der gegenwärtigen Konfrontation der beiden Nationen: im Iran ist die schiitische Mehrheit an der Macht, im Irak die sunnitische.

In diesen Gebieten unseres Erdballs sind, wie anderswo auch, Bewußtseinskräfte am Werk, die sich als Inbegriff religiöser und weltlicher Macht »fortzuentwickeln« streben, wobei die Macht innerlich und äußerlich kaum weiter als die nationalen Landesgrenzen reicht. Zu den größeren Fragen, die solche Bewußtseinsstrebungen auf lange Sicht werden lösen müssen, gehören zweifellos die drastischen Beschränkungen, die die restriktive fundamentalistische Interpretation des Islam großen Bevölkerungsgruppen auferlegt [die natürlich ihre kollektiven Gründe haben, solche Umstände zu akzeptieren]. Tatsächlich erstreckt sich in Ländern wie dem Iran und Irak die derzeitige islamische Gesetzgebung auf sämtliche Aspekte des privaten und öffentlichen Lebens, indem sie mit ihren Definitionen annehmbaren und unannehmbaren Verhaltens — vom sexuellen bis hin zum im weitesten Sinne staatsbürgerlichen Verhalten — die Staatsbürger reglementiert. Man stelle sich den Zusammenprall einer solchen eifernden religiös-fundamentalistischen Weltanschauung mit der sowjetrussischen oder der amerikanischen Lebensauffassung (die wiederum einander widersprechen) einmal vor!

Für uns hat es fast den Anschein, als sei unser Land wie festgebannt durch seine Verstrickungen im Vorderen Orient. Ich glaube sogar, daß die Sandstürme, durch die sich die amerikanischen Hubschrauber hindurchkämpfen mußten, um Desert One zu erreichen, nicht nur Symbol, sondern eine Sichtbarmachung der Herausforderungen waren, vor die wir uns in jener Weltgegend gestellt finden. Das Scheitern unserer Rettungsaktion bildet einen weiteren Lernschritt auf dem Wege unserer Bemühungen, dem »zeitgenössischen« Gerangel verschiedener religiöser und weltlicher Mächte beizukommen. Im Grunde ist der Ausbreitung immer neuer Spielarten von Bewußtseinsäußerungen auf unserem Planeten keine Grenze gesetzt, und so gesehen sind die großen Herausforderungen eigentlich uralt.

Bei Anbruch der Abenddämmerung setzte ein feiner Regen ein. Jane saß in dem Durchgang, der von ihrem Arbeitszimmer zu der abgeschirmten Veranda des Hügelhauses führt, und sah den Vögeln zu, die die feuchten Reste des Futters aufpickten, das ich am Morgen in der Auffahrt ausgestreut hatte. Wegen ihrer Gehschwierigkeiten hatte sie auf ihrem Bürostuhl mit Rollen Platz behalten und im Sitzen die gläserne Schiebetür weit geöffnet. Der Regen störte die Vögel überhaupt nicht: ein Kardinalpärchen, mehrere Rotdrosseln, ein paar Tyrannvögel, verschiedene Singvögel und eine Gruppe Trauertauben. Jane entspannte sich, als sie zu dieser stillen Stunde dort saß — doch wollte sie trotzdem die Sitzung abhalten; sie rief mich bald — sie fühlte die Nähe Seths ... Beginn der Sitzung um 20.55 Uhr.)

Guten Abend.

(»Guten Abend, Seth.«)

Diktat: Das genetische System ist eine innere, biologische »universelle« Sprache.

Ausdruck dieser Sprache ist nach euren Begriffen der physische Körper: Fleisch und Blut, durch das sie in allen Rassen der Menschheit gleichermaßen zum Ausdruck kommt. Es gibt keine höher- oder minderwertigen Rassen. Und durch die Träume ist euch eine andere Art universeller Sprache gegeben, die gewissermaßen alle Völker, ungeachtet ihrer materiellen Umstände oder Nationalitäten oder Bündnisse, miteinander verbindet.

Wenn ihr Einteilungen in verschiedene Menschenrassen vornehmt, so ist das nicht mehr als die Zusammenstellung von Variationen ein und desselben Themas — Variationen, die euch zu unterschiedlichen Zwecken gedient haben. Oft habt ihr euch von diesen Zwecken dazu verführen lassen, die Unterschiede zwischen Volksstämmen zu übertreiben und die biologische Einheit des Menschen unterschätzen. *(Lange Pause.)*

Die wichtigsten Aspekte der Individualität sind die subjektiven Eigentümlichkeiten, die einerseits jeden Menschen von jedem anderen unterscheiden und die andererseits wie farbensprühende psychologische Mosaiken sind, separate, exquisite individuelle Versionen jenes größeren Musters, aus dem die Menschheit hervorgeht. Die Sicherheit, die Unversehrtheit und die Brillanz jeglicher Individualität steigen in diesem Sinne aus jener universellen genetischen Sprache auf, und diese gestaltet auch die innere subjektive universelle Sprache der Träume. Zwischen beiden Sprachen bestehen tiefe Zusammenhänge, und sie werden beide zusammen gesprochen.

Gehen wir einmal praktisch vor und schauen uns an, wie diese Gegebenheiten in eurer Wirklichkeit ineinander übergehen. Manchmal muß man sehr ehrlich mit sich sein, um Gefühle und Tagträume in die Erinnerung zurückzurufen, die man bisher beiseitegeschoben oder vergessen oder geleugnet hatte. Warum also werden manche Menschen mit einer körperlichen Verfassung geboren, die zweifellos als genetisch fehlerhaft empfunden wird — ungeachtet des allgemeinen Wertes solcher Varianten für die Gattung selbst? Denn noch einmal muß ich die Tatsache hervorheben, daß die Natur selbst keine derartigen Werturteile fällt, ungeachtet der Glaubensüberzeugungen eurer Wissenschaft oder Religionen.

Die Wissenschaft scheint der Meinung zu sein, daß das Individuum nur insofern von Bedeutung ist, als *(lauter:)* es dem Fortbestand der Gattung dient — und ich sage etwas ganz anderes. Ich sage, daß die Existenz eines jeden Individuums für die Werterfüllung der Gattung von Bedeutung ist. Und darüber hinaus stelle ich fest, daß die Werterfüllung des Individuums und die der Gattung Hand in Hand gehen. *(Lange Pause um 21.13 Uhr.)*

Ich stelle außerdem fest, daß die Gattung selber all der Bedingungen gewahr ist, die zu ihrer eigenen Werterfüllung wie auch derjenigen sämtlicher Individuen führen. Keine Gattung betrachtet ihre Koexistenz mit anderen Gattungen biologisch grundlegend anders als unter kooperativen Gesichtspunkten — das heißt, es gibt keinen grundlegenden Wettstreit zwischen den Gattungen. Wenn ihr meint, daß es ihn gebe, dann lest ihr etwas in die Natur hinein. Was immer die bewußten Glaubensannahmen des Menschen sein mögen: auf der biologischen Ebene besteht ein ganz enger Zusammenhang zwischen seiner genetischen Struktur und der genetischen Struktur aller anderen Gattungen.

Die Menge der im Menschen angelegten wahrscheinlichen Entwicklungsmöglichkeiten ist schlechthin unfaßbar. Kein Computer könnte die Anzahl möglicher Kombinationen von Eigenschaften berechnen. *(Nachdrücklich:)* Es ist also von großer Wichtigkeit, daß die Gattung Flexibilität bewahrt und nicht in irgendeinem Muster steckenbleibt, welche Vorteile immer im Augenblick damit verbunden sein könnten, und ich meine sowohl körperliche wie geistig-seelische Muster. Im gesicherten Rahmen der Gattung muß es Raum für alle möglichen Abweichungen geben — Varianten, die biologisch aktiviert werden. Diese genetischen Varianten mögen als fehlerhaft oder ausgefallen erscheinen. Einerseits mögen sie als Behinderungen, andererseits als überlegene Eigenschaften irgendwelcher Art in Erscheinung treten; auf jeden Fall müssen sie biologisch als Abweichungen von der genetischen Norm gelten.

Doch erfordern sie, gleich ob sie nun als überlegen oder fehlerhaft erscheinen, eine andere Art der Anpassungsfähigkeit, einen Wechsel des subjektiven oder körperlichen Brennpunkts, die Intensivierung anderer Fähigkeiten, die bisher vielleicht nicht genügend zur Geltung kamen. All dies vorausgesetzt drängt sich jedoch die Frage auf, warum nicht wenige Individuen Situationen wählen, die als Behinderung erfahren werden? Um dies zu verstehen, müssen wir einige menschliche Gefühle betrachten, die oft vergessen werden.

Nun habe ich oft gesagt, daß Leiden an und für sich »nicht gut für die Seele« ist. Leiden ist keine Tugend, und doch scheinen viele Individuen danach zu suchen. Leiden gehört zur menschlichen Erfahrung und läßt sich daher nicht als Gestörtheit des Gefühlslebens oder der Glaubensüberzeugungen von der Hand weisen. *(Lange Pause.)*

Leiden ist eine seelische Verfassung des Menschen, die aus mancherlei Gründen gesucht wird. Natürlich gibt es Leiden unterschiedlichster Intensität, und jeder Mensch wird Leiden auf seine Art definieren. Bei vielen Menschen wird tatsächlich eine bestimmte Form des Leidens mit erregender Spannung gleichgesetzt. Leistungssportler, Rennfahrer, Bergsteiger — sie alle suchen mehr oder weniger das Leiden und empfinden die Intensität bestimmter Leiden als lustvoll. Man könnte sagen, daß sie gern gefährlich leben.

(21.29 Uhr.) Bei einigen — skandiere das Wort — S-e-k-t-e-n herrschte der Glaube vor, spirituelles Verständnis sei körperlichen Qualen zu verdanken, und so wurde den Anhängern selbstauferlegter Schmerz zu ihrer Version der Lust. Es heißt gewöhnlich, Tier und Mensch vermeiden Schmerz und suchen Lust — und so wird, außer unter ganz bestimmten Bedingungen, alles Suchen nach Schmerz als unnatürliches Verhalten betrachtet. *(Pause.)*

Es ist nicht unnatürlich. Es ist ein exzentrisches *(Pause)* Verhaltensmuster. In ihren Tagträumen sind viele Kinder nicht nur Könige und Königinnen oder große Berühmtheiten, sie träumen sich auch als tragische Gestalten. Oft sterben sie in ihren Tagträumen eines grausamen Todes. Sie schwelgen in Geschichten von bösen Stiefmüttern. Sie stellen sich tatsächlich jede ihnen vorstellbare, menschlicher Erfahrung zugängliche Situation vor. In einem gewissen Maße trifft dies auch für Erwachsene zu. Es zieht sie zu hochdramatischen Kino- oder Fernsehspielen voller Leid und Tragödien. Der Grund dafür ist, daß ihr eurer großen Neugier auf menschliche Erfahrung euer Leben verdankt. Ihr lebt, weil ihr am menschlichen Drama teilnehmen wollt.

Mir ist zwar bewußt, daß *(lächelnd)* viele Menschen mir nicht zustimmen werden, doch weiß ich aus Erfahrung, daß die meisten Individuen nicht ein »glückliches« Leben nach dem anderen wählen, das ihnen jederzeit Geborgenheit in einem leistungsfähigen Körper und all die als begehrenswert erachteten Gaben der Natur oder der Vererbung gewährt.

Alle Menschen trachten nach Werterfüllung, und das bedeutet, daß sie sich verschiedene Leben unter dem Gesichtspunkt bestmöglicher Entwicklung ihrer Begabungen und Fähigkeiten aussuchen, so daß auch ihre Welt bereichert wird. Manche Menschen werden mit Bedacht »unvollkommene« Körper wählen, um sich intensiver auf andere Bereiche einzustellen. Sie suchen eine andere Art der inneren Brennweiteneinstellung. *(Lange Pause.)* Sie wollen ihre Charaktereigenschaften durch eine ganz bestimmte Prägung modifizieren. Eine solche Wahl erfordert eine Intensivierung. Sie wird sowohl vom betreffenden Individuum wie auch von dessen Eltern getroffen, so daß eine bestimmte Personengruppe ein ganz besonderes Verhältnis zur Welt entwickeln wird. In nahezu all diesen Fällen *(Pause)* werden solche Menschen sich mit *geistig anspruchsvollen* Themen und Fragen auseinandersetzen, mit denen sie sich andernfalls wahrscheinlich nicht befaßt hätten. Sie werden genötigt, Fragen zu stellen, die nicht nur um ihrer selbst, sondern um der Gesellschaft willen aufgeworfen werden müssen.

(21.48 Uhr. Jane pausierte in der Trance und schenkte sich etwas Wein ein.)

Diese Fragen verhelfen zu psychischer Reife und zu Einsichten in die Natur der Spezies im allgemeinen. Viele derartige Beeinträchtigungen halten auch die menschliche Sympathie wach. Ich treffe eine Unterscheidung zwischen Sympathie und Mitleid: starke Sympathie wirkt konstruktiv und regt zum Einsatz bestimmter Fähigkeiten wie auch zu öffentlicher Diskussion an. Mitleid hingegen kann lähmend wirken.

Aufgrund eurer Überschätzung körperlicher Normen und eures Irrglaubens an das Überleben des Stärkeren erscheinen natürlich etwaige genetisch bedingte Defekte in viel zu grellem Licht. Zahlreiche religiöse Lehren wiederum brandmarken solche Behinderungen als Strafe Gottes. Das Überleben der Gattung hängt in viel höherem Maße von eurem geistig-seelischen als von eurem körperlichen Verhalten ab — denn es ist eure subjektive psychische Einstellung, die eurer körperlichen Aktivität zugrunde liegt. Die Naturwissenschaft sieht die Sache natürlich genau andersherum, da sie euer Handeln als eine Art mechanisch-formalen Output eines Roboters betrachtet — der auf höchst wundersame Weise von den blindwaltenden Elementen eines rein zufällig entstandenen Universums programmiert wurde. Der Roboter ist darauf programmiert, nur auf Kosten von allem und jedem anderen zu überleben. Er hat kein wirkliches Bewußtsein seiner selbst. Seine Gedanken sind lediglich mentale Luftspiegelungen, und falls ein Defekt sein Funktionieren behindert, ist er übel dran. Aber der Mensch ist kein Roboter, und jeder sogenannte genetische Defekt spielt seine Rolle im Gesamtbild der genetischen Wirklichkeit. Das Unschärfeprinzip muß sich genetisch auswirken, andernfalls wärt ihr als Gattung in Überspezialisierungen steckengeblieben.* *(Pause.)*

Es gibt Bewußtseinszustände, die einer im anderen enthalten sind und zudem natürlich alle miteinander in Verbindung stehen, so daß genetische Systeme in Wirklichkeit Bewußtseinssysteme sind. Sie sind engstens mit reinkarnationsbedingten Bewußtseinssystemen verknüpft. Diese wiederum sind eng verknüpft mit dem Bewußtsein, das ihr als solches anerkennt. Die Gegenwart ist der Kraftpunkt. Bei eurer jetzigen genetischen Beschaffenheit wirken eure bewußten Absichten und Ziele als Auslöser zur Aktivierung derjenigen genetischen oder reinkarnationsbedingten Aspekte, die ihr jeweils benötigt.

Der Traumzustand schafft die Bindeglieder zwischen diesen Bewußtseinssystemen.

Ende des Diktats. Habt ihr Fragen?

---

* In der Fußnote zu Sitzung 823 vom 27. Februar 1978, die Teil des Seth-Buches *»Individuum und Massenschicksal«* ist, schrieb ich, daß das Unschärfeprinzip der Quantenmechanik als physikalisches Prinzip »der möglichen Genauigkeit bei gleichzeitiger Messung der Bewegung und Position atomarer Objekte (Elementarteilchen) entschiedene Grenzen« setzt und daß »Beobachter und beobachtetes Objekt einander beeinflussen«.

Im vorliegenden Buch gebraucht Seth das Unschärfeprinzip als eine Analogie (und zwar eine vorzügliche) in dem Sinne, daß sich, ebenso wie die Positionen und Bewegungen von Elementarteilchen beispielsweise nicht gleichzeitig meßbar sind, auch unsere genetischen Eigenschaften und ihre Bewegungen nicht immer spezifisch bestimmen lassen. In Sitzung 909 dieses Buches hat er bereits gesagt: »Die große Anpassungsfähigkeit der menschlichen Gattung beruht auf einem außerordentlichen Zusammenspiel von genetischer *Präzision* und genetischer Freiheit«, und in Sitzung 910: »Eure genetische Struktur reagiert auf jeden eurer Gedanken, auf eure emotionale Verfassung, euer psychologisches Klima.« Es gibt Wahlfreiheit und Wahrscheinlichkeiten. So vermeiden wir die genetische Erstarrung.

(22.05 Uhr. »Ja, mir schien, daß es heute abend bei deinem Material über innere Brennweiteneinstellung und körperliche Verfassung gewisse Anklänge an Janes eigene Situation gab — an ihre Versteifungen und die Schwierigkeiten beim Gehen.« Seth-Jane starrte mich eine lange Weile an.)

Möchtest du, daß ich etwas dazu sage, oder war das eine Feststellung?

(»Beides.«)

In Ruburts Fall gibt es keinen besonderen genetischen Zusammenhang. Allerdings wäre bei einem solchen derselbe Krankheitsverlauf möglich.

Im Fall Ruburts ging es um Verhaltensmuster — die übernommen wurden, um eine Intensivierung zu bewirken. Ruburts Mutter, wie in starkem Maße auch dein Vater, hatte mit ähnlichen Verhaltensproblemen zu tun. In Ruburts Fall geht es aber eher um Funktionsstörungen als um genetisch bedingte Defizite. Sag Ruburt, daß der Zweck *(verschmitzt)* auch in seiner speziellen Situation die Mittel nicht rechtfertigt, ebensowenig wie in jeder anderen. Es geht immer noch darum, den Körper, den ihr habt, zu lieben, zu schützen, ihn wertzuschätzen und ihm zum Ausdruck zu verhelfen.

Diese Feststellung gilt auch für jene Menschen, die genetisch behindert sind. Ende der Sitzung, und meine herzlichsten Grüße.

(»Danke.«)

(22.12 Uhr. »Da war irgend etwas gegen Ende«, sagte Jane. »Es ist nicht ganz zu mir durchgedrungen, etwas über den Zweck, der die Mittel rechtfertigt. Er will nicht, daß man das auf genetische Behinderungen bezieht ... War das eine gute Sitzung?«

»Sehr gut«, sagte ich. Und wirklich war ihr Vortrag weitaus kraftvoller und länger gewesen, als ich vor der Sitzung erwartet hatte.)

Sitzung 912, Mittwoch, den 30. April 1980

(Gestern hat Jane Kapitel 15 von »God of Jane« fertiggetippt. Das Kapitel besteht aus ihrem langen Gedicht »Ein psychisches Manifest«, das sie im Juli 1979 schrieb. Ich habe den ersten Vers des Gedichts der Einführung zu »Individuum und Massenschicksal« vorangestellt. Ich schrieb dort: »Das Gedicht ist unter anderem eine leidenschaftliche psychische Unabhängigkeitserklärung als Antwort auf die in diesem

Buch dargelegten Ideen Seths.« Jane hat auch Vorkommnisse im Zusammenhang mit dem Entstehen dieses Gedichts in Kapitel 7 von »God of Jane« beschrieben.

Am letzten Abend des Monats war es für unsere Gegend ziemlich warm zu dieser Jahreszeit — 19 Grad Celsius —, und die Fenster der Vorder- und Rückseite des Hügelhauses standen offen, so daß die Katzen nach Belieben auf die Veranden hinausgehen konnten. Unglaublich, dachten Jane und ich, daß das Jahr 1980 schon vier Monate alt war. Viele Vögel sind schon zurückgekehrt. Ich habe damit begonnen, jeden Tag ein wenig Gras zu mähen.)

(Um 21.04 Uhr mit vielsagendem Lächeln:) Nun, guten Abend.

(»Guten Abend, Seth.«)

Diktat.

(»Gut.«)

Noch einmal: Das genetische System ist viel offener, als gemeinhin angenommen wird. Nicht nur enthält und übermittelt es Informationen, es reagiert auch auf Informationen aus der Welt der Materie, einschließlich Gegebenheiten aus der Welt eurer Zivilisation und Kultur.

In einer Weise, die ich noch zu erklären hoffe, reagiert also das genetische System auch auf vorherrschende Glaubensüberzeugungen und Geschehnisse, die eine Zivilisation markieren. Geschehnisse können genetische Aktivität a u s l ö s e n. Diese wird nicht bloß durch chemische Reaktionen ausgelöst, sondern auch durch individuell und gesamtgesellschaftlich gehegte Überzeugungen hinsichtlich der Frage, ob diese Welt überhaupt sicher sei — oder nicht.

Es gibt auch, wie ich sie nennen möchte, erblich bedingte Träume, die unmittelbar durch genetische Auslöser inspiriert werden. Solche Träume — Fetusträume — sind äußerst schwierig zu beschreiben, denn es geht bei ihnen um die U m r i ß g e s t a l t u n g des individuellen Bewußtseins. Diese Träume schaffen jedoch die Grundlage *(Pause)* des s u b j e k t i v e n V e r s t ä n d n i s s e s, aus dem heraus sich Gedanken bilden, und in diesem Sinne sind vollständige Gedanken schon möglich, ehe das Gehirn selbst voll ausgebildet ist. *(Nachdrücklich:)* Es ist der Denkprozeß, der das Gehirn aktiviert, und nicht umgekehrt.

Solche Gedanken sind — bitte hervorheben — w i e, n u n, e l e k t r i s c h e M u s t e r, d i e i h r e n e i g e n e n M a g n e t i s m u s e r z e u g e n. *(Lange Pause.)* Die Fähigkeit zu begrifflichem Denken ist im Fetus vorhanden, und der Fetus denkt in Begriffen. Die Ausrichtung dieses begrifflichen Denkens und der Gedankenmuster setzt aufgrund bestimmter körperlicher Auslöser ein, die nach der Geburt durch Eltern und Umwelt aktiviert werden, aber die Fähigkeiten begrifflichen Denkens sind bereits verankert. Diese Verankerung findet in erblich bedingten Träumen statt.

Kleinkinder denken, lange bevor sie sprechen können. Das Denken geht der Sprache voraus. Die Sprache ist die Dienerin des Denkens.

(Nach langer Pause um 21.22 Uhr:) Geduldet euch einen Moment ... Die Fähigkeit zu sprechen ist ebenfalls genetisch vorgegeben, auch sie ausgerichtet auf den körperlichen Auslöser, den die Sprache der Eltern liefert. Kinder erlernen solche Sprachen im Geistig-Seelischen, lange bevor sie körperlich in der Lage sind, sie zu sprechen, und die Kinder — besser gesagt: Kleinkinder — üben in genetisch inspirierten Träumen diese Sprachen. Noch bevor jedoch Kleinkinder ihre Eltern sprechen hören, stehen sie mit ihnen in telepathischer Kommunikation, und selbst dem Fetus geht es in erblich bedingten Träumen um die Kodierung und Deutung von Sprache. Diese Träume ihrerseits inspirieren die notwendige körperliche Entwicklung, deren sie zu ihrer Verwirklichung bedürfen.

Erblich bedingte Träume der einen oder anderen Art ziehen sich durch euer ganzes Leben, ob ihr sie nun bewußt wahrnehmt oder nicht. Sie waren in der »Entwicklungsgeschichte des Menschen«, wie ihr sie versteht, von grundlegender Bedeutung. Sie waren der Ursprung der schon erwähnten Träume, die den Menschen bewogen, auf der Suche nach Nahrung Wanderzüge zu unternehmen, die ihm fruchtbares Land erschlossen. Diese Träume standen in engstem Zusammenhang mit seinem körperlichen Überleben, und wann immer dieses Überleben bedroht scheint, steigen, wenn irgend möglich, solche Träume ins Bewußtsein auf.

Es sind dies die Träume, die vor Hungersnöten oder Kriegen warnen. Doch können solche Träume auch ausgelöst werden, wenn das Kollektivbewußtsein wie jetzt in eurer Gegenwart die Überzeugung hegt, daß das Überleben der Gattung gefährdet ist — und in solchen Fällen spiegeln die Träume einfach die Befürchtungen des Menschen wider. Übermäßige Angst kann aber das genetische System verwirren, und zwar auf mancherlei Weise. Die Existenz jeder einzelnen Gattung setzt ein grundlegendes Vertrauen, ja, einen biologischen Optimismus voraus, der es der Gattung ermöglicht, innerhalb des naturgegebenen Rahmens ihrer Existenz die Anlagen ihrer Individuen frei und in relativer Sicherheit zu entwickeln. Jede Gattung tritt ins Dasein nicht nur im Gefühl eines eingeborenen natürlichen Vertrauens in ihren eigenen Wert, sie ist auch voll überschäumender Lebensfreude in dem Gefühl, in ihrer Welt am rechten Platz zu sein. In den Jungen aller Gattungen äußert sich ein ununterdrückbarer Überschwang der Lebensfreude. Diese Lebensfreude ist vorgegeben.

(Mit Nachdruck, indes Billy während meiner Niederschrift zusammengerollt neben meinem linken Ellbogen schläft:) Tiere wissen, daß sie in ihrem Leben den Lebenssinn zum Ausdruck bringen. Sie fühlen ihre Beziehung zu allen anderen Lebensformen. Sie wissen, daß ihr Dasein im Rahmen der planetarischen Existenz lebenswichtig ist. Darüber hinaus identifizieren sie sich so restlos mit dem ihnen innewohnenden Lebensgeist, daß es für sie ganz unvorstellbar wäre, seine Bedeutung in Frage zu stellen. Unvorstellbar nicht deshalb, weil solche Geschöpfe nicht d e n k e n können, sondern weil der Lebenssinn so selbstverständlich für sie ist. *(Lange Pause.)*

Immer wenn der Mensch denkt, das Leben sei sinnlos, immer wenn er zu fühlen glaubt, daß Werterfüllung virtuell unmöglich sei, dann untergräbt er sein genetisches Erbe. Er schneidet sich selbst vom Sinn des Lebens ab. Er fühlt sich innerlich leer. Jahrhundertelang verband der Mensch Vertrauen, Hoffnung und Nächstenliebe mit den Glaubensüberzeugungen der etablierten Religionen. Statt dessen handelt es sich um genetische Eigenschaften, inspiriert und gefördert von der untrennbaren Einheit des Geistes im Fleisch. *(Pause.)* Die Tiere kennen gleich euch Vertrauen, Hoffnung und Nächstenliebe und leben diese Qualitäten in ihren eigenen existentiellen Bezugsrahmen beispielhafter als ihr. Jede Weltanschauung, die die Idee vertritt, daß dem Leben kein Sinn innewohnt, stiftet biologisch Schaden. Sie nährt Gefühle der Verzweiflung, die unmittelbar die genetische Aktivität beeinträchtigen. Solche Denkweisen wirken auch psychisch verheerend, da sie die emotionale Lebhaftigkeit, den Überschwang und den Sinn für das Spielerische lähmen, denen alle Kreativität entspringt.

Auch in intellektueller Hinsicht haben solche Ideologien eine lähmende Wirkung, da sie dem großen Wissensdrang des Menschen in bezug auf alles, was ist und ihn betrifft, jeden Zugang verbauen. Wenn das Leben keinen Sinn hat, dann kommt es einfach auf nichts mehr an, und auch die intellektuelle Neugier selbst versiegt. *(21.49*

Uhr.) Daher sind die Ideologien einer Gesellschaft von großem Einfluß darauf, welche genetischen Systeme ausgelöst werden und welche nicht.

Ruh deine Hand aus, Joseph.

(Mich amüsierte, daß Jane in ihrer Trance gerade lange genug pausierte, um ihr Weinglas wieder aufzufüllen. Weiter um 21.51 Uhr.)

Ihr habt also genetische Systeme, die *(lange Pause)* Träger von buchstäblich unzähligen Informationen sind. Nun: Durch eure Technologie, durch eure Erfahrungen mit der Materie seid ihr auch von einem immensen Angebot an Kommunikation und Information äußerer Art umgeben. Ihr habt eure Telefone, Radios und Fernsehapparate, eure Erdsatelliten — lauter Netzwerke, die Daten verarbeiten und übertragen. Die inneren biologischen Systeme und die äußeren mögen vielleicht als ganz unterschiedlich erscheinen. Sie sind indessen eng miteinander verknüpft. Die kulturelle Information, die euch aus den Bereichen der Kunst, Wissenschaft und Wirtschaft zukommt, wird allemal übersetzt, entschlüsselt und in Zellinformation umgewandelt. Bestimmte erblich bedingte Krankheiten zum Beispiel können je nach dem kulturellen Klima aktiviert oder nicht aktiviert werden; ob ein Mensch sich in dem jeweiligen Klima sicher fühlt oder nicht, wird durch persönliche Erfahrung interpretiert.

Auf die eine oder andere Weise hat das lebende genetische System eine Auswirkung auf eure kulturelle Wirklichkeit, und umgekehrt. Dies alles wird noch weiter kompliziert durch die Absichten und Ziele der Generationen jeder Epoche und durch reinkarnatorische Einflüsse.

Werterfüllung impliziert stets das Streben nach dem Vortrefflichen — nicht Perfektion, sondern Vortrefflichkeit. Vortrefflichkeit *(Pause)* auf jedem Gebiet — ob körperlich, intellektuell, emotional, intuitiv oder wissenschaftlich — spiegelt sich auch auf anderen Gebieten wider und wirkt als Vorbild durch ihr bloßes Vorhandensein. Diese Art von Vortrefflichkeit muß nicht in irgendeinem Aspekt des Lebens strukturell angelegt sein, obwohl sie in jedem beliebigen Aspekt in Erscheinung treten kann, und wo immer sie in Erscheinung tritt, ist sie gleichsam das Echo einer spirituellen und biologischen Direktive. Es gibt nach euren Begriffen verschiedene historische Perioden, in denen die Gattung gezeigt hat, wieviel sie vermag — und was ihr in ganz spezifischen Richtungen möglich ist, wenn die genetischen und reinkarnatorischen Auslöser berührt werden, deren explosive Kraft vortreffliche Eigenschaften freisetzt, die sich ganz klar und in höchst spektakulärem Licht zeigen und somit als individuelle Vorbilder und als Vorbilder für die gesamte Gattung gelten können.

Noch einmal: Solche Zeiten sind eng verknüpft mit reinkarnatorischen Intentionen, welche die genetischen Auslöser steuern und dann mit der Kultur als weiterem erforderlichen Stimulus zusammentreffen. Ein gutes Beispiel hierfür ist die Zeit der großen Meister in Malerei und Bildhauerei *(humorvoll und lauter)* — wie du siehst, komme ich nun zu einer deiner Lieblingsfragen, Joseph,* und wir werden diese Erörterung in unserer nächsten Sitzung wiederaufnehmen.

Hast du noch irgendwelche Fragen?

(22.09 Uhr. Ich hatte eine Frage — genauer gesagt, eine Frage, die aus mehreren Fragen besteht und auch zu meinen Lieblingsfragen gehört. Es dürfte dies wohl die längste Frage sein, die ich je in einer Sitzung gestellt habe, und zwar bezieht sie sich auf die Versuche des Menschen, sowohl gegen sein Erbe anzukämpfen als auch es sich anzueignen. Hier eine Zusammenfassung: »Neulich haben Jane und ich über die Menschen gesprochen, die behaupten, das Universum sei ein Zufall und ihm liege kein Sinn zugrunde, es gebe kein Leben nach dem Tode und auch keine paranormalen Fähigkeiten — eben diese Denkweise. Solche Menschen bezeichnen sich selbst gern als Skeptiker und haben eine sehr unflexible innere Brennweiteneinstellung nur auf dasjenige, das sie als die materielle Wirklichkeit erkennen. Diese Haltung ist

---

* Seth bezog sich auf eine Frage, mit der ich immer wieder zu Jane komme, die ich jedoch selten mit anderen erörtere, einfach weil sie sich nicht dafür zu interessieren scheinen: Wo sind all die Rembrandts geblieben? Warum gibt es heute nicht einen Maler auf der ganzen Welt, dessen Fähigkeiten denen Rembrandts gleichkommen und der seine große Begabung nutzt, um Tiefen des Mitgefühls für das Menschenschicksal heraufzubeschwören, wie Rembrandt es tat? Oder warum ist in unserer Zeit kein Rubens oder Velasquez oder Vermeer am Werk? Dies ist natürlich eine sehr persönliche Auswahl — aber *warum haben wir nicht* einen Rembrandt? Die erwähnten Maler, deren Leben sich im Zeitraum eines knappen Jahrhunderts (von 1577 bis 1675) abspielte, brachten tiefe menschliche Einsichten auf vortreffliche Art zum Ausdruck. Die »großen Meister« im Hinblick auf die reinkarnatorischen Absichten und Bestrebungen unserer Gattung zu betrachten scheint mir ganz neue, herausfordernde Aspekte zu erschließen.

Das Schaffen unserer vielen hervorragenden »modernen« Maler ist zwangsläufig von einer anderen Weltstimmung geprägt. Die Kunst unserer Gattung ist nicht mehr dieselbe — eine Tatsache, die ich sowohl begrüße als auch bedaure. Dabei habe ich das Gefühl, daß wir im Laufe der irdischen Zeit entweder gewisse Qualitäten der bildenden Kunst verloren haben oder aber sie nicht länger anstreben.

*weit verbreitet. Manche Menschen haben berufliche Karrieren auf solchen negativen Glaubensüberzeugungen aufgebaut, und Jane und ich haben uns gefragt, wie sie wohl nach dem Tod des Körpers reagieren, wenn sie entdecken, daß sie immer noch leben — daß sie vielleicht ihr ganzes Leben hindurch Überzeugungen hochgehalten haben, die sie nach ihrem Tod als ganz falsch zu erkennen beginnen. Wie reagieren sie? Sind sie sich ihrer früheren Individualität und somit der einstigen Glaubensüberzeugungen überhaupt gewahr? Ist es für sie von Bedeutung, was sie früher dachten? Sind sie schockiert, empfinden sie so etwas wie Bedauern oder Verlegenheit — oder was? Oder gibt es da eine solche Vielfalt von möglichen Reaktionen, daß du die Frage nicht einfach beantworten kannst? Und wie reagieren solche Seelen nach dem Tod, wenn sie beispielsweise zu Fragen der Reinkarnation neue Einsichten gewinnen?**

Seth-Jane hatte höflich zugehört, während ich so sprach.)

Hm, welch Leckerbissen: Das ist eine höchst individuelle Angelegenheit, und so ist es schwierig, eine allgemeine Antwort darauf zu geben.

Reinkarnatorische Muster spielen da gewiß eine Rolle. Manche Menschen, die sich in früheren Leben voll mit dem einen oder anderen religiösen Glauben identifiziert hatten, verordnen sich gewissermaßen Schocktherapien, indem sie nun ein Leben wählen, in dem sie an gar nichts glauben oder einfach jegliche Religion ablehnen — um schließlich zu entdecken, daß kein religiöser Glaube so einschränkend ist wie der Glaube an gar nichts. In solchen Fällen öffnet *diese* Erkenntnis die Augen.

Dann gibt es die Menschen, die sich zu sehr auf religiöse Glaubenssätze verlassen haben und sie als Krücken benutzten, und in späteren Leben werfen sie dann vielleicht diese Krücken fort und übertreiben ihre neugefundene »Freiheit«; indem sie solche Leben bar aller Sinnhaftigkeit leben, geht ihnen nach dem Tod auf, daß der *Sinn* des Daseins letzten Endes gar nicht von irgendeinem religiösen Glauben abhing. Er war schon immer da, nur hatten sie ihn nicht erkannt.

Es gibt da alle nur denkbaren Varianten. Insgesamt ist im großen Ganzen der reinkarnatorischen Wirklichkeit der Glaube an den Sinn des Lebens weitgehend die Regel. In besonderen Fällen jedoch werden episodische Leben wie die eben beschriebenen nach dem Tod mit

---

* Vergleichen Sie Janes Gedicht am Schluß dieser Sitzung.

»Momenten« wie Bestürzung, Schock oder ähnlichen Gefühlen einhergehen.

Wenn du mich daran erinnerst, werde ich gelegentlich mehr zu diesem Thema sagen.

(Herzhaft:) Ende der Sitzung.

(»Danke, Seth.«)

Und euch beiden herzlich einen guten Abend!

(»Dir auch.«)

(22.20 Uhr. Ich sagte Jane, daß die Sitzung vorzüglich war. Ihr Vortrag war oft ziemlich rasch und intensiv, ja leidenschaftlich gewesen. Sie lachte. »Siehst du, ich wollte, daß er durchkommt und etwas über mich sagt, ohne ihn darum zu bitten; aber das hat er nicht gemacht.« Sie hatte mir von einem solchen Wunsch nichts gesagt. »Ich erhielt beim Abwaschen heute abend etwas über erblich bedingte Träume — genau diese Formulierung«, sagte sie. »Jedenfalls fühle ich mich besser nach der Sitzung als vorher. Heute abend hatte ich nach der Sitzung das Gefühl, daß es eine rundum volle Sache ist — daß ich wirklich einer Sache auf den Grund gegangen bin«, fügte Jane hinzu. »Das hab' ich gern. Die letzte Sitzung hat mir dieses Gefühl nicht vermittelt, aber als ich das Protokoll las, fand ich sie gut …«)

(Ich habe Janes folgendes Gedicht, das keinen Titel hat, für einen Ort wie diesen aufgehoben. Sie schrieb es am 7. November 1979, fast einen Monat vor der Sitzung 886, die am 3. Dezember stattfand. In den einführenden Anmerkungen zu jener Sitzung, Band 1, Seite 160, berichtete ich von Janes Planung eines Gedichtbandes.)

Wenn es kein Leben nach dem Leben gibt,
welch kosmischer Verschwender formte dann
das Weltall?
Denn bloßer Zufall könnte nicht
so fruchtbar sein noch eine Ordnung vortäuschen,
in der ein Vorfall solcher Größenordnung
wie die Erschaffung einer Welt
so unausweichlich zu sein scheint,
in der ein jedes Element
sogleich an seinem Platz ist
und jegliches Bewußtsein unverzüglich auftritt
in klarer Anordnung all seiner Körperteile —

nur um vergeudet wieder in Zerfall,
ins bloße Nichts zurückzusinken,
indes der Zufall neue Kuriosa aufquirlt.

Wenn es kein Leben nach dem Leben gibt,
was für ein Mangel
an kosmischer Ökonomie,
denn die Natur reiht Molekül an Molekül
so raffiniert,
daß jeder Same einen Baum erwachsen lassen kann
und Eigenschaften
eines ganzen Walds enthält,
indes unzählbar Mannigfaltigkeiten
allüberall verborgen sind.

Sitzung 913, Montag, den 5. Mai 1980

(Heute erhielten Jane und ich nach dem Mittagessen Besuch von unserem alten Freund David Yoder, der sich in Florida von der Herz-Bypass-Operation erholt hat, der er sich Anfang des Jahres unterziehen mußte. David kam mit einer Nachricht, die uns zunächst bestürzte und dann allerlei widerstreitende Gedanken und Gefühle in uns hervorrief: Ihm war mitgeteilt worden, daß Mrs. Steffans [der Name wurde von uns geändert], die Frau des Ehepaares, von dem wir im März 1975 das Hügelhaus erworben hatten, sich in ihrem Haus in einer Gegend im Westen der USA das Leben genommen hat, während ihr Mann auf einer Geschäftsreise war.*

Nun bestehen hier mehrere »häusliche« Zusammenhänge für David, die Steffans und uns. Wir hatten das Haus über den Grundstücksmakler der Steffans wenige Monate vor ihrem Wegzug von Elmira gekauft. Ich bin dem Ehepaar nie begegnet. Jane traf Mrs. Steffans nur einmal 1973 auf einer Party in David Yoders damaliger Wohnung, wobei sie mit einem spontanen Reading für die Dame durchkam. Jane und ich finden es höchst bemerkenswert, daß wir in demselben Apartmenthaus wie David wohnten und daß Jane — dieses einzige Mal — einer Frau begegnete, die in dem Haus lebte, das wir zwei Jahre später kaufen

---

* Vergleichen Sie die einführenden Anmerkungen zu Sitzung 895, Band 1, Kapitel 4.

sollten. Übrigens war Mrs. Steffans die letzte Einzelperson, für die Jane ein Reading gewissermaßen in der Öffentlichkeit gegeben hat.

Eine von Mrs. Steffans' Verwandten hatte David, wie er uns nun erzählte, mitgeteilt, daß die Frau damals im Hügelhaus unter Anwandlungen tiefer Niedergeschlagenheit gelitten habe. Nachdem David gegangen war, begannen wir uns zu fragen, ob wir nicht möglicherweise solche psychischen Tiefs unbewußt aufgefangen haben könnten, noch bevor oder nachdem wir in das Haus gezogen waren. Jane hatte im Zuge ihres Readings für Mrs. Steffans nichts dergleichen verspürt, und so fragten wir uns, wann diese depressiven Zustände eingesetzt haben könnten.

*Ich möchte gern wissen, warum sich Individuen aufgrund ihrer eigenen Schwierigkeiten zu einem Ort hingezogen fühlen, an dem sich sehr negatives Geschehen abgespielt hat. Sicher gilt das für positive Situationen gleichermaßen. Am späteren Nachmittag sagte Jane, sie glaube nicht, daß sie sich jemals in solcher Weise auf Mrs. Steffans' Depressionen eingestimmt habe: »Wenn ich das Gefühl hätte, das getan zu haben oder noch zu tun, würde ich hier ausziehen!« Auch ich habe nicht das Gefühl, davon befallen zu sein. Dennoch fanden wir es sehr seltsam — ja unwirklich — zu denken, daß ein Mensch sich das Leben genommen hat, der zu einem Ort, den wir lieben, in so enger Beziehung stand.**

Als die Zeit für die Sitzung kam, war Jane sehr entspannt. Der Abend war noch warm nach dem bisher heißesten Tag des Jahres: 30 Grad Celsius.)

(Um 21.02 Uhr, flüsternd:) Guten Abend.

(»Guten Abend, Seth.«)

(Mit vielen anfänglichen Pausen:) Diktat. Eure Vertreter etablierten Wissens billigen — bitte das Wort skandieren — den Z-e-l-l-e-n keinerlei subjektive Wirklichkeit zu.

Zellen besitzen jedoch ein inneres Wissen um ihre eigene F o r m und um alle anderen Formen in ihrer unmittelbaren Umgebung — ganz abgesehen von dem früher erwähnten Kommunikationssystem, das auf biologischer Ebene zwischen sämtlichen Zellen am Werke ist.

---

* In unseren Gesprächen, die Mrs. Steffans betrafen, drängte sich nie die Rede von Tadel oder Schuld im Zusammenhang mit ihrem Selbstmord auf. Im Zuge unserer Bemühungen um besseres Verständnis lasen wir noch einmal das ausgezeichnete Seth-Material über Tod und Suizid, das in der allerersten Sitzung (801) in »Individuum und Massenschicksal« enthalten ist.

Den Zellen eignen ein beachtliches Maß an Neugier, ein Impuls zu handeln, ein Sinn für die eigene Ausgewogenheit und ein Gefühl für ihre eigene Individualität, während sie zugleich Teil eines Gewebes oder eines Organs sind. Die biologische Identifikation der Zelle ist in hohem Maße mit diesem präzisen Wissen um ihre eigene Gestalt — oder auch ihre eigenen Gestalten — verbunden. Zellen kennen also ihre eigene Form.

In hochkomplizierten Zellstrukturen wie in euch selbst *(Pause)* mit euren einzigartigen geistig-seelischen Eigenschaften gibt es schließlich einen lebenswichtigen eingeborenen Sinn für Form und Gestalt. Die zeichnerische Begabung ist ein natürliches Ergebnis dieses Formgefühls, dieses Interesses an der Form. Im unbewußten Bereich eurer Erfahrung habt ihr ein biologisches Selbstbildnis, das ganz anders beschaffen ist als das Selbst, das ihr im Spiegel seht. Es ist gleichsam ein Wissen um die Körpergestalt von innen her, zusammengesetzt aus Zellformationen und -organisationen, die mit höchster Intensität am Werk sind. Die einfache Zelle ist, um es noch einmal zu sagen, von Neugier auf ihre Umgebung erfüllt, und eure eigene Wißbegier — in der viel weiter entwickelten Erfahrung eurer Zellen — ist schier grenzenlos. Sie wird in erster Linie als Wißbegier in bezug auf Formen empfunden: als Drang, zu berühren, zu erforschen, Kanten und glatte Stellen abzutasten.

Insbesondere aber fasziniert euch der Raum selbst, in dem es sozusagen nichts zu berühren gibt, in dem keine wahrnehmbaren Formen enthalten sind. Ihr kommt vor allem mit einer Neigung zur Erforschung von Form und Gestalt auf die Welt.

(21.19 Uhr.) Bedenkt, daß Zellen Bewußtsein haben; und wenn ich sage, daß diese Neigungen einen biologischen Aspekt haben, so handelt es sich bei ihnen zugleich um geistig-seelische Eigenschaften. Zeichnen in seiner einfachsten Form ist eine Erweiterung dieser Neigungen und dient gewissermaßen einer doppelten Absicht. Kindern vor allem bietet es die Möglichkeit, Formen und Gestalten zum Ausdruck zu bringen, die sie zunächst innerlich wahrnehmen. Wenn sie Kreise oder Quadrate zeichnen, dann versuchen sie, diese im eigenen Innern erschauten Formen zu reproduzieren, indem sie deren Abbild nach außen in die Umwelt transponieren — ein hochbedeutender schöpferischer Akt, durch den die Kinder Erfahrung gewinnen mit der Übersetzung persönlicher innerer Vorgänge in eine allen gemeinsame, sichtbare materielle Wirklichkeit.

Wenn Kinder Gegenstände zeichnen, dann wandeln sie die Gestaltungen der Außenwelt erfolgreich in ihr persönliches inneres Leben um. Sie nehmen, indem sie diese greifbar-konkret wiedergeben, die Formen sozusagen geistig-seelisch in Besitz. *(Lange Pause.)* Es ist dieser doppelte Vorgang, der aller Bildenden Kunst zugrunde liegt. Er setzt eine verschärfte Wahrnehmung innerer und äußerer Energieprozesse voraus und, damit große Kunst entsteht, eine Intensivierung und Erweiterung dieser beiden Elemente.

Die Gattung wählt die besten Bedingungen, um eine solche Begabung unter Berücksichtigung all ihrer anderen Bedürfnisse und Ziele zur höchsten Entfaltung zu bringen. Die unerhörte Blüte von Malerei und Skulptur beispielsweise, die sich zur Zeit Michelangelos ereignete, konnte eurer Wahrscheinlichkeit gemäß nicht etwa nach der Geburt moderner Technologie stattfinden, und schon gar nicht in eurer Zeit, in der Printmedien, Film und Fernsehen Bilder in Überfülle vor eure Augen projizieren. Überall umgibt euch Fotografie aller Art; in jener Epoche aber waren Bilder — abgesehen von der natürlichen Bildwirkung der Dingwelt — äußerst selten.

Die Menschen konnten außen nur sehen, was sie tatsächlich vor Augen hatten; es gab keine Postkarten mit Abbildungen der Alpen oder ferner Länder. Visuelle Gegebenheiten bestanden aus dem, was vor Augen stand — und das war freilich eine Welt anderer Art, eine Welt, in der ein abgebildeter Gegenstand von beträchtlichem Wert war. Nur von Adel und Priesterschaft gab es Porträts. Ihr müßt auch bedenken, daß die Kunst der großen Meister den armen Bauern Europas weitgehend unbekannt war, von der übrigen Welt ganz zu schweigen. Kunst war etwas für diejenigen, die sie genießen konnten, die sie sich leisten konnten. Die Technik der Vervielfältigung war noch nicht bekannt*, und so gab es einen engen Zusammenhang zwischen Kunst, Politik und Religion. Die ärmere Bevölkerung kann-

---

* Sofort begann ich mir Fragen zu stellen. Vermutlich bezog sich Seth auf die Zeit Michelangelos (1475—1564). Doch wahrscheinlich gab es für die »armen Bauern« jener Zeit tatsächlich noch keine Drucke. Natürlich gab es Holzschnitte schon seit alter Zeit. Solche sind uns zum Beispiel von den alten Chinesen und Ägyptern, von den Römern und Japanern überliefert. Die Technik der Vervielfältigung entstammt späterer Zeit. Oft waren es Illustrationen religiöser Themen. Die frühesten, auf Papier gedruckten Holz- und Kupferstiche stammen aus Deutschland aus der Zeit des fünfzehnten Jahrhunderts. So dürfte zur Zeit Michelangelos tatsächlich nur sehr wenig gedrucktes Material im Umlauf gewesen sein.

te nur die religiösen Bildwerke in ihren eigenen zumeist schlichten Kirchen, denen, von ortsansässigen Malern geschaffen, weit weniger Bedeutung zukam als den von Berühmtheiten für die Päpste gemalten.

Die Hauptsache jedoch in jener besonderen Zeitepoche war ein gemeinsames Glaubenssystem. Dieses bestand unter anderem aus impliziert en Bildern, die weder hier noch dort, weder ganz irdischer noch ganz göttlicher Natur waren — eine Mythologie von Gott, Engeln und Dämonen, ein ganzes Heer biblischer Gestalten, die als Bilder in der menschlichen Vorstellung lebten, innere Bilder, die man auf Pergament und Leinwand bannen konnte. Diese Bilder waren wie eine ganze künstlerische Sprache. Allein schon indem er sich ihrer bediente, nahm der Künstler Stellung zur Welt und zu den Zeitläuften, zu Gott, zum Menschen und zu den Verwaltern der Macht.

(21.40 Uhr.) Jene mythologischen Bilder und das ihnen zugrunde liegende Glaubenssystem besaßen Gültigkeit sowohl für die Bauern als auch für die Besitzenden. Sie waren also stark emotional geladen. Ob ein Künstler Heilige oder Apostel als heroische Gestalten, als verkörperte Ideen oder als natürliche Menschen malte, immer verwies er auf die Beziehung zwischen der Natur und dem Göttlichen.

In gewisser Weise waren jene stilisierten Figuren, die für die Inbilder von Gott, den Aposteln und Heiligen und so weiter standen, etwas wie eine Art vorgegebenes Modell, das der Künstler mit all seinen Emotionen und Glaubensvorstellungen, all seinen Hoffnungen und Besorgnissen ausfüllte. Niemand durfte sich etwa herausnehmen, Gottvater wie einen bloßen Menschen erscheinen zu lassen! Er mußte in heroischen Dimensionen gesehen werden, wogegen Christus mit sowohl göttlichen als auch menschlichen Attributen gezeigt werden konnte. Der entscheidende Punkt ist, daß die Darstellungen der Künstler auf geistig-seelische und emotionale innere Bilder zurückgingen; und die Gemälde waren nicht Selbstzweck, sondern sollten das große Drama der Beziehung zwischen dem Menschen und dem Göttlichen und die Spannung zwischen beiden versinnbildlichen. Die Malereien selbst schienen die himmlischen Heerscharen ins Leben zu rufen. Wenn niemand Chistus gesehen hatte, so gab es doch Bilder von ihm.

Das war eine Kunst ganz anderer Art, als ihr sie jetzt kennt. Es war der Versuch, die durch ein bestimmtes Glaubenssystem geprägte Wahrnehmung der inneren Wirklichkeit zu objektivieren. Ganz gleich, ob der Künstler mit bestimmten Gegebenheiten übereinstimmte oder nicht, das Glaubenssystem war immer als ein unsichtbarer Bezugsrahmen vorgegeben. Dieser intensive Brennpunkt, in dem die individuellen Glaubensüberzeugungen konvergierten, diese Spannung zwischen einer im Innern wahrgenommenen subjektiven Welt und der materiellen Erscheinungswelt sowie der Seltenheitswert von Abbildungen überhaupt brachte die Kunst zu der hohen Blüte, die ihr bewundert.

Später wurde größerer Wert auf eine bestimmte Art von Objektivität gelegt: Bilder von Menschen sollten auch aussehen wie Menschen, wie menschliche Wesen mit ihren Schwächen und Stärken. Das heroische Modell hatte ausgedient. Die Künstler entschieden sich, die natürliche Welt so, wie sie sie mit ihren natürlichen Augen sahen, abzubilden und das weite Feld der inneren Bilderwelt beiseite zu lassen. Einige der Skizzen Leonardo da Vincis lassen bereits diese Tendenz erkennen, und er ist deshalb so faszinierend, weil er mit seinen immensen künstlerischen Fähigkeiten auch jene Tendenzen sichtbar machte, die zur Entstehung der modernen Naturwissenschaft führen sollten.

(21.57 Uhr.) Seine Notizbücher zum Beispiel enthalten minuziöse Naturbeobachtungen. In ihm verband sich eine höchst originelle, starke Einbildungskraft mit scharf berechnender Präzision, einer Art Präzision, die zu detaillierten Skizzen von Menschen, Blumen, Bäumen, dem Wirken des Wassers, kurz, aller möglichen Naturerscheinungen führte.

Nun: Diese Art der Zeichnung erlebt, von ihren Anfängen einigermaßen abgelöst, in euren Tagen eine Blütezeit ganz anderer Art — zum Beispiel in den hochkomplizierten Plänen der Ingenieure, in der Übereinstimmung präziser Skizzen mit mathematischen Berechnungen, wie sie in manchen Wissenschaften erforderlich ist, in den Planskizzen zu all den Erfindungen, die jetzt Teil eurer Welt sind. Eure eigentliche Kunst heute ist die Technologie. Denn durch Technologie und Naturwissenschaft habt ihr versucht, eure Beziehung zum Universum zu begreifen. *(Pause.)*

Die Wissenschaft hat euch bis vor kurzem ein einheitliches Glaubenssystem geliefert, das sich jetzt aufzulösen beginnt — und eure Raumfahrten waren, *(lächelnd)* wenn ich das so sagen darf, einfach Versuche, auf materiellem Wege in ebenjenes Unbekannte vorzudringen, das andere Völker zu anderen Zeiten durch andere Mittel zu erforschen suchten. Der Technologie ist es zu verdanken, daß so vielen Menschen die großen Kunstwerke der Welt entweder unmittelbar oder durch Reproduktionen zugänglich wurden — und heute sind mehr Menschen mit den Werken der großen Meister als jemals zu deren Lebzeiten vertraut.

Die Gattung nutzt diese Gegebenheiten insofern, als die Gemälde der großen Meister als Vorbilder und Anregungen wirken können, nicht allein wegen ihrer außerordentlichen Könnerschaft, sondern um im Menschen aufs neue jene Empfindungen wachzurufen, die zur Entstehung dieser Gemälde führten.

(22.05 Uhr.) Geduldet euch einen Moment ... Der Mensch leistet immer dann sein Bestes, wenn er sich selbst als heldenhaft begreift. Zwar gab ihm die römisch-katholische Kirche ein starkes, zusammenhängendes Glaubenssystem *(Pause),* doch kam es darin aus den verschiedensten Gründen zu starken Akzentverschiebungen, so daß der Abstand zwischen Mensch und Gott zu groß wurde. *(Pause.)* An die Stelle des Menschen als Kind Gottes trat der sündige Mensch. Infolge dessen hatte, wie das besonders in der Kunst sichtbar ist, die Gestalt des Menschen zunächst heroische und später natürliche Züge. *(Pause.)* Die Wißbegier, die sich einst auf das Göttliche gerichtet hatte, wandte sich nun der Natur zu. Seinem Forschungsdrang folgend malte der Mensch nun eher naturgetreue Porträts und Bilder. Er wandte sich auch der Landschaftsmalerei zu. Das war ein unvermeidlicher Prozeß, in dessen Verlauf er jedoch großen Unterschieden zwischen der Welt der Imagination und der Welt der Natur begegnete, bis er schließlich die Überzeugung gewann, daß nur die materielle Welt wirklich war, die imaginative Welt jedoch nicht. So wurden seine Gemälde immer realistischer.

Die Kunst vermählte sich also Erscheinungen, die unmittelbar vor Augen lagen. Deshalb konnte sie gewissermaßen dem Menschen nicht mehr eröffnen, als er schon besaß. Imaginative Deutungen erschienen wie Blendwerk und Gaukelei. Die Kunst wurde schließlich — so gesehen — weitgehend zur Dienstmagd der Technologie, konkreter Baupläne, mathematischer Diagramme und dergleichen Bedarf. Durch das, was ihr abstrakte Kunst nennt, wurde der Versuch unternommen, den Vorgang umzukehren; aber auch die abstrakten Maler glaubten nicht an eine Welt der Imagination von heroischen Dimensionen, und so handelt es sich nur um eine vorübergehende Erscheinung.

Ich wollte auch nicht unerwähnt lassen, daß die Verwendung der Perspektive *(seit Anfang des fünfzehnten Jahrhunderts)* in der Malerei ein Wendepunkt war insofern, als sie die Abkehr der Kunst von ihren imaginativen Gestaltungen zugunsten einer eher materiell orientierten Wiedergabe ankündigte — das heißt, daß von nun an dem Spiel der Einbildungskraft Grenzen gesetzt waren, die ihm »Entstellungen« des materiellen Bezugsrahmens weitgehend untersagten.

All dies führte an bestimmten Wendepunkten immer wieder zur Aktualisierung inhärenter Fähigkeiten des Menschen einerseits durch die Gattung als solche und andererseits durch einzelne Individuen, deren Absichten mit denen der Gattung voll übereinstimmten. *(Lange Pause um 22.19 Uhr.)*

Ende des Diktats. Habt ihr Fragen?

(»Wir haben heute über den Suizid von Mrs. Steffans gesprochen, die früher in diesem Haus gewohnt hat ...«)

Ja, ich weiß. Es hat sich von den früheren Depressionen der Frau nichts auf Ruburt übertragen. Ihr wurdet von dem Haus gewissermaßen angezogen, wie ich schon einmal *(1975)* erwähnte, wegen seiner zeitgenössischen Bauweise und wegen der Nachbarschaft, aber auch weil es euch eine andere Position in einem anderen sozialen Kontext verschaffte. Das war auch der Kontext, in dem Mrs. Steffans, wiewohl in anderer Weise, tätig war.

Im Hause herrschte, wie du, Joseph, dich erinnern wirst, eine äußerst förmliche Atmosphäre, makellose Sauberkeit. Mrs. Steffans versuchte, im Außen zu leben, während sie unablässig mit inneren Angelegenheiten beschäftigt war. Was euch angeht, so verwies das Haus euch auf eine schöpferische Spannung zwischen innen und außen; das heißt, ihr konntet euch diese Atmosphäre zunutze machen, während sie dazu außerstande war. *(Pause.)*

Das Haus selbst verlangte gewissermaßen nach Flexibilität, wollte sich mehr den Elementen öffnen, und die Frau fühlte sich aus diesem Grunde zu ihm hingezogen. So habt ihr hier nicht auf irgendwelche negativen Einflüsse reagiert; vielmehr habt ihr gewissermaßen durch eure Kreativität widerstreitende Elemente miteinander ausgesöhnt.

Ende der Sitzung. Ruburt hatte recht in bezug auf deinen Traum von gestern nacht, und du wirst dich erinnern, daß ich euch beide immer zu solchen Aktivitäten *(Träume zu erinnern)* ermuntert habe.

(»Ja, Seth. Vielen Dank. Gute Nacht.«)

(22.28 Uhr. Nach langsamem Beginn hatte Janes Vortrag beträcht-

lich an Tempo gewonnen. »Die Sitzung war gut«, sagte ich zu ihr. »Vor allem das Material über die bildende Kunst möchte ich noch einmal durchgehen.«

Sie lachte. »Hoffentlich paßt es zum Buch. Ich habe noch nie von einem Buch über Evolution gehört, in dem über Träume und Kunst gesprochen wird.«)

Sitzung 914, Mittwoch, den 7. Mai 1980

(Jane wird morgen einundfünfzig Jahre alt.

»Dieser Tag hat mir ganz schön zugesetzt«, sagte sie, als wir für die Sitzung Platz nahmen. Genaugenommen war sie gleich mehrfach irritiert. Zunächst galt ihr Ärger einer Reihe unerfreulicher Briefe, die heute nachmittag eingetroffen waren: Einer davon war ein zwanzigseitiges Sendschreiben eines Geisteskranken, der all die Notizen, Gegenstände, Manuskripte und Gedichtbände zurückforderte, die er ihr im Lauf von Jahren zugeschickt hatte; dann war da der Brief einer Frau, die uns davon in Kenntnis setzte, daß sie ein von Seth diktiertes Buch schreibt. Ein dritter Brief kam uns von einem Mann zu, der behauptet, wir seien seine Doppelgänger, aus Gründen, denen wir nicht beipflichten können. Es gibt noch andere. Es scheint unmöglich, daß wir in diesen Fällen jemals in der Lage sein werden, uns in befriedigender Weise mit den Betreffenden zu verständigen, obwohl wir in jedem Fall wirklich zu verstehen bemüht sind, warum er oder sie mit uns Kontakt aufgenommen hat.

Und: »Mir stinkt's!« sagte Jane jetzt, neuerlich irritiert. Sie bezog sich auf eine »mediale Veranstaltung«, die sie zufällig im Fernsehen eingeschaltet hatte, als sie im Wohnzimmer auf mich wartete. Ich sah die letzten Minuten der Sendung: Auf einem großen Gelände unter freiem Himmel übermittelte ein Medium, das offenbar für einen »Großen Rat« sprach, der auf einem der äußeren Planeten wie Saturn oder Uranus tagte, eine volltönende, sehr allgemein gefaßte Botschaft an uns Erdenbewohner. Die mehreren hundert Zuhörer klatschten Beifall, als das Medium seine Ansprache beendet hatte. »Wenn wir auch nur die geringste Ahnung gehabt hätten, worauf wir uns mit dem Seth-Material einlassen würden, dann wäre mir das nie passiert«, sagte Jane. Sie wollte damit sagen, daß sie diesen »billigen Psycho-Rummel«, noch dazu aus der Ecke entlegener Planeten, lächerlich und abscheulich *fand. Ich mußte lachen, als ich hierzu bemerkte, daß ja nicht wir es waren, die solches angeregt haben; das haben andere besorgt. Ich fragte sie, wie man es anstellen könne, für eine Energiepersönlichkeit wie Seth zu sprechen und zugleich unberührt zu bleiben von all den esoterisch ausgewiesenen Psycho-Spielen, die ringsumher stattfinden. Mir scheint, sagte ich ihr, daß wir im Unterschied zu solchen Großveranstaltern unsere Sache ziemlich gut machen.**

»Vielleicht sollte ich mich besser auf die großartigen Briefe konzentrieren, die heute eingetroffen sind«, sagte Jane — denn auch solche hatte sie erhalten. »Wie den von dieser Schauspielerin, und die Glückwunschkarten, und die Blumen …«

Kurz vor der Sitzung zeigte sie mir eine Seite mit Material zum Thema der kommenden Sitzung, das sie heute von Seth aufgefangen hatte, aber wir fanden keine Zeit mehr, darüber zu sprechen.)

Nun: Diktat.

(Ich nickte.)

Die Menschen verfügen über ein biologisches inneres Wissen, daß das Leben einen Sinn hat. Sie teilen übrigens dieses biologisch verwurzelte Wissen mit allen anderen Lebewesen. Der Glaube an den Sinn des Lebens ist jedoch eine Notwendigkeit für eure Gattung.

Er gewährleistet den reibungslosen Ablauf aller Lebensfunktionen. Er liefert die Grundvoraussetzung für die individuelle Gesundheit und für die allgemeine Vitalität aller Generationen. Eure Zivilisationen haben ihre größten Leistungen im Lauf jener Epochen erbracht, in denen der Mensch zutiefst an die Sinnhaftigkeit des Lebens im allgemeinen und an die Sinnhaftigkeit des Individuums im Bezugsrahmen des Lebens glaubte. *(Pause.)*

Für euch reift nun, wie ich hoffe, eine Zeit größerer Synthese her-

---

* Janes Mißmut und meine Bemerkungen sollten nicht so verstanden werden, als fehle es uns an Verständnis für Leute, die Veranstaltungen irgendwelcher Medien besuchen. Ich glaube, daß die Teilnehmer an dieser vom Fernsehen ausgestrahlten Versammlung nach Aufschlüssen über Ursprung und Natur des Menschen suchten — auch wenn es unserer Meinung nach allzu wohlfeil ist, das Vorhandensein eines »Großen Rates« auf einem der entfernteren Planeten unseres Sonnensystems zu postulieren. Für uns handelt es sich dabei um eine simple Projektion des »großen Rates«, den jeder von uns in sich selbst trägt. Aber jeder von uns, jedes Selbst, geht verschiedene Wege. Und so ist auch die Aufbereitung des Seth-Materials schwerlich der einzige Weg zur Erforschung der Wirklichkeit.

an, in der eure Fähigkeiten der Intuition und des Verstandes harmonischer als bisher zusammenwirken werden, so daß gefühlsmäßiges und intuitives Wissen um die Sinnhaftigkeit des Lebens präziseren Ausdruck finden wird in dem Maße, in dem der Intellekt lernt — in dem der Intellekt lernt —, seine Fähigkeiten auf weit weniger restriktive Weise zu gebrauchen.

Was immer die Wissenschaft — die Naturwissenschaft, die sich die Erforschung der Wirklichkeit allen Lebens und unseres Universums vorbehält — in bezug auf Werte, die außerhalb ihres Forschungsfeldes liegen, sagen mag: sie impliziert, daß solche Werte der Grundlage entbehren. So wendet sich also der forschende Geist von jeder Aufgabenstellung ab, die irgendeine wissenschaftlich akzeptable Evidenz für derartige Werte erbringen könnte. *(Mit ruhigem Nachdruck:)* Tatsache ist, daß der Mensch dank ebenjener Werte lebt, die die Wissenschaft ignoriert.

Aus diesem Grund waren der Naturwissenschaft — nach ihrer ersten großen Ära abenteuerlicher Entdeckungen — die eigenen Mängel schon einprogrammiert, und so muß sie entweder ihre Erklärungen der Wirklichkeit erweitern oder sich als prostituierte Handlangerin einer überholten Technologie zur fossilen Karikatur ihrer selbst herablassen und auf ihren einstigen Anspruch, die Natur der Wirklichkeit zu erforschen, gänzlich verzichten. Sie könnte schließlich einmal eine ähnlich bescheidene Rolle spielen müssen wie heute — nach dem Verlust ihrer Weltherrschaft — die römisch-katholische Kirche und ihren Anspruch einbüßen, einzige und offizielle Schiedsrichterin in der Urteilsfindung, was Wirklichkeit ist, zu sein.

Es gibt grundlegende Vorgänge, die für die Entwicklung des Menschen und der menschlichen Gattung entscheidend sind. Bestrebungen und Methoden, die dem Prinzip der Werterfüllung zuwiderlaufen, bringen sich selbst zum Erliegen, da sie auf lange Sicht nicht funktionieren können.

(Langsam um 21.20 Uhr:) Die Technologie ist an und für sich nichts Schlechtes. Der Mensch hat einen angeborenen Hang zur Erfindung und Verwendung von Werkzeugen, und die Technologie ist nichts anderes als eine Erweiterung dieser Fähigkeit. *(Pause.)* Wenn Menschen ihre Werkzeuge in Übereinstimmung mit *(Pause)* dem naturgesetzlichen Prinzip der Werterfüllung gebrauchen, dann wird mit diesen Werkzeugen Leistung erbracht. Doch gründet sich eure Technologie zu nicht unwesentlichem Maße — wiewohl nicht aus-

schließlich — auf eine Wissenschaftsphilosophie, die der Idee der Werterfüllung keinerlei Gültigkeit beimißt. Und daher seht ihr euch heutzutage einer Technologie gegenüber, die nicht länger eurem Wohlergehen dient. Schließlich findet ihr euch mit Katastrophen von landesweitem, ja weltweitem Ausmaß konfrontiert wie dem Kernkraftunglück von Harrisburg und anderen, weniger publik gewordenen nuklearen Unfällen.

(Manchmal gerate ich, wenn ich Seths Material für die Veröffentlichung vorbereite, ein bißchen in Verlegenheit. Mein erster Gedanke war, seine konjunktivische Gestimmtheit, die im nächsten Abschnitt zutage tritt, in der Zeitform des Präsens wiederzugeben. Mein zweiter Gedanke war, den Abschnitt zu belassen, wie er ist, aber zum besseren Verständnis die beiden Einfügungen in Klammern zu machen. Ich mag Seth-Informationen nicht verändern und vermeide das, wann immer möglich.)

Die Schaltinstrumente der Kernkraftwerke, viele von ihnen jedenfalls, waren so konstruiert, als ob Bewußtsein dabei gar nicht ins Spiel käme — so als würden die Kraftwerke von Maschinen und nicht von Menschen gesteuert. Die Kontrollen erwiesen sich als unwirksam, weil die Geräte außer Reichweite oder praktisch unzugänglich waren — als hätten die Menschen, die die Kostruktion geplant und gezeichnet hatten, völlig vergessen, wie denn eigentlich die Gattung Mensch in geistig-seelischer oder körperlicher Hinsicht beschaffen ist.

Nun sollen Kernkraftwerke der Energieerzeugung dienen. Man könnte sie als Verwirklichung eines humanitären Projekts sehen, das Licht und Wärme in Millionen von Haushalten bringen soll. Doch wurde dieser menschenfreundliche Zweck unterlaufen, weil die hinter all dieser Technologie stehende Weltanschauung die subjektiven Werte, die für den Menschen der Grund zum Leben sind, verkennt oder ihnen jegliche Gültigkeit abspricht. Indem aber diese Werte in Vergessenheit gerieten, ist das Leben bedroht.

In eurem Land organisieren sich neue Interessengruppen; es sind höchst verschiedene, oft kultnahe Gruppierungen, die alle erdenklichen Überzeugungen hegen. Doch im ganzen suchen wieder einmal kleine Gruppen von Menschen nach intellektuellen Beweisgründen, um ihr eingeborenes Wissen, daß das Leben Sinn hat, zu untermauern. Diese Gruppierungen sind *(lange Pause)* Anfänge, sind ein Aufbruch zu neuen Reisen, die für die Menschheit ebenso wichtig sind, wie je eine Seereise es war in den Tagen, als der Mensch sich auf die Suche nach neuem Lebensraum begab.

Samen werden vom Wind verweht und sorgen somit für die Erhaltung ihrer Art. Es gibt viele Spekulationen über die Reisen, die der Mensch der Frühzeit von einem Kontinent zum anderen unternahm. Es heißt, daß der »Kampf ums Überleben« den Menschen buchstäblich gezwungen habe, seine räumlichen Begrenzungen zu überschreiten.

(21.38 Uhr.) Geduldet euch einen Moment ... Die eigentliche Bewegung der Gattung indes war immer eine psychologisch begründete oder, wenn ihr wollt, eine psychisch gesteuerte Bewegung, in der es um die Erforschung von Ideen ging. Und es hängt das Überleben der Gattung in diesem Sinne grundlegend von ihrem Glauben an die Sinnhaftigkeit ihres Daseins ab. *(Nachdrücklich:)* Solche kultnahen Gruppen und Interessengemeinschaften jedenfalls — diese neuen Gruppen und neuen Kulte also — also — erschließen auf den Spuren des genetischen Wissens der Spekulation und dem Glauben neue Bereiche. Und wenn auch manche ihrer derzeitigen Glaubensüberzeugungen im Lichte des Intellekts als lächerlich erscheinen mögen, so sind doch solche Gruppen — da sie, wie unsicheren Schrittes auch immer, dem naturgesetzlichen Prinzip der Werterfüllung folgen — von Bedeutung. Für den Intellekt, wie ihr ihn zu gebrauchen gewohnt seid, ist es nur allzuleicht, lediglich die Verschrobenheiten solcher Gruppen zu sehen, und freilich können sie in solchem Licht lächerlich erscheinen.

Hingegen legt ein Wissenschaftler, der, *(ironisch)* um das Leben angenehmer zu gestalten, das Überleben auf dem Planeten aufs Spiel setzt, ein ungleich lächerlicheres Verhalten an den Tag.

Das Problem mit den meisten Ideen im Hinblick auf die Evolution liegt darin, daß sie allesamt einseitig sind — und natürlich allesamt kopflastig zugunsten des Menschen auf Kosten sämtlicher anderen Gattungen, wobei der Fortschritt stets in geradliniger Schmalspur angedacht wird. Solche Ideen zeigen vor allem, wie ihr von euch selbst denkt, welche Maßstäbe ihr an den Menschen legt und in welchem Licht ihr diejenigen betrachtet, die von diesen Normen in irgendeiner Weise abweichen.

Macht eine kurze Pause. *(21.48 bis 22.04 Uhr.)*

Nun: Der Mensch braucht das Gefühl, daß er tatsächlich vorankommt; doch technologischer Fortschritt allein stellt eine vergleichsweise oberflächliche Errungenschaft dar, wenn sie nicht von einer Zunahme der gefühlsmäßigen Einsicht begleitet ist — dem wachsenden Empfinden des Menschen, mit sich und der Welt der Natur im Einklang zu sein.

Es gibt intellektuell hochbegabte Menschen, an deren Verstand zu zweifeln niemandem einfallen würde, und doch bleibt, was eure Einschätzung betrifft, deren, sagen wir einmal, gefühlsmäßiger oder spiritueller Entwicklungsrückstand weitgehend unbemerkt. Solche Leute werden natürlich nicht als zurückgeblieben betrachtet. Ich aber werde immer von einem Gleichgewicht zwischen Intuition und Vernunft sprechen und euch, wie ich hoffe, zu einem gleichsam ehelichen Bündnis dieser Fähigkeiten führen, denn in Eintracht können sie etwas bewirken, das in eurer Welt zweifellos als völlig neue Fähigkeit erscheinen würde, in der sich die besten Eigenschaften beider auf eine Weise vermählten, daß beide eine unerhörte Steigerung erfahren würden.

Auch möchte ich betonen, daß eure gegenwärtigen Glaubensüberzeugungen dem freien und vollen Funktionieren eures Intellekts in bezug auf eure etablierten Wissensgebiete im Wege stehen, denn da die Wissenschaft so viele Tabus gesetzt hat, bleiben der freien intellektuellen Erforschung weite Erfahrungsbereiche verschlossen. Doch stelle ich nicht etwa das Gefühl über den Intellekt oder umgekehrt.

Tatsache ist, daß ihr bei der Einschätzung eurer Mitmenschen viel mehr Gewicht auf intellektuelle als auf e m o t i o n e l l e Leistung legt. Einige von euch mögen sogar fragen, was emotionelle Leistung denn sei; dennoch ist sie spirituell wie biologisch von größter Bedeutung. Es gibt Menschen, die bei irgendeinem hypothetischen Test der emotionellen Leistung eine sehr hohe Bewertung erreichen würden, die man jedoch, dem Diktum eurer Gesellschaft gemäß, unter bestimmten sozialen Gegebenheiten höchstwahrscheinlich als zurückgeblieben einstufen würde. Immerhin: die menschliche Gattung ist dabei, ihre emotionalen Fähigkeiten zu entwickeln, so wie sie auch ihre intellektuellen Fähigkeiten weiterentwickelt, und letzten Endes müssen beide Hand in Hand gehen.

Ein brillanter Mathematiker oder Naturwissenschaftler, ja sogar ein Künstler oder ein anerkanntes Genie auf welchem Gebiet auch immer kann emotionell ganz inkompetent sein, aber niemand würde ihn als zurückgeblieben betrachten. Ich spreche jetzt nicht vom exzentrischen Verhalten, das schöpferische Menschen oder andere an den Tag legen, sondern von einem mangelhaften Verständnis für Gefühlswerte.

Nun sind, was die Gattung betrifft, alle Varianten notwendig, und — bitte hervorheben — es ist, als ob in bestimmten Fällen Vertreter der Gattung Mensch sich aus persönlichen Gründen, doch auch im Interesse der Gesamtheit dazu entschlössen, sich auf ein bestimmtes Gebiet zu spezialisieren, gewisse Fähigkeiten sozusagen isoliert und mit höchster Ausdauer und Brillanz zu entwickeln und zugleich gewisse andere Bereiche nahezu völlig außer acht zu lassen. In eurer Gesellschaft jedoch werden die Gaben der Vernunft weitgehend als mit den intuitiven Fähigkeiten unvereinbar betrachtet, so daß in eurem Menschenbild die Idee der emotionellen Leistung und daher des gefühlsmäßigen Verstehens kaum Platz findet.

Andere sind höchst feinfühlig und ihrer eigenen wie auch der Empfindungen anderer gewahr, sind voll intuitiver Sicherheit in ihren zwischenmenschlichen Beziehungen und als Erwachsene vorbildliche Eltern — und doch können sie, wenn sie gewissen artifiziellen Maßstäben des Intellekts nicht entsprechen, als zurückgeblieben eingestuft werden.

Es ist nun aber auch so, als ob bestimmte Vertreter der Gattung, aus persönlichen Gründen und auch wieder um des Ganzen willen, sich derzeit auf die Übung der Spannweiten des Gefühls spezialisierten. Gerade diese Menschen werden aber gewöhnlich als zurückgeblieben betrachtet.

Ich werde über dieses Thema — über die hier erörterten Fälle hinaus — noch mehr zu sagen haben.

(22.28 Uhr.) Nun: *(Lange Pause.)* Die Menschheit ist eine Gattung *(lange Pause)*, die auf den Gebrauch der Vorstellungskraft spezialisiert ist, und ohne Imagination wäre Sprache unnötig. Der Mensch stellt sich von seinem persönlichen Standpunkt aus Bilder und Szenen vor, die er nicht vor Augen hat. Die Nutzung der Imagination ist eines der Hauptmerkmale eurer Gattung, und die Vorstellungskraft ist eure Verbindung zwischen den inneren Welten der Wirklichkeit und der äußeren Welt eurer Erfahrung. Sie verbindet in euch das Gefühl mit der Vernunft. Alle Gattungen und Arten stehen miteinander in Verbindung, wie ich schon früher sagte. Wenn ihr für euch selbst zu denken meint, so denkt ihr auch für die ganze übrige Natur, die euch körperlich am Leben erhält.

Ich möchte also Verstand und Vorstellungskraft erörtern, aber auch die subtilen Varianten, in denen beide zusammenfallen. Dadurch hoffe ich, ein Bild der Dimensionalität eures Seins zu liefern, das der Wirklichkeit entspricht, und unsere Erörterung über die genetisch inspirierten Begabungen und scheinbaren Defekte fortzuführen.

Ende der Sitzung, Ende des Diktats, Ende des Kapitels und herzlich einen guten Abend.

(»Danke, Seth. Gute Nacht.«)

(22.36 Uhr. Obwohl Jane in recht unterschiedlichem Tempo gesprochen hatte, war ihr Vortrag oft sehr kraftvoll gewesen. Sie sagte mir, Seth habe den Anfang der Sitzung wegen ihrer Reaktionen auf die Post von heute mittag abgeändert, doch sei er dann doch auf einiges von dem Material zurückgekommen, das sie heute von ihm aufgefangen und niedergeschrieben hatte. Doch war Seth nicht auf ihre Notizen über die Kunst der Höhlenbewohner zurückgekommen, und sie hatte sich gerade auf seine Kommentare zu diesem Thema gefreut.

»Aber ich möchte auch nicht, daß in den Seth-Büchern schließlich alles und jedes kritisiert wird«, sagte Jane.

»Schon«, gab ich zu bedenken, »aber wie sollen wir uns mit dem Weltgeschehen auseinandersetzen, wo so viel zur Sprache kommt, dem wir nicht zustimmen können, ohne den Anschein von Kritik zu erwekken?«

»Ja, ich weiß. Aber ich möchte, daß die Bücher Zuversicht einflößen ...«)

2
Wenn ihr seid, wer ihr seid. Die Welten der Vorstellung und des Verstandes und das implizierte Universum

Sitzung 915, Montag, den 12. Mai 1980

(Wie sie beglückt in ihrem Tagebuch vermerkte, erfuhr Jane »rundum ein Nachlassen« ihrer körperlichen Symptome. Welch eine Freude, sie müheloser gehen zu sehen, wenn auch immer nur wenige Schritte auf einmal und wenn sie sich dabei auch am Tisch oder sonst irgendwo abstützen muß.

Ebensosehr beglückt es sie, daß sie den Plan für den restlichen Teil ihres Buches »God of Jane« fertiggestellt hat. Heute schloß sie Kapitel 17 ab und schrieb nach dem Abendessen in ihr Tagebuch: »Sehr, sehr gut ging's mit Kapitel 17 — neue Einsichten in Hülle und Fülle! Froh!« Sie rechnet mit mindestens einem weiteren halben Dutzend Kapitel für das Buch, überläßt jedoch zugleich die endgültigen Entscheidungen ihrem schöpferischen Selbst. Und im Hintergrund ihres Bewußtseins wartet ihr Gedichtbuch »If We Live Again«. Seit Februar hat sie nur wenig daran gearbeitet.

Von Sue Watkins erhielten wir Bescheid, daß sie die Niederschrift des zweiten Bandes ihrer »Conversations with Seth« etwa zur Hälfte fertiggestellt habe.

Jane fühlte sich heute abend so wohl, daß sie schon daran dachte, die Sitzung zu überspringen; doch dann beschloß sie, sich doch darauf einzulassen, weil sie heute Material von Seth aufgefangen und sich Notizen dazu gemacht hatte. »Ich bin irgendwie verwirrt«, sagte sie jetzt, »weil die Themen schwierig zu sein scheinen und ich nicht recht weiß, ob ich damit klarkomme oder nicht … Aber ich fühle, daß er da ist. Ich glaube, ich werde in einer Minute anfangen, doch es ist irgendwie ganz sonderbar für mich …«

Und Billy und Mitzi, die im Haus herumgetollt waren, kamen wie auf ein Signal herbei, um unter Janes Schaukelstuhl zu spielen, sobald sie als Seth zu sprechen begann. Selbst beim Mitschreiben entging mir nicht, von welch erstaunlicher Raschheit die Reflexe der Katzen waren, wie freudvoll sie sich in ihren selbstgewählten Körperwirklichkeiten bewegten.

Beginn der Sitzung um 21.10 Uhr.)

Nun: Diktat. Neues Kapitel *(das zweite)*. Geduldet euch einen Moment ... Es geht um die Überschrift. *(Pause.)*

W e n n ihr seid, wer ihr seid. Die Welten der Vorstellung und des Verstandes und das implizierte Universum. *(Pause.)*

Das Wenn-ihr-seid bestimmt, wo ihr seid. *(Lange Pause.)* Raum ist in mancher Hinsicht »zeitlicher«, als ihr denkt. Ich spreche natürlich nicht von der üblichen Zeitvorstellung aufeinander folgender Augenblicke, sondern von einer bestimmten Dimension einer Aktivität, in der euer Raum Raum wird.

(21.15 Uhr.) Solange ich versuche, den Ursprung eurer Welt auf eine neue Weise zu erklären, werden wir viele Themen einbringen, die sonst in unseren Erörterungen nicht unbedingt vorkommen. Die Welt, wie ihr sie kennt, tritt aus einer inneren, ausgedehnteren, multidimensionalen Sphäre in die Aktualität. Es liegt ihr also ein allem Anschein nach unsichtbares tragendes System zugrunde.

Jenseits eurer materiellen Welt ist es nahezu sinnlos, von T e i l c h e n oder Partikeln zu sprechen; aber ich will für den Moment den Begriff »unsichtbare Teilchen« verwenden, weil er euch vertraut ist. Unsichtbare Teilchen also bilden die Grundlage eurer Welt. Doch haben die von mir erwähnten unsichtbaren Teilchen die Fähigkeit, Masse anzunehmen.* Und die unsichtbaren Teilchen, von denen ich spreche, haben nicht nur Bewußtsein, sondern jedes einzelne ist gewissermaßen ein S a m e, der in sich das Potential für eine unendliche Anzahl von Gestaltungen birgt. Jede einzelne dieser unsichtbaren Partikel trägt in sich das Vermögen *(Pause)*, einer unbegrenzten Anzahl

---

* Gemeinhin verstehen wir unter Masse die Menge und beziehungsweise oder das Gewicht eines Körpers. In der klassischen Physik wird die Menge der Materie eines Körpers entsprechend ihrem Verhältnis zur Trägheit gemessen, welche ihrerseits die Tendenz der Materie ist, sich, wenn sie sich bewegt, in der eingeschlagenen Richtung fortzubewegen oder, wenn sie ruht, im Ruhezustand zu verharren. Die Masse eines Körpers läßt sich errechnen, indem man sein Gewicht durch die von der Schwerkraft bewirkte Beschleunigung der Fallbewegung dividiert.

wahrscheinlicher Bewußtseinsvarianten Gestalt zu verleihen. Solche Partikel sind also zunächst undifferenziert, haben jedoch die Fähigkeit, sich in jede gewünschte Richtung zu spezialisieren.

(21.26 Uhr.) Sie können überall zugleich sein — sie sind überall zugleich. Das eine Mal operieren sie mit, das andere Mal ohne Masse. Nun setzt ihr euch aus solchen unsichtbaren Teilchen zusammen, ebenso wie alles andere, das ihr körperlich wahrnehmen könnt. In diesem Sinne — bitte hervorheben — in diesem Sinne sind Teile eures Bewußtseins überall gleichzeitig. Sie sind nicht verloren oder einfach zerstreut, vielmehr außerordentlich ansprechbar und ebenso wach, wie euer Wachbewußtsein es eben jetzt ist.

Das Selbst, dessen ihr gewahr seid, stellt nur eine »Position« dar, in der diese unsichtbaren Partikel einander überschneiden, Masse gewinnen, Gestalt annehmen. Wissenschaftler können ein Elektron nur wahrnehmen, wie es für sie ist. Sie können nicht wirklich seine Spur verfolgen. Sie können sich nicht gleichzeitig seiner Position und seiner Geschwindigkeit vergewissern, und in gewissem Maße trifft das auch auf euer Bewußtsein zu. Die Geschwindigkeit eurer Gedanken entführt euch diese Gedanken, schon während ihr sie denkt — und ihr könnt eigentlich niemals einen Gedanken genau untersuchen, sondern *(still vergnügt)* nur den Gedanken eines Gedankens.

Weil ihr seid, seid ihr überall gleichzeitig. Mir ist durchaus bewußt, daß ihr diesem Inbegriff psychischer Bewegung kaum zu folgen vermögt. Wie wir später sehen werden, kann euch aber eure Vorstellungskraft zu einer gewissen Wahrnehmung, ja sogar zu einem gewissen gefühlsmäßigen Verständnis dieses Konzepts führen. Sollte eure Vernunft dabei zunächst nicht mitmachen, so nur deshalb, weil ihr euren Intellekt darauf trainiert habt, in einem nur sehr begrenzten Rahmen nach Antworten zu suchen.

Es gibt etwas, das ich »Wahrnehmungsintervalle« nennen will. *(Pause.)* Ihr nehmt gewöhnlich diejenigen Geschehnisse bewußt wahr, die neurologisch signifikant sind, und dieses neurologische Timing ist Endresultat einer [nahezu]* unendlichen Serie von Abfolgen

---

* Einfach für mich hatte ich »nahezu« eingefügt, weil ich im Zuge von Janes Vortrag nicht schnell genug gewesen war, Seth zu bitten, sich weiter über das »Endresultat einer unendlichen Serie von Abfolgen oder Sequenzen« auszulassen. Nach der Sitzung begann ich mich zu fragen, ob Seth sich nicht selbst widersprochen habe, indem er von einem Endergebnis von etwas Unendlichem sprach. Doch fühlte ich auch, daß er

oder Sequenzen. *(Pause.)* Diese Sequenzen sind Vorgänge aktiven Geschehens. Jedes Bewußtsein ist angesichts solcher Vorgänge auf deren besondere Sequenz eingestimmt. Jeder Vorgang baut sich auf allen anderen auf. Die unsichtbaren Teilchen bilden das tragende Netzwerk, aus ihnen wird euer Körper gebildet — sie bewegen sich schneller als Licht, und doch ist euch nicht schwindlig. Ihr seid aber solcher Bewegung nicht gewahr. Ihr seid auf andere Abfolgen eingestimmt.

Es gibt also Welten, deren Aktivitäten in unterschiedlichen Frequenzen und Intervallen ablaufen. Das Bewußtsein in diesen Welten ist auf andere Zeit eingestimmt. Wenn ich von Zeit spreche, so beziehe ich mich nicht etwa lediglich auf andere Jahrhunderte. Vielmehr gibt es zwischen den Augenblicken, die ihr kennt und aufgrund eures Nervensystems registriert, Momente anderer Art, anderer Zeit und auch Leistungen und Erfüllungen anderer Art, die sich euren üblichen Vorstellungen von, sagen wir einmal, dem Wachstum mit der Zeit gänzlich entziehen.*

---

genau das meinte, was er gesagt hatte, und daß die Verflochtenheit unserer individuellen und gemeinsamen Wirklichkeiten viel weitreichender ist, als wir gemeinhin annehmen. Seth hatte ja selbst darauf hingewiesen, daß die Vernunft möglicherweise »nicht mitmachen« könnte. Ich dachte auch, daß meine intellektuellen Schwierigkeiten angesichts eines Konzepts der Unendlichkeit unweigerlich mit den Begrenzungen zusammenhängen, die wir der Bedeutung der Worte aufzuerlegen gezwungen sind.

* Seths Material in diesem Abschnitt erinnerte mich sogleich an Janes frühes Konzept des Augenblickspunktes. In der *»Unbekannten Realität«*, Band 1, schrieb ich in einer Anmerkung zur 681sten Sitzung, die am 11. Februar 1974 abgehalten wurde, daß Jane im Alter von 25 Jahren, neun Jahre vor Beginn der Sitzungen, in intuitiver Einsicht diesem Augenblickspunkt in ihrem Gedicht »More Than Men« Ausdruck gab. Mir scheint noch immer, daß diese Zeilen irgend etwas in uns heraufbeschwören:

Zwischen jedem Ticken der Uhr / vergehen Jahrhunderte / in den uns verborgenen Universen.

In der darauffolgenden Sitzung, die Jane zwei Tage später abhielt, stellte Seth fest: »Es gibt Systeme, in denen das, was von eurem Standpunkt aus ein Augenblick ist, zur Lebensdauer eines Universums gebracht wird. Damit meine ich nicht, daß ein Augenblick einfach ausgedehnt oder Zeit lediglich verlangsamt wird, sondern daß vielmehr alle innerhalb eines Augenblickes möglichen Erfahrungen sich in jenem Bezugsrahmen verwirklichen.«

Vergleichen Sie auch *»Die Natur der persönlichen Realität«*, Kapitel 19 über den »Kraftpunkt der Gegenwart«.

Einiges hiervon mag euch ziemlich schwierig vorkommen, aber ich weiß, daß ihr weitaus intelligenter seid, als ihr glaubt — weitaus intuitiver. Und ich weiß auch, daß ihr simpler Geschichten überdrüssig seid, die man euch wie Kindern erzählt, und daß ihr euch mit Geist und Herz nach lohnenden Herausforderungen sehnt. Ihr wollt zu Recht eure ganze innere Spannweite erproben, denn jeder einzelne von euch wurde mit diesem Drang zur Werterfüllung geboren.

Nur weil ihr gelehrt und trainiert wurdet, die Natur eures Bewußtseins einzuschränken, erscheinen euch solche Ideen befremdlich. Ihr habt doch wirklich geglaubt, eure großartige Vorstellungskraft und auch eure Intelligenz darauf abrichten zu müssen, euch selbst und eure Aktivität auf die Welt der Materie, wie sie euch dargestellt wurde, zu beschränken. In der Kindheit jedoch, bevor ihr euer Vorstellungsvermögen so an die Leine genommen habt, hattet ihr alle eure Träume, die in euch die anderen Erfahrungswelten eurer Wesenheit erweckten. Euch stehen nun viele Erfahrungen offen — wenn ihr frei genug sein könnt, sie zuzulassen. Sie können euch flüchtige Einblicke in jene anderen Welten vermitteln, in denen ihr ebenfalls eure Wirklichkeit habt.

Ich werde in diesem Buch noch einige Anleitungen zu Übungen hierfür geben. Derartige Methoden sind jedoch nutzlos, wenn ihr zu Glaubenssätzen erhärtete Überzeugungen hegt, die euch abschotten, und so zielen denn auch alle meine Bücher vornehmlich darauf ab, den Bewußtseinsspielraum eures Denkens und Vorstellens zu erweitern.

Macht eine Pause.

(21.52 Uhr. Janes Vortrag hatte sich bis zur Pause stark beschleunigt. »Nun!« rief sie, als sie ihre Brille wieder aufsetzte, »ich war so weit weg und das Material wurde so kompliziert, daß ich nicht mehr wußte, was da eigentlich lief. Ich erinnere mich an die Sache mit den Teilchen, aber ich weiß nicht einmal, ob ich alles mitgekriegt habe. Allerdings weiß ich, daß ich heute abend eine bestimmte Menge durchbringen sollte. Es hat mich verwirrt ...«

Was die »bestimmte Menge« betrifft, so las sie mir ihre Notizen zu den Themen vor, die Seth ihrem Gefühl nach heute abend hatte behandeln wollen. Er hatte einige davon gestreift. Während wir miteinander sprachen, hörte ich Billy in der Küche hinter der Trennwand am Trokkenfutter knabbern. Danach machte er sich's auf der Couch neben mir bequem, um ein Schläfchen zu halten.

»Ich glaube, Seth wird nur kurz zurückkommen«, sagte Jane, während sie ihre Brille abnahm. Fortsetzung um 21.59 Uhr.)

Nun: Ende des Diktats.

Mit Material wie demjenigen von heute abend gewinnt ihr Zugang zu Informationen, die *(Pause)* tatsächlich in gewisser und bedeutsamer Weise von außerhalb der Zeit kommen.

Dazu ist erforderlich, daß Ruburt Vorstellung und Vernunft in einer überaus beschleunigten Weise zusammenschmiedet, und zwar in einem Erfahrungsraum, der offensichtlich üblichem Denken zufolge nicht bewußt ist, doch meine Domäne darstellt. Ich habe mein Bewußtsein in anderen Intervallen — Intervallen, die, euren Begriffen zufolge, die euren mit einschließen.

Ruburt durchläuft derzeit einige tiefreichende therapeutische Veränderungen. Wahrscheinlichkeiten überschneiden sich an jedem Punkt mit eurer Zeit, und diese Wahrscheinlichkeiten haben eine psychische Ausrichtung, und so hält er jetzt — wiederum nach Kriterien eurer Begriffe — an einem Schnittpunkt mit vorzüglichen Aussichten. Laß ihn dies wissen. Und ihr habt euch dies selbst zu verdanken, denn euer beider Leben sind zutiefst ineinander verwoben.

(Herzhaft:) Ende der Sitzung, und herzlich einen guten Abend!

(»Danke, Seth.«)

(22.01 Uhr. Sobald Jane aus der Trance kam, sagte ich ihr, daß ein Großteil des Materials, das nach der Pause noch durchkam, auch als Stoff für das Buch dienen könne, auch Seths Hinweis auf seine eigene Wirklichkeit. Er hatte dann übrigens noch auf Janes Notizen angespielt, doch war ich enttäuscht, daß er zwei Gedankengänge nicht weiterverfolgt hatte, die sie heute von ihm aufgefangen hatte. Sie lauteten: »Für sich allein wird die Vernunft schließlich unvernünftig. Für sich allein verliert die Imagination mit der Zeit an Kraft.« Fast glaubte ich, hierzu seine vergnügten Ausführungen zu vernehmen.

Ich hatte noch mehrere Fragen in bezug auf Seths Verwendung des Begriffs »unsichtbare Teilchen«, beschloß jedoch, sie zu einem anderen Zeitpunkt mit Jane zu erörtern.)

SITZUNG 916, MITTWOCH, DEN 14. MAI 1980

(Gestern nachmittag beendete ich endgültig meine Anmerkungen und Fußnoten zum Manuskript »Individuum und Massenschicksal« und fühle mich nach neun Monaten konzentrierter Arbeit nun glücklicherweise von dieser Aufgabe befreit. Fünf oder sechs Wochen, schätze ich, werde ich wohl noch brauchen, um nun das Buchmanuskript ins reine zu schreiben, und dann vielleicht noch eine weitere Woche, um alle Daten zu überprüfen und die Satzanweisungen zu machen, insbesondere einzuzeichnen, was in Grundschrift und, demgegenüber, in Kursiv- oder Sperrschrift zu setzen ist.

Gestern abend, als ich die 915te Sitzung dieses Buches von Montag abend ins reine zu schreiben begann, fragte ich Jane, warum Seth seine »unsichtbaren Teilchen« nicht einfach Bewußtseinseinheiten genannt habe, wie er es in Band 1 der »Träume, ›Evolution‹ und Werterfüllung« wie auch in anderen Seth-Büchern getan hatte.*

Die Frage beunruhigte sie, zumal ich auch die Befürchtung äußerte, ob Seth nicht altes Material unter einem neuen Begriff wiederhole. Um sie zu beruhigen, erging ich mich in Überlegungen, daß er wohl seine Gründe dafür gehabt haben müsse und daß natürlich ein gewisses Maß an Wiederholung in jedem Buch einer Serie nötig ist: Wiederholte Feststellungen bilden nicht nur die Grundlage für neues Material und dessen Verständnis, sondern sie machen es auch möglich, daß jedes Buch in sich ein abgeschlossenes Ganzes bildet. »Schließlich«, so sagte ich Jane, »versuche auch ich mit meinen Anmerkungen und Fußnoten

---

* Vergleichen Sie in Band 1 dieses Werkes die Ausführungen, die auf Seths elektromagnetische Energieeinheiten und seine Bewußtseinseinheiten Bezug nehmen. Ich habe beide Begriffe in Kapitel 2 in der Fußnote auf Seite 148 zur Sitzung 884 erörtert. Seths eigene Darlegungen finden Sie in Kapitel 3, Sitzung 890: »Jede Bewußtseinseinheit intensiviert, steigert ihren Daseinswillen und, so könnte man sagen, erzeugt in ihrem Innern den zündenden Funken eines Urverlangens, der in einem Prozeß ›explodiert‹, der wiederum zu stofflicher Materialisation führt. Sie verwandelt sich in das, was ich als elektromagnetische Energieeinheit bezeichnet habe, und läßt sich damit auf eine eigene Art der körperlichen Erfahrung ein.« Und ferner: »Bewußtseinseinheiten, die sich in elektromagnetischen Energieeinheiten entluden, brachten sowohl die Geschöpfe wie auch deren Umwelt in ein und demselben Prozeß hervor, dessen Verlauf man eher als kreisförmig denn als linear bezeichnen könnte.«

Vergleichen Sie auch die Fußnote auf Seite 183 zur 890sten Sitzung, in der ich auf Seths frühestes Material über die elektromagnetischen Energieeinheiten hinwies.

*Wichtiges herauszustellen, was oft nicht ohne eine Wiederholung der für eine Schlußfolgerung notwendigen Prämissen möglich ist.«**

Ungeachtet dieser Überlegungen war Jane am nächsten Tag noch immer ziemlich verstört, als es Zeit für die Sitzung wurde. Doch wollte sie trotz ihres Unbehagens, wie immer in letzter Zeit, die Sitzung zeitig beginnen. Sie hatte auch daran gedacht, mir heute einen Feierabend zu gewähren, weil ich die Anmerkungen und Fußnoten für »Individuum und Massenschicksal« abgeschlossen habe; aber ich sagte ihr, daß ich lieber mit den Sitzungen fortfahre, solange uns beiden danach zumute sei.

Als wir dann auf den Beginn der Sitzung warteten, fing Jane Material auf, in dem Seth seine Verwendung des Begriffs »unsichtbare Teilchen« von Montag abend erklärte — und da er heute abend seine Gründe dafür erörtert, brauche ich sie hier nicht anzuführen. Natürlich sind wir beide erleichtert.

Beginn der Sitzung um 21.10 Uhr.)

Nun: Guten Abend.

(»Guten Abend, Seth.«)

Diktat. Als Joseph sein Protokoll der letzten Sitzung durchlas, fragte er sich, ob die unsichtbaren Teilchen, von denen die Rede war, dasselbe sind wie die Bewußtseinseinheiten, von denen ich schon früher gesprochen hatte.

Es lag in meiner Absicht, daß er — und mit ihm jeder Leser, jede Leserin — sich diese Frage stellen sollte. Zum einen möchte ich nicht, auch wenn ich mir der Notwendigkeit klaren Denkens und somit klarer Begriffe durchaus bewußt bin, daß ihr so sehr an Begriffen klebt, daß ihr einen solchen, wenn ihr ihn schon früher einmal gehört habt, bei dessen Wiederholung augenblicklich in ein Schubfach einordnet.

---

* Die Seth-Bücher wie auch meine Kommentare dazu enthalten zweifellos repetitives Material, schon weil ja manches auf Varianten grundlegender Begriffe und Ideen beruht. Das ist unvermeidlich und notwendig. Übrigens ist das Phänomen der Wiederholung geradezu ein Kennzeichen unserer Welt. Wir könnten wohl kaum überleben ohne unsere spezielle kommunikative Wiederholung, noch könnte dies irgendeine andere Gattung ohne die ihre.

Das Phänomen der Wiederholung schlägt sich auch in den Suggestionen — vorwiegend negativer Art — nieder, der die Menschheit tagtäglich ausgesetzt ist. So wird beinahe verständlich, daß unsere Gattung die Tendenz negativen Denkens und Handelns zu entwickeln begann, was sich in sämtlichen Facetten unserer Weltkultur widerspiegelt.

Zum anderen: jedesmal wenn ich für einen Begriff ein neues Wort einführe, geschieht dies sozusagen von einer anderen Richtung her, so daß ihr euch ebenfalls von einem anderen Blickwinkel her darauf einstellen sollt. Auf diese Weise werdet ihr mit einem bestimmten Wissen von einer Reihe unterschiedlicher Standpunkte her vertraut.

Während ihr das lest, sollte die Frage, ob dies nun die schon früher erwähnten Bewußtseinseinheiten sind, euren Intellekt und eure Intuition dazu angeregt haben, in — wenn auch nur ganz leicht — veränderter Weise miteinander zusammenzuarbeiten. Anders gesagt: Ich hoffe, in diesem Kapitel, das sich mit der erwähnten Thematik beschäftigt, sowohl eure Einbildungskraft wie auch euren Intellekt zu inspirieren.

Noch einmal: Denkt daran, daß das sichtbare Universum aus einer geistigen Wirklichkeit entsteht, einer subjektiven Wirklichkeit, die der Natur eurer Welt selbst innewohnt. Ich möchte daher, daß ihr diese Bewußtseinseinheiten von einer völlig anderen Ereignisskala her denkt.

Stellt euch nun, soweit euch dies möglich ist, die Existenz All-dessen-was-ist vor — ein Bewußtsein *(Pause)* von so grandioser Komplexität, daß die Verästelungen seines psychischen Netzwerks, wie wir das einmal nennen wollen, buchstäblich unendlich sind. Zeit in all ihren Erscheinungsformen und alle Erfahrung von Zeit ist psychischer Natur. Die »Geschwindigkeit« der Elektronen zum Beispiel reflektiert ihre psychische Bewegung.

(21.32 Uhr. Mit vielen Pausen:) All-das-was-ist, als Ursprung aller Wirklichkeit und Erfahrung, ist derart psychisch komplex und multidimensional schöpferisch, daß es sich ständig selbst in Erstaunen setzt. Es i s t, es selbst, das unsichtbare Universum, das allüberall eurer Welt innewohnt, für eure sinnliche Wahrnehmung jedoch nicht sichtbar ist. All-das-was-ist z e r s t r e u t s i c h selbst, so daß es einerseits eine wuchtige geistige Wesenheit, eine psychische Struktur ist, und andererseits zerstreut es sich in die Erscheinungswelt. Es ist im vollen Sinne dieses Wortes göttlich, doch es zerstreut diese Göttlichkeit, so daß nach eurem Verständnis *(lange Pause)* jede Bewußtseinseinheit in sich diese Eigenschaften des Göttlichen enthält. All-das-was-ist hat kein einzelnes Bild, sondern wohnt a l l e n Bildern inne — in·Klammern (den sichtbaren wie auch den unsichtbaren). Eure Gedanken bilden den unsichtbaren Gegenpart eurer Worte, und die immense u n g e ä u ß e r t e G e i s t i g k e i t All-dessen-was-ist steht in glei-

cher Weise hinter allen zur Äußerung kommenden oder sichtbar werdenden Erscheinungen.

(21.44 Uhr. Sehr eindringlich:) In diesem Sinne ist es im Grunde unmöglich, daß eine besondere Art einer Gattung ausstirbt. Sie kann — bitte hervorheben — eine Zeitlang verschwinden, für eine Weile im Geschichtsablauf unsichtbar werden. Die genetischen Muster aller Arten jeglicher Gattung sind natürlich in erster Linie im genetischen Reservoir der Arten enthalten, aber dieses genetische Reservoir besteht nicht für sich unabhängig, sondern es ist vorhanden in dem unsichtbaren Zusammenhang mit der erblich bedingten Beschaffenheit aller Arten jeder anderen Gattung.

Es gibt unzählige Beziehungen zwischen den Gattungen, die unbemerkt bleiben. Die Generationen aller Gattungen wirken in wechselseitigen Beziehungen aufeinander ein. Die genetischen Auslöser treten offensichtlich nicht unter der Voraussetzung in Aktion, daß es nur eine Gattung auf eurem Planeten gibt, sondern sie gehorchen genetischen Sequenzen, die in allen Arten aller Gattungen gesamthaft am Werk sind. Auch ist das genetische System nicht annähernd so geschlossen, wie allgemein angenommen wird. Und das wiederum verhält sich so, weil die grundlegenden Bewußtseinseinheiten, die die Materie aufbauen, die die Stoffwelt bilden, selbst scharfsinnig sind. Daher auch meine frühere Feststellung, daß den euch geläufigen Kriterien zufolge die Umwelt und ihre Geschöpfe miteinander »evolvieren«. *(Lange Pause.)* Euer beschränkter Radius eigenen Gewahrseins macht euch geneigt, das Bewußtsein in all seinen Formen so zu kategorisieren, daß es in das euch vertraute Modell eurer Definition paßt. Daher erinnere ich euch hier erneut daran, daß im tiefsten Sinne überall Bewußtsein ist, daß All-das-was-ist sich durch jegliche Körperwirklichkeit erstreckt — die aller Gattungen und natürlich auch aller Rassen und Völker.

(21.55 Uhr.) Eure Vorstellungskraft hilft euch, Elemente dieses inneren impliziten Universums zu aktualisieren. Eure Vorstellungen unterliegen keinen zeitlichen Beschränkungen. Ihr könnt euch vergangenes und künftiges Geschehen vorstellen. Immer waren es eure Vorstellungen, die eure Zivilisationen und Kulturen, eure Religionen, Wissenschaften und Künste hervorbrachten, und wenn sie mit vernünftigem Denken einhergehen, können sie euch Wissen über das Universum und euren Platz darin vermitteln, das ihr auf keine andere Weise gewinnen könnt.

Ende des Diktats.

(Nach einer Pause um 21.59 Uhr:) Übrigens herzlichen Glückwunsch! Die Anmerkungen *(für »Individuum und Massenschicksal«)* sind hervorragend. *(Ich lachte.)* Genieße den restlichen Abend, wie du *(verschmitzt)* ihn hoffentlich bisher genossen hast!

(»Das habe ich. Was wirst denn du mit dem restlichen Abend anfangen?«)

Ich werde mich erfrischen, indem ich mich in einige neue Konzepte und Ideen vertiefe. Natürlich ergeben sich auch für mich ständig neue Aspekte.

Ich wünsche euch einen guten Abend.

(»Danke, Seth, dir auch. Gute Nacht.«)

(22.01 Uhr. Kurz vor Schluß der letzten Sitzung hatte Seth uns einen Einblick in die Natur seiner eigenen Wirklichkeit gegeben, heute abend hatte er uns einen weiteren Hinweis gegeben. Neugierig macht mich besonders seine Feststellung, daß er sich in seiner nichtphysischen Wirklichkeit, »wo immer das auch sein mag«, noch immer fortentwickle — gerade so wie wir hier auf Erden. Natürlich würde mich freuen, wenn er gelegentlich auf seine »neuen Konzepte und Ideen« eingehen wollte, die er gerade erforscht.)

Sitzung 917, Mittwoch, den 21. Mai 1980

(Am vergangenen Montagabend hielten wir keine Sitzung ab, da wir uns ausruhen wollten. Jane war auch sehr gut im Zuge mit »God of Jane« und wollte sich nicht durch irgendeine andere Arbeit, und sei es das Seth-Material, ablenken lassen. Doch wünschte sie immerhin, heute abend eine kurze Sitzung abzuhalten.

Mittags hatte sie wieder einmal einen beunruhigenden Brief erhalten. Seth ging heute abend darauf ein — und auch auf die zwei Gedanken, die Jane am Montag vor einer Woche von ihm aufgefangen hatte: »Für sich allein wird die Vernunft schließlich unvernünftig. Für sich allein verliert die Imagination mit der Zeit an Kraft.« Wie gesagt war ich enttäuscht gewesen, daß diese beiden Punkte in der Sitzung nicht erörtert worden waren. — 20.49 Uhr.)

Guten Abend.

(»Guten Abend, Seth.«)

(Mit hintergründigem Humor): Diktat. Nun: Bedenkt wohl, daß diese Bewußtseinseinheiten, von denen ich sprach, alles andere als neutral, mathematisch oder mechanistisch sind.

Es sind die denkbar kleinsten »Bündel« von Bewußtsein, die ihr euch vorstellen könnt, und dabei hat, ungeachtet aller gegenteiligen Vorstellungen, Bewußtsein grundsätzlich nichts mit Größe zu tun. Wäre dies der Fall, dann wäre ein sphärischer Körper mit einem weitaus größeren Durchmesser als dem der Erde erforderlich, um das Bewußtsein auch nur einer einzigen Zelle in sich zu fassen.

Daher ist euer körpergebundenes Leben Ergebnis und Beweis einer spektakulären spontanen Ordnung — der Ordnung des von den Bewußtseinseinheiten spontan gebildeten Körpers. Eure Erfahrung der Welt wird weitgehend durch eure Vorstellungen und eure Vernunft bestimmt. Imagination und Vernunft entwickelten sich aber nicht, wie evolutionistische Thesen es nahelegen wollen, mit der Zeit. Imagination und Vernunft waren der Menschheit von Anfang an eigen, doch hat die Gattung diese Eigenschaften ganz unterschiedlich genutzt im Lauf dessen, was ihr als die Zeit eurer Stammesgeschichte betrachtet. In dieser Hinsicht besteht ein großer Spielraum. Die Fähigkeiten der Vorstellung und der Vernunft lassen sich auf zahllose Weisen miteinander kombinieren, wobei euch jede spezielle Kombination ihr einmaliges Bild der Wirklichkeit vermittelt und so eure Welterfahrung bestimmt. *(Pause.)*

Eure vielen Zivilisationen — eine jede mit der ihr eigenen Wissenschaft, ihrer Religion, Politik und Kunst —, sie alle sind das Ergebnis unterschiedlicher Kombination von Imagination und Vernunft, durch die sich der Mensch Bezugssysteme schuf, aufgrund deren eine mehr oder minder zusammenhängende Wirklichkeit wahrgenommen und erfahren wird.

(21.02 Uhr.) Der Mensch hat zu manchen Zeiten der Macht der Imagination den Vorrang gegeben, und er nahm die materiellen Geschehnisse um sich herum in ihrem großen und dramatischen Zusammenhang wahr, so daß sie weitgehend unter diesem Aspekt gesehen wurden. Unter solchen Umständen werden äußere Ereignisse zu Magneten, welche die dramatische Kraft der Imagination anziehen und in Gang setzen. Dem inneren Geschehen kommt größeres Gewicht zu als dem äußeren. Den Gegenständen der Dingwelt kommt dann Bedeutung nicht nur um ihrer selbst willen zu, sondern aufgrund ihres Stellenwerts in einer inneren Welt der Bedcutungen.

Im Gefolge einer solchen Konstellation ist es durchaus möglich, daß letztlich die natürlichen Geschehnisse unter dem Gewicht ihres Symbolgehalts nahezu unsichtbar werden.

In neuerer Zeit ging der Trend in die entgegengesetzte Richtung: Hervorbringungen der Imagination galten als suspekt, wogegen äußeres Geschehen als die einzig gültige Wirklichkeit betrachtet wurde. Ihr seid schließlich bei einer Welt angekommen, in der sich die tiefgründigsten Fragen über das Leben anhand eines Testfragebogens nach den Kriterien richtig oder falsch beantworten ließen. Die Vorstellungskraft des Menschen scheint mit dem Stigma der Falschheit gezeichnet zu sein, sofern sich nicht aus ihren Ergebnissen irgendein praktischer materieller Nutzen ziehen läßt. Überhaupt wird Imagination nur deshalb geduldet, weil sie bisweilen zu neuen technologischen Erfindungen führt.

Dies sind nur zwei kontrastierende Beispiele der vielen Möglichkeiten, wie sich die Vorherrschaft entweder der Imagination oder der Vernunft auswirken kann. Doch gibt es unzählige andere Varianten und natürlich auch solche, die ihr als Gattung noch gar nicht entwickelt habt.

Ruburt erhielt heute Post von einem Mann, den man sicher als schizophren bezeichnen muß. Ruburt war betroffen — nicht nur wegen des Zustands dieses Menschen, sondern auch wegen der weltanschaulichen Schlußfolgerungen, die sich aufdrängen. Was, um alles in der Welt, dachte er, bringt einen Menschen dazu, sich eine solche Wirklichkeit zu schaffen?

(Wir beide, Jane noch mehr als ich, waren frappiert von der einzigartigen, originellen Art und Weise, in der der Briefschreiber seine Wortwahl getroffen hatte, um seine selbstgewählte Wirklichkeit zu beschreiben. Höchst ungewöhnlich.)

Nun kommt es im Zusammenhang mit »Geistesstörungen« vor allem darauf an, den Akzent auf die individuelle Unversehrtheit des Wesens zu legen und alle Definitionen zu meiden, mit denen normalerweise irgendwelche Symptomgruppen pauschal abgedeckt werden. Individuen wie dieser Mann kombinieren oftmals Vorstellungskraft und Vernunft auf eine Weise, die mit der Welt, in der sie leben, nicht übereinstimmt. *(Ziemlich ironisch:)* Es wäre wohl nicht ganz unzutreffend, wiewohl vielleicht etwas übertrieben, wenn man die Behauptung aufstellte, daß Menschen, die Atomwaffen horten, um den Frieden zu wahren, geisteskrank seien. In eurer Gesellschaft aber spielen sich solche Vorgänge erstaunlicherweise unter dem Banner der Humanität ab!

Derartige Strategien gelten nicht als wahnsinnig, obwohl sie es im wahren Sinne des Wortes sind. Für solches Handeln gibt es viele Gründe; auf jeden Fall aber ist eine Überbewertung dessen, was ihr für vernünftig haltet, gegenüber dem, was ihr für bloß imaginär haltet, zumindest teilweise dafür verantwortlich.

(21.23 Uhr.) Bei jenem Mann nun, der Ruburt schrieb, findet sich eine Reihe der typischen Merkmale, aus denen ersichtlich wird, daß innere Hervorbringungen — die Bilder der Imagination — ein verzerrtes Bild des materiellen Geschehens entwerfen, verglichen mit der gesellschaftlich akzeptierten Norm. Wieder spreche ich hier nur über diesen einen Fall, nicht über seelisch-geistige Störungen generell. Doch möchte ich nachdrücklich darauf hinweisen, daß die von euch so geschätzte Norm auch bedeutet, daß euch als Gattung großer Spielraum im Gebrauch der Imagination und des Verstandes zugestanden werden muß. Andernfalls könntet ihr euch in starren Positionen festfahren, die weder der Imagination noch dem Verstand ein Weiterkommen ermöglichen. Es ist lebenswichtig für euch, der großen Variationsbreite eures geistig-seelischen Verhaltensspektrums innezuwerden — und diese Vielfalt unterschiedlicher Erlebnisweisen ist notwendig! Sie sorgt für lebenswichtige psychologische Rückmeldungen, und sie ermöglicht den Einsatz der ganzen Spannweite eurer Begabungen auf eine Weise, die euch insgesamt sehr zum Vorteil gereicht.

Der Schreiber jenes Briefes möchte vor allem in seiner eigenen Welt leben. Er tut niemandem etwas zuleide. Er sorgt ganz gut für seinen Unterhalt. Sein Wirklichkeitsverständnis ist allerdings nach den maßgebenden Kriterien zweifellos exzentrisch. Er setzt dem Leben eine Würze zu, die andernfalls darin fehlen würde, und gerade durch seine Exzentrik zeigt er anderen Menschen, daß es in ihrer festgefügten Wirklichkeitssicht vielleicht doch da und dort ein paar Ritzen gibt.

Doch möchte ich ihn und andere seinesgleichen nicht idealisieren; ich möchte lediglich darauf hinweisen, daß ihr eure Einbildungskraft und euren Verstand auch auf andere Weisen nutzen könnt als gewohnt. Tatsächlich ist solche Nutzung nicht nur genetisch möglich, sondern auch genetisch wahrscheinlich — ein Thema, das ich in diesem Buch noch erörtern werde. Kraft Imagination befaßt sich der

Mensch natürlich mit dem impliziten Universum, jenen ungeheuren Wirklichkeitsbereichen, die nicht stofflich manifest sind, wogegen sich sein Verstand gewöhnlich mit der stofflichen Offensichtlichkeit der Welt befaßt, die er vor Augen hat. Dies ist eine allgemein gültige Feststellung; im einzelnen freilich bezieht jeder Akt der Imagination das Denken und jeder Akt des Denkens die Imagination mit ein.

Ende des Diktats.

(21.35 Uhr. Jetzt brachte Jane noch einiges Material für uns und beendete dann die Sitzung um 21.57 Uhr.)

Sitzung 918, den 2. Juni 1980

(In meiner einführenden Anmerkung zur 899sten Sitzung vom 6. Februar 1980 Band 1 dieses Werks, Kapitel 5, schrieb ich, es sei vorgesehen, daß im April Ingenieure das radioaktiv verseuchte Gebäude betreten sollten, in dem sich der beschädigte Reaktor Unit Nummer 2 des Kernkraftwerks von Three Mile Island befindet. Die Ingenieure sollten radiologische Daten sammeln, die bei der Entsäuberung der schadhaften Anlage berücksichtigt werden sollten. Um die Sicherheit aller Beteiligten zu gewährleisten, wird jedoch geplant, zunächst aus dem Behältergebäude eine große Menge von radioaktivem Kryptongas über einen Zeitraum von mehreren Wochen in die Atmosphäre abzulassen. Dieses Vorhaben stößt auf große Widerstände.

Letzten März, ein Jahr nach dem Unfall, ersuchte der Gouverneur von Pennsylvanien eine angesehene wissenschaftliche Organisation um Alternativvorschläge zu dem Plan, das Kryptongas abzulassen. Im Mai legte diese Organisation wissenschaftlich akzeptable Alternativen vor, doch scheint jetzt weder die Eigentümergesellschaft des Atomkraftwerks noch die Atombehörde NRC gewillt, danach zu verfahren, und so geht die Debatte weiter. Offensichtlich werden Sicherheitsvorkehrungen gescheut, solange nicht eine unmittelbare Gefährdung der Bevölkerung zu befürchten ist. Diese Denkweise ist natürlich für viele Menschen äußerst unbefriedigend.

Mittlerweile ist diese erste Besichtigung schon zweimal verschoben worden, letztmalig auf Ende Juli.

Infolge dieses Unfalls begann sich ein Berg von Problemen für die Atomkraftindustrie aufzutürmen. Da geht es um angeblich unzulängliche Baupläne für diverse Kraftwerke, um enorme Fehlkalkulationen, minderwertige Konstruktion und mangelnde Qualitätskontrolle, um menschliches und technisches Versagen, die Beseitigung des radioaktiven Abfalls, um Konflikte mit Atomgegnern und Umweltschutzgruppen, Querelen wegen der Evakuierungspläne für mehrere Gegenden mit Kernkraftwerken, um die von der Atombehörde NRC verfügten praktischen Sicherheitsvorkehrungen und sogar um Besorgnisse der Regierung über eine mögliche Manipulation und Fälschung von Sicherheitsdossiers der Kraftwerke.

*Das letzte Atomkraftwerk wurde 1978 in Auftrag gegeben. Bisher ist der Stromverbrauch unseres Landes um weniger als zwei Prozent gestiegen, und es wird erwartet, daß er im nächsten Jahr sogar sinkt. Es ist unerhört, daß angesichts dieser Voraussagen weiterhin Atomkraftwerke gebaut werden, nur um einen mutmaßlichen Bedarf zu dekken!**

Jane und ich haben während der letzten zwölf Tage, in denen wir an »God of Jane« beziehungsweise an »Individuum und Massenschicksal« arbeiteten, keine Sitzungen abgehalten. »Ich hab' das Gefühl, es wird heute abend eine kurze Sitzung geben«, sagte sie, »aber sie wird nicht dem Buch gelten. Ich hab' ein paar Ideen, die er besprechen wird …« Aber als Seth um 21.15 Uhr durchkam, klang sein Material für mich ganz nach Buchtext.)

Guten Abend.

(»Guten Abend, Seth.«)

Nun: Für mich gibt es oft fast unüberwindliche Schwierigkeiten bei dem Versuch, den Ursprung eurer Welt zu erklären.

Eurer Vorstellung nach hat das Universum bestimmte Dimensio-

---

* Doch wollen wir nicht vergessen, daß der Mensch immer die Wahl hat, wenn er, ganz gleich auf welcher Ebene, sich einer selbstgeschaffenen Herausforderung gegenübersieht, sich entweder negativ oder positiv dazu einzustellen oder eine ausgewogene Einstellung zu finden. Während einige Versorgungsbetriebe Schwierigkeiten mit ihren Kraftwerken haben, gibt es auch Kraftwerke, die angeblich sehr gut und bei optimaler Sicherheit wirtschaftlich arbeiten. Dennoch ist viel davon die Rede, daß die Kernkraftindustrie in unserem Lande scheitern wird. Jane und ich glauben das nicht. Das, wovor sich viele Menschen ängstigen, sind die möglichen grauenhaften Konsequenzen eines Unfalls, durch den unkontrollierte Radioaktivität in die Umgebung gelangen würde. Diese Möglichkeit, wie gering immer sie auch sein mag, besteht jedoch in jedem Land der Welt, das auch nur ein einziges Atomkraftwerk besitzt. Die Gefahr besteht ebenso real auch für all die Länder, die bisher nur die Atomkraft zu nutzen *beabsichtigen*. So erforscht das Bewußtsein die Nuklearfrage im wahrhaft globalen Sinne.

nen, und ihr verlangt daher nach einer Erklärung, die sich mehr oder weniger daran hält, daß in und aus ebendiesen Dimensionen das Universum auch entstanden sei. Dieses ist aber aus einer höher dimensionalen Aktualität entstanden. Eure Begriffe der Realität eurer Welt können nicht den umfassenderen Zusammenhang enthalten, in dem solche Zentralereignisse vor sich gehen. Daher muß ich zunächst einmal euren herkömmlichen Vorstellungen folgen, wenn ich von einem Geschehen spreche.

Dabei versuche ich aber, euch zur intuitiven Einsicht in ein größeres Bezugssystem zu verhelfen, dessen Geschehnisse der euch bekannten Wirklichkeit gleichsam rittlings aufsitzen. Dessenungeachtet werden wir auf Punkte stoßen, bei denen sich Widersprüche einzustellen scheinen, da eure Vorstellungen eines Geschehens weiterreichende Verknüpfungen nicht in Betracht ziehen — Verknüpfungen, die alle scheinbaren Widersprüche in einer umfassenden größeren Einheit dessen, was Struktur und Aktion wirklich sind, auflösen würden. Eure Imagination wird dabei von hohem Wert sein, denn sie kann oft Verflechtungen wahrnehmen, die dem Intellekt verborgen bleiben, da ihr ihn darauf trainiert habt, sich ganz und gar mit dem Augenschein des Hier und Jetzt zu begnügen.

(Nach langer Pause um 21.28 Uhr:) Es gibt Phasen von Beziehungen, Rhythmen und Harmonien des Bewußtseins, in deren unendlichen Schwingungen die molekulare »Musik« eures Universums tönt. Innerhalb dieser Rhythmen nehmt ihr einen entscheidenden Platz ein. *(Lange Pause.)* Ihr existiert in einer Art ursprünglichem Intervall — doch müßt ihr euch dabei das Wort »Intervall« möglichst ohne einen Gedanken an fortlaufende Zeit denken. Es ist, als ob eine unendliche Anzahl von Orchestern gleichzeitig spielte *(lange Pause)* und als ob jede auftönende Note auch in all ihren wahrscheinlichen Positionen zu jeder anderen möglichen Note gespielt würde wie auch in Kombination mit allen wahrscheinlichen Versionen des ganzen Musikstücks, das gespielt wird.

Zwischen den aufklingenden Noten gäbe es Intervalle, und diese nichtklingenden Intervalle wären als nicht manifest werdende Kompositionselemente Teil des Ganzen der Klangproduktion. Die nichtklingenden Intervalle wären natürlich auch Geschehnisse, Anstöße für Aktivitäten, Auslöser von Wirkungen.

Euer manifestes Universum entstand aus Intervallen dieser Art, hervorgehend aus einem Zentralereignis, dessen eigentliche Natur sich euren Definitionen entzieht — und so wird es Stellen in diesem Buch geben, wo ich möglicherweise ein euch bekanntes Geschehnis als zugleich wahr und nicht wahr oder sowohl als Mythos wie auch als Tatsache bezeichne. Auf diese Weise hoffe ich, bei euch ein sensitives Verständnis für eine Art von Geschehen zu wecken, das eure vielbemühten Kategorien von wahr und falsch erübrigt, weil es sie übersteigt.

Ihr werdet, hoffe ich, eure Vorstellungskraft weiterhin um das Geschehen eurer Welt spielen lassen, aber immerhin auch ein paar flüchtige Einblicke in jene größere Fülle des Lichts gewinnen, von der sie erleuchtet wird, so daß ihr intuitiv zu einem Gefühl für den Ursprung allen Geschehens und eurer Welt gelangt. Die von mir erwähnten Bewußtseinseinheiten sind dieser Ursprung, und sie verhalten sich in der schon beschriebenen Weise. Man kann sie insofern auch als Wesenheiten begreifen, als sie Fragmente des All-Einen, wenn ihr so wollt, göttliche Fragmente von Macht und Majestät sind, die *(Pause)* sämtliche Kräfte des Bewußtseins, so wie ihr es auffaßt, enthalten, Konzentrationen ohne Substanz in eurem Sinne.

Es gibt neben eurem Universum zahlreiche andere, und jedes von ihnen folgt seinen eigenen Intervallen, seiner eigenen Harmonie. Eure Vorstellungen vom linearen Ablauf der Zeit sind meinen Erklärungen hinderlich. Nach Kriterien dieser Vorstellungen aber *(Pause)* würde die Wirklichkeit der Welt viel weiter zurückreichen, als ihr euch es vorstellt, und sodann — ihr braucht solche Einschränkungen — haben eure Vorfahren andere Sterne besucht, wie auch euer Planet von anderen Weltbewohnern besucht wurde. Einige solcher Begegnungen überschritten sich in Raum und Zeit, andere nicht. Die Versionen des Lebens sind endlos. Zweifellos gibt es andere Gattungen, die der euren ähnlich sind, und in den ungeheuren Spektren der Existenz, die zu umfassen eure Wirklichkeit nicht hinreicht, gab es galaktische Zivilisationen, die unter geeigneten Umständen zusammentrafen.

(21.54 Uhr.) Die Zeit, die ihr meint, gibt es nicht. Existenzintervalle sind etwas völlig anderes. Es gibt — auf Weisen, die sich nicht erklären lassen — etwas, das ich nur als innere Schlupfwege oder gleichsam als Passagen durch das Universum bezeichnen kann. Ihr wißt, wie eine Gedankenverbindung, eine Assoziation, euch plötzlich so intensiv auf ein vergangenes Ereignis einstimmen kann, daß es sich fast in der Gegenwart abzuspielen scheint — und tatsächlich ist eine hinlänglich starke Erinnerung gewissermaßen die Geistererschei-

nung eines Ereignisses. So gibt es auch Vorgänge, die wie Gedankenverbindungen funktionieren, indem sie Passagen durch die für euch zeitstrukturierten Gegebenheiten des Universums schaffen. Diese Passagen sind einfach Teil der größeren Natur eines Geschehens, das sich eurer Wahrnehmung entzieht. *(Pause.)*

Es gab Zeiten, da eure Gattung durch solche Passagen Reisen unternahm, und viele eurer Mythen sind geisterhafte Erinnerungen an jene Begebenheiten. Noch einmal: Jeglicher Existenz liegt ein Rhythmus zugrunde, und so ist euren Begriffen zufolge eure Gattung zu ihrem heimatlichen Planeten zurückgekehrt, um ihre Wurzeln zu erneuern, sich in der Natur ihres natürlichen Erbes zu versichern und wieder Trost und Erquickung zu finden im süßen, uralten Erbgut der Abend- und Morgendämmerung.

Der Planet hat viele Wandlungen durchlebt. Er ist viele Male in Erscheinung getreten und wieder verschwunden. Er blinkt wie ein Leuchtfeuer »aus« und »an« — doch wegen der Intervalle in eurer Aufmerksamkeit scheint euch natürlich jedes »an« Millionen Jahre zu dauern, während von anderen Wirklichkeitswelten aus die Erde wie ein Glühwürmchen blinkt — aus und an.

Es ist nicht meine Absicht, durch eine solche Beschreibung die Bedeutung des körpergebundenen Lebens herabzumindern, denn Alldas-was-ist begabt jeden Teil seiner eigenen transformierten Wirklichkeit mit einem einzigartigen Dasein, das sich nirgendwo sonst wiederholt, und jeder Bewußtseinsfunke birgt ein göttliches Erbe, das niemals erlischt — ein Funke, der allüberall im Universum in Erscheinung tritt.

Ende der Sitzung.

Der Inhalt dieser Sitzung war zum Teil auch als Antwort auf einige Fragen gedacht, die Ruburt im Sinn hatte. Ich wünsche euch von Herzen einen guten Abend — es sei denn, du hast noch Fragen, Joseph.

(»Nein.«)

Dann meine herzlichsten Grüße.

(»Danke, Seth. Gute Nacht.«)

(22.10 Uhr. »Er schmuggelt mir das einfach unter — so ist das nämlich mit ihm!« meinte Jane, als ich sie neckte, die Sitzung sei entgegen ihrer Ansicht doch Buchdiktat gewesen. Jane erinnerte sich, daß sie in ihrer Jugend — etwa fünfzehn Jahre bevor sie mit dem Seth-Material begann — eine Reihe von Gedichten über die Rückkehr der Mensch-

heit aus dem Weltraum zur Erde geschrieben hatte. »Und jetzt kommt Seth und sagt, daß es sich so zugetragen hat — in wahrscheinlichen Wirklichkeiten«, sagte sie. »Es ist eine alte Science-fiction-Idee.«

*Die Sitzung war eine von denen gewesen, die Jane das Gefühl gaben, es sei viel Zeit verstrichen. So war sie überrascht zu erfahren, daß die Sitzung nur 55 Minuten gedauert hatte; aber sie spürte auch, daß sie mit einer beträchtlichen Menge interessanter Informationen durchgekommen war.**)

---

* Nach der Sitzung wollte ich Seths Material über die Unendlichkeit mit mathematischen Ideen dieses Begriffs verknüpfen, aber die entsprechende Lektüre ließ mich erkennen, daß diese Aufgabe den Rahmen einer Fußnote sprengen würde. Doch waren, wie ich Jane sagte, wirklich mathematische Ideen in Seths Material enthalten: ich sah Korrelationen zwischen seinen wahrscheinlichen Wirklichkeiten, seinen Intervallen und dem Konzept einer unendlichen Zahl von Punkten in einer Linie — und daß einige mathematische Definitionen der Unendlichkeit als grundlegender oder von höherer Ordnung gelten können als andere. Wirklich fand ich in der Mathematik, vom Werk des Euklid (des griechischen Mathematikers, der um 300 v. Chr. lebte) bis zur modernen Informationstheorie viele Bezugspunkte zu Seths Ideen. Mir scheint, daß sich Seths Material über den »Ursprung« unseres Weltalls als »idealer Punkt« bezeichnen läßt, der unsere mathematischen Systeme umfaßt, und daß sein Konzept All-dessen-was-ist keine »Grenzen« im mathematischen Sinne kennt. Ich weiß nicht, ob Mathematiker etwas mit meinen Kommentaren hier anzufangen wissen.

Meine versuchsweisen Nachforschungen führten mich zu der Frage an Jane, ob sie meine, daß die Axiome beispielsweise der euklidischen Geometrie eine ihnen innewohnende ursprüngliche Gültigkeit für die Beschreibung der *inneren* Reichweiten des Geistes besitzen oder ob diese Lehrsätze einfach bewußt erworbene Interpretationen unserer visuellen Erfahrung darstellen. Sie hatte nicht darüber nachgedacht. Als ich sie fragte, woher ihr intuitives mathematisches Wissen stammte, lachte sie einfach.

»Im Gymnasium bin ich zweimal in Algebra durchgefallen, dann hab' ich's geschafft, und mit Geometrie war's, glaub' ich, nicht besser«, sagte sie. »Das meiste entging mir — die Lehrer gingen einfach zu schnell voran. Wenn ich einmal etwas verstand, fand ich die Sache sehr aufregend. Manchmal fand ich die richtige Lösung für ein Problem, aber nicht auf dem vorgeschriebenen Weg, und dann bezeichnete der Lehrer sie als falsch — und das hat mich immer wütend gemacht. Ich hatte sogar Mühe, den Preis für Bonbons in kleinen Mengen zu berechnen, als ich damals diesen Job im Krämerladen hatte. Ich möchte wohl wissen, wie viele Pfund Bonbons ich gratis ausgeteilt habe ...«

Jane begann als Sechzehnjährige im Sommer 1945 in besagtem Krämerladen zu arbeiten. Es war ihr erster Job, und sie mußte sich Arbeitspapiere und eine Nummer der Sozialversicherung besorgen. Sie fühlte sich immer nervös in dem Laden. »Ich erinnere mich an das Kriegsende in jenem Sommer«, sagte sie und meinte die Kapitulation Japans, die den Zweiten Weltkrieg am 14. August beendete. »Der Laden wurde zur Feier des Tages geschlossen.« Auch im Herbst jenes Jahres nahm sie nach den Schulstunden und gelegentlich auch samstags diesen Job wieder auf.

3
Zentralereignisse und Wirklichkeitsüberlagerungen

Sitzung 919, Montag, den 9. Juni 1980

(Wir haben die planmäßige Sitzung am letzten Mittwoch übersprungen. Doch heute wollte Jane unbedingt eine kurze Sitzung abhalten, und ich brachte ihr eisgekühlten Rotwein.

Seths Anspielungen auf »Zentralereignisse« in der letzten Sitzung hatten ihre Neugier ungemein gereizt. Sie hoffte, die Bemerkungen dienten der Vorbereitung auf sein Material für heute abend. Sie steuerte auch einen eigenen — bewußten — Beitrag zu dieser Vorbereitung bei: Gestern hatte sie von Seth Ideen zum Begriff »Zentralüberlagerungen« aufgefangen und sich Notizen darüber gemacht. Heute tippte sie nach dem Abendessen einen Teil ihrer Notizen in die Schreibmaschine, und ich lege nachstehend ihre Ausführungen vor, einfach um zu zeigen, in welch unmittelbarer Nähe zu ihrem Wachbewußtsein sich die Fülle des Seth-Materials machmal befindet.)

»Sonntag, den 8. Juni: Während ich mich wie immer duschte, mich frisierte, die Zeitung las, meine Übungen machte und so weiter, kamen Ideen von Seth durch über ... das nächste Kapitel seines Buches, das, glaub' ich, ›Zentralereignisse und Überlagerungen‹ heißen soll. Es kann Überlagerungen einer Zivilisation durch eine andere geben, so daß eine Zivilisation, die in einem Erfahrungsraum als ›wirklich‹ erlebt wird, in einer anderen als Mythos erscheint ... Unsere Zivilisation erscheint als Mythos in anderen Welten; etwas Derartiges stellt nur eine Art möglicher Überlagerungen dar.

Ich erhielt flüchtige Einblicke in Material über Atlantis, das ich aber nicht klar genug empfing, um es niederzuschreiben, und über das Christentum — beide als Beispiele von Überlagerungen und von Zentralereignissen. Was genau Zentralereignisse sind, vergaß ich zum Teil ... jedenfalls sind es spektakuläre Ereignisse, deren hauptsächliche Bedeutung außerhalb der Zeit liegt, deren Auswirkungen auf die Zeit oder in der Zeit jedoch extravagant, nämlich unverhältnismäßig groß sind im Vergleich mit ihren historischen Zusammenhängen. Der faktisch-historische Teil eines solchen Ereignisses erscheint minimal, verglichen mit seinen Auswirkungen ...

Auch drängte sich mir auf, daß Zentralereignisse die Welten der Imagination und der Vernunft auf verschiedene Weise berühren. Und daß Seth, obwohl er einiges als beinahe nicht erklärbar bezeichnete, die Herausforderung zu genießen schien ...«

(Natürlich sind diese »Herausforderung« und dieses »Genießen« Janes eigene Erfahrungen insofern, als ihr gelingt, Informationen, die dem schöpferischen Seth-Anteil ihrer Psyche entstammen (wo auch immer dessen Ursprünge liegen mögen), ins Bewußtsein zu heben und mit ihren eigenschöpferischen Leistungen zu vereinen. So etwas muß einfach Hochstimmung schaffen, selbst angesichts der dem sprachlichen Ausdruck auferlegten Beschränkungen, infolge deren »einiges beinahe nicht erklärbar« bleibt.

»Zentralereignisse werfen Falten in andere Wahrscheinlichkeiten«, sagte Jane, als wir über ihre Notizen sprachen. »Sie erklären, warum das Christentum fast zweitausend Jahre hindurch so weitreichende Auswirkungen gehabt hat, während die ihm zugrunde liegenden ursprünglichen Erfahrungen sich in so wenig Zeit und Raum abspielten, und warum wir sogar jetzt noch diesen Wüstenländern dort so viel Bedeutung beimessen ...«

Beginn der Sitzung um 21.15 Uhr.)

Nun: Diktat. *(Mit humorvollem Nachdruck:)* Neues Kapitel *(das dritte):* Zentralereignisse und Wirklichkeitsüberlagerungen.

Geduldet euch einen Moment ... Zentralereignisse sind Ereignisse *(lange Pause),* deren Geschehen sich vorwiegend in inneren Dimensionen auswirkt. *(Lange Pause.)* Solche Ereignisse sind allzu multidimensional, als daß sie in eurer Wirklichkeit klar in Erscheinung treten könnten, so daß ihr sie nur fragmentarisch wahrnehmt oder erlebt. Es sind Ursprungsereignisse. Sie ereignen sich in Erfahrungsräumen, die ihr die weiteren Dimensionen der Träume nennen könnt, auf den unbekannten Territorien der inneren Wirklichkeit. Welche Bezeichnungen ihr dafür verwendet, ist gleichgültig. Jedenfalls ist der ursprüngliche Vorgang solcher Geschehnisse nicht manifest, weil nicht stofflicher Art. »Anschließend« treten diese Geschehnisse dann in Raum und Zeit in Erscheinung, mit außerordentlichen Folgen. Sie werfen ihr Licht auf die »Tatsachen« der geschichtlichen Zeit und nehmen Einfluß auf deren Ablauf. Zentralereignisse können schließlich eine Übersetzung in Mythen, in Religion und Kunst erfahren, ja ihre Auswirkungen können sogar den Bezugsrahmen für eine ganze Zivilisation liefern. *(Ausgesprochen vergnügt:)* Mach einen Klammersatz oder was beliebt! (Wie es sich im Fall des Christentums tatsächlich zugetragen hat, was ich später noch eingehender erläutern werde.)

Nun war der Ursprung des euch bekannten Universums, wie ich ihn beschrieb, natürlich ein Zentralereignis. Das ursprüngliche Geschehen ereignete sich nicht in Raum oder Zeit, sondern brachte Raum und Zeit hervor.

Nach euren Begriffen wurden andere Universen, mit all den ihnen eigenen Raum- und Zeitstrukturen, gleichzeitig erschaffen und existieren gleichzeitig. Daß ihr, wenn ihr in den Weltraum hinausblickt, zugleich in die Zeit zurückblickt, ist ein Effekt, der als eine Art vorgegebene Konvention innerhalb eures eigenen Raum-Zeit-Bildes gültig ist. Ihr müßt also daran denken, daß das Wort »Ursprung« selbst von Zeit-Konventionen und einem Glauben an Anfang und Ende geprägt ist. Anfang und Ende sind selbst Effekte, die für eure Wahrnehmung Tatsachen zu sein scheinen. In gewisser Weise stehen sie aber lediglich für Anfang und Ende, Reichweite und Begrenztheit eurer eigenen Aufmerksamkeitsspannweite. *(Pause um 21.31 Uhr.)*

Ich sagte, daß — mit Nachdruck — nach euren Begriffen alle Universen gleichzeitig erschaffen wurden — zur gleichen Zeit. Allein schon die Satzstruktur ist, wie ihr seht, vom Zeitbegriff geprägt, so daß ihr gar nicht umhinkommt zu denken, daß ich von einer fast unbeschreiblichen Vergangenheit spreche. Und auch ich verwende Zeitbegriffe, da ihr so sehr an diese Art der Kategorisierung gewöhnt seid, und somit werden wir hier ganz unweigerlich auf unseren ersten scheinbaren Widerspruch stoßen *(vergleichen Sie hierzu die letzte Sitzung)* — wenn ich sage, daß in den höheren Ordnungen des Geschehens die ursprüngliche Erschaffung sämtlicher Universen, das eure mitinbegriffen, eben jetzt stattfindet, einschließlich all ihrer Vergangenheiten und Zukünfte, wobei all ihre immerwährend sich aufwärts windenden Zeitskalen und all ihre Erscheinungen von Raum, Milchstraßen und Spiralnebeln und all ihre anscheinenden Wandlungen augenblicklich und ursprünglich erschaffen werden in dem, was ihr als diesen Augenblick betrachtet.

Euer Universum kann nicht sein eigener Ursprung sein. Seine inneren Mysterien — die wahrlich die Mysterien des Bewußtseins sind und nicht die der Materie — können nicht erklärt werden und müssen unverständlich bleiben, wenn ihr sie lediglich vom Gesichtspunkt eurer objektiven Erfahrung aus zu erforschen trachtet. Ihr müßt zum Ursprung dieser Erfahrung blicken. Nicht auf den Raum müßt ihr den Blick richten, sondern auf den Ursprung des Raumes, nicht auf die Zeit, sondern auf den Ursprung der Zeit — und vor allem müßt ihr den Blick auf die Art von Bewußtsein richten, das Raum und Zeit erfährt. Ihr müßt daher den Blick auf Geschehen richten, das zwar im Geschichtsverlauf zutage tritt, dessen Ursprünge jedoch anderswo liegen. Nichts von alledem übersteigt euer geistiges Fassungsvermögen, solange ihr versucht, euren Bezugsrahmen zu erweitern. *(Lange Pause in einem eindringlichen Vortrag.)*

Die ganze Evolutionsidee erfordert natürlich striktes Anhängen am Konzept der linearen Zeit und zeitbedingter Veränderungen, und derartige Konzepte können nur höchst oberflächliche Erklärungsmodelle für die Existenz eurer oder irgendeiner anderen Gattung liefern.

Wie schon gesagt, hoffe ich, die Spannweite eurer Imagination wie auch eures Intellekts in diesem Buch zu vergrößern und euch ein Gefühl zu vermitteln für Geschehnisse, die umfassender sind als eure üblichen Kategorien von Wahr oder Falsch, von Tatsache oder Phantasie. Das Kennzeichnende an eurem Dasein als Gattung liegt weitaus mehr in dem einzigartigen Gebrauch eurer kreativen Vorstellungskraft als in dem irgendwelcher körperlich-materieller Attribute. Eure Verbindungen mit dem nichtmanifesten Universum haben euch stets bei der Ausrichtung eurer bildhaften Vorstellungen geholfen und euch der reichen Schatzgründe möglicher Wahrscheinlichkeiten innewerden lassen, und ihr konntet sodann euren Intellekt einsetzen, um zu entscheiden, welchem der möglichen Wege ihr als Gattung folgen wolltet.

(21.46 Uhr.) Es ist wahr, daß in dieser Hinsicht das eingeborene Wissen der anderen Gattungen klarer, brillanter und unmittelbarer in Handlung übersetzt wird. Ich spreche dabei nicht von irgendeinem dumpfen Instinkt, sondern vielmehr von einem intuitiven Wissen, einer hohen Intelligenz — anders als die eure, jedoch erstaunlich komplex —, mit der andere Gattungen ausgestattet sind.*

---

* Dieser Ausspruch Seths erinnerte mich sofort an bestimmte Passagen seines überaus aufschlußreichen, früher gelieferten Materials über das Bewußtsein der Tiere. Er gab es (am 29. Januar 1979) in der 832sten Sitzung in Kapitel 5 von *»Individuum und Massenschicksal«* durch: »Die Natur in all ihren Erscheinungen wird so voll *erfahren* durch die Tiere ...«

Der Mensch hingegen befaßt sich mit Wahrscheinlichkeiten und mit Kreativität auf eine Weise, die einzigartig ist und nur möglich aufgrund des weitaus zuverlässigeren Verhaltens der anderen Gattungen.*

Dem Menschen eignet ja auch die Fähigkeit, Geschehnisse in einem nichtmateriellen Bezugsrahmen auszulösen, die dann materielle Wirklichkeit werden und fortfahren, sich auswärts und einwärts durch *(Pause)* beide Wirklichkeiten zu drehen und dabei Traumgeschehen mit historischem Geschehen auf solche Weise zu verflechten, daß die nichtmateriellen Ursprünge oft der Vergessenheit anheimfallen. Der Mensch — bitte hervorheben — überdeckt ganz spontan die eigentliche Realität. Er reagiert oft auf Traumgeschehen, als wäre es räumlich-konkret, und auf räumlich-konkretes Geschehen, als wäre es Traum. Dies geschieht sowohl individuell wie auch kollektiv, aber der Mensch ist sich dieser Wechselwirkung selten bewußt.

Im Sinne der Evolution, wie ihr sie auffaßt, sind Ideen *(leise)* wichtiger als Gene, denn wieder geht es um mehr als die Oberfläche des Geschehens. Es geht um mehr als ein paar physikalische Seinsmechanismen. Zudem sind sich die Gene ihrer selbst bewußt, wiewohl in einem anderen Sinne als dem euch geläufigen. Eure Kulturen, eure Zivilisationen wirken sich offensichtlich auf euer Befinden aus, und diese werden gestaltet durch eure Ideen und geschmiedet durch den Gebrauch eurer Imagination und eures Intellekts.

Bestimmte Geschlechterfolgen, nach euren Begriffen, wurden ausgelöscht wegen ihres christlichen Glaubens, als in euren heiligen Kriegen Menschen getötet wurden. *(Pause.)* Eure Glaubensüberzeugungen bestimmten, wer in den Krieg ziehen sollte und wer nicht, wer leben und wer sterben sollte, wer eine Erziehung genießen sollte und wer nicht, wer von der Gesellschaft abgesondert sein sollte und

---

* Ich finde Seths Erkenntnis »des weitaus zuverlässigeren Verhaltens der anderen Gattungen« hervorragend. Auf originelle Weise beleuchtet sie die wechselseitige Abhängigkeit aller Lebensformen auf Erden. Bemerkungen wie diese, die neue überraschende Einsichten gewähren, schreibe ich mir gern heraus, um sie immer vor Augen zu haben. Vielleicht machen auch Sie das. Der bewußten Erinnerung entgleitet ja leicht so vieles. Andererseits denke ich, daß wir die Wahrheit, die Seth hier so kurz zum Ausdruck brachte, intuitiv *wissen* und daß sie niemals wirklich verlorenging.

Eines der Gedichte, die Jane zu meinem sechzigsten Geburtstag (im Juni 1979) schrieb, paßt auch gut hierher.

Dem *Anschein* nach / steht hinter dem sichtbaren Ausdruck / der Tiere / kein unsichtbares Selbst ...

wer nicht — lauter Entscheidungen, die unmittelbar das geschichtliche Überleben bestimmter Familien und somit die Gattung insgesamt betrafen.

Ich will hier nicht das Christentum im besonderen tadeln, denn schon lange vor seinem Erscheinen waren eure Ideen und Glaubenssätze hinsichtlich Gut und Böse bei allen Fragen, die die menschliche Gattung betrafen, von weitaus größerer Tragweite als so vergleichsweise simple Faktoren wie genetische Varianten, natürliche Auslese oder Umwelteinflüsse. Im Fall des Menschen wenigstens war die Auslese hinsichtlich der Frage, wer leben oder sterben sollte, oft alles andere als natürlich. Wenn ihr die Eigentümlichkeiten der Gattung verstehen wollt, dann kommt ihr nicht umhin, das menschliche Bewußtsein zu erforschen.

(22.05 Uhr.) Ende des Diktats. *(Lauter und scherzhaft:)* Du bist ein Meisterprotokollant. Ich wünsche dir herzlich einen guten Abend.

(Jane-Seth sah mich unverwandt an, und so fragte ich: »Was denkst du über meine Träume der letzten zwei Nächte?«)

Ich werde ein andermal auf deine Träume eingehen. Es waren Meisterwerke. Ich wünsche euch beiden herzlich einen guten Abend.

(»Okay. Danke, Seth. Gute Nacht.«

22.46 Uhr. Ich hatte meine Frage halb im Scherz gestellt, um zu sehen, ob Seth meine Träume erörtern würde, aber er hatte freilich nicht angebissen. Ich sagte Jane, daß ich nicht wirklich damit gerechnet hatte.

»Er ging nicht auf alles ein, was ich gestern erhielt«, sagte sie, »aber dafür ging er auf andere Themen ein, deren ich mir nicht bewußt war. Ich habe das Gefühl, daß er wichtiges Material erörterte ... Dies sollte jetzt ungefähr die 30ste Sitzung sein, etwa die Mitte des Buches.«

Weder sie noch ich hatten gezählt, wie viele Sitzungen wir schon für die beiden Bände dieses Werkes beisammen haben, aber als ich sie durchzählte, war ich überrascht zu finden, daß Janes Schätzung nur um zwei von den 32 Sitzungen abwich, die Seth als Buchdiktat bezeichnet hat. Ich bin immer noch damit beschäftigt, »Individuum und Massenschicksal« zu tippen, aber wir sind uns einig, daß ich mehrere nicht für das Buch bestimmte Sitzungen sowie Auszüge aus anderen Sitzungen einfügen werde, wenn ich endlich soweit bin, mich auf die Schlußredaktion dieses Werkes konzentrieren zu können. Und meiner Meinung nach ist Seth, wie ich zu Jane bemerkte, längst über die Buchmitte hinaus, selbst wenn wir noch Extrasitzungen hinzufügen.)

Sitzung 920, Montag, den 6. Oktober 1980

(Dies ist Janes erste reguläre Sitzung seit vier Monaten. Sie ist nicht für das Buch bestimmt, und ich werde noch sagen, warum ich sie hier einschalte. Für den Moment will ich nur anmerken, daß Jane, seit sie die letzte Sitzung für dieses Buch, die 919te, am 9. Juni abhielt, eine Reihe von fünfzehn persönlichen beziehungsweise ausgelassenen Sitzungen durchgab — dreizehn von ihnen über die von Seth so genannte »magische Einstellung zur Realität«.

*Ich möchte hier auf bestimmte Vorkommnisse in der Außenwelt zurückkommen, denen ich gefolgt bin, während Jane dieses Werk hervorbrachte; in erster Linie wird es in diesen Anmerkungen um persönliche und berufliche Vorkommnisse in unserem Leben gehen. Ich habe das meiste Material in eine einigermaßen chronologische Reihenfolge gebracht. Einiges davon entnahm ich Janes täglichen Aufzeichnungen von 1980, anderes meinen eigenen Notizen und Akten und wieder anderes persönlichen Sitzungen. Einzelne Partien stammen direkt aus »Träume«. Und einiges davon trugen wir einfach durch unsere Gespräche zusammen.***

All dies fand übrigens vor dem Hintergrund einer ausgedehnten Präsidentschaftskampagne in diesem Land statt.

In den einführenden Anmerkungen zur 918ten Sitzung, die Jane am 2. Juni für Kapitel 2 dieses Buches abhielt, nahm ich Bezug auf die starke örtliche Opposition gegen das Ablassen radioaktiven Kryptongases aus dem radioaktiv verseuchten Behältergebäude von Three Mile Island (TMI). Schätzungsweise haben mehrere tausend Menschen, die der Glaubwürdigkeit der Aussagen staatlicher und privater Sachver-

---

* Ich will damit nicht sagen, es sei besonders einfach gewesen, diese Anmerkungen zu sammeln. Ich habe mehrere Tage damit verbracht. Manchmal im Laufe der Jahre kam ich in meiner Frustration, wenn ich eine bestimmte Zeile oder Passage in einer Sitzung oder etwas von Jane oder mir Geschriebenes einfach nicht finden konnte, schließlich an einen Punkt, an dem ich glaubte, mir ihr Vorhandensein bloß einzubilden: »Es gibt sie überhaupt nicht«, sagte ich mir selbst, »warum also vergeude ich meine Zeit auf der Suche danach?« Aber wenn ich mich erst einmal auf die Jagd begeben habe, gibt es kaum ein Halten, bevor ich alle Möglichkeiten, das Gewünschte zu finden, erschöpft habe. Selbst ein gründliches Verzeichnis aller Schriftstücke im Haus, jede Seite des Seth-Materials mitinbegriffen, würde oft nicht die von mir benötigten Anhaltspunkte erbringen. Um meinen Bedürfnissen zu entsprechen, müßte das Register, wie ich Jane mehr als einmal sagte, praktisch ebenso lang wie unser Lebenswerk selbst sein. Ich bin schon einige Male durch diese Erfahrung gegangen — und andere ihren Briefen zufolge auch, obwohl die Bücher ein Stichwortregister haben.

ständiger mißtrauten, das Gebiet verlassen, bevor Techniker der Eigentümergesellschaft am 29. Juni 1980 endlich damit begannen, die Gase abzulassen. Alles ging gut: Die in die Atmosphäre abgegebene Strahlungsmenge lag weit unter den Grenzwerten. Überraschenderweise war die Prozedur bereits nach dreizehn Tagen abgeschlossen — in beträchtlich kürzerer Zeit als den drei bis vier Wochen, mit denen man gerechnet hatte. Die immer noch argwöhnische Bevölkerung kehrte zurück. Zwölf Tage nach Beendigung der Aktion betraten zwei Ingenieure das riesige Behältergebäude bei einem ersten kurzen Inspektionsgang, um fotografische Aufnahmen zu machen, die Strahlungswerte zu messen und so weiter.

Ich überspringe hier weitere Einzelheiten, indem ich bloß festhalte, daß vier Nukleartechniker am 15. August das Gebäude zum zweitenmal betraten, um weitere Daten zu sammeln. [Zwei der Männer litten so stark unter der Hitze in ihrer schweren Schutzkleidung, daß sie den Rundgang vorzeitig abbrechen mußten.] Die Kosten der Wiederherstellung des Reaktors werden jetzt mit über 760 Millionen Dollar vorveranschlagt, und sie soll mindestens fünf Jahre in Anspruch nehmen.

Jane nimmt in ihren Notizen und Tagebüchern nur selten Bezug auf solche Tagesereignisse, aber wir sprechen oft darüber. Tatsächlich machte sie in den fünf Wochen ab Mitte Juni keinerlei Einträge in ihr 1980er Tagebuch, wir waren beruflich sehr in Anspruch genommen. Im Juni begann ich damit zu experimentieren, meine Traumbilder in Malereien umzusetzen, die ich möglicherweise für ein Buch verwenden werde — und dieses Unterfangen allein schon stellte mich, wie ich entdeckte, vor große Herausforderungen. Die fertigen Manuskripte von »Individuum und Massenschicksal« und »God of Jane« schickte ich am 2. beziehungsweise am 18. Juli an unseren Verlag. Während dieser Zeit jedoch war ich äußerst bekümmert festzustellen, daß Janes körperliche Symptome — ihre Schwierigkeiten beim »Gehen« und bei anderen alltäglichen Verrichtungen — sich zunehmend verschlimmerten.

Mittlerweile fühlte sich meine Frau ständig mehr oder minder unpäßlich und litt bisweilen unter starken Schmerzen. Zum Geschirrspülen mußte sie auf einem Barhocker sitzen. Zwar konnte sie noch gehen, indem sie sich auf ihren Schreibmaschinentisch stützte und ihn Schritt für Schritt vorwärts schob, aber dies geschah immer weniger häufig, vielleicht nur ein-, zweimal am Tag. Statt dessen wurde es ihre Gewohnheit, sich mit ihrem Bürostuhl auf Rollen durchs Haus zu bewegen. Sie verließ selten das Haus; sie konnte kaum die zwei Stufen, die von ihrem Arbeitszimmer zur Garage und ins Auto hinabführen, bewältigen. Sich unter die Dusche zu begeben war für sie mit erheblichen Schwierigkeiten verbunden. Das Sitzen bereitete ihr große Beschwerden während der langen Stunden, die sie an ihrem Schreibtisch verbrachte. Ihre Finger gehorchten ihr nicht mehr mühelos, wenn sie auf der Maschine schrieb, einen Kugelschreiber, Bleistift oder Pinsel hielt.

*Dem Bedürfnis, sich mehrmals am Tag niederzulegen, um etwas Erholung zu finden, widersetzte sich Jane, doch konnte ich sie oft dazu überreden. Wie eh und je hatte sie viele Gründe, dem Weg der konventionellen Medizin nicht zu folgen — und ich hatte das Gefühl [und habe es noch immer], daß mein eigener diesbezüglicher Argwohn mich hinderte, ihr nach besten Kräften zu helfen. Jane bestand darauf, ihre Selbstheilungskräfte zu erproben. Ich war tief bekümmert, meine Frau in solcher Not zu sehen, konnte aber letzten Endes wenig mehr tun, als für ihre größtmögliche Bequemlichkeit zu sorgen. Unter anderem besorgte ich ihr ein mit Wasser gefülltes Kissen für ihren Stuhl. Es brachte ihr zwar Erleichterung, aber sie hätte viel mehr als das gebraucht.**

---

* Als Jane und ich am 27. Dezember 1954 heirateten, gaben wir einander das Versprechen, niemals in des anderen kreative Art der Lebensbewältigung einzugreifen, was immer auch sich aus seinem selbstgewählten Verhalten ergeben würde. Wir haben dieses gegenseitige Versprechen im Verlauf unserer 26jährigen Ehe stets eingehalten. Natürlich hatten wir uns nie die Vielfalt von Herausforderungen träumen lassen, die uns erwartete. Neun Jahre vergingen, bis Jane mit der Durchgabe des Seth-Materials begann. Sie hat mir jede Freiheit gelassen, zu sein, wer ich bin; ich steckte oft genug in Schwierigkeiten, und sie nicht minder. Doch im Verlauf all dieser Jahre mußte ich immer wieder das Offensichtliche lernen — nämlich daß Janes schöpferisches Vermögen einfach Teil ihrer gesamten Lebenshaltung ist. Wie könnte es auch anders sein? Das enthebt mich nicht, ihr helfen zu wollen. Ich habe es auf vielerlei Weisen versucht. Oft hat ja auch sie mir geholfen. Jane leugnet auch gar nicht, daß sie ein sehr eigensinniges — wiewohl äußerst kreatives — Frauenzimmer und fest entschlossen ist, ihren eigenen Weg zu gehen.

Wenn die Bücher erst einmal vorliegen, werden Sie sehen, daß Jane auf ihre körperliche Problematik zum Beispiel in Kapitel 17 von *»God of Jane«* und in ihrer Einführung zu *»Individuum und Massenschicksal«* Bezug nahm. Sie erhob keine Einwände, als ich in den Anmerkungen zum ersten Band dieses Werkes ausführlicher davon zu sprechen begann. Aber wie Seth in *»Seth und die Wirklichkeit der Psyche«*, als er in Band 2 ihre Lebensziele erörterte, sagte: »Seine *(Ruburts)* Willenskraft ist wahrhaft ehrfurchtgebietend, und er beginnt sie gerade erst zu *spüren.*« Und in einem umfassenderen Sinne hat — sofern Jane das Seth-Material in auch nur einigermaßen zutreffender Weise zum Ausdruck bringt — jede Initiative, die wir in bezug auf ihre Symptome ergriffen haben oder noch ergreifen werden, als kreatives Handeln ihren eigenen Wert.

In der vierten Juliwoche, wenige Tage nachdem sie »God of Jane« abgeschlossen hatte, ging Jane die siebzehn Kapitel ihres dritten Seven-Romans »Oversoul Seven and the Museum of Time« durch, die sie bisher geschrieben hatte. Sie machte sich Notizen für »Seven Three«, wie sie es nannte. Dann schrieb sie in ihr Tagebuch am 24. Juli: »Habe zum erstenmal seit 14 Monaten Seven Three wieder durchgesehen, als vom Verlag ein Anruf kam wegen des Filmvertrags für das erste Seven — das ist also kein Zufall! Werde wohl das dritte Seven als nächstes abschließen. Sehr zufrieden mit dem, was ich bisher gelesen habe!«

Der Chef der Abteilung für Nebenrechte von Prentice-Hall hatte Jane darüber informiert, daß der Vertrag über die Verfilmungsrechte per Post unterwegs sei.

Am 1. August hatten wir unseren Notar die Verträge prüfen und beglaubigen lassen; Jane und ich hatten sie unterschrieben, und ich hatte sie an unseren Verlag zurückgeschickt. Es war dies ein Projekt, das nur äußerst langsam voranging, aber vielleicht wird eines Tages »The Education of Oversoul Seven« doch noch ein Film.

Die Verschlimmerung ihres Zustandes im Juni und Juli machte Jane zugänglicher für meinen Vorschlag, Hilfe bei Seth zu suchen. Sie schloß die erste Sitzung für dieses Kapitel ab und nahm die Sitzungen über die magische Einstellung zur Wirklichkeit auf. Als Jane am 6. August ihre erste Sitzung zu diesem Thema abhielt, bemerkte Seth: »Als Ruburt sein Projekt [›God of Jane‹] abgeschlossen hatte, stand ihm plötzlich all die Zeit zur Verfügung, die genutzt werden mußte. Auch wurden ihm seine körperlichen Einschränkungen deutlicher bewußt: Anscheinend blieb ihm nicht viel weiter übrig, als zu arbeiten, und so ging er mit der rationalen Einstellung an die Sache heran — und die besagt, daß man sich Sorgen machen muß, um ein Problem zu lösen.«

Ich war sehr glücklich, daß sich Janes Zustand während jener ersten Augusttage besserte, und sie nicht minder. Im August und September folgte Jane ihrem Zeitplan von zwei Sitzungen wöchentlich, und Seth stellte ein paar sehr aufregende Ideen vor. So eng miteinander verknüpft sind diese dreizehn Sitzungen, daß es gar nicht leicht ist, Auszüge daraus zu bringen. Ich lege sie daher am Schluß dieser Sitzung gesondert vor. Seths Material über die magische Einstellung stellt eine seiner fruchtbarsten Bemühungen dar, uns sowohl wie anderen zu helfen. Sie wurden sicher von Janes Schwierigkeiten ausgelöst, aber ihre Kreativität geht auch über unsere eigenen Bedürfnisse hinaus. Und sobald mir klarwurde, daß sie das Thema für eine Weile fortsetzen wür-

de, fragte ich sie scherzhaft: »Was glaubst du eigentlich, was du da vorhast, Liebes? Machst du ein Buch im Buch, oder was?« Jane sagte weder ja noch nein, doch konnte ich ihr ansehen, daß meine Bemerkung sie freute und zum Nachdenken anregte. Der Titel für ihr neues Buch würde — wie denn auch anders — lauten: »The Magical Approach to Reality: A Seth Book«.

*In der Zwischenzeit hatte Jane Anfang August wieder einmal »Seven Three« beiseitegelegt und war zu dem Gedichtbuch zurückgekehrt, an dem sie seit einem Jahr arbeitete.**

Und am 15. August verkündete sie glückstrahlend, daß sie endlich den vollständigen Titel gefunden hatte, nach dem sie die ganze Zeit gesucht hatte: »If We Live Again: Or, Public Magic and Private Love«. Ihr Herausgeber Tam Mossman war von dem Titel begeistert. Zwei Tage später begann Jane die erste der drei Abhandlungen zu schreiben, die sie für das Buch geplant hatte: »Lyrik und magische Lebenseinstellung«. Das Thema stellte sich eigentlich ganz von selbst: Sie hatte vor zwei Tagen ihre dritte Sitzung in dieser Serie abgehalten.

Seths Material über die magische Einstellung enthielt für sie, abgesehen davon, daß es ihr körperlich weiterhalf, zuhöchst förderliche Aspekte, einige davon im Hinblick auf ihre Lyrik, sowohl was ihr Buch betraf als auch im allgemeinen. Am 25. August zum Beispiel, an dem Tag, an dem sie die sechste Seth-Sitzung über sein neues Thema abhielt, schrieb Jane das nachfolgende Gedicht ohne Titel. Ich drängte sie, ihm einen Titel zu geben und es in »If We Live Again« aufzunehmen. Dieses täuschend schlichte Gedicht birgt einen tiefen Sinn, den ich nirgendwo sonst besser ausgedrückt finde. Müßte sie die Ergebnisse ihrer bisherigen Lebensarbeit in einem Satz zusammenfassen — dieses Gedicht vermöchte das zu leisten.

Es ist nicht so, daß nun mein Geist-Gemüt
weniger wüßte als zuvor; doch hat sein Denkvermögen
seines Ursprungs Magie durch Folgerung erschlossen
und unter der Logik seiner Verfahrensweisen
die tiefere spontane Ordnung aufgespürt,
*aus der sich die Kraft des eigenen Denkens nährt.***

---

* Vergleichen Sie die einführenden Anmerkungen zur 915ten Sitzung in Kapitel 2 dieses Bandes.

** Vergleichen Sie den Anhang zu dieser Sitzung, Seite 103, in dem ich Janes Gedicht als Brennpunkt nahm, um den herum ich bestimmte Auszüge gruppiert habe.

Je länger ich an den Anmerkungen zu diesem Kapitel arbeitete, um so deutlicher erkannte ich die Notwendigkeit, eine Einführung für das Buch selbst zu schreiben — um einen Bezugsrahmen zu schaffen für all das Material aus unserem Privat- und Berufsleben, das darin vorgelegt wird. Natürlich konnte ich noch nicht wissen, was alles eine solche Einführung enthalten sollte. Jane hatte einige Male erwähnt, daß sie mir dabei helfen würde. Und sie spielte eben mit dem Gedanken eines Seth-Buchs über die magische Einstellung.

Anfang September schickte uns Tam Mossman das 848 Seiten starke, überarbeitete Manuskript zu »Individuum und Massenschicksal« zurück mit der Bitte um Zustimmung. Ein unabhängiger Lektor hatte unsere Arbeit Zeile um Zeile gelesen, sprachlich und inhaltlich überprüft und Fragliches auf rosa Allongen signalisiert, die an die betreffenden Manuskriptseiten geheftet waren. Neben unseren anderen Arbeiten — darunter die Beantwortung der täglichen Briefflut — verbrachten Jane und ich den September damit, dieses Manuskript durchzusehen, wobei wir einige der Vorschläge aufgriffen, andere verwarfen. Am 13. erhielten wir von Sue Watkins ein erstes Belegexemplar des ersten Bandes der »Conversations with Seth«, Sues ausgezeichnetem Bericht über die ASW-Kurse, die Jane in den siebziger Jahren abgehalten hatte. Sue arbeitet jetzt an den beiden letzten Kapiteln des zweiten und letzten Bandes der »Conversations«. Anfang Oktober schickte ich das druckreife Manuskript »Individuum und Massenschicksal« an den Verlag zurück. Jane war mit ihrer Lyrik und den Aufsätzen bis in die erste Oktoberwoche hinein beschäftigt. Ihre körperliche Verfassung besserte sich weiterhin leicht. Besonders beim Gehen hatte sie es leichter, und ich konnte gelegentlich mit ihr in die schöne Landschaft hinausfahren.

Das geschilderte erste Betreten des Reaktorgebäudes von Three Mile Island fand am 263sten Tag nach der Geiselnahme amerikanischer Bürger im Iran statt. Am 23. September, dem 325sten Tag nach der Geiselnahme, geschah das Unvermeidliche in dem so instabilen Vorderen Orient: Auf dem explosiven Boden ethnischen und religiösen Fanatismus, der dort am Werk ist, fiel der Irak im Iran ein. Von diesem Krieg ist die ganze westliche Welt alarmiert. Er wird vielleicht erst dann ein Ende finden, wenn sich die Mittel beider Staaten völlig erschöpft haben. Das revolutionäre und fundamentalistische Bewußtsein des Iran scheint wie ein kreativer Wirbel inmitten anderer starker Kräfte des Nationalbewußtseins zu sein und fortzuwirken — wie überhaupt der ganze Vordere Orient ein Hexenkessel unterschiedlichster

Emotionen und fanatisch-kämpferischen Bewußtseins ist. Bewußtsein in vielen Ausprägungen wird sich im Vorderen Orient noch für lange Zeit auswirken.

Zu Beginn der Anmerkungen zu dieser Sitzung schrieb ich, diese sei nicht dem Buch gewidmet. Sie ist es aber doch, da Seths Aussagen sein Konzept der Werterfüllung von einer neuen Perspektive her beleuchten.

In der unveröffentlichten 842sten Sitzung vom 21. März 1979 sagte Seth Folgendes:)

Zunächst einmal jedoch eine Bemerkung, die in erster Linie für Ruburt bestimmt ist: Ich breche oft *(vergnügt)* ganz absichtlich das Buchdiktat ab, um andere in euren Erfahrungsbereich tretende Angelegenheiten zu erörtern. Das gibt mir Gelegenheit, Material von verschiedenen Gesichtspunkten her zu beleuchten und es auf unterschiedliche Weisen zu organisieren. Eigentlich stecken in eurem Material schon mehrere in sich geschlossene Bücher. Verstehst du, was ich meine?

(Ich nickte.)

Er braucht nicht das Gefühl zu haben, daß alle Sitzungen Buchdiktat sein müssen, und auch nicht, daß er in irgendeiner negativen Weise verantwortlich ist, wie es ihm manchmal vorkommt.

(Die heutige Sitzung ergab sich aus der gestrigen Begegnung mit einem unerwarteten Besucher. Seth erwähnt die betreffende Person freilich kaum, sondern geht statt dessen ausführlich auf das Thema Geisteskrankheit ein. Ich sehe viele Zusammenhänge zwischen dem Material dieses Abends und demjenigen der 917ten Sitzung in Kapitel 2; dort hatte Seth unter anderem Vernunft, Imagination und Schizophrenie erörtert. Jene Sitzung war, zumindest teilweise, durch einen Brief ausgelöst worden, den Jane sehr beunruhigend fand.

Ich gebe zu, daß ich mich aus irgendeinem mysteriösen Grunde von Bill Baker, wie ich diesen jüngeren Mann einmal nennen möchte, an der Nase herumführen ließ, als er gestern nachmittag an die Tür unserer rückwärtigen Veranda klopfte. Er war tadellos gekleidet und sprach ein gepflegtes Amerikanisch; so achtete ich nicht genügend auf die Zweifel, die mir kamen, als er von Stimmen sprach, die er in seinem Kopf höre, und mich fragte, ob Jane diese Erfahrung auch mit Seth mache, was ich verneinte. Nachdem ich ihn meiner Frau vorgestellt hatte, ging ich wieder in mein Arbeitszimmer. Ich konnte verstehen, was im Wohnzimmer gesprochen wurde, wenn ich mich darauf konzentrierte, was ich jedoch nicht tat. Jane sagte nachher, daß sie mich beinahe ge-

*rufen hätte, als sie merkte, daß Bill Baker geistig gestört ist.** Er sagte ihr, er sei mehrmals wegen geistig-seelischer Störungen im Spital gewesen, und demonstrierte seine Fähigkeit, sehr fließend eine »sinnlose« Sprache zu sprechen, deren Sinn er nicht zu entziffern vermochte. [Ich entsann mich nachher, etwas davon gehört zu haben.] Unser Besucher hatte, wie er sagte, seitenweise Informationen von Jesus Christus erhalten. Er beschrieb, wie er das Seth-Material mit seinen sexuellen Phantasien über junge Mädchen in Beziehung setzt, und gab detaillierte Beispiele energischer Zurückweisungen, die er erfahren hatte, wenn er versuchte, einige von Seths Ideen körperlich in die Praxis umzusetzen. Auch bemerkte Jane, daß einige seiner Aussagen einander widersprachen.*

Nachdem er erfahren hatte, daß Jane ihre ASW-Kurse nicht mehr abhält, verabschiedete sich Bill Baker ziemlich bald. Diese Episode erinnerte uns wieder einmal daran, daß viele unserer Besucher irgendeine Art von Hilfe suchen. Daran hatten wir nicht im entferntesten gedacht, als Jane Ende 1963 ihre Sensitivität zu entwickeln begann. Manchmal fragen wir uns, ob solche Menschen einfach gegen die von den etablierten Schulwissenschaften angebotene Hilfe rebellieren [vor allem, wenn diese »Hilfe« weitgehend oder völlig unwirksam ist] oder ob ihnen deutlicher als den meisten anderen bewußt ist, daß vereinzelte Individuen, wie Jane, über sensitive Fähigkeiten der Persönlichkeit verfügen, die man um Rat fragen kann. »So schau dir doch«, sagte ich zu Jane, »die großartigen Briefe an, die wir in letzter Zeit von Psychiatern, Mathematikern und ganz ›gewöhnlichen‹ Leuten aus allen möglichen Lebensbereichen erhalten haben! Und Bill Baker hat«, so sagte ich, »aus der Lektüre des Seth-Materials Gewinn gezogen, da er jetzt weiß, daß einige seiner Ideen grundlegende Glaubensüberzeugungen sind, die er selber hervorgebracht hat — und somit auch ändern kann. ›Wo wäre ich wohl ohne das Seth-Material?‹ hat er dir gesagt!«

Als wir für die Sitzung Platz nahmen, sagte Jane, daß Seth über Schizophrenie im allgemeinen sprechen würde — und so führte das Er-

---

* Ich möchte das Wort »gestört« nicht in irgendeinem abwertenden Sinne verstanden wissen. Ich meine damit nicht mehr als eine Abweichung von der allgemein akzeptierten Verhaltens»norm«. Wie Seth in der 917ten Sitzung sagte, die am 21. Mai dieses Jahres für Kapitel 2 dieses Bandes abgehalten wurde:

»Nun kommt es im Zusammenhang mit ›Geistesstörungen‹ vor allem darauf an, den Akzent auf die individuelle Integrität zu legen und jene Definitionen zu meiden, womit normalerweise irgendwelche Symptomgruppen pauschal abgedeckt werden.«

scheinen unseres Besuchers zu Informationen über ein Thema, zu dem wir sonst keine Fragen gestellt hätten. Beginn der Sitzung um 21.14 Uhr.)

Guten Abend.

(»Guten Abend, Seth.«)

Ich werde euren gestrigen Besucher zum Ausgangspunkt für meine Erörterung nehmen.

Zunächst einmal taugt der Begriff »Schizophrenie« im Grunde recht wenig. Viele der mit diesem Befund belasteten Menschen ertragen ihn zu Unrecht. Es gibt sogenannte Fälle klassischer Schizophrenie und sogenannte Grenzfälle, aber in jedem Fall ist das Etikett höchst irreführend und von negativer Suggestionswirkung.

Es handelt sich darum, daß in vielen dieser Fälle die unterschiedlichsten persönlichen Verhaltensmuster an den Tag gelegt werden, und zwar Muster, die nicht so angepaßt sind oder so reibungslos funktionieren wie bei einem als »normal« bezeichneten Menschen. Diese Muster wirken recht auffällig, und in einigen solcher Fälle kann man Einblicke in geistig-seelische, emotionale und sensitive Vorgänge gewinnen, die für gewöhnlich unter der Politur oder dem gesellschaftlichen Schliff der normalen Persönlichkeit unsichtbar bleiben.

Dem als schizophren etikettierten Menschen mangelt es zeitweise an einer Art psychischem Firnis. Das ist nicht so sehr eine grundlegende psychische Unvollkommenheit als vielmehr eine bestimmte Art *(Pause)* einer psychischen Tarnung.

Solche Menschen spielen — könnte man sagen — ein sehr ernsthaftes Versteckspiel mit sich selbst und der Welt. Sie glauben an das Diktum: »Teile und herrsche!« Es ist, als ob sie sich — aus Gründen, die ich noch zu erörtern hoffe — weigerten, sich selbst richtig zusammenzusetzen, sich weigerten, ein einziges, einigermaßen einheitliches Selbst zu bilden. Die dahinterstehende Idee lautet: »Wenn ihr mich nicht finden könnt, dann kann ich auch nicht für meine Handlungen zur Rechenschaft gezogen werden — Handlungen, die mich unweigerlich auf die eine oder andere Weise verraten werden.«

Das Selbst wird in unterschiedliche Funktionsbereiche aufgesplittert: fühlt sich ein Teil angegriffen, so können die anderen Teile zu seiner Verteidigung einspringen. Solche Individuen setzen, indem sie ihre Kräfte zerstreuen, die verschiedenen Persönlichkeitselemente als Soldaten oder Spione ein *(Pause)*, und sie sind unter diesen Umständen gezwungen, ausgeklügelte Kommunikationssysteme zu erstellen, um diese Teile des Selbst miteinander in Kontakt zu halten. In Streßzeiten verstärken sie die Isolation zwischen den verschiedenen Anteilen des Selbst, was natürlich das Kommunikationssystem unter Druck setzt, so daß es fortwährend in Gang gehalten werden muß.

Die Kommunikationen selbst bilden oft eine Art psychologischen oder symbolischen Code, wie er beispielsweise im militärischen Geheimdienst verwendet wird. Wären die Botschaften klar zu entziffern und verständlich, dann wäre natürlich das Spiel aus, denn derjenige, der die Botschaft verstünde, wäre das vereinigte Selbst, das ja überhaupt erst die Notwendigkeit solcher getarnten Selbst-Truppen empfand.

(Langsamer um 21.36 Uhr:) Ein solcher Mensch befindet sich gefühlsmäßig im Belagerungzustand. Oft sind solche Menschen sehr kreativ und verfügen über beträchtliche Energiereserven; sie finden sich jedoch in die Enge getrieben zwischen stark kontrastierenden Glaubensannahmen hinsichtlich Gut und Böse oder Macht und Ohnmacht. Sie sind meistens extrem idealistisch, doch sind die Strebungen des idealisierten Selbst ihrem Gefühl nach einfach nicht zu verwirklichen.

Ich spreche hier in Verallgemeinerungen, es sollte aber jeder individuelle Fall in seinem eigenen Licht betrachtet werden. Jedenfalls ist die Version des Selbst solcher Menschen in der Regel so übertrieben *(Pause)*, so idealisiert *(lange Pause)*, daß seine bloße Existenz alles praktische Handeln als hinfällig erscheinen läßt. Sie fürchten sich davor, Fehler zu machen, und sind von der Angst besessen, diesen ihren inneren Vorgesetzten zu verraten. Gewöhnlich sind es stark verzerrte Glaubensannahmen — wiederum in bezug auf Gut und Böse —, von denen sich ein derart idealisiertes inneres Selbst herleitet. Daraus entsteht dann eine Situation mit zwei hauptsächlichen inneren Antagonisten: einem überhöhten und einem erniedrigten Selbst. Das überhöhte Selbst zieht die »guten« Eigenschaften an wie ein Magnet. In gleicher Weise werden alle Eigenschaften, die als schlecht erscheinen, vom erniedrigten Selbst angezogen. Beide sind, als relativ isolierte psychische Polaritäten, gleichermaßen beherrschend. Alle übrigen psychischen Eigenschaften, die sich nicht so klar einordnen lassen, scharen sich unter ihre eigenen Banner. Dabei geht es, psychologisch gesehen, eher um eine Art kreisförmige statt einer linearen Anordnung. *(Lange Pause um 21.44 Uhr.)*

Solche Menschen fürchten ihre eigene Energie. Einerseits schreiben sie sie dem höheren Selbst zu — und in diesem Fall muß sie für großartige Unternehmungen, für Abenteuer und Heldentaten eingesetzt werden. Andererseits fühlt sich die Persönlichkeit außerstande, ihre Energie auf normale Weise einzusetzen, da kein Vorhaben in der Alltagswelt den übertriebenen Idealen des höheren Selbst zu genügen vermöchte. Der Mensch wird dann überwältigt von der Furcht, entweder der Welt die Stirne bieten oder aber sich zu Allerweltshandlungen herablassen zu müssen, da er sich im Licht solcher Vergleiche seinem Empfinden nach nur erniedrigen kann.

Solch ein Mensch braucht seitens anderer unverhältnismäßig viel Lob und Beachtung, weil er natürlich zu wenig von sich selbst bekommt. In gewisser Weise wird er sich weigern, Verantwortung für seine Handlungen zu übernehmen — und somit entzieht er sie den Beurteilungskriterien, nach denen andere Menschen sich richten müssen. So kann er es vermeiden, daß seine »Talente und höheren Fähigkeiten« auf die Probe gestellt werden; er fühlt, daß er unfehlbar scheitern würde. Zwar ahnt er dunkel, daß das überhöhte und das erniedrigte Selbst psychische Fabrikate sind. Seine Fähigkeiten sind eigentlich gar nicht so großartig. Seine Unzulänglichkeiten sind bei weitem nicht so katastrophal. Sein Glaube an diese sehr gegensätzlichen Persönlichkeitselemente jedoch hält ihn in einem Zustand der Turbulenz befangen, so daß er sich außerstande fühlt, in irgendeiner zusammenhängenden Weise aktiv zu werden.

Der Begriff »Schizophrenie« indes deckt die vielfältigsten Erfahrungen. Manche dieser Menschen sind ganz zufrieden mit ihrem Zustand; sie finden ihre eigenen sozialen Nischen und können für ihren Lebensunterhalt sorgen oder verfügen über die notwendigen Mittel. Andere leben aufgrund ihres Zustandes in einer Atmosphäre dauernder Angst und sind doch gleichzeitig hochgestimmt wie etwa Soldaten in der Schlacht. Einige sind durchaus funktionstüchtig in der Gesellschaft; auf jeden Fall ist der Zustand sehr variabel. Das Spektrum reicht von Menschen, die einfach sozial unangepaßt sind, bis hin zu psychisch tiefgestörten Menschen.

(22.03 Uhr.) Bei den meisten Menschen *(lange Pause)* gibt es eine Art psychisch eingespurte Fahrbahn, auf der die Impulse entlangreisen, bevor sie *(Pause)* auf eine Überschneidung mit dem Bewußtsein treffen, welches dann entscheidet, ob der Impuls weiterverfolgt werden und zur Handlung führen soll oder nicht. *(Lange Pause.)* In den

Fällen jedoch, von denen wir sprechen, gibt es statt einer Fahrbahn ein gefährliches, steiniges Terrain, in dem möglicherweise Minen verborgen sind, die jeden Augenblick explodieren können. *(Lange Pause um 22.08 Uhr.)*

Geduldet euch einen Moment ... Bedenkt, wir haben es mit einer zersplitterten Energie zu tun, mit unterschiedlichen Elementen der Persönlichkeit, die ausgeschickt werden, um verschiedene Aufgaben zu erfüllen, und sie sind gewissermaßen in die Enge getrieben zwischen dem überhöhten und dem erniedrigten Selbst. Es gibt also keine klare Richtlinie für das Handeln. Auch sie muß getarnt werden. Statt klarer Handlungsimpulse, die sich direkt mit dem Bewußtsein überschneiden, kommt es zu Eruptionen von Impulsen, die als Befehle anderer Herkunft auftreten. Das können Stimmen sein, die ein Individuum dies oder jenes zu tun heißen; es können durch »automatisches« Schreiben formulierte Gebote oder Wahrnehmungen sein, die man als halluzinatorisch bezeichnen würde. Unter solchen Umständen braucht das Individuum keine Verantwortung für seine Handlungen zu übernehmen. Sie scheinen nicht von ihm selbst zu kommen. Daher ist die gefürchtete Möglichkeit des Versagens in dieser Situation momentan gebannt.

Immer aber ist die Persönlichkeit eingebettet in eine übergreifende Ordnung, auch wenn diese im Hintergrund bleibt, so daß in jedem einzelnen Fall all die aufgesplitteten »Selbst« oder die anderen Quellen, mit denen sich das Individuum in Kontakt fühlt, sämtlich auf die zugrunde liegende Ganzheit oder Einheit hinweisen. Die auffälligen geistig-seelischen Erscheinungen verweisen daher in isolierter Weise auf jene Elemente der Persönlichkeit, die sich nicht in der gewohnten reibungslosen Art integrieren lassen.

Es gibt zahllose Beispiele für »schizophrene Episoden« im Leben sonst »normaler« Persönlichkeiten. Es geht dabei um Lernsituationen und Wachstumsperioden, in denen die Persönlichkeit ihre Wesensanteile neu ordnet und ihnen zu einer Erweiterung ihres Bezugsrahmens verhilft.

Die Persönlichkeit kann sich tatsächlich auf unterschiedlichste Weisen zusammensetzen. Es gibt einen großen Spielraum im Gebrauch innerer und äußerer Wahrnehmungen und in der Art und Weise, wie sie verknüpft und einander angeglichen werden, um jederzeit ein annehmbares Bild der Wirklichkeit zu liefern.

(Nach langer Pause um 22.24 Uhr:) Die Sinneswahrnehmung gibt

euch eine notwendige Form von Feedback, aber auch sie beruht auf Lernprozessen, so daß ihr von klein auf lernt, die Ausschnitte der Welt in annehmbarer Weise zusammenzusetzen. In gewisser Weise und unter bestimmten Bedingungen können euch manche schizophrenen Zustände aufschlußreiche Einblicke in die innere psychische Mobilität vermitteln, eine Mobilität, deren Brennweiteneinstellung und Ausrichtung während eures Wachstums in der Kindheit erfolgte. Schizophrenie stellt in dieser besonderen Hinsicht eine Art Lernbehinderung dar.

(»Kann ich eine Frage stellen?«)

Ja, bitte.

(»Ich hörte Bill Baker eine — äh — Fremdsprache sehr flüssig sprechen, von der er sagte, er könne sie nicht entziffern.«)

Diese Sprache ist ein vortreffliches Beispiel für die schon früher erwähnten verschlüsselten Botschaften *(wie ich vermutet hatte)*. Sie soll ja geheim bleiben, und sie wird zum Symbol des allmächtigen Wissens des übersteigerten höheren Selbst, indem sie gleichzeitig die Möglichkeit, diesem Wissen gemäß zu handeln, vereitelt. Die Information zu übersetzen würde nämlich bedeuten, sich auf die verbindlichen Spielregeln der praktischen Kommunikation einzulassen, wozu dieser junge Mann sich nicht bereit finden kann. *(Pause.)*

Ich werde noch mehr über solche Formen der Kommunikation zu sagen haben, die vor allem auch in Kindern auf deren größere psychische Beweglichkeit verweisen. Als Kinder werdet ihr für eure Handlungen nicht in gleicher Weise zur Rechenschaft gezogen wie als Erwachsene, und Schizophrenie setzt oft um die Pubertät oder zu Beginn des Erwachsenenlebens ein, wenn die jungen Menschen fühlen, daß von dem Versprechen ihrer Jugend erwartet wird, daß es nun Früchte trage. Waren sie zum Beispiel sehr begabt, dann erwartet man jetzt von ihnen, daß sie den Erfolg der Schulung durch reife Leistungen nachweisen. Sind sie jedoch mehr oder minder davon überzeugt, daß das Selbst auch gefährlich oder schlecht ist, dann scheuen sie vor dem Gebrauch ihrer Fähigkeiten zurück und entwickeln tatsächlich noch mehr Angst vor dem Selbst — die sie dann wiederum durch Aufspaltung des Selbst zu bewältigen trachten. Sie fühlen sich von der Werterfüllung abgeschnitten. In gewisser Weise beginnen sie, undurchsichtig in der Welt zu agieren und ein zwiespältiges Gesicht zu zeigen.

(22.35 Uhr.) Ende der Sitzung. Ich werde das Thema weiterverfol-

gen, es enger mit der Werterfüllung verknüpfen und die Bedeutung des positiven Handelns in der Welt hervorheben, wodurch sich Ideale zum Ausdruck bringen lassen, statt Furcht auszulösen, und das genügend Vertrauen entstehen läßt, um die Türen zwischen den Impulsen und deren Aktivierung offenzuhalten.

Eine Bemerkung noch …

(Seth fügte ein paar Sätze persönlichen Materials für Jane hinzu und beendete dann die Sitzung um 22.40 Uhr. Janes Vortrag war oft sehr lebhaft und kraftvoll gewesen, und ich sagte ihr, daß sie es gut gemacht habe. Ich wollte sie schon necken und fragen, ob dies eine »Einschub«-Sitzung war, unterließ es dann aber. Ich hatte das Gefühl, daß Seth, wären da nicht unsere eigenen zeitlichen Begrenzungen, viel mehr Material über die ganze Thematik der psychischen Erkrankungen hätte bringen können.)

Anhang zu Sitzung 920:

Material über die »magische Einstellung«

(Seth ging in dieser Sitzung nicht eben schmeichelhaft mit uns um. Er ließ auch durchblicken, in welcher Weise Jane bestimmte Sitzungen für ihn durchzieht. Zunächst jedoch erinnerten mich seine Informationen über die magische Einstellung sogleich an die Gedanken, die Jane am 12. Mai von ihm aufgefangen hatte, an dem sie die 915te Sitzung für Kapitel 2 abgehalten hatte. Ich weise noch einmal darauf hin, weil ich diese Gedanken für wichtig halte: »Für sich allein wird die Vernunft schließlich unvernünftig. Für sich allein verliert die Imagination mit der Zeit an Kraft.« Neun Tage später brachte Seth schließlich eine Information, die sich auf Janes Einsichten bezog; vergleichen Sie dazu die 917te Sitzung nach 21.23 Uhr.

Nun folgen also [gelegentlich etwas umgeschriebene] Auszüge aus der persönlichen Sitzung von Mittwoch abend, dem 6. August 1980.)

Die natürliche Person ist tatsächlich die m a g i s c h e Person, und in gewissem Maße habt ihr beide in jüngster Zeit dementsprechende *(telepathische)* Erfahrungen gemacht … Bezugssystem 2 war ein sehr faszinierender, aber v o r w i e g e n d hypothetischer Rahmen, insofern als keiner von euch beiden in der Lage war, nach euren Begriffen in irgendeiner wahrnehmbaren Weise praktischen Nutzen daraus zu ziehen. Damit meine ich freilich nicht, es habe sich nichts ausgewirkt. Doch habt ihr nicht die Art von Feedback erhalten, die ihr braucht.

Als ihr beide noch intensiv mit euren soeben beendeten Buchprojekten beschäftigt wart *(mit »Individuum und Massenschicksal« und »God of Jane«)*, habt ihr euch einigermaßen den Großteil eurer inneren Erfahrung entgleiten lassen. Seither jedoch seid ihr beide frappiert von der magisch anmutenden Mühelosigkeit, mit der es euch gelingt, Informationen wahrzunehmen und zu verarbeiten, über die zu verfügen euch gar nicht bewußt war.

Einige von Ruburts Notizen, die du, Joseph, nicht gesehen hast, enthalten weitere diesbezügliche Einsichten. Der entscheidende Punkt liegt darin, daß ihr eine andere Art der Gesamtorientierung akzeptieren sollt — eine Orientierung, die in der Tat ein Grundzug der menschlichen Natur ist. Dies erfordert eine völlig andere Beziehung des euch bekannten Selbst zur Zeit.

Es waren gravierende Mißverständnisse im Zusammenhang mit der Zeit, die in großem Maße für viele der Schwierigkeiten Ruburts sowie auch der geringfügigeren Josephs verantwortlich waren. All dies fordert dazu heraus, sich zur Wirklichkeit in einer natürlicheren — und daher magischen — Weise zu verhalten. Gewiß gibt es in eurer Erfahrung und in der Erfahrung aller Geschöpfe so etwas wie eine natürliche physikalische Zeit. Dazu gehören die Rhythmen der Jahreszeiten, der Wechsel von Tag und Nacht und die Gezeiten und so fort. Ich Lichte solcher physikalischer Zeit gibt es keine zugrunde liegende kulturbedingte Zeit ... mit der ihr die Rhythmen der Natur überlagert habt.

Solche kulturbedingte Zeit funktioniert im großen ganzen recht gut in einer Zivilisation, die sich auf Parteiungen, Einzelteile, Fließbänder, pünktliche Verabredungen und so weiter konzentriert.

Ruburt hatte das kulturbedingte Gefühl, daß jeder Augenblick der Arbeit zu widmen sei. Du hast mehr oder weniger ebenso empfunden. Die natürliche Zeit ist ganz anders, als ihr vermutet. Sie ist viel reichhaltiger, und sie ist einwärts und auswärts und rückwärts und vorwärts in sich selbst verschlungen.

Wenn ihr träumt und euer natürliches magisches Selbst seid, nutzt ihr Informationen außerhalb des zeitlichen Kontexts, wie er vom sogenannten rationalen Bewußtsein erfahren wird. Die schöpferischen Fähigkeiten sind am Werk und wirksam; sie treten zutage in der linearen Zeit, während die Hauptarbeit jedoch völlig außerhalb derselben geleistet wird ... Als ihr beide an euren Buchprojekten gearbeitet habt, fand eure kulturbedingte Zeit auf eine Weise Verwendung, die euch annehmbar erschien. Nach Abschluß der Arbeiten war vor allem Ruburt weiterhin von dem kulturbedingten Glauben beherrscht, daß — bitte hervorheben — die Zeit zu nutzen sei, um die Kreativität zu steuern und zu disziplineren, damit sie am laufenden Band in die passenden Einwurfschlitze der Zeit falle.

Hierzu werde ich euch noch eine Menge Material geben, denn es ist wichtig, daß ihr euch über die verschiedenen Verhaltensweisen gegenüber der Wirklichkeit im klaren seid und darüber, wie diese Verhaltensweisen das Geschehen bewirken, das ihr dann erlebt.

Ihr beide wart nicht bereit, eure Orientierungen drastisch zu verändern, aber ihr nähert euch dieser Schwelle. Wie auch in Ruburts Notizen vermerkt ist, bedeutet die »magische Einstellung«, daß ihr im Begriff seid, im Umgang mit Problemen, dem Erreichen von Zielen und der Wahl der dafür geeigneten Mittel tatsächlich eure Methode zu ändern. Ihr übernehmt die Methoden der natürlichen Person. Sie werden dann Teil eurer persönlichen Erfahrung. Es sind keine esoterischen Methoden; aber ihr müßt wirklich davon überzeugt sein, daß es die natürlichen Methoden sind, die dem Menschen gegeben sind, um seine Probleme anzugehen und seinen Herausforderungen zu begegnen.

Ich verwende das Wort »Methoden«, weil ihr es versteht; im Grunde aber sprechen wir von einer Lebenseinstellung, einer natürlichen magischen Einstellung als der menschlichen Version des weltweit natürlichen instinktiven Verhaltens der Tiere. Diese Einstellung ist freilich das genaue Gegenteil der Summe der ausgeklügelten Methoden, die man euch beigebracht hat.

Gewiß ist spezifische Fragen zu stellen dem Anschein nach der beste Weg, um spezifische Antworten zu erhalten, und das rationale Bewußtsein denkt zunächst an so etwas wie einen Fragebogen. In dieser Hinsicht ist Ruburts Aufgeschlossenheit vor einer solchen Sitzung natürlich und gewissermaßen magisch, denn er weiß, daß er ungeachtet all dessen, was man ihn gelehrt hat, die Fragen und die damit im rationalen Bewußtsein einhergehende Stimmung gleichsam vergessen muß, um die geeignete Atmosphäre in einem anderen Erfahrungsraum seines Bewußtseins zu schaffen — eine Atmosphäre, die den Antworten zu kommen erlaubt, selbst wenn diese in anderer Weise gegeben werden, als der Verstand sie erwartet.

Mit eurer gemeinsamen Erlaubnis — und, wie ich hoffe, mit eurem gemeinsamen Enthusiasmus — werden wir mehrere Sitzungen hindurch die magische Einstellung zur Wirklichkeit und insbesondere zu eurem persönlichen Leben erörtern und damit die Atmosphäre schaffen, in der die Antworten e r l e b t werden.

(Zunächst mögen die nachstehenden Auszüge vom Inhalt her als sehr unterschiedlich erscheinen, aber in Gedanken an Janes auf Seite 91 abgedrucktes Gedicht wählte ich jeden einzelnen Auszug sorgfältig aus. Die ersten beiden hatte ich schon seit Jahren vorlegen wollen, und sicher können Sie erraten, wie sie mit dem Gedicht und mit Seths Material über die magische Einstellung zur Wirklichkeit zusammenhängen. Die weiteren drei Auszüge sind entweder aus späteren Sitzungen in der Serie der »magischen Einstellung«, oder sie beziehen sich unmittelbar darauf.)

Auszug 1: *Aus Janes Tagebuch von 1975. Sie weiß nicht mehr, in welchem Monat sie dies niederschrieb, nur daß es in fliegender Eile geschah:*

Das uns bekannte Leben ist hochorganisierte Erregung — Erregung auf allen Ebenen, den mikroskopischen, makroskopischen, psychischen. Es ist das Ergebnis der Beziehung zwischen Gleichgewicht und Ungleichgewicht, zwischen Organisation und »Chaos«. Es ist Erregung in einem fortwährenden Zustand des Fließens, das psychische und materielle Knoten bildet. Es ist explosiv, doch von Ordnung erfüllt; es wird so von sich erfüllt, daß es in gleicher Weise, wie eine Blütenknospe aufbricht, explodiert; dasselbe Prinzip ist am Werk in einem Wirbelsturm oder einer Springflut oder einem Mord oder der Entstehung eines Gedichts oder der Gestaltung eines Traums, in Geburt und Tod von Individuen und Völkern. Wir wissen instinktiv, daß Katastrophen eine Nachahmung von Geburt und Tod der Zellen in unserem Körper sind. Wir wissen instinktiv, daß alles Leben den Tod überdauert, daß der Tod das Aufbrechen des Lebens in neue Formen ist — das ist es, was uns an Unfällen und Feuersbrünsten so fasziniert. Die Psyche selbst überspringt die Glaubensannahmen unserer alltäglichen Bewußtseinserfahrung, sieht uns als Teil allen Lebens und bildet voller Begeisterung Komplexe verschiedenster Art, die sich dann bis zum Rand anfüllen, bersten und den Bezugsrahmen sprengen, nur um einen neuen zu bilden. In unseren Emotionen selbst können wir dies spüren, wenn wir uns ihnen überlassen, und indem wir dieses Gefühl der begeisterten Erregung begreifen, erhaschen wir einen Blick auf die noch größere Freiheit unserer eigenen psychischen Existenz, die in uns als Individuen fließt und dann diese eine kurzlebige Form in eine andere explodieren läßt, da die Erregung der Individuation von Leben zu Leben springt.

Auszug 2: *Aus Janes Tagebuch von 1976. Sie schrieb diese Zeilen am 6. März, als sie siebenundvierzig Jahre alt war:*

Meine eigenen Ideen müssen auch in einem gewissen Maße von meinem Ort in der Zeit gefärbt sein, und das mittlere Lebensalter scheint ein vortrefflicher Ort zu sein für eine solche Untersuchung, da sich die Zeit theoretisch ebenso weit nach vorn wie nach rückwärts erstreckt. Das heißt, es gibt ebensoviel vorweggenommene wie erinnerte Zeit.

In der Kindheit haben wir nur wenig Vergangenheit, deren wir uns zu entsinnen vermögen. Wir scheinen aus der Dunkelheit zu kommen und nehmen die Erinnerungen unserer Eltern als Beweis dafür, daß es schon vor unserer Geburt Zeit gab. Während wir dem Alter entgegenwachsen, haben wir vergangene Zeit zum Spielen — wir wissen, woher wir kommen, im üblichen Sinne, und die Dunkelheit, die sich einst hinter unserem Ursprung auszudehnen schien, scheint auch unsere künftige Bestimmung zu sein. Gewiß wird eine Erforschung des Geist-Gemüts und der Wirklichkeit vom Standpunkt des hohen Alters aus unschätzbar sein.

Und weiter: Heute nun fühle ich diese Beschleunigung, die mir sagt, daß meine Intention zur Reise ins Unbekannte aufgebrochen ist — oder ins Universum, um Antworten auf meine Fragen einzubringen, auch auf solche Fragen, die ich nicht bewußt wahrnehme. Und aus Erfahrung weiß ich, daß genügend Energie erzeugt wird, um dies zu tun, obwohl die Auswirkungen innerhalb der Zeit eintreffen werden. Ich weiß, ich erhalte sie von außerhalb der Zeit auf irgendeine unbekannte Weise.

Auszug 3: *Aus der zweiten Seth-Sitzung über die magische Einstellung. Jane hielt sie am Montag abend, dem 11. August 1980, ab:*

Ruburts Gemütsverfassung war in *(telepathischer)* Verbindung mit deiner eigenen Gemütsverfassung, genau so wie du, Joseph, in einer Art Verbindung mit deiner alten Umwelt *(der Kindheit)* bist, und so hast du in diesen Fällen einen freien Informationsfluß auf anderen Ebenen.

Wenn du das nun intellektuell verstehst, dann kann der Intellekt es als gegeben nehmen, daß seine eigenen Informationen nicht alle Informationen sind, die dir zu Gebote stehen. Er kann einsehen, daß sein eigenes Wissen nur die Spitze des Eisbergs darstellt. Indem du diese Einsicht auf dein Leben anwendest, wird dir außerdem klar, daß du ganz praktisch wirklich von einem größeren Wissen getragen wirst, als es dir bewußt ist, und von dem magischen, spontanen Urquell des Geschehens, der deine Existenz hervorbringt. Für den Intellekt wird dann einsichtig, daß er nicht für alles zuständig sein muß: Nicht alles muß durchdacht, nicht einmal verstanden werden.

Auszug 4: *Aus der dritten Sitzung über die magische Einstellung, Mittwoch abend, 13. August 1980. Seth machte gewisse Kommentare, die mich zu dieser Notiz anregten:*

Seth diktiert natürlich nicht nur sein Material. Vielmehr muß er, während er diktiert, die *ganze* Sitzung überblicken, so daß alles, was er ausspricht, in sinnvollem Zusammenhang mit dem früher schon Gesagten und mit dem, was *folgen* wird, steht. Eine beachtliche Leistung Seths und auch Janes, wenn man darüber nachdenkt. Wie ist das möglich? Seth hat weder ein schriftliches Konzept, dem er folgen könnte, noch kann er während der Sitzung auf meine Niederschrift zurückgreifen, um zu überprüfen, was er schon gesagt hat.

Ich glaube, ein großes Gedächtnis muß hier im Spiel sein, eines, das auf tieferen Ebenen mit einer Zeitverkürzung einhergeht. Seth-Janes Fähigkeiten erinnern mich an eine Niederschrift, in der ich neulich beschrieb, wie bestimmte Bereiche der Psyche offenbar sehr scharfsinnig und sorgfältig Träume *im vorhinein* konstruieren, so daß die Träume, wenn sie abgespult werden, genau die richtigen Botschaften an den oder die anderen Bereiche der Psyche vermitteln, die sie brauchen. Es ist kein Widerspruch, wenn ich sage, daß Träume auch spontane Erzeugnisse sind.

Auszug 5: *Aus meinen einführenden Anmerkungen für die dreizehnte und letzte Sitzung in der persönlichen Serie über die magische Einstellung zur Wirklichkeit. Jane hielt die Sitzung am Mittwoch abend, dem 1. Oktober 1980, vor genau fünf Tagen, ab.*

Es machte mich neugierig, warum Seth zwei weitere persönliche Sitzungen Ende September anderen Themen gewidmet hatte. Als ich Jane heute abend deswegen befragte, sagte sie zunächst ganz trocken, das wisse sie nicht. Und dann: »Na ja, ich hab' dir das nicht gesagt, aber ich weiß schon seit einiger Zeit, daß Seth *Einschub-Sitzungen* macht. Ich habe sie für mich so bezeichnet. Er behandelt darin *frei flottierendes Material,* das er jederzeit durchgeben könnte. Es sind weder Buch- noch eigentlich persönliche Sitzungen. Sie halten die Sitzungen über längere Zeit in Gang — meistens, indem früheres Material erörtert und zur Gegenwart in Beziehung gesetzt wird, wobei nicht unbedingt etwas Neues hinzukommt. Und sie sind nicht spezifisch auf ein Thema zugeschnitten. Ursprünglich begannen so die Sitzungen über Christus, denke ich.«

»Nach all diesen Jahren finde ich das also jetzt heraus«, sagte ich. »Was hast du mir sonst noch nicht gesagt? Warum das große Geheimnis?«

»Du hast mich nie gefragt.« Janes Erwiderung kam mir irgendwie bekannt vor. Bei späterer Nachprüfung fand ich, daß sie mir dieselbe Antwort in bezug auf Seths Material über Jonestown gegeben hatte. Ich habe das in *»Individuum und Massenschicksal«* erwähnt (vergleichen Sie die Fußnote Seite 208 zur 835sten Sitzung vom 7. Februar 1979).

»Ich denke, die Einschub-Sitzungen sorgen für einen Tempowechsel zwischen Buchsitzungen an Stellen, wo das Material sich nicht in eine konzentrierte Thematik des Buches einfügen muß«, setzte Jane hinzu. Sie erklärte sich zu einer kurzen Niederschrift der mir soeben gemachten Mitteilung für das Archiv bereit.

Unser Gespräch erinnerte mich umgehend an eine Notiz, die ich vor ein paar Wochen geschrieben hatte:

Natürlich, dachte ich, ist es dem gewaltigen Potential des Seth-Materials vorbestimmt, niemals in seiner ganzen Fülle entfaltet zu werden. Ganz gleich, was Jane und ich in unserer gemeinsamen Wirklichkeit tun, es ist einfach so. Sie könnte 24 Stunden am Tag Sitzungen abhalten und doch niemals Seths potentiellen Informationsvorrat erschöpfen. Wir hatten viele Hinweise darauf, daß sein Material über zahlreiche Kanäle jederzeit abrufbar ist. Ich empfinde dieses ständig offene Bereit- und Gewahrsein als einen blassen Abglanz dessen, was Seth mit seiner Theorie der wahrscheinlichen Wirklichkeiten meint. Ihm stehen offensichtlich nicht nur die benutzten, sondern auch wahrscheinliche Kanäle zur Verfügung, die es gibt, ob sie nun in unserer materiellen Erscheinungswelt aktualisiert werden oder nicht.

Ich kann mir vorstellen, daß Seths Material sich von Tag zu Tag weiter ausdehnt, während er die Geschehnisse in Janes und meinem Leben abhandelt — ungeachtet seiner Verflochtenheit mit Geschehnissen in den verschiedensten Erfahrungsräumen seiner eigenen und auch noch anderer Wirklichkeiten, an die er vielleicht rühren mag. Als ich Seth fragte, was er für den restlichen Abend zu tun gedächte, erwiderte er: »Ich werde mich erfrischen, indem ich mich in neue Ideen und Konzepte vertiefe, denn natürlich gibt es auch für mich neue Ideen und Konzepte, auf die ich mich ständig von vielerlei Positionen aus einlasse.« *(Vergleichen Sie in Kapitel 2 den Abschluß der 916ten Sitzung vom 4. Mai 1980.)* Man stelle sich einmal die Fragen vor, die sich ihm allein im Hinblick auf diese Aussage stellen ließen! Solche provozierenden Erklärungen lassen natürlich ein Vakuum unbefriedigender Neugier zurück. Und eigentlich gilt dies für die meisten Seth-Informationen, ganz gleich, worauf sie sich beziehen. Indessen würde, wenn Jane tatsächlich in jedem Augenblick unseres Lebens persönliches Seth-Material durchgäbe, alles andere bloß noch im Bereich des Wahrscheinlichen bleiben.

Sitzung 921, Mittwoch, den 8. Oktober 1980

(Jane hatte heute immer wieder Schmerzen in Armen und Beinen, aber sie glaubt, daß es sich dabei um positive Veränderungen als Ergebnis der Sitzungen über die magische Einstellung zur Wirklichkeit handelt. Sie ist »echt froh« darüber, daß sie mit der Lyrik und der Arbeit an »If We Live Again« so gut vorankommt.

Nach dem Abendessen sagte Jane, Seth werde wohl über Reinkarnation, Schizophrenie und Besessenheit sprechen und diese Themen in Beziehung zueinander setzen. Mir schienen die möglichen Zusammenhänge sofort einzuleuchten, doch gelang es mir nicht, sie spontan in Worte zu fassen. Hier drei Punkte:

Erstens: Seths Material über Schizophrenie ist eine Erweiterung seiner Ausführungen von Montag abend, weshalb diese Sitzung hier vorgelegt wird.

Zweitens: Janes Erwähnung der Reinkarnation ist wohl auf die eher müßigen Spekulationen zurückzuführen, in denen ich mich beim Abendessen erging, nachdem man uns erzählt hatte, daß ein Mann und eine Frau unserer Nachbarschaft sich zur Bestürzung zahlreicher Ortsansässiger einem radikal neuen gemeinsamen Lebensstil verschrieben haben. Ich fragte mich, inwiefern einfach vorausgesetzte reinkarnatorische Bindungen bei dem Verhalten des Paares eine Rolle spielen mochten. Solche Faktoren werden in wissenschaftlichen Analysen menschlichen Verhaltens unserer Zeit gewöhnlich nicht in Betracht gezogen, doch mögen sie bisweilen tatsächlich eine große Rolle spielen. Freilich bin ich nicht der Ansicht, daß sich aufgrund der Annahme reinkarnatorischer Beziehungen fragwürdige Verhaltensweisen im gegenwärtigen Leben rechtfertigen lassen. In jeder menschlichen Situation sind noch viele andere psychologische Faktoren wirksam.

Drittens: Janes Erwähnung der Besessenheit kam daher, daß ich ihr heute einen Artikel aus einem von uns abonnierten Kulturmagazin vorgelesen hatte. Hier der Inhalt in Kurzfassung: Die maßgebenden Autoritäten der katholischen Kirche wissen zwar, daß fast alle Menschen, von denen es heißt, sie seien von bösen Dämonen oder vom Teufel »besessen«, in Wirklichkeit geisteskranke Menschen sind, die psychiatrischer Behandlung bedürfen; doch beharrt die Kirche auf der Existenz des Teufels und zahlreicher Dämonen. Diese Lehrmeinung wurde noch dadurch zementiert, daß die Päpste Paul VI. und Johannes-Paul II. erklärten, der Teufel sei nicht nur etwa das Prinzip des Bösen, sondern »leibhaftig« unter uns. Beginn der Sitzung um 21.05 Uhr.)

(Flüsternd:) Guten Abend.

(Flüsternd: »Guten Abend, Seth.«)

(Schmunzelnd:) Nun: Fortsetzung unserer Psychologielektion. *(Pause.)*

Die Kommunikation zwischen verschiedenen Anteilen des gespaltenen Selbst vollzieht sich häufig durch Vorgänge wie das automatische Schreiben, das In-Zungen-Reden oder das Hören von Stimmen, oder sie manifestiert sich durch — wie die Betreffenden meinen — telepathische Botschaften, die sie von anderen empfangen.

Die vermeintlich telepathischen Botschaften können Lebenden oder Toten zugeschrieben werden — Feinden, Göttern, Teufeln oder wem auch immer. Neuerdings kommen auch Weltall- und Jenseitsbewohner hinzu. In den meisten Fällen hat man es hier mit dem Ausdruck starker Anteile des Selbst zu tun, die mehr oder minder absichtsvoll in Isolation gehalten werden. Sie können, psychologisch gesehen, auftauchen und wieder verschwinden. Sie nehmen eine Reihe wechselnder Kommandoposten ein und verschwinden meist nach einiger Zeit wieder von der Bildfläche.

Vor allem wenn die Stimmen oder Mitteilungen Befehle erteilen, die Gehorsam erheischen, stehen sie für mächtige, im übrigen unterdrückte Inbilder und Wünsche, die stark genug sind, um sich zu personifizieren. In vereinzelten Fällen können sie durch die ziemlich abgerundete Darstellung einer normalen Persönlichkeit relativ echt wirken. Doch ist das eher die Ausnahme. Gewöhnlich handelt es sich um, sagen wir einmal, Halbpersönlichkeiten oder noch unvollständigere Versionen (Gedankenstrich) — fragmentarische Ausdrucksgesten von Impulsen und Wünschen, die nur momentweise dramatisiert werden und dann von der Person als Stimme gehört oder als Gegenwart wahrgenommen werden.

In vielen Situationen sind die Hauptdarsteller solcher Personifizierungen jedoch ritueller Natur und bedienen sich psychologischer Muster, die schon in Kunst, Religion oder Wissenschaft der jeweiligen Kultur fertig vorliegen. So kommt es dann zu Christussen, Besuchern aus dem Weltall, verschiedensten Heiligen oder Geistern oder anderen Persönlichkeitsfabrikaten, deren Charakteristika und Fähigkeiten als bereits bekannt vorausgesetzt werden können.

(21.19 Uhr.) Es gibt, anders gesagt, schizophrene Modelle, und das spezielle Modell, das je nach Fall und Zeit gewählt wird — denn die Modelle ändern sich —, gibt deutliche Hinweise auf die grundlegende Problematik der Person. Solche kulturbedingten Modelle werden in der Gesellschaft fertig vorgefunden, und sie verleihen gewissen Komponenten der seelischen Wirklichkeit des Menschen, die er bisher noch nicht versteht, auf die eine oder andere übertriebene Weise Ausdruck. Das gilt sowohl für die »guten« wie auch für die »schlechten« schizophrenen Modelle — das heißt für Götter und Dämonen gleichermaßen.

Derlei *(Pause)* »Kommunikationen« mit Göttern oder Dämonen, Paulus- oder Hitlerfiguren sind dramatisierte, übertriebene Personifizierungen desjenigen Persönlichkeitsanteils, der im Augenblick gerade das Sagen hat.

(Nach langer Pause um 21.25 Uhr:) Zunächst einmal ist Wirklichkeit primär ein geistig-seelisches Phänomen, indem die Sinneswahrnehmungen organisiert und zusammengestellt werden auf Weisen, die eine primäre *(lange Pause)* nichtmaterielle Erfahrung materiell

perfekt »nachahmen«. Das ist vertrackt schwierig auszudrücken, denn die Übersetzung eines psychischen Gewahrseins durch das Fleisch bedingt ganz automatisch eine Umwandlung bestimmter Daten.

(Nach einminütiger Pause um 21.29 Uhr:) Teufel und Dämonen haben keine objektive Existenz. Doch waren sie zu allen Zeiten Repräsentanten für jene Aspekte der seelischen Wirklichkeit des Menschen, die er nicht assimiliert hatte — außer in einer Art schizophrenem Ausdruck, den er nach außen projizierte. Und so ist er dem Anschein nach nicht selbst verantwortlich für Handlungen, die er als entwürdigend oder grausam erkennt. Er entzieht sich der Verantwortung dafür, indem er in seiner Vorstellung die Existenz anderer Kräfte nährt — die Teufel oder Dämonen der Unterwelt.

(21.35 Uhr.) Der Schizophrene spielt solche kulturell vorgegebenen Muster auf individueller Ebene durch. Die Schärfe der Kontraste zwischen dem höheren oder idealisierten Selbst und dem erniedrigten Selbst kann unterschiedlich sein; sie können scharf hervortreten oder eher verwischt sein. In vielen derartigen Fällen wird es auch mindestens einen kurzen Ausbruch intensiver, doch hektischer und meist wirrer kreativer Aktivität geben, in der das Individuum um die Erkenntnis dieser widersprüchlichen Elemente ringt, *(mit milder Ironie)* nicht anders als die Menschheit selbst, die sich schon so viele Male in kreativer und manchmal etwas wirrer Weise um Erkenntnis ringend ihre Religionen schuf.

Alles ist da zu finden, von banalem Schund bis hin zur großartigsten schöpferischen Leistung; doch bleibt es Episode im schizophrenen Bezugssystem, eine konzentrierte Erfahrung, die aus dem Rahmen des normalen Alltagslebens herausfällt. Punkt.

Die Christus-Imago findet so häufig Verwendung, weil sie in geradezu idealer Weise die Kombination des grandiosen Selbst als dem allwissenden Gottessohn mit dem hingeopferten Märtyrer repräsentiert, der eben wegen seiner erhöhten Stellung gekreuzigt wird.

Die Christusgestalt steht für die übersteigerte, idealisierte Version des inneren Selbst, deren hohem Anspruch in seinem Leben gerecht zu werden das Individuum sich außerstande fühlt. Es fühlt sich von seinen eigenen Fähigkeiten gekreuzigt. Bei anderen Gelegenheiten mag er oder sie Botschaften vom Teufel oder von Dämonen erhalten, die ihrerseits die Gefühle der Person im Hinblick auf das Körperselbst repräsentieren, das im Kontrast zu dem idealistischen Inbild so schlecht und widersprüchlich ist. Auch hier gibt es wieder eine große Vielfalt möglicher Verhaltensweisen.

Jedenfalls weigern sich solche Menschen auf ihre je eigene Weise, standardisierte Versionen der Wirklichkeit zu akzeptieren. Auch wenn sie sich ihrer selbst so wenig gewiß sind, daß sich die Muster ihrer Psyche an den von Kultur, Religion, Wissenschaft oder was auch immer vorgegebenen Mustern orientieren, so versuchen sie doch, diese Muster in eigenständiger Weise zu nutzen. Tatsächlich sind sie damit beschäftigt, ihre eigene Persönlichkeit zusammenzusetzen, nachdem die meisten anderen sich längst mit der einen oder anderen offiziellen Version zur Ruhe gesetzt haben — und so gewähren sie durch ihr Verhalten Einblicke in den ständigen Wechsel von Geben und Nehmen zwischen den unterschiedlichen Elementen der menschlichen Persönlichkeit.

Wird in schizophrenen Zuständen von Erfahrungen der Telepathie und Hellsichtigkeit gesprochen, so handelt es sich meistens um den Versuch des Individuums, sich selbst zu beweisen, daß ihm so idealisierte Eigenschaften wie Allvermögen oder Macht tatsächlich zu Gebote stehen dürften — womit es natürlich die grundlegenden Gefühle der Ohnmacht in seinem Alltagsleben zu kompensieren trachtet. Doch gibt es auch Individuen, die über die echte Fähigkeit der außersinnlichen Wahrnehmung, also der Telepathie und des Hellsehens, wie auch der außerkörperlichen Erfahrung verfügen, die sie zu Ausflügen über die Grenzen des offiziell akzeptierten Wirklichkeitsbereichs hinaus befähigen. *(Pause um 21.45 Uhr.)*

Kompliziert wird die Sache durch die Glaubensannahmen des Individuums, die von vornherein eine so übertriebene Mischung bilden, daß die inneren Wahrnehmungen sich gewöhnlich unter Mitwirkung von Phantomgestalten aus Religion oder Mythologie abspielen. Die Individuen fühlen sich gewissermaßen zu solchen Erfahrungen genötigt, und zwar wiederum einfach deshalb, weil sie — aus den schon dargelegten Gründen — nicht mit der Verantwortung für ihr Handeln konfrontiert werden wollen.

Euren Zeitbegriffen entsprechend hat der Mensch zu allen Zeiten nichtassimilierte psychische Elemente seiner eigenen Persönlichkeit nach außen projiziert, doch tat er dies in früheren Zeiten, indem er sich einer großen Vielfalt von Bildern und Personifizierungen, von Göttern, Göttinnen, Dämonen und Teufeln, guten und bösen Geistern bediente. Ehe die Götter des alten Rom völlig formalisiert waren, gab es eine stattliche Reihe guter und böser Gottheiten aller Abstufungen, die mehr oder minder »demokratisch« die unbekannten, vom Gefühl her jedoch wahrgenommenen großartigen und aufrührerischen Eigenschaften der menschlichen Seele repräsentierten und die für die zwar erahnten, doch nicht bewußt gewordenen Einsichten in die eigene Wirklichkeit standen, welche so oder so zu erforschen der Mensch entschlossen war.

Es verstand sich von selbst, daß alle diese »Kräfte« in den Angelegenheiten der Menschen ihre Rolle spielten. Manche standen für Naturkräfte, die zu manchen Zeiten Nutzen brachten und zu anderen Zeiten Schaden stiften konnten; zum Beispiel war der Gott der Gewitter in Zeiten der Dürre höchst willkommen, seine Gewalt wurde jedoch gefürchtet, wenn er zuviel des Guten tat. Zwischen »den guten und den bösen Göttern« klaffte kein Abgrund der Polarität.

Mit Jahwe und dem christlichen Gottesbegriff kam es zum direkten Konflikt zwischen den — sogenannten — Kräften des Guten und des Bösen; die Zwischengötter wurden ausgemerzt und mit ihnen das subtile Geben und Nehmen, das zwischen ihnen stattgefunden hatte, während des Menschen Anschauung seiner eigenen innerseelischen Wirklichkeit eine Polarisierung erfuhr.

In heidnischen Kulturen früherer Zeiten gab es aus Gründen solcher Polarisierung Schizophrene nicht, denn das Glaubenssystem leistete in dieser Hinsicht keinen Vorschub. Damit soll nicht gesagt sein, daß bestimmte Verhaltensweisen, die ihr jetzt schizophren nennen würdet, nicht auch vorkamen. Vielmehr soll damit gesagt sein, daß im allgemeinen derartige Verhaltensweisen mit dem psychologischen Wirklichkeitsbild übereinstimmten. Sie stimmten überein, weil viele der Verhaltensmuster, die jetzt mit Schizophrenie assoziiert werden, »heruntergekommene und entstellte« Reste von Verhaltensmustern sind, die einen integralen Bestandteil des menschlichen Erbes bilden und an Aktivitäten und Fähigkeiten gemahnen, die einst eine präzise soziale Bedeutung hatten und ganz bestimmten Zwecken dienten.

(22.14 Uhr.) Dazu gehört die menschliche Fähigkeit, sich mit den Kräften der Natur zu identifizieren, Teilbereiche seiner eigenen seelischen Wirklichkeit nach außen zu projizieren und dann diese Teile transformiert und mit neuer Lebenskraft aufgeladen wahrzunehmen — eine Transformation, die dann tatsächlich die materielle Wirklichkeit verändern kann.

Ein natürlicher Schritt bestünde darin, sich diese Anteile des Selbst wieder anzueignen, ihrer uralten Abstammung und ihrer enormen Möglichkeiten innezuwerden und sie umzuwenden, so daß sie gewissermaßen einen neuen Überzug oder eine neue Version der Selbstheit bilden. *(Sehr eindringlich:)* Es ist, als ob *(Pause)* der Mensch nicht vermocht hätte, seine eigenen Potentiale zu verstehen, wenn er sie nicht nach außen in eine Gottheit projizierte, wo er sie in einer Art isolierter reiner Form erschauen, sie als das, was sie waren, erkennen und dann als Teil seiner eigenen seelischen Wirklichkeit akzeptieren konnte. Als Gattung jedoch habt ihr noch nicht den letzten Schritt getan. Eure Idee des Teufels verweist auf denselben Prozeß, nur daß sie für eure Idee des Bösen oder der Dunkelheit steht oder für Eigenschaften, die euch Furcht einflößen. Sie steht auch für Elemente eures eigenen Potentials. Ich spreche hier nicht von den Möglichkeiten, Böses zu tun, sondern davon, daß der Mensch endlich begreifen muß, daß er allein die Verantwortung für seine Handlungen trägt, ganz gleich, ob sie nun als gut oder böse gelten.

Ihr gestaltet selbst eure Wirklichkeit. Das »Böse« des Menschen existiert, weil er seine Ideale mißversteht, weil ein scheinbarer Abgrund klafft zwischen dem Ideal und seiner Verwirklichung. Somit sind Übeltaten das Ergebnis von Unwissenheit und Mißverstehen. Das Böse ist keine eigenständige Macht.

Ende der Sitzung.

(»Sehr gut.«)

Sag Ruburt, er soll sich entspannen, seinem Körper Mut einflößen und ihm Vertrauen entgegenbringen, wenn er so viele Veränderungen durchmacht — denn diese Veränderungen führen alle zur Besserung! *(Pause, indes Jane-Seth mich amüsiert anblickte.)* Herzlich einen guten Abend.

(»Gute Nacht, Seth.«)

(22.26 Uhr. Ich sagte Jane, daß dies wieder eine ausgezeichnete Sitzung war. »Ich glaube schon, daß er mit diesem Material fortfahren wird«, sagte sie. Das will ich hoffen, denn mir scheint, daß Seth in seinen Erörterungen noch lange nicht den Punkt erreicht hat, an dem er das Thema der Reinkarnation aufgreifen wird. Und daran ist mir sehr gelegen.)

Sitzung 922, Montag, den 13. Oktober 1980

(Ende letzter Woche rief Tam Mossman Jane an, um ihr zu sagen, er werde ihr demnächst den Vertrag für »If We Live Again« senden. Heute morgen schrieb ich an Tam, um ihn zu fragen, welche Pläne der Verlag auf lange Sicht für die fünfzehn Bücher habe, die Jane und ich der Prentice Hall verkauft haben. In der persönlichen Sitzung vom 22. September — einem Teil seiner Serie über die magische Einstellung zum Leben — hat Seth uns gesagt, daß unsere Arbeit »unter einem Schutz steht«. Seitdem hat mich diese Aussage ständig beschäftigt, und ich erwähnte sie heute Jane gegenüber im Zusammenhang mit meinem Brief an Tam.

Sie war nach unserem Nachmittagsschlaf ganz verstört, weil wir uns verschlafen hatten; die verlorene Zeit reute sie. Wir mußten später als üblich zu Abend essen. Doch nutzte Seth mein Interesse an der Schutzfrage sehr schön, indem er eine Facette von Janes Begabungen erörterte, die eng mit seinem Konzept der Werterfüllung zusammenhängt. Wegen dieses Zusammenhangs paßt diese Sitzung sehr gut hierher, obwohl es sich nicht um Buchdiktat handelt. — Beginn um 21.14 Uhr.)

Nun ...

(»Guten Abend, Seth.«)

... ihr steht unter einem Schutz. Eure Arbeit wird beschützt. *(Pause.)*

Vor einigen Jahren hatte Ruburt ein Erlebnis. Er erblickte mitten im Wohnzimmer eine eigentümliche Gestalt. Er spürte, daß diese Gestalt aus einer Energie bestand, die ganz zweifellos gewillt war, ihm Beistand zu leisten oder seinen Anweisungen zu folgen.

Ihm war auch klar, daß sich diese Energie wenigstens bis zu einem gewissen Grad aufgrund seiner eigenen guten Absichten und seines Wunsches, anderen zu helfen, angesammelt hatte. Er gab ihr den Namen »Helfer«* und schaute diese Gestalt später niemals wieder so

---

* In Kapitel 6 von *»Adventures in Consciousness«* beschreibt Jane, wie sie den »Helfer« wahrnahm; das war Anfang November 1971, vor mehr als neun Jahren. Seitdem hat sie ihn oft zu Menschen geschickt, die um Hilfe verschiedenster Art gebeten hatten, und das tut sie noch heute. Viele Leute haben von positiven Veränderungen berichtet, die in ihrem Leben stattfanden, wenn Jane sich solcherart für sie eingesetzt hatte, doch hat sie keine Unterlagen speziell darüber gesammelt. Wir haben oft darüber spekuliert, daß für einige wohl schon das bloße Wissen, daß Jane ihr Anliegen ernst genug nahm, um ihnen wie einen Boten den Helfer zu schicken, eine psychologische Hilfe war, die sie befähigt, positive Schritte aus eigener Kraft zu unternehmen.

klar. Die Gestalt repräsentierte *(lange Pause)* personifiziert die angesammelten positiven Energien, die sich damals zu seinem Vorteil auswirkten und ihm Schutz verliehen, sich aber auch automatisch auf sein Leben und seine Projekte günstig auswirkten.

Doch setzt schon die Idee, beschützt zu werden, so wie ihr sie versteht, eine Bedrohung voraus. Wenn ihr also an Bedrohungen glaubt, solltet ihr euch eines Schutzes versichern. Es war für Ruburt nicht nötig, die Gestalt noch einmal zu sehen — ihm genügte, die Wirklichkeit dieser mächtigen Energie zu spüren und zu wissen, daß sie für ihn arbeitete. In gewisser Weise repräsentierte die Gestalt auch das unschuldige und machtvolle innere oder spontane oder natürlich-magische Selbst — all diese Bezeichnungen sind Synonyme.

Ruburt wußte, daß der Helfer zum Wohl anderer ausgesandt werden konnte, und in dieser Hinsicht stand die Gestalt für die große Macht natürlicher, positiver Wunsch- und Gedankenmuster. Auch zu dir, Joseph, gehört eine solche »Gestalt«. Beide Gestalten repräsentieren die größeren Ursprungs-Selbst, aus denen eure gegenwärtigen Persönlichkeiten entstehen. Ich sagte euch schon, daß ihr viel mehr von eurem eigenen und dem Leben anderer wißt, als ihr euch intellektuell bewußt seid.* Zunächst einmal handelt ihr aus diesem Wissen heraus, wenn ihr körperlich geboren werdet, wenn ihr heranwachst. Auch das Verhalten des Eichhörnchens, wenn es Nüsse vergräbt — so wie ihr es neulich im Fernsehen saht —, leitet sich aus diesem Wissen her, und das größere Wissen des Eichhörnchens umfaßt zugleich das Wissen seiner Gattung.

(21.30 Uhr.) Der Helfer repräsentiert den Teil, der solches Wissen besitzt. In praktischer Hinsicht ist es wichtig zu verstehen, daß ein solches Wissen und ein solcher Schutz tatsächlich existieren, daß nicht all eure Probleme allein durch Überlegungen eures Verstandes gelöst werden müssen — und daß tatsächlich nur wenige Probleme ausschließlich auf diese Weise gelöst werden können.

Eure Arbeit ist beschützt, nicht nur weil sie eines eurer Anliegen bildet, sondern auch weil sie in gewisser Weise zu einer Art eigener Entität wird — einer wohlwollenden Form der Konzentration, destilliert aus euren besten Bestrebungen. Daher ist sie auch erfüllt von Energie und wird zum Sammelpunkt für weitere Energie.

---

* Vergleichen Sie Auszug 3 im Anhang der 920sten Sitzung in diesem Band.

(Nach langer Pause, einer von vielen, in einem sehr langsamen Vortrag:) Ich will nicht zu einer Begriffsverwirrung beitragen. Die Kräfte des menschlichen Geistes sind, wie ich in unseren letzten *(persönlichen)* Sitzungen darlegte, weit größer als diejenigen, die im allgemeinen dem Verstand allein zugeschrieben werden. Rationales Denken im Übermaß kann beispielsweise den praktischen Gebrauch der Fähigkeiten des Geistes tatsächlich einschränken und somit die geistige Sichtweite eintrüben. In gewisser Weise wiederum repräsentiert der Helfer das echte Leistungsvermögen aller Geistestätigkeit, ein unmittelbares Verstehen dessen, was hinter den Erkenntnissen sowohl der Intuition wie auch des Intellekts steht. Ihr habt es also mit einer umfassenden Intelligenz zu tun, der eines Wissenden.

(21.40 Uhr.) Dieser — ich skandiere das Wort — *W-i-s-s-e-n-d-e* nimmt all eure Bedürfnisse augenblicklich wahr und ist eure persönliche Teilhabe am Universum insofern, als seine Energien euch als Persönlichkeit aufbauen. Eure Existenz ist stets eingebettet in diesen Schutz. Das heißt, daß ihr in einem »Zustand der Gnade« lebt.* Ihr könnt diesen Zustand ignorieren. Ihr könnt ihn leugnen oder zurückweisen, aber ihr seid dessen ungeachtet in ihm aufgehoben. Er bildet die Substanz eurer individuellen Wesenheit. Werterfüllung bedeutet, daß jedes Individuum, jede Wesenheit, welcher Natur auch immer, spontan und automatisch diejenigen Bedingungen sucht, die seiner eigenen Erfüllung und der Erfüllung anderer dienlich sind.

Ganz einfach ausgedrückt, niemand kann seine Erfüllung auf Kosten derjenigen eines anderen erreichen. Erfüllung fällt euch nicht auf solche Weise zu. Euer Leben selbst strebt den besten Möglichkeiten der Erfüllung zu. Unser Werk strebt seinen besten Möglichkeiten der Erfüllung zu.

Wenn ihr das verstanden habt, dann könnt ihr scheinbare Rückschläge oder scheinbare Widersprüche mit Gleichmut akzeptieren in dem Wissen, daß solche Umstände nur im Lichte eures intellektuellen Wissens — eines Wissensstandes, der sich auf aktuelles Geschehen beschränkt — nachteilig zu sein scheinen und daß sich in dem größeren Bild, das ihr aufgrund innerer Erfahrung kennt, derlei schein-

---

* Vergleichen Sie zum Beispiel Kapitel 9 der *»Natur der persönlichen Realität«*. Seth erörtert dort den Zustand der Gnade, die natürliche Schuld, die künstliche Schuld und verwandte Themen.

bare Widersprüche oder scheinbar unerfreuliche Umstände als in Wahrheit vorteilhaft für euch herausstellen. Ihr müßt verstehen, daß euch auf der intellektuellen Ebene einfach nicht alle Fakten zur Verfügung stehen. Gründet ihr also eure Urteile einzig und allein — einzig und allein — auf intellektuelles Wissen, dann seid ihr ziemlich kurzsichtig.

Wir haben es jedoch mit der Psychologie der Erfahrung zu tun: ihr selber verändert die Lebensumstände aufgrund eures Agierens. Wenn ihr euch infolge bestimmter Situationen bedroht und schutzlos fühlt, dann werdet ihr bestimmte Schritte unternehmen, die ihr andernfalls vermutlich unterlassen hättet; und so kommt es eurerseits zu den unterschiedlichsten Handlungsweisen, je nachdem ob euch bewußt ist oder nicht, daß ihr beschützt seid.

Wenn ihr Gefühle des Bedrohtseins aufkommen laßt, dann reagiert ihr auch darauf. Der Schutz ist allemal vorhanden; in solchen Fällen aber hindert ihr euch selbst daran, ihn voll in Anspruch zu nehmen.

Macht eine Pause.

(21.50 Uhr. Ich war überrascht, daß Seth eine Pause wünschte — eine Seltenheit in den Sitzungen dieser Tage. Dann sagte Jane, sie selbst habe die Pause erbeten, weil sie nichts mehr zu rauchen hatte. Sie hielt die Sitzung auf ihrem mit Rollen versehenen Bürostuhl ab. Da es so spät war, nahm sie nicht wie sonst ihren Schreibmaschinentisch zu Hilfe, um in der Küche ihr Rauchzeug zu holen; statt dessen blieb sie auf ihrem Stuhl und manövrierte sich mit den Füßen durchs Haus. Ich sagte ihr, daß die Sitzung ausgezeichnet sei. »Aha, es hat also doch etwas gebracht!« rief sie aus.

Nachdem Jane wieder ihre Position hinter dem Teetischchen mir gegenüber eingenommen hatte, erzählte ich ihr, was ich kürzlich über den Cro-Magnon-Menschen gelesen hatte. Dieser, bereits Homo sapiens wie der Mensch der Gegenwart, verfügte schon vor etwa 35 000 Jahren über kunstvolle Werkzeuge, sie und Wandmalereien legen Zeugnis ab von der Frühkultur dieser Zeit.

Dann brachte mich unser Gespräch irgendwie auf die Frage, ob wohl unser Kater Billy farbenblind sei. Die meisten Tiere sind ja, wie wir hörten, angeblich farbenblind. Bisher hatte Billy die Sitzung neben mir auf der Couch verbracht, indem er abwechselnd schlief und sich putzte. Immer wieder habe ich die liebevolle Sorgfalt bewundert, mit der er sich jedem einzelnen Teil seines Körpers widmet. Im Lichtkegel der Lampe leuchteten seine grünlichen Augen so schönfarbig und ge-

*heimnisvoll, daß mir der Gedanke, er könne keine Farben sehen, fast unglaublich vorkam.**

Jane folgte zwar unserem — oder in erster Linie meinem — Gespräch, aber schließlich gab sie mir zu verstehen: »Ich hab' es gern, wenn Seth die Sitzung in einem Zug bis zum Ende durchzieht!« Ich sagte ihr, meine Gespräche hätten keinen Bezug zum Seth-Material. »Ja«, sagte sie, »ich nehme an, wenn niemand etwas zu sagen hätte, dann würden wir hier wie die Ölgötzen herumsitzen.«

Doch siehe da, was ich gesagt hatte, brachte doch einen Themenwechsel im Material der Sitzung. Fortsetzung um 22.09 Uhr.)

Apropos Frühkultur. *(Lange Pause.)*

Die Ideen für Erfindungen, Werkzeuge oder Erzeugnisse welcher Art immer existieren im Geistig-Seelischen, um aktiviert zu werden, wann immer die Umstände deren Verwirklichung erfordern.

So begannen etwa verschiedene Stämme der Urbevölkerung in verschiedenen Teilen der Welt plötzlich damit, neue Werkzeuge zu erfinden und zu benutzen, nicht weil irgendeine Kommunikation oder ein kultureller Austausch zwischen ihnen stattfand, sondern weil spezifische Bedingungen in ihrer jeweiligen Umwelt geistig-seelische Prozesse auslösten, welche die speziellen Inbilder derjenigen Werkzeuge aktivierten, die für eine gerade notwendige Arbeit erforderlich waren. Die nichtmaterielle Ideeninformation führte dann entweder kraft innerer bildhafter Vorstellung oder vermöge schlüssiger Traumbilder zu praktischem Wissen und dessen Nutzanwendung.

Träume haben immer schon solchen Zwecken gedient. Ihr wißt mehr über euer Leben, als ihr zu wissen glaubt — und ihr wißt weitaus mehr über euer Leben, die Gesellschaft und eure Kultur, als ihr rein intellektuell wißt. Der Mensch der Frühzeit befand sich in der gleichen Lage, und seine Erfindungen — seine Werkzeuge, sein Kunsthandwerk — wurden aus dem inneren, ewiggegenwärtigen Ideenschatz des Geistes geschöpft und verwirklicht. Zugrunde lag immer die unbewußte, aber ganz reale Einschätzung seiner Stellung in seiner Umwelt und im Universum.

(Nach langer Pause um 22.18 Uhr:) In gewisser Weise — und verzeiht mir, daß ich wieder einmal eine meiner bevorzugten Einschränkungen benutze — in gewisser Weise also entwickeln sich Kulturen

---

* Meine Nachforschungen im Anschluß an die Sitzung ergaben, daß angenommen wird, Katzen könnten in abgeschwächter Weise Farben sehen.

nicht auf so geradlinige Weise, wie für gewöhnlich angenommen wird. Gewiß, Kulturen verändern sich. Doch der Mensch schuf Kultur von Anbeginn an — wie auch zum Beispiel Biber von Anbeginn an Dämme bauten. *(Humorvoll:)* Sie lernten nicht über Versuch und Irrtum, wie man Dämme baut. Sie bauten nicht erst jahrhundertelang fehlerhafte Dämme. Sie wurden als Dammbauer geboren.

So auch schuf der Mensch von Anfang an Kultur ganz spontan. Er begann nicht, wie angenommen, mit den Rudimenten von Kultur. Er lernte nicht *(Pause)* über Versuch und Irrtum, klare Gedanken zu denken. Er dachte von Anfang an klar. Was er über Versuch und Irrtum lernte, waren die verschiedenen Methoden, mit deren Hilfe sich Gedanken am besten in praktisches Handeln umsetzen lassen. Die frühesten Kulturen waren ebenso reich wie die eure. Euch gelten Lesen und Schreiben als großer Gewinn; doch wurden in der Vergangenheit Informationen kraft Geistes gespeichert und weitervermittelt mit einer Kunstfertigkeit, die euch heute abgeht.

Das Gedächtnis war so vollendet, daß die Menschen zuzeiten buchstäblich lebende Geschichtsbücher waren, die die Überlieferung ihrer Herkunft und Abstammung und das Wissen ihrer Völker in sich trugen und an ihre Kinder weitergaben. Es ist wahr, daß Lesen und Schreiben gegenüber einem solchen Verfahren Vorteile bieten; doch ebenso wahr ist es, daß das Wissen der vorgeschichtlichen Art für jene Menschen und ihre Gesellschaften einen Teil ihrer selbst bildete, in überaus sinnträchtiger Weise sich gleichsam in ihnen verkörperte. Es war dies natürlich eine andere Art von Wissen. In seiner besten Form führte es nicht zu routinemäßigen Wiedergaben von Auswendiggelerntem, sondern zu Dramatisierungen durch Musik, Dichtung, Tanz. Anders gesagt, seine Wiedergabe ging mit schöpferischem Körperausdruck einher. Freilich könnte der Geist eines Menschen nicht die heute in eurer Welt verfügbaren Informationsmengen fassen, doch ein großer Teil all dieser Informationen hat nichts zu tun mit dem grundlegenden Wissen über das Universum oder Ort und Wesen des Menschen darin. Es sind zumeist Sekundärinformationen — interessant, aber nicht lebenswichtig. *(Lange Pause um 22.34 Uhr.)*

Der Mensch mußte nicht über Versuch und Irrtum lernen, welche Pflanzen eßbar und welche Kräuter heilkräftig sind. Der Wissende in ihm wußte dies, und er handelte spontan aus seinem Wissen heraus. Natürlich ist der Wissende immer gegenwärtig. Doch werden infolge des kardinalen Irrtums des eure Kultur tragenden Korps von Wissenschaftlern und Gelehrten, denen zufolge es inneres Wissen nicht gibt und einzig und allein der rationale Verstand gültige Antworten liefert, dem Gebrauch eurer inneren Fähigkeiten bedauerliche Grenzen gesetzt.

Ihr werdet schließlich, wenn alles gut geht, zu einer Art »neuem« erleuchtetem Bewußtsein und einem Intellekt gelangen, der darum weiß, daß der Ursprung seines Lichts nicht in ihm selbst liegt, sondern von jener spontanen Kraft herstammt, die seinen Gedanken den Brennstoff liefert.

Ende der Sitzung.

(»Das war ausgezeichnet!«)

Meine herzlichsten Grüße. Sag Ruburt, er soll sein Kopfkissen häufiger wechseln.

(»Okay. Gute Nacht, Seth.«)

(22.40 Uhr. »Na also«, lachte Jane, kaum daß sie aus der Trance war, »die Pause hat sich für dich doch gelohnt!«

Ich sagte ihr, die Implikationen dieses Materials seien faszinierend. So finde ich es frappant, wie Jane mit ihrer Fähigkeit, eine anscheinend endlose Menge von Seth-Material abzurufen, eine Art Parallelfall zum Menschen der Frühzeit darstellt mit seiner Fähigkeit, Träger sowohl seiner persönlichen wie auch aller kulturellen und historischen Informationen seiner Zeit zu sein. Wie der Mensch der Frühzeit ohne Schrift oder irgendein anderes unserer modernen Kommunikationsmittel selbständig funktionierte, so funktioniert Jane durch Seth. Ich grübelte darüber nach, ob wohl und gegebenenfalls welche reinkarnatorischen Zusammenhänge zwischen Jane und den Menschen der Frühzeit bestehen mögen. Seth hat dieses Thema weder erörtert, noch haben wir ihn je danach gefragt. Sein Potential für mündliche Geschichtsüberlieferung ist allem Anschein nach unbegrenzt.

Auf das Material über Reinkarnation, Schizophrenie und Besessenheit, das er am letzten Mittwoch abend in der 921sten Sitzung zu erörtern begonnen hatte, kam Seth nicht mehr zurück.)

Sitzung 928, Mittwoch, den 12. November 1980

(Seit Jane vor einem Monat die 922ste Sitzung abhielt, hat sie fünf weitere, nicht für das Buch bestimmte, planmäßige Sitzungen abgehalten. Drei davon enthalten Material für sie selbst.

Mitte Oktober betraten drei Techniker zum drittenmal das radioaktive Behältergebäude von Three Mile Island. Ein vierter Vorstoß unter Mitwirkung weiterer Experten ist für nächsten Monat geplant.

Am 30. Oktober rief uns Sue Watkins an. Sie teilte uns mit, sie habe die Arbeit am zweiten Band von »Conversations with Seth« beendet und das Buch werde Ende nächsten Jahres von Prentice-Hall veröffentlicht werden.

Was Jane betrifft: So viele Veränderungen gingen heute mit ihrem Körper vor, sie war zur Abendbrotzeit so »daraus weggetreten«, daß sie nicht wußte, ob sie überhaupt eine Sitzung abhalten könnte. Am Morgen hatte sie erwähnt, daß Seth vielleicht die Arbeit an diesem Buch wiederaufnehmen würde, und wegen dieses Gefühls hatte sie einen Teil des Tages damit verbracht, Sitzungsprotokolle für das Buch durchzugehen. Nach dem Abendessen brachte ich ihr auf ihre Bitte hin eisgekühlten Wein und begann mit diesen Anmerkungen, während wir der kommenden Dinge harrten.

Meine Frau ist jetzt sehr ans Haus gebunden. Sie verbringt ihre Zeit mit den Sitzungen, der Arbeit an ihrem Lyrikbuch und mit Malen. Seit langem schon besorge ich alles, was außer Haus zu erledigen ist. Ich werde die Herausforderung für Janes und mein Leben zusammenfassen, indem ich den persönlichen oder ausgelassenen Teil der Sitzung vorlegen werde, die sie letzten Montag abend abhielt. Wir waren in letzter Zeit manchmal recht entmutigt, doch Seth hatte etwas ganz anderes zu sagen. Sein Material so gründlich wie möglich zu verstehen ist das, worum wir ringen, und ist eine enorme Herausforderung für uns.

»Nun, wenigstens fühle ich, daß er da ist«, sagte Jane um 21.16 Uhr, nachdem sie ein wenig an ihrem Wein genippt hatte. Sie legte in ihrem Vortrag viele Pausen ein. Beginn um 21.19 Uhr.)

Nun …

(»Guten Abend.«)

… Zentralereignisse gehen mit »Arbeit« oder Aktivität einher, deren Hauptstoßrichtung außerhalb der Zeit liegt, deren Auswirkungen jedoch innerhalb der Zeit wahrgenommen werden.

Solche Auswirkungen k ö n n e n zum Beispiel im zeitlichen Kontext plötzlich erscheinen und nicht nur ganz allmählich. Natürlich ist es Aktivität außerhalb der Zeit, die den Ursprung eures Universums erklärt. Es gibt also höherdimensionale Aktivität, die sich nicht innerhalb der Zeit, wie ihr sie kennt, auswirkt, und Entwicklungen, die sich ganz natürlich vollziehen, indem sie anderen Gesetzmäßigkeiten folgen als denen, die ihr anerkennt. Es ist aber nicht so, daß sich in beschleunigter Zeit etwas verwirklichen kann; vielmehr gibt es Verwirklichungen *(lange Pause)* in Dimensionen, für die die Zeit kein Hindernis ist und die im natürlichen »Fluß« *(Pause)* des Geschehens ihren sichtbaren Ausdruck finden.

Wiederum läßt sich dies am ehesten mit euren Erfahrungen vergleichen, die ihr mit der Zeit im Traumzustand macht: wenn sich komplizierte Probleme in Träumen oder in veränderten Bewußtseinszuständen unversehens lösen, indem euch perfekte Antworten zuteil werden.

Es gibt also »Arten der Dauer«, die in eurem Sinne nichts mit Zeit zu tun haben: psychische Bewegungen, die zwar, könnte man sagen, die Zeit manipulieren, ihr jedoch nicht unterworfen sind. Jegliches Entstehen eines kompletten Universums hätte eine unvorstellbare, spektakuläre Organisierungsarbeit zur Voraussetzung — es würde also nicht einfach aus dem Nichts auftauchen, sondern als die vollendete materielle Verwirklichung einer inneren hochkonzentrierten Bemühung, als Sichtbarwerdung einer Inspiration, die unversehens materielle Aktualität annimmt.*

(21.32 Uhr.) Diese Art von Aktivität, diese Art von »Arbeit« gibt es hinter all den Strukturen und Erfahrungen, mit denen ihr vertraut seid.

(Nach einer Pause um 21.34 Uhr:) Geduldet euch einen Moment ... Die Macht der Ideen durchdringt allwirksam die materielle Wirklichkeit. Doch sind den Ideen, selbst wenn sie nicht zum Ausdruck kommen, immer Organisations- und Verflechtungstendenzen, solche der Bewegung und Entwicklung, zu eigen.** Zentralereignisse nun entstehen aus jener Ideenwirklichkeit, der alle Ideen entstammen; sie bewirken einen Zusammenschluß der Ideen vermöge natürlicher Entsprechungen. Jede materielle Sichtbarwerdung hat ihre Matrix, ihr immaterielles Duplikat, in das sie stets eingebettet ist, aus dem sie hervorging und zu dem sie zurückkehren wird.

(21.40 Uhr.) Eure geschichtliche Zeit ist, sagen wir einmal, nur eine für euer Erdenleben gängige Abart von Zeit. Die Zeit selbst ist eine Idee, die selbst zeitlos ist *(lange Pause),* und in diesem Sinne gibt

---

* Vergleichen Sie Kapitel 2 im ersten Band dieses Werkes.

** Vergleichen Sie noch einmal Auszug 3 im Anhang zur 920sten Sitzung in diesem Band.

es keinen Beginn der Zeit, obwohl ein solcher Bezugspunkt aus eurer Sichtweise notwendig erscheint. *(Lange Pause um 21.44 Uhr.)*

Es ist dem Menschen wohl fast nicht möglich zu erkennen, daß er selbst die Idee zeitgeschichtlicher Zusammenhänge kreiert. Das Übermaß rationalen Denkens hat ihn oft dazu genötigt, seine Wahrnehmung anderer Arten von Erfahrung, die seinen Gesichtskreis erweitern könnten, einzuengen. In dieser Hinsicht bieten Träume größeren Spielraum. Das Bewußtsein wird seiner eigenen inneren Bewegung, ja selbst all der Tätigkeiten und Leistungen, die es außerhalb der Befangenheiten und Vorurteile seines Wachzustandes vollbringt, deutlicher gewahr.

Nun: Die Schöpfungsgeschichte der Bibel ist die symbolische Darstellung eines Zentralereignisses. Die Legende wurde zum Ereignis, um das herum sich Religionen, Kulturen und ganze Kunstgattungen bildeten. Das gleiche gilt auch für das Christentum selbst, denn *(sehr eindringlich)* all die angeblich geschichtlichen Ereignisse, die mit der offiziellen Christusgeschichte verknüpft werden, spielten sich nicht in der materiellen Wirklichkeit ab. Sie vollzogen sich im Rahmen einer anderen Wirklichkeitserfahrung und wurden eurer Zeitstruktur einverleibt in Verbindung hier mit einer geschichtlichen Figur, dort mit einem historischen Ereignis. So flossen sie in das Zeitgeschehen ein und gingen darin auf, bis die Handlungssträhnen so miteinander verknüpft und verflochten waren, daß die eine nicht mehr aufzulösen war, ohne daß die andere mitaufzulösen gewesen wäre.

Die Geschichte spielte sich in inneren Erfahrungswelten ab. Die gesammelte Stoßkraft dieser inneren Geschehnisse schlug sich in der Welt nieder und beflügelte ganze Völker und Zivilisationen. *(Lange Pause um 21.55 Uhr.)*

Die Christusgeschichte war in ihren Anfängen gar nicht so einzigartig und in sich geschlossen, wie sie heute erscheinen mag. Zahlreiche Versionen eines Gottmenschen, mit denen sich die menschliche Psyche seit langem beschäftigt hatte, waren der schließlich bezeugten Christusgestalt vorausgegangen. Er war *(wieder sehr eindringlich)* das psychische Kompositum, der offizielle Christus, in dessen Wesenszügen sich die Nachklänge alter und neuerer Götter verdichteten, eine kaum begonnene Figur, Komma, die in die Zeit gerückt werden mußte, obwohl sie von außerhalb der Zeit stammte.

Solche Zentralereignisse — das ist hervorzuheben — verursachen materielles Geschehen, aber dieses entsteht nicht ursprünglich aus ihnen. *(Seth wiederholte diesen Satz noch einmal mit großer Eindringlichkeit.)*

(22.02 Uhr.) Paulus hatte seine Vision. Nun ereignete sich die Vision *(in welcher Paulus nicht nur das Licht Christi erschaute, sondern auch seine Stimme vernahm)* in der Welt der Tatsachen. Sie fand statt — doch Paulus sah nicht *(lange Pause)* den Sohn göttlicher Abkunft, der vom Vater zur Erde herabgesandt worden war, der das Leben Christi lebte und gekreuzigt wurde. Paulus hatte eine Vision entsprechend den Bedürfnissen, Wünschen und Diktaten seiner eigenen Psyche in ihrer Verflochtenheit mit der Welt seiner Zeit. Seine Vision entsprach dem, was er an Geschichten über Jesus Christus vernommen und was in ihm große Sehnsucht erweckt hatte. Dies dann kam in seiner Vision zum Ausdruck.*

Das Christentum diente während vieler Jahrhunderte als ein erstaunlich kreativer organisatorischer Bezugsrahmen, der die ungeheure Komplexität der seelischen Wirklichkeit zum Ausdruck brachte. Es gelang ihm auch auf seine Weise, so manche problematische menschliche Charakterzüge auf Ziele hin auszurichten, die weniger verwerflich waren als die der Vergangenheit. Zentralereignisse so besonderer Bedeutung führen zu einer völlig neuen Interpretation geschichtlicher Ereignisse. Ihnen eignet eine derartige Intensität, Überzeugungskraft und offenbar förderliche Macht eben deshalb, weil ihre Ursprünge nicht materieller Natur sind, sondern den tiefsten Quellgründen der Psyche entspringen.

All dies war Buchdiktat.

(22.13 Uhr. Nachdem er noch ein paar ermutigende Gedanken für Jane in Übereinstimmung mit seinem persönlichen Material von Montag abend durchgegeben hatte, verabschiedete sich Seth um 22.15 Uhr.

»Und ich war drauf und dran gewesen, diese Sitzung gar nicht abzuhalten«, sagte Jane. Ihr Vortrag war sehr langsam, doch eindringlicher als gewöhnlich gewesen, und nun meinte sie überrascht und erfreut: »Was sagst du dazu? Der Schlag soll mich treffen! Ich hab' zwar heute das Buch durchgesehen, hatte aber keine Ahnung, daß ich irgend etwas im Zusammenhang mit Christus erhalten würde. Wetten, daß er des-

---

* Vergleichen Sie im »*Neuen Testament*« die Apostelgeschichte des Evangelisten Lukas (9, 1—9). Dort wird die Bekehrung des Paulus auf dem Weg nach Damaskus geschildert.

halb bis zum Ende der Sitzung verschwieg, daß es sich um Buchdiktat handelt ...«

»Ich hab's von Anfang an für Buchdiktat gehalten«, sagte ich. Jane hatte vor der Sitzung keinerlei Nervosität verspürt wie sonst so oft, wenn sie darangeht, die Arbeit an einem Buchprojekt wieder aufzunehmen. Sie fühlt sich jetzt viel besser.)

Hier folgt ein Auszug aus dem persönlichen Teil der Sitzung 927 von Montag abend:

(Jane ging es während des letzten Monats meistens gar nicht gut. Sie hat noch immer große Beschwerden in Armen und Beinen, in den Knien und im Rücken — vor allem nachts, wenn sie zu schlafen versucht. Ich habe sie morgens nie geweckt, da dies die friedlichste Ruhezeit für sie zu sein scheint.

Uns ist klar, daß all diese körperlichen Veränderungen positiv zu werten sind. Zum Beispiel sagte ich Jane vor der Sitzung, daß ihre Arme sich entschieden gestreckt haben. Heute nachmittag hatte sich ihr Sehvermögen »fast eine Stunde lang immer wieder abwechselnd«, wie sie sich ausdrückte, merklich gebessert, als sie an ihrem Schreibtisch saß und arbeitete. Sie hat in letzter Zeit keine Gehübungen mit ihrem Schreibmaschinentisch gemacht, doch waren ihre Schritte vom Stuhl zur Couch oft viel sicherer und besser ausbalanciert, auch wenn sie noch immer weit vornübergebeugt geht. Als ich vorschlug, die heutige Sitzung solle für sie sein, erwiderte sie: »Er wird genau dasselbe sagen.« — Seth fuhr um 22.13 Uhr fort.)

Nun: Ruburt versucht, sich körperlich wieder ins Lot zu bringen. Wenn er sich niederlegt, versucht der Körper, sich zu strecken. Nervenverbindungen werden reaktiviert, der Kreislauf wird angeregt, die Muskeln üben sich, indem sie sich selbsttätig anspannen und dehnen, eben jetzt, in einem konzentrierten, ziemlich intensiven körperlichen Aufruhr. Ihr seid es gewohnt, jede Art körperlichen Aufruhrs als Störung zu betrachten und sie im schlimmsten Licht zu sehen, weil ihr — du, Ruburt, oder wer auch immer — aufgrund eures kulturellen Hintergrundes kaum Erfahrungen mit solchen Situationen gemacht habt.

Hinterher jedoch verspürt Ruburt eine gewisse Befreiung. Seine Schritte neben der Couch *sind* sicherer. Sein Rücken nähert sich wieder mehr seiner natürlichen Haltung an. Es ist sehr wichtig, daß er dieses Geschehen versteht und ihm *vertraut*. Er fühlt sich manchmal verängstigt und isoliert. Du kannst ihm dabei zu Hilfe kommen, einfach indem du mit ihm sprichst oder ihn massierst. Er kann sich selbst zu Hilfe kommen, indem er sich meiner Worte entsinnt, indem er behutsame Übungen macht und indem er sich die wundersamen Vorgänge in seinem Körper bewußtmacht, die ihn tatsächlich unterstützen.

Er ist auch gerade dabei, selbst ein paar vorzügliche Ideen zu entwickeln.

Ende der Sitzung. Herzlich einen guten Abend.

(»Du lieber Gott, ich sollte öfter in Trance gehen!« lachte Jane, nachdem sie die Sitzung um 22.20 Uhr beendet hatte. »Ich habe überhaupt nichts gespürt, weder wie ich gesessen bin noch sonst was. So bequem hab' ich's den ganzen Tag über nicht gehabt ...«)

Sitzung 931, Mittwoch, den 15. Juli 1981

(Ich kann selbst kaum glauben, was ich hier niederschreibe — acht Monate sind vergangen, seit Jane ihre letzte Sitzung, die 928ste, am 12. November 1980 für dieses Buch abhielt. Die Zeit ist so schnell vergangen, sie war für uns so voller Ereignisse persönlicher und beruflicher Natur, daß es gar nicht leicht ist, rückblickend alles ins Gedächtnis zurückzurufen. Während dieser Zeit hielt Jane zwei planmäßige, nicht für das Buch bestimmte Sitzungen sowie 48 persönliche Sitzungen ab; wir waren also nicht müßig! 25 dieser persönlichen Sitzungen widmete Seth teilweise oder ganz ihrem Material über das »sündige Selbst«. Jane brachte die einführende Sitzung zu diesem Thema am 11. März dieses Jahres, und ich werde später noch daraus zitieren. Die folgenden 24 Sitzungen mit Material über das sündige Selbst wurden in Sitzungen vom 14. April bis zum 13. Juli durchgegeben. Ich habe auch vor, Auszüge daraus und auch aus Janes persönlichen Tagebüchern von 1980 bis 1981 zu zitieren.

Nach der 928sten Sitzung blieb Jane, ungeachtet Seths offensichtlicher Bemühungen, ihr zu Hilfe zu kommen, und ihrer Bereitwilligkeit, diese Hilfe anzunehmen, ans Haus gebunden. Am 16. November gab sie es auf, mit Hilfe ihres Schreibtisches zu gehen.

Am folgenden Tag gab es eine Ablenkung: Wir erhielten von unserem Verlag die Verträge für die Verfilmungsrechte von »The Education of Oversoul Seven« zurück. Der Produzent forderte gewisse juristische

Zusatzklauseln, und so mußten wir unseren Notar die Verträge neu beglaubigen lassen. Ich schickte sie noch am selben Tag an die Prentice-Hall zurück; ich schickte auch Janes unterschriebenen Vertrag für »If We Live Again« ab, und die Post brachte uns den Umbruch von »God of Jane«.

Jane kann nicht mehr gehen. Trotzdem machte sie weiterhin geduldig ihre abgezählten Schritte zwischen ihrem Bürostuhl und der Couch des Wohnzimmers, von der aus sie in jenen Tagen die meisten ihrer Sitzungen abhielt. Seit kurzem verzichtet sie wegen der Mühe, die ihr das Manövrieren im Badezimmer bereitet, auf die weitere Benutzung der Dusche, so kam ich ihr ab da mit einem Schwamm zu Hilfe. Ihre körperliche Verfassung ist nicht erfreulich. Schon sogar das Schreiben wird zunehmend schwierig für sie.

Am Abend des 2. Dezember 1980 schrieb Jane auf der Maschine das nachfolgende Material, um es in ihr aus losen Blättern bestehendes Tagebuch einzufügen.)

Heute nachmittag Durchsicht des Umbruchs von *»God of Jane«* beendet. Empfinde dies als wichtig ... Beim Abschluß wird mir klar, wieviel körperliche Aktivität und Energie selbst für diese noch scheinbar bequem im Sitzen zu erledigende Aufgabe erforderlich ist, denn mir war gar nicht wohl, da ich immer wieder mein Gewicht verlagern mußte, mein Körper schmerzte, die Sehkraft mich im Stich ließ und so fort ... Aber mir schien auf eine neue Weise klarzuwerden, in welchem Maße geistige Arbeit von Körperkraft und Beweglichkeit abhängt; plötzlich ging mir auf, daß ich es immer für meine Pflicht angesehen hatte, mich körperlich niederzuhalten, meinen körperlichen Spielraum einzuschränken, um ... Spielraum als Schriftstellerin zu haben, das heißt mich hinzusetzen und Impulse und Ablenkungen abzuwehren, um sicherzugehen, daß ich »zu meiner Arbeit komme« und unbeirrt mein Ziel verfolge. Der neue Buchvertrag hat augenblicklich wieder genau dieses Verhaltensmuster in mir ausgelöst, und ich muß einsehen, daß es, auf die Spitze getrieben, schließlich mein Schreiben zum Erliegen bringen und eben den Zweck, dem es (dem Anschein nach) dient, ad absurdum führen muß. Ich habe wirklich gefürchtet, daß körperliche Bewegung der Arbeit abträglich sei. Jetzt sehe ich, wie stark mich Impulse anregen, einfach drauflos zu schreiben, Himmelherrgott: wie wär's denn, einfach das zu denken, worüber ich nachdenke, statt zu versuchen, meine Finger auf die richtigen Tasten zu legen! Ich hab' das Gefühl, als sei ich hier auf etwas gestoßen … fühle mich entspannter. Wenn das der Fall ist, ließe sich der ganze Prozeß natürlich ganz rasch umkehren in Richtung Beweglichkeit …

(Ende Dezember erlaubte mir Jane zum erstenmal, sie in Gegenwart anderer auf ihrem Stuhl herumzubewegen — es geschah gelegentlich einer Zusammenkunft von Freunden, in Erinnerung an jene vergnügten und zwanglosen Treffen, die wir an jedem Wochenende abzuhalten pflegten. Natürlich wußten alle unsere Freunde schon seit längerem von Janes körperlichen Symptomen; doch hatte sich Jane in ihrer Unschuld und Entschlossenheit und — ja, in ihrer mystischen Sicht der zeitlichen Wirklichkeit — meistens geweigert, sich zur Schau zu stellen, wie sie es nannte: sie hatte das Gefühl, sich selbst und anderen etwas Besseres bieten zu sollen, ungeachtet der schöpferischen Arbeit, die sie für sich und andere während der letzten siebzehn Jahre geleistet hatte.

Als Janes körperliche Symptome sich unabweislich zu zeigen begannen, konnte es geschehen, daß ich vor lauter »praktischen« Überlegungen die Tatsache, daß sie im Grunde ihres Wesens eine Mystikerin ist, etwas aus dem Blick verlor. Vielleicht hätte ich diesen ihren Wesenszug im vorliegenden Buch deutlicher hervorheben sollen. Ich habe ihn nie einfach als selbstverständlich hingenommen, doch hervorzuheben vergessen. Sie selbst will sich nicht als »Mystikerin« verstanden wissen, aber ich denke, daß ihre körperliche Verfassung — die von ihr getroffene Wahl — nur vor dem Hintergrund ihrer mystischen Natur, die in einem solchen Gegensatz zu den Wirklichkeiten steht, wie sie die meisten Menschen für sich erschaffen, verständlich wird.

Für manche unter uns mag Janes Weg unverständlich erscheinen — aus ihrer Sicht aber zeigt das nur unseren Mangel an Verständnis für ihre Aufgabe. Als Mystikerin kann sie Beweggründe haben, sich als Mensch zu bewähren, die der Mehrheit von uns fremd sind. Selbst ich muß manchmal tastend zu begreifen suchen, was ihre erwählte Rolle ist. Tatsächlich ihren Weg zu gehen, wie sie es tut, vermöchte ich nicht. Jane sagte mir einmal: »Ich habe mit mir die Abmachung getroffen, das und das dafür zu tun, wenn ich mir dies genehmige.« Es ließe sich einwenden, daß diese Art von Gleichung schwerlich auf eine mystische Haltung schließen lasse, aber ich weiß, daß es in ihrem Fall so ist. Eigentlich halte ich Abkommen dieser Art nicht für notwendig; doch das, was für Jane wirklich ist, kann etwas ganz anderes sein als das, was für mich und die Mehrzahl der Menschen gilt. Sie hat ihre eigenen Gründe.

Ich habe mehr als einmal erwogen, ob Jane im Grunde nicht vielleicht unserer Wirklichkeit nur einen Besuch abstattet von einer anderen wahrscheinlichen Wirklichkeit aus, in der ihre Wesenheit vielleicht heimischer ist als hier. Ich meine nicht etwa, sie habe als körperliches Geschöpf unterschiedliche Wirklichkeiten auf magische Weise miteinander vertauscht; vielmehr hat sie eher ein enges Bündnis mit ihr selbst in anderen Wirklichkeiten. Wenn ich ihr davon spreche, nickt sie und sagt nicht viel. Janes »Sendung« [ein Ausdruck, den sie ablehnen würde] besteht meines Erachtens darin, uns nicht nur aufzuzeigen, was die Menschheit an Gutem und Schlechtem bewirkt hat, sondern uns auch darauf zu verweisen, was wir bewirken können, um unser Leben und die Welt zum Besseren zu verändern.

Da Jane das Haus nicht verlassen, geschweige denn Weihnachtseinkäufe machen konnte, besorgte ihr eine Freundin die Geschenke, die sie mir zu machen gedachte. Jane ließ es sich aber nicht nehmen, sie eigenhändig zu verpacken. Mit abgewandten Augen mußte ich die Geschenke zu einem Wandschrank tragen, wo sie bis zum Heiligen Abend deponiert bleiben mußten. Ende Dezember kamen die Korrekturabzüge von »Individuum und Massenschicksal« zur Durchsicht. Die Produktion dieses Buches war für Jane mit besonderen Schwierigkeiten verbunden gewesen; es war zu langen Aufschüben in ihren Sitzungen gekommen. Die Lektüre der Korrekturabzüge vermittelte Jane neue Einsichten. Sie faßte diese und ihre Konflikte in Aufzeichnungen zusammen, die sie an unserem 26sten Hochzeitstag schrieb und ihrem Tagebuch einverleibte. Im folgenden ein leicht gekürzter Auszug.)*

Als ich gestern die Korrekturabzüge durchsah, ging mir auf, daß dieses Buch mir wirklich zu schaffen gemacht hat und in meinem Leben gewissermaßen einen Brennpunkt bildete. Meine Sehschwierigkeiten setzten in dem Frühjahr ein, als Seth mit dem Diktat dafür begann (1977). Ich erfuhr, daß sich vor dem Verlagsgebäude der Prentice-Hall in New York City wegen des Seth-Materials Streikposten versammelt hatten: Was mir früher entgangen war, ging mir jetzt erst auf, nämlich daß *»Individuum und Massenschicksal«* einen direkten Angriff auf offizielle Lehrmeinungen darstellt.

---

* Wir heirateten am 27. Dezember 1954, und wir hätten es uns damals bestimmt nicht träumen lassen, daß Jane genau 26 Jahre später einen solchen Tagebuchtext schreiben würde.

Ich stehe hinter dem Buch, aber ich glaube, ich hatte das Gefühl, daß ich — um zu sagen, wie es wirklich ist — auch Schutz vor der Welt brauchte. In diesem Gefühl wurde ich aufgrund der Lektüre eines Buches von William James, das uns ein Freund zu Weihnachten geschenkt hatte, bestärkt. James' Einstellungen und die meinen stimmten weitgehend überein: er drängte unaufhaltsam vorwärts, das Bewußtsein zu erforschen, während er gleichzeitig Sicherheit brauchte, allen Streit verabscheute, Frieden wollte. Ich glaube, so bin ich auch. Vielleicht sind die langen Unterbrechungen in Seths Buchdiktat immer dann gekommen, wenn meine Besorgnisse überhand nahmen und ich mich fragte, ob es weise sei, das Material der Welt vorzulegen. *Von Anfang an hat es mich weit mehr als Rob nervös und ängstlich gemacht, mit den Ideen unmittelbar herauszurücken — an die ich doch inbrünstig, ja leidenschaftlich glaube* ... Vielleicht steckt dahinter die Furcht, daß, wenn man zuweit geht ... wenn man sagt, wie es ist ... das Establishment einem einfach den Boden unter den Füßen wegzieht ... oder daß die Leute die Bücher nicht mehr kaufen ... so etwas wie ... den Ast absägen, auf dem man sitzt. Bis hierher geht's und weiter nicht. Ich habe ja immer gewußt, daß diese Ideen im Widerspruch zu den herrschenden Ideen stehen. Nur daß früher unser »Angriff« weniger direkt war.

In letzter Zeit arbeitete ich mit Affirmationen wie: Ich bin sicher, beschützt und geborgen, und ich habe wirklich Vertrauen in meine natürliche Bewegung. Jetzt während des Schreibens kommt mir emotionsgeladenes altes dummes Zeug in den Sinn — Vorwürfe meiner Mutter, daß ich die Menschen, die ich liebe, zugrunderichte ... Aber ich habe schon immer das Gefühl gehabt, daß ich eines Tages den Leuten ihre warmen Decken wegziehen würde — und das verursachte mir ein schlechtes Gewissen, obwohl ich doch wußte, daß in den weltanschaulichen Decken die Motten waren, daß sie fort mußten. Und ich sehe ja, daß ich Besseres zu bieten habe ...

(Daß Jane ins Gedränge kommt, ist mir verständlich: Nicht nur zeigt sie unserer Welt kreative neue Wege zum Verständnis der Wirklichkeit auf — in ihrer Unsicherheit hinsichtlich ihres Tuns hat sie das Gefühl, sie müsse der Welt im Alleingang ihre Ideen beweisen —, wozu sich nur wenige Menschen genötigt sehen. Zugleich aber muß sie sich tatsächlich in acht nehmen: wenn sie einer grundlegenden Wahrheit nahekommt, sind unweigerlich tiefverwurzelte starre Glaubensüberzeugungen bedroht. Natürlich denkt Jane, daß sie deshalb von manchen

Zeitgenossen abgelehnt wird — und auch ich denke das bisweilen. Wieder einmal ist das Bewußtsein im Begriff, sich selbst zu erforschen ...

Wir beendeten die Korrektur der Abzüge von »Individuum und Massenschicksal« am Neujahrstag, und ich schickte sie in den ersten Januartagen an Tam.

Jane fühlte sich aber erst besser, als die Korrekturabzüge von »God of Jane« Mitte Januar bei uns eintrafen. Am 20. Januar wurde der neue Präsident vereidigt. Gleichzeitig wurden die 52 amerikanischen Geiseln nach 444 Tagen der Gefangenschaft freigegeben. Uns erschien das alles sowohl höchst kreativ als auch äußerst frustrierend. Ich fand die Feierlichkeiten bei der Amtsübernahme unseres Präsidenten, die wir im Fernsehen verfolgten, äußerst bewegend. Zur gleichen Zeit waren die Geiseln im Iran »so gut wie frei« in ihrem Flugzeug, das auf dem Flughafen von Teheran in die Startposition rollte. Dann sah man das Flugzeug der Geiseln in der Luft — auf dem Flug nach Algier. »O Gott, ich hoffe, daß alles gutgeht«, sagte Jane.

Gleichsam als produzierten wir winzige, höchst persönliche Gegenstücke zu diesen Ereignissen des Weltgeschehens, beendeten Jane und ich die Durchsicht der Korrekturabzüge von »God of Jane«. Sie nahm die Arbeit an ihren Abhandlungen wieder auf und schrieb ein paar neue Gedichte für »If We Live Again«. Ich malte, beantwortete eine Menge Briefe und assistierte ihr bei der Fortsetzung unserer persönlichen Sitzungen. Und dabei dachte ich, daß alles, was wir hier taten, wiewohl geringfügig im Vergleich zu den sich gerade abspielenden nationalen Dramen, doch unseren Beitrag zu diesem Geschehen darstellte. Sogar die Tatsache, daß Jane nunmehr seit zehn Wochen nicht mehr mit ihrem Schreibtisch gegangen war, spielte eine Rolle. Ich fühlte diesen Zusammenhang, obwohl ich nicht so recht beschreiben konnte, was ich meinte. Am gleichen Tag, dem 26. Januar, ging »God of Jane« an den Verlag zurück.

Jane wiederum träumte oft davon, zu gehen, zu laufen, zu tanzen, sich normal zu bewegen. Für mich waren diese Träume Botschaften der Ermutigung nicht nur ihrer eigenen Psyche, sondern auch jenes mystischen, in einer anderen Wirklichkeit heimisch vermuteten Wesens, das ich in den Anmerkungen auf den Seiten 128 f. beschrieb. In jener anderen Wirklichkeit [wie auch in noch anderen] hatte sie ihre volle Bewegungsfreiheit. In dieser war sie die meiste Zeit über körperlich leidend. Anfang Februar schrieb sie einen Aufsatz über Seth als

»Zentralereignis«. Dieser Text war inspiriert von dem Material in einem ihrer alten Tagebücher; Jane überarbeitete ihn ein über das andere Mal in dem Versuch, Ereignisse aus unserem eigenen Leben in unser nationales Bewußtsein einzuweben. Wenn Seth wirklich ein Zentralereignis ist, dann sind, so sagte ich zu ihr, die Implikationen ihrer schöpferischen Arbeit grandios: Das, was sie zu geben hat, zählt — es ist tatsächlich eine bedeutsame Hilfe für andere.)*

Material inspirativer Art, das sich mir am Freitag, dem 6. Februar, nach der Lektüre von Partien meines 1973er Tagebuchs aufdrängte:

Seth als Zentralereignis. Wie die *Mona Lisa* »wirklicher« als das Material dieses Gemäldes ist, so ist alle große Kunst mehr als ihre materielle Sichtbarwerdung. Betrachte die Kunst als eine natürliche, von der Psyche gestaltete Erscheinung, eine Transspezies von Wahrnehmung und Bewußtsein, die die Erfahrungen des Lebens verändert, vergrößert und erweitert und sie in ein anderes Licht rückt, indem sie neue Handlungsspielräume, neue Problemlösungen und neue, originelle Daten einbringt. Eine solche Kreativität darauf zu beschränken, *in erster Linie* die Probleme des Alltagslebens zu lösen oder sie vornehmlich darauf auszurichten ist eine ebenso unangemessene wie ungebührliche Einengung und schlägt sie in Fesseln.

Wir müssen darüber hinauswachsen — müssen wieder den schöpferischen Aspekten von Überlebensgröße den Vorrang geben. Andernfalls ist alles, was wir haben, ein Bezugssystem zur besseren Lösung von Alltagsproblemen ... Ich habe das schwachsinnige Ansinnen, daß Seth sich als Problemlöser zu erweisen habe oder daß der Funktionalismus vor der Kunst rangiere, immer zurückgewiesen. In der umfassenderen Schau zeigt sich, daß die Kunst durch ihr bloßes Sein das Leben übertrifft, dem sie entstammt, und so auch, daß Seth und meine Bücher durch ihr bloßes Sein darüber hinausgehen. Sie stellen den Menschen in einen größeren psychologischen Zusammenhang, einen erweiterten Bezugsrahmen, in dem viele Probleme verschwinden oder einfach irrelevant werden ...

Damit mir das gelingt, muß ich davon ablassen, alte übertriebene Verantwortungsgefühle in den Mittelpunkt meiner Aufmerksamkeit

---

* Jane schrieb die auf den Seiten 129 f. wiedergegebenen Aufzeichnungen vor sechs Wochen. In diesen spontanen Entwürfen für ihr neues Tagebuch versuchte sie, über den Alltag hinauszugehen, indem sie ihre eigene Vergangenheit durchforschte und auch einige von Seths neuesten Ideen mit einbrachte. Dies fand nun seine Fortsetzung.

zu stellen, denn sie belasten den Rahmen der Seth-Bücher; ich kann nicht fordern, daß Seth in jedem Buch alle Fragen beantwortet.

Wie bei Zentralereignissen haben wir es auch hier mit einem völlig anderen Bezugssystem zu tun, in dem die *Mona Lisa* wirklicher ist als die materiellen Qualitäten des Gemäldes. Über Seth und seine Ideen bloß nach Kriterien »wahr oder falsch« zu sprechen ist das gleiche, als wolle man die *Mona Lisa* nur im Hinblick auf den Wert der materiellen Qualitäten von Farben und Leinwand betrachten: sehr, sehr beschränkt ... Da ist nichts, dem ich »gerecht werden muß«. Ich muß nicht »dafür sorgen, daß das Material auch zur Wirkung kommt«, oder seine Wirkung durch mein Verhalten unter Beweis stellen; denn wie alles Schöpferische beweist es sich durch sich selbst, jenseits der Frage, ob es richtig oder falsch sei. Andernfalls geriete ich in Widerspruch zu mir selbst.

Ich werde demnächst *(nach dem 11. Februar)* die endgültige Fassung meines Lyrikbuches in die Maschine tippen. Die Lyrik selbst braucht keine Endfassung, dieser bedürfen nur die Essays.

(Im Zuge ihres unablässigen Fragens, wer oder was Seth sei — selbst wenn er ein Zentralereignis ist! —, und im Zuge ihrer Besorgnis, daß sie womöglich andere Menschen in die Irre führen könne, schrieb Jane vier Tage später in ihr Tagebuch: »Die denkbar schlimmste Erklärung, die sich für Seth finden ließe, wäre die, daß er jener Teil von mir ist, den ich — psychologisch gesehen — anders nicht zum Ausdruck bringen kann ... Und was wäre daran so schlimm, da doch sein Material so großartig ist? Will etwa ich mich damit als besser herausstellen, als ich bin — besser als andere? Oder will ich andere dazubringen, an ein Leben nach dem Tode zu glauben, weil doch das Seth-Material so überzeugend ist?«

Als ich sie fragte, ob sie daran denke, eine Zeitlang mit den Sitzungen auszusetzen, um sich auszuruhen und ihrem schöpferischen Selbst Gelegenheit zu geben, ihr auf solche Fragen Antwort zu geben, verneinte sie. Sie hatte mit einem ganzen Schub persönlicher Sitzungen*

---

* Was das betrifft, so habe ich meiner Frau wiederholt mein Einverständnis zugesichert, falls sie sich irgendwann dafür entscheiden sollte, die Sitzungen völlig aufzugeben — endgültig. Wenn es ihr nur hilft, war immer mein Gedanke in solchen Momenten. Mehr als einmal habe ich sie gefragt, ob sie die Sitzungen etwa nur meinetwegen fortführe. Für mich kommt *Jane* zuerst — und nicht die Notwendigkeit der Sitzungen oder irgendeines anderen Projekts. Es ist ihr *Leben*, dem ich für den Rest des meinen verbunden bleiben möchte.

begonnen und dachte nicht an Innehalten. Zwei Tage später, am 17. Februar, hatte Seth einiges zu sagen, das ziemlich aufschlußreich war, sowohl von seinem Standpunkt aus wie auch dem unseren.)

Nun: Allgemein gesprochen genießt Ruburt unsere Sitzungen und hat eine natürliche Freude daran, ganz gleich ob es sich dabei nun speziell um Buchdiktat handelt oder nicht. Schwierigkeiten beim Buchdiktat tauchen immer dann auf, wenn er meint, für die Lösung der Probleme der Welt verantwortlich zu sein, und sich fragt, inwieweit er oder ich einer solchen Aufgabe gerecht werden können, und wenn er alle denkbaren Einwände überlegt, auf die das jeweilige Thema bei jeder denkbaren Gruppe von Lesern stoßen könnte. Wenn also die Thematik zu heikel wird, lassen wir das Diktat eine Zeitlang ruhen. Manchmal führe ich das spezielle Material zuerst in eure persönlichen Sitzungen ein, damit er sich schon ein wenig daran gewöhnt.*

*(Zwei Wochen später, am 3. März, erlebten Jane und ich eine rechte Überraschung, als uns ein an der kalifornischen Küste lebender Freund berichtete, daß eine Übersetzung ins Spanische von Janes erstem Buch, »How to Develop Your ESP Power«, erschienen ist. Die Ausgabe wurde in Mexiko gedruckt und ist dort und an unserer Westküste im Handel. Unser Freund hat ein Exemplar bei einem mexikanischen Freund gesehen. Jane und ich waren einigermaßen perplex, da der amerikanische Originalverlag dieses Titels, Frederick Fell Publishers, Inc., uns nicht davon in Kenntnis gesetzt hatte, daß er die Rechte für eine Übersetzung ins Spanische vergeben hatte. Unsere Sprachlosigkeit erinnerte mich an unsere Gefühle vor anderthalb Jahren, als wir erfuhren, daß der Verlag Ankh-Hermes eine gekürzte holländische Ausgabe von »Seth Speaks« ohne unsere Zustimmung zu den Kürzungen veröffentlicht hatte.***

---

* Seths Kommentare spiegeln natürlich immer auch Janes eigene Ideen wider, wie sie sie erst vor elf Tagen beschrieb. Vergleichen Sie die Auszüge auf den Seiten 132 f. sowie auf Seite 93 dieses Bandes.

** Vergleichen Sie im ersten Band dieses Werkes meinen in der Fußnote Seite 153 veröffentlichten Bericht über die Ankh-Hermes-Affäre. Wir wußten nicht, ob *»ESP Power«* nun mit oder ohne die Zustimmung des Originalverlages veröffentlicht worden war. Also bat ich unseren kalifornischen Freund, durch *seinen* Freund Fotokopien der ersten Buchseiten zu besorgen: der Titel- und der Impressumseite (die normalerweise niemand liest) mit den Angaben über das Copyright und die mexikanische Verlagsfirma sowie schließlich des Inhaltsverzeichnisses.

Während Jane sich mit ihren körperlichen Beschwerden und damit verknüpften Fragen unter dem Thema: Was ist Seth und was ist er nicht? herumschlug, fand sie weiterhin Erleichterung im Malen. Ihre Wahlfreiheit war stark eingeschränkt, seit sie das Haus nicht mehr verließ. Sie konnte lesen und schreiben, konnte malen, Sitzungen abhalten, fernsehen, ein paar einfache Arbeiten im Haus verrichten, ein paar enge Freunde anrufen und empfangen und einen Teil der Post beantworten. Sie empfing selten Besuch. Sie spülte nicht mehr das Geschirr und kochte nicht mehr am Herd. Meine Besorgnis wurde zu groß, wenn ich sah, welche Mühe es ihr bereitete, den Barhocker zu erklimmen, den sie brauchte, um am Spülstein zu sitzen. Wie der Spülstein war auch der Herd zu hoch für sie, wenn sie auf ihrem Stuhl saß, und von ihrem Hocker aus, weil sie über heißen Herdplatten hantieren mußte, auch zu unbequem und gefährlich. Doch bereitete sie kleine Gerichte auf einem Elektrokocher, den ich auf den Küchentisch gestellt hatte, aber ich mahnte sie immer wieder, auch mit diesem Gerät vorsichtig umzugehen.

Das Malen bereitet Jane wirklich ungetrübte Freude. Nicht daß ihr alles gelingt, doch haben sich ihre Leistungen, seit wir uns 1954 kennenlernten, erheblich und auf eine Weise verbessert, die ich nicht vorausgesehen hatte. Ja, ich denke, daß meine Frau auf ihre Weise ein besserer Maler ist als ich auf die meine. Ich will damit mein Talent nicht abwerten. Jane ist einfach freier. Sie arbeitet mit Öl-, Acryl- und Wasserfarben. Wenn sie malt, erfährt sie eine Loslösung von Zeit, Sorgen und Verantwortung, die sie in solcher Weise sonst nicht kennt — und dieses Vergnügen rückt ganz sicher Lebensqualitäten in den Vordergrund, die Seth immer hervorgehoben hat. Ihr Malen ist die ungehinderte schöpferische Übersetzung des Seth-Materials in Farbe anstelle von Worten. Wegen ihrer fehlerhaften Sicht gestaltet Jane Perspektiven anders als ich, doch erreicht sie eine ihr eigentümliche Tiefe mit ihren »instinktiven« Entwürfen und Farbzusammenstellungen. Ihre Kunst spricht von einer bezaubernden, unschuldigen, eben geradezu mystischen Freiheit, um die ich sie beneide. Sie hat viel mehr Bilder gemalt als ich in meiner konventionelleren, bedächtigeren Art [obwohl ich jetzt schneller arbeite als früher]. Ich finde, daß eine erschöpfende Würdigung ihrer schriftstellerischen und sensitiven Fähigkeiten auch eine Betrachtung ihrer Malerei miteinschließen müßte. Meines Erachtens hat die Einschränkung ihrer körperlichen Bewegungsfreiheit ein starkes kompensatorisches Wachstum in ihrer malerischen Beweglich-

keit bewirkt. Ich denke auch, daß ihre Malerei die freie Körperbewegung widerspiegelt, deren sie sich in ihren Träumen erfreut. All dies ist schwerlich ein Zufall. Ich habe gesehen, wie sie sich fast automatisch der Tröstung zuwandte, die nur die Malerei ihr geben kann.

Jane lachte, als sie las, was ich geschrieben habe. »Nein, das stimmt nicht, Liebster«, sagte sie. »Ich male einfach so, weil ich keine Tiefenwahrnehmung habe. Etwas anderes kann ich nicht ...«

Die ersten Märztage waren für Jane voll innerer Erfahrungen. Während der frühen Morgenstunden des 6. März hatte sie einen sehr lebhaften und freudvollen Traum über sich selbst sowie einen Traum, in dem sie in die Vergangenheit ihres jetzigen Lebens zurückkehrte. »Ich habe selten reinkarnationsartige Träume, doch um zwei Uhr früh erwachte ich an einem derartigen Traum, dem ein weiterer folgte«, schrieb sie am nächsten Tag. Der erste Traum führte sie in ein Leben, das sie als Nonne in der Normandie im Frankreich des sechzehnten Jahrhunderts gelebt hatte. Der zweite Traum betraf den Tod ihres Großvaters mütterlicherseits, Joseph Burdo. »Little Daddy«, wie Jane ihn zärtlich nannte, war 1948 in der Heimatstadt der Familie, Saratoga Springs im Staat New York, gestorben.

Janes Beziehungen und Auseinandersetzungen mit der Religion treten in dem Traum, in dem sie eine Nonne ist, sowie in dem »alptraumhaften Erlebnis«, das sie zwei Nächte später hatte, wie auch in der Thematik der persönlichen Sitzung, die sie am Abend des 11. März abhielt, deutlich zutage. In dieser Sitzung nahm Seth ihren Alptraum als Grundlage für eine Erörterung ihres Lebens als Nonne, erwähnte ihren Großvater und begann mit dem Material über das »sündige Selbst«, das ich zu Beginn dieser Anmerkungen erwähnte. Seine Informationen über das sündige Selbst brachten Jane und mir bei unserem Ringen um Verständnis ihrer Symptome ganz neue, tiefe Einsichten, und ich lege Auszüge aus dieser Sitzung später noch vor.

Oft weckte mich Jane, wenn sie durch die für sie aufschlußreichen Erfahrungen ging, und jedesmal versuchte ich, ihr Trost zuzusprechen. Es ist erstaunlich, wie sie von einer anderen Perspektive aus den tiefreichenden Einfluß ihrer frühen religiösen Erziehung wie auch die Furcht der Religion vor den Mächten des Unbekannten zum Ausdruck bringt — und wie sie auch jetzt noch bei ihrer Suche nach Wissen mit diesen Faktoren konfrontiert wird. Aus Janes Tagebuch stammt der folgende Auszug.)

Sonntag morgen, 8. März, 1981.

Ein Teil von mir will sich überhaupt nicht mit diesem Material auseinandersetzen, aber gestern nacht hatte ich eine höchst seltsame und ziemlich beängstigende Erfahrung, die um so absonderlicher war, als es eigentlich kaum irgendwelche faßbaren Vorkommnisse darin gab. Sehr bald, nachdem wir zu Bett gegangen waren, merkte ich, daß ich mich mitten in einem Alptraum befand, einer Erfahrung von schrecklich lebendiger Emotionalität, doch ohne eigentlichen erzählerischen Faden. Ich weiß nur, daß ein Märchen aus meiner frühen Kindheit und ein Spielzeug wie meine über alles geliebte Plüschkatze namens Susie eine Rolle spielten. Das Entscheidende an der Sache ist jedenfalls ... und hier verliere ich den Faden; ich kriege ihn nicht zusammen. Ich weiß nur noch, daß ich an meinem eigenen Weinen erwachte und, mit schmerzendem Körper auf der Bettkante sitzend, die Empfindungen jenes Augenblicks in den folgenden Zusammenhang brachte.

Der Traum lief darauf hinaus, daß die ganze Welt in ihren Organisationsformen von bestimmten Geschichten wie den Legenden der katholischen Kirche zusammengehalten wurde, daß es gefährlich war, die Geschichten zu durchschauen oder sie auf ihren Wahrheitsgehalt hin zu prüfen, und daß es unzählige Tabus gab, um uns davon abzuhalten weil ... es auf der anderen Seite, sozusagen, eine unverständliche, beängstigende Welt gab, eine chaotische bösartiger Mächte, die unser Vorstellungsvermögen übersteigen; deshalb gefährdete jedes Infragestellen der Geschichten nicht nur das persönliche Überleben, sondern sogar das Gebäude der uns bekannten Wirklichkeit. Ein solches Vergehen mußte durch Exkommunikation oder Verdammnis geahndet werden ... was mehr als bloße Ächtung, was vielmehr den Ausschluß des Individuums aus der Heilwelt des Glaubenssystems bedeutete, so daß nichts Vermittelndes mehr übrigblieb ... keinerlei sinnvermittelndes Bezugssystem. Das war wirklich Verdammnis in des Wortes wahrer Bedeutung! Und somit war das Suchen nach Wahrheit, auch wenn die beste Absicht dahinterstand, das Schlimmste, das man überhaupt tun konnte — ein Verhalten, das rasche und sichere Vergeltung heraufbeschwor.

Ich kann mich nicht an die konkreten Vorkommnisse in diesem Alptraum erinnern, die diese Eindrücke hervorriefen, aber gleichzeitig wurde ich angefallen oder bedrängt von ... einer psychischen Macht, die wollte, daß ich die Gefahr eines solchen Weges einsähe. Als ich wieder einschlief, spielte sich der ganze Vorgang von neuem ab. Einmal erschien, glaube ich, der Titel eines Kindermärchens in der Luft in großen Druckbuchstaben, wobei die dahinterstehende Idee wiederum besagte, daß außerhalb der bekannten, von diesen Geschichten gestifteten Ordnung finstere Mächte die menschliche Existenz bedrohten. (Die alte Idee von der Büchse der Pandora drängt sich auf.)

Ich kann dies alles mit drei Vorkommnissen in Zusammenhang bringen: mit einem Fernsehfilm, den ich vorgestern abend sah, dessen Held schließlich den Gott seines Volkes durchschaute; mit einer Lumpenpuppe, die Rob neulich im Hinterhof fand und ins Haus brachte (wahrscheinlich wurde sie von einem Hund verschleppt, der rechte Arm fehlt), sie erinnerte mich an meine alte Susie; und schließlich mit der Rezension eines Buches über den Tod, die ich gestern las.

Das besprochene Buch beruht auf der Idee, daß die Natur der Widersacher des Menschen ist und die Religion sein Versuch, sich in diesem Kontext der Ungeborgenheit seine Handlungsfähigkeit zu bewahren. Die Besprechung vermittelte sogar den Eindruck, daß der Idee dieses Buches zufolge Religion und Wissenschaft nicht darauf angelegt seien, die Wahrheit zu entdecken, sondern sie zu vermeiden und an ihre Stelle Legenden zu setzen, mit denen man sich zufriedengibt. Der Sinn dieser Legenden läge demnach darin, jeden Menschen davor zu bewahren, der unerträglichen Wirklichkeit ins Gesicht zu blicken ... Dies wurde, für ihn stellvertretend, von den legendären Figuren auf ihre Weise bereits besorgt, und wenn man weiter nachforschte, brächte man die ganze kunstvolle Konstruktion ins Wanken, die allein das Leben möglich macht ...

(Prompt kam in Janes persönlicher Sitzung von Montag abend, dem 11. März 1981, Seth mit dem nachfolgenden Material durch.)

Ruburts Alptraumerfahrung *(vor drei Nächten)* ist ein schönes Beispiel für die Art explosiver emotionaler Inhalte, die sich in der Psyche vieler Menschen verbergen und die für bestimmte Tabus stehen, deren symbolischer Ausdruck natürlich ganz individuell geprägt ist.

Ich möchte hier nicht auf Kulturgeschichte eingehen, doch beruhen eure Organisationsformen, historisch gesehen, weitgehend auf euren religiösen Vorstellungen, die wirklich äußerst rigide waren — man denke nur an die repressive Natur christlichen Denkens im Mittelalter und zur Zeit der Gegenreformation. Auch jeder künstlerische Ausdruck galt als zutiefst suspekt, wenn er sich außerhalb der dogmatischen Lehren bewegte und möglicherweise gar andere dazu bewog, sich diesen nicht mehr zu beugen. Bis zu einem gewissen Grade trifft Vergleichbares auch heute noch in euren Gesellschaften zu, obwohl inzwischen die Wissenschaft oder der Staat selbst die Stelle der Kirche als Autorität einnehmen.

Solchem Denken liegt eine Anschauung zugrunde, die im Christentum eine zentrale Rolle spielt, nämlich daß der Erdenmensch ein sündhaftes Geschöpf sei. Er ist der Sünde verfallen. Also muß sein natürlicher Ausdruck überwacht werden. Er muß die offiziellen Glaubenslehren anerkennen. Wer dies nicht tat, befand sich in der Vergangenheit in der Lage des vogelfreien Ketzers, des Häretikers.

Die Exkommunikation war im Mittelalter keine Bagatelle. Sie bedeutete einen radikalen Schnitt ins Leben eines Menschen, ein totales Abgetrenntwerden von allen religiösen, politischen und wirtschaftlichen Grundlagen, auf denen sowohl die körperlich-materielle als auch die geistig-seelische Existenz des Menschen beruhte.

Das Wohl und Wehe zahlloser Menschen hing von der Kirche ab, und im reinkarnatorischen Sinne waren dies für ungezählte Millionen heute lebender Menschen die damals gewohnten Lebensumstände. Die Nonnen- und Mönchsklöster waren gesellschaftliche und religiöse Institutionen, denen man in der Regel auf Lebenszeit beitrat; in einigen herrschte äußerste Strenge, andere waren nur dem Namen nach religiös orientiert. Aber die Konflikte zwischen schöpferischem Denken und häretischem Verhalten haben eine lange Geschichte. All diese Faktoren waren auf die eine oder andere Weise in Ruburts Alptraum eingeflossen.

Die Kirche war für Ruburt als Kind eine reale Macht aufgrund der Priester, die regelmäßig ins Haus kamen, aufgrund seines Besuchs der religiösen *(Grund-)*Schule und der materiellen Unterstützung, die der *(vaterlosen)* Familie zuteil wurde. Ruburts frühe Lyrik mißfiel dem Pater *(Boyle)*, der auch seine Bücher über den Niedergang Roms verbrannte, und so waren Ruburts Gefühle von Erfahrungen geprägt. Viele seiner Ängste waren natürlich lange vor den Sitzungen entstanden, lange bevor ihm bewußt wurde, daß es eine Alternative gab zum Entweder-Oder einerseits der konventionellen religiösen Glaubensdoktrin und andererseits der Ablehnung irgendeines göttlichen Prinzips.

Ruburt fühlte Befürchtungen in sich aufsteigen, daß er, falls er zuweit ginge, eines Tages entdecken würde, daß er sich in einen Bereich katapultiert hätte, in dem weder Fragen noch Antworten noch einen Sinn ergäben. Das zu riskieren wäre eine Sache für sich, aber andere da mithineinzuziehen wäre seinem Gefühl nach gänzlich unentschuldbar — und mit diesen Ängsten im Hintergrund wurde er um so vorsichtiger, je mehr sein Werk an Breitenwirkung gewann.

Die gesamte Angststruktur beruht natürlich auf dem Fehlglauben an das sündige Selbst und die Sündhaftigkeit des natürlichen Selbstausdrucks.

Außerhalb dieses Kontexts haben solche Ängste keinen Sinn. Im allgemeinen gründete sich die Herrschaft der Kirche durch die Jahrhunderte hindurch aber weit mehr auf die Macht der Angst als auf die Macht der Liebe. Und der künstlerische Ausdruck war eben die Kraft, deren Inspirationen am ehesten das aufoktroyierte System dogmatischer Lehren sprengten. Die Kirche war sich der politischen Natur allen inspirativen Materials immer bewußt. Ruburt jedoch wußte schon als Kind, daß sich die dogmatischen Strukturen der Religion überlebt hatten, und kraft seiner Lyrik vermochte der Heranreifende seinen eigenen Ansichten Ausdruck zu verleihen.

Ruburt hatte im sechzehnten Jahrhundert in Frankreich einen religiösen Frauenorden begründet und war viele Jahre lang dem Mann, dem er im Traum *(vor fünf Abenden)* begegnete — einem Kleriker —, in Liebe verbunden. Zwar blieb diese gegenseitige Liebe unerfüllt, aber sie war leidenschaftlich und währte viele Jahre lang.

Von Anfang an hatte Ruburt große Schwierigkeiten mit der kirchlichen Obrigkeit, und von den von ihm etablierten Ordensregeln hieß es später, sie hätten den Samen der Häresie schon in sich getragen. Als alte Frau war Ruburt gezwungen, den Orden zu verlassen, zusammen mit ein paar Leidensgenossinnen, die gleichfalls geächtet wurden und wie er im Elend starben. In jener Zeit hatten unkonventionelle Denk- und Ausdrucksweisen *fatale* Folgen.

Der Name Normandie drängt sich auf, und der Name Abelard. Der Traum kam, um Ruburt an jene Zusammenhänge zu erinnern, doch auch um ihm ins Gedächtnis zurückzurufen, daß selbst damals sein Leben durch eine langwährende Liebesbeziehung Bereicherung erfuhr. Die Liebenden schrieben einander häufig, sie trafen sich oft und gerieten in Eifer darüber, wie man so manche abscheulichen Praktiken ändern könnte, die damals in der Kirchenpolitik gang und gäbe waren.

Der Traum, in dem Ruburts Großvater vorkam, machte es ihm

symbolisch möglich, in die Vergangenheit seines jetzigen Lebens zurückzukehren, in die Zeit, als sein Großvater starb — was *(für den neunzehnjährigen Ruburt)* ein schweres Schockerlebnis war —, und da er eben im Begriff war, den Glauben an die Religion durch den an die Wissenschaft zu ersetzen, und er sich nun fragen mußte, ob nun also das Bewußtsein seines Großvaters in einen Zustand der Nichtigkeit und des Chaos zurückfiel, wie es die Wissenschaft nahelegte. Im Traum überlebte sein Großvater. Der Großvater überlebte in einem zu großen Anzug, was bedeutet, daß er noch Spielraum zum Wachsen hat. Ruburt hatte übrigens *(gestern)* auch noch ein bemerkenswertes Erlebnis: Er vernahm eine Stimme in seinem Kopf — eine tröstliche Stimme, die durch den Traum seines Lebens in Frankreich wachgerufen wurde und sich aus seinen Erinnerungen an den Beistand, der ihm von anderen Persönlichkeiten in jenem Leben zuteil wurde, herleitet. Die Stimme bedeutete ihm: »Er ist noch immer auf deinen Zuspruch angewiesen, und wenn er sich entmutigt fühlt, sollte er dich das wissen lassen.«

(Ich könnte noch eine Menge Material aus Janes persönlicher Vergangenheit zur Ergänzung der hier wiedergegebenen Sitzungsauszüge hinzufügen; vielleicht können wir diesen faszinierenden Zusammenhängen in einem späteren Werk nachgehen. Für den Augenblick möchte ich nur soviel klarstellen: Jener Priester, der Janes Bücher im Hinterhof ihres Wohnhauses verbrannte, lehrte das heranwachsende Mädchen mit nicht zu überbietender Deutlichkeit, daß sie ihre natürlichen Begabungen und ihren forschenden Geist vor ebenjener Institution in Schutz nehmen mußte, mit der sie sich so stark identifiziert hatte — der katholischen Kirche.

Am Tag nach dieser Sitzung vom 11. März traf eine für uns bestürzende Nachricht ein: Eleanor Friede, Janes Herausgeberin und Lektorin bei Delacorte Press, informierte uns darüber, daß Janes Buch »Emirs Education in the Proper Use of Magical Powers« ausverkauft werde; es wird »verramscht« und somit vom Buchmarkt verschwinden, weil es sich nach Ansicht des Verlegers nicht gut genug verkauft. Eleanors Einspruch dagegen hatte nichts gefruchtet. Man bot uns an, so viele Exemplare wir wollten zu einem sehr niedrigen Preis zu erwerben. Wir hatten zwar gewußt, daß dieses Buch seit seiner Veröffentlichung keine Verkaufsrekorde aufgestellt hatte, doch hatten wir angenommen, das Buch verkaufe sich hinlänglich gut, so daß es vom Verlag weiter im Programm geführt werde, bis es besser bekannt würde. Viel-

leicht waren wir deshalb so bestürzt, weil uns bisher gar nicht aufgegangen war, wie verwöhnt wir sind, denn von Janes vierzehn veröffentlichten Büchern ist »Emir« das erste, das ausverkauft wurde, und es ist ironischerweise das letzte, das sie veröffentlicht hatte. Doch sollte sich dieser Stand der Dinge bald ändern, als »Individuum und Massenschicksal« und »God of Jane« auf den Buchmarkt kamen.*

Am Montag, dem 30. März 1981, hatte Jane glücklich ihr Manuskript von »If We Live Again« abgeschlossen — und am gleichen Nachmittag wurde auf unseren Präsidenten in Washington ein Anschlag verübt, bei dem er verletzt wurde. Wir saßen den Nachmittag hindurch bis in den Abend hinein vor dem Fernseher, der die Szenen der Schießerei wieder und wieder ausstrahlte. Schon zum zweitenmal innerhalb einer Generation rang nun das Bewußtsein der Nation im Hinblick auf einen führenden Politiker darum, einer der großen Herausforderungen unserer Demokratie zu begegnen.

Auf dem Bildschirm sahen wir eine Szenenabfolge mit Bürgern, auf deren Gesichtern sich Bestürzung, Trauer und Empörung abzeichneten in dem Wissen, daß dies schon so oft geschehen ist und daß es immer wieder geschehen wird — hier wie überall in der Welt. Es stellt sich die Frage: Warum übt die Prominenz eine so magische Anziehungskraft auf diejenigen aus, die sie vernichten wollen? Ich denke, das Seth-Material gibt dazu eine ganze Reihe von Aufschlüssen, doch fehlt die nötige Breitenwirkung, um diese Ideen auf nationaler Ebene fruchtbar werden zu lassen. Seth ging auf die Schießerei nicht ein. Nicht daß er es nicht könnte, aber Jane selbst fühlt sich in ihrer Unschuld so abgestoßen von der Gewalt, die solchen Episoden anhaftet, daß sie meist lieber gar nicht auf das Thema eingeht. Immerhin würde sie es vielleicht, so dachte ich, im Zusammenhang mit anderem Material später einmal

---

* Wie jedes einzelne von Janes Büchern hat »*Emir*« seinen eigenen Platz, der sich nur schwer einordnen läßt. Es hat seinen Ort irgendwo zwischen einem Kinderbuch und einem Buch für Erwachsene. Das hat es seinem Verleger erschwert, es erfolgreich zu vermarkten. Am besten hatte es Tam Mossman im September 1977 auf eine Formel gebracht, als Jane das Buch schrieb und es der Prentice-Hall zur Veröffentlichung anbot: »›*Emir*‹ ist eigentlich ein Buch für ›Leser aller Altersstufen‹.« Jane hat viele positive Leserzuschriften dazu erhalten, und wir finden es schade, daß es nun am Buchmarkt verschwindet. Der Ausverkauf der Restauflage bedeutet gewöhnlich das Ende eines Buches, falls es nicht noch einen anderen Verleger findet, was schwierig ist.

*aufgreifen, wie dies damals bei dem im November 1978 vorgefallenen Massenselbstmord von Jonestown, Guyana, geschehen war.**

*Drei Tage später schickte ich nach einer letzten Durchsicht das Manuskript von Janes Lyrikbuch an Tam Mossman. Da nun dieses Projekt vorläufig abgeschlossen war, begann Jane in ihrer schöpferischen Rastlosigkeit mit neuen Ideen zu spielen. Obgleich sie oft leidend war, hatte sie oft Träume vom Gehen und Tanzen und von vollständiger körperlicher Gesundung. Sie schrieb neue Lyrik. Sie malte. Und wieder einmal stellte sie Überlegungen an zu einem Buch mit den Seth-Sitzungen über die magische Einstellung zur Wirklichkeit — jene Serie, die er im August und September letzten Jahres gebracht hatte.***

Am 12. April wurde die Raumfähre Columbia auf ihre Umlaufbahn um die Erde gebracht, und ich dachte, daß Jane zu dieser augenfälligen Erforschung des äußeren Raums die komplementäre Arbeit leistet, indem sie den inneren Raum erforscht mit der einzigen Sonde, die ihr zu Gebote steht — ihrem eigenen Forschergeist. Am selben Tag äußerte sich Seth zustimmend zu ihrer neuen Buch-Idee. Zu dieser Zeit erhielten wir von unserem kalifornischen Freund die erbetenen Fotokopien von den ersten drei Seiten der mexikanischen Ausgabe von »ESP Power«. Das Buch lag also tatsächlich auf spanisch vor, wie wir bestätigt fanden. Doch waren wir so in Anspruch genommen von Janes Beschwerden und allem, was damit zusammenhing, daß die Fotokopien auf einem Bücherregal liegen blieben. Während dieser Zeit lasen wir immer wieder Seths Informationen über das sündige Selbst durch, die Jane am 11. März durchgegeben hatte. Dieses Material hatte uns tief berührt, was dazu führte, daß Seth am 14. April, dem Tag, an dem die Raumfähre Columbia landete, eine lange Serie von Sitzungen sowohl über das sündige Selbst Janes als auch über diese Schattenqualität im allgemeinen begann. Am darauffolgenden Abend ließ Jane ihn mit einigem äußerst wichtigen Material durchkommen.

Im Verlaufe dieser Serie beleuchtete Seth Janes sündiges Selbst von einer Reihe verschiedener Gesichtspunkte aus: seine Entstehung und Entwicklung in ihrer Kindheit und Jugend aufgrund der engen Beziehung zur römisch-katholischen Kirche; die Herausbildung ihrer zentralen, sehr zählebigen Glaubensüberzeugungen; das kreative Dilemma

---

* Vergleichen Sie in »*Individuum und Massenschicksal*«, Kapitel 6, Sitzung 835 vom 7. Februar 1979.

** Vergleichen Sie die einführenden Anmerkungen zur Sitzung 920 in diesem Kapitel.

der Heranwachsenden nach ihrem Austritt aus der Kirche; die inneren Konflikte, deren sie nach unserer Heirat zunehmend gewahr wurde: auf der einen Seite ihr sündiges Selbst und die Religion, von der sie sich gelöst zu haben glaubte, und auf der anderen Seite Wissenschaft und Kunst, ihre schriftstellerische Arbeit und die unkonventionelle Richtung, in die ihre natürliche mystische Veranlagung und das Seth-Material sie führten; ihre zunehmende Besorgnis, andere in die Irre zu führen, und das für sie wie für jedes andere Individuum zutiefst authentische Bedürfnis nach Werterfüllung.

Nachstehend folgt nun ein Auszug aus der persönlichen Sitzung von Mittwoch abend, dem 15. April 1981.)

Ruburt fand als junger Mensch großen Trost in der Kirche. Wenn diese auch einerseits die Last des sündigen Selbst auferlegte, so sorgte sie andererseits natürlich auch für ein System zuverlässiger Behandlungsweisen in Form von Ritualen, die dem Individuum ein Gefühl der Hoffnung vermittelten, daß dieses sündige Selbst durch das Befolgen derselben erlöst werden konnte.

Als Ruburt aus der Kirche austrat, war in ihm das Konzept des sündigen Selbst noch immer wirksam, doch die Methoden, die früher seinen Druck erleichtern halfen, hatten ihre Glaubwürdigkeit eingebüßt. Das Konzept verschob sich zu dem mit Mängeln behafteten Selbst wissenschaftlicher Lesart. Die Wissenschaft kennt keine Sakramente. Ihr Umgang mit Schuldgefühlen solcher Art beschränkt sich auf die Methoden der standardisierten psychotherapeutischen oder psychoanalytischen Beratung — die ihrerseits das Dilemma nur vertieft, da sie selbst auf der Annahme beruht, daß das innere Selbst ein Sammelsurium ungezügelter Impulse sei. Punktum.

Der schöpferischen Natur des jungen Ruburt blieb nicht verborgen, daß die menschliche Existenz Wirklichkeiten umfaßte, die tiefer als die allgemein anerkannten reichten. Es läßt sich nicht immer fein säuberlich voneinander trennen: Aus der Kirche austreten hieß, noch immer einige der alten Glaubensüberzeugungen zu hegen, jedoch der Pflaster zu ermangeln, die im Schoß der Kirche früher einigen Schutz geboten hatten.

Eigentlich hatte er von Kindheit an ganz natürliche Forschungen angestellt im Hinblick auf einen erweiterten Bezugsrahmen, der eine Deutung der Wirklichkeit erlaubte, die der natürlichen Vision des Besten seiner Lyrik einigermaßen gleichkäme. Ich habe schon früher gesagt, daß viele schöpferische, hochbegabte Menschen auf die eine oder andere Weise jung gestorben sind, weil ihre großen schöpferischen Begabungen nicht genügend Lebensraum finden konnten, um sich zu entfalten, weil sie von den Glaubensüberzeugungen der Kultur ihrer Zeit erstickt wurden.

In dieser Hinsicht rang Ruburts Kreativität um ihr eigenes Wachstum und ihre Werterfüllung. Seine innere Wahrnehmung als initiierter Sensitiver war ein bemerkenswerter Durchbruch, der ihm einen zusätzlichen Raum psychischer Erfahrung erschloß, der die fortwährende Erweiterung der Fähigkeiten des natürlichen Selbst sicherstellen sollte. Die Vorstellung vom sündigen Selbst ist für den, der sie hegt, eine jeweils ganz persönliche, doch wird sie natürlich auch nach außen auf die gesamte Menschheit projiziert, bis schließlich die ganze Welt von Verderbnis gekennzeichnet erscheint.

Ruburts Kreativität brach durch, um unsere Sitzungen zu ermöglichen und die sensitiven Fähigkeiten freizusetzen, die früher *fast vollständig*, aber doch nicht zur Gänze unterdrückt waren.

Seine Lyrik wirkte in mancher Hinsicht als Anregung. Jener Durchbruch war, so könnte man mit einiger Übertreibung sagen, die Lebensrettung, denn ohne das Hinzukommen einer solchen Erweiterung hätte sich Ruburt unvermögend gefühlt, die ganz besondere *Qualität seiner Existenz* weiter aufrechtzuerhalten. Es läßt sich in Worten nicht sagen, was es ist, wonach der eine oder andere Mensch im Leben sucht, oder welche ganz besonderen Gegebenheiten es sind, die seine oder ihre Entwicklung am besten fördern. Selbst zwei Pflanzen der gleichen Art erfordern manchmal ganz unterschiedliche Pflege. Die Sitzungen also eröffnen den Zugang zu einer speziellen Art der Werterfüllung, die Ruburts Wesen gemäß ist. Nun suchte gewissermaßen aber auch jenes arme, unglückliche sündige Selbst, eine von Glaubensannahmen und Gefühlen gebildete Struktur, die mittlerweile selbst dem Rahmen ihrer Definition entwachsen war, die eigene Erlösung.

Ich habe schon gesagt, daß in fast jedem Fall tiefen Ungenügens am Leben oder schwerer Krankheit die eigentlichen Ursachen nicht so sehr in verdrängtem Haß oder unterdrückter Aggression — die freilich auch vorhanden sein mögen — zu finden sind als vielmehr in der unerfüllten Suche nach Werterfüllung, die durch irgendwelche Umstände daran gehindert ist, ihren persönlichen Ausdruck zu finden.

Ruburt erlebte einen sowohl sensitiven wie auch kreativen Durchbruch: Ihm erwuchsen aus den Sitzungen fast augenblicklich neue schöpferische Inspiration und neues Ausdrucksvermögen, zusammen mit den psychisch notwendigen Erweiterungen, dank deren sich seine Anlagen als Schriftsteller und als reife Persönlichkeit voll entfalten sollten. Doch steckte in ihm noch immer der Glaube an das sündige Selbst, und viele tiefsitzende Ängste sagten ihm warnend, daß Spontaneität und natürlicher Selbstausdruck außerordentlich gefährlich seien.

So stellt sich hier gewissermaßen ein kreatives Dilemma dar.

Man kann dieses Dilemma als unglückseligen Umstand beklagen; man kann aber auch sagen, daß es gewissermaßen der Preis für einen Durchbruch ist, der ihm nicht weniger als ein neues Leben schenkte ...

(Zum ersten Male in siebzehn Jahren, seit Jane die Sitzungen im Dezember 1963 begann, überlief es mich kalt, denn als Seth bemerkte, daß ohne die schöpferische Erweiterung und die Freisetzung seiner Fähigkeiten in den Sitzungen »Ruburt sich unvermögend gefühlt hätte, die ganz besondere Qualität seiner Existenz weiter aufrechtzuerhalten«, hatte ich das deutliche Gefühl, er wolle damit sagen, daß Jane dann vorgezogen hätte zu sterben. Ich unterließ es, sie nach der Sitzung daraufhin anzusprechen, und ihr war nichts Besonderes anzumerken, als sie am nächsten Tag die maschinengeschriebene Sitzung durchlas. Doch sprachen wir über eine Anzahl hochbegabter Frühverstorbener; ja wir hatten schon oft darüber spekuliert, mit welchen weiteren Leistungen solche Individuen wohl noch hervorgetreten wären, wenn sie sich für ein Weiterleben im Körper entschieden hätten. Nach landläufigem Verständnis sagt es sich leicht, daß diese frühen Tode eine Vergeudung darstellen — nicht jedoch, so sagte ich mir jetzt, aus der Sicht der Betroffenen selbst. Sicher unterschieden sie sich alle voneinander hinsichtlich ihrer Absichten und Motivationen, doch hatte jedes dieser Wesen sicher das geleistet, was ihm in dieser Wirklichkeit möglich gewesen war — und sie alsdann verlassen. Jane fand auch, daß Seth mit vorzüglichem Material durchgekommen war. Ich sagte ihr, daß ich es mir nicht besser vorstellen könne.

Die Sitzung löste mehrere assoziative Prozesse in mir aus. Gleich zu Anfang wurde ich an Seths Ausspruch erinnert, den Jane am Abend zuvor, am 14. April, durchgegeben hatte, als Seth meine Einstellung zur Religion im allgemeinen und zu meinem eigenen sündigen Selbst im besonderen erörterte.)

Es ist kein Zufall, daß du von diesem Konzept mit seinen traditionellen religiösen Konnotationen relativ frei geblieben bist — du hast das schon weitgehend in deiner Existenz als Nebene sowie im Zuge deiner Vorbereitungen auf ein Leben, das du jetzt lebst, durchgearbeitet.

(Vor siebeneinhalb Jahren hatte Seth eine Version meines Selbst erwähnt, die im Rom des ersten Jahrhunderts lebte.)

So war Joseph Nebene, ein Gelehrter, eine nicht eben abenteuerliche Natur, besessen vom Kopieren altüberlieferter Wahrheiten und besessen von der Furcht, durch eigenschöpferisches Handeln Irrtümern zu verfallen; ein gebieterischer Mann, der viel von anderen forderte. Er fürchtete die sexuelle Begegnung, und er unterrichtete reiche römische Kinder.

(Man könnte schon sagen, daß ich noch immer von Wahrheiten besessen bin — zum Beispiel wenn ich mich um die Niederschrift des Seth-Materials bemühe —, nur nenne ich die Wahrheiten jetzt zeitlos, nicht alt oder neu.

Dann, und sicher wegen meiner Sorge um Jane, kam mir eine Sitzung in den Sinn, die sie für Kapitel 1 dieses Bandes abgehalten hatte. Ich schaute nach und fand, daß es die 911te vom 28. April 1980 ist — was unglaublicherweise fast fünfzehn Monate zurückliegt. In der Hauptsache erörterte Seth die Wahl genetischer Defekte vor der Geburt, aber Teile seines Materials erinnern mich sehr an Janes Situation. Hier folgt ein Auszug.)

Ich weiß zwar, daß viele Menschen mir nicht zustimmen werden, doch weiß ich aus Erfahrung, daß die meisten Individuen nicht ein »glückliches« Leben nach dem anderen wählen, bei dem sie in einem leistungsfähigen Körper immer gut aufgehoben und von der Natur oder dem Erbgut mit all den Gaben ausgestattet wären, von denen die meisten Menschen zu denken scheinen, sie begehrten sie.

Alle Menschen suchen Werterfüllung, und das bedeutet, daß sie unterschiedliche Leben der Art suchen, daß all ihre Begabungen und Fähigkeiten am besten entwickelt werden können und ihre Welt bereichert wird. Manche Menschen werden mit voller Absicht »schadhafte« Körper wählen, um sich intensiver auf andere Bereiche einzustellen. Sie suchen für ihr Leben eine andere Brennweiteneinstellung. Eine solche Wahl erfordert eine Intensivierung. Sie wird sowohl vom betreffenden Individuum wie auch von seinen Eltern getroffen.

(Dabei fiel, für mich wenigstens, ein weiteres Streiflicht auf die reinkarnationsbedingten Verflechtungen hinter unserer gemeinsamen Situation. Sie ergab sich aus der unveröffentlichten Sitzung 874 vom 22. August 1979, der ersten, die Jane eine Woche nach Beendigung ihrer Arbeit an »Individuum und Massenschicksal« abhielt. Überraschung durchfuhr mich, als ich auf diese Aussage Seths stieß, die ich völlig vergessen hatte: »Jane zum Beispiel begab sich in den Fetus, als er drei Monate alt war, und akzeptierte dies als ihr neues Leben. Du hast länger gewartet.« Ich konnte mich nicht erinnern, daß Jane irgendwann auf dieses Informationsmoment Bezug genommen hatte; und sicher hatten weder sie noch ich Seth jemals gebeten, genauer darauf einzugehen. Übrigens war dies eines der wenigen Male, bei denen Seth sie Jane und nicht Ruburt nannte.

Ich deutete diese Assoziationen dahingehend, daß Jane, ganz gleich, wo sie in diesem Leben ihre Akzente setzt, meiner Reaktionen auf ihre Situation ebenso wie ihrer eigenen gewahr sein dürfte und daß ich mich in diesem Leben, auch wenn ich religiöse Fragen in einem früheren bereits durchgearbeitet haben sollte, doch dafür entschieden habe, eine der wahrscheinlichen Wirklichkeiten mit ihr zu teilen, in der ihre körperlichen Symptome verknüpft, wie sie es sind, mit religiösen Problemen auftreten konnten. [Zur gleichen Zeit jedoch hatte, wie ich mir ins Gedächtnis zurückrief, auch ihre große schöpferische Kraft allem zum Trotz ihre Ausdrucksmöglichkeiten gefunden.] Wenn, wie Seth am 5. April sagte, Konflikte der Art, wie Jane sie erlebt, von der unerfüllten Suche des Individuums nach Werterfüllung herrühren — und sogar zu einem frühen Tod führen können —, dann ist diese Prämisse zumindest auf der bewußten Ebene einleuchtend. Ich hegte schon seit längerem die Vermutung, daß in Janes Fall etwas Derartiges am Werk sei. Es ist nicht so, daß sie sich perverserweise weigerte, gesund zu werden, ungeachtet all der Hilfe, die Seth und ich ihr zu geben versuchten und die sie sogar erbeten hat; vielmehr ist es wohl so, daß ihre Wesenheit in diesem körpergebundenen Leben andere Ziele verfolgt, die von ihrem unkörperlichen Selbst und ihrer körperlichen Verfassung gleichermaßen angestrebt werden. Ohne ein solches Denken konnte es, wie mir zunehmend deutlicher wurde, wenig Verständnis für die langwährenden Prüfungen geben, mit denen meine Frau konfrontiert ist.

Andernfalls, so dachte ich, bleibt der von solchem Los Betroffene allzuoft allein mit dem großen quälenden »Warum?«, und jene, die mit dem Leidenden mitleiden, sind wie er selbst dazu verurteilt, zeit ihres

Lebens ohne befriedigende Antwort zu bleiben. Nach Antworten innerhalb des engen Rahmens zu suchen, den die konventionelle Sicht der Wirklichkeit bereithält, ist manchmal so, als wolle man durch ein trübes Fenster in die Tiefen der Persönlichkeiten blicken …

Seth sprach auch über die jahrelange seelische Mißhandlung, die Jane seitens ihrer Mutter Marie erfahren hatte, und die daraus resultierende tiefe Angst des Mädchens vor dem Verlassenwerden. Jane hat sich von dieser Angst nie mehr erholt, und sie bedurfte häufiger Versicherungen, daß sie als Mensch von Wert sei. Solche Bestärkung war ihr selten zuteil geworden, als sie mit einer Mutter zusammenlebte, die geschieden und seit Janes drittem Lebensjahr bettlägerig geworden war und selber eine Unmenge von Problemen zu bewältigen hatte, mit denen sie nicht fertig wurde.

Als kleines Mädchen hatte Jane ihre Mutter mit natürlicher Innigkeit geliebt und auf ihre kindliche Weise alles versucht, um es ihr recht zu machen. Doch sie begann sich der Behandlung zu schämen, die sie von ihrer Mutter erfuhr, und hielt sie weitgehend geheim, während sie aufwuchs. Wir waren schon einige Jahre verheiratet, als ich erst die ganze Tiefe ihrer Gefühle in diesem Punkt zu ermessen begann. Wahrhaftig, Janes sündiges Selbst fühlte sich sogar, wie Seth uns sagte, schuldig an der üblen Behandlung, die sie von Marie erfahren hatte — weil es annahm, es müsse schlecht gewesen sein und daher all diese Jahre seelischer Verletzung verdient haben!

Wir hatten große Mühe, Seth Glauben zu schenken, als er uns schon am nächsten Abend, dem 23. April, sagte, Janes sündiges Selbst erachte ihre körperlichen Symptome als »zum eigenen Besten der Persönlichkeit notwendig«. Dieses Selbst vermöge nicht zu begreifen, daß seine Strategien selbstzerstörerisch geworden sind; es sei im Sinne der katholischen wie der nichtkatholischen christlichen Lehre davon überzeugt, daß Leiden gut für die Seele ist, und die Idee des begnadeten Körpers stelle für dieses Selbst eine Blasphemie dar.

Und trotz alledem könnte Janes Selbst sich zu ändern beginnen, sagte Seth, wenn man erst einmal bis zu ihm vorgedrungen sei. Wir waren ihm zwar mehr als einmal nahegekommen, doch infolge des damit verbundenen emotionalen Aufruhrs hatte sich Janes Befinden jedesmal verschlechtert. Ihr sündiges Selbst hat Seth zufolge nichts mehr mit der Kirche zu tun. Dieses Selbst ist verängstigt, in innerem Konflikt mit sich selbst wegen seiner frühen Konditionierung und Janes großer Kreativität, die es für verwerflich hält: Das schöpferische Selbst ist schuldig! Jane erlitt während des Schlafs mehrmals Anfälle panischer Angst.

Den ganzen April hindurch und bis in den Mai hinein hatte ich Mühe, meinen Zorn und meine verletzten Gefühle in bezug auf Janes sündiges Selbst zu kontrollieren, nun da ich seinen Wirkungsmechanismus besser zu verstehen begann. Freilich lag auf der Hand, daß meine Gefühle das Vorhandensein eines eigenen sündhaften Selbst oder einer verwandten psychischen Qualität widerspiegelten — denn wie hätte ich in fast 26 Ehejahren so tief in die Problematik meiner Frau verwikkelt werden können, wenn sie nicht auf irgendeine Resonanz in meinen eigenen Seelenschichten stieß? Mein Zorn war Seth zufolge genau die Reaktion, die ich nicht haben sollte, und selbst im Aufruhr meiner Emotionen mußte ich ihm beipflichten. Jane hatte sich in früheren Jahren geweigert, diesem Selbst Gehör zu schenken. Hier ein weiterer Auszug aus der Sitzung vom 28. April 1981.)

Es geht keineswegs darum, das sündige Selbst anzuklagen. Es geht vielmehr darum, es mit all seinen Bedürfnissen und Motiven zu verstehen und ihm die Einsicht zu vermitteln, daß ihm in der Kindheit großes Unrecht geschah — daß es verleumdet und verängstigt wurde in einer Weise, die ihm fast den Verstand raubte ... Ruburts Symptomatik folgt keinem vorgegebenen Muster. Sie ist das Ergebnis fortgesetzter seelischer Belastung, die sich durch die schließlich daraus resultierenden Gefühle der Hoffnungslosigkeit und Isolation weiter verschärfte.

(Ich war so betroffen von seinem Hinweis auf Janes Hoffnungslosigkeit, daß ich noch einmal zu der persönlichen Sitzung vom 15. April zurückkehrte — zu der erschütternden Aussage Seths über ihre Suche nach Werterfüllung und daß ohne den sensitiven Durchbruch »Ruburt sich außerstande gefühlt hätte, seine Existenz in dieser besonderen Qualität fortzusetzen«.

Während der ersten Maiwoche erhielt Jane von Tam das durchlektorierte Manuskript von »If We Live Again«, das sie sorgfältig durchging. In diesen Tagen erstellte sie auch eine Liste mehrerer Körperregionen, bei denen sich Veränderungen zum Besseren bemerkbar machten, sowie anderer, die keinerlei Besserung zeigten. Besonders mühsam waren für sie die schwierigen Manöver im Badezimmer. Sie war also gleichermaßen ermutigt wie entmutigt — hatte jedoch mehr Energie. Ich schickte Tam das Manuskript am 13. Mai zurück.

Inzwischen dürfte jedem Leser, jeder Leserin wohl klargeworden sein, daß Seths Material über das sündige Selbst — das sündige Selbst ganz allgemein — durchaus als die Kehrseite seiner Botschaften über die magische Einstellung zur Wirklichkeit aufgefaßt werden kann. Ich empfand den unbehaglichen Zwiespalt nur zu deutlich. Wirklich, wie irritierend war es doch, daß — für Jane und mich wenigstens — das magische Selbst so weit von der Alltagswirklichkeit entfernt zu sein schien, wogegen das sündige Selbst zum Greifen nahe war! Das magische Selbst mochte in der Theorie erreichbar sein, das sündige Selbst jedoch war einfach da und wirkte sich im persönlichen Leben aus. Wie vielen anderen mag es wohl auch so gehen? Seth, das wußte ich, würde einfach sagen, daß das magische Selbst genau so hautnah und wirklich sei wie jedes andere Selbst. Die Herausforderung für den einzelnen besteht darin, dies zu wissen und zu glauben und unerwünschten Wildwuchs im Umkreis des magischen Selbst auszujäten, damit es ungehindert blühen kann …

Ende Mai erhielten wir von der Prentice-Hall unser erstes Exemplar von »Individuum und Massenschicksal«. Wir fühlten uns gleichermaßen beglückt und verwirrt, daß das Buch endlich veröffentlicht war, vor allem wenn wir daran dachten, daß Jane die erste Sitzung dafür vor über drei Jahren abgehalten hatte [801 am 18. April 1977]. Uns war, als seien seitdem Lebensalter vergangen.

Janes Beschwerden verschlimmerten sich, und ich spürte Zusammenhänge zwischen ihrem Befinden und dem Erscheinen des genannten Buches. Am 2. Juni war es sechseinhalb Monate her, daß sie auf ihren Schreibtisch als Gehhilfe verzichtet und ganz zu gehen aufgehört hatte. An jenem Tage war es zu einer Krise gekommen: Sie kam im Badezimmer — zum erstenmal in all den Jahren ihrer körperlichen Beschwerden — nicht mit den Füßen zurecht, um wieder in ihren Bürostuhl auf Rollen, der beim Waschbecken stand, zu gelangen. Ich mußte sie tragen — und dieser Vorgang versetzte uns in unserem Bedürfnis nach Selbständigkeit einen Schlag. Ich war ebenso bestürzt wie Jane. Als wolle ich meine eigene Frustration angesichts einer sich verschlimmernden Situation wiedergutmachen, fügte ich am nächsten Tag, als ich das Sitzungsprotokoll jenes Abends ins reine tippte, eine Liebeserklärung an meine Frau ein. Und es zeigte sich, daß diese einfache Ermutigung sie tief bewegte, so wie sie mich beim Schreiben bewegt hatte. Ich knüpfte an Material an, das Seth in der persönlichen Sitzung vom 2. Juni 1981 geliefert hatte.)

Eure Liebe füreinander ist groß genug, um einem natürlichen Ausdruck von Aggression oder einer Anwandlung von Ressentiments seitens des anderen standzuhalten. Wie ich schon früher erwähnte, fürchtete sich Ruburt aufgrund seiner früheren Erfahrungen oft vor dem Verlassenwerden. Ihm schien, daß er nicht das zu bieten hatte, was die meisten Männer von einer Frau erwarten, so daß er sich, wenn er einen guten, lebenslangen Gefährten haben wollte, sehr in acht nehmen mußte. Er fühlte, daß viele seiner persönlichen Eigenschaften als nachteilig für eine Beziehung zwischen Mann und Frau betrachtet werden konnten.

(Als Jane damals diese Seth-Information durchgegeben hatte, hätte ich am liebsten die Sitzung unterbrochen, um ihrer geringen Selbsteinschätzung höchst energisch zu widersprechen; ich unterließ es jedoch. Statt dessen ließ ich nachher der Sitzung spontan meine Erklärung folgen. Sie gibt meiner Liebe zu Jane Ausdruck, läßt aber auch andere Gefühlsregungen erkennen:

»Seth hat diese Einstellung Janes schon früher erwähnt, und auch sie selbst hat davon schon gesprochen. Ich selber habe Gefühle dieser Art nie gehegt, da ich von Anbeginn unserer Beziehung an immer sicher war, in Jane die ideale Gefährtin gefunden zu haben — was ich als einen außerordentlichen Glücksfall empfand, als etwas, das ich mir zuvor nicht zu erträumen gewagt hätte. Im Rückblick scheint es, daß unsere Begegnung, unsere Verbindung das Natürlichste und Unvermeidlichste von der Welt war; was könnte ich daran noch verbessern? Ich war immer sehr stolz auf Janes Begabungen und Leistungen, und immer war ich froh, in welchem Maße auch immer daran teilzuhaben. Nur bekümmert mich, ja es bricht mir fast das Herz, sie von Jahr zu Jahr in einer immer schlechteren körperlichen Verfassung zu sehen. Besonders niederschmetternd ist das für mich, wenn aus dem Material hervorgeht, daß dies nicht unbedingt sein müßte. Kein Wunder, wenn ich ihr sage, daß wir einen zu hohen Preis für unsere Errungenschaften gezahlt haben. Natürlich möchte ich, daß sie ebensosehr imstande ist, wie andere Menschen den Alltag zu meistern als auch sich zugleich ihrer besonderen Leistungen zu freuen. Daß uns dies bisher nicht gelungen ist, muß einfach tiefe Auswirkungen auf meine Gefühle haben und ebenso auf die ihren wie auch auf unsere Beziehung, die ich immer als so festgegründet und dauerhaft wie die Elemente betrachtet habe. Und so sehe ich es noch immer.«

Anfang Juni half mir, nachdem ich Jane im Sitzen Maß genommen hatte, unser Freund Floyd Waterman, ein Bauunternehmer, die Beine eines altmodischen geraden Stuhls zu verkürzen und mit kleinen Rollen zu versehen. Dieser Stuhl war weniger breit als spätere Modelle und paßte gut in das Badezimmer und andere etwas enge Stellen im Hügelhaus. Jane konnte sich mühelos von ihrem Bürostuhl, der Couch oder dem Bett darauf hochziehen und sich entweder selber durchs Haus bewegen oder sich von mir schieben lassen. Sie ertrug es nur nicht, länger als jeweils ein paar Minuten auf der harten Holzplatte zu sitzen. So baute ich am nächsten Morgen, als sie länger schlief, den Stuhl nochmals um und polsterte den Sitz. Danach fand sie ihn sehr nützlich.

An den folgenden Tagen unternahm Jane mehrere Versuche, auf die Füße zu kommen, um Gehversuche zu unternehmen, indem sie sich auf ihrem Schreibtisch abstützte und ihn vor sich herschob, aber es wollte ihr nicht so recht gelingen. Ihre Füße schwollen an. Sie arbeitete an einem langen Gedicht über Stonehenge. Sie arbeitete nur wenig an der Schreibmaschine, weil ihr die Arme so weh taten. Bisweilen malte sie ein wenig. Wir hielten eine Sitzung am Abend des 15. Juni ab, und im folgenden gebe ich den entscheidenden Abschnitt aus meinen einführenden Anmerkungen wieder:

»Nach dem Abendessen diskutierte ich mit Jane die Frage, die ich Seth stellen wollte, nämlich was wohl ihr sündiges Selbst gelernt hat, seitdem wir diese Reihe von Sitzungen begonnen haben. Ich sagte, es sei ganz entscheidend, ihr sündiges Selbst wissen zu lassen, daß es sich sehr schädlich auf Jane ausgewirkt habe und endlich davon ablassen müsse. Wie auch würde sich dieses Selbst zu der Tatsache stellen, daß Jane jetzt in körperlicher Hinsicht hilflos und, um zu überleben, völlig auf meine Hilfe angewiesen ist? Wenn aber ihr Zustand sich so verschlimmert, daß sie stirbt, muß ja auch ihr sündiges Selbst sterben. Ich will wissen, was es über eine so widersprüchliche Situation ›denkt‹. Wie immer seine Schlußfolgerungen oder Reaktionen ausfallen mögen, diesem Selbst muß an seinem eigenen Überleben gelegen sein — aber aufgrund welcher Beweggründe?«

In der Sitzung setzte Seth kaum zu einer Antwort auf meine Frage an; statt dessen gab er sehr ausführliche Hinweise zur Abfassung einer »psychischen Absichtserklärung«: ihr sündiges Selbst wisse genau, was Jane vom Leben erwartet. Sie begann am nächsten Tag an der Absichtserklärung zu arbeiten. Am gleichen Tag traf unser erstes Belegexemplar von »God of Jane« bei uns ein. Ich sagte zu Jane, daß »God of Jane« ihr bisher bestes Buch sei und hoffentlich ein Erfolg auf dem

Buchmarkt werde. Doch mußte ich voller Bekümmerung feststellen, daß sich mit dem Erscheinen des Buches ihr Zustand erneut verschlimmerte — die gleiche Reaktion wie beim Eintreffen des ersten Exemplars von »Individuum und Massenschicksal« vor 25 Tagen. Wir fanden bald heraus, daß ihr sündiges Selbst die Veröffentlichung der beiden Bücher, meine gestrige Frage und den Vorschlag Seths zum Anlaß nahm, eine emotionale Krise auszulösen.*

Die Sitzung vom 15. Juni war Seths 20ste über Janes sündiges Selbst sowie diesen Begriff im allgemeinen. Doch als sei das alles noch nicht genug, begann Jane am 17. Juni plötzlich auch selbst über ihr sündiges Selbst zu schreiben. Offenbar fühlte sich dieses Selbst nun aufgestachelt und erhob sich zu seiner eigenen Verteidigung; fünf Tage lang schrieb Jane darüber. Sie begann auch neuerdings an Gedichten zu arbeiten, die ihre Prosa begleiteten, und sie hatte auch inhaltlich damit zusammenhängende Träume.

War mein Entsetzen schon groß, als Seth uns seine Version vom sündigen Selbst mitteilte, so mußte ich mich, als Jane nun selbst sich darüber äußerte, zusammennehmen, um meiner eigenen Frustration und Empörung Herr zu werden; dabei waren diese Emotionen so verquickt mit der Liebe zu meiner Frau, daß sich bei mir angesichts der ganzen Situation ein perverser, fast schwarzer Humor entwickelte. Dann kam Seth mit einer weiteren Sitzung zum selben Thema durch, während Jane sich selbst noch mitten im Zuge ihrer eigenen Enthüllungen befand. Seth aber schien über ihren Durchbruch höchst erfreut zu sein, wie sich aus der Sitzung am Abend des 18. Juni ergab.)

Die grundlegenden Gedankengänge, die Janes sündiges Selbst beschäftigten, wurden am klarsten in »Individuum und Massenschick-

---

* Ich sage Jane bei jedem Buch, das sie in Arbeit hat, es sei ihr bestes — und ich meine das wirklich. Tatsächlich verkaufen sich aber die Seth-Bücher besser als ihre eigenen. Zu diesen eigenen kommt nun *»God of Jane«* hinzu, und in ein paar Monaten wird *»If We Live Again«* folgen.

Daß die Seth-Bücher soviel erfolgreicher sind als die anderen Werke Janes hat uns immer verwundert. Jedes ihrer Bücher ist ein gleichermaßen gültiger und intimer Ausdruck ihrer grundlegenden Kreativität. Seth tritt nicht aus irgendeinem gesonderten, höheren Bereich von Janes Psyche hervor, der ihr verschlossen wäre, wenn sie ihre eigenen Bücher schreibt. Seth und Janes Selbst sind eins. Keiner von beiden versucht, den anderen zu dominieren; beide versuchen, einander zu helfen. Doch es wäre interessant, darüber zu spekulieren, welche Aufnahme Janes Werk wohl in all diesen Jahren ohne das Seth-Material gefunden hätte.

sal« und »God of Jane« herausgestellt, da diese beiden Bücher mehr als die anderen eine direkte Konfrontation darstellen und die Gültigkeit des gesamten Konzepts von Gut und Böse »unter Beschuß nehmen«, indem sie sehr nachdrücklich die positive Intention der grundlegenden Impulse des Menschen in den Vordergrund stellen ... Ruburts Erklärung des sündigen Selbst ist in diesem Zusammenhang ein faszinierendes psychologisches Dokument und läßt auch die Beweglichkeit des Selbst und seine Gewilltheit erkennen, zu lernen und sich zu verändern — sobald sich die grundlegende Intention angesprochen fühlt und aus ihrer Reserve gelockt wurde. Es könnte für Ruburt nützlich sein, sein angeblich sündiges Selbst um Antworten zu der Frage zu bitten, inwieweit seine Glaubensüberzeugungen im Hinblick auf das weibliche Geschlecht mit seinen Vorstellungen von Sünde zusammenhingen und ob diese Einstellungen sich jetzt ändern.

(Zugleich mit dem Schock kam Hochstimmung auf. Hier, so beglückwünschten wir uns, lagen endlich all jene Glaubensannahmen und Motivationen, die seit Jahren hinter Janes Symptomen verborgen gewirkt hatten, klar zutage. Hier traten die wahren Ursachen zutage — jetzt konnten wir Janes körperlichen Nöten ein Ende bereiten! Janes eigene Enthüllungen über das sündige Selbst ergänzten diejenigen Seths, die ihrerseits, wie wir meinten, die andere Seite seines Materials über die magische Einstellung zur Wirklichkeit bildeten.

Sie war müde und erschöpft und sagte mit roten und verwunderten Augen: »Ich hätte niemals gedacht ... ich hätte mir niemals träumen lassen, daß all das auch in mir gesteckt hat.«

Welch eine Chance, sagten wir uns, daß es ihr gelungen war, all dies ans Tageslicht zu befördern! Und wie bedauerlich, sagten wir uns, daß es anderen Menschen in ähnlicher Lage wohl kaum vergönnt ist. Das Material von Janes sündigem Selbst ist natürlich viel zu lang und zu kompliziert, als daß es hier vorgelegt werden könnte, aber ich möchte doch erwähnen, daß es die Frage gibt, warum sich der Mensch — allem Anschein nach schon seit unvordenklicher Zeit — immer wieder psychische Qualen wie die eines sündigen Selbst erschafft und sich von ihnen abhängig macht!

Wieder einmal hatten wir keine Ahnung von der praktischen Verwertung von Janes Material; wir wußten nur, daß wir unser Bestes tun würden. Die Ergebnisse würden wohl eine Weile auf sich warten lassen. »Was meinst du«, fragte ich sie, »wirst du, falls du dieses Buch *über die magische Einstellung machst, dann all diese Sachen über das sündige Selbst verwenden?« Jane wußte es nicht. Doch hatte sie sich bereits Gedanken zu einem Entwurf für ein solches Buch gemacht. Inzwischen war mir spontan der Gedanke gekommen, ein, zwei Seiten ihres Materials vom sündigen Selbst zunächst hier und später zusammen mit anderen Auszügen in der Einführung zu diesem Band vorzulegen.**

Folgendermaßen hatte Jane sich über ihr sündiges Selbst geäußert:)

Ich wende mich gegen eine Bezeichnung, die mein Selbst nicht verdient, denn wenn ich auch — und vielleicht allzu zwanghaft — an das Phänomen der Sünde geglaubt habe und es zu vermeiden suchte, so waren doch all mein Sinnen und Trachten nicht so sehr auf die Vermeidung von Sünde als vielmehr auf die Erkenntnis ewiger Wahrheiten gerichtet, auf die Mitwirkung an universalen Zielsetzungen und somit auf die spirituelle Einheit von persönlichem Selbst, umfassendem Selbst und universellem Geist. Diese Zielsetzungen beflügeln die schöpferischen Kräfte und treiben uns fortgesetzt an, unsere Existenz zu erforschen, um dem Verständnis die göttlichen Mysterien zu erschließen, die innerhalb und hinter jeder Existenz verborgen liegen — der deinen wie auch der meinen.

Bei unseren Forschungen ging es nicht um Einsichten aus zweiter Hand, sondern um die unmittelbare Begegnung meines Bewußtseins und Wesens mit dem Unbekannten, auch um die Begegnung des menschlichen und verletzbaren Selbst mit den seelischen Bereichen des Ewigen und Göttlichen, immense Bereiche des Bewußtseins, zu denen ich mich hingezogen fühlte ... und die wahrzunehmen ich befähigt war.

Ich glaubte vor allem an die unendliche Gültigkeit der Seele und inspirierte mein schöpferisches Selbst, so frei wie möglich auszuschreiten, auch wenn ich in meinem Herzen noch an Sünde und Teufel glaubte. Auf meinem Herzen lastete schwer das lieblose Kainszeichen, und ich empfand, daß auf der Menschheit unbilligerweise das beinahe unwiderrufliche Verhängnis — der tragische Makel — von Sünde und uraltem Frevel lastet. Und so lauteten denn meine Überlegungen: Wenn ich sündhaft bin, dann ist die unausweichliche Folge,

---

* Vergleichen Sie die einführenden Anmerkungen zur 820sten Sitzung im vorliegenden Kapitel.

daß sich in meiner Sicht selbst jene Erfahrungen der Seele verzerrt darstellen, die mir am klarsten erscheinen. Unwissend muß ich Irrtümern verfallen, wenn ich mir selbst am meisten vertraue, da ich an dieser sündigen Neigung teilhabe ... All diesen Gefühlen zum Trotz ging ich unentwegt weiter voran.

(Doch für mich gab es keinen Zweifel: Nicht zufällig verschärften sich Janes Symptome nach der Veröffentlichung von »Individuum und Massenschicksal« und »God of Jane«. So schwollen ihre Füße immer mehr an; die wenigen Schritte zwischen ihrem Stuhl und der Couch konnte sie nur noch mit großer Mühe bewältigen. Ihr ärztliche Hilfe zu besorgen hat sie immer entschiedener abgelehnt. Wenn in diesen Anmerkungen nicht mehr über ärztlichen Beistand die Rede ist, so nur, weil ich darüber nichts zu schreiben habe. Jane machte da einfach nicht mehr mit. Wir prüften all die Elemente, von denen wir annahmen, daß sie vielleicht mit ihren Symptomen zusammenhingen: Angst vor dem Verlassenwerden und Schutzbedürfnis, der Sühnegedanke und die widersprüchliche Natur ihrer Begabungen. Es wurde Juli 1981. Am Abend des 4. Juli — ja, wir arbeiteten am Nationalfeiertag, weil Jane danach zumute war, eine Sitzung abzuhalten, und weil »Zeit« für uns so kostbar geworden war — kam Seth mit sehr interessantem neuem Material in Erwiderung auf unsere Fragen durch, das auch auf die von mir schon erwähnte sehr problematische Beziehung zwischen Jane und ihrer Mutter Marie einging.)

Ich möchte das Material des sündigen Selbst jetzt in ein größeres Spektrum einordnen. Idealerweise gehen Kleinkinder mit ihren Eltern eine »Bindung« ein, besonders mit der Mutter, doch auch mit dem Vater, und sie gehen auch mit der allgemeinen Denkungsart ihrer Gesellschaft eine Bindung ein. Das gibt ein Gefühl der Sicherheit, aus der heraus das Menschenkind sich frei und neugierig genug fühlen kann, um seine Welt und die Natur der Realität zu erforschen.

Ihr seid soziale Wesen. Aus diesem Grunde fürchtet ihr das Verlassenwerden, da ihr darauf angelegt seid, euch sowohl individuell zu entwickeln als auch mit anderen zusammenzuwirken, und aus diesem Zusammenwirken ergeben sich dann die charakteristischen Formen eurer Zivilisationen.

Nun war für Ruburt fast ausschließlich nur ein Elternteil da, und er fühlte sich nicht gut aufgehoben in dieser Beziehung — eine wohlgemerkt früher gewählte Situation. Die Natur solcher Bindungen kann sehr unterschiedlich sein ... Manche Menschen finden darin eine solche Geborgenheit, daß diese Verbindung einen umfassenden, für sie ziemlich dauerhaften inneren und äußeren Bezugsrahmen bildet. Ruburts Beziehung zu seiner Mutter ließ viel zu wünschen übrig. Die Bindung gab ihm nicht das lebenswichtige Gefühl der Geborgenheit, und er fühlte sich vom Verlassenwerden bedroht. So wurde seine Bindung an das Glaubensheil der Religion sehr stark, er mußte den tiefempfundenen Mangel ausgleichen. Das »Potential« des sündigen Selbst steht für die Ideen, die ein wesentliches Element seiner ursprünglichen Glaubensüberzeugungen bildeten. Das Unruhestiftende daran blieb relativ unauffällig, bis ihn seine kreative Neugier dazu bewog, diese Ideen geradezu herauszufordern in einer Situation, die geeignet war, der natürlichen Angst vor dem Verlassenwerden Vorschub zu leisten. Es gibt Punkte der Wegkreuzung, an denen sich die Aneignung neuer Einsichten so grundlegend vom Inhalt früherer Glaubensüberzeugungen unterscheidet, daß die Persönlichkeit eine Zeitlang gleichsam in einem Zustand der Unschlüssigkeit innehält, um sich zu entscheiden, welche es sich anzueignen gilt.

Der Punkt, an dem es zu einer solchen Situation der Wahl kommt, ist natürlich immer ein innerer. Jede Gesellschaft hat ihre Tabus, deren Verletzung das Ausgestoßenwerden aus der Gemeinschaft nach sich zieht. Eine feste Elternbindung impliziert jedoch idealerweise, daß das Kind ungeachtet gelegentlichen elterlichen Zorns ein Verlassenwerden nicht befürchten muß.

Nun wirst du dich, Joseph, daran erinnern, daß Ruburts Mutter rasch bei der Hand war mit Aussagen wie »Du bist hiermit enterbt« oder »Ich betrachte dich nicht länger als meine Tochter«. Solche Situationen verstärkten Ruburts Gefühl der Ungeborgenheit, doch verstärkten sie auch ein Gefühl der Unabhängigkeit, weil er sich von Marie nicht so abhängig zu fühlen brauchte. Doch kam die Zeit, in der es unmöglich wurde, die altübernommenen religiösen Bindungen aufrechtzuerhalten, denn in ihnen gab es einfach keinen Raum für ein neues, umfassenderes Weltverständnis. Die Ideen des sogenannten sündigen Selbst beruhen also auf Strebungen im Aufruhr gegen Glaubenszwänge, die in Millionen Menschen eurer Gesellschaft und auch in Ruburts Persönlichkeit wirksam sind. Er ist jetzt bemüht, sich auch diesbezüglich auf einen größeren Bezugsrahmen einzustimmen. Sind diese altübernommenen Glaubensannahmen erst einmal verstanden, so werden sie auch nicht mehr als Fehlhaltungen empfunden werden, deren man sich zu schämen hätte.

Ruburts Projekt über die magische Einstellung übrigens ist eine vortreffliche Idee, die anzeigt, daß sich seine Interessen in einem neuen Brennpunkt konzentrieren.

(Am 8. Juli, nach 61 rein persönlichen Sitzungen, begann Jane die Masse an persönlichem Material zu studieren, und legte unvermittelt alles beiseite, um spontan den vollständigen Entwurf für ein Buch über die magische Einstellung zur Wirklichkeit niederzuschreiben. Sie hatte diese Absicht schon öfter geäußert, seit sie die erste Sitzung über dieses Thema vor elf Monaten abgehalten hatte, und Seth hatte bereits zweimal verlauten lassen, daß er sehr angetan sei von dem Buchprojekt.

Janes letzte reguläre Sitzung für dieses Kapitel war die 928ste; sie fand vor acht Monaten statt. Seit damals habe ich diese Anmerkungen für die 931ste Sitzung zusammengetragen, um unserer persönlichen, professionellen und geistig-seelischen Situation Relief zu geben. Rückblickend jedoch frage ich mich, ob ich alles ins richtige Licht gerückt habe. Ich hätte ja auch statt der gewählten andere Sitzungen anführen und hätte andere Anmerkungen schreiben können; Jane und ich hätten andere Fragen stellen und vielleicht auch andere Schlüsse ziehen können.

Kürzlich blätterte ich in Kapitel 2 dieses Bandes und stieß auf den Text aus Sitzung 915, die von Jane im Mai 1980, ein Jahr vor der Veröffentlichung von »Individuum und Massenschicksal«, abgehalten wurde. Ich war beeindruckt.)

Nun durchläuft Ruburt einige tiefreichende therapeutische Veränderungen, Wahrscheinlichkeiten überschneiden sich an jedem Punkt mit eurer Zeit, und die Wahrscheinlichkeiten haben eine psychische Ausrichtung, und so hält er jetzt — wiederum in euren Begriffen — an einem vorzüglichen Schnittpunkt mit vorzüglichen Aussichten. Laß ihn dies wissen. Und ihr habt euch dies selbst zu verdanken, denn euer beider Leben sind zutiefst miteinander verwoben.

(Warum schrieb ich meine Anmerkungen nicht im Hinblick auf diese Sitzung? Warum hat sich Janes körperliche Verfassung seitdem so sehr verschlechtert, und warum haben wir dieses Abgleiten nicht verhindern können? Rückblickend sieht es so aus, als hätte es zahllose Möglichkeiten gegeben, ihr zu helfen, von denen mindestens einige sicher besser gewesen wären als der Weg, den wir wählten.

Jane aber teilt meine Zweifel nicht. Wie immer ließ sie mich dieses Buch nach meinem Gutdünken zusammenstellen, und unvermeidlicherweise orientierte sich dieses an unseren Bemühungen um Verständ-

nis unserer langjährigen gemeinsamen Situation. Arglos nimmt sie meine Arbeit an, so wie sie herauskommt. Und dieses Vertrauen, des bin ich sicher, spiegelt Seths größere Sicht der Wirklichkeit wider, wie sie im vorstehenden Zitat aus Sitzung 915 deutlich wird. Die Herausforderungen, mit denen wir konfrontiert sind, finden ihren Widerhall in all den wahrscheinlichen Wirklichkeiten, in denen Jane und ich verwurzelt sind, gleichzeitig. In der einen wahrscheinlichen Wirklichkeit, in der wir körperlich leben, arbeiten wir mit dem, was wir von diesem großen Ganzen in Erfahrung zu bringen vermögen. Und wir versuchen fortwährend zu lernen, bessere Fragen zu stellen.

Nun, da wir vorbereitet waren, konnten wir die Sitzung 931 endlich ins Auge fassen.

Kurz vor der Sitzung erinnerte Jane mich daran, wie sehr ihr daran gelegen sei, daß Seth über ihre Traumerfahrung mit Reinkarnationscharakter von heute morgen sprechen würde. Es ist dies bereits ihre zweite Erfahrung dieser Art in vier Monaten, diese ist höchst ungewöhnlich für sie und hat sie sogar dazu bewogen, ihr sündiges Selbst in neuem Licht zu sehen. Nach dem Frühstück hatte sie einen vorläufigen Bericht über das, woran sie sich erinnern konnte, geschrieben. Sie glaubt, daß die Erfahrung durch einen interessanten Fernsehfilm ausgelöst wurde, den sie gestern abend angeschaut hatte. Ich sah lediglich den Schluß der Sendung, doch ging es, wie Jane mir sagte, um jemandes Reise aus einem gegenwärtigen in ein vergangenes Leben. Das Folgende entnehme ich ihrem Tagebuch.)*

Mittwoch, den 15. Juli 1981.

Gestern nacht oder besser heute früh hatte ich eine höchst sonderbare Traumerfahrung, sie war von großer Lebhaftigkeit, während sie sich abspielte, und ganz wichtig, wie ich fühlte, und jetzt kann ich mich kaum mehr daran erinnern. Sie hing zusammen mit einem ausgezeichneten Fernsehfilm einer Reinkarnationsgeschichte, den ich mir gestern abend angeschaut hatte. Ich glaube, in dem Traum ging ich mit dem Gedanken für ein Buch um, das eine Folge zu dem Film bilden sollte — aber ich schaute auch eines oder zwei meiner anderen Leben und sah, wie der Glaube an die Reinkarnation dazu beitrug,

---

* Vergleichen Sie Janes frühere reinkarnatorische Traumerfahrung, die ich in meinen Anmerkungen auf den Seiten 136 f. dieses Buches geschildert habe und die Seth in der persönlichen Sitzung vom 11. März 1981 (auf den Seiten 138 ff.) kommentiert hat.

ein Gespür für die Zukunft zu entwickeln. Ich lernte, besuchsweise in diese Leben einzutreten, die sich noch immer ereigneten und nach denen ich mich, so scheint es mir, sehnte — ohne in diesem Leben zu sterben.

Da gab es eine Straße und andere Szenen aus meiner Vergangenheit, die ich auch malen wollte; eine bedeutsame grüne Flasche; Menschen, die ich von Herzen liebte, auch Rob gehörte vielleicht irgendwie dazu. Sehr viel habe ich ganz vergessen. Doch es ging um Menschen, deren Liebe und Zuneigung sich so äußerten, daß sie einem stets auf irgendeine Weise beistanden. Es ging auch darum, daß wir in Zeit-zu-Zeit-Überlagerungen befangen sind, wie Seth sie erwähnte; daß es zu rhythmischen Überlagerungen kam, als sich Geburtstage oder wichtige Begebenheiten verschiedener Leben überschnitten, wodurch sich diese momentan einander nähern (wie Kometen), wenn der Übertritt von einem ins andere und der Austausch untereinander leichter sind.

Ferner daß meine körperlichen Schwierigkeiten unter anderem auch aus der Angst vor dem Unbekannten entstanden, als mir aufging, daß ich sensitiv begabt war, und daß uns mit bestimmten Freunden, die wir hier gewonnen haben, Beziehungen reinkarnatorischen Ursprungs aus anderen Leben verbinden, weshalb sie jetzt auch Unterstützung gewähren, sofern ich sie nur annehme.

Wie ein Glaube an Reinkarnation und Unsterblichkeit dem Leben eine starke Grundlage geben würde, so daß es nicht mehr als Sackgasse erschiene. Daß ich ruhig, da nun das dokumentierte Material über das sündige Selbst vorliegt, zugeben könnte, wie sehr ich tatsächlich bestimmte Ängste hege (statt vorzutäuschen, davon frei zu sein). Weil ich sie, nachdem sie einmal ans Licht gebracht sind, wirklich verkraften und auch einsehen könnte, wie sie entstanden sind. Etliches auch darüber, wie die Gesellschaft, ob sie es nun weiß oder nicht, in ein reinkarnatorisches Netzwerk eingebunden ist und wie Zugehörigkeit sozusagen viele Leben stark ist. Nur sind dies alles bloße Gedanken, die mir von der Erfahrung geblieben sind, während ich die Ereignisse selbst mit ihren äußerst farbigen und gefühlsbetonten Szenen vergessen habe.

(Ich sagte Jane sofort, nachdem ich ihre Tagebucheintragung gelesen hatte, ihr Material werfe unzählige Fragen auf. Wie groß mag die Vielfalt von Verbindungen zwischen den Wesenheiten der Lebenden und der Toten sein? Wie mag die Wiederbegegnung solcher Wesenheiten,

die einander in anderen Leben in Liebe verbunden waren, ausfallen, wie die Liebe für den Gefährten oder die Gefährtin, die zurückblieben? Und entbehrt es nicht der Ironie, wenn der noch verkörperte um den dahingegangenen geliebten Menschen trauert, während dieser vielleicht freudig der Verbindung mit anderen Existenzen, anderen Lieben gewahr wird?

Natürlich sind da alle möglichen Varianten denkbar: Die Wesenheit eines verstorbenen Menschen mag in ihrem Gefühlsleben, das ja nichtmaterieller Natur ist, einen Kummer haben, der dem des Hinterbliebenen gleichkommt; ihrer beider Leid könnte wohl eine Bindung schaffen, die stärker sein mag als jede andere Beziehung. Oder der Hinterbliebene könnte sich von dem verstorbenen Partner, Verwandten oder Freund abwenden, um sich geistig-seelisch und auch körperlich freizumachen. Die Vielfalt möglicher Beziehungen zwischen Eltern und Kindern, ganz gleich auf wessen Seite der Tod eintritt, muß gewaltig sein.

Wie allerdings naheliegt, könnte Janes reinkarnatorisches Abenteuer einen doppelten Sinn haben: Nicht nur hat es ihr Einsichten in bezug auf ihr sündiges Selbst vermittelt, sondern es bietet sich auch als Stoff für »Träume, ›Evolution‹ und Werterfüllung« an. Sie hatte in letzter Zeit verschiedentlich Sitzungsprotokolle durchgesehen, die für dieses Buch bestimmt waren. Ich hätte daher gar nicht so überrascht sein sollen, als sie mich fragte, ob es mir etwas ausmache, heute abend am Buch zu arbeiten. Natürlich war ich einverstanden. Falls Seth über ihr Erlebnis sprechen würde, meinte Jane, so wäre es voraussichtlich im Zusammenhang mit dem Thema der »Zeitüberlagerungen«. Es machte sie nicht nervös, von neuem das Buch anzugehen. Sie sagte, Buchdiktat bedeute in diesem Moment einfach, auf persönliches Material oder ihr geplantes Buch über die magische Einstellung zu verzichten. — Beginn der Sitzung um 20.37 Uhr.)

Nun, guten Abend.

(»Guten Abend, Seth.«)

(Langsam, mit vielen langen Pausen:) Z e i t ü b e r l a g e r u n g e n sind Versionen von Zentralereignissen, indem ein umfassendes Geschehen mit einer seiner »Seiten« in einer bestimmten Zeit zum Ausdruck kommt, mit einer anderen hingegen in einer anderen Zeit und so weiter.

Zeitüberlagerungen sind also Spielarten oder eine Art Spiegelungen bestimmter Geschehnisse zu verschiedenen Zeiten. Solche Zeitüberlagerungen gibt es immer. *(Pause.)* Sie können durch gewisse Assoziationen aktiviert werden, und sie erlauben euch daher in eurer Gegenwart gelegentlich flüchtige Einblicke in die Zukunft oder in die Vergangenheit. Die sogenannte Gegenwart wird also gleichsam verdichtet. Dem liegt die innere Wahrnehmung der Psyche zugrunde, daß sämtliche Geschehnisse untereinander verbunden sind und daß reinkarnationsbedingte Erfahrungen eines jeden Individuums eine reiche Quelle eines Wissens bilden, aus der jeder Mensch, wiewohl meist nur unbewußt, schöpft.

Dieses normalerweise unbewußte Wissen ist für die ganze Gattung von großer Bedeutung, denn somit beschränkt sich wenigstens im Raum innerer Erfahrung das Wissen der Menschheit nicht auf irgendeine gerade lebende Generation; dieses kann vielmehr innerhalb des weiterreichenden reinkarnatorischen Netzwerks zirkulieren. Hier sind natürlich besonders die Wahrscheinlichkeiten mit im Spiel, und es ist für bestimmte Erfahrungen leichter als für andere, in eine bestimmte Zeitsequenz einzufallen.

Doch möchte ich nicht, daß ihr glaubt, bestimmte Geschehnisse notgedrungen erfahren zu müssen, denn das ist nicht der Fall. Aber es wird Erfahrungen in eurem Leben geben, die in euren anderen reinkarnationsverbundenen Existenzen als Überlagerungen erscheinen können. Es gibt jedoch Punkte, an denen euch solche Geschehnisse näher sind als an anderen, in denen gedankliche Assoziationen euch zu jeder Zeit in Verbindung* mit anderen ähnlich gearteten Geschehnissen in irgendeinem vergangenen oder zukünftigen Leben setzen. Richtiger wäre zu sagen, daß diese ähnlichen Geschehnisse zeitliche Versionen eines einzelnen größeren Geschehens sind. In der Regel erfahrt ihr nur eine zeitliche Version irgendeines Vorgangs. Doch läßt sich, denke ich, unschwer sehen, in welcher Weise ein Geburtstag oder Jahrestag oder ein besonderes Objekt oder Symbol als assoziative Verbindung dienen kann, um in euch Erinnerungen an Gegebenheiten oder Vorgänge heraufzubeschwören, die unter ähnlichen Umständen zu anderen Zeiten stattgefunden haben.

(20.45 Uhr.) Diese Art psychologisch begründeten Verhaltens bil-

---

* Vergleichen Sie in diesem Kapitel den Auszug 3 auf den Seiten 104 f. zur 920sten Sitzung. Ich legte Seths Kommentar zu einem Fallbeispiel der Übereinstimmung oder eben Verbindung zwischen Jane und mir vor, zusammen mit seiner kurzen, eher allgemein gehaltenen Erörterung dieses Phänomens.

det ganz eigentlich das Rückgrat aller gesellschaftlichen Organisationen der Menschheit, und es sind die normalerweise unbewußten, doch durchaus präzisen vergangenen und künftigen Erinnerungen an reinkarnationsbedingte Beziehungen, welche die gesellschaftlichen Organisationen, vom kleinsten Stammesverband bis hin zum größten Staatsgebilde, im Innersten zusammenhalten.

Bis zu einem gewissen Grade freilich steht jedes Individuum mit jedem anderen in Beziehung. In diesem Lichte gesehen stehen alle zeitlichen Geschehnisse miteinander in Tuchfühlung. In jedem Augenblick eures Lebens steht ihr in Tuchfühlung mit einem künftigen oder vergangenen Ereignis.

In der Kultur, die ihr kennt, bleiben euch solche Informationen vorenthalten. Die vorherrschenden Glaubenssysteme eurer Zeit und Kultur nähren in euch den Glauben, daß euer gegenwärtiges Leben das einzige sei, das es gibt, daß ihm keinerlei Wissen um andere Existenzerfahrungen zugrunde liege und daß es vorbestimmt sei, irgendwann einfach abgeschnitten oder ausgelöscht zu werden — ohne jegliche Zukunft. In Wirklichkeit jedoch *(nachdrücklich)* tragt ihr allezeit in euch das innere Wissen um ungezählte wahrscheinliche Zukünfte. Euer Gefühlsleben wird durch die unbewußte Einsicht bereichert, daß ihr mit denjenigen, deren Liebe euch in Vergangenheit und Zukunft gehört, durch innige Bande verknüpft seid, die für euch grundlegend sind und die zu eurem natürlichen gefühlsmäßigen Erbe gehören.

Wie schon so oft, vor allem in der Romanliteratur, vermutet wurde, überleben Liebesbeziehungen tatsächlich die Zeit, und sie versetzen euch in eine spezielle Verbindung der Übereinstimmung. Und ein Gewahrwerden anderer, mit euch über die Zeit hinweg verbundener Existenzen würde auch keine Gefährdung eurer psychischen Verfassung bedeuten, die ihren Vorrang behielte — denn nur innerhalb bestimmter Raum- und Zeitüberschneidungen können sich konkretmaterielle Vorgänge abspielen. Doch würde die mehr oder minder allgemeine Annahme der Theorie der Reinkarnation eure gesellschaftlichen Systeme wie von selbst verändern, zum Reichtum eurer Erfahrungen beitragen und insbesondere ein erfreulich frisches Gefühl für die Zukunft vermitteln, so daß euch euer Leben nicht mehr als Sackgasse erscheinen würde.

Ich habe schon mehrere Male erwähnt, daß wir einen Punkt erreichen müssen, an dem ihr imstande seid, bei scheinbar widersprüchlichem Material gewissermaßen um die Ecke zu blicken,* und hier haben wir eine dieser Gelegenheiten. *(Lange Pause.)* Zeitüberlagerungen liefern euch ein Gesamtbild, in dem ihr über freien Willen verfügt — doch wird jedes Geschehnis, das ihr wählt, seine eigene Zeitversion haben. Nun können diese Zeitversionen sich völlig voneinander unterscheiden, und während ihr zweifellos eure eigene Zeitversion ins Leben ruft, *(nachdrücklich)* gibt es in Wirklichkeit weder Ort noch Zeit als definitiven Ausgangspunkt dieser Version.

(21.14 Uhr.) Eine solche Zeitversion legt natürlich ein Vorkommnis in der Zeit nahe, und doch wird sich das Ereignis vielleicht kaum manifestieren oder nur eine geisterhafte Spur hinterlassen; während sie in einem anderen Leben von vorrangiger Bedeutung sein mag, steht sie in eurer eigenen Erfahrung vielleicht nur für ein triviales Vorkommnis an irgendeinem gewöhnlichen Nachmittag.

Der innere Kern der Ereignisse jedoch wird von ebendieser Art Aktivität zusammengehalten. Ihr werdet allenthalben von einem unerschöpflichen Quell wahrscheinlicher Ereignisse aus Vergangenheit und Gegenwart versorgt, aus denen ihr die Geschehensabläufe eures Lebens und eurer Gesellschaft zusammenstellt. Und einmal mehr möchte ich darauf hinweisen, daß, wie ihr schon wißt, alle Zeit simultan, also eins ist.

Dies wurde für Ruburt letzte Nacht neuerlich evident aufgrund eines Erlebnisses im Traumzustand, bei dem er Einblicke in Ausschnitte aus zwei anderen Leben gewann — nicht mehr als kurze Einblicke in andere Lebensräume, doch in so beglückender Weise erfüllt von wünschenswerter Zuwendung und geliebten Menschen, so voll lebendiger Unmittelbarkeit, daß er tief betroffen war infolge der Erkenntnis, daß das weitmaschig und tief verflochtene Netzwerk des Daseins in diesem gegenwärtigen Leben allenthalben spürbar ist.

Ihm schien, daß er von einer jeden der von ihm erfahrenen Existenz in eine andere eintreten könne, etwa wie man von einem Raum in einen anderen geht, und er wußte, daß dies in anderen Erfah-

* Seth erörterte sein »scheinbar widersprüchliches Material« durchgehend während der ganzen 918ten Sitzung, der letzten in Kapitel 2 dieses Buches, und bis 21.46 Uhr in der 919ten Sitzung in Kapitel 3. Bei meinen Nachforschungen für diese kleine Anmerkung war ich wieder einmal überrascht, als mir aufging, daß Jane die beiden genannten Sitzungen vor mehr als dreizehn Monaten abgehalten hatte — Anfang Juni 1980.

rungsräumen der Psyche tatsächlich möglich war — und natürlich stehen dort diese psychischen Türen offen.

(21.25 Uhr. Mit vielen Pausen, doch immer mit Nachdruck:) Ruburt hatte allerdings besondere Schwierigkeiten mit »der Lehre der Reinkarnation«*, da sie, wie ihm schien, nach landläufiger Auffassung vor allem für gegenwärtiges Mißgeschick verantwortlich gemacht wird oder persönliches Verhalten rechtfertigen soll, für das sich scheinbar keine bessere Erklärung finden läßt, und so kam sie in Verruf. In Wirklichkeit dient das Konzept richtigverstandener Reinkarnation dem Zweck, im Bezugsrahmen der Zeit, wie ihr sie versteht, Prozesse in Gang zu bringen, die das Gefühl des Einsseins der Gattung fördern, die vorhandene Wissensstrukturen verstärken und wichtige Informationen übermitteln; vor allem aber dient es der Aufgabe, zwischen Generationen von Männern und Frauen Beziehungen in Gang zu halten und zu fördern, in denen es vornehmlich um Liebe, Brüderlichkeit und Zusammenarbeit geht, Generationen, die andernfalls ganz isoliert voneinander wären.

Dank solcher Beziehungen stehen beispielsweise die Höhlenmen-

---

* Obwohl Jane »besondere Schwierigkeiten« mit der Reinkarnationslehre hatte, hat sie doch dank Seths Vermittlung wie auch spontan in ihrer Lyrik aufgrund ihrer Sensitivität immer »Fenster« offengehalten, durch die sie der Reinkarnationsidee zuzuordnende Wahrnehmungen und Gefühle empfangen und ausdrücken konnte. Dies wird sich in dichterischer Weise zeigen, wenn *»If We Live Again«* veröffentlicht sein wird. (Wahrscheinlich im Dezember; die Korrekturabzüge der Prentice-Hall können jeden Tag eintreffen.) Schon in der Lyrik ihrer Jugendzeit brachte Jane der Reinkarnation verwandte Ideen zum Ausdruck, bevor sie überhaupt das Wort kannte — eine Thematik, die von den Klerikern, die Jane und ihre bettlägerige Mutter zu Hause besuchten, aufs schärfste mißbilligt wurde.

Ich habe schon früher bemerkt, daß Seth selbst Reinkarnationsmaterial rückhaltlos zum Ausdruck bringt. Wenn ich mir bestimmte Tonbandaufnahmen anhöre, die von Teilnehmern von Janes ASW-Seminaren in den frühen siebziger Jahren gemacht wurden, dann höre ich Seth oft freimütig und spontan sowohl Kursteilnehmern als auch Besuchern, die zum erstenmal dabei waren, sehr detaillierte und tiefe Einsichten in ihre »anderen« Leben vermitteln; er erklärt, wie sich Ereignisse und Emotionen aus anderen Existenzen mit Erfahrungen des gegenwärtigen Lebens vermischen können. Jane fängt noch immer solche Informationen auf, aber sie bringt sie jetzt nur noch selten durch Seth zum Ausdruck. Ich denke, es ist ihre mit ihrer frühen religiösen Prägung zusammenhängende tiefe Besorgnis, andere in die Irre zu führen, die ihr das weitgehend verbietet. Vergleichen Sie Janes auf den Seiten 137 f. und 160 f. geschilderte Traumerfahrungen, aus denen hervorgeht, daß sie ein ähnliches »Fenster« auch im Traumzustand offenhält.

schen und die Menschen unseres Jahrhunderts in »Tuchfühlung« miteinander, wo doch nach euren Kriterien der Wissenschaft und der Zeit die menschliche Gattung ohne irgendwelchen Kontakt mit ihren »früheren« oder »späteren« Vertretern zu existieren scheint.

Dieses Beziehungsgeflecht stellt jedoch sicher, daß die übergreifenden Ziele und Intentionen der Menschheit in Richtung Werterfüllung gewahrt bleiben und die dafür jeweils notwendigen Voraussetzungen in Raum und Zeit geschaffen werden. Und auch dabei ist der freie Wille überall mit am Werk.

Während nun dem Anschein nach die Menge der Informationen in eurer Welt ständig wächst, ist eure Wissenschaft relativ eng insofern, als sie nur bestimmten, ganz spezifischen Bereichen der Spekulation Wert beimißt. Die außerhalb der Grenzen ihrer Forschung gelegenen Bereiche werden tabuisiert. So zählt nun aufgrund vorgetriebener Forschungen nicht länger das materielle Universum, einschließlich des Weltraums, zum Bereich des Unbekannten, unbekannt sind vielmehr das innere Universum und die Mysterien des Geistes, die außerhalb der Faßbarkeit durch offizielle Forschungstätigkeit erfahren oder vermutet werden. Und so gesehen fürchtet die Wissenschaft das Unbekannte mehr, als es je von der Religion gefürchtet wurde.

Das große Hindernis der *(christlichen)* Religion war — und ist — ihre Interpretation von Gut und Böse, doch stellte sie das Vorhandensein anderer Erfahrungsräume des Bewußtseins oder anders orientierter geistig-seelischer Bestrebungen und Lebensformen nie in Abrede. *(Lange Pause.)* Die Reinkarnationsidee impliziert natürlich die Erweiterung der persönlichen psychischen Existenz, unabhängig von einer bestimmten körperlichen Form und über die Gegenwart gelebter Zeit hinaus; sie impliziert die Übersetzung oder Übermittlung intelligenten Wissens in einem nichtmateriellen Bezugsrahmen wie auch das Vorhandensein zielgerichteter geistig-seelischer Aktivitäten in Form von Erinnerungen und Strebungen ohne irgendein körperliches Substrat. Das sind natürlich Annahmen, die die Wissenschaft in ihrem gegenwärtigen Entwicklungsstand einfach nicht akzeptieren und für die sie einen Beweis nicht erbringen könnte, weil ihren Methoden Erfahrungen der Art, die eine solche Evidenz erbringen könnte, unzugänglich sind.

Also müssen die meisten von euch vor jeder Art persönlicher Erfahrung, die für wiederholte Erdenleben sprechen könnte, geradezu Angst bekommen, denn dann finden sie sich mit den Tabus der Wissenschaft oder auch mit den Voreingenommenheiten bestimmter Religionen konfrontiert. Ihr verschanzt euch gegen viele völlig natürliche Durchbrüche, aus denen euch ganz mühelos Erfahrungen mit euren eigenen reinkarnationsbedingten Existenzen zukommen würden, und so bleibt euch in Zeiten der Belastung oftmals der seelische Trost verwehrt, der euch sonst vielleicht zuteil würde.

Ich will nicht sagen, daß euch unbedingt vollständige Bilder aus anderen Existenzen in den Sinn kommen würden, sondern daß ihr auf die eine oder andere geistige oder seelische Weise Unterstützung erfahren würdet, wenn jene, denen eure Liebe in anderen Leben gehörte, eure Not spüren und darauf antworten würden.

Die Gesamtheit allen Geschehens vollzieht sich also in anderer Weise, als ihr annahmt. Sie reicht allerdings in die für euch wahrnehmbare Wirklichkeit nur mit feinen Ausläufern herein, die jedoch unter der Oberfläche alle mit einer gewaltigen psychischen Aktivität zusammenhängen. Geschehnisse sind gleichsam psychische Mitlaute, ja, Konsonanten, die das Substrat der ungewöhnlicheren Eigenschaften der materiellen Umwelt der Psyche bilden.

Das war Diktat.

(21.57 Uhr. Nachdem er noch einiges an persönlichem Material für Jane durchgegeben hatte, verabschiedete sich Seth um 22.01 Uhr.)

Sitzung 932, Dienstag, den 4. August 1981

(Seth erörterte das sündige Selbst im allgemeinen in nur einer der fünf persönlichen Sitzungen, die Jane abhielt, seit sie vor drei Wochen Material für dieses Buch in der 931sten Sitzung durchgab.

Seit der Sitzung 919 [9. Juni 1980] bis zur Sitzung 932 [4. August 1981] vergingen fast vierzehn Monate der Arbeit an diesem Kapitel. Während dieser Zeit hielt Jane vier Buchsitzungen ab, von denen wir kürzere Passagen privater Natur ausgelassen haben, zehn reguläre, aber nicht für dieses Buch bestimmte Sitzungen, von denen vier wiederum einige kurze Passagen mit persönlichem Material enthielten, und 68 rein persönliche Sitzungen. Hiervon galten 13 Sitzungen dem Material über die »magische Einstellung zur Wirklichkeit« und 27 dem Thema des »sündigen Selbst«. Demnach kam sie während der Entstehung von Kapitel 3 mit insgesamt 82 Sitzungen durch.

*Jane ging es in letzter Zeit gesundheitlich etwas besser.**

»Ende Juli erhielten wir die Korrekturabezüge von »If We Live Again«. Die Durchsicht bereitet Jane vergleichsweise wenig Mühe.

Heute nachmittag führten wir miteinander ein langes Gespräch über den Widerstreit der Gefühle, der sich aus der Diskrepanz zwischen unserem natürlichen Bedürfnis nach einem kreativen Privatleben und der Tatsache ergibt, daß unsere Arbeiten in die Welt hinausgehen. Beide haben wir ein Gefühl ausgeprägter Verantwortung unserer Leserschaft gegenüber. Hier spielt auch wieder Janes sündiges Selbst mit hinein und dessen Einstellung hinsichtlich der nicht abreißenden Angebote von Funk und Fernsehen, durch Vorträge, Interviews, Schallplattenaufnahmen, Tonbandaufzeichnungen und so weiter an die Öffentlichkeit zu treten. Jane hat sich schon seit Jahren dem Zugriff der Medien entzogen. Nachdem sie mit den Durchgaben des Seth-Materials begonnen hatte, dauerte es eine Weile, bevor mir aufging, daß Jane ungeachtet ihrer weltzugewandten, umgänglichen Natur ebensosehr Privatperson ist, wie ich es bin. Beginn der Sitzung um 20.50 Uhr.)

Diktat.

Ich werde in unserer nächsten Sitzung einiges zu eurem Gespräch zu sagen haben.

---

* Im Laufe des vergangenen Jahres machte ich mir zunehmend Sorgen darüber, was ich tun könnte, wenn uns der Ausbruch eines Brandes in der Nacht im Schlafzimmer überraschte. Da das Erdgeschoß des Hügelhauses im konventionellen Stil einer Ranch angelegt ist, liegt unser Schlafzimmer außer Reichweite sowohl der Eingangs- wie der Hintertür; wir betreten es vom Wohnzimmer aus durch einen offenen Korridor. Ein Brand irgendwo im Innern des Hauses könnte mir leicht jeglichen Ausgang mit Jane auf den Armen verunmöglichen (sie auf einem Stuhl fortzubewegen, wäre jedenfalls ausgeschlossen). Da die Fenster in unserem Schlafzimmer ziemlich klein und unterhalb derselben Wacholderbüsche angepflanzt sind, wäre auch dieser Fluchtweg ohne das Risiko von Verletzungen nicht zu nehmen.

Ich versuchte immer wieder, mir diese — eindeutig destruktiven — Gedanken aus dem Sinn zu schlagen, bis ich, mehr denn je wegen Janes körperlicher Verfassung, schließlich klein beigab und zur Tat schritt: Ende Juli ließ ich einen befreundeten Bauunternehmer eine schwere Außentür in der Schlafzimmerwand anbringen, mit einer Stufe ins Freie. Er brachte auch eine Sicherheitstüre zwischen Korridor und Wohnzimmer an, die wir nachts geschlossen halten, und installierte im ganzen Haus Rauchmelder.

In der ihr eigenen Art sagte Jane wenig zu den Verbesserungen, nachdem ich ihr erklärt hatte, warum ich sie für nötig hielt. Und — Glaube oder nicht — ich maß den Erfolg der Maßnahmen an der Tatsache, daß meine Sorgen hinterher wie weggeblasen waren.

Nun, noch einmal: Zentralereignisse sind Geschehnisse, die sich in nachhaltigster Weise auf das System eurer Realität auswirken, auch wenn sich das ursprüngliche Geschehen nicht in der Stoffwelt, sondern in der Welt innerer Erfahrung abspielte. Die meisten Geschehnisse spielen sich sowohl innerhalb wie auch außerhalb der Zeit ab, und sie finden ihren Niederschlag sowohl in einer inneren wie in einer äußeren Wirklichkeit. Ihr nehmt im allgemeinen nur den äußeren Kern der Geschehnisse wahr. Die inneren Vorgänge sind eurer Wahrnehmung entzogen.

Doch enthalten diese inneren Vorgänge vielerlei Hinweise auf angeborene Fähigkeiten, über die ihr als Gattung »in der Vergangenheit« verfügt habt. Und manchmal kommen diese inneren Vorgänge eben doch zum Vorschein. Hierzu ein Beispiel.

Eines Morgens am letzten Wochenende *(am Samstag)* mußte Ruburt sehr intensiv an ein befreundetes Ehepaar denken. Polly und Peter wohnen etwa eine halbe Autostunde von Elmira entfernt. Ruburt empfand plötzlich den Wunsch, die Freunde in größerer Nähe zu wissen, und er sehnte sich nach ihrer Gegenwart. Er stellte sie sich in ihrem Zuhause vor und überraschte sich bei dem Gedanken, sie später anrufen und für den Abend einladen zu wollen, obwohl er bereits mit Joseph abgesprochen hatte, daß sie an diesem Wochenende keine Gäste sehen würden. Auch widerstrebte es Ruburt, Freunde so kurzfristig einzuladen. Dann ging ihm auf, daß diese Gedanken sich ihm ohne Zusammenhang mit seinen vorhergegangenen Überlegungen aufgedrängt hatten; kurz zuvor noch hatte er ja mit Befriedigung festgestellt, daß kein Besuch für den Tag zu erwarten war. Danach hatte er die ganze Angelegenheit vergessen. Eine Viertelstunde später jedoch kehrten diese Gedanken mit erneuter Eindringlichkeit zurück. *(Lange Pause um 21.50 Uhr.)*

Sie beschäftigten ihn etwa fünf Minuten lang. Er nahm sie zur Kenntnis und vergaß sie wieder. Doch hatte er jetzt beschlossen, seine Freunde nicht anzurufen, und so wandte er sich wieder seiner Arbeit zu. Etwa eine halbe Stunde später spielte sich der gleiche gedankliche Vorgang aufs neue ab, und Ruburt drückte Joseph darüber seine Verwunderung aus.

Nach dem Mittagessen traf die Post ein. Darunter befand sich ein Brief, den eben jene Freunde, an die Ruburt so intensiv hatte denken müssen, am Tag zuvor *(Freitag)* geschrieben hatten. Darin teilten sie mit, daß sie *(am Samstag)* mit dem Auto unterwegs sein würden, und fragten an, ob sie am Nachmittag zu Besuch kommen könnten. Aus dem Brief ging hervor, daß Peter und Polly schon frühmorgens abgereist waren und dann bei ihrer Rückfahrt in Elmira eintreffen würden. Natürlich bestand keine Möglichkeit, diesen Brief zu beantworten.

Peter und Polly, so schien es, waren unterwegs und telefonisch unerreichbar, obwohl sie die Nummer ihres Telefonbeantworters angegeben und auch geschrieben hatten, daß sie sich vor der Abreise noch telefonisch melden würden — aber es war kein Anruf gekommen.

Natürlich wäre es einfach, Ruburts Gedanken und Gefühle bloßem Zufall zuzuschreiben. Doch entsann er sich der Lebhaftigkeit seiner Gefühle. Allem Anschein nach würden die Freunde zu Besuch kommen, gerade als hätte Ruburt sie tatsächlich angerufen und eingeladen. Wie sich nachträglich herausstellte, hatte das Ehepaar wegen einer unaufschiebbaren Arbeit seine Reise nicht zur vorgesehenen Zeit antreten können. Statt dessen riefen sie später noch von zu Hause an — um mitzuteilen, daß sie sich eben erst auf den Weg machten und ihre Fahrt in Elmira unterbrechen würden.

Ruburt war inzwischen auf den Anruf vorbereitet. Nun waren der Besuch und Ruburts frühere Gedanken und Gefühle Teil ein und desselben Geschehens, wobei ihm allerdings seine subjektive Erfahrung Hinweise auf die inneren Vorgänge lieferte, die alles Geschehen bewirken. Es geht um mehr als so einfache Fragen wie: Hatte er den Besuch präkognitiv wahrgenommen? Oder hatte er seine Informationen unmittelbar aufgrund Gedankenübertragung von seinen Freunden oder aufgrund des Briefes empfangen, der natürlich schon abgeschickt und zu Ruburt unterwegs gewesen war?

Im Spiel ist hier so etwas wie ein *inneres Gerippe eines sich zusammenfügenden Wahrnehmungsinhalts*, den ein innerer Wahrnehmungsmechanismus mit einer psychischen Abstimmungsvorrichtung im Feld eurer Absichten in Gang setzt. Es ist so etwas wie Hellfühlen oder wie wenn eine innere *(Pause)* Radaranlage, die in einem psychischen Feld von Wahrnehmungen funktioniert, euch das Aufkommen bestimmter euch angehender Geschehnisse zu spüren gäbe, sobald diese Vorkommnisse in den engeren Wahrscheinlichkeitszusammenhang eintreten, dem ihr angeschlossen seid.

Auf diese Art »tretet ihr in das Geschehen ein«, indem ihr es entweder akzeptiert oder als Wahrscheinlichkeit von der Hand weist. Ihr mögt bestimmte Anpassungen vornehmen und vielleicht Einzelheiten ändern; auf jeden Fall aber tretet ihr in innere Prozesse ein, ihr werdet ein Teil davon und nehmt Einfluß auf die Art, den Inhalt oder den Umfang des Geschehens, bevor es materielle Wirklichkeit annimmt.

(21.27 Uhr.) Jahrhundertelang befaßte sich der Mensch vor allem in dieser Weise mit den Ereignissen in seinem Leben, in seinem Dorf oder Stamm.* Eure modernen Kommunikationsverfahren folgen faktisch dem Modell dieser i n n e r e n Vorgänge. Ruburts Gedanken verwoben sich den inneren Vorgängen — bitte hervorheben — b e i n a h e genug, um relativ unbemerkt zu bleiben. Sie waren b e i n a h e unauffällig genug, um später als Zufall gelten zu können. Doch zeichneten sie sich durch besondere Intensität und Lebhaftigkeit und eine merkwürdige Beharrlichkeit aus — Eigenschaften, die, wie Ruburt gelernt hat *(Pause)*, auf ungewöhnliche psychische Vorgänge hindeuten. Der springende Punkt dabei ist, daß in solchen Fällen meistens die subjektive Erkenntnis eines sich nähernden Geschehens so mühelos und durchsichtig in eure Aufmerksamkeit einfließt und sich so reibungslos in das Tagesgeschehen einfügt, daß sie gar nicht recht auffällt. Ihr alle seid daran beteiligt, die Natur und Art allen Geschehens zu gestalten, ohne dies jedoch wahrzunehmen, und ihr laßt euch all die Gelegenheiten entgehen, bei denen diese Vorgänge sichtbar werden.

Falls ihr einmal etwas bemerkt, so fragt ihr euch vielleicht: Sollte es tatsächlich möglich sein, daß ich ein künftiges Ereignis im vorhinein wahrgenommen habe? Ein paar hartnäckige »Experten« mögen später zu »beweisen« versuchen, daß bestimmte Vorkommnisse tatsächlich im voraus wahrgenommen wurden — aber das Entscheidende ist, daß *(eindringlich)* alle Vorkommnisse im voraus wahrgenommen werden und daß ihr tatsächlich in ein Geschehen eintretet, Teil davon werdet, es entweder von euch weist oder die bestimmte Version, die ihr »aufgefangen« habt, akzeptiert oder euch bemüht, gewisse Veränderungen vorzunehmen, die auf die Natur des Geschehens zurückwirken.

Schon der bloße Verstand verfügt über weitaus mehr Informationen über die Struktur von Geschehnissen, als euch bewußt ist. Die

---

* Ich habe schon in meiner Anmerkung am Ende der 922sten Sitzung erwähnt, daß Seth allem Anschein nach über bemerkenswerte Fähigkeiten mündlicher Geschichtsüberlieferung verfügt.

physischen Wahrnehmungsapparaturen sämtlicher Organismen verfügen über ihre eigenen inneren Kommunikationssysteme, die es ermöglichen, Geschehnisse geringfügigster wie auch weltweiter Bedeutung zu manipulieren, bevor sie schließlich in ihren scheinbar endgültigen materiellen Erscheinungsformen in Zeit und Raum sichtbar werden.

Im Grunde ist Zweck und Ziel sämtlichen Geschehens die Werterfüllung — individuell und weltweit. *(Lange Pause.)* Werterfüllung wiederum ist die Schwungkraft, die sozusagen das Räderwerk der Natur antreibt. Wie in der Tat eure materielle Welt ursprünglich aus der »Welt der Träume« auftauchte, so entspringt auch alles Geschehen solchen subjektiven Aktivitäten, und die Lösungen auf individuelle Herausforderungen und Probleme sind stets in eurer Reichweite und können jederzeit in der Stoffwelt eurer Gegenwart sichtbar werden.

Im nächsten Kapitel hoffe ich, euch die Bedeutung der Werterfüllung für euer eigenes Leben zu zeigen und euch Hinweise darauf geben zu können, wie ihr subjektiv und objektiv günstige Gelegenheiten für solche Entwicklungen nutzen könnt.

Ende des Kapitels, Ende des Diktats, Ende der Sitzung, und herzlich einen guten Abend euch beiden.

(»Danke. Gute Nacht.« 21.48 Uhr.)

4
Das Lustprinzip — Gruppenträume und Werterfüllung

Sitzung 933, Freitag, den 7. August 1981

(Weil die erforderlichen Meßgeräte nicht installiert waren, wissen die Regierungsbeamten nicht, welche Strahlungsmengen eigentlich vor 28 Monaten [im März 1979] in den Luftraum von Pennsylvanien entwichen, als der Reaktor Unit Nummer 2 in Harrisburg auf Three Mile Island überhitzt wurde und ein Durchschmelzen der uraniumhaltigen Brennstäbe in seinem Kern drohte. Staatliche Dienststellen haben langfristige Untersuchungen der Bevölkerung angekündigt, um die eventuellen Auswirkungen dieser Strahlung zu ermessen. Doch haben die Wissenschaftler seit 1925 ihre Einschätzungen dessen, was eine »unschädliche« Strahlungsmenge für den Menschen sei, ständig reduziert, und viele glauben, daß es so etwas wie eine völlig harmlose Menge selbst schwacher Strahlung gar nicht gibt. Jede derartige Menge käme zur natürlichen Strahlungsmenge der Erde hinzu, die in unserem Land wie auf der ganzen Welt große Unterschiede aufgrund der Höhenunterschiede und anderer Faktoren aufweist.

Jane und ich denken, daß die psychologischen Auswirkungen des Unfalls von Harrisburg mindestens so schwerwiegend sind wie die gesundheitlichen — und daß sie letztendlich rund um die Welt zu Bewußtsein kommen werden. Meinem Verständnis zufolge sind Art und Ausmaß des mit diesem Unglück verknüpften Bewußtseins der Menschen eine unbekannte Größe.

Kürzlich fragte ich Jane, ob Seth uns Informationen über den Zusammenhang von Bewußtsein und Kernenergie geben könne, und sie versprach mir, daß er das bald erörtern werde. Sein Material wird, so hoffe ich, originelle Einsichten in den ganzen Themenkomplex im allgemeinen bringen und auch die Rolle des Bewußtseins bei Vorkommnissen wie dem Unfall von Harrisburg erhellen. Ich erinnerte Jane daran, daß Seth vor einiger Zeit bemerkt hatte, daß wir Menschen als körperliche Geschöpfe außerstande seien, dem zugrunde liegenden unermeßlichen, unsagbar ehrfurchtgebietenden und schöpferischen Be-

wußtsein All-dessen-was-ist gegenüberzutreten. Ich versuchte, mich der Stelle zu entsinnen. Sie ist Teil der 747sten Sitzung vom 14. Mai 1975. Im wesentlichen war meine Erinnerung recht genau — aber Seths Material wiederzulesen war für mich wie eine Offenbarung. Dank Seth verstand Jane, das Innerste ihres mystischen Wissens zum Ausdruck zu bringen. Ich wiederhole hier die Botschaft.)

»All-das-was-ist erschafft seine Realität von Augenblick zu Augenblick. Jede Welt hat ihren eigenen Impetus, doch letztlich sind alle Welten miteinander verbunden. Die wahren Dimensionen göttlicher Schöpferkraft wären für irgendein einzelnes Bewußtsein, wie bedeutsam und weitreichend es auch immer sein mag, unerträglich; *(durchgehend höchst eindringlich)* ganze Welten spiralen sich hinaus mit jedem ›Augenblick‹ eines kosmischen Atemzugs, wobei die Trennung der Welten eine Notwendigkeit ist, und das individuelle und kollektive Begreifen wächst immer derart, daß All-das-was-ist sich in Mikrosekunden vervielfacht und Vergangenheiten und Zukünfte und andere Zeitmuster, die ihr nicht kennt, erschafft. Eine jede Welt ist eine Wirklichkeit für sich, mit ihren eigenen Potentialen, und kein noch so winziges einzelnes Bewußtsein geht je verloren.«

(Vor sechs Wochen wurden in Teheran über 150 Vertreter der herrschenden Islamischen Republikanischen Partei durch Bombenexplosionen getötet, wobei das Gebäude ihres Hauptquartiers zerstört wurde. Zunächst beschuldigten revolutionäre Eiferer den »Großen Satan« Amerika des Verbrechens. Sie beschuldigten auch den Irak, der mit dem Iran Krieg führt, aber es ist so gut wie sicher, daß eine der mindestens zwölf iranischen revolutionären Untergrundorganisationen dafür verantwortlich ist. Der Massenmord hatte eine sofortige Verschärfung der Regierungskampagne zur Eliminierung von Gegnern der klerikalen schiitischen Herrschaft zur Folge. Über 70 Dissidenten waren zum Zeitpunkt der Explosion bereits hingerichtet, und viele weitere wurden seitdem verhaftet.

Dann las ich gestern einen ausführlichen Bericht über die schweren Verfolgungen, denen die Bekenner des Bahai-Glaubens in Iran durch die Regierung und die schiitische Priesterschaft ausgesetzt sind. Warum, so fragte ich mich beim Lesen, unterdrücken Iraner eine ganze Bevölkerungsgruppe anderer Iraner in so übler Weise und versuchen, sie auszurotten? Der Haß, den die Schiiten auf die Bahais hegen, gründet sich auf jahrhundertealtes religiöses Eiferertum. Obwohl auch sie nur einen Gott und den Koran verehren, sind die Bahais zu liberal in ihrer friedlichen und fortschrittlichen Denk- und Lebensweise; sie sind als unpatriotisch und ketzerisch verschrieen. Und es scheint, daß tagtäglich Bahais angegriffen, enteignet, gelyncht oder hingerichtet werden.

*All diese Geschehnisse — Bombenanschläge, Verfolgungen, Gemetzel — ließen mich an große, lose Bewußtseinsgruppierungen denken, die sich in wilder Revolte entladen, wobei ein jedes Bewußtsein individuell und kollektiv für und gegen andere »arbeitet«, ein jedes neue schöpferische Aspekte seiner selbst innerhalb des Rahmens einer gewählten nationalen Struktur zu erkennen trachtet.**

Jane beendete die Durchsicht der Korrekturabzüge von »If We Live Again« fünf Tage nachdem sie sie von der Prentice-Hall erhalten hatte, und gestern schickte ich sie zurück. Tam Mossman sagte uns, daß das Buch wahrscheinlich noch vor Jahresende herauskommen werde.

In den einleitenden Anmerkungen zur Sitzung 931, Kapitel 3, berichtete ich, daß Jane am 8. Juli spontan den vollständigen Entwurf für

---

* Manchmal hören Jane und ich miteinander und manchmal jeder für sich Ausschnitte von Tonbandaufnahmen an, die Teilnehmer von ASW-Kursen gemacht hatten. Kaum hatte ich meine vorstehenden Gedanken über das Wirken des Bewußtseins zu Papier gebracht, erinnerte ich mich an eine Seth-Botschaft, die vor bald elf Jahren an die Teilnehmer des Kurses vom 3. November 1970 durchkam:

»Gewalt wird sich immer schöpferisch auswirken. Ihr tut aber, wenn ihr gewalttätig seid, euch selbst Gewalt an. Ihr seid ein Teil All-dessen-was-ist — Teil der gesamten Natur, die ihr kennt und erlebt, Teil der euch bekannten Welt, die ihr bejaht, wie auch derjenigen, die ihr nicht bejaht! Wenn ihr einer Fliege die Flügel ausreißt, habt ihr euch selbst geschmälert! Wenn ihr absichtlich eine Ameise zertretet, dann zertretet ihr ahnungslos euch selbst! Gewalt wird sich immer schöpferisch auswirken. Doch wenn ihr das nicht einseht — und ihr seht es nicht ein —, dann ist Gewalt immer Gewalt gegen euch selbst. Das gilt für jeden einzelnen von euch. Der Mensch kann, ganz gleich, was er tut, im Grunde nichts zerstören — solange er jedoch an Zerstörung glaubt, beeinträchtigt er sich selbst, so daß es ihn viel Mühe kostet, in aufbauender Weise kreativ tätig zu werden.«

Eine weitere Seth-Information in einer ausnahmsweise nicht datierten Tonbandaufnahme aus dem Jahr 1974 lautet:

»Aktivität jeglicher Art ist schöpferisch, und Schöpfung geschieht ständig — kraft Energie. Wenn ihr Atome und Sterne beobachtet, dann seid ihr Augenzeugen simultaner Aktivität. Eurer Auffassung gemäß blickt ihr dabei gleichzeitig in Vergangenheit und Zukunft. Von der Landschaft eures Gehirns aus versucht ihr, die Landschaft des Geistes zu überblicken. Ihr nehmt das Bewußtsein nicht innerhalb eures Selbst wahr. Ihr nehmt auch das Bewußtsein nicht innerhalb eines Sterns wahr. Und doch ist der Stern die materielle Verkörperung eines anderen Bewußtseins, die ihr — und nur diese Verkörperung — in eurer Wirklichkeit wahrnehmt.«

ein Buch über Seths »magische Einstellung zur Wirklichkeit« niederschrieb. Tatsächlich waren wir uns des Potentials einer solchen Idee, seit Seth vor einem Jahr dieses Material durchzugeben begann, immer bewußt gewesen. Nach dem Abendessen gingen wir heute das aus losen Blättern bestehende Notizheft mit Informationen durch, die Jane für dieses Buchprojekt angesammelt hat, und diskutierten die Frage, wie sie wohl am besten vorgehen könne, um ihrem Plan gemäß all das Material — über unsere Träume, parapsychische Einsichten und Vorkommnisse, ihre Lyrik und unsere Essays — mit den aus persönlichen Sitzungen stammenden Seth-Informationen über die magische Einstellung zur Wirklichkeit zu kombinieren. Im vergangenen Jahr hatte ihr dies des öfteren Schwierigkeiten bereitet. Ein solches Buch vorzulegen würde bedeuten, daß eine Menge Seth-Material veröffentlicht wird, das sonst in unseren Akten liegenbliebe und möglicherweise nie zur Veröffentlichung käme. Mir will jetzt scheinen, daß viele dieser Sitzungen gar nicht so persönlich sind und auch für andere Menschen eine Hilfe sein könnten. Je mehr ich über diese Idee sprach, desto besser gefiel sie mir. Jane ließ sich, wie es schien, von meinem Enthusiasmus anstecken.

Dann ließ ich, kurz vor der Sitzung, meine Frage anklingen über die Reaktionen ihres sündigen Selbst auf meine mit den ihren vereinten Bemühungen der letzten Wochen, ihr zu helfen. Die erwünschte körperliche Reaktion ist bisher ausgeblieben, und so wollte ich wissen, ob wir etwa ihr sündiges Selbst nur bei seinen Versuchen bestärkt haben, sie »unter Kontrolle« zu halten. Ich erklärte, daß alle Bemühungen, ihr weiterzuhelfen, jedes Mal zunichte gemacht wurden, weil wir nur immer wieder von neuem die Ängste ihres sündigen Selbst heraufbeschworen hatten und dieses daher versuchte, sie seines falschverstandenen restriktiven Schutzes zu versichern.

Janes Idee für heute abend war, eine Sitzung ausschließlich für dieses Buch abzuhalten: »Ich will nicht noch mehr persönliche Sachen, die mir nur immer das Gefühl geben, wie daneben ich bin«, sagte sie. Ich gab ihr zu bedenken, daß mit ihrem »sündigen Selbst« ja lediglich bestimmte Ideen gemeint sind, die wir aus praktischen Gründen personifiziert haben.

Beginn der Sitzung um 20.22 Uhr.)

Zunächst einmal Diktat.

Nächstes Kapitel *(das vierte):* Das Lustprinzip — Gruppenträume und Werterfüllung.

Wie ich schon häufig erwähnte, seid ihr in unterschiedlichem Ausmaß an allem Geschehen beteiligt, und geistig-seelisch seid ihr deshalb Mitwirkende bei der Herausbildung auch allen globalen Geschehens, das sich, sei es nun sogenannt naturgegebener oder kultureller Art, in der Welt abspielt.

Ich sprach auch schon über die Bedeutung der Träume in der Vorgeschichte des Menschen und ihre Bedeutung für euch als Gattung. Nun möchte ich die gesellschaftlichen Aspekte der Träume und die Tatsache hervorheben, daß Träume euch auch so manche Prozesse verdeutlichen, die mit der faktischen Entstehung materiellen Geschehens zu tun haben: In anderen Bewußtseinsrealitäten tretet ihr tatsächlich in ein Geschehen ein, lange bevor es materiell zutage tritt, und ein gut Teil dieser vorhergehenden Aktivität spielt sich im Traumzustand ab.

Indes (und seid bitte dessen eingedenk, was ich über scheinbare Widersprüche sagte) sind eure Träume auch eine Art gesellschaftlich relevanter Ereignisse. Ihr könnt euch den Traumzustand fast wie ein inneres öffentliches Forum denken, in dem jeder Mann und jede Frau das Seine, das Ihre zu sagen hat und in dem jede Meinung, auch die unpopulärste, erwogen wird. Wenn ihr irgendeinen Traum als einen höchstpersönlichen Vorgang bezeichnet, dann muß ich euch sagen, daß dieser höchstpersönliche Vorgang in Wirklichkeit euer persönlicher Beitrag zu einem größeren vielschichtigen Traumgeschehen ist. Auf der einen Ebene geht es um die Interessen einer Gruppe, der ihr angehört — um eure Familie zum Beispiel —, auf der anderen um die von euch erwählte politische oder religiöse Organisation; diese Träume beeinflussen »nach außen« die Belange eures Landes und der Welt insgesamt. *(Pause.)* Wie euer bewußtes Privatleben normalerweise im Rahmen der einen oder anderen Gemeinschaft stattfindet, so bewegen sich auch eure Träume im selben Kontext, so daß ihr, wenn ihr für euch selber träumt, bis zu einem gewissen Grade auch für eure Familie, eure Gemeinde, euer Land, ja für die Welt träumt.

Gruppenträume galten in der Vorzeit als Selbstverständlichkeit, als eine natürliche Fähigkeit menschlicher Gemeinschaften. Wenn, zum Beispiel, ein Stammesverband in einer Dürrezeit neue Wohngebiete suchen mußte, so ergingen sich die Stammesangehörigen in Träumen, in denen sie sich mit dem Problem auseinandersetzten, ein jeder unter den Gesichtspunkten, die seinen persönlichen Fähigkeiten und

Absichten am meisten entsprachen. Die Träumer stellten aufgrund innerer Wahrnehmung das Ausmaß der Dürre fest und kundschafteten neues Land aus.

(Nach einer Pause um 20.43 Uhr:) Diese Träume wurden am folgenden Morgen dem Stammesältesten oder im Stammeskreis erzählt, aber auch über innere Kommunikation den Träumern in anderen Dörfern oder sogar anderer Stämme, die vielleicht hundert oder mehr Meilen entfernt waren, mitgeteilt und im Licht auch von deren Träumen erörtert. Manche dieser Träume hatten eine unmittelbare Botschaft zum Inhalt, andere waren der Eigenart des Träumers entsprechend in Symbole gefaßt; in jedem Fall jedoch wurde den Träumen eine für die Gemeinschaft wie auch den einzelnen wichtige Bedeutung beigemessen.

Und diese Bedeutung kommt Träumen auch heute noch zu, obwohl die Trauminhalte oft vergessen werden. Ihr allerdings seht euch, um Nachrichten oder Rat einzuholen, die Morgenmeldungen in der Zeitung oder im Fernsehen an, eine Art technologische Traumfabrikate, die ebenfalls der Kommunikation dienen. Der Mensch der Vorzeit jedoch sandte, statt Journalisten und Bildreporter in die entlegensten Winkel der Welt auszuschicken, Aspekte seiner selbst aus, um Nachrichten einzuholen und in Traumgeschehen umzuwandeln. Ein großer Teil des Materials brauchte gar nicht zu Bewußtsein zu kommen: Man handelte »unbewußt« danach, setzte es unmittelbar in Handlung um. Heute wirken solche Träume einfach als Verstärkersysteme, die immer, wenn sie gebraucht werden, zur Geltung kommen. Ihre Aufgabe war und ist es, die Werterfüllung der Gattung und des Individuums zu steigern.

Psychologen sprechen oft von den »Bedürfnissen« des Menschen. Ich würde hier statt dessen lieber von der L u s t des Menschen sprechen, denn es charakterisiert die Werterfüllung, daß sie als lustvoll empfunden wird. Dem Menschen oder der Natur ist nicht so sehr daran gelegen, Bedürfnisse zu befriedigen, als vielmehr in überschwenglicher, ausgelassener Weise Lust zu suchen, und seiner Lust folgend findet und befriedigt jeder Organismus zugleich auch seine Bedürfnisse. Weit mehr ist im Spiel als bloße Bedürfnisbefriedigung, denn das Leben ist allenthalben erfüllt vom Streben nach Qualität — einer Qualität, die den Wert von Lust und Vergnügen bekräftigt.

Euren Begriffen zufolge zieht ihr großen Lustgewinn aus Arbeit und Spiel, aus Erregung und Ruhe, aus Anstrengung und Entspannung *(lange Pause),* doch das Wort »Lust« selbst ist in Verruf gekommen und erregt die Mißbilligung der Tugendwächter.

(Nach langer Pause um 21.00 Uhr:) Ein Hauptzweck des Träumens besteht darin, Lust und Vergnügen des Menschen zu vermehren, und das heißt die Qualität des Daseins selbst zu steigern. Träume sind eine Kombination von geistiger Arbeit und kreativem Spiel, es sind sensitive und emotionale schöpferische Schauspiele. Auch beziehen sie euch in produktivste Unternehmungen mit ein, wenn ihr mit Versionen geträumter Geschehnisse zu spielen beginnt, die für eine Verwirklichung in der Materiewelt in Betracht gezogen werden — wenn ihr in eurer persönlichen Erfahrungswirklichkeit die wahrscheinlichen Ereignisse »mustert«, die eure Familie, Stammesgemeinschaft, Organisation, Gemeinde und Nation verwirklichen wird. *(Lange Pause um 21.06 Uhr.)*

Ende des Diktats.

(Wie schon in seiner Begrüßung heute abend angedeutet, hatte Seth ungeachtet des von Jane bekundeten Desinteresses in der Tat einiges Material für uns — und dieses Material enthielt ein paar Überraschungen. Bitte sehen Sie die folgenden Ausführungen im Zusammenhang mit den vorangegangenen dieser Sitzung.)

(21.07 Uhr:) Dein Kommentar von vorhin *(über Janes sündiges Selbst)* trifft die Sache. Vergiß bitte nie, daß die Bezeichnung »sündiges Selbst« nur das vielleicht überdeutliche Bild ist, um bestimmte Einstellungen zu kennzeichnen. Und diese Einstellungen ändern sich tatsächlich.

Was jedoch unser *(vorliegendes)* Buch betrifft, so war Ruburt seinerseits wegen d e i n e r Einstellung besorgt. Und natürlich beeinträchtigten seine allgemeinen Besorgnisse wiederum seinen schöpferischen Prozeß, was ihn noch mehr beunruhigte. Wieder einmal haben wir es mit diesem Verantwortungsgefühl zu tun, und es ist ganz entscheidend, daß alles, was er schreibt oder sonst tut, aus Freude an der Sache und nicht aus irgendeinem Sollen oder Müssen heraus geschieht, und das gilt sowohl für mein Buch wie auch für sein eigenes.

Er nimmt alles viel zu schwer und sieht die ganze Situation in zu düsterem Licht, wie auch du das bisweilen tust, so daß die Sache *(der Symptome)* hoffnungslos erscheint: »Der Verlauf liegt ja auf der Hand ...« und dergleichen Äußerungen mehr.

Derartige Projektionen halten eine nachteilige Situation weiterhin aufrecht. Ihr bekommt eben das, worauf ihr euch konzentriert. Ich versuche fortwährend, eure Konzentrationsblockaden aufzubrechen, und das ist mir auch verschiedentlich gelungen, so daß auf allen Gebieten kreative Veränderungen sichtbar werden, Ruburts Gesundheitszustand mit inbegriffen.

Bisher jedoch haben sich immer wieder die alten Gewohnheiten eingeschlichen, und ungeachtet all eurer guten Absichten ist die Idee, die Vorgänge zu einem Krisenpunkt kommen zu lassen, immer noch weit weniger hilfreich, als sie zu sein scheint. Das soll nicht heißen, daß eine solche Methode nicht bisweilen wirksam wäre. Es soll heißen, daß es alles in allem eine schwierige Methode ist, und ich kann euch, in aller Aufrichtigkeit und Deutlichkeit, nur wiederholen, was ich euch schon einmal nahelegte: Ganz gleich, wie wirklichkeitsfremd es euch gelegentlich auch vorkommen mag — im Grunde verliert jede nachteilige Situation an Bedeutung, wenn ihr sie in eurer Vorstellung herunterspielt, wenn ihr in eurem Denken derselben weniger Gewicht beimeßt und euch beispielsweise sagt: »Nun, es könnte schlimmer sein!« und eure Aufmerksamkeit anderen Dingen zuwendet.

Der springende Punkt dabei ist natürlich, nichts Negatives in die Zukunft zu projizieren, denn damit zieht ihr Unerwünschtes geradezu an. Wenn auch körperliche Beschwerden sich bereits in der Gegenwart zeigen, könnt ihr euch dennoch klarmachen, daß bei allem Augenschein, mit dem ihr konfrontiert seid, sich dieser Augenschein notwendigermaßen wandeln muß — und wandeln kann, und sich tatsächlich wandelt in der Minute, in der euch aufgeht, daß dieser Augenschein, obgleich vorhanden, nicht unbedingt die einzig verfügbare Evidenz der Wirklichkeit ist.

Der Körper ist immer auch von Gesundheit und Vitalität erfüllt. Dieses Gesetz ist unverrückbar. Ruburt ist deshalb sicher und beschützt. Diese Versicherungen sind von größter Bedeutung hier und jetzt.

Ende der Sitzung, *(herzlich:)* Ende der Gardinenpredigt — und von Herzen einen guten Abend.

(»Danke, Seth.«)

(Ende um 21.25 Uhr. Der »Krisenpunkt«, auf den sich Seth bezog, betraf die fortwährenden Anstrengungen, die Jane und ich unternommen hatten, um ihr zu helfen. Vergleichen Sie den Schluß meiner einführenden Anmerkungen zu dieser Sitzung. Mir war nicht klar gewesen, daß Jane sich Sorgen machte in der Annahme, ich dächte, sie solle

ihre Arbeit an diesem Buch beiseite lassen und sich statt dessen auf unser persönliches Material konzentrieren; doch konnte ich sie bald davon überzeugen, daß dem nicht so war.)

Sitzung 934, Montag, den 10. August 1981

(20.27 Uhr.) Guten Abend.

(»Guten Abend.«)

Zunächst Diktat.

Der Mensch erforschte die materielle Welt im Traumzustand, lange bevor er sie in Raum und Zeit erforschte. Seine Träume vermittelten ihm die Gewißheit, daß andere Territorien außerhalb seines eigenen Lebensraums existierten, und lieferten ihm den Ansporn zu den Expeditionen in die Außenwelt, für die die Gattung schon bald eine ganz besondere Vorliebe hegte.

Ein Mann oder eine Frau konnte sich im Zuge des Träumens plötzlich auf fremdem Territorium wiederfinden und Himmel und Erde von einem anderen Gesichtspunkt aus betrachten, wobei vielleicht ein wohlbekannter Fluß nirgends zu sehen war und statt dessen ein Berg sich erhob, wo eine Talebene vermutet worden wäre. Würdet ihr euch plötzlich auf einem fernen Planeten wiederfinden, so könnte eure Verblüffung kaum größer sein als die der Träumer der Vorzeit. Nebenbei gesagt erforscht ihr den Weltraum in ähnlicher Weise, und eure »Außerirdischen« könnte man als Traumreisende aus anderen Welten der Wirklichkeit bezeichnen. Punkt. *(Lange Pause.)*

Auf solche Weise brachte der träumende Mensch in Erfahrung, daß es Ozeane gab und wo auf der Erde sich diese befanden. Und das fand seine Fortsetzung in geschichtlich erfaßbarer Zeit in der Schiffahrt: Immer spielten die Träume eine nützliche Rolle, denn in ihren Träumen wurden die Seeleute ihrer Annäherung an eine Küste gewahr, lange bevor der Küstenstreifen tatsächlich vor ihren Augen auftauchte. Doch das ist nur ein Beispiel. Es gibt keinen Bereich menschlicher Tätigkeit, zu dem nicht individuelle und kollektive Träume das Ihre beigetragen haben.

Sie waren natürlich von großem Nutzen in der Politik. Die Absichten der Stammesfürsten wurden den Stammesangehörigen im Traum offenbart und umgekehrt. Innerhalb des Stammesverbandes gab es Traumspezialisten, deren persönliche Absichten und Interessen die

Trauminhalte beeinflußten. So verstärkte eigentlich das Träumen die individuellen Tendenzen, die jedoch zugleich der Werterfüllung der Gemeinschaft dienten. Jemand, der sich für Heilkräuter interessierte, ging seinem Anliegen auch in nächtlichen Traumexkursionen nach, entdeckte fremdartige Kräuter an fremden Orten und erfuhr im Traum, wie die Heilkraft der Kräuter am besten genutzt werden konnte.

Wie manche Tiere haben auch die Menschen ein natürliches Talent zur Nachahmung; Träume wurden daher nicht einfach erzählt, sondern durch Körpersprache in Szene gesetzt und mimisch dargestellt.

(20.47 Uhr, nachdrücklich:) Hier liegen die Ursprünge der dramatischen Darstellungskunst. Stammesfürsten wurden erst gewählt, nachdem sie sich in den Träumen der Stammesangehörigen bewährt hatten. Diese Menschen erwarteten als ganz selbstverständlich, in ihren Träumen Rat zu erhalten. Solche Informationen wurden dann den anderen mitgeteilt und von der Gemeinschaft gründlich erwogen, zusammen mit allen praktisch-materiellen Belangen, die es zu überlegen galt, ehe wichtige Entscheidungen getroffen wurden.

Wie schon gesagt, wendet ihr dieses Verfahren noch immer an, obwohl ihr euer Bewußtsein davon abgekehrt habt. So vollzieht es sich zum größten Teil unbewußt. Mit der größeren Freizügigkeit, die eure Gesellschaft kennzeichnet, sind jedoch bestimmte Träume *(lange Pause)* heutzutage relevanter denn je geworden. In eurer Gesellschaft ist der Familienzusammenhang meist zerrissen; Eltern und Kinder leben getrennt und oft weit entfernt voneinander, häufig nicht nur in verschiedenen Gegenden des Landes, sondern sogar im Ausland. Daher habt ihr oft Träume, die euch mit fernab lebenden Verwandten verbinden und die euch mehr oder weniger über eingetretene Veränderungen auf dem laufenden halten. Im Traumzustand besucht ihr Verwandte, Freunde, altvertraute Häuser und Orte. Doch nur wenige von euch versuchen, sich ihrer Trauminformationen bewußt zu werden, und nur die wenigsten würden daran denken, solche Informationen im Lebensalltag nachzuprüfen.

Dessenungeachtet gibt es ein weitverzweigtes globales Traumnetzwerk, das ganz unbemerkt bleibt, ein vielschichtig strukturiertes Kommunikationsnetz, in dem ein Austausch von Informationen stattfindet, und auf der Grundlage dieses Informationsaustausches baut sich alles tatsächliche Geschehen in eurer Materiewelt auf.

Würden zum Beispiel Kleinfamilien ihre Familienträume erforschen und aufmerksam verfolgen, so könnten sie unvermutete Zusammenhänge aufspüren und das Ineinanderwirken von geistig-seelischem einerseits und tatsächlichem äußerem Geschehen andererseits entdecken, in das jedes Familienmitglied verstrickt ist. Achtet doch einmal darauf, welche Informationen ihr beispielsweise in der Zeitung sucht. Lest ihr die Titelseite und überschlagt den Sport, oder umgekehrt? Lest ihr die Klatschkolumne? Die Todesanzeigen? Bevorzugt ihr Berichte über makabre Verbrechen, oder sammelt ihr weitere Beispiele für politischen Machtmißbrauch? Die Antworten werden euch zeigen, welcher Art der Stoff ist, den ihr bevorzugt. Auch wenn ihr träumt, werdet ihr euch bis zu einem gewissen Grade auf Informationen spezialisieren, denen euer Interesse gilt. Ihr werdet eure Denkinhalte und die euch verfügbaren Informationen euren Zwecken und Absichten gemäß organisieren.

(21.05 Uhr.) Daher werden die Träume eines Individuums, obschon diese seine eigenen sind, zugleich eine wichtige Rolle in den Träumen der Familie spielen. So mag beispielsweise ein Angehöriger aufgrund seiner besonderen Interessen in seinen Träumen vor allem Warnungen, drohende Schwierigkeiten oder Katastrophen aufspüren und daher der »Wachtposten« der Familie sein — derjenige, der gewissermaßen stellvertretend die Alpträume für alle anderen träumt. Dieser Mensch wird auch im Wachzustand eine ähnliche Rolle im Familienverband spielen. In solchen Fällen stellt sich die Frage nach dem Grund für derartige Trauminhalte. Woher rührt das ausgeprägte Interesse an möglichem Unglück oder Verbrechen oder dergleichen mehr? Eine Untersuchung der Gefühle und Überzeugungen dieses Menschen im Hinblick auf Wesen und Sinn des Lebens würde die Antwort erbringen.

Als Träumer und somit Mitwirkender an Gruppenträumen liefert jedoch ein solcher Mensch seinen Beitrag als, wie gesagt, eine Art Wachtposten, während andere im Traumzustand als Heiler oder Lehrer oder Forscher und dergleichen wirken. Es gibt kein Handwerk, das nicht zuerst von individuellen Träumern konzipiert wurde, bevor es in der Stoffwelt ausgeübt wurde.

Nochmals: Im Traumzustand sind die Bedürfnisse und Wünsche von Individuen, Familien, Volksgruppen, Völkern bekannt. Der Traumzustand stellt die Quelle des Wissens und der Kenntnisse eurer Welt dar. Er ist auch verantwortlich für deren Technologie. Dies ist ein wichtiger Punkt, denn die Welt der Technologie »da draußen«

war einmal die Welt der Träume. Die Entdeckungen und Erfindungen, die die industrielle Entwicklung ermöglichten, schlummerten schon immer im menschlichen Geist. Sie bildeten eine glitzernde innere Landschaft von Möglichkeiten, die der Mensch durch Träume der Verwirklichung zuführte — in intuitiver und bewußter Handhabung und Auswertung von Material, das immer schon latent vorhanden war.

Das Prinzip der Werterfüllung wird immer für innere Wegweisungen sorgen, die den Menschen unablässig an die besten Anwendungsmöglichkeiten neuer Technologien erinnern. Die Notwendigkeit solchen Wissens steht jetzt an vorderster Stelle im Denken des Menschen, und damit wird es auch zu einer lebenswichtigen Traumthematik. Im Traumzustand sucht der Mensch nach Lösungen für die Probleme seiner Zeit.

Ende des Buchdiktats.*

(21.23 Uhr. Seth kam dann noch mit einigen kurzen persönlichen

---

* Mich überkam ein Gefühl der Traurigkeit, als ich die Seth-Aussagen über das Träumen niederschrieb, und Jane, der ich sie vorlas, erging es nicht anders. Die folgende hat mich besonders beeindruckt: »Dessenungeachtet gibt es ein weitverzweigtes globales Traumnetzwerk, das ganz unbemerkt bleibt, ein vielschichtig strukturiertes Kommunikationsnetz, indem ein Austausch von Informationen stattfindet, und auf der Grundlage dieses Informationsaustausches baut sich alles tatsächliche Geschehen in eurer Materiewelt auf.«

Wir überlegten, wie sich die Menschen dieses Kommunikationssystems bewußt werden könnten. Müßte zwecks weltweiter Traumforschung ein Forschungsprojekt ins Leben gerufen werden? Freilich würden sich Kreise der Wissenschaft und Religion aufgrund ihrer starren Glaubenspositionen dieser Idee eher widersetzen, obwohl eine solche Forschung Wissenschaft und Religion in ihren Ursprüngen bestätigen müßte und unser Verstehen der in die Wirklichkeit geträumten Welt erweitern würde. Wer aber würde die Forschungen betreiben — Regierungen, unabhängige Institutionen — und wie sollte das finanziert, verwaltet, analysiert werden? Würden die Völker der Welt mitmachen?

Wenn Seth recht hat, dann gibt es eine gesunde intuitive Grundlage für die Traumforschung, und diese könnte wichtige Erkenntnisse unseres individuellen und kollektiven Wesens ans Licht heben, ein vertieftes Verständnis unser selbst. Schon die Erörterung einer solchen weltweiten Forschung wäre ein gewaltiger Fortschritt.

Persönlich habe ich, glaube ich, etwas vorzuweisen insofern, als ich oft von Menschen und Vorkommnissen meiner Heimatstadt Sayre, die achtzehn Meilen von Elmira entfernt liegt und die wir in den letzten Jahren nur selten besucht haben, träumte, wobei sich manches als richtig erwies. Jane will einige dieser Träume in ihr geplantes Seth-Buch über die magische Einstellung zur Wirklichkeit aufnehmen.

Informationen durch, bevor er uns um 21.35 Uhr gute Nacht wünschte. Nachstehend finden Sie einen Auszug aus denselben.)

Die ganze Idee der »magischen Einstellung zur Wirklichkeit« hat einen für sich selbst sprechenden Grund.

Sie sollte euch an die wahre Mühelosigkeit erinnern, in der sich euer Leben entfaltet und verändert. Wenn ihr in irgendeinem Bereich eurer Existenz übermäßige Befürchtungen und Besorgnisse hegt, so erinnert euch daran, daß ihr diese Gedanken denkt und vielleicht schwer daran tragt, während der Denkprozeß selbst sich völlig mühelos vollzieht. Diese Einsicht sollte euch ferner daran erinnern, daß euer Wachbewußtsein nicht aller zur Bewältigung einer Situation erforderlichen Informationen und Mittel gewärtig sein muß. Es muß nur darauf vertrauen, daß die erforderlichen Mittel zur Verfügung stehen — selbst wenn diese Mittel sich außerhalb seiner eigenen Reichweite befinden.

(Dieses Material ergänzt sehr schön Informationen aus der zweiten Sitzung in Seths Serie über die magische Einstellung zur Wirklichkeit. Jane hielt diese Sitzung genau vor einem Jahr, am 11. August 1980, ab. Vergleichen Sie den Auszug 3 im Anhang zur 920sten Sitzung auf den Seiten 104 f. dieses Buches.)

Sitzung 935, Donnerstag, den 13. August 1981

(Wir hielten unsere reguläre Sitzung gestern abend nicht ab. Heute abend fühlten wir uns beide nach einem reichlichen Abendessen, es gab Kalbfleisch und Spaghetti, ziemlich träge, aber Jane war zugleich auch ruhelos. Schließlich entschied sie sich dafür, die Sitzung abzuhalten. »Also, ich kann seine Gegenwart spüren«, sagte sie, einigermaßen überrascht, um 20.33 Uhr.)

Guten Abend.

(»Guten Abend.«)

Diktat. Nun: Es gibt Träume in so zahlreichen multidimensionalen Netzwerken der Realität, daß sich ihr voller Spielraum nicht umschreiben läßt. Schon einmal schließt dieser Wirklichkeitswelten mit ein, die ihr nicht kennt. *(Lange Pause.)* Träume bilden zum Beispiel den notwendigen Hintergrund in den Beziehungen zwischen Völkern und Rassen. Kommt es zu Unterbrechungen der äußeren Kommunikation, sorgen Träume dafür, daß der Informationsfluß zwischen solchen Gruppen der Menschheit erhalten bleibt.

Es gibt Träume unterschiedlicher Wichtigkeit. Bestimmte Träume werden genetisch ausgelöst und dienen gewissermaßen als Zündfunken für besondere Verhaltensweisen. Es gibt also, anders gesagt, Träume, die gewissermaßen, latent in den Chromosomen zusammengerollt, Jahrhunderte umspannen. Und es gibt keine Bewußtseinswirklichkeit, die nicht auf irgendeine Weise an Traumzuständen teilhat. So gesehen träumen selbst die Elektronen. Das Träumen durchwirkt mikroskopische wie auch makroskopische Vorgänge oder Wirklichkeiten und ist nicht ein menschliches Charakteristikum, das bloß eurer Erfahrung oder nur eurer Gattung vorbehalten wäre. Vielmehr ist Träumen Ausdruck geistiger Erfahrung, die überall im Universum vorherrscht.

Wie ich schon viele Male erwähnte, träumen auch Tiere und Pflanzen wie auch alle anderen Lebensformen. An allen molekularen Strukturen läßt sich diese eigentümliche introspektive Tätigkeit beobachten, so als stünde das innere Wirken eines Riesencomputers nicht nur in engster Fühlung mit seinen Programmen und den damit verbundenen Wahrscheinlichkeiten, sondern erstreckte sich darüber hinaus in einem tiefen Gewahrsein auf die Aktivität der Elektronen und vieler anderer sichtbarer und unsichtbarer Partikel, die seinen eigenen materiellen Aufbau bilden. *(Lange Pause um 20.50 Uhr.)*

Ihr seid mit euren Träumen, wie gar nicht anders zu erwarten, in zahlreiche größere Traumformationen eingebunden, die man nur als Gruppenträume bezeichnen kann — geistige Geschehnisse, in denen sich eure Träume ereignen und an denen sie zugleich teilhaben. Ihr erwartet, daß alle Elemente der materiellen Welt, wie unterschiedlich sie auch sein mögen, zusammenpassen und eine gewisse Permanenz und Ordnung einhalten. Es sollte euch demnach nicht überraschen, daß ebendiese Art des »Zusammenpassens« auch das geistige Leben kennzeichnet und daß daher eure persönlichen Träume auch Fragmente einer größeren Traumwirklichkeit sind. Sie sind für das Funktionieren dieser Wirklichkeit ebenso wichtig wie die Elektronen für eure physikalische Wirklichkeit *(lange Pause);* sie bereichern euch um tieferes Wissen und echte Lusterfahrung.

Es gibt bestimmte Arten von Träumen, in denen die verschiedenen Gattungen miteinander kommunizieren und in denen die Energien der Umwelt und ihrer Bewohner ineinanderfließen. Sie sind charakterisiert durch eine Art geistig-seelischer Ausdehnung, in der die Übersetzung einer Art Traum in eine andere geschieht; Informationen werden von einem System auf das andere übertragen in einem Vorgang, bei dem die Symbole selbst zum Leben kommen.

Ich kann nur hoffen, eine Saite in euch anzuschlagen, die euch euer tatsächliches Verhalten in diesen verborgenen Netzwerken der Traumtätigkeit zu Bewußtsein bringt. Jedenfalls war sie immer in höchstem Maße entscheidend für die Entwicklung aller Gattungen mit ihren Umwelten, indem sie das Wissen um die Aufgaben und Intentionen der einen Gattung in der anderen lebendig erhielten. Ich habe euch gesagt, daß im Grunde alles genetische Wissen auf der Erde erhalten bleibt. Es geht nicht verloren. Es ist in latenter Form in einer Art Reservefonds aufgehoben, so daß jede Gattung in ihren eigenen genetischen Mustern die Anlagen und Spezialisierungen der genetischen Sequenz jeder anderen Gattung im Sinne von Wahrscheinlichkeiten enthält.

Diese Sequenzen folgen den Strebungen nach Werterfüllung so reibungslos, daß sie unter geeigneten Umständen wiedererweckt werden können — denn selbst den Tieren und Pflanzen geht es nicht nur um bloßes Überleben, sondern um etwas, das ich nur als *(lange Pause)* Gefühlsqualitäten bezeichnen kann: Qualitäten, die die uneingeschränkte Wertschätzung und schöpferische Erweiterung jener Eigentümlichkeiten des Bewußtseins anstreben, die jede Gattung als ebendiese kennzeichnen und sie dennoch zu allen anderen in Beziehung setzen.

(Lange Pause um 21.10 Uhr, dann sehr eindringlich:) In gewisser Weise wirken oder erscheinen eure Träume als Elektronen in anderen Wirklichkeiten. Das heißt, sie verändern ihre Form, ihre subjektive Kraft oder Richtung und werden Teil der Wirkungsmechanismen des Universums. Dasselbe gilt für eure Gedanken. Sie sind nicht, nachdem ihr sie einmal gedacht habt, *(amüsiert)* »vergeudet« oder einfach hinfällig. Sie sterben auch nicht aus, sondern sie erfüllen fortan andere Funktionen im Universum, die ihr bloß nicht wahrnehmt.

(Langsam:) All dies geht mit üppiger, vielfältiger Kreativität einher. Das Lustprinzip gleicht wohl am ehesten der latenten Wertschätzung der Schönheit, die überall aufscheint, sofern ihr nur danach sucht: Die Ekstase jeder Lebensform angesichts der Wunder ihrer eigenen Existenz, in der das Wesen der Liebe sich selbst übertrifft, und doch ein Seinszustand, in dem jede Gattung oder Lebensform

durchaus »versteht«, daß ihre eigene Erfüllung unermeßlich zur Existenz aller anderen Formen beiträgt.

Ende der Sitzung. Es ist uns doch gelungen, einiges Material anzudeuten, das schon fast am Rande — am äußeren Rande — jeden vernunftmäßigen Verstehens liegt. Meine herzlichsten Grüße und einen schönen guten Abend.

(»Danke.«)

(21.32 Uhr. »Also«, sagte Jane, kaum daß sie aus der Trance war, »also das ist komisch, weil ich zu Anfang gar nicht so viel gespürt habe. Aber dann merkte ich zunehmend, daß ich ganz dicht dran war, ganz dicht an irgendeinem bedeutenden Wissen, das ich zugleich mitteilen konnte. Fast so, als ob man Unsagbares sagte, weißt du? Ziemlich irre! Oder als ob man sich bis an seine Grenzen dehnte ... Wenn ich für Seth spreche, ist es, wie wenn ich ein Wissen von oben her zu mir heranzuziehen suchte. Es ist ein phantastisches Gefühl.«

Und ich sagte ihr, daß sie eine ganz hervorragende Sitzung abgehalten habe und daß ich wünschte, so wichtiges Material wäre Allgemeinwissen.)

5
Die magische Einstellung — vom »Festhalten am Bewährten« und von spontanen Entwicklungen

Sitzung 936, Dienstag, den 17. November 1981

(Vor drei Monaten, damals am 13. August, begann Jane dem Plan zufolge, den sie am 8. Juli für »Die magische Einstellung zur Wirklichkeit« skizziert hatte, an der Rohfassung für das erste Kapitel dieses Projekts zu arbeiten. Am gleichen Abend hielt sie die letzte, die 935ste Sitzung für Kapitel 4 des vorliegenden Buches ab. Seitdem hat sie nur mehr zwei kurze persönliche Sitzungen am 9. und 12. November abgehalten. Während all dieser Wochen war ihr körperliches Befinden starken Schwankungen unterworfen. Seth sprach ihr in beiden Sitzungen Mut zu. In der ersten bemerkte er, daß »Ruburt immer noch Nebenprodukte des Materials seines sündigen Selbst zu schaffen machen ...« In der zweiten betonte er, da Jane noch immer die Äußerungen spontaner Entspannung ihres Körpers fürchtete, »Ruburt* ist *sicher, getragen und beschützt — natürlich ist das auch die Botschaft, die er zur Zeit in seinen Kopf zu bringen sucht.«*

Bevor ich auf die Chronologie persönlicher Ereignisse während der vergangenen drei Monate eingehe, möchte ich meine kurzgefaßten Erörterungen der Affären — eigentlich der Bewußtseinsprozesse — von Three Mile Island, Iran und dem Krieg zwischen Iran und Irak wieder aufgreifen. Zuletzt befaßte ich mich mit diesen Themen in meinen einleitenden Anmerkungen zu Kapitel 4.

Seit dem Unfall des Kernreaktors Unit Nummer 2 vor 31 Monaten wurde das große Behältergebäude des Reaktors und ein Nebengebäude mit radioaktivem Wasser überschwemmt. Es stieg drei Meter hoch in dem Reaktorgebäude. Die Ingenieure haben jetzt ein Filtersystem installiert, um die viereinhalb Millionen Liter Wasser in den zwei Gebäuden zu dekontaminieren, bevor sie gespeichert werden. Diese Arbeit

---

* Vergleichen Sie in Kapitel 4 des vorliegenden Buches die einführenden Anmerkungen zur Sitzung 933 auf den Seiten 176 f.

wird etwa neun Monate dauern; das verarbeitete Wasser soll im Jahre 1983 endgültig beseitigt werden; die Filter mit dem radioaktiven Material werden mit Lastwagen in die Staaten Idaho und Washington verbracht, um an dafür vorgesehener Stelle getestet und verwahrt zu werden. Was noch aussteht, ist die Entfernung der Kuppel des Reaktors, seines beschädigten Kerns und die Dekontamination der Gebäude.

*Wegen der Opposition der ortsansässigen Bevölkerung und der Amtsstellen von Pennsylvanien wurde der Betriebsleitung nicht erlaubt, Unit Nummer 1 wieder in Betrieb zu nehmen. Dieser Reaktor war zur Zeit des Unfalls stillgelegt, um neu mit Brennstoff beschickt zu werden. Die Säuberungsaktion muß auf jeden Fall durchgeführt werden, ob nun Unit 2 repariert oder aufgegeben oder ob das ganze Kraftwerk stillgelegt wird. Die Atomaufsichtsbehörde hat die Idee eines versiegelten radioaktiven Kraftwerks auf der Insel im Fluß Susquehanna verworfen; die Gefahr unkontrollierter Verseuchung, möglicherweise durch ein Absickern kontaminierten Wassers in den Fluß, ist zu groß.**

---

* Die Kosten der Säuberungsaktion auf Three Mile Island werden jetzt auf über 1,5 Milliarden Dollar veranschlagt und werden sich weiter erhöhen. Viele Regierungsvertreter und unabhängige Analytiker der Situation sind jetzt der Ansicht, daß es, wenn nicht aufgrund von Sicherheitsrisiken, dann wegen wirtschaftlicher Schwierigkeiten, zur Schließung zahlreicher Kernkraftwerke kommen wird. Ich weiß nicht, ob die Kernkraftindustrie hierzulande zugrunde gehen wird, aber sie befindet sich in großen Schwierigkeiten: Zahlreiche Untersuchungen zeigen, daß etwa die Hälfte der im Bau befindlichen neunzig Reaktoren durch wirtschaftlichere kohlenbetriebene Kraftwerke ersetzt werden könnten, die zudem über ausgezeichnete Verschmutzungskontrollen verfügen werden. In den späten achtziger Jahren wird der von diesen neuen Kernkraftwerken erzeugte Strom 25 Prozent teurer als der von Kohle erzeugte Strom sein.

Hinzu kommen noch zahlreiche andere, unmittelbare Schwierigkeiten. Zum Beispiel: Die Betreiber von über vierzig Kernkraftwerken wurden von der Atomaufsichtsbehörde NRC aufgefordert, die Wände der Behälter ihrer Druckwasser-Reaktoren auf Risse hin zu untersuchen. Es stellt sich immer mehr heraus, daß die Behälter durch die Neutronenstrahlung der Reaktoren wesentlich rascher brüchig werden, als von ihren Planern vorausgesehen wurde. Es wurden kleine Risse festgestellt, doch nicht alle Stellen sind einer Überprüfung zugänglich. Ein größerer Riß in einem der typischen Druckbehälter könnte zu einem unkontrollierbaren Austritt großer Strahlungsmengen in ein Behältergebäude führen, das nicht für eine solche Situation ausgerüstet ist. Bei einem Bersten des Gebäudes könnte die austretende Strahlung 48000 Todesfälle, 250000 Krebsfälle und anderweitig Geschädigte sowie 5000 Geburtsdefekte der ersten Generation verursachen, 200 Quadratmeilen unbewohnbar und die Entseuchung weiterer 3200 Quadratmeilen erforderlich machen sowie weitere Schäden in Milliardenhöhe verursachen. Irgendwelche Schutzmaßnahmen gegen solche Unfälle wurden von der NRC überhaupt nie gefordert. Welche Bewußtseinskräfte da am Werk sind, erscheint uns einfach unverständlich!

Das Morden in Iran geht weiter. Ende August, nur zwei Monate nach dem Bombenanschlag, bei dem 150 führende Mitglieder der Islamischen Republikanischen Partei ums Leben kamen, fielen der Präsident und der Premierminister Irans sowie sechs weitere Personen einem neuerlichen Bombenanschlag zum Opfer. Diesmal übernahm ein Führer der Mujahedin-e Khalq, der größten, marxistisch ausgerichteten Widerstandsgruppe des Landes, die Verantwortung seiner Organisation für den Anschlag.

*Dennoch glauben amerikanische Iranexperten nicht, daß die Ausschaltung all dieser Führungskräfte zum Sturz der iranischen Regierung führen wird. Ihrer Ansicht zufolge wäre keine der Guerilla-Organisationen imstande, das Land mit seinen wachsenden wirtschaftlichen Schwierigkeiten zu regieren und mit seinen anderen großen Herausforderungen fertig zu werden. Auch Irans kommunistische Partei, die Tudeh, scheint nicht darauf erpicht zu sein, die Macht zu übernehmen; bisher wenigstens unterstützen die Führer der Tudeh die Regierung, die auch die Armee hinter sich hat. Obwohl also die Revolution in Iran — ein Konglomerat der unterschiedlichsten Bewußtseinsstrukturen — sich selbst in destruktiver Weise zu verzehren scheint, ist nicht mit einem Bürgerkrieg zu rechnen, wenigstens nicht in nächster Zukunft. Und der Konflikt mit dem Irak zieht sich weiter hin.**

Ich habe Jane noch nie so viele Monate vor einem neuen Projekt zaudern sehen wie bei dem der magischen Einstellung zur Wirklichkeit. Gewöhnlich stürzte sie sich kopfüber in das Abenteuer ihrer jüngsten schöpferischen Inspiration, und daß sie das diesmal nicht getan hatte, war für mich ein deutliches Zeichen für ihren angeschlagenen Gesundheitszustand. Ich machte mir große Sorgen um sie. Doch alles,

---

* Als die Truppen des Irak vor vierzehn Monaten in Iran einfielen, erwartete die irakische Regierung, den Krieg in drei Wochen zu beenden. Sie verkündete, der Krieg habe in Wahrheit bei der Schlacht von Qaddisiya im Jahre 637 begonnen — im Kampf zwischen den moslemischen Arabern und den indogermanischen Persern um den Irak (damals Mesopotamien). Ebenfalls noch im siebten Jahrhundert kam es auch in einer leidenschaftlichen, blutigen Auseinandersetzung zu der Spaltung der Religion des Islam in zwei Hauptrichtungen, die sunnitische und die schiitische. Dieser Gegensatz wirkt bis heute nach. In Iran, wo heute die Schiiten an der Macht sind, werden die religiösen Aspekte des »heiligen Krieges« herausgestellt; der Irak, in dem mehrheitlich Sunniten leben, betont in seiner rein weltlichen Machtpolitik die ethnischen Gegensätze.

was ich ihr vorschlug, fand nicht ihre Zustimmung. Im Laufe der Wochen stellte sie immer wieder in Abrede, niedergeschlagen zu sein; ganz so war es aber nicht. Ich war längst zu dem Schluß gekommen, daß ich hier einen Menschen vor mir hatte, der seinen selbstgewählten Weg mit unglaublicher Entschlossenheit ging. Janes Weg stimmt ganz und gar mit ihrem grundlegend unschuldigen, mystischen Naturell überein, und indem sie ihr Naturell annimmt, vermag sie es auf die ihr eigene, einzigartige Weise zu erforschen. Auch wenn sie ihren hinfälligen Gesundheitszustand bisweilen beklagt, so hört man von ihr doch nie die vorwurfsvolle Frage: »Warum gerade ich?« Sie versucht einfach, mit den an sie gestellten Herausforderungen klarzukommen.

Und manchmal gelingt ihr das vortrefflich. Als sie an der »Magischen Einstellung« zu schreiben begann, überraschte sie mich sogar durch ihre Mithilfe bei den Frühstücksvorbereitungen; sie briet nämlich Eier und Schinken auf der Kochplatte, die ich vor sieben Monaten für sie auf dem Küchentisch installiert hatte. Denn eigentlich hatte sie jeglichen Versuch der Nahrungszubereitung schon vor vielen Wochen aufgegeben; ihre Finger gehorchten ihr nicht mehr so recht, und sie sei, sagte sie mir, ihrer selbst nicht mehr genügend sicher, um mit heißen Speisen zu hantieren — weshalb ich sie nicht länger ermutigte, mir bei der Zubereitung der Mahlzeiten zu helfen.

Im August jedoch war Jane seit über acht Monaten nicht mehr gegangen, nicht einmal indem sie sich auf ihren Schreibtisch stützte und ihn dann vor sich herschob; sie bewegte sich nur noch in ihrem Bürostuhl durch das Hügelhaus oder auf dem alten geraden Stuhl, den ich im letzten Juni mit Rollen versehen hatte. Es war ihr damals nicht mehr gelungen, auf die Füße zu kommen.

Vom 19. bis zum 28. August arbeitete Jane an Kapitel 2 der »Magischen Einstellung«. Drei Tage später, als sie an Kapitel 3 schrieb, erhielten wir von der Prentice-Hall den Schutzumschlagandruck von »If We Live Again«. Er war rasch durchgesehen, und Jane gab telefonisch ihre Zustimmung durch.*

Anfang September erhielten wir — wie durch Zauberei aus einer anderen Wirklichkeit auftauchend, denn wir hatten die Sache längst vergessen — von der Prentice-Hall sechs Belegexemplare der neuaufgelegten, diesmal ungekürzten niederländischen Ausgabe der »Gespräche

---

* Ich komme darauf im Anhang am Ende dieses Sitzungsprotokolls zurück.

*mit Seth« — »Seth Spreekt« — des holländischen Verlages Ankh-Hermes.**

In diesen Tagen rief auch Sue Watkins an, um uns zu sagen, daß sie von der Prentice-Hall soeben ein erstes Vorausexemplar des zweiten Bandes der »Conversations with Seth« erhalten hatte. Sie wird uns, sobald weitere Belegexemplare eintreffen, ein signiertes Exemplar schikken. Jane und ich gratulierten ihr. Wenn man uns auch kaum unparteiisch nennen kann, so wußten wir doch, daß Sue mit ihrem ausführlichen Bericht über Janes ASW-Kurse vorzügliche Arbeit sowohl für sich als auch für uns geleistet hatte; durch ihre persönliche Sichtweise hatte sie das, was wir zu tun versuchten und noch immer versuchen, um neue Einsichten erweitert. Anfang Oktober traf dann das signierte Exemplar ein. Jane freute sich sehr.

Mühe machte ihr hingegen die »Magische Einstellung«. Zum einen weil sie sich wieder und wieder fragte, ob sie dieses Buch, zu dem sie sich intuitiv gedrängt fühlte, überhaupt machen wollte. Zum andern war es für sie gar nicht leicht, denn der Stoff ging ihr noch immer nicht so flüssig von der Hand, wie sie es sich gewünscht hätte.

Dann führte die offensichtliche Schaffenskrise Jane am 23. Oktober dazu, daß sie von Seth auffing, ihre einzige Verantwortung im Leben sei die Verantwortung für sich selber: »Richte deine Aufmerksamkeit auf das, was vor dir liegt.« Seth ließ sie einmal mehr wissen, daß es ihr nicht oblag, die Welt zu retten. Erleichtert schrieb Jane ein kurzes Gedicht gleichen Sinnes, und vermerkte dann weiterhin, wie ihr »klar wurde, daß ich, wie so viele, Angst vor fertigen Glaubensüberzeugungen, ja vor dem Glauben selbst bekommen hatte«. Ich habe diese Thematik in der Einführung zu Band 1 von »Träume, ›Evolution‹ und Werterfüllung« vorgestellt.

Allerdings hatte Jane in über zehn Wochen [seit dem 13. August] keine Sitzungen mehr abgehalten, weder planmäßige noch persönliche, und so hielt sie am 27. Oktober ihre täglichen Schaffenskrisen wie folgt fest: »Und wieder einmal bin ich weit im Rückstand mit Sitzungen und

---

* Ankh-Hermes hatte eine stark gekürzte Übersetzung veröffentlicht, ohne von uns zu den Kürzungen autorisiert worden zu sein. Wir empfinden noch immer Bedauern darüber, daß der Verlag es auf unser Ersuchen auf sich nehmen mußte, eine zweite Ausgabe des Buches herauszubringen. Immerhin vergingen fast zwei Jahre, bis wir die Belegexemplare der Neuausgabe erhielten. Ich erwähnte unsere Schwierigkeiten mit Ankh-Hermes in Kapitel 2, Sitzung 885, und in Kapitel 5, Sitzung 902, des ersten Bandes.

Schreiben. Heute morgen ›arbeitete‹ ich von Mitternacht bis drei Uhr früh, und es kam nichts dabei heraus. Ich frage mich, ob es überhaupt ratsam ist, das Projekt [›Magische Einstellung‹] durchzuführen. Wo ist der Zauber geblieben? Wo ist meine Inspiration? Dies waren meine Gedanken, als mir einfiel, daß ich sie besser niederschreiben sollte, denn sie sind Teil des Gesamtbildes. Danach fühlte ich mich besser ...«

*Jane konnte in ihrer körperlichen Verfassung einige Anzeichen der Besserung feststellen. Diese begannen sich auf eine recht ungewöhnliche Weise zu zeigen, als wir am Abend des 31. Oktober vier ehemalige ASW-Kursteilnehmer zu Besuch hatten, lauter junge Leute aus New York City. Sie hatten Elmira nach anderen ehemaligen Kursteilnehmern abgesucht auf der Suche nach alten Tonbandaufnahmen von Jane, die für Seth sprach oder auf Sumari sang; ihre Suche war nicht erfolglos geblieben.**

Ich konnte geradezu zusehen, wie die jungen Leute zur Besserung von Janes Gesundheitszustand beigetragen haben. Ihr Enthusiasmus,

---

* Jane hatte ihre ASW-Kurse während siebeneinhalb Jahren (vom September 1967 bis zum Februar 1975) abgehalten. Diese Treffen fanden vor fast sieben Jahren ein Ende, als wir aus der Innenstadt Elmiras in das Hügelhaus umzogen. So seltsam es klingen mag: Jane und ich haben uns nie bemüht, irgendwelche alten Tonbandaufzeichnungen der Kurse aufzutreiben, wie es jetzt unsere Freunde und wie es andere Kursteilnehmer auch schon früher getan haben. Freilich sind wir ohne moderne Errungenschaften wie etwa den Kassettenrecorder aufgewachsen, doch davon abgesehen lag es uns einfach immer näher, uns im geschriebenen Wort und in gezeichneten und gemalten Bildern zu äußern. Und daran hat sich nichts geändert. Zudem liegt es in Janes Natur, dauernd vorwärtszustreben, auch wenn jedes Projekt naturgemäß aus der Vergangenheit hervorwächst. (Wie ich meine, rühren viele ihrer körperlichen Symptome aus Konflikten zwischen diesem spontanen Vorwärtsdrängen und den tiefverwurzelten Glaubensüberzeugungen her, die mit ihrem sündigen Selbst zusammenhängen und ihr das Gefühl einflößen, daß solche Handlungsfreiheit etwas Schlechtes sei.)

Doch war es uns lieb, daß es Tonbandaufzeichnungen der Kurse gab und Kopien davon aufbewahrt wurden. Jane hörte sich solche Tonbandkopien seit jeher nur selten an. Zwar findet sie es faszinierend, sich selbst als Seth sprechen und auf Sumari singen zu hören, doch ist sie immer schon beim nächsten Projekt. Und ich habe die Tonbänder nie gesammelt. Übrigens kümmert sich Jane auch nicht mehr viel um ein Buch, nachdem es einmal veröffentlicht wurde. Doch liest sie wiederholt Texte aus persönlichen Sitzungen, deren Thematik mit ihren Symptomen zusammenhängt. Bis zu diesem Jahr (1981) spielte sie gelegentlich eines der wenigen Bänder ab, die wir zusammen gemacht hatten, oder sie benutzte unser Aufnahmegerät, wenn sie Lyrik schrieb. Doch gab sie diese Arbeitsweise auf, weil ihr das Drücken der Tasten zu beschwerlich wurde.

ihr Glaube und ihre Bestätigung waren für uns beide ein Geschenk und riefen in uns nostalgische Gefühle wach im Rückblick auf alte, dem Anschein nach unschuldigere Zeiten. Natürlich wußten wir alle, daß dies eine Illusion war: Im Grunde konnten jene Tage und Jahre von Janes Kursen nicht unschuldiger gewesen sein als irgendwelche anderen Zeiten; doch erschienen sie uns im Rückblick irgendwie verklärt!

Janes Tagebucheintrag vom 2. November 1981, den ich hier gekürzt wiedergebe, verdeutlicht einmal mehr die unglaublich beharrlichen, kreativen Versuche ihres Körpers, sich wieder ins Lot zu bringen und weiterzumachen, sobald ihm einmal Vertrauen entgegengebracht wurde.)

»Es gibt ein paar wirklich förderliche und seltsame Entwicklungen in meiner körperlichen Verfassung«, schrieb Jane, »die letzten Samstag abend einsetzten, als das junge Volk aus New York City zu Besuch hier war — ehemalige Schüler, die ich seit bald zwei Jahren nicht mehr gesehen hatte. Als sie da waren, bemerkte ich, daß mein rechtes Bein, das auf den Teetisch gestützt war, plötzlich ganz unerwartet zu Boden fiel. Später, als wir wieder allein waren und ich mit Rob plauderte, nickte ich ein und döste — und da fiel plötzlich wieder mein Bein herunter, und mein ganzer Körper drehte sich unabhängig von meinem Willen oder meiner Absicht nach links. Das wiederholte sich einige Male. Dann, als ich einen Moment lang eingedöst war, erlebte ich, wie mein Körper sich plötzlich halb im Stehen mit großer Kraft und mehr oder minder natürlicher Bewegung vorwärtsbewegte, wie mir schien, aus eigenem Antrieb. Ähnlich war es am Sonntag. Einmal bewegte sich mein linker Arm unversehens nach links und warf das Päckchen Zigaretten, das ich in der Hand hielt, mit plötzlicher Energie zu Boden. Spät am Abend saß ich vor dem Fernseher, wobei ich einmal für ein paar Minuten eindöste; erschreckt kam ich wieder zu mir, als ich mich halb von der Couch gerutscht auf dem Boden wiederfand bei dem Versuch, auf meinen Stuhl zu kommen; ich rief laut nach Rob, der sich in einem anderen Zimmer aufhielt. Er half mir zurück. Dann erlebte ich im Traum, wie mein Körper sich selbst läuterte.«*

---

* Übrigens: Nostalgie ist ein Gefühl, für das ich anfälliger bin als Jane und dem ich mich gern hingebe. Früher pflegte ich dieses Gefühl mit sentimentaler Empfindung gleichzusetzen; doch ist mir, ohne deren Wert in Frage stellen zu wollen, inzwischen aufgegangen, daß Nostalgie, deren Nährboden ja stets das Gedächtnis ist, eine Facet-

(Inmitten unserer persönlichen Herausforderungen waren wir uns zumindest der maßgebenden Ereignisse in der Vielfalt des Weltgeschehens bewußt — der Kriege und der Friedensgespräche, der sportlichen Wettbewerbe und der religiösen Kontroversen, der nationalen Streiks und der neuesten Entwicklungen in der Kunst. Trotz der wirtschaftlichen Schwierigkeiten unseres Landes wurde am 12. November die Raumfähre »Columbia« gestartet und dabei der ferngesteuerte Roboter-Arm getestet, dessen Aufgabe es sein wird, Satelliten auf ihre Umlaufbahn zu bringen und sie zur Wartung und Reparatur zurückzuholen. Das Raumfahrzeug beendete nach drei Erdumkreisungen zwei Tage später seinen Flug.

Zu Beginn dieser Anmerkungen schrieb ich, daß Jane, nachdem sie Kapitel 4 dieses Buches abgeschlossen hatte, drei Monate verstreichen ließ, bevor sie ihre nächste — eine persönliche — Sitzung am Montag abend, dem 9. November, abhielt. In dieser kurzen Sitzung versuchte Seth, Jane Mut zuzusprechen, wie auch sie selbst und ich es versuchten. Sie hatte gerade eine Reihe von Buchsitzungen wiedergelesen. Die Aussicht auf ihre erste Sitzung seit dem letzten August machte sie ebenso nervös wie ungeduldig. Hier ein paar Auszüge.)

Ruburt ist noch immer mit Material beschäftigt, das Nebenprodukte zur Problematik des sündigen Selbst darstellt, und dieses Ma-

---

te von Seths Idee der Gleichzeitigkeit aller Zeit bildet. Denn wenn Vergangenheit, Gegenwart und Zukunft eins sind, dann sehe ich Nostalgie als Ausdruck einer Demonstration des Bewußtseins, daß die Vergangenheit jetzt existiert und nicht »tot« ist. Der Hang zur Nostalgie bringt auf seine Weise die lebendige Vergangenheit auf die Höhe der Gegenwart. In dem sehnsüchtigen Gefühl, das ich jedesmal empfinde, wenn ich an dem Apartmenthaus vorbeifahre, in dem Jane und ich westlich vom Geschäftsviertel von Elmira fünfzehn Jahre lang lebten — in diesem Sehnen verschmilzt mein Bewußtsein die Vergangenheit mit der Gegenwart, wodurch zudem beide in die Zukunft — wie sie normalerweise verstanden wird — hinausprojiziert werden.

Wenn ich zu den drei hohen, altmodischen Erkerfenstern hinaufblicke, die das Wohnzimmer von Apartment vier im zweiten Stock des Hauses erhellen, dann sehe ich vor meinem inneren Auge hinter ihnen Jane an ihrem Eichentisch sitzen, sehe sie nachdenken und schreiben. Bisweilen blickt sie auf die verkehrsreiche Walnut- und die West-Water-Street hinunter. Und sie geht abends hinter diesen Fenstern stundenlang im Wohnzimmer auf und ab, seit sie im Dezember 1963 für Seth zu sprechen begonnen hat. Sie hält dort ASW-Kurse ab. Somit leben also eine Jane und ein Rob in der Wohnung, die ich in meinem Bewußtsein erschaffe. Und ich denke mir, daß mein sehnsüchtiges Erinnern zu unseren Aktivitäten in anderen Erfahrungswelten des Bewußtseins wie auch zu unserer »gegenwärtigen« gemeinsamen Wirklichkeit, in der meine Frau nun an den Stuhl gefesselt ist, beiträgt.

terial folgt im allgemeinen den Entwicklungstendenzen, die sich in seinen letzten Gedichten und Notizen deutlich genug abzeichnen.

Er weiß, wovon ich spreche. Teile davon sind bisher noch nicht getippt; das sollte noch geschehen, denn allein schon das Tippen dieses Materials wird ihm Auftrieb geben. Ruburt sollte das gesamte Material über das sündige Selbst noch einmal durchgehen. Es ist wirklich so, daß er Angst bekam, überhaupt noch etwas zu glauben.

Nun ist er dabei, sich diesen Gefühlen zu stellen, die Gründe dafür aufzudecken und zu versuchen, auf irgendeine Weise den Glauben seines ganz jungen Selbst wiederzugewinnen. Dieser Glaube war schon vorhanden, bevor er von den Lehren kirchlicher Doktrin überlagert wurde. Ruburt versucht, seinen eigenen natürlichen Glauben freizulegen. Dieser Versuch bringt ihn natürlich in Konflikt mit all dem, was ihm noch an Zweifeln im Wege steht.

Dem Körper eignet tatsächlich ein solcher natürlicher Glaube, und das hat nichts mit esoterischen Lehren und dergleichen zu tun, sondern, wie schon gesagt, mit einer Art selbstverständlichem biologischem Wissen. Die Thematik ist emotional befrachtet, daher auch diese gelegentlichen Anflüge von Panik. Darüber müssen wir noch sprechen. Ich habe weiteres Material, das sich der allgemeinen Kategorie von Ruburts Situation zuordnen läßt, aber ich wollte ihm durch die heutige Sitzung eine unmittelbare Orientierungshilfe geben.

Ich weiß, wie man die Psyche wieder auf Schwung bringt, sie mit einem sanften Schubs in die gehörige Richtung steuert, den einen oder anderen beruhigenden Wink anbringt, und das ist mit dieser Sitzung beabsichtigt. Im Moment ist das Material des sündigen Selbst einigermaßen aktuell. Das heißt, Ruburt reagiert noch immer darauf, und dasselbe Material stellt sich unter verschiedenen Gesichtspunkten unterschiedlich dar.

(Zu mir um 21.14 Uhr:) »Auch zu deinen Reaktionen habe ich einiges zu sagen, und ich würde vorschlagen — doch ist es wirklich nur ein Vorschlag —, daß ihr wieder wie früher zwei Sitzungen pro Woche abhaltet, nicht zuletzt als Rahmen für die therapeutischen Bemühungen.

Ich habe Ruburt bereits eine kurze Botschaft übermittelt *(am 23. Oktober 1981)*: Schenke dem, was du vor Augen hast, Beachtung, denn es ist nicht ohne Grund dort. Im Leben eines jeden Menschen, also auch in dem euren, an jedem einzelnen Punkt eurer Existenz sind die Lösungen für eure Probleme oder die Wege, um diese Lösungen herbeizuführen, immer ebenso sichtbar — oder, besser, ebenso gegenwärtig — wie das jeweilige Problem selbst. Was ich damit meine, ist ganz einfach: Die Lösungen sind schon in eurem Leben enthalten. Ihr habt sie vielleicht noch nicht herausgefunden oder noch nicht die geeignete Richtung eingeschlagen. Im Fall Ruburts liegen sie allzumal in den Bereichen, mit denen ihr euch tagtäglich befaßt — in der täglichen Post, den Sitzungen, den psychisch-sensitiven Fähigkeiten. Wenn ihr dem, was schon vorhanden ist, aufmerksam und mit der richtigen, der magischen inneren Einstellung begegnet, dann können die Umstrukturierungen stattfinden.

Der Glaube an einen »Gott, der für alles sorgt«, welchen Namen man ihm auch geben mag, dieser Glaube ist einfach ein psychologisches Erfordernis für die Gesundheit von Körper und Geist. Ruburt ist dieser Thematik immer ausgewichen. *(Lange Pause.)* Ihm schien, daß sie dem psychologischen Treibsand des Emotionalismus aller organisierten Religionen Tür und Tor öffnet. Das Material des sündigen Selbst wirkt sich aus, indem es endlich die Türen zur Freiheit aufstößt, dank der die ureigenen Wünsche und Intentionen zur Geltung kommen können. Wenn Ruburt jene späteren Gedichte in die Maschine schreiben wird, wird ihm der Weg viel klarer erscheinen. Das unschuldige Selbst kommt endlich zum Vorschein.

Ruburt hat es mit psychischem Material zu tun, in dem es um die Beziehung des Selbst zu seinem Ursprung geht, und dieses Material wird in eurer gegenwärtigen Situation ausgearbeitet. Die Lösungen werden Ruburt automatisch nicht nur zu einer Lösung im praktischen Sinn führen, sondern zu jenen Bereichen der Entwicklung, die er *(nachdrücklich)* immer suchte und zugleich fürchtete!

(Jane lächelte, nachdem Seth uns verlassen hatte. Sie war froh, daß sie die Sitzung abgehalten hatte: »Ich habe immer noch Angst nach einer längeren Unterbrechung.« Sie wußte, von welchem Material Seth gesprochen hatte mit dem Wunsch, daß sie es in die Maschine tippen solle. Mir bleibt noch unsere Enttäuschung zu vermerken, daß die von Jane im Tagebucheintrag vom 2. November erwähnten neuen und unvermittelten Körperbewegungen, die sie vor einer Woche an sich erlebte, bald wieder nachgelassen haben.

Am Abend des 12. November 1981 sprach Jane in einer weiteren persönlichen Sitzung für Seth, gemäß seinem Vorschlag, den Turnus von zwei Sitzungen pro Woche wieder aufzunehmen. Es wurde eine äußerst kurze Sitzung.)

Nun: Es ist die Mühelosigkeit, die spontane Entspannung, die Ruburt nicht geheuer ist, da sie ohne seine Absicht und ganz aus sich selbst heraus geschieht.

Ruburts Körper gewährt sich selbst Entspannung, besonders wenn er auf der Couch liegt und sein Rücken abgestützt ist. Spannungen werden losgelassen, und oft erschreckt ihn dieses plötzliche Nachlassen der Spannung. Dabei ist das eine ausgezeichnete Therapie seitens des Körpers, wenn auch nur vorübergehender Natur. Jedenfalls lösen sich eine Menge Verhärtungen, die sich durch unausgesetzte übermäßige Kontrolle angesammelt haben. Das wirkt sich günstig aus. Durch solche Methoden wird der Körper wieder geschmeidiger. Ruburt i s t sicher, getragen und beschützt — natürlich ist das auch die Botschaft, die er zur Zeit in seinen Kopf zu bringen sucht. Du kannst dazu beitragen, Joseph, indem du ihn an dieses Getragen- und Beschütztwerden erinnerst. *(Nachdrücklich:)* Der Körper weiß, was er tut!

Ruburts Ideen, die er dir ja heute abend zu erklären suchte, sind ausgezeichnet. Sie lassen ihn seelisch-geistig aufleben, vor allem wenn er mit dir darüber sprechen kann. Das Material des sündigen Selbst, von dem viel schon in schriftlicher Form vorliegt, zeitigt Auswirkungen, die in periodischer Abfolge zum Zuge kommen; sie sind so angelegt, daß sie stets neue Einsichten auslösen, auch wenn sich diese nicht immer sofort einstellen werden. Es ist wichtig, daß er dir Bescheid gibt, wenn ihn Panikgefühle überkommen. Jedenfalls halten solche Panikgefühle nicht lange an. Noch einmal: Entspannung ist ein Teil dieses kreativen Geschehens.

Ich hoffe, unser Buch *(das vorliegende)* ohne Rücksicht auf eure anderweitigen Veröffentlichungspläne zum Abschluß zu bringen, und das wird Ruburt jetzt gut tun, denn es wird ihm das Gefühl vermitteln, daß täglich etwas zustande kommt. *(Lange Pause.)* Und ich möchte ihm gern die Einsicht vermitteln, daß ein Heilungsprozeß tatsächlich im Gange ist, daß er seinem Geist und seinem Körper vertrauen kann und daß für die Entfaltung seines Selbst Sorge getragen ist, ob das nun gerade offensichtlich ist oder nicht. Das ist keine Fiktion. Leider braucht ihr nun einmal in eurer Gesellschaft jede nur mögliche positive Anregung, um Ängste und negative Konditionierungen auszugleichen.

Ruburt muß wirklich nicht jedes Jahr auf Knopfdruck ein Buch veröffentlichen. Ihm wird immer neues kreatives Material zuströmen,

Kreativität als Ausfluß seines Naturells. Und es ist keine Verwegenheit, dieses Naturell zum Ausdruck zu bringen. Es ist auch keine Verwegenheit, diese Natur zu erforschen, so wenig, wie es Verwegenheit ist, wenn er sich selbst aus dem Urquell des Seins ein wenig Trost zu schöpfen erlaubt.

Der gleiche Rat ließe sich, in nur geringfügigen Variationen, natürlich jedermann geben und wäre gleich gut angebracht.

(Fünf Abende später — um 20.35 Uhr am 17. November 1981 — hielt sie die erste Sitzung, die 936ste, für Kapitel 5 dieses Buches ab. Hier die Anmerkungen dazu:

Jane scheint eine Verschiebung unserer jeweils am Montag und Mittwoch abgehaltenen Sitzungen auf Dienstag und Donnerstag zu erwägen.

Wir haben einen wunderschönen offenen Kamin im Wohnzimmer des Hügelhauses, und während der Wintermonate pflegte ich zur Zeit des Abendessens oft ein Feuer zu entfachen; wir saßen dann zum Essen auf der Couch. Jane und ich liebten es sehr, am Kaminfeuer zu sitzen und den Gedanken nachzuhängen, die es in uns wachrief. Doch hatten wir vor zwei Jahren den Kamin reinigen lassen, und seither habe ich ihn nicht mehr benutzt. Ich war so sehr beschäftigt, daß ich einfach nicht mehr dazu kam, Feuer zu machen.

Heute früh hörten wir hinter der geschlossenen Kaminklappe seltsame kratzende Geräusche, in die sich alsbald eine Reihe melodischer Zwitscher- und Plapperlaute mischten. Ein Vogel, oder mehrere Vögel? Das glaubten wir nicht. Dann fragten wir uns, ob es vielleicht Eichhörnchen wären, die massenhaft den nahegelegenen Wald bevölkern, aber irgendwie schienen die Laute auch nicht so recht zu einem oder mehreren dieser Geschöpfe zu passen. Nach etwa einer Stunde hörten die Geräusche auf.

Sie waren bis zum Beginn der Sitzung nicht mehr zu hören. Jane lehnte sich auf der Couch zurück, die Füße auf dem Teetischchen, und ich saß ihr gegenüber, mein Notizbuch gegen ein Knie gelehnt, die Feuerstelle im Rücken. Bald begann Jane »Seths Nähe zu spüren«. Ihr Sprechtempo war von Anbeginn an ziemlich langsam. Ich habe nur wenige der vielen langen Pausen vermerkt, die sie in der Trance einlegte. — 20.35 Uhr.)

Nun …

(»Guten Abend.«)

… guten Abend und Diktat. Beginn des nächsten Kapitels, des

fünften, mit der Überschrift: Die magische Einstellung *(sehr lange Pause, mit geschlossenen Augen)* — vom »Festhalten am Bewährten« und von spontanen Entwicklungen. Ich bitte um eine Weile Geduld. *(Pause.)*

Träume ermöglichen in kurioser Weise Lernprozesse, während sie zugleich dem Zweck dienen, neue, überraschende Entwicklungen herbeizuführen. Punkt. Das heißt, Träume fördern die Bewahrung von Wissen. Sie fördern die Entwicklung besonderer Fähigkeiten. Sie verschaffen euch zusätzliche Informationen, indem sie vorhandenes Wissen mit eurer Erfahrung verknüpfen.

Auch eignet den Träumen ein Moment der Überraschung, und so bahnen sie unerwartete Entwicklungen an, wodurch sie wiederum dem Anschein nach der Auflösung bewahrender Prinzipien Vorschub leisten. Auf diese Weise spiegeln sie auch euer äußeres Verhalten wider, indem sie, wie ihr schon wißt, Bewährtes bewahren und dennoch zugleich Neues einführen: neue, spontane Ordnungen, die nicht selten dem Prinzip der Aufrechterhaltung des Bewährten zuwiderzulaufen scheinen. Wenn ihr beispielsweise von vergangenen Erlebnissen träumt, so werten eure Träume die Vergangenheit auf. Andererseits wiederum scheinen sie das Bild einer unversehrten Vergangenheit zu zerrütten, indem sie euch diese in einem ungewohnten, in einem neuen Licht zeigen und mit Farbtönungen der Gegenwart und der Zukunft durchtränken.

(20.49 Uhr.) Sicher möchten viele von euch Methoden von mir erfahren, um das Wesen der Träume eingehender zu erforschen. Beachtet: Träume vermitteln Einsichten in die spontane Ordnung der Natur durch Jahrhunderte und erlauben euch somit, die Menschheit in einem wahreren Licht zu sehen. In dieser Hinsicht ist euer Leben in wunderliche Beziehungen verflochten, die dabei ihre Rolle spielen. Doppelpunkt: Nicht einen Tag würdet ihr durchkommen, wenn sich nicht die bewahrenden Prinzipien und das Unerwartete nebeneinander geltend machten. So vieles gibt es im Leben zu lernen und zu erinnern, und so vieles müßt ihr spontan vergessen — andernfalls wären eure Aktivitäten ziemlich sinnlos.

Eure täglichen Aktivitäten sind ungleich vielfältiger, als euch in Erinnerung bleibt. Ihr wißt nicht, wie viele Male ihr den Arm hebt, einen Gedanken hegt, einen Gedanken ausspricht. Bei der Beschaffenheit eures Bewußtseins würde die Überbetonung bewahrender Prinzipien zu einer Beeinträchtigung der Lebensprozesse führen.

(21.01 Uhr.) Das Leben bedarf jedoch überraschender neuer Entwicklungen und unvorhergesehener Aktivitäten, es verlangt sprunghafte Veränderungen der Einsicht und des Verhaltens, die nicht irgendwelchen erworbenen Kenntnissen oder bloßer Bewahrung eingeschliffenen Verhaltens zu verdanken sind, sondern auf völlig andere, neue Entwicklungen abzielen.

Träume führen oft zu unvermittelten Einsichten, die einen Mann oder eine Frau befähigen, die Welt auf einmal neu und völlig anders wahrzunehmen. Tatsächlich ist auch das Geschehen in eurer Welt immer schon überraschend gewesen. Das gilt für sämtliche Wirklichkeiten der Natur, von der mikroskopischen bis zur makroskopischen. Wie ich schon früher gesagt habe, sind alle Systeme offen. Die Vertreter der Evolutionstheorie wie auch die Verfechter anderer Thesen der Weltschöpfung bestärken euch im Glauben an die Abfolge der Zeit »in der Zeit« und an ein Universum, das auf die oder jene Weise beginnt und sich auf das oder jenes Ende hinbewegt. Doch es gibt gleichsam horizontale Geschehnisse in der Gleichzeitigkeit aller Zeit, die Einschübe überraschender Vorkommnisse möglich machen. Punkt.

(Nach langer Pause um 21.13 Uhr:) Wieder einmal ist es sehr schwierig, euch das zu erklären. Ihr seid gewohnt, Geschehnisse, die sich in der Außenwelt ereignen, nach Maßgabe ihres Augenscheins wahrzunehmen. Dabei seid ihr aber von Natur aus zu einer viel reicheren Erlebnisfähigkeit veranlagt, und ihr seid selber, wie ich schon oft gesagt habe, von dem Bestreben angetrieben, die multidimensionalen Verflechtungen eurer Existenz zu erforschen.

Im »Zeitenwechsel« nun werdet ihr der ausgetretenen Wege überdrüssig. Sogar in euren Träumen schlagt ihr neue Wege ein. Bemerkenswerte Vorkommnisse häufen sich in zunehmendem Maße, in der persönlichen Erfahrung wie auch in der Erfahrung der Menschen insgesamt, im körperlichen und geistig-seelischen Verhalten der Menschen wie auch im Geschehenszusammenhang der Sterne.

Die Menschen wollen altübernommene Glaubensüberzeugungen abstreifen. Sie sehnen sich unbewußt nach dem Wissen der frühen Kindheit, dem dunkel erinnerten Erleben einer Erfahrungswelt, in der das Unerwartete als »magisches Geschehen« ganz selbstverständlich und das Natürlichste der Welt war. Diese Menschen beginnen ihr Leben mit anderen Augen zu sehen, mit einem Blick, der aus der Natur selbst und aus ihrer persönlichen Eigenart eine anmutige Mühelosigkeit, eine fast vergessene Freiheit heraufzubeschwören sucht. Sie gewinnen eine neue Einstellung zu ihrem eigenen Leben, eine eher natürliche, eine magische. Unter solchen Umständen erscheinen die Elemente der Bewahrung in Natur und Gesellschaft nicht mehr so zwingend wie früher. Überraschende Vorkommnisse, die früher vertuscht oder ignoriert wurden, häufen sich; überall macht sich eine beschleunigte Entwicklung geltend und bringt die Menschen dazu, daß sich ihre Erwartungen im Hinblick auf die Geschehnisse in ihrem eigenen Leben und auf das von anderen erwartete Verhalten allmählich ändern.

Altbewährte Anschauungen wirken plötzlich überlebt. Unvorhersagbare, bemerkenswerte Ereignisse erscheinen im Bereich des Möglichen. Die in Träumen geleistete Arbeit nimmt eine neue Aktualität an. Die Träume werden aktiver, eindringlicher. Absehbares Verhalten, selbst der Naturelemente, gilt als weniger selbstverständlich. Der Mensch beginnt zunehmend die Hintergründe allen bewahrenden Verhaltens wahrzunehmen.

(21.43 Uhr.) Unter solchen Umständen finden im geistig-seelischen Erleben des Menschen beachtliche Veränderungen statt. Die Gefühle des Menschen sich selbst gegenüber ändern sich, doch nach und nach wächst sein Vertrauen in das Unvorhersagbare. Zunehmend williger vertraut er sich ihm an. Die Gattung bricht zu inneren Wanderzügen auf. Immer deutlicher spürt sie in sich die Überwindung früherer Begrenztheit und neue Möglichkeiten kreativen Handelns. Es erwacht in ihr die Sehnsucht nach der Erforschung geistig-seelischen Neulands, und so schickt sie Boten aus.

Ende des Diktats.

(21.50 Uhr.) Ruburt ist einer dieser Boten. Es sind ihrer viele in allen Realitäten des Lebens, und nicht nur eure eigene Gattung ist von Begeisterung ergriffen, dieselbe Art von Neugier und Begeisterung beseelt auch die anderen Gattungen. Die Verbindungen, die zwischen allen Gattungen und der Umwelt bestehen, sind mitbetroffen. Das multidimensionale Kommunikationsnetz dehnt und weitet sich im inneren Raum, um Entwicklungen im Sinne von Wahrscheinlichkeiten zu ermöglichen. Das Bewußtsein ist seiner selbst auch in allen wahrscheinlichen Realitäten gewahr. Und die Natur vermag sich selbst auf Weisen zu erfahren, die, wenn ihr an der Bewahrung des Bewährten und an der Alleingültigkeit eures intellektuell erworbenen Wissens festhaltet, als höchst unwahrscheinlich gelten würden.

Ende der Sitzung.

(»Würdest du etwas über all diese Vitamine sagen, die Jane jetzt nimmt?« Wir hatten heute darüber gesprochen.)

Nicht heute abend — aber ich werde demnächst darauf zurückkommen, sobald neue Einsichten, die Ruburt über sich selbst gewinnen wird, mir erlauben werden, pointierter darauf einzugehen, als es mir zur Zeit möglich wäre. Ende der Sitzung, und herzlichst gute Wünsche.

(»Danke. Gute Nacht.«)

(22.01 Uhr. Jane entsann sich undeutlich Seths wunderlicher Fortsetzung der Arbeit am Buch, nachdem er bereits das Ende des Diktats angekündigt hatte. Ich sagte ihr, daß er meines Erachtens die Fortsetzung selber ausgelöst hatte, als er die Boten unserer Gattung erwähnte. Mich beglückt, daß er Jane als einen solchen Boten bezeichnet. Es ist gleichsam eine neue Variante ihrer mystisch-sensitiven Rolle im körpergebundenen Leben.)

ANHANG ZUR SITZUNG 936: DAS GEDICHT

(Meine immerwache Sorge um Jane wäre sicher in schiere Angst umgeschlagen, wenn das lange Gedicht ohne Titel, das sie am 26. August gleichzeitig mit ihrer Arbeit an Kapitel 2 der »Magischen Einstellung« schrieb, mir schon damals zu Gesicht gekommen wäre. Sie überarbeitete es nicht weiter und zeigte es mir auch nicht. Nicht daß sie versucht hätte, es vor mir zu verbergen. Keiner von uns erzählt oder zeigt dem anderen alles und jedes; ich war einfach nicht anwesend, als sie das Gedicht schrieb, und sie ließ es in ihrem Tagebuch von 1981, wo ich etwas später »zufällig« darauf stieß. Aber auch als ich es dann fand, wurde ich von Traurigkeit und bald auch von Angst ergriffen; während des Lesens faßte ich allmählich wieder Hoffnung, und ich wußte sogleich, daß ich es hier in dieses Buch einfügen sollte. Denn Jane war niedergeschlagen gewesen, als sie dieses Gedicht geschrieben hatte. Vielleicht war es der künstlerische Ausdruck ihrer Lyrik, durch den ich mich so stark mit ihren Gefühlen zu identifizieren vermochte; jedenfalls empfand ich plötzlich, daß nicht einmal ich die unauslotbaren Tiefen all der Herausforderungen, vor die sie sich gestellt sieht, und ihrer Reaktionen darauf je ganz verstanden hatte. In diesem Gedicht erkannte ich wieder ihre alte Angst vor dem Verlassenwerden und ihr Gefühl der Beein-

trächtigung durch den Mangel an körperlicher Beweglichkeit — und Angst ergriff mich angesichts gewisser Zeichen, daß sie sich entschließen könnte, diese Körperwirklichkeit endgültig zu verlassen. Zu sterben.

[Ähnliche Empfindungen hatte ich sieben Monate zuvor, als sie die 931ste Sitzung abhielt; vergleichen Sie meine Kommentare im Anschluß an die Auszüge aus der persönlichen Sitzung vom 15. April 1981, Kapitel 3.]

Vielleicht hätte Jane, wenn sie eine endgültige Fassung geschrieben hätte, ihr Gedicht gekürzt; doch diese ungekürzte Fassung zeigt um so deutlicher, wie sie sich an einem Tag der Niedergeschlagenheit ihren Herausforderungen spontan und auf poetische Weise stellte. Um Raum zu sparen, stelle ich hier die für ihre Lyrik typischen Kurzzeilen durch Schrägstriche heraus.)

Etwas in mir / ebbt und wallt auf / als ließe ich mich /
fortspülen / eine Zeitlang / ins offene Meer, indem ein /
spinnenartiges Muschelgebilde / am Ufer zurückbleibt /
trocken und eingeschrumpft / kaum noch lebend /
[jedoch] mit ungestümem / Mund und Augen /
und nur zur Hälfte / lebendig. / Doch ah, diese Hälfte /
ist leidenschaftlich / erfüllt von / Lebenswillen.

Der andere Teil / leidenschaftslos / fließt dahin mit /
den Wellen / vorbei an Welt und Fels / wie Dunst zerstäubt /
und aller Hindernisse / ledig / sorglos / während mein Herz /
in der zerbrechlichen / Muschelschale / ausruft /
»Kehr wieder / du mein anderes Ich. / Erschöpft bin ich /
dem Sterben nah, / ein teilweise leeres / Muschelgehäuse /
hauchdünn / mit all meinem / Leben / lebhaft und flammend /
in meinem Kopf nur / doch beinahe / reglos. /
Wie kannst du mich / zurücklassen / in solcher Verfassung /
verletzlich / und ausgesetzt?«

Manchmal gibt es / keinerlei Antwort, als ob /
meine Stimme selbst / zu Nebel würde / oder im /
Donnern der Wogen / sich verlöre / bis es so scheint /
daß ich tatsächlich / verlassen bin /
getrennt von / irgendeinem vergessenen Selbst /

das irgendwohin / fortging ohne mich / in solche Fernen /
daß jede Botschaft / hin- und wiedergehend /
so lange Zeit braucht / um mich zu erreichen /
daß nur mehr künftige / Generationen meiner selbst /
hier wären, um / sie zu entziffern.

Und dann vernehm ich — / wie, so schien es /
mir heut früh geschah — / Antwort / die sagt /
»Wer, glaubst du / sandte mich denn / auf solche Fahrt /
wenn nicht du selbst / die sprach / ›Sei unbesorgt /
um mich. Ich harre aus / doch eile /
und geh, solang die Flut / noch steigt, und nutze /
die Kraft der Strömung / der ich die meine schwache /
beigesellen werde / so gut ich es vermag. /
So laß dich dorthin tragen / wohin das Fleisch /
das süß verzagende / in seiner Angst /
zu folgen nicht vermag.‹ / So ging ich denn.«

Kaum weiß ich's mehr / doch ich erkenne / die Stimme wieder /
und verspüre / sehr weit entfernt Gezeiten, die /
sich rückwärts wenden / und ein Selbst, ein mythisches /
das mit millionenfacher Botschaft /
alles Gewußte übertreffend / mit fremdartigen Kostbarkeiten /
beladen zurückkehrt / dorthin / wo ich warte.

Und eine Regung durchfährt / meine trockenen Handgelenke /
winzig, doch so gewaltsam / daß ich auffahre (erschauere) /
die ich so lange / reglos war. / Die Muschelschale /
die spinnenartige, die / mein Herz umschließt /
wird wie von einem Windstoß / aufgeweht / und eingerollte /
trockene Ranken / von Nerv- und Muskelfasern /
entrollen sich. / Mein Farbton wechselt /
und die blasse Pergamenthaut wird / korallenfarben /
indes winzige Fältchen schwinden. / Meine Form /
nimmt wieder Fülle an / da ich verspüre /
wie ein fremdartiges Selbst / mir wiederkehrt ... /
rascher nun / herfahrend auf den / mächtigen Wellen der /
namenlosen Seelentiefen.

Immer mehr / wächst mir an Kraft zu. / Muskeln lösen sich /
die eingefaltet waren / aufgespart /
für künftigen Gebrauch / und nun / setz ich mich auf /
fahre mit brüchigen Fingern durch /
mein sonnengetrocknetes Haar. / Ich sage /
»Wir sind zu weit gegangen, Freund. / Von nun an werden /
wir miteinander gehn / so weit ich /
gehn oder schwimmen kann / oder ich werde /
mit dir auf Seelenreise gehn. / Nicht aber will ich mehr /
allein zu Hause bleiben / bei halb /
gesenkten Jalousien / wartend.«

»Das soll nicht mehr geschehen!«
Die Stimme tönt jetzt klarer / und erklingt zuletzt /
von meinen Lippen / (laut, vibrierend) /
nicht mehr entfernt. / Wir plaudern miteinander durch /
die halbe Nacht, indes ich / Spinnweben der Entfremdung /
abstreife von / Fingern und Zehen. / Mein Gehäuse /
fiel ab von mir / weich wie Gewebe /
vom morgendlichen Windhauch /
seufzend fortgeblasen. / Rund um uns her /
sammelt der Strand die / kostbaren Bilder / die plötzlich /
aufspringen im Dunkel / eintreffend mit / der Flut /
die die Fluten / des Herzens vereint.

Mein Doppelgänger sagt mir / »Diese Schätze sind /
geprägt mit deinem Namen / um eine Zeitlang / Tag für Tag /
als Überraschungen / überaus köstlicher Natur /
von dem geheimnisvollsten aller Orte / einzutreffen. /
Aber auch ich ward weiser — / was für ein Geschenk /
hier in Erwartung meiner / dich zu finden. /
Unseren Einklang / wiegt keine Reise auf /
die Einigkeit des Selbst / und für das ungeteilte Selbst /
sind alle Reisen möglich.«

»Eben jetzt möchte ich / einfach nur /
ungeteilt aufstehn und / über den Strand gehn«, sagte ich. /
Und Arm in Arm / lächelten wir /
unser zweifach-einiges Lächeln.

(Ich liebe den Schluß, den Jane ihrem Gedicht gegeben hat, denn hier bestätigte sie wenigstens die Möglichkeit, daß ihr Selbst sich zu heilen vermöchte. Und doch wurde meine Hoffnung ebensosehr gedämpft wie meine Angst sich verringerte, denn von der Integration eines verständnisvolleren sündigen Selbst in ihre Psyche war eigentlich nicht die Rede. Jane hat jetzt mit ihren körperlichen Schwierigkeiten, ihren Symptomen, zu tun, dachte ich, und mit ihnen müssen wir uns befassen, wenn sie Genesung finden soll. Als wir dann miteinander sprachen, blieb ich im Zwiespalt meiner Gefühle gefangen: schwankend zwischen der Angst um meine Frau und der Hoffnung, daß sie sich für das Leben — so wie wir es verstehen — entscheiden würde.)

Sitzung 937, Donnerstag, den 19. November 1981

(Jane ging es gestern nicht gut. Wie sie mir heute sagte, fühlt sie sich etwas überrascht durch die Feststellung, daß Seth dem Abschluß von »Träume, ›Evolution‹ und Werterfüllung« näher ist, als sie gedacht hatte. Ich selber hatte angenommen, daß Seth das Buch noch lange nicht abschließen würde. Das ergibt sich auch aus dem, was sie gestern in ihr Tagebuch schrieb, während sie an einem Tischchen in unserer verglasten vorderen Veranda saß.)

Mittwoch, den 18. November 1981. Im Augenblick bin ich ganz schwermütig, die Augen wollen nicht, waren Tränen nahe; doch freut mich die Dunkelheit von Himmel und Straße bei drohendem Regen ... Die Aussicht auf die Berge, die mir das Fenster gewährt, die Rockmusik im Radio, der sonderbare Duft von altem Holzlack auf der Türe — all dies empfinde ich tief, doch wie hindurchgeweht in sehnsüchtiger Rückerinnerung. Das Telefon läutet, und zuerst weiß ich nicht, ob das Läuten wirklich hier oder im Radio ist, und als ich den Hörer abnehme, ist die Stimme weit entfernt, sie fragt nach Rob. Er telefoniert, dann geht er nach draußen, um die Vögel zu füttern. Ich fühle mich ein wenig erleichtert, indem ich dies niederschreibe ...

(Jane hielt die 900ste Sitzung für Kapitel 5 von Band 1 dieses Werks vor zwanzig Monaten ab. In den einleitenden Anmerkungen zu jener Sitzung schilderte ich eine überaus lebhafte Traumerfahrung, in der ich das in vielen Facetten schimmernde Licht meines eigenen Wissens und des Universums erschaut zu haben glaubte. In diesem Erlebnis spielte

auch unser Freund Floyd Waterman eine Rolle. Floyd ist ein außerordentlich großzügiger und anteilnehmender Mensch, der uns im Laufe der Jahre oft zu Hilfe gekommen ist; er ist der Bauunternehmer, der die Hälfte unserer doppelten Hügelgarage zu Janes Arbeitszimmer umbaute. Jane wie auch ich haben eine ganze Reihe psychischer Erfahrungen mit ihm geteilt.*

Die Serie komischer Begebenheiten, in die Floyd, einer seiner Söhne und ein weiterer Helfer verwickelt waren, nahm heute mittag ihren Anfang: »Alle Wetter, Rob, es ist ein Waschbär!« rief ein verblüffter Floyd vom Dach des Hauses zu mir herab, nachdem der Strahl seiner Taschenlampe die Augen des Tieres mit der schwarzen Gesichtsmaske, das auf dem Boden des Schornsteins der Feuerstelle kauerte, zum Aufglühen gebracht hatte. Offensichtlich hatte der Waschbär die Örtlichkeit als eine sichere und warme Zuflucht vor dem kommenden Winterwetter gewählt. Die drei Männer versuchten, das halb wilde, halb zahme Geschöpf zum Rückzug durch den Schornstein anzutreiben, doch ohne Erfolg.

Schließlich öffnete Floyd die Ofenklappe einen Spaltbreit und entzündete ein Blatt Zeitungspapier in der Feuerstelle: Der aufsteigende Rauch ließ unseren Untermieter den Schornstein hinauf und über das Dach auf die Schierlingstanne neben der vorderen Veranda klettern. Dann hievte Floyd, während seine beiden Helfer aufpaßten, daß der Waschbär auf dem Baum blieb, einen flachen Stein die Leiter hinauf und deckte damit den Schornstein ab. Er wird dort später einen Maschendraht einzementieren, um Vögel und andere Tiere künftighin fernzuhalten.

Ich schob Jane auf ihrem Stuhl auf die Veranda hinaus. An die Glaswand gedrängt beobachteten wir aus einem Meter Abstand das aufgeregt plappernde Tier auf der Tanne. Schon einige Male hatten wir Waschbären in dem Baum herumspielen sehen, und Floyd, der auf einer Farm lebt, bekommt sie häufig zu Gesicht. Dies war ein voll ausgewachsenes Exemplar mit dichtem Fell, in dem sich Schwarz, Braun und Grau in völliger Übereinstimmung mit den Farbtönen des Baumstammes mischten. Da es ein dunkler Tag war, konnten wir die Augen in dem schwarzen Gesicht nicht erkennen. Auch das Geschlecht des

---

* Vergleichen Sie in Kapitel 10 von »*Individuum und Massenschicksal*« die einführenden Anmerkungen zur 873sten Sitzung vom 15. August 1979.

Tieres ließ sich nicht bestimmen. [Später las ich, daß die Weibchen mit den Jungen in Gruppen zusammenleben, während die erwachsenen Männchen gewöhnlich allein leben.]

*»Waschbären können nicht so schnell laufen«, sagte uns Floyd, »und wenn sie sich am Tag im Freien erwischen lassen, werden sie von großen Hunden angegriffen. Aber dieser Bursche könnte, in die Enge getrieben, sogar einen großen Hund erledigen.« Der Waschbär blieb auf dem Baum bis zum Einbruch der Dunkelheit; dann kam er herabgestiegen und trollte sich in den nahegelegenen Wald.**

Als wir uns zur Sitzung bereitmachten, hörten wir keinerlei Geräusche mehr, weder vom Kamin noch vom Dach her. 20.30 Uhr.)

Nun: Diktat.

Die gleiche kuriose Mischung von Vorhersagbar und Unvorhersagbar ist auch bei der Erbgutbildung am Werk. Die Gesamtheit der Erbfaktoren eines Lebewesens ist nämlich weitgehend so angelegt, daß diese *(die Erbfaktoren)* einerseits die Aufrechterhaltung artspezifischer Eigenschaften gewährleisten, andererseits aber auch Veränderungen zulassen, die — bitte hervorheben — zu scheinbar genetisch entgleisten oder deformierten Lebensformen führen, die allem Anschein nach nur mehr als Zerrbilder genetischer Unversehrtheit gelten können.

Solche absonderlichen genetischen Kapriolen jedoch sorgen, wie ich schon zu erklären versuchte, oftmals für neue Spannkraft und eine Vervielfachung der Wahrscheinlichkeiten, die für die genetische Ausgewogenheit einer Spezies und deren Überleben insgesamt durchaus zweckmäßig sind. Die Traumtätigkeit kann — wie es auch oft tatsächlich geschieht — eine veränderte Zellaktivität auslösen und dadurch genetische Veränderungen herbeiführen. Es findet ein dau-

---

* Jane und mir tat es leid, unseren Gast um seinen warmen und geschützten — wiewohl nicht eben natürlichen — Unterschlupf gebracht zu haben. Der Waschbär hatte uns Freude gemacht. Freude bereitet uns auch die Tatsache, daß wir, obwohl im Weichbild einer kleinen Stadt angesiedelt, auch in Fühlung mit der Welt der Natur und ihren Geschöpfen leben. Diese erquickliche Nähe macht es uns leichter, unser Dasein auf diesem Planeten im Einklang mit der Natur zu sehen. Die Bewohner unserer Großstädte, deren Zahl weltweit ständig steigt, müssen ohne den täglichen Kontakt mit dieser natürlichen Umwelt leben, in der fast alle Lebensformen der Erde vorhanden sind. Das erklärt viele Gefahren und große Belastungen, die das Leben in der Massengesellschaft großer Ballungsgebiete mit sich bringt.

erndes Geben und Nehmen zwischen den scheinbar getrennten geistig-seelischen und körperlichen Aspekten eures Lebens statt, und ebenso in der ganzen Natur.

Entscheidungen, an denen jedes einzelne Individuum Anteil hat, werden in Bereichen der Aktivität getroffen, deren Vorhandensein ihr normalerweise nicht einmal wahrnehmt. Punkt. Hast du diesen Satz?

(»Ja.« Ich hatte den ziemlich sonderbaren Eindruck, daß da irgendein unausgesprochener Zusammenhang zwischen dem Seth-Material von heute abend und unserem Erlebnis mit dem Waschbären bestünde.)

Die Menschen eines Volkes oder eines Landes können sich in jedem beliebigen Moment dafür entscheiden, bestimmte Umstände in der materiellen Welt zu aktivieren und zu erleben. Sie können aber auch entscheiden, daß diese Umstände zum einen Teil in der stofflichen Wirklichkeit und zum anderen in einer Traumwirklichkeit erlebt werden. Der Wahrscheinlichkeiten sind viele, und Umwandlungen von Energie finden natürlich ständig statt. So kann sich beispielsweise die Energie eines Geschehens in einem meteorologischen Unwetter oder in einem wirtschaftlichen Desaster entladen.

(Nach einer langen Pause um 20.46 Uhr:) Sie kann sich auch als emotionaler Gewittersturm verwirklichen, ausgelöst von großen Teilen der Bevölkerung. Statt dessen kann sie aber auch in einer Reihe beängstigender Gruppenträume zum Ausdruck kommen. An jedem Punkt seiner virtuellen Tatsächlichkeit, also einer der Kraft und der Möglichkeit nach vorhandenen Tatsächlichkeit, kann ein Geschehen in allen möglichen Erscheinungsformen zum Ausdruck kommen. Punkt. Das kommt euch fremd vor. Doch leuchtet euch sicher ein: Eine schlechte körperliche Verfassung, beispielsweise infolge einer Krankheit, kann sich in einem Angsttraum ausdrücken. Dabei bleibt jedoch immer die grundlegende Unversehrtheit des Selbst gewahrt.

Das gleiche Wechselspiel gilt natürlich auch, wenn Menschen sich für glückliche Umstände entscheiden. Die Energie kann als gesteigertes körperliches Wohlbefinden, als eine Serie positiver Entwicklungen auf gesellschaftlichem oder wirtschaftlichem Gebiet oder als hervorragende Wetterverhältnisse — als eine unverhoffte Reihe herrlicher, hochsommerlicher Tage — zum Ausdruck kommen. In beidem, dem Vorhersagbaren wie dem Unvorhersagbaren, liegt die Möglichkeit der stoffgebundenen Verwirklichung beschlossen.

Je aufgeschlossener ihr solchen Ideen gegenüber seid, desto vielfältiger und reichhaltiger wird der Fluß eurer Erfahrungen sein.

(21 Uhr.) Wie Ruburt selbst in seinem Buch »*The God of Jane*« oft erwähnte, solltet ihr niemals eine Theorie als Tatsache akzeptieren, die — bitte hervorheben — im Widerspruch zu eurem eigenen Erleben steht. Die menschliche Erfahrung weiß zum Beispiel um alle möglichen Arten des Wechselspiels innerer und äußerer Vorgänge, für die es keine wissenschaftlichen Erklärungen gibt. So weit so gut. Man kann es der Wissenschaft nicht verübeln, daß ihre Methoden auf die Erforschung dieses oder jenes Erlebnisfeldes nicht anwendbar sind, aber man sollte der Wissenschaft energisch widersprechen, wenn sie innerpsychische Erfahrungen als ungültig, unwirklich oder utopisch abtut. Die Wissenschaft, die sich auf Meßbarkeit und Wiederholbarkeit der Phänomene einengt, gehört in ihre Schranken verwiesen, wenn sie die Behauptung aufstellt, daß sich die menschliche Erfahrung auf diejenigen Vorgänge beschränke und auch beschränken müsse, die sich wissenschaftlich erklären lassen.

Vielmehr ist es natürlich durchaus möglich, daß es eure vorhersagbare Welt nicht trotz, sondern eben wegen all der überraschenden, unvorhersagbaren, nicht »amtlich« bestätigten Erfahrungen im Wechselspiel innerer und äußerer Vorgänge gibt. Punkt. Es gibt eine umfassendere spontane Ordnung, in der die Schlüssel zu den scheinbar unvorhersagbaren Vorgängen eurer Welt liegen.

(Nach einminütiger Pause um 21.15 Uhr:) Geduldet euch einen Moment ... Ihr nehmt dem Anschein nach unvorhersehbares Geschehen zur Kenntnis, indem ihr eure Brennweiteneinstellung ändert; so könnt ihr tatsächlich die Grundmuster einer solchen Wirklichkeit zu *spüren* beginnen. Und diese Wirklichkeit hinterläßt zahlreiche Spuren in eurem eigenen Erleben. Sie liefert überall Hinweise und Aufschlüsse in bezug auf ihr tatsächliches Vorhandensein und eure Mitwirkung in den unterschiedlichsten Ausdrucksbereichen.

In der unwiderlegbaren Tatsächlichkeit menschlicher Erfahrung schimmert auch die Evidenz der höheren Fähigkeiten des Menschen durch: Immer wenn ihm eine Eingebung von Wissen zuteil wird, das weder stofflichen Ursprungs noch Inhalts ist — wenn ihm beispielsweise die Erinnerung an einen präkognitiven Traum oder an ein Erlebnis außerkörperlicher Erfahrung kommt —, ist er in »Tuchfühlung« mit seinem eigenen tieferen Verständnis. Ein solches Geschöpf kann nicht die Marionette genetischer Mutationen oder Manipulationen sein, kann nicht rein zufällig zustande gekommen sein in einem an und für sich sinnlosen Universum. Punkt.

Würde der Mensch seinen eigenen geistig-seelischen Erfahrungen mehr Aufmerksamkeit schenken, insbesondere den Gefühlen des Einsseins mit der Natur, die unablässig in ihm aufkommen, dann würde mindestens die Hälfte der Postulate der Verfechter sowohl der Entwicklungsgeschichte als auch der Schöpfungsgeschichte ganz von selbst hinfällig, denn sie würden sich als unsinnig erweisen.*

Es geht überhaupt nicht darum, irgendwelche neuen Methoden zu ersinnen, um eure psychischen Fähigkeiten zu steigern oder euch eurer Träume zu entsinnen oder wie immer sonst außerkörperliche Gymnastik zu treiben. Vielmehr geht es darum, eure Lebenseinstellung grundlegend zu ändern, um die natürliche spontane Aktivität sowohl eures Wesens als auch eures Körpers nicht länger zu blockieren.

(21.35 Uhr.) Ende des Diktats.

(Nach noch einigem persönlichen Material für Jane war die Sitzung um 21.47 Uhr beendet.)

Sitzung 938, Dienstag, den 24. November 1981

(Wir nahmen gegen 20.30 Uhr Platz für die Sitzung. Jane machte wieder viele lange Pausen, die ich nur vereinzelt angemerkt habe. Ich finde, daß sie im folgenden sehr schön einige ihrer grundlegenden Einsichten in die Natur der Realität durch Seth erörtert — und mir will scheinen, daß das, was hier gesagt wird, nie besser gesagt worden ist.)

Nun: Diktat. *(Lange Pause.)*

Die gesamte Fülle des körpergebundenen Lebens in der euch vertrauten Welt muß natürlich von eurem eigenen Gesichtspunkt aus erlebt und erfahren werden; doch sollten die enorme Vielfalt, die Ordnung und Großartigkeit dieses Lebens und dieser Welt lediglich als ein Beispiel für eine der unendlich vielen Wirklichkeiten verstanden werden, deren jede von den Eigentümlichkeiten ihrer eigenen Natur und der Natur ihres Bewußtseins gebildet wird.

---

* Vergleichen Sie die Fußnote Seite 124 f. zur Sitzung 881 im Vorwort sowie die zwei ersten Kapitel von Band 1 dieses Werks.

Das Wort »unbewußt« ist im Grunde bedeutungslos. Es gibt natürlich unendlich viele Versionen [von Bewußtsein] mit ihren eigenen Welten, die sinnvolle und zweckgerichtete Organisationen bilden. Im Verbundnetz multidimensionaler Verflochtenheit sind sie mit der euren verbunden und umgekehrt. Die »innere Struktur« all dieser Welten ist eine solche des Bewußtseins, und den tieferen Fragen kann sich im Grunde nur nähern, wer das Vorhandensein innerer Bezüge voraussetzt.

(21.16 Uhr.) Geduldet euch einen Moment ... Die Fragen nach der Weltentstehung, nach Anfang oder Ende des Universums — man kommt ihnen nicht näher, indem man die äußeren Gegebenheiten des Lebens, die Erscheinungsformen, erforscht, denn diese sind immer innerer geistig-seelischer Aktivität. Ihr nehmt das Universum nur insoweit wahr, als es auf eure Wahrnehmung auftrifft. Was außerhalb dieser Wahrnehmung liegt, bleibt euch unbekannt. So scheint es euch denn, daß die Welt an irgendeinem Punkt in der Vergangenheit begann — oder begonnen haben muß.* *(Einminütige Pause.)* Aber das ist so, als hielte man ein Stück Kuchen für den ganzen Kuchen, und diesen für den einzigen, in nur einem Ofen gebacken und an einem Nachmittag verzehrt.

Die inneren Beziehungen zur Wirklichkeit vollziehen sich über eine andere Art der Erfahrung. Sie gehen im Flechtnetz ihrer organisatorischen Muster an jedem nur vorstellbaren Punkt ineinander über. Ihr stimmt euer Bewußtsein im Schlaf, ähnlich, wie man ein Klavier stimmt, so daß dieses Bewußtsein im Wachzustand klar die richtigen Töne und deren Wertigkeiten wahrnimmt, die sich euch darbieten und die ihr euch als physische Erfahrung einverleibt. Doch die inneren Bezugsfelder, in denen ihr eure Existenz habt, verändern sich durch eure Erfahrungen. Und eure *(lange Pause)* Wesenheit war vor der Geburt, wie ihr sie versteht, in diese Bezugsfelder eingebettet.

Ihr seid eine bewußte Version eurer Wesenheit und erschafft zusammen mit a l l euren Zeitgenossen die Wirklichkeiten in Zeit und Raum. Wenn ich das Wort »Zeitgenossen« verwende, so meine ich damit s ä m t l i c h e Arten aller Gattungen. Ihr lest oder entziffert euer

---

* Der herrschenden wissenschaftlichen Lehre zufolge ist unser Sonnensystem 4,6 Milliarden Jahre alt und das Universum selbst vor 10 bis 20 Milliarden Jahren entstanden.

Bewußtsein, wie ihr es könnt, aber sicher kann man das Bewußtsein der Welt auf noch ganz andere Weisen lesen.

(Pause um 21.35 Uhr. Den Wissenschaftlern ist nicht bekannt, wie viele Arten auf der Erde existieren — nur daß sie in die Milliarden gehen müssen.) Würdet ihr das Bewußtsein der Welt gewissermaßen von der Seite her lesen, so würdet ihr noch immer ein geordnetes Universum vorfinden. Allerdings würde in diesem Universum eine jede Wesenheit anders wahrgenommen werden müssen; in ihm bilden sich Entitäten geistig-seelischer Kontinuität, psychologische Wesenheiten, die ihrer eigenen Identität gewahr sind, die jedoch andere Verwirklichungen anstreben als ihr, zugleich aber auf ihre Weise zum Vorhandensein eures Universums beitragen, nicht anders als ihr.

(Sehr langsam:) Eure Aufzählung der Arten *(der Spezies)* ist hochgradig kapriziös. Ihr betrachtet ja nur die Varietäten des Lebens, die in den Lichtkegel eurer Aufmerksamkeit fallen, als wirklich vorhanden. Ihr verdinglicht alles Leben und erfindet Trennungen, wo keine sind. Trennungen zwischen dem Selbst und dem, was ihr »außerhalb« desselben seht, Trennungen zwischen einem Organismus und seiner Umwelt, wie sie von euch gezogen werden, sind höchst willkürliche Setzungen eurerseits.

Es gibt psychologische Entitäten, die eurer Aufmerksamkeit vollständig entgehen, weil sie euren konventionellen Vorstellungen der Wirklichkeit nicht entsprechen. Diese Wesenheiten schaffen Verbindungen, wo ihr Unterschiede trefft. Sie streben im verborgenen nach Werterfüllung und verknüpfen so die Wesensqualitäten eines jeden Selbst mit den Wesensqualitäten der Umwelt zu ganz anderen als den euch bekannten Kombinationen.

Dem Anschein nach wären dies eine Art Naturgeister. So müßtet ihr sie von eurem Standpunkt aus wohl deuten. Gewiß könntet ihr solche Naturgeister sozusagen als »psychologische Verwandte« ansehen. Doch wirken sie außerhalb der Zeit, und ihre — sprachlichen — Affiliationen sind eigener Art. Sie existieren im übrigen Seite an Seite mit all denjenigen Bewußtseinsformen, die ihr innerhalb der Welt des körpergebundenen Lebens anerkennt.

In euren Träumen habt ihr nicht selten Kontakt mit diesen »Vettern« des Bewußtseins. Das hat seinen Grund nicht darin, daß sie einfach mit euch kommunizieren oder ihr mit ihnen, als vielmehr darin, daß ihr im Schlaf euer angelerntes konventionelles Verhalten lockert und hinter euch laßt. Ihr seht sozusagen »die Lichter hinter der Ecke«. Ihr seht andere Arten des Bewußtseins, Arten, für die sich in der herkömmlichen Lehre der Evolution keine Erklärung finden läßt. Sie verweisen auf die Kommunikation, die *(eindringlich)* in allen Wirklichkeitswelten des Lebens stattfinden und nicht nur das für eure eigene Art lebenswichtige genetische Beziehungsgefüge, sondern auch die Kombinationen anderer Organisationsformen sichern und schützen, die neben den euren, doch im Zusammenhang mit ihnen, existieren. Ihr habt solche Zusammenhänge ignoriert oder fehlinterpretiert. Doch ist es kein Zufall, daß viele Legenden von guten und bösen Geistern, von Ungeheuern und seltsamen Zwitterwesen in eure Volksüberlieferungen eingegangen sind.

(22.05 Uhr.) Es gab jedoch eine Zeit, da ihr solchen abweichenden Gestaltungen in einem anderen Licht begegnet seid. Euch fielen viele Ähnlichkeiten mit eurem eigenen Verhalten auf — gewisse charakteristische Weisen der Wahrnehmung von Erfahrung, die euch vertraut waren.

Es gab also eine Zeit, da ihr aufgeschlossener wart für artspezifisch anderes Bewußtsein, das in eurer Wirklichkeit zutage trat, und da ihr auf Trennungen weniger versessen wart als jetzt. Vielmehr habt ihr solche »Vettern« des Bewußtseins in eure Mitte aufgenommen und euch gleichsam kameradschaftlich mit ihnen unterhalten. Ihr konntet bis zu einem gewissen Grad die unterschiedlichen Versionen des Menschseins sehen, die aus einer veränderten Sichtweise und aus dem Austausch eigener Energie mit solcher der Umwelt hervorgehen. Ihr hattet ganz einfach das Gefühl, noch andere »Brüder« und »Schwestern« in der Welt des Bewußtseins zu haben, die euch ähnlich und auch wieder unähnlich sind und die zum Vorhandensein eurer Stoffwelt, ja des Universums auf ihre eigene Weise beitragen.

Spezies dieses Schlages, mit artspezifischem Bewußtsein, kann es natürlich unter der Diktatur der Evolutionslehre in eurer Welt nirgendwo geben.

(22.18 Uhr.) Dessenungeachtet kommt es häufig zu Begegnungen solcher Bewußtseinsformen mit eurem Selbst, wie gesagt, im Traumzustand, aufgrund einer Änderung eurer gewohnten Brennweiteneinstellung, aber auch im größeren Freiraum der Künste, wo ihr mit euren Trennungen weniger willkürlich verfahrt. Als ihr für notwendig fandet, eure eigene physische Wirklichkeit durch Einengung in einem schärferen Brennpunkt zu erfassen, habt ihr bei der Konzeption eures eigenen menschlichen Bewußtseins haltgemacht und habt, um die

Grenzen der räumlich-materiellen Ordnung der Welt festgelegt zu wissen, alle anderen Bewußtseinsformen willkürlich ausgeklammert. Nun hat es für euch den Anschein, daß die erwähnten Wesenheiten *(lange Pause)* nicht wahrnehmbar sind. Früher konntet ihr sie in die Brennweite eurer Wahrnehmung bringen.

(Jane machte um 22.25 Uhr eine sehr lange Pause — so lange, daß ich schon dachte, sie sei eingeschlafen, als sie da auf der Couch mit geschlossenen Augen saß.)

Doch habt ihr mit eurer Konzeption des menschlichen Bewußtseins einen Schlußstrich unter euer Ordnungssystem gezogen und den allein »vernunftbegabten« Menschen zur obersten Instanz der Intelligenz erklärt. Das heißt, daß ihr abrupt die Grenzlinie dort gezogen habt, wo sie jetzt allem Anschein nach gezogen werden m u ß t e. Allerdings habt ihr den kommunikativen Austausch, der eure Wesenheit mit allen anderen der Natur verbindet, in Erfahrungswirklichkeiten weitergepflegt, die euch noch immer offenstehen und die *(eindringlich)* berücksichtigt werden müssen, wann immer vom Träumen und von der Traumwelt die Rede ist.

(22.27 Uhr.) Ende des Diktats. Gib mir jetzt einen Augenblick Zeit. Ruh deine Hand aus …

(Hier folgt der persönliche Teil der Sitzung. Ich möchte ihn in diesem Buch nicht weglassen, da ich die für Jane selbst durchgegebenen Seth-Ideen vortrefflich finde.)

(22.28 Uhr:) Du hast in letzter Zeit Ruburt sehr geholfen. Bisher haben wir in der Erörterung seiner Situation bestimmtes Material wohlweislich nicht berührt, weil er dafür noch nicht bereit war.

Doch spürte er natürlich in seiner Sensibilität die Umrisse anderer Wirklichkeiten, das Aufschimmern anderer Welten. Er spürte die Anverwandten des Bewußtseins, die erwähnten »Vettern«, auf die eine oder andere Weise — in Umwelten, die wirklich und doch nicht wirklich erschienen. Aufgrund dieser Erweiterungen möglicher Erfahrung kam er zu dem Schluß, daß große Vorsicht geboten sei: Er muß jetzt sehr behutsam vorgehen *(lange Pause)*, er muß sich Zeit lassen, er muß das Terrain erforschen, aber sich dabei sehr in acht nehmen — und freilich büßt er durch solche gefühlsbesetzte Vorbehalte einiges an Spontaneität ein.

Diese Vorbehalte sind ganz natürlich in Anbetracht der Restriktionen, die der Mensch seinem Bewußtsein normalerweise auferlegt. Doch trägt Ruburt seinen Schutz und seine Sicherheit in sich, wohin er auch geht. Es ist dies eine natürliche Gnade, die jedem Bewußtsein zuteil ist. Ruburt ist sicher und beschützt, wohin er auch geht.

Ich werde bei unserer nächsten Sitzung mehr über dieses Thema in einem persönlichen Zusammenhang zu sagen haben. Diese paar Feststellungen werden ihm jedoch helfen und ihn ermutigen, einen inneren Kreis von Bekanntschaften zu erweitern, mit freundlichen Kollegen, die wohl anderen Kategorien zuzuordnen, aber ebensowohl wirklich freundliche Kollegen sind.

Ende der Sitzung, und herzlich einen guten Abend. *(22.45 Uhr.)*

(Für mich sind Janes Spüren der von Seth erwähnten »Vettern des Bewußtseins«, jener »freundlichen Kollegen«, und ihre sehr vorsichtigen Reaktionen auf ihr inneres Wissen deutliche Zeichen für die Folgerichtigkeit ihrer Glaubensüberzeugungen und ihrer Arbeit über die Jahre hinweg. Und wie ich in den Anmerkungen zu diesem Buch gezeigt habe, liegt es ebenso auf der Hand, daß sie sich trotz Seths und meiner Versicherungen nicht sicher gefühlt hat, wohin immer sie geht.

Die Folgerichtigkeit ihrer Haltung wurde mir überaus deutlich, als ich beim Zusammenstellen der Anmerkungen zu dieser Sitzung auf die Entwürfe zweier Gedichte ohne Titel stieß, die sie am 19. März 1977 geschrieben hatte, vor vier Jahren und acht Monaten. Ich halte es kaum für einen Zufall, daß ich sie gerade jetzt gefunden habe. Jane hatte sie mit farbiger Tinte in einen ihrer kleinen Notizblocks geschrieben. Sie hatte die Gedichte nicht für ihr Tagebuch abgetippt und mir auch nicht gezeigt, vielmehr ganz vergessen. Sie werden am Ende dieser Anmerkung vorgelegt.

Ich empfand die Frische dieser Gedichte so lebhaft und ihre Aussagen so bezeichnend für Janes gegenwärtige Situation, daß ihnen nichts von all der Zeit anzuhaften schien, die seit ihrer Niederschrift verflossen ist. Sogleich dachte ich daran, diese Zeitlosigkeit in die Zeit einzubinden, die seit Janes Niederschrift der Gedichte vergangen und von ihren kreativen Leistungen markiert ist. Meine Auflistung ist folgendermaßen ausgefallen:

Jane schrieb diese beiden Gedichte sechzehn Tage, bevor sie die letzte Sitzung für das Seth-Buch »Die Natur der Psyche« am 4. April 1977 abhielt; einen Monat bevor sie »Individuum und Massenschicksal« am 18. April 1977 zu diktieren begann; zwei Jahre und zwei Monate, bevor sie am 6. Mai 1979 mit »God of Jane« begann; zwei Jahre und sechs Monate, bevor sie am 25. September 1979 das Vorwort für »Träume« zu diktieren begann; zwei Jahre und acht Monate, bevor ihr am 15. November 1979 die Idee für »If We Live Again« kam; drei Jahre und fünf Monate, bevor sie am 6. August 1980 Seths Material über die »magische Einstellung zur Wirklichkeit« zu diktieren begann; vier Jahre, bevor sie am 11. März 1981 Seths Material über das »sündige Selbst« zu diktieren begann; vier Jahre und drei Monate, bevor sie am 17. Juni 1981 mit den Informationen ihres eigenen sündigen Selbst durchzukommen begann; und vier Jahre und fünf Monate, bevor sie am 26. August 1981 das in diesem Buch im Anhang zur 936sten Sitzung wiedergegebene Gedicht »Etwas in mir ebbt und wallt auf ...« schrieb.

Ich sehe diese Zeitspanne von vier Jahren und fünf Monaten als eine emotionale Brücke zwischen Janes vorerwähntem Gedicht und den beiden anderen, die sie im März 1977 schrieb. Alle drei stehen völlig im Einklang sowohl mit ihren eigenen Glaubensüberzeugungen und Gefühlen als auch mit den meinen. Beim Lesen dieser beiden Gedichte fühle ich mich ebenso tief bewegt wie damals, als ich im Anhang zur Sitzung 936 schrieb: »Vielleicht war es der künstlerische Ausdruck ihrer Lyrik, durch den ich mich so stark mit ihren Gefühlen zu identifizieren vermochte; jedenfalls empfand ich plötzlich, daß nicht einmal ich die unauslotbaren Tiefen all der Herausforderungen, vor die sie sich gestellt sieht, und ihrer Reaktionen darauf je ganz verstanden hatte.« Alle drei Gedichte sind Teil eines Zeit und Emotion übergreifenden Ganzen, worin Jane die verschiedenen Facetten ihrer Glaubensüberzeugungen im psychischen Raum und ihrer Gefühle der Sicherheit erforscht.

Ich erkannte auch, daß die drei Gedichte, die ja Janes tiefe Ängste im Zusammenhang mit ihren Begabungen spiegeln, eine Einheit bilden auch insofern, als sie Ausdruck ihrer Entschlossenheit sind, diese Begabungen weiter durchzusetzen. Ihre »unentwegte Richtung«, die im nachstehenden Gedicht Eins zur Sprache kommt, taucht immer wieder in ihren Äußerungen auf.

Auch hier wieder stelle ich die Kurzzeilen der Gedichte durch Schrägstriche getrennt nebeneinander.)

Gedicht Eins

Und sind da zornige Winterwurzeln / in meinen vielen Jahreszeiten /
eine Wildheit, ungebändigt von / den Stimmen der Vernunft /
eine Kraft, unheimlicher und / elementarer als /

der Herbststürme rasende Inbrunst /
(tobend, doch prachtvoll, organgefarbene / grüne Blätter /
überallhin fallend) / dann — ist das so.

Und wie des Herbstes wilde Launen / ihre Gründe haben in /
der tieferen geistigen Gesundheit / der Natur, so gilt das auch /
für meine unentwegte Richtung. /
Wenn auch / die Blätter meiner Gedanken / im einzelnen /
getrennt erscheinen: / sie ruhen einer /
elementaren Kraft auf, gewichtlos getragen. /
So laß mich denn mit ihnen / dieser Kraft aufruhn /
wiewohl mich meine ungestümen Reisen / ihnen gleich /
hinwehn über stürmische Wipfel. / Denn höher noch /
hält der Himmel / alles sicher umschlossen.

Gedicht Zwei

1

Wenn ich nun völlig verdreht bin — / die Beine in /
verrückten Winkeln / die Arme halb gebeugt /
nicht länger aufrecht gehend / körperlich eine Ausgestoßene /
und geistig ein Tempoteufel — / nun, keine Entschuldigungen mehr /
von mir an mich.

Wenn du mit dem Kopf / gegen den Himmel schlägst / und *er* gewährt /
bist du versucht zurückzuweichen / mißtrauisch, verwirrt wie /
ein verängstigtes Tier / bei freundlichem Zuspruch: du knurrst /
gibst vor, dich selbst zu lecken oder zu beißen / zu verängstigt /
um auch nur mit dem Schweif zu wedeln.

2

So ist's wohl an der Zeit zu sagen / »also gut«, und /
ihn anzunehmen, diesen magischen Knochen, um /
so sonderbare neue Kost / zu schmecken. / Allzulang schon bin ich /
in Kreisen schnüffelnd drum herumgestrichen /
ohne ein Wort / des Dankes.

3

Auf magische Weise ließ mich / jemand von der Leine /
und ich war so verängstigt / daß ich tat, als sei sie /
noch immer da / und straffer als zuvor.

»Ahem«, sprach die magische Stimme. / »Du bist frei — /
merkst du's nicht? / Warum preschst du nicht los wie jedes /
glücklich losgebundene Tier?« / Ich aber sagte: »Mach mir /
doch nichts vor. / Ich glaub dir nicht.«

Das ist schon Jahre her. / Jetzt steh ich kältezitternd und ermüdet /
alleine draußen angebunden / in dem schwarzen Wind. /
Ich zerre weiter an / der nichtvorhandenen Leine, die /
so wirklich scheint.

Wirkliche Scheren / könnten ein solches Band /
niemals durchtrennen. / So verfertige ich mir denn /
eine imaginäre, welche / die Traumleine /
in tausend Silberstücke zerschneidet — /
hinschmelzend vor meinen / traumwirklichen Augen.

6
Lebenswolken

Persönliche Sitzungen, Dezember 1981

(Zwei Monate sind vergangen — ich schreibe diese Anmerkungen am 25. Januar 1982 —, seit Jane zuletzt an diesem Buch gearbeitet hat. Unsere Feiertage verliefen sehr still. Jetzt ist das neue Jahr schon fast einen Monat alt; das Wetter ist kalt, aber der gefrorene Boden zeigt nur Spuren von Schnee. Unser Posteingang ist so massiv wie immer. Diese »ungenutzten Zeitintervalle«, diese langen Wochen der Unterbrechung unserer Arbeit sind für mich sehr beunruhigend geworden, denn sie fügen sich nicht in Janes natürlichen Rhythmus ihrer Kreativität. Sie hielt auch nur zwei persönliche Sitzungen zwischen August und November 1981 und vier weitere zwischen November 1981 und Januar 1982 ab. Das ist symptomatisch für unsere psychischen und physischen Schwierigkeiten.

Ich betrachte die persönliche Sitzung vom 1. Dezember 1981 als eine für uns sehr aufschlußreiche, als eine Schlüsselsitzung. Wir fühlen, daß sie auf einen Wendepunkt verweist — und doch sind wir paradoxerweise gar nicht sicher, ob wir die angegebene Richtung einschlagen können! Ich lege das Sitzungsprotokoll später vor. Doch zuvor muß ich noch die unbeabsichtigte Diskussion schildern, die sich an diesem Abend gegen 20.00 Uhr zwischen uns ergab, wenige Minuten nachdem Jane mir gesagt hatte, daß sie eine Sitzung über sich selbst abhalten wolle. Zwar führte meistens ich das Wort in unserer »Diskussion«, doch versuchten wir einmal mehr, unser Leben unter einer gemeinsamen geistig-seelischen und körperlichen Perspektive zu betrachten. Wir stritten nicht, argumentierten nicht einmal. Doch sagte ich manches, das ich später lieber zurückgenommen hätte. So etwas ist wohl unvermeidlich; aber wenn ich mit meiner Frau zum Beispiel über die Bewußtseinsstürme sprechen kann, die ich im Vorderen Orient toben sehe, dann verspüre ich auch den Wunsch, meine Gefühle über unsere eigenen Schwierigkeiten zu äußern. Wir sind beide besorgter als je über ihren Zustand. Gefühle der Panik, wie Jane sie heute überfielen und die durchzustehen ich ihr zu helfen versuchte, wecken in mir dement-

sprechende Gefühle — das liegt ja auf der Hand. Manchmal konnte ich mir bei dem, was ich sagte, selber nicht glauben. Bald zweifelte, bald war ich überzeugt bei dem Gedanken, daß Janes mystischer Weg ihr in ihrem tiefsten Wesen tatsächlich genau das bringt, was sie will. [Vergleichen Sie die persönliche Sitzung vom 15. April 1981, Seiten 144 ff., Kapitel 3 dieses Bandes.]

Ich sagte ihr, daß sie eigentlich die Sitzungen nicht mehr abhalten wolle; es gebe allenthalben Hinweise dafür, daß ihr Selbst sich jetzt gegen ihre sensitive Arbeit wehrt, sich vor den Implikationen fürchtet — nämlich fürchtet, ihrer früheren religiösen Prägung zuwiderzuhandeln — und daß ihre Angst sie körperlich in einen unhaltbaren Zustand gebracht hat. Da sie immer hilfloser werde, könnten wir, so sagte ich, schwerlich behaupten, daß wir unsere Probleme befriedigend lösen. »Und erzähle mir nicht, dein derzeitiger Zustand bedeute, daß du dich Seth zufolge auf dem Weg der Besserung befindest, denn das stimmt einfach nicht«, sagte ich. »Du bist ein Jahr und zwei Wochen nicht mehr gegangen, nicht einmal mit deinem Schreibtisch. Scheinbar wirst du in deiner Arbeit als Sensitive mit bestimmten lebenslangen Herausforderungen fertig; doch wie weit kannst du's noch treiben? Muß in dieser Lage nicht das körperliche Überleben Vorrang vor allem anderen haben? Mein Liebes, ich muß zugeben, daß ich mich seit längerem schon frage ...«

Jane hörte mir zu, während ich unablässig weiterredete: »Ich bin wieder mal drauf und dran, mich zu weigern, dir weiter bei den Sitzungen zu helfen. Ich weiß, ich habe das schon früher gesagt, aber diesmal weiß ich einfach nicht mehr, was ich sonst tun könnte. Ich kann dich nicht daran hindern, allein für Seth zu sprechen — gegen die Wand oder in einen Kassettenrecorder — oder es mit jemand anderem zu tun, aber ich kann *mich weigern, dir meinerseits weiter Vorschub zu leisten.« Jane schaute mich mit großen Augen an. »Was ich über Krankheit denke«, sagte ich, »und auch über den Menschen, nun, wir wissen darüber so wenig, daß wir in dieser Hinsicht buchstäblich noch im Mittelalter leben. Unser Verständnis ist im besten Fall minimal. Seth vermittelt zwar großartige Einsichten, aber was immer die Positionen sind, die die Menschheit als Gattung einzunehmen lernt, ich kann mir nicht vorstellen, daß in künftigen Jahrtausenden viel davon beibehalten werden wird. Inzwischen aber tappen wir im dunkeln. Wenn irgendein Mensch sich zumutet, das hier und jetzt herauszufinden und es der Welt zu beweisen und außerdem sich selbst zu heilen —*

das ist wohl ein bißchen zuviel. Des Menschen Möglichkeiten zu erkunden ist eine gesellschaftliche und kulturelle Angelegenheit, und du brauchst jetzt Hilfe, jede Menge! Nur, woher kommt dir die Hilfe, während du Neues in Erfahrung zu bringen suchst?« Jane schwieg.

»Ich versuche nicht etwa, deine Einwilligung zu einem Spitalaufenthalt zu erpressen«, fuhr ich fort. »Das habe ich seit letztem Sommer bleibenlassen, als Floyd und ich und andere dich nicht dazu überreden konnten.«

»Ich will das einfach nicht!« rief jetzt Jane aus. »Von mir aus könnte ich hier im Haus dies oder jenes ausprobieren, zum Beispiel einen Hals-Nasen-Ohrenarzt kommen lassen, oder einen Orthopäden — nur bitte kein Spital. Aber ich bin schockiert über deinen Vorschlag, die Sitzungen aufzugeben.«

»Es war nicht meine Absicht, das alles heute abend zur Sprache zu bringen.«

Und so sagte Jane tatsächlich, soweit ich mich erinnern kann, zum erstenmal, daß sie, wenn auch nur unter Bedingungen, ärztliche Hilfe in Betracht zog. Seit einiger Zeit leidet sie auch unter Seh- und Hörstörungen. Diese haben bereits unsere Kommunikation beeinträchtigt, denn unwillkürlich überlege ich es mir jetzt zweimal, bevor ich zu Jane spreche, wenn wir uns nicht gerade einander gegenüber befinden. [Ich erwähnte schon vor fünf Monaten, daß ich versuchte, sie zur Annahme ärztlicher Hilfe zu bewegen: vergleichen Sie in Kapitel 3 dieses Bandes meine Anmerkungen auf Seite 157 zur 931sten Sitzung.]

Am meisten jedoch verwirrt es Jane, daß ihre körperlichen Symptome, auch wenn sie zeitweise etwas abklingen, in solchem Maße fortbestehen, Seths und ihrem eigenen Material über das sündige Selbst zum Trotz. Offenbar seien wir uns beide*, so meinte ich, noch immer im unklaren darüber, worin eigentlich unsere Ängste und Konflikte bestehen. Allem Anschein nach trage ich psychisch zu ihren Symptomen ebenso sehr bei wie sie selbst. Wir sprachen über die vielen Aufschübe in unserer Erarbeitung von »Individuum und Massenschicksal« und von »Träume, ›Evolution‹ und Werterfüllung«. Jane hatte »ein gutes Gefühl«, als sie vor einer Woche Kapitel 5 dieses Buches abschloß; doch ihre Arbeit an der »Magischen Einstellung« beschränkte sich in letzter Zeit darauf, daß sie den Entwurf für den Anfang dieses Buches wieder einmal durchlas. [Sie hatte dieses Buchprojekt seit etwa zwei Monaten zu vernachlässigen begonnen, nachdem sie an den ersten drei Kapiteln gut gearbeitet hatte.] Heute abend nun gab ich meinen Be-*

fürchtungen Ausdruck, daß sie es im Grunde darauf angelegt habe, ihre Kommunikation mit der Welt auf lange Sicht wenn nicht ganz aufzugeben, so doch in drastischer Weise einzuschränken; denn ein Verzicht folgt dem anderen in einer Reihenfolge, die kaum zufällig sein kann. Jane gestand ein, daß sie solche Gedanken hegte.

Was geschieht, wenn ein begabter Mensch die Entdeckung macht, daß er aus irgendwelchen Gründen diesen seinen Begabungen nicht leben kann oder einen allzu hohen Preis dafür zahlen müßte? Hatte ich nicht immer gemeint, daß nichts ein Individuum davon abhalten könne, einer starken Begabung zum Durchbruch zu verhelfen? »Nun«, so sagte ich zu Jane, »wird mir klar, daß das viel komplizierter ist. Eine besondere Begabung kann auf ebenso viele unterschiedliche Weisen zur Geltung oder nicht zur Geltung gebracht werden, wie es Menschen mit besonderen Begabungen gibt: sie kann ein Leben lang völlig verschüttet sein, kann einfach brachliegen oder so genommen werden, wie sie ist, oder, indem sie ihren höchsten Ausdruck findet, vollkommen transformiert werden.«

Und jetzt spürte Jane Seths Nähe.)

(21.45 Uhr:) Ich habe einige Kommentare zu eurer Diskussion — für den Augenblick ziemlich kurze.

Ruburt ist mir nichts s c h u l d i g . Falls er beschließen sollte, keine Sitzungen mehr abzuhalten oder seine psychischen Explorationen einzustellen, so würde das nicht bedeuten, daß er in irgendeiner Weise v e r s a g t hätte. Er muß sich mir gegenüber nicht verpflichtet fühlen. Allerdings stehe ich nach wie vor hinter den Äußerungen, die ich über seinen Gesundheitszustand abgegeben habe, ob euch das nun Verständnisschwierigkeiten bereitet oder nicht oder ob ihr deren Richtigkeit einsehen könnt oder nicht.

Ich gebe bereitwillig zu, daß es euch von eurem Standpunkt — oder Gesichtspunkt — aus große Schwierigkeiten bereiten muß, gewisse Feststellungen meinerseits zu akzeptieren, wenn diese euren eigenen tagtäglichen Beobachtungen der körperlichen Verfassung Ruburts wie auch seinem eigenen Erleben geradezu zu widersprechen scheinen.

Sicher habt ihr nicht den Eindruck, sein Zustand bessere sich. Es sieht eher so aus, als sei das Gegenteil der Fall. Den erforderlichen Glaubenssprung zu tun ohne die Rückendeckung des Augenscheins werdet ihr zur Zeit wohl einfach zu schwierig finden — ungeachtet der Gefühle von Erleichterung, die Ruburt, neben dem viel augenfälligeren Ernst seiner Lage, ja auch erlebt. Wenn solche Gefühle der Erleichterung aber zu nichts weiter führen, was haben sie dann für einen Wert? So könnt ihr notgedrungen fragen.

Ich hingegen weiß, daß sie Heilkräfte des Körpers anzeigen. Ich verstehe aber auch, daß ihr eine solche Feststellung angesichts der Lage unannehmbar findet. *(Sehr lange Pause um 21.59 Uhr.)*

Ich würde jedoch niemals Ruburts Genesung, wie ihr sie auffaßt, im Wege stehen. Auch müßt ihr nicht denken, ich könnte mich von euch im Stich gelassen fühlen. Was Ruburt wirklich braucht, ist eine Rückbesinnung auf frühere Vorlieben seiner Orientierung, auf seinen Sinn für das Schöne. Solche Rückorientierung kann ihn vom Gefühl der Verantwortlichkeit befreien, das er sich aufgebürdet hat. Er braucht Erholung in Erfahrungen, denen noch unmittelbar kindliche Magie innewohnt. Er braucht eine Abkehr von den »gewichtigen Problemen« des Lebens, um das Gefühl loszuwerden, es sei an ihm, diese Probleme für sich und für dich und die Welt zu lösen.

(Immer langsamer werdend:) All dies sollte euch eigentlich ziemlich klar sein. Die Anstrengungen und Belastungen sind gewissermaßen nicht allein die eines Individuums und dessen Beziehung zur eigenen Natur. Ruburts Lage wird zusätzlich kompliziert durch seine Einsicht in das Leben anderer Menschen, die sich in Briefen an euch wenden. Andererseits hat er keinen unmittelbaren Kontakt mit diesen Menschen, und so kann er sie nicht — bitte hervorheben — begleiten, wie beispielsweise ein Therapeut das könnte. Mit seinen ASW-Kursen hatte er ein paar Jahre lang die Möglichkeit unmittelbarer Begegnungen. Er konnte persönlich helfen, anderen die Richtung zu weisen, und konnte dann die Ergebnisse anhand ihrer Leistungen oder ihres Verhaltens beobachten.

Ganz sicher stellt er überhöhte Erwartungsansprüche an sich selbst; ich habe, denke ich, vor einigen Monaten eine ganze Menge diesbezügliches Material durchgegeben. Ich werde jedoch seine Erfahrung im Bewußtsein deiner in der »Diskussion« gestellten Fragen durchmustern und sehen, was ich euch sonst noch an Informationen bieten kann. Die übrigen Kommentare sind nicht mehr als handliche Pflaster, die aber hervorragende Dienste »unterwegs« leisten. Wenn Ruburt Panik aufkommen fühlt, wirkt deine liebevolle Berührung — eine sanfte Massage oder Umarmung — so umgehend auf das Nervensystem wie kaum etwas sonst und wesentlich rascher als irgendein Medikament. Tiere wußten schon immer um die therapeutische Wirkung taktiler Liebkosungen. *(Pause um 22.21 Uhr.)* Die Feststellungen, die ich im Hinblick auf die eingeborene Natur des spontanen Selbst getroffen habe, können von größtem Nutzen sein, sofern sie angenommen werden. Ihr versucht, eine ganz neue Definition der persönlichen Identität zu finden — keine leichte Aufgabe. Nicht nur Ruburt allein, sondern die Menschen der Welt befinden sich alle irgendwo im Prozeß einer solchen Neudefinition. Nur ist es unmöglich, solche Selbstfindung im Bezugsrahmen von Zeit und Raum bewerkstelligen zu wollen. Ruburt bekommt inzwischen den mit einem derartigen Versuch verbundenen Streß am eigenen Leibe zu spüren.

Es gibt für mich heute abend wenig mehr zu sagen. Doch ich werde wirklich alles mir mögliche tun, um weitere Zusammenhänge darzulegen. Ruburt kann meiner Hilfe und Energie überall dort, wo sie für ihn von Nutzen sind, sicher sein.

(22.28 Uhr. Jane, die sehr still auf der Couch saß, machte eine weitere lange Pause. Ihre Augen waren geschlossen. Dann schlief sie ein. Ich fragte mich noch, ob ich sie wecken sollte oder nicht, als sie, gerade als ich mein Notizbuch beiseite legen wollte, mit einem Ruck zu ihrem Seth-Bewußtsein zurückkam:)

Ich werde also die Sitzung abschließen. Ich habe an diesem Abend bei mehreren Gelegenheiten das Terrain sondiert, um weiteren Lichtblicken auf die Spur zu kommen. Ich wünsche euch wie immer herzlich einen guten Abend.«

(»Gute Nacht, Seth.«)

(Diese persönliche Sitzung endete um 22.32 Uhr. Jane entsann sich, geschlafen zu haben, konnte sich jedoch an nichts erinnern, was währenddessen geschehen war. Wir konnten verstehen, daß sie aus ihrem Trancezustand in Schlaf fallen konnte — zum Beispiel, wenn sie müde oder in hohem Maße dissoziiert war —, aber sie hatte keine Ahnung, warum sie in Trance und nicht in ihrem normalen Wachzustand aufgewacht war. Sie schlummerte wieder ein, während ich mein Notizbuch wegräumte und die Katzen fütterte. Ich half ihr von der Couch auf ihren Stuhl.

»Es wäre schrecklich, die Sitzungen aufzugeben!« rief sie aus, als ich sie ins Badezimmer rollte.

»Sei unbesorgt, meine Liebe!« lachte ich. »Ich weiß, daß es dazu nicht kommen wird. Vielleicht sehe ich ja sowieso alles falsch. Sicher wirst du mit diesem Buch weitermachen, und wohl auch mit anderen

Anliegen — nur hinsichtlich der ›Magischen Einstellung‹ bin ich mir dessen nicht so sicher.«

Aber mir war angst und bange, wenn ich bedachte, was ihr zustoßen könnte, wenn sie, anstatt sich pflegen zu lassen, zu arbeiten fortfuhr. Wir nahmen uns als tägliches Selbsthilfeprogramm vor, Seths Ideen nachzulesen und zu erörtern. Es ist ja nicht so, daß wir ihm auf einmal unsere Zustimmung versagen oder sein Material plötzlich unannehmbar finden. Doch ist es so, *daß wir es nicht in der gewünschten Weise für uns umsetzen können, daß wir tiefsitzende und mächtige Konflikte nicht aufzulösen vermögen, obwohl wir das wünschen. Wahrscheinlich bleiben auch manche Hinweise ungesagt, weil Jane sie möglicherweise unbewußt blockiert. Ich sagte ihr, daß Seth überhaupt nicht über das gesprochen hatte, was ich als den zentralen Konflikt betrachte: den Widerstreit zwischen ihrem sogenannten sündigen und ihrem spontanen Selbst. Ich halte es auch für durchaus möglich, daß unsere Probleme in einer oder mehreren wahrscheinlichen Wirklichkeiten erfolgreich angegangen werden und daß es in dieser Hinsicht für uns noch viel zu lernen gibt. Doch bringt uns das der Lösung näher, die wir in* dieser Wirklichkeit *suchen? Und es muß doch auch hier mögliche Lösungen geben. Wo ist unser Glaube? Wir haben noch viel zu lernen.*

Wir erörterten diese Sitzung am nächsten Tag, dem 2. Dezember, in aller Ausführlichkeit. Jane erhob Einwände gegen einige meiner schriftlichen Anmerkungen. Sie war lebhafter, als ich sie seit langem erlebt hatte. Ich war froh, daß ich ihr in einigen Punkten zustimmen konnte; in anderen wiederum war ich anderer Ansicht. Ich bat sie, ihre Bemerkungen schriftlich zusammenzufassen, um sie in unserer nächsten Sitzung einzufügen. Zugleich versuchte ich, ihr das Maschinenschreiben zu erleichtern. Ich habe schon früher Möbel für sie gebaut. Neuerdings hatte sie Mühe, die Hände hoch genug zu heben, um ihre Schreibmaschine zu erreichen, wenn diese entweder auf dem Eichentisch in ihrem Arbeitszimmer oder auf ihrem metallenen Schreibtisch stand. Ich nahm mir die Zeit, ihr einen niedrigeren, sehr soliden Tisch zu bauen, dessen Platte ihr bis etwas über die Knie reicht, wenn sie auf ihrem Bürostuhl sitzt; auf dieser Höhe kann sie ihre Schreibmaschine*

---

* Floyd Waterman hatte, wie ich in den Anmerkungen auf den Seiten 152 f. dieses Bandes berichtete, mir geholfen, einen Stuhl für Jane umzubauen und ihn mit Rollen zu versehen, so daß ich sie leichter in verschiedene Räumlichkeiten des Hügelhauses fahren konnte.

viel leichter bedienen. Sie macht Tippfehler, weil ihre Finger ihr nicht recht gehorchen wollen, ist jedoch sehr darauf bedacht, ihre Genauigkeit durch vermehrte Arbeit zu verbessern. Auch ihre Handschrift hat an Sicherheit eingebüßt.

Die Zusammenfassung, um die ich Jane gebeten hatte, schrieb sie nicht. Doch hielt sie am 30. Dezember 1981 die zweite der erwähnten vier persönlichen Sitzungen ab. Im Zuge derselben kam Seth auf unsere Idee des »täglichen Selbsthilfeprogramms« der Lesung und Erörterung seines Materials zurück und empfahl uns, daß wir damit beginnen sollten, das Material über die »magische Einstellung zur Wirklichkeit« und das »sündige Selbst« zu studieren. Im weiteren gab er einige allgemeine Ratschläge.)

Sicher denkt ihr daran, daß ihr schon soundsoviele auf Heilung oder Selbstvervollkommnung abzielende Selbsthilfeprogramme begonnen und dann wieder aufgegeben habt. Dennoch sind solche Bemühungen nicht nutzlos; auch sie folgen rhythmischen oder zyklischen Gesetzmäßigkeiten. Es ist nur natürlich für das Selbst, sich von Zeit zu Zeit zu neuer Agilität aufzuschwingen und diese dann scheinbar wieder fallenzulassen. Was da jeweils mit Schwung beginnt, bringt euch jedenfalls ein Stück voran. Natürlicherweise bedarf es dann, wie groß oder gering der erzielte Fortschritt auch ist, auch wieder einer Ruhepause, damit ihr euch die angeeignete Erfahrung einverleiben könnt. Jede längerfristige Bemühung entfaltet größere Wirksamkeit, wenn es periodische Unterbrechungen gibt. Auch zu jedem Heilungsprozeß gehören Ruhepausen und Phasen der Lockerung durch Ablenkung.

Das Selbst weiß solche Rhythmen zu nutzen, wenn man es nur gewähren läßt. Würdet ihr überhaupt den grandiosen Eigenschaften eures kreativen Selbst genügend Vertrauen entgegenbringen, so wäre für Sitzungen wie die unseren kein Bedarf in der Welt — denn das von mir vermittelte Wissen wäre dann Allgemeingut dieser Welt und käme in den gesellschaftlichen Institutionen der Menschen wie auch in der Lebensführung des einzelnen Menschen zum Ausdruck.

(Was für eine Ironie, dachte ich, daß Seth sich selbst als im Grunde überflüssig bezeichnet, wenn wir Menschen im Vertrauen auf unser mit All-dem-was-ist verbundenes inneres Selbst unsere Wirklichkeit besser zu gestalten verständen!

Ich hatte in den einleitenden Anmerkungen zur letzten Sitzung vom 1. Dezember im Zuge unserer »Diskussion« über unsere Schwierigkei-

ten mit der Arbeit an »Individuum und Massenschicksal« berichtet und daß Jane in letzter Zeit an der »Magischen Einstellung« nicht mehr gearbeitet hat. Dazu Seth heute abend:)

Die Sitzungen über die magische Einstellung ... können euch als nützliches Sprungbrett dienen; sie können als Auslöser für Inspirationen und neue Einsichten auf dem Gebiet eurer schöpferischen Tätigkeiten dienen und somit eine heilsame Entwicklung in Gang zu setzen. Und dies sollte Teil eures Selbsthilfeprogramms sein, ganz gleich, ob Ruburt die Sitzungen nun für ein Buch verwenden wird oder nicht.

Ein weiterer Punkt: Ungeachtet aller scheinbaren Widersprüche überwiegen die positiven Aspekte schöpferischer Aktivitäten allenfalls mit diesen verbundene Nachteile immer bei weitem. Das Wesen des Schöpferischen spiegelt sich, einmal ganz abgesehen von seiner jeweiligen Sichtbarwerdung, in einer Steigerung der ganzen Lebensqualität, und solche Vorteile sind definitiv, ungeachtet irgendwelcher Nebenerscheinungen. Ich möchte hiermit klarmachen, daß unbeschadet aller Komplikationen, die euch vielleicht ins Auge gesprungen sind, die Vorteile der schöpferischen Erarbeitung und der Veröffentlichung eures letzten »Seth-Buches« *(»Individuum und Massenschicksal«)* die von euch erörterten Nachteile bei weitem überwiegen.

Ihr könnt zum Beispiel nicht wissen, was passiert wäre, wenn dieses Buch *(wie ich heute nachmittag Jane gegenüber spekuliert hatte)* nicht produziert und vertrieben worden wäre. Nur weil ihr das nicht wißt, scheint euch der Erfolg fraglich zu sein. Ebenso wird euch die Veröffentlichung meines nächsten »Seth-Buches« oder, besser, des Buches, an dem wir gerade arbeiten *(»Träume, ›Evolution‹ und Werterfüllung«)* auf jeden Fall mehr Vorteile als Nachteile einbringen. Etwas zum Ausdruck zu bringen ist natürlich immer besser, als es zu verdrängen. Davon einmal abgesehen lassen sich verdrängte Konfliktstoffe nicht durch weitere Verdrängung als quasi »therapeutische« Maßnahme lösen. Will sagen, das Problem — die Verschlimmerung von Ruburts Symptomen — hätte sich auf jeden Fall geäußert, ungeachtet eurer Sorgen wegen des Buches, durch die es scheinbar ausgelöst wurde.

Wenn eine schöpferische Leistung der offenbare Auslöser einer Schwierigkeit zu sein scheint, dann ist die Schwierigkeit selbst auch mit ihren natürlichen therapeutischen Lösungen »geladen«.

(Sehr klar ist die Seth-Botschaft, daß es ein großer Fehler für uns wäre, die Sitzungen aufzugeben, selbst wenn das Ergebnis solcher schöpferischen Arbeit nie zur Veröffentlichung gelangte. Ich zog gegenüber Jane meine vor der letzten Sitzung gemachte Behauptung, sie wolle im Grunde ihres Wesens die Sitzungen nicht länger abhalten, voll Freude zurück. Auch sagte ich, daß wir noch einmal versuchen sollten, in der kreativen Matrix der Symptome selbst nach den Lösungen für ihre Probleme wie auch der meinen zu suchen, denn dort seien die Lösungen zu finden.

Am 5. Dezember erhielt Jane von der Prentice-Hall die ersten Exemplare ihres Lyrikbandes »If We Live Again: Or, Public Magic and Private Love«. Wir hatten uns auf diesen hübschen kleinen Band gefreut, seit sie ihn vor über zwei Jahren konzipiert hatte.*

Hier eines der Gedichte aus »If We Live Again«, das ich begreiflicherweise sehr liebe.)

Frühere Leben (für Rob)

In welchen früheren Leben
haben wir einst gelebt?
Meine Zellen erinnern,
was mein Hirn nicht mehr weiß.
Deine Berührung
wirbelt Bilder auf
wie Blätter, emporgetragen vom Wind
aus unterirdisch
stillen Schichten.

(Ebensosehr, wenn auch anders, liebe ich das Gedicht ohne Titel, das Jane fast fünfzehn Jahre später, am 25. August 1980, über ein anderes Thema schrieb. Ich brachte dieses Gedicht in die einführenden Anmerkungen zu Sitzung 920, Kapitel 3 dieses Buches, ein und drängte sie, ihm einen Titel zu geben und es in »If We Live Again« zu veröffentlichen. Das tat sie und änderte auch die äußere Form des Gedichts,

---

* Als ich die einleitenden Anmerkungen für Sitzung 886, Band 1 dieses Werks, Kapitel 2, schrieb, hatte Jane entschieden, daß dieses Buch einige Gedichte enthalten sollte, die sie mir, seit wir uns im Februar 1954 zum erstenmal begegnet waren, gewidmet hatte. So lege ich hier den ersten Vers eines Liebesgedichts vor, das Jane für mich am 5. November 1965 — wir waren damals seit elf Jahren verheiratet — geschrieben hat. Es steht im zweiten Teil des genannten Lyrikbandes.

nicht aber die Worte dessen, was ich für eine ihrer besten kreativen Einsichten halte.)

Ursprung der Vernunft

Es ist nicht so, daß nun
mein Geist-Gemüt
weniger wüßte, als zuvor;
doch hat sein Denkvermögen
seines Ursprungs Magie
durch Folgerung erschlossen
und unter der Logik
seiner Verfahrensweisen
die tiefere
spontane Ordnung
aufgespürt,
aus der sich die Kraft
des eigenen Denkens
nährt.

(Die Veröffentlichung von »If We Live Again« trug Jane in Gedanken zurück zu ihren allerersten Zeiten schöpferischer Arbeit, die in dem damaligen Teenager den Wunschtraum erweckt hatten, mit ihrer Lyrik an die Öffentlichkeit zu treten. Wie ich in verschiedenen Anmerkungen in den Seth-Büchern gezeigt habe, vermag Jane durch die Dichtkunst, der ihre erste Liebe galt, ihre Glaubensüberzeugungen mit einer erstaunlich einfachen Klarheit darzulegen, indem sie ihre mystische Unschuld und Einsicht mit ihrer sinnenfreudigen Bejahung des körperlichen Lebens verbindet.

Im Bemühen, das von Seth für Jane empfohlene therapeutische Spezialprogramm durchzuführen, spielten wir das Tonband mit Suggestionen ab, das wir angefertigt hatten. Jane schrieb am 7. Dezember ins Tagebuch:)

Ich beginne so gut ich kann … lese Sitzungsprotokolle. Ich fühle wirklich eine Ausdruckshemmung. Mein Gesäß schmerzt beim Maschineschreiben, ein quälend süßes Weh auch in den Gelenken, wenn ich sitze, so daß mir für einen Augenblick die Tränen kommen. Doch ist es ein Gefühl von Streckung, ebenso im rechten Arm. Und ist doch so vieles, das ich gern aufschreiben würde …

(Obgleich wir nicht wußten, wie es eigentlich dazu kam, fand sie sich durch unsere Suggestionen auf eine Reihe ihr teurer Erinnerungen aus der Mädchenzeit in ihrer Heimatstadt Saratoga Springs im Staate New York eingestimmt. So hatte sie sich in einem Vergnügungspark namens Kaydeross gesehen, der am Ufer des Saratoga-Sees direkt vor der Stadt gelegen war. Sie hatte sich selbst »ganz klein beim Seilspringen« auf dem Spielplatz gesehen, gegenüber der katholischen Grundschule, in die sie ging. Sie hatte sich zusammen mit Familienangehörigen gesehen, die jetzt alle tot sind. In der darauffolgenden Nacht träumte sie sehr lebhaft.

Janes »frühe spontane Bilder von Saratoga«, wie sie sie nannte, dieses Wiedererleben ihrer eigenen Vergangenheit setzte sich am folgenden Tag fort. Ich fand ihre Visionen besonders eindringlich, weil sie sich in ihnen in der vollen unbewußten körperlichen Bewegungsfreiheit sah, die für ganz junge Menschen selbstverständlich ist. Ich fragte mich, ob nicht ihr Selbst ihr die eigene Kindheit vor Augen führte, um ihr die ererbte Bewegungsfreiheit in Erinnerung zu rufen — als Ermunterung, sie sich in der Gegenwart aufs neue anzueignen.)*

Ich sehe mich selbst seilspringen ... aber die Orte selbst erscheinen mir wichtiger als die Menschen, und sie sind ziemlich weitläufig. Ich sehe sie in Farbe, und ich blicke von ihnen auf die Aussicht und gehe so gewissermaßen in sie hinein. Das muß aus der ... Zeit sein, als ich ungefähr drei Jahre alt war ... Vage Erinnerungen auch, daß, als ich etwa fünf war, ein älterer Mann in dem Nachbarhaus starb, wo ich in der Veranda gespielt hatte und ein Irgendwer mich bei der Hand nahm, um mir den Leichnam zu zeigen — meine erste derartige Erfahrung ... Und jetzt werde ich eine Sitzung über die magische Einstellung lesen. Rob und ich lasen heute nachmittag eine der letzten ...

---

* Es konnte gar nicht ausbleiben, daß Janes Bilder von Saratoga mich an meine eigenen nostalgischen Erlebnisse erinnerten, von denen ich in der Fußnote auf den Seiten 196 f. dieses Bandes berichtet habe. Ihre Bilder brachten mich dazu, die alten Schwarzweißfotos hervorzukramen, die sie irgendwie, Gott weiß wie, aus ihrer Kindheit herübergerettet hat. Neben vergilbten Papierfetzen mit Proben ihrer jugendlichen Lyrik sind diese alten Schnappschüsse die einzigen Dokumente ihrer frühen Jahre, die sie besitzt, und als ich sie nun wieder betrachtete, ging mir auf, wie wertvoll sie eigentlich sind. Ich sprach davon, sie von einem Fotografen kopieren und vergrößern zu lassen. Doch Jane läßt sich seit Jahren nicht mehr fotografieren und gibt auch keine Fotos von sich heraus, ganz gleich aus welcher Zeit sie stammen.

(Und in der folgenden Nacht hatte Jane weitere lebhafte Träume.

Schon seit längerem bezweifle ich, ob Jane an der »Magischen Einstellung« weiterarbeiten werde. Nunmehr wurde mein Zweifel ihrerseits durch einen Tagebucheintrag bestätigt.)

9. Dezember 1981: Jedesmal, wenn ich daran denke, mit der *»Magischen Einstellung«* zu beginnen, verspüre ich großen Widerstand. Ich weiß nicht, was mir da so gegen den Strich geht. Ist es das Anfertigen von Abschriften oder die Aufzählung von Tagesereignissen, oder was? Ich wünschte jedenfalls, das Projekt brächte mir mehr Spaß und magisches Erleben — und weniger harte Arbeit. Ich hatte ein Buch mit einer fortlaufenden Handlung geplant, das einige von Robs Träumen samt Deutungen enthalten sollte. Doch habe ich zur Zeit Mühe zu sehen, wie dieses oder jenes Detail ins Bild paßt. Heute nachmittag kam mir vor, daß ich einem zu rationalen Ansatz folge. Was mir vorschwebt, müßte leichter im Tonfall, flüssiger, aber in die Breite gehend sein, schon die Sprache sollte eine magische sein, die den Leser nötigen würde, Brückenschläge von außerraumzeitlichen Gesamtzusammenhängen her zu vollziehen. Mir kam der Gedanke an einen möglichen ersten Teil, der einfach aus der Abfolge der gekürzten Originalsitzungen nebst Robs Anmerkungen bestünde. Ein zweiter Teil würde dann eher intuitiven Einfällen folgen. Dies ließe mehr freie Gedankenverbindungen zu, könnte auch das Material des sündigen Selbst enthalten und so den Anteil der innerseelischen Vorgänge erhellen.

Könnte mit Kapitel 1 beginnen, das dem von mir bereits organisierten weitgehend entspräche. Habe dieses heute nachmittag durchgelesen, und das ist alles, was ich im Hinblick auf dieses Projekt unternommen habe, und das ist auch alles, was ich an diesem Nachmittag unternommen habe ...

So, nachdem ich den Kapitelentwurf noch einmal durchgelesen habe, kommt er mir gar nicht so schlecht vor. Also werde ich mir das übrige Material anschauen und sehen, was ich davon halte ...

So, jetzt packt mich aber die Ungeduld — dieses Syndrom des sündigen Selbst! Will mich mit dem magischen Selbst verbünden ...

(Am Abend des 9. Dezember 1981 kam Jane mit der dritten von den erwähnten vier persönlichen Sitzungen durch, dies trotz erheblicher Hör- und Sehschwierigkeiten. Das Material dieser ausgezeichneten Sitzung, das ich nachstehend veröffentliche, ist durchaus nicht nur für Jane und mich bestimmt; es soll auch anderen helfen. Auch gab

Seth, wie ich glaube, meiner Frau eine Antwort im Hinblick auf ihren Tagebucheintrag vom gleichen Tag. Davon abgesehen erscheint es mir als ganz erstaunlich, daß Jane allen körperlichen Plagen zum Trotz jener inspirierten Gewißheit der Durchgabe recht nahekam, die sie vor mehr als zwei Jahren in einigen ihrer Sitzungen für Kapitel 1 und 2 von Band 1 dieses Werkes an den Tag gelegt hatte.)

(20.49 Uhr:) Ruburt beginnt nun wirklich zu verstehen, daß die magische Einstellung in der Tat die natürliche Einstellung zur Lebenswirklichkeit ist.

Es ist die für Erwachsene angemessene Version des Kindheitswissens, die menschliche Version des Wissens der Tiere, die bewußte Version »unbewußten« Verstehens. Ich sagte euch, daß die Bezugssysteme 1 und 2 im Grunde eins sind. Sie erscheinen so uneins, daß es schwierig ist, sie als Gesamtheit zu erörtern und sich dabei notwendigerweise getrennter Begriffe zu bedienen. Das allein zu verstehen, einfach die Idee des unanfechtbaren Vorhandenseins von Bezugssystem 2 zu verstehen, ist jedoch außerordentlich wichtig. *(Lange Pause um 21.03 Uhr.)*

Ihr müßt euch nicht allzusehr den Kopf zerbrechen, wie ihr die neuen Lebensprinzipien umgehend in praktische Erfahrung umsetzen könnt. Ihr braucht auch nicht besorgt zu sein oder euch selbst zu kritisieren, wenn ihr jetzt meint, es hätte dem Anschein nach *(sehr lange Pause bei geschlossenen Augen)* — im Hinblick auf die vielen Jahre gemeinsamer Arbeit — klar gewesen sein müssen, daß alle unsere Ideen in Bezugssystem 2 einmündeten und eine Ahnung All-dessen-was-ist vermitteln sollten. Nicht nur habe ich euch von eingefahrenen Denkweisen herrschender Lehren zu befreien gesucht, ich habe auch danach getrachtet, euch für die Annahme einer neuen Version der Wirklichkeit vorzubereiten: einer Version, die sich, wie ihr wißt, auf vielerlei Weisen beschreiben ließe. Sie wurde auch sehr oft beschrieben. Doch was in die Annalen der Geschichte an solchen Beschreibungen eingegangen ist, vermittelt zweifellos, wiewohl in bester Absicht unternommen, ein unzutreffendes Bild der Wirklichkeit. Das führte dann zu euren Göttern und Dämonen, zu ungefügen Methoden und irrationalen Kulten, die oft genug tatsächlich mit der Geringschätzung des Intellekts einhergingen. Ich hoffe natürlich, daß unser »Modell« Entgleisungen dieses Schlages und Fallstricke dieser Art nicht ermöglicht.

In besagten Annalen gibt es auch unzählige Legenden, Erzählungen und Geschichten von Zivilisationen, die kamen und gingen, von Königen, die zur Macht aufstiegen und gestürzt wurden, und diese Geschichten haben samt und sonders — bitte skandieren — K-u-l-t-u-r-e-n der Psyche nachgezeichnet und unterschiedliche Einstellungen überliefert, mit denen die menschliche Psyche ihr Eingebundensein in irdische Erfahrungen erforschte.

Es gibt Bergsteiger, die auf die Frage, warum sie einen bestimmten Gipfel besteigen, antworten: »Weil der Berg dazu da ist, bestiegen zu werden.« Ganz ebenso ist die natürliche, die magische Einstellung dazu da, benutzt zu werden — einfach weil es sie gibt und weil sie euch Zugang zu einer Welt der Wirklichkeit gewährt, die immer gegenwärtig ist und sowohl all euren Kulturen als auch all euren Erfahrungen zugrunde liegt. So bietet sich die magische Einstellung auch als harmonischste Methode der Lebensführung an. Sie stellt eine Lebensweise dar, die automatisch all eure Fähigkeiten steigert und euch eine Fülle neuer Einsichten erschließt.

Die heutige Sitzung, so kurz sie ist, sollte Gefühlen der Dringlichkeit ein wenig die Spitze abbrechen, ebenso wie selbstkritischen Überlegungen, die euch zu fragen nötigen, wann oder wie ihr die magische Einstellung in einer spezifischen Weise »zum Einsatz bringen« könntet — das heißt, warum es euch nicht gelingt, Ruburts gesundheitlichen Zustand mit dieser Einstellung anzugehen und ihm somit auf raschere, effizientere Weise zu helfen.

(21.24 Uhr.) Ihr solltet verstehen, daß die magische Einstellung ganz allgemein die beste Einstellung ist, die man dem Leben gegenüber einnehmen kann. Sie wird — bitte hervorheben — alle Lebensumstände verbessern, selbst wenn ihr auf bestimmten Gebieten noch Schwierigkeiten habt. Und wenn ihr sie euch wirklich zu eigen macht, muß sie einfach eure Lebensqualität ganz allgemein steigern. Wenn ihr dies wirklich erkannt habt, wird der Druck nachlassen, so daß ihr eure alten Einstellungen allmählich loslassen könnt, um der magischen Einstellung zu erlauben *(lange Pause)*, in jenen Bereichen ihre Wirkung zu entfalten, die bisher immer umstritten waren.

Die magische Einstellung bringt euch in Übereinstimmung mit eurem individuellen inneren Wissen vom Universum. Sie bringt euch in Berührung mit dem magischen Empfinden eurer selbst, das ihr als Kinder hattet und das euch vertraut ist, wenn auch gewöhnlich jenseits eures physischen Selbstverständnisses. Es ist darum besser, die magische Einstellung um ihrer selbst willen zu üben und nicht um irgend etwas Spezifisches, und sei dies etwas noch so sehr Erwünschtes, zu erreichen. *(Alles sehr eindringlich:)* Aus meiner Sicht besteht kein Zweifel daran, daß Ruburts Schwierigkeiten sich ganz leicht und natürlich lösen werden, wenn ihr ihnen mit dieser Einstellung begegnet. Wenn ihr sie euch zu eigen macht, weil euch die ihr innewohnende Richtigkeit und ihr in eurem Wesen begründeter »höherer Rang« aufgeht, dann werdet ihr einen unmittelbaren Zuwachs an gläubigem Vertrauen erfahren. Sie erschließt euch euren vollen Entscheidungsspielraum und erweitert euren Verständnishorizont, so daß die Schwierigkeiten einfach ihre Wichtigkeit verlieren — und deshalb auf ganz natürliche Weise aus eurem Erfahrungsbereich verschwinden.

(21.37 Uhr.) In gewisser Weise war all das Material, das ich euch in den Jahren unserer Beziehung durchgegeben habe, dazu bestimmt, euch auf die eine oder andere Weise zu einem Punkt zu bringen, an dem zumindest flüchtige Einblicke in die eigentliche Natur der Wirklichkeit gewonnen werden können. Ihr seid jetzt an diesem Punkt.

(Sehr eindringlich:) Ruburts körperliche Verfassung ist sozusagen ein Sinnbild für die P r e l l u n g e n oder einfach Verletzungen, die keinem Individuum auf seiner langen Wanderung *(lange Pause)* zu einem tieferen Verständnis der Lebenserfahrung erspart bleiben. Ihr beginnt — seht es ruhig so — jetzt, ahnungsweise das Gelobte Land zu erkennen — ein »Land« der mit dem Universum verflochtenen Seele und der grandiosen Wirklichkeit, in der sich die unverstellte Natur offenbart. Die »richtige« Fragestellung lautet nicht: »Kann ich eintreten in dieses Gelobte Land?« Das Land ist hier, wo ihr seid, und es war stets hier. Die Methoden, die Wege, die Glaubensannahmen, die Modalitäten der Reise zu einem Bestimmungsort erschaffen den Bestimmungsort selbst. *(Einminütige Pause.)* Es ist euch nicht möglich, zu leben und zu handeln, ohne an euren gegenwärtigen Existenzmodus zu glauben *(eine weitere Minute),* doch »jenseits« all der glitzernden Verpackungen, die euch willkürliche Glaubensannahmen bescheren, gibt es das ungeheure Reservoir eures Gefühlslebens, das »Land«, das in der Tat »jenseits aller Glaubensüberzeugungen« liegt.

Das Universum ist nicht auf euren Glauben angewiesen, um vorhanden zu sein. Es umschließt sein eigenes Verständnis seines Wissens, seine eigene magische Erkenntnis seiner selbst, seine eigenen harmonischen Gesetze und Ordnungen, seine eigenen »Werkstätten«. Es herrscht über die allerwinzigste Wahrscheinlichkeit und erhält sie unversehrt, so daß auch nicht das kurzlebigste Leben, nicht das kurzlebigste Geschöpf oder Wesen jemals im Geschiebe einer kosmischen Mechanik verlorengehen könnte.

Doch müßt ihr, um das Vorhandensein dieser Wirklichkeit auch nur ahnungsweise zu spüren, zum Bezugssystem 2 »die Pforten geöffnet« und begonnen haben, eure Lebenserfahrung auf natürliche Weise dank der magischen Einstellung zu erweitern.

(Mit einem Lächeln:) Ende der Sitzung, und herzlich einen guten Abend.

(22.05 Uhr. »Gute Nacht, Seth.«)

Jane arbeitete immer weniger, je näher die Feiertage heranrückten. Allerdings hielt sie am 15. Dezember ihre vierte persönliche Sitzung ab, deren außerordentlich ansprechendes Thema — Kunst und Psychologie des Kindes — jedoch nicht mit den Themen des vorliegenden Buches zusammenhängt. Wir sahen nur wenige Freunde. Ich war jedoch mehr als je in Anspruch genommen: vom Haushalt, von den Weihnachtsvorbereitungen, den Bemühungen, meiner Frau auf allerlei Weise zu helfen, der Arbeit an den Anmerkungen zu diesem Buch und dem Versuch, auch noch ein bißchen Zeit zum Malen zu finden. Jane ließ ihr Manuskript der »Magischen Einstellung« liegen und unternahm auch nichts im Hinblick auf die ärztliche Hilfe, von der sie am 1. Dezember gesprochen hatte. Unser Selbsthilfeprogramm versickerte allmählich im Sande, wie schon so manches frühere auch. In einer Bemühung, Jane aufzuheitern, als ich sie müßig am Schreibtisch sitzend fand, erprobte ich schließlich die Variation einer Taktik, die sich vor fast sechseinhalb Jahren, als sie mit dem Seth-Buch »Die Natur der Psyche« begann, als so erfolgreich erwiesen hatte: Hinter ihr stehend legte ich die Arme um sie und spannte ein unbeschriebenes Blatt in ihre Maschine. Das löste eine Notiz aus, die sie am nächsten Tag schrieb.)*

Düsterer Morgen. Ein Gefühl des Widerstrebens mir selbst gegenüber und eine Menge sonstiger gemischter Gefühle. Der Geruch der Wärme, die aus den Heizrohren kommt, hat etwas Angenehmes, wenn er sich mit dem im Raum hängenden Duft von Robs Lackfarben vermischt. Plötzlich bricht Sonnenlicht durch die Wolken. Mein Körper tut mir weh, die Arme schmerzen beim Schreiben. Rob ist,

---

* Seth hatte in der persönlichen Sitzung vom 3. Dezember 1981 einige der Gründe für ein solchermaßen zyklisches Verhalten erörtert.

wie mir scheint, ganz still in seinem Atelier. Ich denke besonders an das eine Erlebnis, das ich schriftlich festhalten wollte: die gestrige Vision. Gestern früh fühlte ich mich kaum anders als jetzt; ziemlich trübe Stimmung, weher Körper, doch der Notwendigkeit inne, den Bann zu brechen, mich zu bewegen.

Gestern nach dem Mittagessen hatte Rob in etwas possenhafter Weise ein leeres Blatt in meine Schreibmaschine eingespannt. »Nenn es einfach Kapitel 1 und fang mit einem neuen Projekt an«, sagte er. Er ging in sein Atelier zurück, und ich schloß die Augen, um meine psychische Bibliothek* zu visualisieren — nichts; ich versuchte es noch einmal, und im selben Augenblick sah ich mir gegenüber eine Frau am Wohnzimmertisch sitzen.«

(Diese Notiz ist Janes letzter Tagebucheintrag des Jahres, und sie datierte ihn nicht. Sie sagte mir zwar, die Vision habe sie erfreut, doch sprach sie nicht weiter darüber und machte auch keine Aufzeichnungen. Ich machte einen Fehler: Ich hätte sie um eine ausführliche mündliche oder schriftliche Schilderung bitten und nötigenfalls meine eigenen Notizen machen sollen. Ich erinnere mich nur, daß sie eine ältere Frau in schäbiger Kleidung gesehen hatte, deren Lippen sich bewegten, als spräche sie zu Jane; kein Laut war zu hören. Die Vision war nur kurz, aber sehr real gewesen. Dabei fällt auf, daß Jane sich aus ihrem Arbeitszimmer in das Wohnzimmer versetzt fand.

Jedenfalls war mein Versuch, ihr durch unmittelbare positive Suggestion ihre Sorgen und Zweifel abzunehmen und zum Neubeginn an einem Buchprojekt zu verhelfen, gescheitert.

Nach den Feiertagen arbeitete Jane an mehreren kleinen Acrylbildern, Neuschöpfungen der Blumen, die Freunde uns zu Weihnachten geschenkt hatten. Sie schrieb einige Notizen und ein paar Gedichtentwürfe. Ihre Handschrift ist zittrig, und sie machte einige Tippfehler. Doch machte sich bisweilen auch eine besorgniserregende neue Entwicklung bemerkbar: ein Zittern der Stimme. Ich hatte bald gemerkt, daß sich jedesmal, wenn ich diese gewisse Erregung in ihrer Stimme hörte, ihr Sprechtempo verlangsamte. Wir glaubten, daß diese Auffälligkeiten in einem Zusammenhang mit ihren Hör- und Sehschwierigkeiten standen, die ebenfalls Schwankungen unterworfen waren. Jane

---

* In *»Psychic Politics«*, 1976 von der Prentice-Hall veröffentlicht, beschreibt Jane detailliert, wie sie die zahlreichen Aspekte ihrer psychischen Bibliothek in Erfahrung brachte.

war besorgt und auch nicht besorgt. Einmal mehr erlebte ich bei ihr dieses arglose Annehmen der Wirklichkeit — das zu verstehen mir oft solche Mühe bereitet. Nicht daß sie diese neuen körperlichen Beschwerden begrüßt hätte, aber sie begegnete ihnen in einer unverdrossenen Gemütsverfassung. Ich war bemüht, sie nicht zu ängstigen, als wir darüber sprachen. Doch überlegte ich mir, ob die stimmlichen Veränderungen nicht ein weiteres Anzeichen für ihren Rückzug vor der Welt sein könnten. Bevor wir die persönliche Sitzung vom 1. Dezember abhielten, hatte ich ihr, wie ich in den einleitenden Anmerkungen festhielt, meine Befürchtung eingestanden, daß sie im Begriff sei, ihre Kommunikation mit der Welt immer weiter abzubauen.

Keiner von uns beiden wußte, wie diese Anfälligkeit der Stimme die Sitzungen beeinflussen würde. Jane hatte mehrere Wochen lang nicht für Seth gesprochen, das mußten wir also noch herausfinden! Ich tröstete mich mit der Erinnerung an ihre Stimmgewalt, mit der sie noch die persönliche Sitzung vom 3. Dezember durchgegeben hatte. Ihre Stimme ist für sie ein Mittel machtvollen und dramatischen Ausdrucks ihrer Verbindung zwischen inneren und äußeren Wirklichkeiten; sie ist geladen von Energie und Emotion, ob sie nun für sich selber, für Seth oder in ihrer Trancesprache Sumari spricht oder singt. Janes stimmliche Kraft und Ausdauer bei einem Körpergewicht von etwa vierzig Ki-*

---

* Jane begann im Zuge ihrer ASW-Kurse im November 1971 in ihrer Trancesprache Sumari zu sprechen und zu singen. Sie tat das nur noch selten, nachdem wir, vier Jahre später, die Kurse einstellten und in das Hügelhaus zogen. In unseren Sitzungen spricht Jane-Seth zu mir meist in ruhigem, fast geschäftsmäßigem Ton; ich fühle zwar immer Seths Energie und seinen Humor, aber er ist nie so laut, ungestüm und ausdrucksstark wie damals in den Kurssitzungen. Jane empfand offensichtlich den Einfluß der Energie von dreißig oder mehr Menschen animierend, und dasselbe galt für ihren Sumari-Gesang, der von zartesten Soprantrillern bis zum machtvoll-dunklen Gesang einer Altstimme reichte.

Jetzt denke ich, ich hätte Jane anspornen sollen, viel öfter in Sumari zu sprechen und zu singen. Ich unterließ das, weil ich sie nicht unter Druck setzen wollte, sich produzieren zu müssen, und auch weil sie, von seltenen Gelegenheiten abgesehen, sich nicht von selbst *erbot*, zu singen — wie sie das in unserer Stadtwohnung spontan getan hatte.

Manchmal singt Jane leise vor sich hin, wenn sie am Tisch in ihrem Arbeitszimmer sitzt und nach Osten durch die gläsernen Schiebetüren auf die Seitenstraße blickt, die sich nordwärts in die Wälder emporzieht. Auf der anderen Straßenseite liegt das weiße Schalbretthaus unserer Nachbarn — Menschen, die wir gernhaben und die uns gernhaben. Unsere Freunde haben einen großen Hof neben ihrem Haus. Er ist voller Bäume und blühender Sträucher — ein Anblick, den Jane überaus liebt und den sie

lo war uns immer eine große Beruhigung gewesen. Wir versuchten, was Seth uns mit dem »Selbsthilfeprogramm« nahegelegt hatte: Nachdem wir ihre stimmlichen Anfälligkeiten besprochen hatten, suggerierte ich Jane — und sie sich selbst —, daß diese bald deutlich nachlassen würden, und wandten dann unsere Aufmerksamkeit davon ab. Tatsächlich hoffe ich, daß unser fast kindliches Vertrauen — das, wie ich fühle, eng mit wenigstens einigen der psychologischen Elemente zusammenhängt, die Jane überhaupt erst befähigten, diese Stimmschwierigkeiten zu akzeptieren — deren völliges Abklingen möglich machen wird.)

Sitzung 939, Montag, den 25. Januar 1982

(Jane hatte am 15. Januar in ihrem Tagebuch vermerkt, daß sie dieses Buch bald beenden wolle. Während der nächsten zehn Tage trug sie nichts weiter ein. Dafür malte sie mehr. Der Tremor in ihrer Stimme ließ manchmal nach und war bisweilen ganz verschwunden. Ihr Sprechtempo hingegen hatte noch immer etwas Schleppendes. Indem wir unsere Suggestionen anwandten, gelang es uns ganz gut, diesen Herausforderungen nicht allzuviel Beachtung zu schenken; wir bemühten auch Seth nicht, darüber zu sprechen. Doch am Montag abend,

---

mehr als einmal gemalt und in Worten gepriesen hat. Aufgrund dieser Aussicht wurde sie übrigens an einem nebligen Morgen um vier Uhr früh im Juni 1979 dazu inspiriert, jenen Wesensanteil ihrer selbst, »der so kläräugig ist wie ein Kind« als »God of Jane« zu bezeichnen und ihrem ein paar Wochen früher begonnenen Buch den Titel *»The God of Jane: A Psychic Manifesto«* zu geben. (Vergleichen Sie die einführenden Anmerkungen zur Sitzung 860, Kapitel 8 von *»Individuum und Massenschicksal«*.)

Gelegentlich macht Jane eine Tonbandaufnahme von einem Sumari-Lied, wenn ich außer Haus bin, und vielleicht höre ich sie es dann später abspielen, aber ich dränge sie nie, mich mit einzubeziehen. Mit der Zunahme ihrer Symptome sind ihre Lieder verhaltener, eindringlicher geworden. Obwohl sie sie selten ins Englische übersetzt, ist mir ihre Thematik vertraut. Wie Seth bilden sie einen Teil ihrer Psyche, der einem anderen, nach unseren Kriterien bewußteren Teil Mut zuspricht. Es geht darin um die Vergegenwärtigung der von ihr erschaffenen Wirklichkeit, um ihr Wissenwollen, warum sie — bis in persönlichste Details — so und nicht anders gewählt hat, ihre Entschlossenheit, weiter fortzuschreiten, ihr Umarmen unserer geliebten Erde und unseres Universums. Manchmal findet ihr Gesang seinen Weg vom Arbeitszimmer an der Rückseite des Hauses durch Küche und Flur bis in mein Atelier. Und bisweilen höre ich, wie ihre Stimme mitten im Lied abbricht. Sie ist dann von ihrem sehnsüchtigen Verlangen überwältigt und hört auf zu singen.

dem 25. Januar, um 21.48 Uhr, war es soweit. Jane sprach mit energischer Stimme.)

Nun: Guten Abend.

(»Guten Abend.«)

Diktat. Wir beginnen ein neues Kapitel *(das sechste)* mit dem Titel »Lebenswolken«. *(Pause.)*

Joseph verwendete heute in einem Gespräch den Begriff der Lebenswolken, der sehr anschaulich nahelegt, in welcher Weise euer Universum »ursprünglich« besamt wurde.*

Ebensogut könnte man jedoch auch von »Traumwolken« sprechen. Doch beide Bilder stellen einen evokatorischen Hinweis auf die Art und Weise dar, in der All-das-was-ist sich selbst in die Formation seiner zahllosen Wirklichkeiten verdichtete. Solche Lebenswolken existieren »noch immer« — und ihr schreibt dieses »noch immer« besser in Anführungszeichen. Jeder Lebenskeim birgt in sich seine eigene Schutzhülle, seine eigene »Plazenta« als Basis für Ernährung und günstige Umweltbedingungen, seine eigene Organisation und eine Art Sensorium zur Wahrnehmung aller Wahrscheinlichkeiten.

Dieses Sensorium könnt ihr euch wie Fühler oder Antennen vorstellen; sie suchen unter den zahllosen Wahrscheinlichkeiten diejeni-

---

* Seth spielt hier auf eine Diskussion an, die Jane und ich heute mittag im Hinblick auf Zeitungsberichte führten: Ein paar prominente Astrophysiker, Mathematiker und Astronomen treten für die Theorie der Allbesamung ein. Dieser zufolge wurde das Leben auf der Erde vom Weltraum her »ausgesät« und entstand nicht aus purem Zufall in irgendeinem Urschlamm auf unserem Planeten. Im übrigen vertreten auch diese Wissenschaftler im Sinne der Evolutionslehre, daß das Leben, nachdem es einmal entstanden war, immer vielfältiger und komplexer wurde und sich durch natürliche Auslese und zufällige Mutationen oder DNA-Kopierfehler zu den Lebewesen hin »entwickelte«, die wir heute erblicken und selber sind. Unter anderem führen die aufmüpfigen Wissenschaftler riesige Wolken von Mikroorganismen im Weltraum sowie bakterielle und pilzartige Mikrofossilien ins Feld, die zusammen mit einer Reihe von Aminosäuren in Meteoriten festgestellt wurden. Sie behaupten, das Alter der Erde mit ihren 4,6 Milliarden Jahren reiche nicht aus, daß irgendwelches Leben (das vor etwa 3,8 Milliarden Jahren begann) Zeit gehabt hätte, sich zu der enormen Komplexität seiner gegenwärtigen Formenvielfalt zu entwickeln. Das Leben sei auf die Erde getragen worden von einer lebenden Organisation, die unser gesamtes Milchstraßensystem durchwirke, und dort draußen gebe es eine schöpferische Intelligenz. Natürlich aber gründen sich diese unorthodoxen neuen Ideen in herkömmlicher Weise auf Vergangenheit, Gegenwart und Zukunft. Ihre Verfechter ziehen die Gleichzeitigkeit aller Zeit nicht einmal in Betracht. (Vergleichen Sie die Sitzungen 882 und 883 in Band 1, Kapitel 1, dieses Werks.)

gen Umstände heraus, die zur Entwicklung und Werterfüllung des Samens oder Keimlings am besten geeignet sind. Sehr vereinfacht ausgedrückt verströmen die Lebenswolken ihren Inhalt *(Pause)* dort, wo die Umstände ihren Erfordernissen am besten entsprechen. Andererseits können die Lebenswolken ihre eigenen vollständigen Welten hervorkeimen lassen. Der Raum selbst kündet schon von einer »begonnenen« Schöpfung, denn ganz gleich, wie leer Raum zu sein scheint, er ist nicht leer. Stellt euch einfach das Innere einer ungeheuren Kathedrale oder einer gigantischen Pyramide vor, doch die Mauern vom Zentrum innen so weit entfernt, ins Unendliche abgerückt, daß sie jeglicher Wahrnehmung entzogen sind. Sie wirbeln, sie bleiben doch jeden Moment unbemerkt, so daß ihr vielleicht angesichts dieser wunderlichen Analogie *(Pause)* ganz flüchtig ein feines Schwirren vernehmt, ähnlich dem Sausen des Windes, und ihm keine Bedeutung beimeßt — *(eindringlich:)* während was ihr vernahmt tatsächlich ein Inbegriff von Wahrscheinlichkeiten war, die an eurem Standort vorbeisausten.

Eure Lebensstruktur mit ihrer genauen Bestimmung des Begriffs Leben in eurem Wirklichkeitsbündel ist nichts anderes als eine lebendige Lebenswolke, die gegebenenfalls in anderen Wirklichkeiten wahrgenommen werden kann. Diese Wolke ist Inbegriff unerschöpflicher Kreativität. Wenn ihr denkt oder träumt oder schlaft, tragt ihr unwillkürlich zu einer Lebenswolke oder Traumwolke anderer Dimensionen bei, die durch die wirkende Kraft eurer geistig-seelischen Regungen ins Dasein treten. *(Einminütige Pause um 22.10 Uhr.)*

Sogar die Unendlichkeit kommt überall in jedem Augenblick zum Ausdruck, denn die Unendlichkeit selbst ist nicht etwas vom Universum Abgetrenntes. Und da das Universum ein Ausfluß und zugleich selbst Teil der schöpferischen Kraft der Unendlichkeit ist, erscheinen ständig neue Arten aller Gattungen, ganz gleich, ob eure Situation es euch ermöglicht, dieses Entstehen zu bemerken oder nicht. Ihr selbst seid möglicherweise Teil dieses Entstehens. Von eurem Brennpunkt der Wahrnehmung oder eurer Schwelle in Zeit und Raum aus käme euch eure eigene Bewegung zu einer neuen Zeitschwelle hin nicht zu Bewußtsein; für die Wesen auf von euch angesteuerten Schwellen wärt ihr schon eingetroffen, während für euch in eurer Gegenwart ihre Existenz bestenfalls eine theoretische wäre, so als wären sie etwa zukünftige Verkörperungen des Selbst. Und von eurem Standpunkt aus wären sie das natürlich auch.

In anderen Wirklichkeitswelten vermischen und verweben sich eure Träume nicht nur mit denen eurer Zeitgenossen, sondern auch mit denen der Bewohner aller Zeiten und Orte, Lebenden oder Verstorbenen, euren Begriffen zufolge. Jegliches Universum — wie dasjenige, das ihr kennt — dient als eine kleine Ansiedlung von Existenz und ist unbegrenzt innerhalb der Wesenseigentümlichkeiten seiner eigenen Natur.

Manches von dem Material des heutigen Abends wird für euch ohnehin nur im Traumzustand Bedeutung gewinnen; vielleicht aber wird durch meine Ausführungen eure Aufmerksamkeit für die Bedeutung dessen geweckt, was in Worten nur schwer auszudrücken ist. Alles an einer Lebenswolke strebt nach Werterfüllung — wobei freilich dieser Begriff nicht im entferntesten die immense Vielfalt, Zielgerichtetheit und Sinnhaftigkeit der Natur alles Lebendigen auszudrücken vermag.*

(22.28 Uhr.) Dieser dem Leben zugrunde liegende Plan sinnvoller Zielgerichtetheit ist jedoch nicht unabhängig von eurer Existenz vorhanden. Ihr seid Teil des Lebensplans. Doch die dem Lebensplan inhärente sinnvolle Zielgerichtetheit, die *(lange Pause)* dem Ursprung eures eigenen Wesens entstammt, ist in ihrer Vielfältigkeit so umfassend, daß sie sich einfach nicht innerhalb der Struktur eures Menschseins, wie ihr es versteht, ausdrücken oder beschreiben läßt. Immerhin kommt es nicht selten zu einem ahnungsweisen Verstehen der Sinnhaftigkeit eures Lebens: manchmal, wenn ihr Musik hört oder wenn irgendein tiefes Gefühlserlebnis euch bewegt und ihr zwischen diesem und euch keinen großen Abstand einnehmt.

Wenn ihr dem Leben, das ihr habt, mit liebevollem Gewahrsein be-

---

* Ungeachtet dieser Einschränkung gab Seth aber vor über zwei Jahren in Band 1 dieses Werks, Kapitel 2, Seite 148, eine, wie mir scheint, ausgezeichnete Deutung des Begriffs der Werterfüllung. In der 884sten Sitzung vom 3. Oktober 1979 kam er sehr eindringlich in einer von Janes besten Sitzungen folgendermaßen durch:

»Das Prinzip der Werterfüllung ist schwierig zu beschreiben, denn es verbindet die Natur einer liebenden Gegenwart mit dem inneren Wissen um die Gegenwart göttlicher Verflochtenheit mit einer kreativen Fähigkeit grenzenlosen Ausmaßes, die danach strebt, auch nur den geringsten wie auch den entferntesten Teil der eigenen Verflochtenheit mit dem Göttlichen zur Erfüllung zu bringen. Einfacher ausgedrückt: Jeder Teil der Energie ist mit einer ihm innewohnenden schöpferischen Kraft ausgestattet, die danach strebt, ihr Potential in allen möglichen Variationen auszuschöpfeng — und zwar so, daß dadurch auch das schöpferische Potential eines jeden anderen Teils der Wirklichkeit gefördert wird.«

gegnet und dort beginnt, »wo ihr seid«, so wird euch dies am ehesten den Sinn eurer eigenen Bedeutung verdeutlichen.

Was meine ich mit solchem Gewahrsein? Gewahrsein des gegenwärtigen Augenblicks, wie er sich darbietet. Gewahrsein der Wirklichkeitsfülle, wie sie euch vor Augen tritt. Gewahrsein eures Ich und eures Selbst, die ihr seid, in liebevoller Wertschätzung eurer Einzigartigkeit. Durch solche Achtsamkeit dem Leben gegenüber vertieft und vervielfältigt sich eure Kommunikation mit den inneren Erfahrungswelten eurer Existenz.

Ende des Diktats.

(22.39 Uhr. Nachdem er einige persönliche Hinweise für Jane durchgegeben hatte, beendete Seth die Sitzung um 22.58 Uhr.)

Sitzung 940, Mittwoch, den 3. Februar 1982

(Wir haben die beiden letzten planmäßigen Sitzungen ausfallen lassen. Janes stimmliche Schwierigkeiten waren nicht erheblich, aber ihre Handschrift war nicht allzu gleichmäßig, wenn sie die Post beantwortete und an ihrer Lyrik schrieb. Heute schlug sie nach dem Abendessen vor, daß ich mein Notizbuch bereithalten solle, obwohl sie, als ich dann um 20.30 Uhr zu ihr ins Wohnzimmer kam, sagte, daß sie Seths Nähe überhaupt nicht spüre.

Vor zweieinhalb Jahren berichtete ich in den abschließenden Anmerkungen zur 869sten Sitzung, Kapitel 10 von »Individuum und Massenschicksal«, daß Jane von Seth endlich den vollständigen Titel für das vorliegende Werk — »Träume, ›Evolution‹ und Werterfüllung« erhalten habe. »Individuum und Massenschicksal« wurde vor acht Monaten veröffentlicht, und wir erhalten seitdem regelmäßig Anfragen, wann denn nun das angekündigte zweibändige Werk herauskommen wird. Wir versuchen gerne, solche Fragen zu beantworten, aber in diesen Zuschriften werden zugleich die verschiedensten Themen angesprochen und die unterschiedlichsten Ansichten vorgetragen — und einige davon bereiten uns Schwierigkeiten. Als wir auf die Sitzung warteten, zeigte mir Jane zwei sehr lange Briefe, die sie gestern erhalten hatte. Traurigkeit überkam mich beim Lesen. Wir denken, daß die Verfasser der beiden Schreiben extreme Ansichten zum Ausdruck bringen und daß beide uns übermäßig schmeicheln. Würden wir den einen

Brief beantworten, so stünde sein Verfasser morgen vor unserer Tür: »Ich bin Ihr Seth!« oder: »Ich warte nur auf ein Wort von Ihnen und bin zur Stelle!« Der Schreiber des anderen Briefes rühmt zwar einerseits auch unser Werk, ist jedoch andererseits zutiefst in Denkweisen konventioneller Religiosität befangen: »Ich frage mich immer wieder, ob Seth nicht ein Dämon oder eine Täuschung ist. Was haben Sie dazu zu sagen?« Wir haben keine Lust, uns zu rechtfertigen.

Widerstrebend muß ich Jane zustimmen, daß sie diese Briefe besser unbeantwortet läßt. Ich empfand jedoch Sympathie für die Schreiber, denn jeder der beiden hatte sich aus einem inneren Bedürfnis heraus mitgeteilt und ringt um Verständnis der Frage, in welcher Weise die persönliche Wirklichkeit und die Wirklichkeit des von Massen herbeigeführten Weltgeschehens hervorgebracht wird. Ich rufe mir immer wieder ins Gedächtnis zurück, daß jede meiner Äußerungen im Zusammenhang mit den Seth-Büchern, indem ich sie niederschreibe, einen Versuch darstellt, meine selbsterschaffenen inneren und äußeren Wirklichkeiten ein wenig besser zu begreifen. Ich vertraue darauf, daß diese Selbsterforschung auch anderen weiterhilft.

Jane hatte, als sie gestern nachmittag an ihrem Schreibtisch saß, nur auf den Umschlag des Briefes, dessen Schreiber Zweifel an Seths Authentizität angemeldet hatte, ein paar Zeilen hingeworfen:

An
deiner Türschwelle stehend
kannst du
das Universum
mit den Fingerspitzen
berühren.

Keiner von uns hätte erwartet, daß Seth die Thematik der Sitzung aus diesem Gedanken heraus entwickeln würde. Wir hatten auch gar nicht erwartet, daß er Material für dieses Buch durchgeben würde. Bitte beachten Sie, daß Seth sich mit dem Fürwort »ihr« heute abend nicht nur an Jane und mich, sondern auch ganz speziell an die Leserinnen und Leser dieses Buches richtet. — 20.52 Uhr.)

Guten Abend.

Ich habe euch nicht eine Vielzahl von Methoden oder Vorschlägen zur Entzifferung eurer Träume unterbreitet, obwohl ich diese Thematik in diesem Buch wie in anderen häufig genug erörtert habe.

Ich habe euch keine Anleitungen für Abenteuer außersinnlicher Wahrnehmung oder außerkörperlicher Erkundungsreisen gegeben, und doch werden alle »Seth-Bücher« dadurch, daß sie eure Einstellungen ändern, in euch Veränderungen bewirken, die eure Erlebnisfähigkeit in dieser Hinsicht ganz von selbst steigern werden. Geistig-seelische Erfahrungen werden immer mehr ihren natürlichen Stellenwert in eurer Welt finden. Mit irgendwelchen Methoden allein kommt ihr da nicht weiter.

Ich möchte auch nicht, daß ihr meint, die Antworten auf eure Fragen lägen schon fertig abgepackt im Traumzustand und seien dort nur einigen besonders Begabten oder gar *(lange Pause)* selbsternannten Vermittlern okkulten Geheimwissens zugänglich. Viele Menschen sind es, die lange vor der Zeit des Buchdrucks gelernt hatten, die Natur zu lesen, den Wechsel der Jahreszeiten zu beobachten und den »Jahreszeitenwechsel der Seele« vom Gefühlsleben her wahrzunehmen. Die Antworten liegen daher so nah wie die Stufen zu eurer rückwärtigen Haustür, denn auf der Schwelle eures Wesens befindet ihr euch schon immer im Mittelpunkt des Wissens. Nie befindet ihr euch am Rande des Geschehens.

Eurer Lebensumstände, eurer Ausbildung oder eurer Fähigkeiten ungeachtet steht ihr auf eurer eigenen Schwelle im Mittelpunkt aller Wirklichkeiten — denn alles, was lebt und ist, überschneidet sich in eurem Mittelpunkt. Überall seid ihr Teil dessen, was lebt und ist, und dieses ist Teil von euch. Jede Nische des Universums birgt in sich das Wesen um alle anderen Nischen, und jeder — bitte hervorheben — Punkt einer Wirklichkeit ist Mittelpunkt dieser Wirklichkeit. So ist jeder einzelne von euch nicht nur das, was er in eurer Welt ist, sondern auch Zentrum des Universums.

Noch einmal: Selbst eure Träume und Gedanken gehen hinaus, um an der Erschaffung neuer Welten mitzuwirken.

(Sehr viel langsamer nach einer langen Pause um 21.10 Uhr:) Solche Überlegungen dürften in euch ganz natürlicherweise wesentlich umfassendere und zugleich wesentlich intimere Einsichten wachrufen — Einsichten, in deren Licht die sich in hochtrabender Rhetorik ergehenden Protagonisten vorfabrizierter Meinungen schließlich verstummen müssen. Wenn das geschieht, dann können die Sprecher in jedem von euch endlich zur Geltung kommen, indem sie das innere Wissen des Selbst dem Wachbewußtsein der Allgemeinheit zuführen, ohne deshalb als Schwätzer, Wahnsinnige oder Narren abgetan zu

werden. Sprecher verstehen ihr Wissen ohne Verzerrungen — die meist nur dem Zweck dienen, Aufmerksamkeit zu gewinnen — weiterzuvermitteln. Die Sprecher sind jene inneren Stimmen, die euch »zuallererst« eure Sprachen lehrten. Ihr könntet sie ebensowohl Stimmen der Elektronen nennen wie Stimmen der Götter, denn diese Stimmen sind Vergegenwärtigungen All-dessen-was-ist, sind ein überquellender Born des Wissens und der Liebe.

(Lange Pause um 21.22 Uhr, dann eindringlich, doch humorvoll:) Wenn ihr an der Schwelle eurer Körperlichkeit steht, könnt ihr den Blick nach innen wenden und damit ein unglaubliches psychisches Abenteuer in Gang bringen. Solche Aussagen sind übrigens von mir nicht symbolisch gemeint, und es liegen in ihnen ganz wesentliche und ganz gewöhnliche Aufschlüsse verborgen. Punkt. Jeder Löffel, den ihr zur Hand nehmt, jede Blume, jedes Tier, das ihr hätschelt, jede Silbe, die ihr aussprecht, jedes Zimmer, das ihr neu möbliert, dies alles bringt euch ganz von selbst von eurem natürlichen Gefühl her All-dem-was-ist näher. Jeder Gegenstand, jedes Lebewesen — seien sie nun gewöhnlich oder ungewöhnlich —, sie leben und vibrieren in immerwährender Wandlung und im Einverständnis All-dessen-was-ist.

(21.30 Uhr:) Deshalb möchte ich nicht, daß ihr eure Energien darauf verwendet, irgendwelche Methoden zur Wahrnehmung anderer Wirklichkeiten einzuüben; vielmehr solltet ihr begreifen, daß euch Einsichten dieser Art allenthalben offenstehen. Wenn euch das einmal aufgegangen ist, dann wird sich euer Denken ganz von selbst in neuen Bahnen bewegen. Unversehens werdet ihr beginnen, eure eigenen Gedanken so mühelos zu lesen, wie ihr jetzt ein Buch lest. Es ist viel wichtiger, e u r e e i g e n e n Gedanken lesen zu können als die Gedanken anderer. Und wenn ihr auch noch Klarheit über die euer Denken begleitenden Gefühle habt, werdet ihr unmittelbar einsehen, daß die Gefühle aller anderen sich in den euren widerspiegeln. Wenn ihr den Blick von der Stoffwelt abkehrt, erkennt ihr sie aus größerer Nähe. Wenn ihr Aussagen wie diese lest, so eröffnet ihr eurem Geist ein wenig mehr Spielraum, so daß ihr Einblicke in umfassendere Organisationen gewinnt. Euer ganzes Leben ist ein großer Traum, den ihr euch ins Bewußtsein wachruft.

Ihr ruft euch den Traum im Bewußtsein wach und erschafft ihn zu gleicher Zeit. Ihr erlebt, wie er durch eure liebevolle und wissende Achtsamkeit an Bedeutung zunimmt und sich entfaltet. Und so wie ihr euch stets nur in seinem Mittelpunkt zu befinden scheint, so befindet ihr euch tatsächlich zugleich auch im Mittelpunkt all eurer Träume, die sich nach auswärts zu drehen scheinen.

Und in ebendieser Weise ging und geht auch euer materielles Universum aus dem Mittelpunkt eines Traumes hervor.

(Nach einer langen Pause:) Ende des Diktats. *(Herzhaft und humorvoll:)* Sehr herzlich einen guten Abend — doch könnt ihr natürlich auch auf ein paar gewöhnliche Sitzungen zählen, die schon unterwegs sind.

(»Gute Nacht, Seth.«)

(21.45 Uhr. Für mich kam ungeachtet der vielen Pausen, die Jane gemacht hatte, das plötzliche Ende der Sitzung ziemlich unerwartet. »Er ist dabei abzuschließen«, sagte Jane und meinte damit das vorliegende Buch. »Ich spüre das immer. Oder ich glaube, es zu spüren. Es beginnt so eine Art Widerhall für mich anzunehmen.«)

Sitzung 841, Montag, den 8. Februar 1982

(Heute nachmittag entwarfen Jane und ich ein »Credo« für sie, das ihr, wie wir hoffen, einen Anstoß zur Wiederaufnahme all der produktiven Tätigkeiten geben soll, die sie so sehr liebt: Schreiben, insbesondere Gedichte, Malen, ihre sensitive Arbeit im Zuge der Sitzungen, Kochen, Füttern der Katzen Billy und Mitzi. Da wir noch immer zwischen dreißig und fünfzig Briefe und Päckchen pro Woche erhalten, schrieb ich nach dem Abendessen eine Version des Credos, in der ich vor allem Janes Fähigkeit hervorhob, Prosa zu schreiben und die Post zu erledigen. Ich bin mir nicht sicher, ob diese Suggestionen irgendwelche positiven Auswirkungen zeitigen werden.

In dieser letzten Sitzung für »Träume, ›Evolution‹ und Werterfüllung«, die um 21.01 Uhr begann, richtete Seth sich, betonter als sonst, weiterhin an die zweite Person Plural im allgemeinen, somit an Sie und alle anderen, die dieses Buch lesen.)

Diktat.

Ihr habt in einer Welt gelebt, in der ihr glaubtet, kämpfen zu müssen, um zu überleben — und so habt ihr gekämpft.

Ihr habt geglaubt, daß der natürliche Zuschnitt der Natur eurer eigenen Existenz irgendwie zuwiderliefe, so daß ihr, der Hand der Natur überlassen, euren Weg verlieren würdet. Dieser Glaube bildete die Grundlage all eurer bewußten oder unbewußten Anschauungen. Folglich haben sich in eurer Erfahrung all diese Anschauungen weitgehend als zutreffend erwiesen.

Nichts und niemand lehrte euch, daß ihr Geschöpfe nicht zuletzt ebendieser Natur seid. Ich habe versucht, euch zu einer neuen Schwelle der Wahrnehmung zu führen, von der aus euch die alten Evolutionsmythen als vom Verfall gezeichnete, eingestürzte und bereits verlassene Ritterburgen inmitten eines Waldes von Glaubensvorstellungen erscheinen müssen — eines Waldes, der tatsächlich selbst auf magische Weise entstanden ist. *(Sehr lange Pause.)* Dieser Wald ist Sinnbild der Welt eurer Imagination, Beweis eurer geistig-seelischen Vorstellungskraft. Diese eure Vorstellungskraft bezieht ihre Macht aus der ihr innewohnenden Kreativität, die einer inneren Welt entspringt, die bildhaft die Ursprünge von Mensch, Tier und Pflanze ungleich wahrhaftiger vorgibt als herrschende Lehren. Diese Welt eurer Vorstellung war eurer Wahrnehmung infolge der übermächtigen Suggestionen von Wissenschaft und Religion weitgehend entzogen. Doch in eurer Gegenwart, dieser Zeit der Allmachbarkeit und der Unfehlbarkeit, nahm die Landschaft ein so dunkles und bedrohliches Aussehen an, erscheint sie jetzt so lebensfeindlich und im Widerspruch zu eurem tiefinnersten natürlichen Streben nach Werterfüllung, daß ihr baldiger Untergang ganz unvermeidlich ist.

Ich glaube, euch in diesem Buch nicht nur ein beherzteres, sondern auch ein wahrhaftigeres Weltbild vermittelt zu haben, aus dem der Ursprung eures Lebens, eures Wesens und Seins erhellt. Die innere Wirklichkeitswelt, die Welt der Träume, ist das euch zur Verfügung anheimgegebene Reservoir, in dem Lebensenergie und Daseinsfreude allgegenwärtig vorhanden und verfügbar sind, in jedem Moment mobilisierbar, um die von euch erstrebten Transformationen zu bewirken.

Dieses innere Universum ist einer psychischen Gestalt gleichzusetzen, die geformt, getragen, bewegt und motiviert vom Streben nach Werterfüllung ist, von Liebe und Freude und Lust, den *(eindringlich)* Qualitäten der Liebe schlechthin, für die es keine Grenzen gibt. Das Universum gibt sich nicht selbst und gibt auch keines seiner Geschöpfe preis. Es herrschen in ihm nicht destruktive, sondern aufbauende Prinzipien und ein vom Streben nach Werterfüllung angetriebener Überschwang konstruktiven Mit- und Ineinanderwirkens.

(Nach einminütiger Pause um 21.23 Uhr:) Ihr werdet wohl einige Kraft und Zeit brauchen, bevor die altübernommenen Glaubensüberzeugungen an Kraft verlieren und schließlich überwunden sind — ein Niedergang übrigens von durchaus anerkennenswerter Majestät, Kraft und Schönheit. Aber die natürlichen Strebungen jeglichen Bewußtseins in der Wirklichkeit eurer Existenz sind auf konstruktive Veränderung hin ausgerichtet, hin zur Werterfüllung eines jeden Lebewesens. Versucht, aufs neue eures eingeborenen Sinnes für die Geistigkeit des Körperlichen und des Gnadenzustands von Leib und Seele innezuwerden. Es verlangt euch danach, wieder jene mühelose Bewegtheit zu verspüren, die euer natürliches Geburtsrecht ist.

(Alles zunehmend eindringlich:) Ich hoffe, daß dieses Buch euch in diesem oder jenem Maße mit der eigenen inneren psychischen Bewegung, mit eurem schöpferischen Atem in Berührung bringt, so daß ihr, belebt und gekräftigt, in eurem Geist und Gemüt wie ein Versprechen verheißungsvoll eine neue innere Ausrichtung und das Glücksgefühl vitaler körperlicher und spiritueller Kraft verspürt. Ihr lebt in einem natürlichen Stand der Gnade, der voller Vitalität und voller Leben ist, gleichviel, ob nun die eingestandenermaßen nicht allwissende Wissenschaft dem Bewußtsein eigene Intentionalität zubilligt oder nicht. Die Natur ist natürlich allemal übernatürlich.

Ende des Kapitels. Ende der Sitzung. Ende des Buches.

(21.33 Uhr.) Dies noch zu euren persönlichen Diskussionen. Sie sind für euch insofern nützlich, als sie euch für Kommunikationen durchlässiger machen. *(Lange Pause.)*

Die magische Einstellung zur Wirklichkeit stellt tatsächlich in dem Maße, in dem ihr sie versteht und praktiziert, eine der »natürlichsten Wahrheiten« dar, die ich euch nahebringen wollte.

Ich stehe euch auch weiterhin für jede planmäßige Serie von Sitzungen zur Verfügung, die euren Wünschen, Erfordernissen und Absichten entspricht. Gute Nacht.

(»Danke.«)

(21.37 Uhr. Nachdem Jane aus der Trance gekommen war, starrten sie und ich einander sprachlos an. »Träume, ›Evolution‹ und Werterfüllung« war endlich fertig! Uns war aus mancherlei Gründen traurig zumute. Obwohl Jane am Ende der Sitzung vom vergangenen Mittwoch gesagt hatte, daß Seth sich dem Ende des Buches nähere, machte uns der tatsächliche Abschluß doch betroffen. Ich beglückwünschte Jane;

ich sagte ihr, sie habe die Reihe ihrer Seth-Bücher um ein weiteres beachtliches Werk bereichert, das vielen Menschen helfen würde.

Doch blieben alle unsere Freudenkundgebungen irgendwie gedämpft — ganz anders als sonst immer, wenn Jane ein Buch abgeschlossen hatte. Ungeachtet all der vielen Herausforderungen, die uns in den vergangenen zwei Jahren und vier Monaten zu schaffen gemacht hatten, lief unser Leben, selbst während langer schöpferischer Pausen, stets in dem tröstlichen Wissen weiter, daß der Arbeitsprozeß an »Träume, ›Evolution‹ und Werterfüllung« im Gange war. Daß dieser Rückhalt jetzt entfällt, bekümmert uns. Und wir wissen, daß in gleichem Maße, in dem der Werdeprozeß dieses Werks in den Hintergrund unserer Wahrnehmung tritt, unvermeidlich andere Herausforderungen in den Vordergrund treten werden. Im Grunde reduziert sich alles auf unsere Hoffnung, daß Jane von Tag zu Tag weitermachen kann und daß unser neues Credo ihr dabei eine Hilfe sein kann.

*Meine Arbeit an diesem nur scheinbar abgeschlossenen Werk ist allerdings noch lange nicht zu Ende. Zunächst werde ich die Anmerkungen zu dieser Sitzung fertigstellen, sodann die schon konzipierten Anmerkungen zu den Sitzungen dieses Buchs in ihre endgültige Form bringen. Danach muß ich das fertige Manuskript dieses zweibändigen Werks abtippen; ich weiß noch nicht, wann ich es unserem Verlag abliefern kann. Bedrückt sind wir auch, weil Tam Mossman, unser lieber Freund und Herausgeber, dieses Buch aller Wahrscheinlichkeit nach nicht mehr durch den Herstellungsprozeß begleiten wird. Tam ist ruhelos geworden; er braucht einen Wechsel und möchte die Prentice-Hall verlassen.**

Bedrückt fühlen wir uns auch wegen des nach wie vor ungelösten Problems der Entsäuberung des Kernkraftwerkes auf Three Mile Island, wo komplizierte und überaus kostspielige Arbeiten weiter im

---

* Jane kann auf eine jahrelange Zusammenarbeit mit Tam zurückblicken, die damit begann, daß er sie vor dreizehn Jahren dazu ermutigt hatte, »Das Seth-Material« zu schreiben. Wie so vieles andere verdanken wir auch unseren Kontakt mit der Yale University Tams Großzügigkeit, dank dessen Jane und ich verfügen konnten, daß unser Nachlaß — das gesamte Seth-Material mitinbegriffen — nach unserem Tod im Archiv der Universitätsbibliothek Aufnahme findet. Es gilt nun möglichst viele Kopien unserer Arbeit an die Universität zu transferieren, so daß Verzeichnisse für das Material angefertigt werden können, um es der Öffentlichkeit zugänglich zu machen. Noch habe ich nicht mit der Arbeit des Kopierens begonnen, doch hoffe ich, daß ich bald damit anfangen kann. (Vergleichen Sie in Band 1 die Fußnote auf den Seiten 165 f.)

Gang sind, sowie wegen des mörderischen Krieges zwischen Iran und dem Irak, in dem immer unerbittlicher fundamentalistische Ideen zum Ausdruck kommen. Wie ich in meinen einführenden Anmerkungen zu Sitzung 933 auf Seite 174 dieses Bandes berichtete, hatte ich Jane gefragt, ob Seth uns Informationen über den Zusammenhang von Bewußtsein und Kernenergie geben könnte. Dies hat sie zwar in Aussicht gestellt, doch haben wir bisher keinerlei Kommentar zu diesem Thema erhalten. Das liegt wohl an mir wie auch an ihr. Wir verloren die Frage aus dem Blickfeld. Nun, da dieses Werk abgeschlossen ist, können wir solche Seth-Informationen, falls sie noch durchkommen sollten, nicht mehr in das vorliegende Buch einbringen.

In meinen einführenden Anmerkungen zu den persönlichen Sitzungen am Anfang von Kapitel 6 dieses Buches erwähnte ich, zu Jane am vergangenen 1. Dezember gesagt zu haben: »Du bist ein Jahr und zwei Wochen nicht mehr gegangen, nicht einmal mit deinem Schreibtisch.« Als sie »Träume, ›Evolution‹ und Werterfüllung« abschloß, hatte Jane sich seit 14 Monaten und 22 Tagen nicht mehr zu Fuß fortbewegt. Das Sitzen bereitet ihr zunehmend Schwierigkeiten, und ich fürchte, daß ihre Muskulatur dem dauernden Druck irgendwann nicht mehr standhalten wird; ich glaube, Anzeichen dafür bemerkt zu haben.

Jane hat sich an keinen Arzt um Hilfe gewandt. Ihr Gehör und ihre Handschrift sind nach wie vor beeinträchtigt. Das Zittern ihrer Stimme und der schleppende Tonfall machen sich nur gelegentlich bemerkbar; sie hat sich bei den letzten Sitzungen gut gehalten. Und während ich diese abschließenden Anmerkungen schreibe, erinnere ich mich, wie schon so oft, an jene Versprechen, die wir einander bei unserer Heirat im Jahr 1954 gegeben hatten — »niemals in des anderen kreative Art der Lebensbewältigung einzugreifen, was immer sich aus seinem selbstgewählten Verhalten ergeben würde.« Doch wie ich damals schon geahnt habe: Im Verlauf der vielen mit Jane gemeinsam verbrachten Jahre mußte ich immer wieder das Offensichtliche lernen — daß nämlich ihr schöpferisches Vermögen einfach Teil ihrer gesamten Lebenshaltung ist, einschließlich ihrer »körperlichen Symptome«.*

Wie ich in den einleitenden Anmerkungen zum Vorwort dieses Werks, Band 1, Seite 103, berichtete, hatte Jane vor gut zweieinhalb Jahren bereits siebzehn Kapitel ihres dritten Seven-Romans »Oversoul

* Bitte vergleichen Sie die Fußnote in Kapitel 3 dieses Bandes auf Seite 89.

*Seven and the Museum of Time« fertiggestellt. Sie hatte das Projekt beiseitegelegt, um die Arbeit an »God of Jane« zu beginnen. Obwohl sie verschiedentlich daran gedacht hatte, die Arbeit an »Seven Three« wieder aufzunehmen, während sie an dem nun abgeschlossenen Werk »Träume, ›Evolution‹ und Werterfüllung« gearbeitet hatte, war es doch nie dazugekommen. Der Roman befindet sich noch immer im Rohzustand. Doch sprach sie vor kurzem davon, ihn zu beenden, und ich nehme auch an, daß sie es tun wird.**

*Anders verhält es sich mit »The Magical Approach to Reality«, dem so vielversprechenden Konzept eines neuen Seth-Buches, das Jane und ich zum erstenmal vor anderthalb Jahren [im August 1980] erörtert hatten, nachdem Jane eine Reihe hervorragender persönlicher Sitzungen über dieses Thema abgehalten hatte.*** Ich habe miterlebt, wie Jane zu verschiedenen Malen versuchte, das Projekt in den Griff zu bekommen. Letzten Monat schließlich brachte ich in meinen Anmerkungen zu Kapitel 6 dieses Bandes [auf den Seiten 225 f., 231 und 235] meine Überzeugung zum Ausdruck, daß sie diese Arbeit nicht beenden werde. Oder um es anders zu sagen: »Magical Approach« müßte von ihr erst wieder zum Leben erweckt werden! Natürlich steht es Jane völlig frei, für welche Projekte sie sich entscheidet, und nicht immer führt sie alle zu Ende. Ich denke, die »Magische Einstellung« wäre als Buch, wie es geplant war, gut geworden, daß es aber vor allem zwei Faktoren waren, die das Projekt schließlich zunichte machten: die allzu hautnahe Thematik [Janes körperliche Symptome], aus der sich das Material für die »Magische Einstellung« herleitete, und Janes Scheu vor der Mühsal, die es ihr bereitet hätte, dem beschwerlichen Vorgehen zu folgen, in dem ich die Seth-Bücher zusammenstelle und kommentiere. Dieses Vorgehen hätte ihr nicht die schöpferische Freiheit gelassen, sich kopfüber in das Vorhaben zu stürzen. Unter Umständen werde ich selbst versuchen, ein solches Werk aus dem vorhandenen Seth-Material zusammenzustellen.*

---

* Ich zitierte Aussagen Janes über »Seven Three« zuletzt in den einführenden Anmerkungen zur 920sten Sitzung auf Seite 90 dieses Bandes. Dort erwähnte ich auch die Filmproduktion von Janes erstem Seven-Roman »The Education of Oversoul Seven«, die sich sehr lange hinzog.

** Vergleichen Sie in Kapitel 3 dieses Buches die einführenden Anmerkungen zur 920sten Sitzung auf Seite 91 sowie den Anhang zu dieser Sitzung auf den Seiten 100 ff.

Dessenungeachtet hatte Jane noch immer die »Magische Einstellung« im Sinn, als sie zwei Tage später, am 10. Februar, ihren letzten Eintrag in ihr Tagebuch tippte: »Noch immer lästige Probleme mit den Fingern ... hoffe, dem beizukommen, indem ich teilweise Robs neue Seite mit Suggestionen gemäß Credo für mich anwende. Tippe mit rechter Hand. Wie ich es sehe, kann sogar das in der »Magischen Einstellung« Verwendung finden. Außerdem hat Seth sein Buch am Montag abgeschlossen.«

Einen Monat später: Janes Tagebucheintrag ist tatsächlich ein letzter, denn am 26. Februar, achtzehn Tage, nachdem sie ihre Arbeit an diesem Buch beendet hatte, wurde sie zur Behandlung ihrer rheumatoiden Arthritis, der Hörstörungen und weiterer Leiden in eine örtliche Klinik eingeliefert. Die Erschütterungen für uns sind groß und nehmen kein Ende. Ich weiß nur soviel, daß wir sehr viel Zeit brauchen werden, um all das aufwühlende und widersprüchliche emotionale, psychische und intellektuelle Geschehen zu verarbeiten, das sich aus dieser Wendung ergibt. Ich fühle Tag für Tag, wenn ich meine geliebte Frau nach Jahren des Kämpfens in ihrem Spitalbett liegen sehe, wie dieses Geschehen sich unablässig manifestiert — und ich sehe es in Jane, und fühle es in ihr!

*Am 26. Februar 1982 brach unsere gemeinsame Welt gewissermaßen über uns zusammen, aber wir leben weiter in den Trümmern unserer Glaubensüberzeugungen. Wieder und wieder habe ich in den Anmerkungen zu diesem Buch angedeutet, wie Jane und ich unter den wahrscheinlichen die Wirklichkeit, die wir geschaffen haben, zu verstehen suchten. Angesichts der Spitalerfahrungen sage ich mir, daß ich doch, wenn ich über den Bewußtseinsaufruhr ganzer Nationen schreiben kann, wohl auch unseren eigenen Bewußtseinsaufruhr schildern und meine Überlegungen darüber anstellen kann. Jane und ich müssen noch viel zu lernen haben, wiewohl ich glaube, daß sich im tiefsten Grunde manche Erfahrungen der individuellen Wirklichkeit dem bewußten Erkennen entziehen. Wie Seth es vor Jahren sagte: »Bewußtsein ist darauf angelegt, seiner eigenen idealen Entfaltung entgegenzuwachsen, die zugleich der idealen Entfaltung all der Organisationen dient, an denen es beteiligt ist.«**

Worin also liegt die »ideale Entfaltung«, der Jane und ich entgegen-

* Seth gab diesen Ausspruch in der Sitzung 860 vom 13. Juni 1979 durch, den Sie in »*Individuum und Massenschicksal*« auf Seite 291 finden.

wachsen? Fragen wie diese gehen Seth ebenso an wie auch uns. Seine Verflochtenheit mit Janes Wesen führt ebenso zu Lernerfahrungen für ihn wie auch für uns. Schließlich ist er ja ebenso angewiesen auf das, was ihm durch ihre Psyche hindurch zu vermitteln gelingt, wie sie angewiesen ist auf das, was sie von ihm zu erhalten und dann mir und anderen durchzugeben vermag. Welche Bewußtseinsstürme wie auch ruhigere Wegstrecken muß Seth durchmessen, um Jane auch nur in dem Maße zu helfen, wie er es tut? Was ihn betrifft, so sind diese Stürme und Wegstrecken selbstverständlich nicht materieller Natur, vielmehr bestehen sie aus G e f ü h l s i n t e n s i t ä t e n *— wie ja im Grunde auch für uns.*

Von ihrer mystischen Orientierung her trifft Jane ihre Auswahl dessen, was sie lernen und verwenden will, aus allem, was Seth zu bieten hat. Ich glaube, daß man eine solche Wesensverfassung nur ahnungsweise begreifen kann, wenn man, wie ich, selbst kein M y s t i k e r *ist: Der Wege sind viele, doch stellt sich der Mystiker Herausforderungen, die zu ermessen uns anderen einfach die Erfahrungsgrundlage fehlt. Janes mystische Erschaffung ihres Universums ist ihre ganz und gar eigene. Sie war es immer und wird es immer sein. Jane hat ihre Eigenart immer und immer wieder in ihrer täuschend einfachen Lyrik wie auch in den Sitzungen zum Ausdruck gebracht. Diese ihre Eigenart hat ihre Besonderheit als Quelle einer immensen Kreativität, die ich nur teilweise begreife. Was tut's, wenn mir im Augenblick, da Jane ans Bett gefesselt darniederliegt, unsere gemeinsame Wirklichkeit ganz undurchschaubar erscheint! Ich tröste mich beim Gedanken, daß Seth diese Wirklichkeit besser durchschaut und daß er unsere Potentiale auf eine Weise wahrnimmt, die uns gegenwärtig verschlossen bleibt.*

Obwohl Jane im Spital Seths Nähe zu spüren glaubt, hat sie doch nicht mehr für ihn gesprochen, und es ist ungewiß, ob sie es künftig je noch tun wird oder nicht. Anzunehmen ist jedenfalls, daß dies ihr letztes Seth-Buch ist, das deshalb als Janes und zugleich Seths Vermächtnis an die Welt gelten kann.

Nun — und dieser »Gruß« ist eine Anleihe bei einem gewissen Energiepersönlichkeitskern —: Dreieinhalb Jahre später kann ich kurz vor der Drucklegung von »Träume, ›Evolution‹ und Werterfüllung« noch anmerken, daß Kopien zahlreicher Dokumente, die wir in unserem Haus aufbewahrten, an das Bibliotheksarchiv der Yale University transferiert worden sind. Darunter die vielen tausend Seiten des Seth-

Materials aus regulären und persönlichen Sitzungen; Janes Tagebücher und die meinen, verschiedene andere Manuskripte, schriftliche Aufzeichnungen und Notizen; Tonbänder von Janes ASW-Kursen; ein Teil von Janes Lyrik und Malerei sowie einige Fotografien. Ich habe der Bibliothek auch die Originale von vielen tausend Leserbriefen überlassen. Und der Transfer geht weiter.)

Begeisterte Leserinnen und Leser von Jane Roberts' Seth-Büchern haben sich zum Zweck der Diskussion in der »Vereinigung der SETH-Freunde«, Postfach 3337, 8031 Zürich, zusammengeschlossen, was wir auf Bitte dieses politisch und konfessionell neutralen und nicht auf Gewinn gerichteten Vereins zur Kenntnis geben.

Namen- und Sachregister

* Bei aus Eigenschafts- und Hauptwort zusammengesetzten Begriffen empfiehlt es sich, zuerst beim Hauptwort nachzuschlagen.